Bernhard Gotto
Enttäuschung in der Demokratie

Quellen und Darstellungen zur Zeitgeschichte

Herausgegeben vom Institut für Zeitgeschichte

Band 119

Bernhard Gotto

Enttäuschung in der Demokratie

Erfahrung und Deutung von politischem Engagement in der Bundesrepublik Deutschland während der 1970er und 1980er Jahre

ISBN 978-3-11-073510-9
E-ISBN (PDF) 978-3-11-053162-6
E-ISBN (EPUB) 978-3-11-052926-5
ISSN 0481-3545

Library of Congress Cataloging-in-Publication Data
Names: Gotto, Bernhard, author
Title: Enttäuschung in der Demokratie : Erfahrung und Deutung von politischem Engagement in der Bundesrepublik Deutschland während der 1970er und 1980er Jahre / Bernhard Gotto.
Description: Berlin ; Boston : Walter de Gruyter GmbH, [2018] | Series: Quellen und Darstellungen zur Zeitgeschichte ; Band 119 | Includes bibliographical references and index.
Identifiers: LCCN 2018028110 (print) | LCCN 2018030774 (ebook) | ISBN 9783110531626 | ISBN 9783110529067 | ISBN 9783110531626 (PDF) | ISBN 9783110529265 (EPUB)
Subjects: LCSH: Democracy--Germany--Public opinion. | Germany--Politics and government--1945-
Classification: LCC DD117 (ebook) | LCC DD117 .G68 2018 (print) LC record available at https://lccn.loc.gov/2018028110

Bibliografische Information der Deutschen Nationalbibliothek
Die Deutsche Nationalbibliothek verzeichnet diese Publikation in der Deutschen Nationalbibliografie; detaillierte bibliografische Daten sind im Internet über http://dnb.dnb.de abrufbar.

© 2020 Walter de Gruyter GmbH, Berlin/Boston
Dieser Band ist text- und seitenidentisch mit der 2018 erschienenen gebundenen Ausgabe.
Titelbild: Demonstration gegen den § 218. © Ursula Dresing. Quelle: FrauenMediaTurm Köln, FT.02.0109
Satz: Typodata GmbH, Pfaffenhofen
Druck und Bindung: CPI books GmbH, Leck

www.degruyter.com

Inhalt

Editorial IX

Einleitung: Enttäuschung als Kategorie historischer Erfahrung im
20. Jahrhundert 1

1. Für mehr Gerechtigkeit und Demokratie: Mitbestimmung 29
   1.1 Nachholpolitik: Erwartungen und Vorstellungen von
       Mitbestimmung 29
       Die Montanmitbestimmung 30
       Wirtschaftsdemokratie und demokratischer Sozialismus 34
       Erwartungskulmination: Die Mitbestimmungsdebatte in den
       1960er Jahren 39
       Der Rang der Mitbestimmung für die sozialliberale Koalition 46
       Mitbestimmung im Konzept der „Inneren Reform" 51
   1.2 Das Mitbestimmungsgesetz von 1976 60
       Aushandlungsprozess als Abstiegserfahrung 62
       Symbolische Umdeutung 70
       Erwartungsmanagement 80
   1.3 Nach der Niederlage: Funktionen und Folgen von Enttäuschung .. 93
       Enttäuschung als Argument 94
       Umgang mit Enttäuschung 99
       Folgen von Enttäuschung 103
   1.4 Zwischenfazit: Der Ort von Enttäuschung in der Zeitgeschichte
       der 1970er Jahre 112

2. Sehnsucht nach Bewegung: Enttäuschung in der autonomen Frauenbewegung 119
   2.1 Enttäuschung im Gefühlsregime der autonomen Frauenbewegung 121
   2.2 Erwartungen und Enttäuschungen im Bewegungsalltag 133
       Anfangseuphorie und Alltagsernüchterung 133
       Resonanz und Anerkennung 147
   2.3 Niedergangsnarrative 162
       Entpolitisierung und Stillstand 165
       Vereinnahmung und Institutionalisierung 174
   2.4 Umgang mit Enttäuschung 190
       Gefühlsarbeit gegen Enttäuschung 190
       Neuverhandlung 195

	Absenken der Erwartungen	198
	Utopieverlust	202
	Rückzug und Resignation	205
2.5	Zwischenfazit: Identität und Enttäuschung	208

3. Die Steuerreform der christlich-liberalen Bundesregierung ... 213
Überblick: Die Steuerreform der Bundesregierung von 1986 bis 1990 ... 214

3.1 Mehr für alle? Erwartungen an die Reform ... 219
Im Modus der Verheißung: Die Zeitstruktur der Steuerreform ... 220
Steuersenkungen als Gesellschaftspolitik ... 228
Überbietungsrhetorik ... 235
Erwartungen als Argument: Meinungsumfragen zur Steuerreform ... 243

3.2 Kampf um die Deutungshoheit: Die Steuerreform in der öffentlichen Debatte ... 247
Erwartungslenkung durch Rahmungen ... 249
Die zerredete Reform? ... 256
Krieg der Beispielrechnungen ... 262
Symbolische Verdichtungen ... 270

3.3 Die Enttäuschung der Macher ... 279
Der Imagewandel Stoltenbergs ... 281
Gute Politik, schlecht verkauft? Die Selbstkritik der Union ... 285
Umgang mit Enttäuschung ... 291

3.4 Zwischenfazit: Enttäuschung als Indikator für den Wandel des Politischen ... 296

4. Engagement und Enttäuschung ... 303

4.1 Der Bruch von Gemeinschaftlichkeit ... 304
Die Abgehobenheit der politischen Führung ... 304
Streit ... 309
Die Einsamkeit der Minderheiten ... 314

4.2 Defekte und defizitäre Partizipation ... 322
Ungenügende Repräsentation: Kritik an der parlamentarischen Demokratie ... 324
Das Kanalisieren von Unzufriedenheit ... 331
Misslungene Rendezvous: Begegnungen zwischen Bürgern und Politikern ... 336
Basisdemokratie ... 341

Schlussbetrachtung: Enttäuschung in der Demokratie, Enttäuschung über die Demokratie ... 349

Anhang 359
　Abbildungen und Tabellen 359
　Abkürzungen 361
　Quellen und Literatur 365
　Personenregister 397

Editorial

Die Leibniz Graduate School „Enttäuschung im 20. Jahrhundert. Utopieverlust – Verweigerung – Neuverhandlung" führte zwischen 2012 und 2015 das Institut für Zeitgeschichte München-Berlin und das Historische Seminar der Ludwig-Maximilians-Universität München in einem innovativen zeithistorischen Verbundprojekt zusammen. Sein erfolgreicher Abschluss belegt den wissenschaftlichen Mehrwert einer systematischen Kooperation von universitärer und außeruniversitärer Forschung. Unter der Leitung von Andreas Wirsching und Margit Szöllösi-Janze bot die Graduate School exzellente Rahmenbedingungen, um mit einer komplexen Untersuchungsperspektive geschichtswissenschaftliches Neuland zu betreten. Das Format wies einen vielversprechenden Weg, wie sich die oftmals beklagte Versäulung der deutschen Forschungslandschaft, aber auch die Tendenzen zur Vereinzelung von Promovierenden zum allseitigen Nutzen fruchtbar überwinden lässt.

Die vorliegende Reihe stellt mit dem Konzept der Enttäuschung die für die Zeitgeschichte zwar konstitutive, aber kaum systematisch untersuchte Spannung zwischen pluralisierten Erwartungshorizonten und komplexen Willensbildungs- und Entscheidungsprozessen ins Zentrum. Ziel ist, individuelle und kollektive Erfahrungen von Enttäuschung, ihre Wirkung und Bewältigung mittels eines systematischen Zugriffs exemplarisch zu erforschen. Die Studien fragen danach, welche Muster individueller oder kollektiver Enttäuschung sich in einer gegebenen historischen Konstellation aufbauten und auf die zeitgenössischen Deutungs- und Zuschreibungsmuster in Politik, Gesellschaft und Kultur rückwirkten. Ihr jeweils spezifisch konturierter analytischer Begriff von Enttäuschung eröffnet neue Zugänge zur Analyse politischer, soziokultureller, kommunikativer und emotiver Dissonanzen in modernen Massengesellschaften.

Die Ergebnisse der Studien zeigen, dass Enttäuschung eine eigenständige Kategorie historischer Erfahrung darstellt. Sie unterstreichen nachdrücklich, dass kollektive Erwartungen und der Umgang mit Enttäuschungen – bereits erfahrenen oder zukünftig antizipierten – während des gesamten 20. Jahrhunderts die politische Kultur maßgeblich bestimmten. Damit richtet sich der zeithistorische Blick darauf, wie Individuen und Kollektive Enttäuschungen emotional bewältigen, ihre Erwartungshaltungen modifizieren, ihre Ziele anpassen oder neue Wege beschreiten.

Andreas Wirsching
Margit Szöllösi-Janze

Einleitung: Enttäuschung als Kategorie historischer Erfahrung im 20. Jahrhundert

> There's a disappointment awaiting all you fools out there
> If you entertain the notion that society cares
>
> *Donovan: Brave New World (1977)*

Thema und Gegenstand

Jeder kennt sie, niemand mag sie, alle tragen ihre Spuren in sich: Enttäuschung ist eine ubiquitäre Erfahrung. Sozialpsychologischen Versuchsreihen zufolge tritt sie nach Angst und Ärger am häufigsten unter den negativen Gefühlen auf und wird am stärksten empfunden.[1] Sie gilt als Preis für die Fähigkeit zur Hoffnung, als die „natürliche Schattenseite der menschlichen Neigung, großartige Perspektiven und Projekte zu hegen"[2]. In diesem Sinne werden Enttäuschungen in der christlichen, aber auch in der buddhistischen Tradition als schmerzhafte, aber notwendige Stufen auf dem Lebensweg hin zu Abgeklärtheit und Weisheit apostrophiert[3] – auf die moderne Variante dieser Konzeption von Enttäuschung als Desillusionierung wird noch zurückzukommen sein. Sigmund Freud deutete in seinem kulturkritischen Hauptwerk Enttäuschung als unentrinnbare Begleiterscheinung des Daseins, weil das Streben nach Lustvermehrung, dem der Mensch folge, prinzipiell unerfüllbar sei: „Das Leben, wie es uns auferlegt ist, ist zu schwer für uns. Es bringt uns zuviel Schmerzen, Enttäuschungen, unlösbare Aufgaben."[4] Unausweichlich waren diese Enttäuschungen für Freud, weil er sie sowohl in der Menschheitsgeschichte als auch in der individuellen Persönlichkeitsentwicklung

---

[1] Ulrich Schimmack/Ed Diener, Affect Intensity: Separating Intensity and Frequency in Repeatedly Measured Affect, in: Journal of Personality and Social Psychology 73 (1997), S. 1313–1329, hier S. 1317 u. 1319f.
[2] Albert O. Hirschman, Engagement und Enttäuschung. Über das Schwanken der Bürger zwischen Privatwohl und Gemeinwohl, Frankfurt am Main 1988, S. 31; ähnlich Philipp Stoellger, Enttäuschungserwartung und Erwartungsenttäuschung. Ein Chiasmus in phänomenologischer und eschatologischer Perspektive, in: Nina Heinsohn/Michael Moxter (Hrsg.), Enttäuschung. Interdisziplinäre Erkundungen zu einem ambivalenten Phänomen, Paderborn 2017, S. 244–274, hier S. 246.
[3] Vgl. Alexander Poraj, EntTäuschung. Eine besondere Einführung ins Zen, München 2016; Jürgen von Oorschot, Hiob als Paradigma der Enttäuschung, in: Heinsohn/Moxter (Hrsg.), Enttäuschung, S. 95–109, insbesondere S. 103ff.; vgl. auch Ulrich Johannes Schneider, Philosophie und Universität. Historisierung der Vernunft im 19. Jahrhundert, Hamburg 1999, S. 393.
[4] Sigmund Freud, Das Unbehagen in der Kultur [1930], in: ders., Fragen der Gesellschaft. Ursprünge der Religion (Studienausgabe, hrsg. von Alexander Mitscherlich, Angela Richards und James Strachey, Bd. 9), Frankfurt am Main 1974, S. 191–270, hier S. 207. Den herausragenden Stellenwert dieser Schrift in Freuds Œuvre betont Peter-André Alt, Sigmund Freud. Der Arzt der Moderne. Eine Biographie, München 2016, S. 705f. Zu Freuds Grundfigur des zwangsläufigen Lustverzichts vgl. ebd., S. 709ff.

ausbuchstabierte.[5] Ebenso wie für Freud bildet Enttäuschung im Werk Arno Gehlens einen „durchgehenden Bezugspunkt" des menschlichen Lebens.[6] Wollte man Enttäuschung so als anthropologische Grundkonstante begreifen, die untrennbar zur *conditio humana* gehört, dann würde sich eine historische Untersuchung über Voraussetzungen und Folgen von Enttäuschung erübrigen.

Aus kulturgeschichtlicher Perspektive sind Gefühle insgesamt nichts Urwüchsiges und Unwandelbares. Sie sind Ausdruck der sozialen und kulturellen Bedingungen ihrer jeweiligen Zeit und selbst dem historischen Wandel unterworfen.[7] Aus diesem Blickwinkel richtet sich das Erkenntnisinteresse bei der Erforschung von Enttäuschung darauf, woher die zeitgenössische Modellierung dieses Gefühls kommt, welche Faktoren die Wahrnehmung und den Ausdruck von Enttäuschung überhaupt erst ermöglichten, und wie und weshalb sich solche kulturellen Prägungen veränderten. Einen Ausgangspunkt dafür bieten die Überlegungen zur historischen Zeit von Reinhart Koselleck. Er erblickte die Voraussetzung für das Entstehen der „Neuzeit" darin, dass die Menschen in die Lage versetzt wurden, sich eine Zukunft auszumalen, deren Gestalt nicht einfach das tradierte Erfahrungswissen fortschrieb.[8] Das Imaginieren von Zukunft als Möglichkeit wurde zur kulturellen Praxis in der Gegenwart. Das Auseinandertreten von „Erfahrungsraum" und „Erwartungshorizont" schuf die Voraussetzung für Enttäuschung.[9] Kosselleck konzeptualisierte diese Differenz als linearen Prozess, den er als Charakteristikum der Moderne beschrieb: „Je geringer die Erfahrung, umso größer die Erwartung, dies ist eine Formel für die zeitliche Struktur der Moderne"[10]. Auch für den britischen Soziologen Anthony Giddens bedeutet die Trennung von Erfahrungsraum und Erwartungshorizont eine Voraussetzung für die Modernisierung. Er erkannte darin die Voraussetzung für das „disembedding", das wichtigste Antriebsmoment für die Dynamik der Moderne, nämlich das „‚lifting out' of social relations from local contexts of interaction and their restructuring across indefinite spans of time-space"[11]. In dieser Sichtweise ist Enttäuschung an Voraus-

---

[5] Explizit deutete Freud in seiner Schrift „Zeitgemäßes über Krieg und Tod" von 1915 den Ersten Weltkrieg als Enttäuschung, weil die Brutalität der kriegführenden Staaten ihren kulturellen bzw. sittlichen Maßstäben Hohn sprächen; vgl. dazu Hermann Glaser, Freuds zwanzigstes Jahrhundert. Seelenbilder einer Epoche. Materialien und Analysen, München 1976, S. 188ff.
[6] Vgl. Karl-Siegbert Rehberg, Anthropologische Enttäuschungsminimierung und konsumgesellschaftliche Enttäuschungssteigerung. Soziologische Überlegungen im Anschluss an Arnold Gehlen, in: Heinsohn/Moxter (Hrsg.), Enttäuschung, S. 35–52, hier S. 36.
[7] Vgl. Ute Frevert, Was haben Gefühle in der Geschichte zu suchen?, in: GG 35 (2009), S. 183–208, hier S. 192–195; Jan Plamper, Geschichte und Gefühl. Grundlagen der Emotionsgeschichte, München 2012, S. 42f.
[8] Reinhart Koselleck, „Erwartungsraum" und „Erfahrungshorizont" – zwei historische Kategorien, in: ders., Vergangene Zukunft. Zur Semantik historischer Zeiten, Frankfurt am Main 1979 [Erstveröffentlichung 1976], S. 349–375.
[9] Vgl. Anders Schinkel, Imagination as a Category of History. An Essay Concerning Koselleck's Concepts of *Erfahrungsraum* and *Erwartungshorizont*, in: History and Theory 44 (2005), S. 42–54.
[10] Koselleck, „Erwartungsraum" und „Erfahrungshorizont", S. 374.
[11] Anthony Giddens, The Consequences of Modernity, Cambridge 1991, S. 21. Zur Vergegenwärtigung von Zukunft als Charakteristikum der Moderne vgl. ebd., S. 177f.

setzungen gebunden, die dieses Gefühl als Konsequenz und Schlüsselerfahrung eines spezifischen Entwicklungspfades erscheinen lassen.

Folgt man Koselleck, so erscheint die Möglichkeit der Enttäuschung als Kollateralschaden einer Fortschrittsidee, die sich in einer Zunahme von individueller Freiheit manifestierte. In diesem Sinne lässt sich das gesamte 20. Jahrhundert als „Enttäuschungs- und Verschleißgeschichte" der Faszinations- und Integrationskraft utopischen Denkens schlechthin deuten.[12] Dies betrifft die großen politischen Ordnungsentwürfe ebenso wie die normativen Varianten der Modernisierungstheorien. Enttäuschung ist dann nicht nur ein unvermeidliches Nebenprodukt der Moderne, sondern die emotionale Konsequenz ihrer leeren Verheißungen schlechthin. So führte Gerhard Schulze in seiner „Kultursoziologie der Gegenwart" von 1992 Enttäuschung neben Unsicherheit als typisches Problem einer erlebnisorientierten Existenz auf. Die unaufhörliche Suche nach Befriedigung erzeugt demnach Enttäuschung, weil sie alle Lebensbereiche unter den Erwartungsdruck stellt, den Erlebnisreiz bereits gemachter Erfahrungen zu übertreffen.[13] Der französische Philosoph Gilles Lipovetzky zeichnete vierzehn Jahre später ein ähnliches Bild der „hypermodernen" Gesellschaft als „société de déception". Er sieht sie durch eine Entgrenzung von Erwartungen an ein glückliches und erfülltes Leben charakterisiert, die unausweichlich in Enttäuschungen des überforderten Individuums mündeten.[14] Ähnlich argumentiert die israelische Soziologin Eva Illouz. Sie definiert Enttäuschung als „kulturelle Praxis", um die Diskrepanz zwischen kulturell produzierten Idealvorstellungen über das eigene Leben und der konkreten Erfahrung zu bewältigen.[15] In diesem Licht erscheinen Enttäuschung und Strategien zu ihrer Überwindung als Folge bzw. als Bestandteil von emotionaler Selbststeuerung, die seit den 1960er Jahren einen rasanten Aufschwung genommen hat.[16]

Solche Konzeptualisierungen von Enttäuschung als Zeitsignatur lassen sich in eine lange kulturpessimistische Traditionslinie einordnen.[17] Sie tragen der Historizität von Enttäuschung Rechnung, zugleich spiegeln sie als Ausdruck der gesell-

---

[12] Vgl. Rüdiger Graf/Benjamin Herzog, Von der Geschichte der Zukunftsvorstellungen zur Geschichte ihrer Generierung. Probleme und Herausforderungen des Zukunftsbezugs im 20. Jahrhundert, in: GG 42 (2016), S. 497-515, hier S. 505.

[13] Vgl. Gerhard Schulze, Die Erlebnisgesellschaft. Kultursoziologie der Gegenwart, Frankfurt am Main ²2005, S. 63-67. Die Originalausgabe erschien 1992.

[14] Gilles Lipovetsky, La société de déception. Entretien mené par Bertrand Richard, Paris 2006. Auf derselben Argumentationsebene bewegt sich die Analyse von Alain Ehrenberg, der Depression als Ausdruck von Überforderung des Individuums durch den Zwang zur Selbstoptimierung erklärt, weil die Auflösung traditioneller Rollenerwartungen dem Einzelnen die Verantwortung für ein glückliches Leben allein aufgebürdet habe; vgl. Alain Ehrenberg, Das erschöpfte Selbst. Depression und Gesellschaft in der Gegenwart, Frankfurt am Main 2004.

[15] Eva Illouz, Warum Liebe wehtut. Eine soziologische Erklärung, Berlin 2011, S. 387-393.

[16] Vgl. Sighard Neckel, Emotion by Design. Das Selbstmanagement der Gefühle als kulturelles Programm, in: Berliner Journal für Soziologie 15 (2005), S. 419-430; Greta Wagner, Besser werden. Praktiken emotionaler Selbststeuerung, in: Mittelweg 36 24 (2015), S. 188-210.

[17] Sie lässt sich bis zu Peter Sloterdijks „Zorn und Zeit" ziehen; vgl. Rehberg, Anthropologische Enttäuschungsminimierung, S. 44-48.

schaftlichen Selbstreflexion auch zeitspezifische Wahrnehmungen sozialer und emotionaler Muster wider. Das gilt für ihre ideengeschichtliche Verwurzelung in der Tradition der Kritischen Theorie ebenso wie für ihre Situierung in die Bemühungen, Beschreibungskategorien für die „postmoderne" Gesellschaft zu entwickeln. Zudem neigt diese Argumentation dazu, kollektive Enttäuschung zu pathologisieren, indem sie diese zu einem Symptom der Persönlichkeitsdeformationen durch einen „emotionalen Kapitalismus" erklärt, welcher Gefühle der Logik ökonomischer Austauschbeziehungen unterwerfe.[18] Allen Modellen ist schließlich ein mehr (Lipovetzky) oder weniger (Schulze) starker normativer Einschlag eigen, wodurch Enttäuschung zum Vehikel der Abgrenzung gegen affirmative Modernisierungstheorien gerät.

Es ist nicht das Anliegen dieser Studie, Enttäuschung in diesem Sinne als spezifisch „modernes" Epochenkennzeichen zu untersuchen. Ihr Ansatz vermeidet ein Vorverständnis, das diese oder jene nicht eingelösten Erwartungen voraussetzt oder die Unvermeidlichkeit von Enttäuschung behauptet. Aus zeithistorischer Perspektive erscheint es vielmehr angemessen, kollektive Enttäuschung als Reflex gesellschaftlicher Selbstverständigungsprozesse und als historisch kontigente Erscheinungen der politischen Kultur zu begreifen. Diese Auffassung schließt an eine Herangehensweise an, die Gefühle als geschichtlich wandelbare und geschichtsmächtige Phänomene modelliert.

Emotionen, Affekte, „wahre" Gefühle

Eine historische Beschäftigung mit Gefühlen erscheint nur dann sinnvoll, wenn man sozialkonstruktivistischen Prämissen über die „Natur" des Gegenstandes folgt. Die Emotionsgeschichte geht davon aus, dass Gefühle sozial konstruiert und kulturell geformt sind. Dadurch werden universalistische Konzeptualisierungen wie die Theorie der basalen Emotionen von Paul Ekman sowie somatische Ansätze ausgeschlossen, die Gefühle an körperlichen Erregungszuständen und neuronalen Aktivitätsmustern festmachen.[19] Damit ist keine Aussage darüber getroffen, was Gefühle „sind", vielmehr betrifft diese Festlegung eine Einschränkung des Gegenstandsbereichs. Zwar ist die Vorstellung weithin anerkannt, dass kulturelle Einflüsse und biologische Determinanten das Fühlen wechselseitig beeinflussen.[20] Doch die meisten emotionsgeschichtlichen Studien interessieren sich vorwiegend für Gefühle als Teil der sozialen und kulturellen Konstruktionen von

---

[18] Vgl. Eva Illouz, Gefühle in Zeiten des Kapitalismus, Frankfurt am Main 2006, S. 12f. u. 70–72; zur Enttäuschung als Konsequenz ebd., S. 130–143.
[19] Vgl. dazu die ausführliche Diskussion bei Barbara H. Rosenwein, Problems and Methods in the History of Emotions, in: Passions in Context 1 (2010), S. 1–32, hier S. 2–10.
[20] Vgl. Eva-Maria Engelen u. a., Emotions as Bio-cultural Processes. Disciplinary Debates and an Interdisciplinary Outlook, in: Birgitt Röttger-Rössler/Hans J. Markowitsch (Hrsg.), Emotions as Bio-Cultural Processes, New York 2009, S. 23–53; Birgit Aschmann, Heterogene Gefühle. Beiträge zur Geschichte der Emotionen, in: Neue Politische Literatur 61 (2016), H. 2, S. 225–249, hier S. 228–231.

Wirklichkeit: für Diskurse über Gefühle, für historisch kontingente Konventionen des Gefühlsausdrucks, für die Art und Weise, wie sich Akteure kulturell geformte emotionale Konzepte aneignen und sie verändern. Auf diesen Feldern liegt auch der Schwerpunkt dieser Studie, weil das Sprechen *über* Enttäuschung im hier analysierten Quellenkorpus dominiert.

Mit den Quellen und Methoden der Zeitgeschichte ist die „Verkörperung" von Gefühlen insofern fassbar, als sie zum Gegenstand von Selbstbeschreibungen von Akteuren werden oder sich in Körperpraxen ausdrücken.[21] Solche Praxen werden in die Untersuchung einbezogen, indem der Umgang mit Enttäuschung auch als performativer Akt gefasst wird. Gleichwohl soll Enttäuschung nicht als „Affekt" im Sinne einer „dimension of bodily experiences and encounters [...] that remains, significantly, non-semantic and non-representational"[22] analysiert werden. In dieser Arbeit bevorzuge ich daher „Gefühl" und „Emotion" als synonyme Metabegriffe gegenüber „Affekt". Diesbezüglich folge ich Jan Plamper, der sich darauf beruft, dass „Affekt" unter dem Einfluss der Neurowissenschaften „zunehmend die Bedeutung des rein Körperlichen, vorsprachlichen, unbewussten Emotionalen" angenommen habe.[23] Begriffsgeschichtlich verweist „Affekt" zudem auf eine auf Immanuel Kant zurückgehende Tradition, Gefühle als moralische Gefahr zu diskreditieren, die durch die Vernunft eingehegt werden müsse.[24] In der pejorativen Bedeutung von „affektiert" als „gekünstelt" schwingt dies noch im heutigen Sprachgebrauch mit.

Wer sich affektiert verhält, spielt anderen etwas vor. Diese etymologisch ins 18. Jahrhundert zurückreichende Assoziation von starkem Gefühlsausdruck mit Falschheit verweist auf die Bedeutung der Affektkontrolle, die Norbert Elias ins Zentrum seiner Theorie des Zivilisationsprozesses in Mitteleuropa gestellt hat. Daher rühren tief verwurzelten Zweifel an der Aussagekraft von Selbstzeugnissen

---

[21] Für eine diesbezügliche Erweiterung der Emotionsgeschichte plädieren Pascal Eitler/Monique Scheer, Emotionengeschichte als Körpergeschichte. Eine heuristische Perspektive auf religiöse Konversionen im 19. und 20. Jahrhundert, in: GG 35 (2009), S. 282–313; Monique Scheer, Are Emotions a Kind of Practice (and Is That What Makes Them Have a History)? A Bourdieuian Approach to Understanding Emotion, in: History and Theory 51 (2012), S. 193–220.

[22] Devika Sharma/Frederik Tygstrup, Introduction, in: dies. (Hrsg.), Structures of Feeling. Affectivity and the Study of Culture, Berlin 2015, S. 1–19, hier S. 7. Zur definitorischen Abgrenzung von „affect" und „feeling" vgl. Sigrid Schmitz/Sara Ahmed, Affect/Emotion: Orientation Matters. A Conversation between Sigrid Schmitz and Sara Ahmed, in: Freiburger Zeitschrift für GeschlechterStudien 20 (2014), Nr. 2, S. 97–108. Zu Schwerpunkten und Differenzkriterien der *affect studies* vgl. Gregory J. Seigworth/Melissa Gregg, An Inventory of Shimmers, in: dies. (Hrsg.), The Affect Theory Reader, Durham 2010, S. 1–25, hier S. 6–9. Ohne Diskussion der *affect studies* kommt das Themenheft „Affekte regieren" der Zeitschrift „Mittelweg 36" von 2015 aus; vgl. Jan Philipp Reemtsma, Warum Affekte?, in: Mittelweg 36 24 (2015), S. 15–26.

[23] Plamper, Geschichte und Gefühl, S. 22; mit Bezug auf Gilles Deleuze in diesem Sinne auch Ann Cvetkovich, Affect, in: Bruce Burgett/Glenn Hendler (Hrsg.), Keywords for American Cultural Studies, New York ²2014, S. 13–16, hier S. 15.

[24] Vgl. Ute Frevert, Gefühle definieren: Begriffe und Debatten aus drei Jahrhunderten, in: dies. u. a., Gefühlswissen. Eine lexikalische Spurensuche in der Moderne, Frankfurt am Main 2011, S. 9–39, hier S. 26 f.

über Gefühle. Lange Zeit hegte die Geschichtswissenschaft Vorbehalte über die Verbalisierung von Gefühlen, die auf die strikte Trennung von Kognition und Emotion zurückgingen. Demnach entziehen sich Gefühle als unbewusste und uneindeutige Phänomene dem rationalisierenden Zugriff sprachlicher Kategorisierung. Daher ließen sich Gefühle nicht adäquat äußern. Zudem verschleierten Menschen ihre Gefühlzustände bewusst oder unterlägen Selbsttäuschungen und Gedächtnislücken beim Versuch, sich an zurückliegende Gefühlszustände zu erinnern.[25] Eva Illouz behauptet, dass Gefühle zu einer anderen Kategorie wechselten, wenn man sie benenne und verschriftliche, denn dadurch gingen das Fließen und der unreflektierte Charakter emotionaler Erfahrungen verloren. Emotionswörter seien daher etwas anderes als die eigentlichen Gefühle und müssten grundsätzlich unter Manipulationsverdacht gestellt werden.[26] In diesem Lichte erscheinen alle Äußerungen über Gefühle als „a somehow translated signified and subjectified version of the elusive, pre-discursive affective matter"[27]. Auch die elaborierte Theorie der Emotionsgeschichte von William Reddy trennt zwischen vorsprachlichen „feelings" und „emotives". Mit diesem aus der Sprechakttheorie entlehnten Begriff definiert Reddy Gefühlsaussagen, die er nicht in erster Linie als aufrichtige Selbstbeschreibungen, sondern als zielgerichtete Kommunikation versteht.[28] Die abgemilderte Variante dieses Vorbehalts lautet, dass die Frage der „Echtheit" unerheblich für die Beschäftigung mit Gefühlsäußerungen sei, da auch eine instrumentelle oder strategische Verwendung ihre wirklichkeitsstrukturierende Valenz erweise.

Mit einigem Recht lässt sich bezweifeln, ob die Frage nach „wahren Gefühlen" überhaupt ein Substrat hat. Schließlich hat gerade die Historiografie zu den 1960er bis 1980er Jahren den Begriff des Authentischen als Fiktion und Konstruktion analysiert.[29] Für Ich-Aussagen über Gefühle sollten indessen keine anderen methodischen Regeln gelten als für andere Selbstzeugnisse[30]: Sie sind narrative Sinnkonstruktionen, und die Aufgabe des Historikers besteht nicht darin, einen mehr oder weniger dichten Schleier von Inszenierung, Brechung und Verfremdung zu lüften, um dahinter einen wahrhaftigen Kern zu suchen. Ziel der Analyse ist es, die in solchen Aussagen hervortretenden Subjektivierungsprakti-

---

[25] Vgl. Birgit Aschmann, Vom Nutzen und Nachteil der Emotionen in der Geschichte. Eine Einführung, in: dies. (Hrsg.), Gefühl und Kalkül. Der Einfluss von Emotionen auf die Politik des 19. und 20. Jahrhunderts, Stuttgart 2005, S. 9–32.
[26] Illouz, Gefühle in Zeiten des Kapitalismus, S. 55; die Gegenposition vertritt Nico H. Frijda u. a., Emotions and Emotion Words, in: James A. Russel (Hrsg.), Everyday Conceptions of Emotion. An Introduction to the Psychology, Anthropology, and Linguistics of Emotion, Dordrecht 1995, S. 121–143, hier S. 125f. u. 130.
[27] Sharma/Tygstrup, Introduction, S. 7.
[28] Vgl. William M. Reddy, The Navigation of Feeling. A Framework for the History of Emotions, Cam-bridge 2001, S. 96–110.
[29] Vgl. Sven Reichardt, Authentizität und Gemeinschaft. Linksalternatives Leben in den siebziger und frühen achtziger Jahren, Berlin 2014, S. 885–889.
[30] Vgl. Andreas Rutz, Ego-Dokument oder Ich-Konstruktion? Selbstzeugnisse als Quellen zur Erforschung des frühneuzeitlichen Menschen, in: zeitenblicke 1 (2002), Nr. 2 [20.12.2002], http://www.zeitenblicke.historicum.net/2002/02/rutz/index.html (24.5.2016).

ken als Konglomerat von Selbst- und Fremdführung hervortreten zu lassen und dadurch die Dichotomie von „Individuum" und „Gesellschaft" zu überwinden.[31] Es wäre mithin ein methodischer Rückschritt, Gefühlsaussagen unter Generalverdacht zu stellen. Mit ihnen thematisieren Akteure ihren Bezug zu anderen Menschen und Ereignissen, und sie verhalten sich zu sozialen und kulturellen Konventionen über die Wahrnehmung und Bewertung von Erfahrungen.

Gefühle lassen sich in diesem Sinne als „Subjektivierungselemente des Politischen" verstehen, Gefühlsmanagement im politischen Raum sogar als „Schlüsselkonzept politischer Praxis"[32]. In dieser Hinsicht sind es Akteurinnen und Akteure, deren emotionale Performanz die politische Kultur ausformt. Bezogen auf Demokratie und Enttäuschung wird dagegen oft die gegenteilige Position vertreten, dass nämlich die Mechanismen der politischen Partizipation in der repräsentativen Demokratie unweigerlich Enttäuschung hervorriefen.

Demokratie als Enttäuschungsagentur?

Winston Churchill wird das berühmte Diktum zugeschrieben, dass Demokratie die schlechteste aller Regierungsformen sei – abgesehen von allen anderen, die von Zeit zu Zeit ausprobiert worden seien.[33] Sein bissiges Bonmot stand in einer Tradition von Demokratiekritik, die man als „friendly fire" bezeichnen kann: Überzeugte Demokraten zeigten mehr oder weniger offen ihre Herablassung für eine Staats- und Regierungsform, die sie nur als Annäherung an das Ideal der Volkssouveränität ansahen. Gerade die repräsentative Demokratie zog diese Kritik auf sich. Thomas Jefferson charakterisierte sie als „popular government oft he second degree of purity", der amerikanische Politologe Robert Dahl sah in ihr nur ein „sorry substitute for the real thing"[34]. Demokratie erschien in dieser Perspektive als Hilfskonstruktion, als Not- oder bestenfalls zweitbeste Lösung. Nach der Revolution von 1918/19 gerann diese Überzeugung zur Haltung des „Vernunftrepublikanismus". Wer sich dazu bekannte, akzeptierte notgedrungen die neue Staats- und Gesellschaftsordnung, schätzte sie jedoch nicht.[35] Zwar haben neuere

---

[31] Vgl. Pascal Eitler/Jens Elberfeld, Von der Gesellschaftsgeschichte zur Zeitgeschichte des Selbst – und zurück, in: dies. (Hrsg.), Zeitgeschichte des Selbst. Therapeutisierung – Politisierung – Emotionalisierung, Bielefeld 2015, S. 7–30, hier S. 12–18.

[32] Gunilla Budde, Politik mit Gefühl. Emotion als Subjektivierungselement des Politischen, in: dies./Thomas Alkemeyer/Dagmar Freist (Hrsg.), Selbst-Bildungen. Soziale und kulturelle Praktiken der Subjektivierung, Bielefeld 2013, S. 197–225, hier S. 202.

[33] Tatsächlich berief sich Churchill auf eine ungenannte Quelle; vgl. Winston Churchill, Parliament Bill (Second Reading). A Speech to the House of Commons, 11. November 1947, abgedruckt in: ders., Europe Unite. Speeches 1947 and 1948, hrsg. von Randolph S. Churchill, London 1950, S. 196–209, hier S. 200.

[34] Zitate: Peter Graf Kielmansegg, Die Quadratur des Zirkels. Überlegungen zur Identität der repräsentativen Demokratie, in: ders., Die Grammatik der Freiheit. Acht Versuche über den demokratischen Verfassungsstaat, Baden-Baden 2013, S. 39–69, hier S. 39f. Die erste Fassung des Textes stammt aus dem Jahr 1985.

[35] Vgl. Andreas Wirsching (Hrsg.), Vernunftrepublikanismus in der Weimarer Republik. Politik, Literatur, Wissenschaft, Stuttgart 2008.

Studien das Verdikt der „ungeliebten Republik" differenziert.[36] Doch die massiv demonstrierte Feindschaft und Verachtung der Republikgegner übertraf die ebenfalls anzutreffenden Zeichen der Loyalität und Verbundenheit bei weitem. Dieses emotional distanzierte Verhältnis zur Demokratie auf Seiten ihrer Verteidiger war ein Grundzug der politischen Kultur der Weimarer Republik. Das Unbehagen an der Demokratie gedieh jedoch nicht nur im Schatten der tiefen Krisen der westlichen Demokratien in der ersten Hälfte des 20. Jahrhunderts. Die seither in regelmäßigen Wellen auftretenden Debatten über Staats-, Parteien-, und Politikverdrossenheit[37], „Unregierbarkeit"[38], „Wutbürger"[39] und das in den letzten Jahren von allen Seiten ausgerufene „Ende der Volksparteien"[40] zeugen von einem Krisendiskurs, der die westdeutsche Demokratie seit ihrer Gründung begleitet. Darin spielt das Argument eine große Rolle, dass unabhängig von den Qualitäten der Institutionen und Repräsentanten das System der repräsentativen Demokratie Enttäuschung notwendig herbeiführe, wie der Politologe Peter Graf von Kielmansegg ausführte:

„Repräsentation, die sich auf periodische Wahlen, auf einen ununterbrochenen Wettbewerb um Zustimmung gründet, muss enttäuschen. Die Enttäuschungen – darin liegt das Raffinement des demokratischen politischen Prozesses – werden regelmäßig durch die wiederkehrende Möglichkeit aufgefangen, die Regierung auszuwechseln. Genau genommen heißt das: Die Enttäuschungen werden dadurch aufgefangen, dass neue Erwartungen geweckt werden. Der Erwartungsüberhang, der in Enttäuschung umschlägt, wohnt dem demokratischen politischen Prozess also unentrinnbar inne."[41]

Diese Sichtweise ist im Grunde genommen eine gute Nachricht für die Demokratie, denn wenn Erwartungen und Enttäuschungen wie der Wellenschlag der Gezeiten kommen und gehen, stellen sie keine Gefahr dar. Kielmanseggs Argument

---

[36] Vgl. Manuela Achilles, With a Passion for Reason. Celebrating the Constitution in Weimar Germany, in: Central European History 43 (2010), S. 666–689; Peter Hoeres, Repräsentation und Zelebration. Die Symbolisierung der Verfassung im ausgehenden 19. und im 20. Jahrhundert, in: Der Staat 53 (2014), S. 285–311, hier S. 292–298; Philipp Nielsen, Verantwortung und Kompromiss. Die Deutschnationalen auf der Suche nach einer konservativen Demokratie, in: ders./Adam Tooze (Hrsg.), Normalität und Fragilität. Demokratie nach dem Ersten Weltkrieg, Hamburg 2015, S. 294–314. Die „ungeliebte Republik" ist der Titel einer von Wolfgang Michalka und Gottfried Niedhard herausgegebenen Quellensammlung, die zwischen 1980 und 1986 in vier Auflagen und 1992 nochmals als Neuausgabe erschien.

[37] Ihren Höhepunkt hatte sie in der ersten Hälfte der 1990er Jahre, doch ihre wesentlichen Argumente lassen sich bereits in den 1950er und 1960er Jahren nachweisen; vgl. Kai Arzheimer, Politikverdrossenheit. Bedeutung, Verwendung und empirische Relevanz eines politikwissenschaftlichen Begriffs, Wiesbaden 2002.

[38] Vgl. Gabriele Metzler, Staatsversagen und Unregierbarkeit in den siebziger Jahren?, in: Konrad Jarausch (Hrsg.), Das Ende der Zuversicht? Die siebziger Jahre als Geschichte, Göttingen 2008, S. 243–260.

[39] Vgl. Thymian Bussemer, Die erregte Republik. Wutbürger und die Macht der Medien, Stuttgart 2011.

[40] Peter Lösche, Ende der Volksparteien, in: Aus Politik und Zeitgeschichte 2009, Nr. 51, S. 6–12; Christoph Seils, Parteiendämmerung. Oder was kommt nach den Volksparteien?, Berlin 2010; Felix Butzlaff, Der misstrauische Souverän. Essay Ende der Volksparteien, in: taz, 19. 3. 2016, S. 11.

[41] Peter Graf von Kielmansegg, Erwartungen, Enttäuschungen, in: FAZ, 7. 9. 2015, S. 6.

lässt sich daher eher als Intervention in den Krisendiskurs über Demokratie mit dem Ziel verstehen, Enttäuschung einzuhegen. Andere Modelle beschreiben genauer die Aporien der Demokratie, an deren Ende kollektive Enttäuschung steht.

Der britische Politikwissenschaftler David Runciman zieht aus seiner Geschichte der Demokratie in den Krisenzeiten des 20. Jahrhunderts Rückschlüsse, die für „die" Demokratie Gültigkeit beanspruchen, also unabhängig von der historischen Situation und in jedem Staat. Er sieht demokratisch organisierte Gesellschaften in Krisenzeiten durch ziel- und kopflosen Improvisation gekennzeichnet. Der Preis für den Mangel an Stringenz und Mut besteht laut Runciman in unausweichlicher Enttäuschung: „Democracies continue to adjust, adapt, and find a way through. This process is not pretty, and it creates a pervasive feeling of disappointment."[42] Enttäuschung folgt demnach aus einem Mangel an staatsmännischer Klasse. Dieser Ansatz soll Enttäuschung *über* die Demokratie erklären, Enttäuschungen *in* der Demokratie erfasst er damit nicht. Schließlich wirft die These, dass die Sprunghaftigkeit von Demokratien in Krisenzeiten Enttäuschung hervorbringt, aber langfristig die Krise zu überstehen hilft, die Frage auf, welche Folgen die Enttäuschung selbst nach sich zieht. Runciman gibt darauf keine Antwort. Doch da in seinem Modell demokratische Gesellschaften immer wieder mit Enttäuschung konfrontiert werden, ohne daran zu zerbrechen, müssten sie Strategien haben, um dieses Gefühl zu überwinden.

Eine andere systematische Erklärung für Enttäuschung bietet der berühmte Essay des britischen Politologen Colin Crouch über das Phänomen der „Postdemokratie". Sie befällt die reifen Demokratien des Westens, ihr Wesen besteht darin, dass hinter einer Fassade demokratischer Verfahren die Kontrolle der öffentlichen Angelegenheiten dem demokratischen Souverän entrissen worden ist und dass die Mehrheit der Bürger dies hinnimmt. Crouch legt ein Verlaufsmodell für demokratische Entwicklungen zugrunde. Darin steigt der Grad demokratischer Freiheiten und politischer Partizipation zunächst an, um nach einem Höhepunkt wieder abzufallen und gegen Null zu tendieren. Das Ende dieser parabelförmigen Kurve nennt Crouch „Postdemokratie". Diese „unvermeidliche Entropie" des demokratischen Gemeinwesens ist von „Langeweile, Frustration und Desillusionierung" der Bürgerinnen und Bürgern gekennzeichnet.[43]

Gegenüber Runcimans Ansatz bietet Crouchs Analyse den Vorteil, den Zusammenhang von Enttäuschung und Demokratie nicht allein in Krisenzeiten plausibel zu machen. Seine Grundannahme, dass alle Demokratien einem organischen Gesetz von Werden und Vergehen folgen, ist mit einer Grundvoraussetzung historischer Analyse unvereinbar, dass nämlich die Geschichte offen ist. Außerdem legt Crouch ein historisch kontingentes Idealbild der Demokratie zugrunde, dessen Schwergewicht auf dem Ausbau der sozialen Demokratie in den Jahrzehnten nach dem Zweiten Weltkrieg liegt. Sein demokratisches Ideal hat also einen genau loka-

---

[42] David Runciman, The Confidence Trap. A History of Democracy in Crisis from World War I to the Present, Princeton 2013, S. 293.
[43] Colin Crouch, Postdemokratie, Frankfurt am Main 2008, S. 30 u. 133.

lisierbaren politischen Standpunkt und blendet darüber hinaus die Ungleichheit der Partizipationschancen zwischen Männern und Frauen völlig aus.[44]

Genau wie Crouch und Runciman sieht der Soziologe und Ökonom Albert O. Hirschman Enttäuschung als unausweichlich an. Doch während für die beiden zuvor diskutierten Autoren dieses Gefühl nur ein Randaspekt ihrer Demokratieanalyse ist, stellt Hirschman es ins Zentrum seiner Überlegungen. Sein 1982 erschienenes Buch stellt daher den systematischsten Versuch dar, das Auftreten von Enttäuschung in modernen Massengesellschaften zu erklären. Hirschman stellt zwar keinen direkten Bezug zur Demokratie her, aber die notwendigen Voraussetzungen seiner Argumentation – vor allem eine entfaltete Konsumgesellschaft, eine pluralistisch organisierte Öffentlichkeit und die jederzeit mögliche politische Partizipation auch außerhalb von staatlichen Organisationen oder Parteien – situieren sein Modell in den Demokratien westlichen Zuschnitts des 20. Jahrhunderts.

Im Zentrum seiner Argumentation steht eine Verhaltensanalyse der Bürgerinnen und Bürger. Ihnen stehen nach Hirschman zwei Wege offen, um ihr Streben nach einem höheren Glück zu befriedigen: der Konsum und politisches Engagement. Beide führen unausweichlich zu Enttäuschungen, worauf die Bürger mit „systematischem Präferenzwechsel"[45] antworten. Wenn sich dessen Konsumerwartungen nicht erfüllen, werde der Konsument politisch aktiv: „Die durchgemachte Enttäuschung bietet ihm gewissermaßen eine Leiter, auf deren Sprossen er aus dem privaten Bereich heraus in die politische Arena steigt"[46] und dort für sein Anliegen zu werben beginnt. Begünstigt werde diese Option durch unbefriedigende Partizipationschancen. Hirschman sieht im periodischen Wahlakt als alleiniger Form politischer Beteiligung eine „Unterforderung der Bürger". Eine „so zahme Methode der politischen Präferenzbekundung" müsse gerade in stabilen Demokratien zwangsläufig zu „politischer Apathie und Enttäuschung" führen, weil sie ungeeignet sei, „starken politischen Gefühlen Ausdruck zu verleihen"[47]. Mit dieser Argumentation erweist sich Hirschman als Vorläufer von Crouch, weil er den Grund für Enttäuschung in den verfügbaren Partizipationsgelegenheiten verortet.

Allerdings ist Enttäuschung für Hirschman nicht nur ein Anreiz für politisches Engagement, sondern kann auch wieder zu einem Rückzug ins Private führen. Weil das politische Leben entweder zuviel fordere oder zu belanglos sei, bleibe lediglich die „unbefriedigende Wahl zwischen übermäßiger oder unzulänglicher Beteiligung". Folglich müsse politisches Engagement „in jedem Falle auf Enttäuschung der einen oder der anderen Art" hinauslaufen.[48]

---

[44] Vgl. zur Kritik daran u. a. Birgit Sauer, Die Allgegenwart der „Androkratie": feministische Anmerkungen zur „Postdemokratie", in: Aus Politik und Zeitgeschichte 2011, Nr. 1/2, S. 32–36; Oliver Eberl/David Salomon, Postdemokratie und soziale Demokratie, in: Politische Vierteljahresschrift 54 (2013), S. 415–425
[45] Hirschman, Engagement und Enttäuschung, S. 27.
[46] Ebd., S. 73 u. 75.
[47] Ebd., S. 113 u. 118f.
[48] Ebd., S. 130f.

Empirisch ist dieses Verdikt nicht haltbar.[49] Hätte Hirschman recht, dann wäre ein langfristiges politisches Engagement unmöglich. Sein Modell des zyklischen Wechsels zwischen der Verfolgung privater und öffentlicher Interesse kann eine Zwangsläufigkeit von Enttäuschung nicht plausibler belegen als Runcimans Analyse der demokratischen Sprunghaftigkeit in Krisensituationen und Crouchs Normalverlaufskurve zu postdemokratischer Frustration. Die Verhaltensmuster, die Hirschman präsentiert, fußen auf der Annahme, dass Durchschnittsbürger politisch völlig naiv seien. Ihre Enttäuschungen resultieren demnach aus eklatanten Fehleinschätzungen: „Das Hin- und Herwechseln vom privaten zum politischen Leben und zurück steht im Zeichen maßlos überzogener Erwartungen, völliger Verblendung und plötzlicher Kehrtwendungen."[50] Außerdem unterstellt Hirschman Reaktionsmuster auf die Erfahrung von Enttäuschung, die keineswegs selbstverständlich und schon gar nicht alternativlos sind. Es bedarf also einer differenzierteren Analyse, um das Entstehen und die Folgen von Enttäuschung zu erklären. Nötig ist dafür eine Konzeptualisierung von Enttäuschung, die den Begriff von der Quellenverwendung abhebt und für eine zeithistorische Untersuchung trennscharf konturiert.

Enttäuschung als analytische Kategorie

Erst relativ spät wurde Enttäuschung systematisch untersucht. Am intensivsten haben sich sozialpsychologische Autoren mit ihr auseinandergesetzt, daneben existieren philosophische, soziologische und theologische Ansätze.[51] Die Geschichtswissenschaft hat noch keinen Versuch unternommen, sich auf analytische und abstrahierende Weise mit Enttäuschung auseinanderzusetzen.[52]

Die erste Theorie datiert von 1985. Sie stammt vom amerikanischen Ökonomen David E. Bell, der sich für Einflüsse auf Entscheidungen bei ungewissem Ausgang interessierte. Sie zielte darauf ab, empirisch belegte Abweichungen von der Theorie der rationalen Entscheidung zu erklären und die daraus abgeleiteten Handlungslogiken zu modifizieren. Bell stützte sich auf keinerlei empirischen Er-

---

[49] So stellte der Meinungsforscher Edgar Piel anhand zahlreicher demoskopischer Indikatoren 1983 fest, dass die Anteilnahme an öffentlichen Angelegenheiten zurückgehe, während die Wertschätzung des sozialen Nahbereichs steige. Gleichzeitig seien aber das Interesse an Politik und die Politisierung des Gesellschaft so hoch wie nie zuvor in der Geschichte der Bundesrepublik. Einen Zusammenhang mit Konsumgewohnheiten stellte Piel nicht her, sondern führte die „Flucht ins Private" auf die Entfremdung in einer immer unüberschaubareren Welt und davon ausgelöste Ängste zurück: Edgar Piel, Die Flucht ins Private. Die einsame Masse und die neue Gemeinschaft der Emotionen, in: Elisabeth Noelle-Neumann/Edgar Piel (Hrsg.), Allensbacher Jahrbuch der Demoskopie 1978-1983, München 1983, S. XIX-XXX.
[50] Hirschman, Enttäuschung und Engagement, S. 112.
[51] Vgl. Heinsohn/Moxter (Hrsg.), Enttäuschung.
[52] Vgl. als thematische Annäherung Enno Bünz/Rainer Gries/Frank Möller (Hrsg.), Der Tag X in der Geschichte. Erwartungen und Enttäuschungen seit tausend Jahren, Stuttgart 1997. Die Beiträge streifen den Aspekt der Enttäuschung jedoch nur sporadisch, und die Einführung der Herausgeber kann nicht anders als unterkomplex und oberflächlich bezeichnet werden: dies., Erwartungen in der Geschichte, in: ebd., S. 7-23.

hebungen, sondern argumentierte auf der Ebene eines mathematischen Modells. Seine Kernthese lautet, dass Menschen die Möglichkeit von Enttäuschung antizipieren und ihre Entscheidungen so treffen, dass sich die Wahrscheinlichkeit verringert, enttäuscht zu werden. Im Zentrum seiner Definition steht die Diskrepanz zwischen Erwartung und Resultat: Enttäuschung ist demnach „a psychological reaction to an outcome that does not match up to expectations. The greater the disparity, the greater the disappointment"[53].

Ende der 1990er Jahre nahm die psychologische Enttäuschungsforschung Fahrt auf. Der niederländische Sozialpsychologe Wilco van Dijk publizierte 1999 seine Dissertation über die „Psychologie der Enttäuschung". Sie bietet eine phänomenologische Beschreibung, grenzt Enttäuschung von anderen negativen Gefühlen wie Bedauern oder Frustration ab, untersucht Variablen, die die Intensität der Enttäuschung beeinflussen, und setzt sich mit Strategien auseinander, sie zu vermeiden oder abzumildern.[54] Empirisch stützt sich die Arbeit auf 23 experimentelle Studien, an denen bis auf eine Ausnahme ausschließlich Universitätsstudenten teilnahmen. Die überwiegende Zahl der Versuche basierte auf fiktiven Enttäuschungsszenarios, zu denen die Probanden Fragebögen ausfüllten, außerdem wurden Einschätzungen zu enttäuschenden Erlebnissen der Teilnehmenden selbst erhoben. Van Dijk differenzierte zwischen Enttäuschung über den unerwarteten Ausgang eines Handlungsablaufes und der Enttäuschung über sich selbst beziehungsweise über das Verhalten Dritter. Die Arbeit, der noch eine Reihe weiterer Veröffentlichungen über Enttäuschung folgten, stellt einen Meilenstein hinsichtlich der Präzision, des Differenzierungsgrades und der Auswirkungen von Enttäuschung dar. Sie bietet Anregungen und Anknüpfungspunkte für eine zeitgeschichtliche Konzeptualisierung. Aber weder lassen sich ihre Ergebnisse ohne weiteres auf eine andere Epoche und einen anderen Personenkreis übertragen, noch enthalten zeitgeschichtliche Quellen vergleichbar differenzierte Selbsteinschätzungen über Enttäuschung. In ihnen tritt ein Alltagsverständnis dieses Gefühls von sehr heterogenen Akteuren zutage, das daher auch den Ausgangspunkt für einen zeitgeschichtlich operationalisierbaren Enttäuschungsbegriff bieten muss.

Bevor ich diesen skizziere, gilt es noch einen sozialphilosophischen Enttäuschungsansatz zu diskutieren. Er stammt von Peter Furth, der 1991 eine „Phänomenologie der Enttäuschung" vorlegte, in die auch biografische Erfahrungen einflossen. Furth war Mitglied im SDS, beteiligte sich zeitweise an den Studentenprotesten von 1968 und betreute in den 1970er Jahren die Dissertation von Rudi Dutschke; zu Beginn der 1980er Jahre engagierte er sich in der Friedensbewegung. In einem Interview von 2008 erklärte er, durch Enttäuschungen gelernt zu

---

[53] David E. Bell, Disappointment in Decision Making under Uncertainty, in: Operations Research 33 (1985), S. 1–27, hier S. 1. Vgl. auch Graham Loomes/Robert Sugden, Disappointment and Dynamic Inconsistency in Choice Under Uncertainty, in: Review of Economic Studies 53 (1986), S. 271–282.

[54] Vgl. Wilco W. van Dijk, Shattered Hopes & Dashed Dreams. On the Psychology of Disappointment, Amsterdam 1999.

haben, sich vom Wunschdenken zu verabschieden.[55] Furth unterschied passive von aktiver Enttäuschung. Letztere definierte er als „Ent-Täuschung" im Sinne einer Befreiung von Täuschung. Ein derartiges Verständnis stützt sich – ohne dass Furth dies explizit ausführt – auf die epistemologische Prämisse, dass nur aus dem Scheitern von Erwartungen Erkenntnisgewinn entstehen könne.[56] Furth folgte dieser Traditionslinie, indem er Enttäuschbarkeit zu einer notwendigen Voraussetzung von Aufklärung erklärte und sie gegen Zynismus und „ironische Enttäuschungsindifferenz" absetzte.[57] Er konzipierte Enttäuschung damit nicht als Gefühl, sondern als Lebenseinstellung; insofern ist sein Enttäuschungsbegriff weniger deskriptiv als normativ. Aktive „Ent-Täuschung"[58] in Furths Lesart lässt sich indessen auch als Gefühlsregel verstehen, nämlich als Anleitung und Appell, Enttäuschungen zu überwinden. Sein Plädoyer für Desillusionierung verengte Enttäuschung auf eine mögliche Folge dieser Empfindung. Der zeithistorische Zugriff auf Enttäuschung, den ich im Folgenden entwickele, lässt dagegen die Möglichkeiten der Akteure offen, mit dieser Empfindung umzugehen.

Ich verstehe Enttäuschung in dieser Studie als spezifische Form der Gegenwartsperzeption, die durch drei Bestimmungsfaktoren gekennzeichnet ist: Sie bezieht sich auf Erwartungen, das heißt auf vorgängige Prognosen einer zukünftigen Entwicklung, und zugleich auf Erfahrung im Sinne von bewerteter Vergangenheit; sie kennzeichnet eine Abweichung von diesen Erwartungen als überraschend und unangenehm[59]; sie signalisiert eine Störung von sozialen Beziehungen und normativen Verhaltensstandards mit dem Ziel, diese Dissonanz aufzulösen.

Entsprechend diesen Bestimmungsfaktoren analysiert die Studie unterschiedliche Dimensionen von Enttäuschung: Erstens nimmt sie eine spezifische Deutung von Zeitlichkeit in den Blick. Da Erwartungen und Erfahrungen sich wechselseitig beeinflussen, integriert die historische Kategorie der Enttäuschung die Perzeptionsdynamik von Vergangenheit, Gegenwart und Zukunft. Enttäuschung als ana-

---

[55] „Die 68er-Revolte hat eine Wächtergeneration hinterlassen." Interview von Timo Frasch mit Peter Furth, in: FAZ, 5.8.2008, S. 3.
[56] Vgl. dazu mit zahlreichen philosophiegeschichtlichen Belegen von Karl Marx, Edmund Husserl, Karl Popper und Hans Blumenberg die Einleitung von Nina Heinsohn und Michael Moxter in: dies., Enttäuschung, S. 1–33, hier S. 4–19.
[57] Peter Furth, Phänomenologie der Enttäuschung. Ideologiekritik, nachtotalitär, Frankfurt am Main 1991, S. 8, 20, 28 u. 95.
[58] Die Herleitung ist etymologisch korrekt, denn das Wort „enttäuschen" ist eine Neuschöpfung des 19. Jahrhunderts, um die französischen Verben „détromper" und „désabuser" zu ersetzen. Die Ursprungsbedeutung lautet „aus einer Täuschung herausreißen"; vgl. Kluge. Etymologisches Wörterbuch der deutschen Sprache, Berlin ^{25}2011, S. 249. Doch diese Herleitung funktioniert nur im Deutschen. Verbreitet in einigen US-amerikanischen christlichen Gemeinden ist ein in ähnlicher Weise verfahrendes Wortspiel, um Enttäuschung durch das Vertrauen auf Gottes Fügung zu überwinden, beispielsweise in dem Song „Disappointment" (1976) von Phil Keaggy: „Disappointment – His appointment, change one letter then I see, that the thwarting of my purpose is God's better choice for me".
[59] Darin folge ich den oben skizzierten sozialpsychologischen Testergebnissen; vgl. Wilco W. van Dijk/Marcel Zeelenberg, Investigating the Appraisal Patterns of Regret and Disappointment, in: Motivation and Emotion 26 (2002), S. 321–331, hier S. 328.

lytische Kategorie umschließt Erfahrung als „die deutende Aneignung erlebter Wirklichkeit", die mittels eines „Reservoirs von Interpretamenten, Motiven, Topoi und Dichotomien [...] die Vielfalt von Wahrnehmungen sinnhaft strukturier[t]"[60]. Erst dieses Deutungswissen liefert den Referenzrahmen, um eine Gegenwartsperzeption zu klassifizieren und daraus Handlungsanweisungen für die Zukunft abzuleiten. Erfahrung als Deutungswissen prägt Wahrnehmung und Handlungsrepertoires in hohem Maße, sei es durch historische Analogien, durch die Klassifizierung von Gelegenheitsstrukturen als außergewöhnlicher historischer „Kairos", durch die Legitimation von Geltungsansprüchen mit Geschichte als Argument oder durch Positionierungen, die sich als „Lehren aus der Geschichte" darstellen.[61] In diesem Sinne ist Enttäuschung nicht einfach die Differenz zwischen Zukunftsprognose und Realitätsabgleich, sondern markiert die Abweichung von Vorstellungen, wie Vergangenheit, Gegenwart und Zukunft sein *sollten* bzw. hätten sein sollen.

Zweitens wird Enttäuschung als emotionale Markierung innerhalb der politischen Kultur untersucht. Akteure, die Enttäuschung zum Ausdruck bringen, wenden ein sozial erlerntes Regelverständnis an. Diese Gefühlsregeln[62] legen fest, in welcher Situation es als angemessen gilt, bestimmte Gefühle zu zeigen. Die Gesamtheit der Gefühlsregeln wird als „Gefühlsregime" bezeichnet. Gefühlspraktiken und Gefühlsregime sind in dieser Perspektive distinkte Merkmale von symbolischen Ordnungen. Entwickelt wurde das Konzept des *emotional regime* von William Reddy.[63] Es kreist um die Sinnstiftung der sozialen Ordnung, für die Reddy der Regulation des Gefühlslebens eine entscheidende Bedeutung zuweist. Jede Form von politischer Herrschaft benötigt demnach eine „normative order for emotions", um dauerhaft zu bestehen. Sie besteht aus einem Set an formalisierten Regeln und sozialen Konventionen, die bestimmen, welche Gefühle in der Öffentlichkeit zu zeigen und welche zu unterdrücken sind. Ziel dieser Regeln ist es, das Erleben des Einzelnen mit emotionalen Mustern zu rahmen, deren Eindeutigkeit und Verbindlichkeit variieren können. Denn der Grad emotionaler Freiheit, das Ausmaß von Normierung und die Sanktionsmittel gegen Regelverstöße differieren je nach politischem Ordnungsmodell erheblich. Für alle jedoch gilt, dass Gefühlsregeln eine Relation von Anlässen und emotionaler Performanz herstellen, die eine Skala der Angemessenheit etabliert. Das *emotional regime* umfasst „the set of normative emotions and the official rituals, practices, and emo-

---

[60] Leonhard, Politisches Sprechen im Zeitalter der Extreme, S. 111.
[61] Einige Beispiele dafür bietet Ute Daniel, Erfahrene Geschichte. Interventionen über ein Thema Reinhart Kosellecks, in: Carsten Dutt/Reinhard Laube (Hrsg.), Zwischen Sprache und Geschichte. Zum Werk Reinhart Kosellecks, Göttingen 2013, S. 14–28.
[62] Eingeführt wurde das Konzept von Arlie Russel Hochschild, Emotion Work, Feeling Rules, and Social Structure, in: American Journal of Sociology 85 (1979), S. 551–575, hier S. 561–563.
[63] Der Grundgedanke, dass soziale Konventionen die Gefühlsregulation prägen, findet sich freilich schon bei Hochschild. Peter und Carol Stearns prägten bereits Mitte der 1980er Jahre für die gesellschaftlichen Gefühlsnormen den Ausdruck „emotionology"; Peter N. Stearns/Carol Z. Stearns, Emotionology. Clarifying the History of Emotions and Emotional Standards, in: The American Historical Review 90 (1985), S. 813–836.

tives that express and incalculate them"⁶⁴. Die Analyse von Enttäuschung verweist daher nicht nur auf politischen Dissens, sondern erlaubt auch den Zugang zum Umgang mit Unzufriedenheit.

Die dritte Dimension adressiert Enttäuschung als kommunikativen Code. Im hier zugrunde gelegten Verständnis ist Enttäuschung nur als relationaler Ausdruck in einem sozialen Gefüge sinnvoll. Damit ist nicht gemeint, Enttäuschung als analytische Kategorie für die Zeitgeschichte auf kollektive Gefühle zu begrenzen, sondern die Funktionen dieses Gefühls für Vergemeinschaftungsprozesse zu fokussieren. Darin besteht generell ein Anliegen der Emotionsgeschichte, denn „emotions are above all instruments of sociability [...] Expressions of emotions should thus be read as social interactions"⁶⁵. Enttäuschung ist in diesem Sinne Ausdruck einer gestörten sozialen Beziehung. Dies gilt für Entfremdung als Folge von Enttäuschung über eine andere Person, aber auch über die Verletzung von Wertideen und Verhaltensnormen, von deren Anerkennung die Zugehörigkeit zu einer Gruppe abhängt. Doch die emotionale Markierung von Dissens enthält selbst Botschaften, die auf die gestörte soziale Beziehung abzielen: Während Ärger oder Empörung eindeutige Schuldzuweisungen transportieren, akzentuiert Enttäuschung grundsätzliche Kooperationsbereitschaft und Verbundenheit: „Communication of disappointment thus appears conducive to establishing mutually beneficial relationships"⁶⁶. Schließlich ist der kommunikative Austausch von Gefühlen an und für sich bereits ein Mittel der Vergemeinschaftung, wenn man Barbara Rosenweins Konzept folgt, dass alle sozialen Gruppen auch „Gefühlsgemeinschaften" sind, die sich durch die Konvergenz von emotionalen Bewertungen und Ausdrucksformen konstituieren.⁶⁷ Enttäuschung als analytische Kategorie eröffnet mithin eine Perspektive auf den Auf- und Abbau sozialer Kohäsion.

Erkenntnisinteresse und Fragestellung

Wenn in der Forschungsliteratur Enttäuschung als Erfahrung von nachgerade anthropologischer Qualität begriffen wird⁶⁸, dann postuliert die unhinterfragte Zuschreibung von kollektiver Enttäuschung Plausibilität, um historische Zusammenhänge zu erklären. Gerade die jüngere deutsche Geschichte bietet dafür zahlreiche Beispiele: So identifizierte Horst Möller Enttäuschung über die politischen Parteien nach der Revolution von 1918 als nahezu unvermeidliche Strukturbelas-

---

64 Reddy, The Navigation of Feeling, S. 124–126 u. 129; Zitate S. 124 u. 129.
65 Rosenwein, Problems and Methods in the History of Emotions, S. 19 f.
66 Vgl. Maarten J. J. Wubben/David De Cremer/Eric van Dijk, How Emotion Communication Guides Reciprocity: Establishing Cooperation Through Disappointment and Anger, in: Journal of Experimental Social Psychology 45 (2009), S. 987–990, hier S. 987.
67 Vgl. Barbara H. Rosenwein, Worrying about Emotions in History, in: American Historical Review 107 (2002), S. 821–845, hier S. 842.
68 Ein solcher Zug lässt sich auch an Kosellecks Begriffsbildung nachweisen; vgl. Stefan-Ludwig Hoffmann, Zur Anthropologie geschichtlicher Erfahrungen bei Reinhart Koselleck und Hannah Arendt, in: Hans Joas/Peter Vogt (Hrsg.), Begriffene Geschichte. Beiträge zum Werk Reinhart Kosellecks, Frankfurt am Main 2011, S. 171–204, hier S. 177 f.

tung der Weimarer Republik, die zum Scheitern der „unvollendeten Demokratie" beigetragen habe.[69] Fritz Stern führte das Aufkommen „nationalistischer Phantasien und Utopien" in Deutschland auf bis weit ins 19. Jahrhundert zurückreichenden Enttäuschungserfahrungen zurück.[70] Für den Terrorismus der 1970er Jahre machte Norbert Elias das „Übermaß der Erwartungen und [...] den bitteren Geschmack der Enttäuschung, die der tatsächliche Gang der Ereignisse im Mund vieler Menschen zurückließ", verantwortlich.[71] Der Herausgeber des Berliner „Tagesspiegel" Hermann Rudolph erklärte drei Jahre nach dem Fall der Berliner Mauer die schweren Ausschreitungen gegen Asylbewerber in Rostock mit der „Enttäuschung und Erbitterung über den Verlauf des Prozesses der Einigung", die er als unbestreitbares „Faktum" apostrophierte.[72] Unbeschadet dessen, wie plausibel solche Kausalitäten jeweils erscheinen mögen, ist es das Ziel dieser Studie, die scheinbare Evidenz derartiger Zuschreibungen in Frage zu stellen, mehr noch: Anstatt Enttäuschung als Erklärung zu akzeptieren, rückt sie Gründe, Erscheinungsformen und Folgen individueller und kollektiver Enttäuschung selbst ins Zentrum des Erkenntnisinteresses. Dieses Forschungsanliegen lässt sich in drei Fragekomplexen entfalten und ausdifferenzieren. Sie betreffen den Wandel der politischen Kultur der Bundesrepublik, die Stabilität und Akzeptanz der Demokratie als Herrschafts- und Gesellschaftsordnung sowie die Wahrnehmung und Deutung von politischem Engagement.

Der erste Fragenkomplex richtet sich auf den Wandel der politischen Kultur. Dass Enttäuschungen sich darin überhaupt niederschlagen, ist in der Zeitgeschichtsforschung unbestritten. Die Spannung zwischen Erwartungshorizonten und Erfahrungsräumen erlangte im 20. Jahrhundert eine besondere Signifikanz, die sich in den utopischen Visionen der politischen Ordnungen im „Zeitalter der Extreme" manifestierte.[73] So sieht Jörn Leonhard das 20. Jahrhundert durch eine

---

[69] Vgl. Horst Möller, Die Weimarer Republik. Eine unvollendete Demokratie, München [8]2006, S. 216. Kritisch zu solchen selbstevidenten Zuschreibungen Thomas Mergel, Führer, Volksgemeinschaft und Maschine. Politische Erwartungsstrukturen in der Weimarer Republik und dem Nationalsozialismus 1918-1936, in: Wolfgang Hardtwig (Hrsg.), Politische Kultur der Zwischenkriegszeit 1918-1939, Göttingen 2005, S. 91-127, hier S. 91f.

[70] Vgl. Fritz Stern, Kulturpessimismus als politische Gefahr. Eine Analyse nationaler Ideologie in Deutschland, Stuttgart 2005, S. 385. Die amerikanische Originalausgabe erschien erstmals in Berkeley 1961, die deutsche Übersetzung Bern 1963.

[71] Norbert Elias, Studien über die Deutschen. Machtkämpfe und Habitusentwicklung im 19. und 20. Jahrhundert, hrsg. von Michael Schröter, Frankfurt am Main [3]1990, S. 59 (Zitat) und S. 343-353.

[72] Hermann Rudolph, Schatten über der Jahrhundertaufgabe (4.10.1992), abgedruckt in: ders., Das erste Jahrzehnt. Die Deutschen zwischen Euphorie und Enttäuschung, Stuttgart 2000, S. 106-109, hier S. 108. Zu den Angriffen auf das Rostocker Asylantenheim vgl. Thomas Prenzel, „Am Wochenende räumen wir in Lichtenhagen auf". Die Angriffe auf die Zentrale Aufnahmestelle für Asylbewerber in Rostock im August 1992, in: Henrik Bispinck/Katharina Hochmuth (Hrsg.), Flüchtlingslager im Nachkriegsdeutschland. Migration, Politik, Erinnerung, Berlin 2014, S. 223-251.

[73] Vgl. die Beiträge in Wolfgang Hardtwig (Hrsg.), Utopie und politische Herrschaft im Europa der Zwischenkriegszeit, München 2003; Rüdiger Graf, Die Zukunft der Weimarer Republik. Krisen und Zukunftsaneignungen in Deutschland 1918-1933, München 2008.

besonders starke Dynamik von Erwartungshaltungen und entgrenzten Machbarkeitsverheißungen politischer und sozialer Akteure gekennzeichnet, deren Handlungsmöglichkeiten tatsächlich jedoch geschrumpft seien: „Die Steigerung und Radikalisierung von Erwartungshaltungen bei real abnehmenden Handlungsspielräumen führte [...] zu Enttäuschungen, wo Sagbares und Machbares so deutlich auseinandertraten"[74]. Auch Willibald Steinmetz erkennt in dieser Diskrepanz ein Charakteristikum des 20. Jahrhunderts.[75] Diese Erfahrung schlug nach dem Zweiten Weltkrieg in eine Umkehrbewegung um, die die politische Kultur der Bundesrepublik von Grund auf prägte: Der blutige Verlauf der ersten Hälfte des 20. Jahrhunderts führte zu einem „chastened outlook on modernity" und bewirkte „a fundamental reorientation of politics"[76]. Die öffentliche Repräsentation von Politik in der Bundesrepublik war jahrzehntelang von tiefem Misstrauen gegen visionäre Großentwürfe geprägt. Die posttotalitäre politische Kultur der Bundesrepublik schützte sich mit technokratischer Rationalität, nüchterner Sprache und dem Loblied auf evolutionäre, kleinschrittige Reformen vor dem Rückfall in die Mobilisierung zukunftsgerichteter Begeisterung.[77] Demgegenüber kennzeichnet der Historiker Christian Geulen die Gegenwart als eine „Epoche weniger der multiplizierten Erfahrung, als der entgrenzten Erwartung", in der die Erwartungen das Erfahrbare bestimmten.[78]

Vor diesem Hintergrund geht die Studie der Frage nach, welchen Einflussfaktoren der Auf- und Abbau von kollektiven Erwartungshorizonten während der 1970er und 1980er Jahre unterlag und inwiefern umgekehrt die Perzeption und Artikulation kollektiver Enttäuschung die politische Kultur der Bunderepublik prägte. Wie beeinflussten historische Erfahrungen die Wahrnehmung und die Ausdrucksformen von Enttäuschung? Welche Bedeutung hatte die „Medialisierung"[79] von Politik, insbesondere durch das Fernsehen, für die Wahrnehmung

---

[74] Jörn Leonhard, Politisches Sprechen im Zeitalter der Extreme: Überlegungen zu einer Erfahrungsgeschichte der Moderne, in: ZeitRäume 6 (2010), S. 106–126, hier S. 118.

[75] Vgl. Willibald Steinmetz, New Perspectives on the Study of Language and Power in the Short Twentieth Century, in: ders. (Hrsg.), Political Languages in the Age of Extremes, Oxford 2012, S. 3–51; außerdem Ulrich Meier/Manfred Papenheim/Willibald Steinmetz, Semantiken des Politischen. Vom Mittelalter bis ins 20. Jahrhundert, Göttingen 2012, S. 109–115.

[76] Konrad H. Jarausch, Out of Ashes. A New History of Europe in the Twentieth Century, Princeton 2015, S. 784.

[77] Vgl. Willibald Steinmetz, Anbetung und Dämonisierung des „Sachzwangs". Zur Archäologie einer deutschen Redefigur, in: Michael Jeismann (Hrsg.), Obsessionen. Beherrschende Gedanken im wissenschaftlichen Zeitalter, Frankfurt am Main 1995, S. 293–333; Thomas Mergel, Der mediale Stil der Sachlichkeit. Die gebremste Amerikanisierung des Wahlkampfs in der politischen Selbstbeobachtung der alten Bundesrepublik, in: Bernd Weisbrod (Hrsg.), Die Politik der Öffentlichkeit – die Öffentlichkeit der Politik. Politische Medialisierung in der Bundesrepublik, Göttingen 2003, S. 29–53; ders., Propaganda nach Hitler. Eine Kulturgeschichte des Wahlkampfs in der Bundesrepublik 1949–1990, Göttingen 2010, S. 262 u. S. 296–308.

[78] Christian Geulen, Plädoyer für eine Geschichte der Grundbegriffe des 20. Jahrhunderts, in: Zeithistorische Forschungen 7 (2010), S. 79–97, hier S. 82f.

[79] Vgl. Bernd Weisbrod, Öffentlichkeit als politischer Prozeß. Dimensionen der politischen Medialisierung in der Geschichte der Bundesrepublik Deutschland, in: ders. (Hrsg.), Die Politik der Öffentlichkeit – die Öffentlichkeit der Politik. Politische Medialisierung in der Bundesre-

und Verbreitung von kollektiver Enttäuschung?[80] Inwiefern spiegelt der Umgang mit kollektiver Enttäuschung Prozesse der „Emotionalisierung" des Politischen wider, verschränkt mit dem umgekehrten Prozess der „Politisierung" von Gefühlsäußerungen im öffentlichen Raum?[81] In welcher Weise veränderten Enttäuschungserfahrungen die Anforderungen und Erwartungen an politisches Handeln?

Der zweite Fragekomplex betrifft den Zusammenhang von Enttäuschung mit der Demokratie als Herrschafts- und Gesellschaftsordnung. In dieser Hinsicht ist der Untersuchungszeitraum von signifikanten Wandlungsprozessen gekennzeichnet, die die Analyse kollektiver Enttäuschungsprozesse besonders instruktiv erscheinen lassen. Während der 1960er und 1970er Jahre erlebte ein neues Verständnis von Demokratie in der Bundesrepublik seinen Durchbruch: Demokratie sollte „über den engen Bereich der politisch-staatlichen Ordnung hinausreichen und nicht als ein fester Zustand, sondern eher als ein Prozess verstanden werden, der sich immer wieder selbst antrieb"[82]. Damit verbunden war eine Kritik an den Partizipationschancen, die die repräsentative parlamentarische Demokratie den Bürgerinnen und Bürgern eröffnete. „Demokratisierung" war daher ein Schlüsselbegriff, der sehr unterschiedliche Erwartungen bündelte und den vor allem die sozialliberale Koalition ab 1969 aufgriff und sich unter dem Schlagwort „mehr Demokratie wagen" zu eigen machte.

Dieser von Planungseuphorie und Zukunftsoptimismus gekennzeichnete Aufbruch fand allerdings bereits vor dem Ölpreisschock 1973 ein Ende.[83] Die mittleren 1970er Jahre gelten als umfassender sozio-kultureller „Strukturbruch", sie werden unter Schlagworten wie „große Ernüchterung" und „Ende der Zuversicht" beschrieben, wodurch nur mehr „gedämpfte Erwartungen" möglich gewesen seien.[84] Unter den Jugendlichen habe sich „Resignation" ausgebreitet, ihre Erwar-

---

publik, Göttingen 2003, S. 11–25; Frank Bösch/Norbert Frei, Die Ambivalenz der Medialisierung, in: dies. (Hrsg.), Medialisierung und Demokratie im 20. Jahrhundert, Göttingen 2006, S. 7–24; Thomas Mergel, Politisierte Medien und medialisierte Politik. Strukturelle Koppelungen zwischen zwei sozialen Systemen, in: Klaus Arnold u. a. (Hrsg.), Von der Politisierung der Medien zur Medialisierung des Politischen? Zum Verhältnis von Medien, Öffentlichkeiten und Politik im 20. Jahrhundert, Leipzig 2010, S. 29–50.

[80] Vgl. Dagmar Unz, Emotional Framing – Wie audiovisuelle Medien die emotionale Verarbeitung beeinflussen, in: Anne Bartsch/Jens Eder/Kathrin Fahlenbrach (Hrsg.), Audiovisuelle Emotionen. Emotionsdarstellung und Emotionsvermittlung durch audiovisuelle Medienangebote, Köln 2007, S. 238–255.

[81] Vgl. Ute Frevert, Auch Gefühle haben ihre Geschichte. Über die Emotionalisierung des öffentlichen Raums und einige verwandte Phänomene, in: Neue Zürcher Zeitung, 26.7.2008, S. 59; Eitler/Elberfeld, Von der Gesellschaftsgeschichte zur Zeitgeschichte des Selbst, S. 23–28.

[82] Paul Nolte, Was ist Demokratie?, Geschichte und Gegenwart, München 2012, S. 349.

[83] Vgl. Elke Seefried, Zukünfte. Aufstieg und Krise der Zukunftsforschung 1945–1980, München 2015, S. 501.

[84] Mit Blick auf die Wirtschafts- und Sozialpolitik Anselm Doering-Manteuffel/Lutz Raphael, Nach dem Boom. Perspektiven auf die Zeitgeschichte seit 1970, Göttingen 2008; Tim Schanetzky, Die große Ernüchterung. Wirtschaftspolitik, Expertise und Gesellschaft in der Bundesrepublik 1966 bis 1982, Berlin 2007; Konrad H. Jarausch (Hrsg.), Das Ende der Zuversicht? Die siebziger Jahre als Geschichte, Göttingen 2008; Tony Judt, Die Geschichte Europas

tungshorizonte hätten sich nicht zuletzt wegen der „Erschöpfung utopischer Potenziale" sukzessive „verdunkelt"[85]. Teil der weit verbreiteten Krisenwahrnehmung war auch eine Kritik an den Institutionen und Repräsentanten der Demokratie.[86] Gleichwohl erlebten die bundesdeutschen Parteien und die Gewerkschaften einen Mitgliederzustrom, der ihre gesellschaftliche Verwurzelung bis Mitte der 1980er Jahre stärkte und für eine deutlich lebendigere interne Konfliktkultur sorgte. Auf dem traditionellen Sektor politischer Beteiligung bildeten die 1970er und 1980er Jahre insofern eine Hochzeit der Politisierung.[87]

Diese Entwicklung muss mit dem Anwachsen unkonventioneller Partizipationsformen zusammen gesehen werden. Ein deutliches Zeichen für den Legitimationsdruck, unter dem die Politik stand, waren die Neuen sozialen Bewegungen der 1970er und 1980er Jahre. Sie übten Grundsatzkritik am politischen System und gaben Forderungen eine Stimme, die sie von den Parteien nicht repräsentiert sahen. Stärker als in anderen europäischen Ländern konzentrierte sich dieses demokratiekritische Potenzial in Protestbewegungen außerhalb des Parteiensystems.[88] Doch die Frauen-, die Friedens- und die Umweltbewegungen lassen sich nicht allein als Symptom massiver Unzufriedenheit deuten, sie waren auch Ausdruck von großer Zuversicht, die „Gesellschaft als Projekt" verändern zu können.[89] Insgesamt waren die 1970er und 1980er Jahre also von einem komplexen Nebeneinander von Aufbrüchen und Rücknahmen gekennzeichnet.

Der Fokus auf Enttäuschung ermöglicht es, solche Wechselwirkungen zu problematisieren: Welche Erwartungen und Vorstellungen verbanden unterschiedliche

seit dem Zweiten Weltkrieg, Bonn 2006, S. 509. Kritisch gegenüber solchen Niedergangsdeutungen: Morten Reitmayer, Nach dem Boom – eine neue Belle Époque? Versuch einer vorläufigen Synthese, in: ders./Thomas Schlemmer (Hrsg.), Die Anfänge der Gegenwart. Umbrüche in Westeuropa nach dem Boom, München 2014, S. 13–22, hier S. 13; Frank Bösch, Boom zwischen Krise und Globalisierung. Konsum und kultureller Wandel in der Bundesrepublik der 1970er und 1980er Jahre, in: GG 42 (2016), S. 354–376.

[85] Fernando Esposito, No Future – Symptome eines Zeitgeistes im Wandel, in: Morten Reitmayer/Thomas Schlemmer (Hrsg.), Die Anfänge der Gegenwart. Umbrüche in Westeuropa nach dem Boom, München 2014, S. 93–108, hier S. 98–100.

[86] Vgl. Silke Mende, „Nicht rechts, nicht links, sondern vorn". Eine Geschichte der Gründungsgrünen, München 2011, S. 323–364; Philipp Gassert, Viel Lärm um nichts? Der NATO-Doppelbeschluss als Katalysator gesellschaftlicher Selbstverständigung in der Bundesrepublik, in: ders./Tim Geiger/Hermann Wentker (Hrsg.), Zweiter Kalter Krieg und Friedensbewegung. Der NATO-Doppelbeschluss in deutsch-deutscher und internationaler Perspektive, München 2011, S. 175–202, hier S. 182–185.

[87] Vgl. Frank Bösch/Jens Giesecke, Der Wandel des Politischen in Ost und West, in: Frank Bösch (Hrsg.), Geteilte Geschichte. Ost- und Westdeutschland 1970–2000, Göttingen 2015, S. 39–78, hier S. 46f. u. 51ff.

[88] Vgl. Geoff Eley, Forging Democracy. A History of the Left in Europe, 1850–2000, Oxford 2002, S. 419.

[89] Vgl. Dieter Rucht, Gesellschaft als Projekt – Projekte in der Gesellschaft. Zur Rolle sozialer Bewegungen, in: Ansgar Klein/Hans-Josef Legrand/Thomas Leif (Hrsg.), Neue soziale Bewegungen. Impulse, Bilanzen und Perspektiven, Opladen 1999, S. 15–27; Roland Roth/Dieter Rucht, Soziale Bewegungen und Protest – eine theoretische und empirische Bilanz, in: dies. (Hrsg.), Die Sozialen Bewegungen in Deutschland seit 1945. Ein Handbuch, Frankfurt am Main 2008, S. 645–668, hier S. 638.

Akteure mit der Demokratie, und wie wurden die daraus entstehenden Konflikte ausgehandelt? Welche Auswirkungen hatten die gestiegenen Partizipationserwartungen auf die Kommunikation und Repräsentation von politischer Herrschaft? Inwiefern beeinträchtigte kollektive Enttäuschung die Akzeptanz der repräsentativen Demokratie? Welche Folgen zogen Enttäuschungen nach sich, die die Bürgerinnen und Bürger bei ihren Versuchen erlebten, die Gesellschaft von innen heraus zu verändern? Welche Strategien entwickelten die professionellen politischen Akteure, um Enttäuschungen der Wählerinnen und Wähler entgegenzuwirken, und wie erfolgreich waren diese?

Der dritte Fragekomplex kreist um die Wahrnehmung und Deutung von politischem Engagement. Gemeint sind damit in erster Linie die Sichtweisen, Wertungen und Erfahrungen von Akteuren, die sich an demokratischen Meinungsbildungsprozessen beteiligen, davon aber nicht ihren Lebensunterhalt zu bestreiten hatten: Mitglieder und ehrenamtliche Funktionäre von politischen Parteien und Gewerkschaften, Aktivisten in Bürgerinitiativen und Neuen sozialen Bewegungen, Wählerinnen und Wähler, die sich in die Politik einmischten, auch wenn sie nicht gerade zur Urne gerufen wurden. Obwohl ihre Stimmen in vielfältiger Form archivalisch überliefert sind, sind bislang nur wenige Bausteine einer Alltags- und Erfahrungsgeschichte der Demokratie greifbar.[90] Ein emotionsgeschichtlicher Zugang kann dazu viel beitragen, denn Gefühle spielen eine zentrale Rolle für politisches Engagement, wie die Forschung zu den Neuen sozialen Bewegungen hervorhebt: Diese kommen „ohne starke Emotionen, ohne Moral und Empörung, ohne Mitleid und Solidarität, ohne Zuspitzung und Dramatisierung [...] nicht aus"[91], urteilen Dieter Rucht und Roland Roth. Der Soziologe Andreas Pettenkofer hat in der „Euphorie des Protests" eine zentrale Variable für die Stabilisierung der Anti-AKW-Bewegung auch nach Rückschlägen identifiziert.[92] Noch stärker betont die angelsächsische Forschung die Bedeutung von Bewegungsgefühlen. Vor allem starke Emotionen bilden demnach den Schlüssel für die kollektive

---

[90] Vgl. vor allem Detlef Siegfried, Time Is on My Side. Konsum und Politik in der westdeutschen Jugendkultur der 60er Jahre, Göttingen 2006; Belinda Davis, A Whole World Opening Up. Transcultural Contact, Difference, and the Politicization of „New Left" Activists, in: dies. u. a. (Hrsg.), Changing the World, Changing Oneself. Political Protest and Collective Identities in West Germany and the U.S. in the 1960s and 1970s, New York 2010, S. 255–273; Susanne Schregel, Der Atomkrieg vor der Wohnungstür. Eine Politikgeschichte der Friedensbewegung in der Bundesrepublik 1970–1985, Frankfurt am Main 2011; Michaela Fenske, Demokratie erschreiben. Bürgerbriefe und Petitionen als Medien politischer Kultur 1950–1974, Frankfurt am Main 2013; Andrew Stewart Bergerson/Leonhard Schmieding (Hrsg.), Ruptures in the Everyday. Views of Modern Germany from the Ground, New York 2017; Christina von Hodenberg, Das andere Achtundsechzig. Gesellschaftsgeschichte einer Revolte, München 2018.

[91] Roland Roth/Dieter Rucht, Einleitung, in: dies. (Hrsg.), Die sozialen Bewegungen in Deutschland seit 1945. Ein Handbuch, Frankfurt am Main 2008, S. 9–36, hier S. 24.

[92] Andreas Pettenkofer, Die Euphorie des Protests. Starke Emotionen in sozialen Bewegungen, in: Rainer Schützeichel (Hrsg.), Emotionen und Sozialtheorie. Disziplinäre Ansätze, Frankfurt am Main 2006, S. 256–285; vgl. auch Alexander Leistner, Soziale Bewegungen. Entstehung und Stabilisierung am Beispiel der unabhängigen Friedensbewegung in der DDR, Konstanz 2016, S. 80–82.

Mobilisierung und für das Festhalten von Individuen an ihrem Engagement; die „Kraft von Gefühlen" gilt als unverzichtbarer Bestandteil von dem, was eine Bewegung lebendig erhalte.[93]

Vor diesem Hintergrund untersucht die Studie die emotionale Rahmung des politischen Engagements in unterschiedlichen organisatorischen, sozialen und kulturellen Kontexten. Wie erlebten die Engagierten ihre politischen Aktivitäten? Inwiefern nutzten sie ihre Gefühle als Legitimation für politische Einmischung und als Machtressource[94]? Wie wirkte sich politisches Scheitern auf ihre Bereitschaft zum Engagement aus? Welche Folgen hatten Enttäuschungserfahrungen für die soziale und kulturelle Integration der Engagierten in ihr politisches Umfeld? Mit welchen Strategien begegneten sich Enttäuschungserfahrungen, und welche Konsequenzen zogen sie daraus?

Diesen Fragen geht die Untersuchung mit einem analytischen Dreischritt nach: Auf allen Untersuchungsfeldern werden zunächst die Erwartungshorizonte der Akteurinnen und Akteure rekonstruiert. Daran anschließend erfolgt die Analyse der kulturellen Praktiken und symbolischen Repräsentationsformen, mit denen die Enttäuschungserfahrungen zum Ausdruck gebracht wurden. Schließlich soll diskutiert werden, welche Auswirkungen die Wahrnehmung und kommunikative Verbreitung emotionaler Dissonanzen hervorriefen. Denn die Studie will nicht bei einer Phänomenologie der Enttäuschung(en) stehenbleiben, die in der Gefahr stünde, ein Niedergangsnarrativ zu produzieren. Vielmehr ist es ihr Anliegen, die Folgen und Bewältigungsstrategien zu untersuchen, mit denen die Akteure auf Enttäuschungserfahrungen reagierten.

Untersuchungsfelder, Quellengrundlage und Aufbau der Arbeit

Die Auswirkungen von Enttäuschungserfahrungen auf Partizipationserwartungen in der demokratischen Kultur, die Bewältigungsstrategien individueller und kollektiver Akteure und schließlich der kommunikative sowie strategische Stellen-

---

[93] Grundlegend mit zahlreichen empirischen Beispielen v. a. aus der Tierschutz- und Anti-Atomkraftbewegung: James M. Jasper, The Art of Moral Protest. Culture, Biography, and Creativity in Social Movements, Chicago 1998. Vgl. außerdem Ronald Aminzade/Doug McAdam, Emotions and Contentious Politics, in: dies. u. a. (Hrsg.), Silence and Voice in the Study of Contentious Politics, Cambridge 2001, S. 14–50, hier S. 17; Ron Eyerman, How Social Movements Move. Emotions and Social Movements, in: Helena Flam/Debra King (Hrsg.), Emotions and Social Movements, London 2005, S. 41–56, hier S. 43. Einen Forschungsüberblick bietet James M. Jasper, Emotions and Social Movements. Twenty Years of Theory and Research, in: Annual Review of Sociology 37 (2011), S. 14.1–14.19.

[94] Vgl. Susanne Schregel, Die „Macht der Mächtigen" und die Macht der „Machtlosen". Rekonfigurationen des Machtdenkens in den 1980er Jahren, in: AfS 52 (2012), S. 403–428; Bernhard Gotto, Enttäuschung als Politikressource. Zur Kohäsion der westdeutschen Friedensbewegung in den 1980er Jahren, in: VfZ 62 (2014), S. 1–33; Joachim C. Häberlen, Sekunden der Freiheit. Zum Verhältnis von Gefühlen, Macht und Zeit in Ausnahmesituationen am Beispiel der Revolte 1980/81 in Berlin, in: Cornelia Rauh/Dirk Schumann (Hrsg.), Ausnahmezustände. Entgrenzungen und Regulierungen in Europa während des Kalten Krieges, Göttingen 2015, S. 195–213.

wert von Enttäuschungsäußerungen werden exemplarisch auf drei Untersuchungsfeldern analysiert. Ihre Auswahl leiten drei Kriterien: Erstens sollen sie sich durch hohe Erwartungen an gesamtgesellschaftliche Veränderungen auszeichnen, weil diese besonders anfällig für Enttäuschungen sind. Daher sind vor allem symbolisch stark aufgeladene Vorhaben in den Blick zu nehmen, die für umfassende Zielsetzungen bestimmter sozialer Gruppen oder politischer Strömungen stehen. Denn derartige Denkhorizonte umgreifen die Gesellschaftsordnung als Ganzes und sind an Idealvorstellungen von Demokratie gebunden; sie fußen auf Interpretationen der großen Wertideen wie Freiheit, Gerechtigkeit und Sicherheit, die im Verhältnis von Individuum und Staat zum Tragen kommen.

Zweitens gilt es, ein breites Spektrum von Akteuren und politischen Strömungen zu erfassen. Vor allem die erste Hälfte des Untersuchungszeitraums gilt als Periode, in der sich Partizipationsvorstellungen in besonders hohem Maße veränderten, d. h., dass der Wunsch nach Demokratisierung weiter Lebensbereiche große Zustimmung erfuhr. Dabei darf jedoch nicht übersehen werden, dass es neben der Forderung nach „mehr Demokratie" auch Skepsis und Rufe zur Ordnung gab, die auf traditionelleren Politik- und Partizipationsformen beharrten.[95] Um diese Gemengelage zu erfassen, ist es nötig, sowohl klassisches Regierungshandeln als auch Politikformen außerhalb der institutionalisierten Bahnen in den Blick zu nehmen, also insbesondere die Neuen sozialen Bewegungen.

Drittens müssen die Untersuchungsfelder erlauben, die Entwicklung von Erwartungen und Enttäuschungen über einen längeren Zeitraum hinweg zu verfolgen. Enttäuschung ist eine Alltagserfahrung und tritt situativ auf. Um jedoch die Folgen von mehrfacher oder regelmäßiger Enttäuschung zu erfassen, müssen die Nachwirkungen solcher Momentaufnahmen in den Blick genommen werden. Wenn Ziele nicht erreicht werden, langgehegte Wünsche unerfüllt bleiben oder sicher geglaubte Hoffnungen scheitern, ist eine politische Etappe abgeschlossen. Die Folgen setzen aber gerade dann erst ein. Ein emotionsgeschichtlicher Zugriff muss daher sichtbar machen, wie vorgängige Enttäuschungserfahrungen die Erwartungen hinsichtlich politischer Gestaltbarkeit überhaupt, hinsichtlich struktureller Beteiligungs- und Entfaltungsmöglichkeiten des Individuums in der demokratisch verfassten Gesellschaft schmälerten bzw. mit welchen Strategien solche Frustrationserlebnisse verarbeitet wurden.

Die drei ausgewählten Untersuchungsfelder erfüllen die genannten Kriterien in hohem Maße. Das erste von ihnen adressiert ein politisches Projekt, das wie kaum ein zweites für die Ausweitung von Partizipationsrechten steht: Mitbestimmung der Arbeitnehmerinnen und Arbeitnehmer. Mitbestimmung ist der

---

[95] Vgl. Axel Schildt, „Die Kräfte der Gegenreform sind auf breiter Front angetreten". Zur konservativen Tendenzwende in den Siebzigerjahren, in: AfS 44 (2004), S. 449–478; Thomas Kleinknecht, Demokratisierung als Staats- oder als Lebensform: Konservative Einreden in den Cappenberger Gesprächen der Freiherr-vom-Stein-Gesellschaft in den 1970er Jahren, in: Massimiliano Livi/Daniel Schmidt/Michael Sturm (Hrsg.), Die 1970er Jahre als schwarzes Jahrzehnt. Politisierung und Mobilisierung zwischen christlicher Demokratie und extremer Rechter, Frankfurt am Main 2010, S. 113–129.

Leitbegriff der auf Ausweitung demokratischer Partizipation gerichteten Reformbestrebungen, die die sozialliberale Koalition seit 1969 auf den Weg brachte.[96] Seinen konkreten Niederschlag fand er in den Debatten um das Mitbestimmungsgesetz, das der Bundestag im März 1976 verabschiedete.[97] Es regelte die Zusammensetzung des Aufsichtsrates von Großunternehmen mit mehr als 2000 Beschäftigten in allen Branchen außer der Kohle und Stahl erzeugenden Industrie, für die seit 1951 die sogenannte Montanmitbestimmung galt. Doch entgegen den Erwartungen des Arbeitnehmerflügels der SPD und der Gewerkschaften verwirklichte das Mitbestimmungsgesetz die sogenannte „volle Parität" nicht. Symbolisch verdichtete sich darin der Abschied von Emanzipations- und Reformversprechungen, die sich vor allem an die Person von Bundeskanzler Willy Brandt und die Ankündigung aus seiner ersten Regierungserklärung geknüpft hatten, „mehr Demokratie wagen" zu wollen. Die Enttäuschung von 1976 bildete den Hintergrund für die Mitbestimmungsdiskussionen bis in die 1980er Jahre hinein. Wann immer sie aufflammten – sei es wegen der Klage der Unternehmerverbände gegen das Mitbestimmungsgesetz vor dem Bundesverfassungsgericht, sei es aus Anlass von Angriffen auf die Montanmitbestimmung während der Stahlkrise in den frühen 1980er Jahren oder im Zuge der groß angelegten Kampagne für Mitbestimmung des DGB von 1984 –, bildete die Erfahrung des Scheiterns einen zentralen Referenzpunkt für Erwartungshaltung und kommunikative Strategien der Akteure.

Das zweite Untersuchungsfeld zentriert sich ebenfalls um die Frage nach der Veränderbarkeit von gesellschaftlichen Ordnungsmustern und die Forderung nach Gerechtigkeit und Partizipation, allerdings aus der Perspektive gänzlich anderer Akteurinnen und Handlungskontexte: Untersucht wird die autonome Frauenbewegung der 1970er und 1980er Jahre.[98] Damit greift das Projekt einen Teil des „alternativen Milieus" auf, dessen subkulturelle Abgrenzung von der Mehrheitsgesellschaft nicht zuletzt durch einen expressiven emotionalen Habitus Ausdruck fand.[99] Ausgangspunkt für Enttäuschungserfahrungen war das Scheitern der Forderung, die Entscheidung über einen Schwangerschaftsabbruch aus der staatlichen Regelungskompetenz zu entlassen und dem Selbstbestimmungsrecht der Frau zu überantworten. Die hoch umstrittene Reform des § 218 StGB endete für die Frauenbewegung mit einer Niederlage, denn die Fristenregelung, welche von der Frauenbewegung schon an sich als unzureichender Kompromiss angesehen wurde, wurde nach einer erfolgreichen Verfassungsbeschwerde der Opposi-

---

[96] Vgl. Bernd Faulenbach, Das sozialdemokratische Jahrzehnt. Von der Reformeuphorie zur Neuen Unübersichtlichkeit. Die SPD 1969–1982, Bonn 2011, S. 182–190.
[97] Vgl. Karl Lauschke, Mehr Demokratie in der Wirtschaft. Die Entstehungsgeschichte des Mitbestimmungsgesetzes von 1976, 2 Bde., Düsseldorf 2006.
[98] Grundlegend Ilse Lenz (Hrsg.), Die Neue Frauenbewegung in Deutschland. Abschied vom kleinen Unterschied. Eine Quellensammlung, Wiesbaden 2008.
[99] Vgl. Reichardt, Authentizität und Gemeinschaft; ders./Detlef Siegfried, Das Alternative Milieu. Konturen einer Lebensform, in: dies. (Hrsg.), Das Alternative Milieu. Antibürgerlicher Lebensstil und linke Politik in der Bundesrepublik Deutschland und Europa 1968–1983, Göttingen 2010, S. 9–24.

tion durch ein Indikationsmodell abgelöst.[100] Dieses Scheitern zerstörte jedoch keineswegs die Erwartung, dass das Engagement gegen die gesellschaftliche Unterdrückung der Frau durch das „patriarchalische System" sinnvoll sei und Erfolg verspreche: Der Slogan „Frauen gemeinsam sind stark" blieb über den gesamten Untersuchungszeitraum hinweg ein feministischer Glaubenssatz. In zahlreichen Projekten trachteten die Anhängerinnen der autonomen Frauenbewegung danach, ihre Utopien einer besseren Welt in kleinem Maßstab zu verwirklichen. Solche Projekte waren zwar lokal begrenzt. Doch die Feministinnen knüpften daran Hoffnungen, der Bewegung einen Ort zu geben, d. h. eine organisatorische, symbolische und kommunikative Verdichtung herzustellen. Sie waren dazu gedacht, die Lebenswelt der Aktivistinnen ihren Vorstellungen anzupassen, sollten aber zugleich gesamtgesellschaftlichen Veränderungsdruck erzeugen. Daher werden die Erwartungen und Erfahrungen der Aktivistinnen in Frauencafés, Frauenzentren, Frauenhäusern und Frauenzeitungen analysiert. Dabei geht es nicht allein um Vorstellungen von gesellschaftlichem Wandel, sondern vor allem um die Umsetzung der feministischen Maximen in der Bewegung selbst. Weiterhin sollen Enttäuschungserfahrungen über Anpassungs- und Vereinnahmungstendenzen analysiert werden, die insbesondere während der „Phase der Professionalisierung und institutionellen Integration"[101] der 1980er Jahre virulent wurden.

Ein ganz anderes Segment politisch aktiver und interessierter Akteurinnen und Akteure erschließt das dritte Untersuchungsfeld. Es konzentriert sich auf die Steuerreform der christlich-liberalen Bundesregierung unter Helmut Kohl. Sie galt als Kernstück einer finanz- und gesellschaftspolitischen Neuorientierung; sie sollte die Bürger insgesamt entlasten und für mehr Gerechtigkeit sorgen. Weitere Ziele bestanden darin, das Wirtschaftswachstum durch Investitionsanreize zu stärken und das Steuersystem zu vereinfachen.[102] Eingebettet waren diese Ziele in den Horizont einer „finanzpolitischen Wende", so Bundesfinanzminister Gerhard Stoltenberg, die eine grundlegende Abkehr von der Politik der Vorgängerregierung postulierte und die Steuersenkungen mit Haushaltskonsolidierung, Schuldenabbau und Deregulierungen verband.[103] Dies schloss sich an die Rhetorik einer „geistig-moralischen Wende" an, die den Regierungswechsel als modernen konservativen Gegenentwurf zur sozialdemokratisch geprägten Gesellschaftspolitik der 1970er Jahre konturier-

---

[100] Siehe dazu Kristina Schulz, Der lange Atem der Provokation. Die Frauenbewegung in der Bundesrepublik und in Frankreich 1968–1976, Frankfurt am Main 2002, S. 143–174.
[101] Ilse Lenz, Das Private ist politisch?! Zum Verhältnis von Frauenbewegung und alternativem Milieu, in: Sven Reichardt/Detlev Siegfried (Hrsg.), Das Alternative Milieu. Antibürgerlicher Lebensstil und linke Politik in der Bundesrepublik Deutschland und Europa 1968–1983, Göttingen 2010, S. 375–404, hier S. 378; vgl. Dieter Rucht/Barbara Blattert/Dieter Rink, Soziale Bewegungen auf dem Weg zur Institutionalisierung. Zum Strukturwandel „alternativer" Gruppen in beiden Teilen Deutschlands, Frankfurt am Main 1997.
[102] Vgl. Andreas Wirsching, Abschied vom Provisorium. Geschichte der Bundesrepublik Deutschland 1982–1990, München 2006, S. 264–288; Marc Buggeln, Steuern nach dem Boom. Die Öffentlichen Finanzen in den westlichen Industrienationen und ihre gesellschaftliche Verteilungswirkung, in: AfS 52 (2012), S. 47–89, hier S. 67–77.
[103] Siehe dazu Hans Ullmann, Der deutsche Steuerstaat. Geschichte der öffentlichen Finanzen vom 18. Jahrhundert bis heute, München 2005, S. 205–208; Zitat Stoltenberg S. 206.

te.[104] Nicht zuletzt wegen der langen Dauer, die zwischen Ankündigung und Realisierung der Steuerreform lag – sie trat in drei Stufen zwischen 1986 und 1990 in Kraft; die Reform des Einkommenssteuertarifs bildete dabei den Abschluss –, eignet sie sich als Untersuchungsfeld für die Folgen von kollektiver Enttäuschung. In den Blick genommen werden dabei zum einen die Reform des Einkommenssteuertarifs und zum anderen die Änderung des Familienlastenausgleichs, weil diese Elemente am stärksten die außerfiskalischen Ziele der Reform reflektieren.

Die empirische Basis der Studie ist durch Recherchen in zwölf Archiven erschlossen. Sie lässt sich in drei Gruppen einteilen. Die erste Gruppe umfasst amtliches Schriftgut, das hauptsächlich im Bundesarchiv Koblenz (BA) gesichtet worden ist. Dabei handelt es sich um die Sachakten zu den Komplexen Mitbestimmung, Steuerreform, Finanzierung von Frauenhäusern, aber auch Eingaben aus der Bevölkerung. Darin schlägt sich nieder, wie Regierungsakteure Stimmungen in der Bevölkerung sowie bei einzelnen gesellschaftlichen Akteuren wahrnahmen und welche Konsequenzen sie daraus zogen.

Wichtige Erkenntnisse bieten zweitens die Überlieferung von Parteien und Gewerkschaften, denn darin befinden sich die Korrespondenz mit lokalen Organisationseinheiten sowie Eingaben von Bürgerinnen und Bürgern in großer Zahl. Solche Dokumente erlauben einen selektiven Einblick in die emotionalen Rückwirkungen von Politik, und sie legen frei, wie die solchermaßen erzeugten Gefühle selbst zum Faktor politischer Aushandlungsprozesse wurden. Zentral für das Thema Mitbestimmung sind die Bestände von IG Metall und Deutschem Gewerkschaftsbund, die beide im Archiv der sozialen Demokratie (AdsD) in Bad Godesberg eingesehen wurden. Darüber hinaus wurden die Dokumente der SPD-Bundestagsfraktion und des Parteivorstands ausgewertet. Systematisch ist die Korrespondenz zwischen Parteibasis und -führung im Untersuchungszeitraum auf Enttäuschungsäußerungen hin untersucht worden. Im Archiv für Christlich-Demokratische Politik (ACDP) in St. Augustin finden sich vor allem Quellen zur Steuerreform unter der Regierung Kohl in den 1980er Jahren, außerdem die Korrespondenzen zwischen CDU-Basis und -führung (die leider nur lückenhaft zugänglich sind) und die Dokumente der Bundestagsfraktion. Eine besonders wertvolle Überlieferung für das Projekt hält das Medienarchiv des ACDP bereit. Es handelt sich um Aufzeichnungen sämtlicher politischer Fernsehmagazine aus den 1980er Jahren. Dieses Videomaterial ist für alle Themenbereiche systematisch ausgewertet worden, um die Frage nach der massenmedialen Kommunikation von Enttäuschung auf den Grund zu gehen. Reichhaltiges Quellenmaterial hält auch das Archiv Grünes Gedächtnis (AGG) bereit, das die Bestände der Partei Die Grünen aufbewahrt. Die dort erhobenen Quellen geben tiefe Einblicke in die Erwartungen an die Grünen als parlamentarischen Arm der Neuen sozialen Bewegungen. Hervorzuheben ist neben den Beständen der Partei vor allem der umfangreiche Nachlass von Petra Kelly.

---

[104] Vgl. Andreas Wirsching, Eine „Ära Kohl"? Die widersprüchliche Signatur deutscher Regierungspolitik 1982–1998, in: AfS 52 (2012), S. 667–684, vor allem S. 668–670.

Die dritte Quellengruppe stammt aus den Archiven, die die Tätigkeit der Neuen sozialen Bewegungen dokumentieren. Dieses Material bietet eine außergewöhnlich reichhaltige Quelle für die Auseinandersetzung mit den Gefühlen von politisch Engagierten. Neben dem AGG war besonders das Archiv für alternatives Schrifttum (afas) in Duisburg sehr ergiebig. Dort wurde ein Teil der Selbstverständigungsliteratur eingesehen, d. h. die in der Regel lokalen Zeitschriften und Projektdokumentationen, die die Aktivisten selbst herstellten und in denen sie ihr Engagement beschrieben und reflektierten. Weitere Materialien wurden im Archiv des Hamburger Instituts für Sozialforschung (HIS) und dem Archiv des Internationaal Instituut voor Sociale Geschiedenis (IISG) in Amsterdam recherchiert. Ein bedeutender Teil der Quellengrundlage zur Frauenbewegung wurde im Archiv des Frauenforschungs-, -bildungs- und -informationszentrum (FFBIZ) in Berlin gewonnen, wo in erster Linie Materialien aus Frauenprojekten (wie z. B. der Berliner Sommeruniversität, dem Projekt einer Frauenpartei, dem Streit um den Frauenkalender oder dem ersten Berliner Frauenhaus) ausgewertet wurden. Um eine perspektivische Verzerrung durch eine einseitige Konzentration auf Berlin zu vermeiden, wurden ergänzend Materialien des Freiburger Archivs für Soziale Bewegungen (ASB) herangezogen. Die Selbstverständigungsliteratur der Frauenbewegung wurde im FrauenMediaTurm (FMT) in Köln eingesehen, eine Einrichtung, die auf das erste Archiv zur Zweiten Frauenbewegung in Deutschland überhaupt zurückgeht und eine Fundgrube für lokale Bewegungszeitschriften darstellt. Die beiden großen überregional ausstrahlenden Frauenzeitschriften „Emma" und „Courage" sind beide vollständig im Archiv des Instituts für Zeitgeschichte (IfZ) vorhanden, aus dem außerdem vielfältige Materialien zur Münchner Frauenbewegung herangezogen wurden.

Der Aufbau der Studie besteht, abgesehen von Einleitung und Schlussbetrachtung, aus drei großen Kapiteln. Sie bilden den empirischen Kern der Arbeit; jedes untersucht Enttäuschung auf einem der oben skizzierten Untersuchungsfelder. Dabei werden unterschiedliche Schwerpunkte gesetzt, die den empirisch jeweils aufgefundenen Dynamiken von Erwartung, Enttäuschung und Bewältigung Rechnung tragen. Ein viertes Kapitel analysiert Enttäuschungsmomente, die sich auf allen drei Untersuchungsfeldern vorfinden lassen und die deshalb systematisch auf die demokratische Kultur der Bundesrepublik bezogen werden. Darin steht die Erfahrung von Pluralität und Dissens als demokratischer Lernprozess und damit der Zusammenhang von Enttäuschung und sozialer Kohäsion im Zentrum. Schließlich geht es um Erwartungen an die Qualität der politischen Partizipation und somit um den Zusammenhang zwischen Enttäuschung und Abstraktheit von kollektiven Willensbildungsprozessen.

Mit diesem Zuschnitt verortet sich die Untersuchung in der Kulturgeschichte des Politischen.[105] Sie nutzt Konzepte der Emotionsgeschichte und der Erfahrungsgeschichte, ihr Gegenstandsbereich und Untersuchungszeitraum legen ihre

---

[105] Vgl. einführend Thomas Mergel, Kulturgeschichte der Politik, Version: 2.0, in: Docupedia-Zeitgeschichte, 22.10.2012, https://docupedia.de/zg/Kulturgeschichte_der_Politik_Version_

Zuordnung zur Demokratiegeschichte und zur jüngeren Zeitgeschichte nahe. Ihr Autor versteht sie als Beitrag zu einer Erfahrungsgeschichte der Demokratie im 20. Jahrhundert.[106]

Dank

Die meisten, die dieses Buch in die Hand nehmen und sich bis zum Ende der Einleitung durchgekämpft haben, sind vermutlich selbst Schreibende. Sie wissen darum aus eigener Erfahrung, wie viel professionelle und freundschaftliche Unterstützung Anderer nötig waren, damit ich das Ergebnis eines langen Forschungsweges nun als „mein" Buch betrachten darf. Viele Menschen haben mich begleitet, einige davon nur eine kurze Wegstrecke, für andere war dieses Projekt ein Abschnitt einer schon weiter zurückreichenden und seither fortdauernden Verbundenheit. Herzlichen Dank zunächst an alle, deren bohrende Fragen in Kolloquien, bei Konferenzen oder Präsentationen mich gezwungen haben weiterzudenken. Dass ich dies ohne Existenzsorgen auch nach Auslaufen der Drittmittelfinanzierung tun konnte, hat die Kalkhoff-Rose-Stiftung durch ein Stipendium möglich gemacht. Den Weg dahin hat mir ebenso unkompliziert wie wohlwollend Elke Lütjen-Drecoll geebnet.

Ich habe viel davon profitiert, dass Kolleginnen und Kollegen mir Ihre Zeit geschenkt haben, oft deutlich über das Maß hinaus, das aus eigenem wissenschaftlichem Interesse oder professionellem Engagement zu erwarten war. Ich danke den Kolleginnen und Kollegen am Institut für Zeitgeschichte, die dieses Haus zu so einem inspirierenden Forschungsort machen, an erster Stelle den Mitgliedern des Projektteams, die mir sehr viel mehr beigebracht haben, als sie selbst es vermuten. Während der Habilitation haben mich Andreas Wirsching, Margit Szöllösi-Janze, Paula Villa und Detlef Siegfried mit konstruktiver Kritik und Ratschlägen begleitet. Sie haben mich durch ihr Zutrauen bestärkt, durch ihre Fragen und Einwände dazu gebracht, gewonnene Einsichten immer als Schritte und nicht als Endpunkt eines Erkenntnisprozesses zu begreifen, und sie haben mir intellektuellen Freiraum auch dort gewährt, wo ich Pfade abseits ihrer eigenen Ansichten und Präferenzen gewählt habe. Diese Haltung als wissenschaftliche Mentoren ist mir Ansporn und Vorbild geworden.

Bei der Quellenrecherche bin ich auf sehr viel Hilfsbereitschaft und Aufgeschlossenheit für mein Thema gestoßen. Stellvertretend möchte ich den Mitarbeiterinnen des FrauenMediaTurms in Köln meine Anerkennung und Freude darüber ausdrücken. Dr. Paul Jansen hat mir einen Einblick ins Bundesfinanzministerium aus der Sicht eines Mitgestalters gegeben. Großen Dank schulde ich vielen,

---

2.0_Thomas_Mergel (28.5.2016); Barbara Stollberg-Rilinger (Hrsg.), Was heißt Kulturgeschichte des Politischen?, Berlin 2005.

[106] Vgl. dazu auch die Bezüge auf Erwartung und Resignation als Rekonstruktionskategorien der Selbstwahrnehmung bei Tim B. Müller/Adam Tooze, Demokratie nach dem Ersten Weltkrieg, in: dies. (Hrsg.), Normalität und Fragilität. Demokratie nach dem Ersten Weltkrieg, Hamburg 2015, S. 9–33, hier S. 12f., 19 u. 23.

die Teile des Manuskripts in unterschiedlichen Stadien gelesen haben, vor allem Carla Assmann, Agnes Bresselau von Bressensdorf, Marc Buggeln, Sonia Dolinsek, Axel Drecoll, Anna Greithanner, Hans Günter Hockerts, Matthias Kuhnert, Sebastian Rojek, Konrad Sziedat und Anna Ullrich. Joachim Heinz hat den Text komplett gelesen. Sein präziser Blick hat viele gedanklich noch unfertige Passagen entdeckt; wo sein Beharren auf stilistischer Klarheit die Anhänglichkeit des Autors an seine Originalformulierungen überwunden hat, ist der Duktus flüssiger und eleganter geworden. Dass das Manuskript auf seinem Weg zum Buch so kompetent, gründlich und geduldig betreut worden ist, ist keine Selbstverständlichkeit. Dafür bedanke ich mich herzlich bei Christian Hartmann, Cordula Hubert, Gabriele Jaroschka und Angelika Reizle.

Die tiefsten Eindrücke während des Schreibens haben nur mittelbar mit dem Inhalt dieses Buches zu tun. Mein Vater, selbst Historiker, hat Emotionsgeschichte nie als „richtigen" zeitgeschichtlichen Forschungsgegenstand angesehen. Mit der autonomen Frauenbewegung hatte er nichts am Hut, die Debatten über die Steuerreform der 1980er Jahre hat er als Zeitzeuge miterlebt. Trotzdem hat er das Manuskript sehr wohlwollend mit der letzten ihm verbliebenen Kraft gelesen und kommentiert. Die Veröffentlichung der Studie hat Klaus Gotto nicht mehr erlebt. Seine intellektuelle und väterliche Haltung werde ich jedoch länger mit diesem Buch verbinden als die Kritik und Anerkennung, die es mir einbringen mag. Das gilt umso mehr, als ich während der Niederschrift selbst Vater einer wunderbaren Tochter geworden bin. Sie hat dafür gesorgt, dass ich mich auch um wichtigere Dinge als Textproduktion kümmern durfte.

Ein Manuskript zum Abschluss zu bringen bedeutet einen Kraftakt, vor allem auch für diejenigen, die einem besonders nahestehen. Ich danke allen, die sich selbst eingeschränkt haben, um mir den notwendigen Freiraum zu geben. Zu forschen und zu schreiben ist ein wunderbares Privileg, das die Zumutungen wert ist, die dieser Beruf mit sich bringt. Eine Frau an meiner Seite zu haben, die nicht nur einen großen Teil dieser Zumutungen auf sich nimmt, sondern mit Zuspruch und Humor alle Wechselfälle und Merkwürdigkeiten eines solchen Projekts mitträgt, übersteigt bei Weitem die Dankesschuld, die sich mit Worten abtragen lässt. Einen kleinen Anfang möchte ich dennoch machen: Danke Sarah.

1. Für mehr Gerechtigkeit und Demokratie: Mitbestimmung

Wie kaum ein anderes gesellschaftspolitisches Thema bündelte die „Mitbestimmung" Hoffnungen und Erwartungen für eine weiterreichende Demokratisierung der westdeutschen Gesellschaft. Im Begriff selbst steckte bereits das Versprechen, an Entscheidungsmacht teilzuhaben. Er verhieß eine Öffnung der Gesellschaft hin zu mehr Partizipation und zu mehr Gerechtigkeit, er stand für Transparenz, Modernisierung und Zukunftsoptimismus. Die Anschlussfähigkeit des Begriffs an emphatische Wertideen, seine große Offenheit und Zustimmungsfähigkeit erklären seinen Aufstieg zu einer höchst attraktiven Zeitgeistformel. In den 1960er Jahren avancierte „Mitbestimmung" zur programmatischen Leitvokabel, an der sich grundsätzliche Vorstellungen von demokratischer Ordnung ausrichteten. Damit trat der Begriff aus dem Bereich der Wirtschaft hinaus. Nachdem die Gewerkschaften ihn bereits in der Nachkriegszeit zu einem Fixpunkt ihrer gesellschaftspolitischen Ziele erklärt hatten, zogen ab Mitte der 1960er Jahre beide große Volksparteien nach. Sowohl CDU als auch SPD machten sich den Begriff zu eigen. Was genau Mitbestimmung heißen und wie sie politisch ausgestaltet werden sollte, war das Thema einer erbittert geführten Debatte. Die Gräben lagen nicht nur zwischen den politischen Lagern, sondern gingen mitten durch sie hindurch. Das lag nicht nur daran, dass der Begriff dazu diente, die Zukunft der demokratischen Gesellschaft zu modellieren, sondern auch an den Konturen, die ihm die Geschichte der Mitbestimmung in Deutschland verliehen hatte.

1.1 Nachholpolitik: Erwartungen und Vorstellungen von Mitbestimmung

Die wenigsten Gesetze sind originäre Neuschöpfungen. Fast immer haben sie eine Vor- und eine Nachgeschichte, in denen die Akteure Erwartungen aufbauen bzw. Erfahrungen einordnen. Welche Gefühle sich mit einem solchen Projekt verbinden, hängt darum stark von solchen Vor- und Nachgeschichten ab. Als der Bundestag 1976 das Gesetz über die Unternehmensmitbestimmung verabschiedete, hatten die Arbeitnehmervertreter bereits drei Jahrzehnte lang versucht, Mitbestimmungsrechte gesetzlich zu verankern. Dabei waren die Ergebnisse fast immer hinter ihren Hoffnungen zurückgeblieben, weil die Widerstände der Arbeitgeberverbände zu groß und die Unterstützung durch die CDU-geführten Bundesregierungen zu gering waren. Viele meinten, dass der Sieg der SPD bei der Bundestagswahl von 1969 die historische Chance eröffne, die verpassten Gelegenheiten wiedergutzumachen. Mitbestimmung war daher aus Sicht ihrer Befürworter in hohem Maße „Nachholpolitik"[1]. Was für die gesamte Wirtschaft nachgeholt wer-

---

[1] Stefan Remeke, Gewerkschaften und Sozialgesetzgebung. DGB und Arbeitnehmerschutz in der Reformphase der sozialliberalen Koalition, Essen 2005, S. 457.

den sollte, hatten die Gewerkschaften für den Bergbau sowie die Eisen- und Stahlindustrie bereits 1951 durchsetzen können, nämlich weitreichende Beteiligungsrechte auf allen Ebenen der Unternehmensführung.

Die Montanmitbestimmung

Das Referenzmodell für alle Debatten der 1960er bis 1980er Jahre war die Montanmitbestimmung aus der Gründungszeit der Bundesrepublik. Obwohl die historischen Wurzeln der Mitbestimmung bis ins 19. Jahrhundert zurückreichen, schufen die Regelungen, die 1947 in der britischen Besatzungszone und vier Jahre später für die gesamte westdeutsche Montanindustrie eingeführt wurden, eine völlig neue Unternehmensverfassung. Sie veränderte die Machtverteilung aller Kapitalgesellschaften im Bergbau und in der Eisen- und Stahlindustrie mit mehr als 1000 Beschäftigten grundlegend. Noch nie hatte ein Gesetz den Arbeitnehmervertretern derart weitreichenden Einfluss auf die Unternehmenspolitik zugebilligt. Er manifestierte sich in drei Zugeständnissen, die in den nachfolgenden Debatten um die Mitbestimmung die neuralgischen Punkte bildeten: Erstens erhielten die Arbeitnehmer im Aufsichtsrat die gleiche Anzahl Stimmen wie die Kapitaleigner; bei Pattsituationen entschied ein „neutraler Mann", der das Vertrauen beider Seiten haben musste. Dieses Prinzip hieß „echte Parität" und wurde zum Gradmesser für die Güte der Mitbestimmung. Zweitens erhielten die Gewerkschaften das Recht, betriebsfremde Vertreter in den Aufsichtsrat zu entsenden, die zur Arbeitnehmerseite zählten. Auf diese Weise institutionalisierte das Montanmitbestimmungsgesetz den Einfluss von gesamtwirtschaftlichen Interessen der Arbeitnehmervertreter in der Schwerindustrie. Ein völliges Novum stellte drittens der Arbeitsdirektor dar. Er war ein gleichberechtigtes Vorstandsmitglied und konnte nicht gegen den Willen der Arbeitnehmerseite bestellt oder abberufen werden.

Das Montanmitbestimmungsgesetz, das am 21. Mai 1951 in Kraft trat, war zweifelsohne ein sozialpolitischer Meilenstein. Es zielte darauf ab, die konfrontativen Beziehungen zwischen Arbeitnehmern und Arbeitgebern durch institutionellen Einigungszwang in eine Partnerschaft auf Augenhöhe zu transformieren. Bedeutete dies allein schon einen enormen Einschnitt für Wirtschaftspolitik und Unternehmenskultur, so gingen die gesellschaftspolitischen Absichten des Gesetzes noch weit darüber hinaus: Die paritätische Mitbestimmung sollte zum „Grundbaustein einer demokratischen Neuordnung der gesamten Gesellschaft"[2] werden. Sein Demokratisierungsimpetus war ihm in die Wiege gelegt worden, denn die Neuorganisation der deutschen Schwerindustrie war ein Schlüsselelement im Programm der Entnazifizierung, Entmilitarisierung, Dezentralisierung und Demokratisierung, das die Alliierten seit der Potsdamer Konferenz verfolgten. Kein Wirtschaftszweig war so stark durch seine Nähe zur NS-Herrschaft kompromittiert wie die Schwerindustrie, niemand hatte stärker von Krieg und Zwangsarbeit

---

[2] Karl Lauschke, Die halbe Macht. Mitbestimmung in der Eisen- und Stahlindustrie 1945 bis 1989, Düsseldorf 2007, S. 9.

profitiert. Die Macht der „Schlotbarone" zu brechen war daher ein moralisches Gebot und die Einführung der Mitbestimmung der Hebel dazu.³

Von Anfang an verbanden sich also mit der Mitbestimmung Vorstellungen, die über das materielle Recht hinausgingen. Wegen dieser symbolischen Dimension stritten Befürworter und Gegner der Mitbestimmung mit so großer Emphase, denn sie rührten dabei stets an Grundüberzeugungen, wie eine gute und gerechte Gesellschaft organisiert sein sollte. Beispielsweise endete der Aufruf zur Urabstimmung, mit dem die IG Metall ihre Mitglieder Ende November 1950 ihre Mitglieder auf einen Streik einstimmte, um die Mitbestimmung durchzusetzen, mit den Worten: „Wer für seine Menschenrechte und seine Freiheit kämpfen will, der stimme mit ‚ja'!"⁴ Für die emotionale Konnotation des Mitbestimmungskomplexes erwies es sich als ungemein wichtig, dass die Gewerkschaften ihre Bereitschaft demonstriert hatten, die Montanmitbestimmung notfalls mit einem Streik zu erzwingen. Nachdem die Belegschaften dem Aufruf mit überwältigenden Mehrheiten von rund 93% der Bergarbeiter und 96% der Hüttenarbeiter gefolgt waren, schaltete sich Bundeskanzler Konrad Adenauer in die Verhandlungen ein und erreichte eine Einigung zwischen Arbeitgebern und Gewerkschaften, die ihre Kernforderungen durchsetzen konnten.⁵ In das Selbstbild der Gewerkschaften ging die Montanmitbestimmung als ein Sieg ein, den sie ihrer Entschlossenheit und Kampfkraft verdankten.⁶ Dagegen bezeichnete Hermann Reusch, Chef der Oberhausener Gutehoffnungshütte und einer der vehementesten Gegner der Mitbestimmung, am 11. Januar 1955 das gesamte Gesetzeswerk öffentlich als „Ergebnis einer brutalen Erpressung durch die Gewerkschaften"⁷, woraufhin über 800 000 Berg- und Stahlarbeiter in einen eintägigen Warnstreik traten. Die Montanmitbestimmung war eine dauerhafte Quelle der Empörung, denn während ihre Gegner sich zu weit überzogenen Zugeständnissen genötigt sahen, fühlten sich die Befürworter um die Früchte ihres Sieges betrogen.

Dies lag an dem Preis, den die Gewerkschaften für die Einigung von 1951 hatten bezahlen müssen. Adenauer hatte ihnen abverlangt, dass der Kompromiss eine Spartenlösung für die Montanindustrie blieb, der eben nicht die Weichen für die Gesamtwirtschaft stellte. Genau dieses Ziel hatten die Gewerkschaften aber angestrebt, insbesondere der erste Vorsitzende des Deutschen Gewerkschaftsbun-

---

3 So argumentierte beispielsweise Victor Agartz, Die Gewerkschaft ÖTV und das Mitbestimmungsrecht. Vortrag auf dem 1. Gewerkschaftstag der Gewerkschaft ÖTV zu Hamburg, Februar 1952, Stuttgart 1952, S. 23 f., http://library.fes.de/prodok/fa-29951.pdf (24.9.2014).
4 Aufruf zur Urabstimmung der Industriegewerkschaft Metall, o. D. [November 1950], abgedruckt in: Lauschke, Die halbe Macht, S. 61. Dieselbe Tonlage wählten Gewerkschafter auch unter umgekehrten Vorzeichen: 1953 nannte die Resolution einer Dortmunder Betriebschaftsvertreterversammlung die Mitbestimmungsgegner „Kräfte der Restauration"; ebd., S. 192.
5 Vgl. Horst Thum, Mitbestimmung in der Montanindustrie. Der Mythos vom Sieg der Gewerkschaften, Stuttgart 1982, S. 79–86.
6 Z.B. Erich Potthoff, Der Kampf um die Montanmitbestimmung, Köln 1957, S. 77–79; weitere Belege bei Thum, Mitbestimmung, S. 13 Anm. 4.
7 Zitiert nach Gloria Müller, Strukturwandel und Arbeitnehmerrechte. Die wirtschaftliche Mitbestimmung in der Eisen- und Stahlindustrie 1945–1975, Essen 1991, S. 270.

des Hans Böckler. Doch bereits das Betriebsverfassungsgesetz von 1952 bereitete allen Hoffnungen ein Ende, den großzügigen Beteiligungsrechten der Arbeitnehmer im Montanbereich überall zur Geltung zu verhelfen. Statt „echter" Parität schrieb es eine Drittelbeteiligung der Arbeitnehmervertreter im Aufsichtsrat von Kapitalgesellschaften vor, der Arbeitsdirektor fehlte ganz, und betriebsfremde Gewerkschaftsvertreter hatten im Vergleich zur Montanmitbestimmung eine schwächere Stellung. Nur ein Jahr nach ihrem großen Erfolg bedeutete dies eine „bittere Niederlage"[8] für die Gewerkschaften. Sie leitete einen Umschwung ein. Statt dafür zu kämpfen, die Mitbestimmungsstandards der Montanindustrie auf andere Wirtschaftssektoren auszudehnen, mussten die Gewerkschaften sich darauf einstellen, deren Fortbestand zu verteidigen. Wenige Tage nach dem triumphalen Sieg der CDU bei den Bundestagswahlen vom 6. September 1953 markierte Kuno Brandel im Beirat der IG Metall den Stimmungsumschwung: „Der Weg des Kampfes für die Demokratisierung der Wirtschaft durch das Mitbestimmungsrecht der Arbeitnehmer, den wir bisher gegangen sind, verspricht mindestens in der nächsten Zukunft keine weiteren wesentlichen Erfolge. [...] Viel eher müssen wir mit allerlei reaktionären Versuchen rechnen, die darauf abzielen, das Bestehende in der ein oder anderen Form zu beschneiden."[9] Durch die Überzeugung, zu Unrecht in die Defensive gedrängt zu werden, mischten sich Bitterkeit und Trotz in die Empörung der Gewerkschafter.

Diese Gefühlslage erhielt durch alle Gesetze, die bis in die 1960er Jahre die Mitbestimmung tangierten, neue Nahrung. Ob das Personalvertretungsgesetz von 1955, die Holding-Novelle zur Sicherung der Mitbestimmung in Konzernobergesellschaften des Montan-Bereichs ein Jahr später oder das Mitbestimmungsänderungsgesetz zur befristeten Sicherung der Mitbestimmung in Montan-Unternehmen von 1967 (die sogenannte Lex Rheinstahl): Stets mussten die Gewerkschaften darum kämpfen, den Status quo zu erhalten, während zugleich alle Versuche scheiterten, der paritätischen Mitbestimmung über den Bereich der Montanindustrie hinaus Gültigkeit zu verschaffen.[10] Zwar blieb die Substanz der Montanmitbestimmung erhalten, aber die dauerhaften Angriffe der Arbeitgeber und die Preisgabe auch

---

[8] Horst Thum, Wirtschaftsdemokratie und Mitbestimmung. Von den Anfängen 1916 bis zum Mitbestimmungsgesetz 1976, Köln 1991, S. 98.

[9] Sitzung des Beirats der IG Metall vom 11./12.9.1953, abgedruckt in: Walter Dörrich (Bearb.), Die Industriegewerkschaft Metall in der frühen Bundesrepublik, Köln 1991 (Quellen zur Geschichte der deutschen Gewerkschaftsbewegung im 20. Jahrhundert; 10), S. 289–313, hier S. 294. Kuno Brandel, zu diesem Zeitpunkt Redakteur der auflagenstärksten Verbandszeitschrift „Metall", war von 1954 bis 1961 Vorstandsmitglied und Pressechef der Gewerkschaft. Die Einlassung markierte auch seine Position in einem innergewerkschaftlichen Richtungskampf: Brandel akzeptierte grundsätzlich die Gesellschaftsordnung der Bundesrepublik und hielt nichts vom systemoppositionellen Kurs des IG-Metall-Vorsitzenden Otto Brenner; vgl. Julia Angster, „Parteipolitische Diskussionen gehören nicht in die Gewerkschaft". Kuno Brandel und die Gewerkschaftszeitung Metall 1949–1961, in: Claus-Dieter Krohn/Axel Schildt (Hrsg.), Zwischen den Stühlen? Remigranten und Remigration in der deutschen Medienöffentlichkeit der Nachkriegszeit, Hamburg 2002, S. 267–293, hier S. 273–278.

[10] Der DGB hatte seit 1958 auf Verbesserungen der Mitbestimmungsregelungen bei der Neufassung des Aktienrechts gedrängt, die 1965 verabschiedet wurde; vgl. Müller, Strukturwandel, S. 356–360.

von marginal erscheinenden Positionen wirkten zermürbend.[11] Dieses Grundgefühl des ungerechten Abwehrkampfes erklärt die scharfen Töne, die die Auseinandersetzungen beherrschten. Ungerecht erschien er den Gewerkschaftsvertretern, weil es in ihren Augen angemessen gewesen wäre, für mehr Mitbestimmung zu kämpfen. Schon früh hinterließen diese enttäuschten Erwartungen Spuren. Hans Böckler befand sich 1951, kurz vor seinem Tod und trotz des Durchbruchs, den er für die Montanmitbestimmung erreicht hatte, in einer „Stimmung der Verbitterung und Enttäuschung"[12], weil er von Politik, Unternehmern und auch den Gewerkschaften selbst mehr Aufgeschlossenheit und Unterstützung erwartet hatte. Fritz Strothmann, langjähriger geschäftsführender Vorstand der IG Metall, räumte am 10. Februar 1956 unumwunden ein, „die großen Hoffnungen, die wir in die Mitbestimmung gesetzt hätten, seien zum Teil enttäuscht worden"[13].

Doch die Gewerkschaften zogen daraus keineswegs den Schluss, die Mitbestimmung aufzugeben. Sie konservierten im Gegenteil die Erwartung, dass die Gesellschaft durch Mitbestimmung gerechter und demokratischer werden sollte. Dass sie darauf beharrten, lag an dem großen Stellenwert, den das Ziel, die Wirtschafts- und Gesellschaftsordnung zu transformieren, in den Grundsatzprogrammen des DGB einnahm, denn dafür war die Mitbestimmung unverzichtbar. Hans Böckler hatte sie 1950 zur „Existenzfrage der Gewerkschaftsbewegung überhaupt"[14] erklärt. Sie erschien in allen großen Programmschriften des DGB als herausgehobenes Ziel und Mittel gewerkschaftlicher Gesellschaftspolitik, angefangen von den 1949 in München beschlossenen Wirtschaftspolitischen Grundsätzen über das Aktionsprogramm von 1955, das Düsseldorfer Grundsatzprogramm von 1963 bis hin zu den Aktionsprogrammen von 1965 und 1972.[15] Mitbestimmung bildete ein Element der Kontinuität, während die programmatische Entwicklung insgesamt einen „Paradigmenwechsel" vollzog, indem sie sich von der „Utopie" (wie IG Metall-Chef Otto Brenner 1956 formulierte) verabschiedete, die Neuordnung der Wirtschaft in absehbarer Zeit durchsetzen zu können.[16] Stattdessen stellte der

---

[11] Vgl. zu den Einzelheiten Lauschke, Die halbe Macht, S. 189–208; Müller, Strukturwandel, S. 255–291 u. 410–418; Norbert Ranft, Vom Objekt zum Subjekt. Montanmitbestimmung, Sozialklima und Strukturwandel im Bergbau seit 1945, Köln 1988, S. 78–87.

[12] Theo Pirker, Die blinde Macht. Die Gewerkschaftsbewegung in Westdeutschland. Erster Teil: 1945–1952. Vom „Ende des Kapitalismus" zur Zähmung der Gewerkschaften, München 1960, S. 200; vgl. auch seine Äußerungen im DGB-Bundesausschuss vom 29. Januar 1951 bei Karl Lauschke, Hans Böckler. Bd. 2: Gewerkschaftlicher Neubeginn 1945 bis 1951, Frankfurt am Main 2005, S. 384.

[13] Zitiert nach Lauschke, Die halbe Macht, S. 126.

[14] Protokoll der 11. Sitzung des Bundesvorstands des Deutschen Gewerkschaftsbundes am 21. November 1950, abgedruckt in: Josef Kaiser (Bearb.), Der Deutsche Gewerkschaftsbund 1949 bis 1956, Köln 1996 (Quellen zur Geschichte der deutschen Gewerkschaftsbewegung im 20. Jahrhundert; 11), S. 121–130, Zitat S. 124.

[15] Vgl. Helga Grebing, Ideengeschichte des Sozialismus, Teil II, in: dies. (Hrsg.), Geschichte der sozialen Ideen in Deutschland. Sozialismus – Katholische Soziallehre – Protestantische Sozialethik. Ein Handbuch, Essen 2000, S. 353–595, hier S. 452–464.

[16] Dies., Gewerkschaften: Bewegung oder Dienstleistungsorganisation – 1955 bis 1965, in: Hans-Otto Hemmer/Kurt Thomas Schmitz (Hrsg.), Geschichte der Gewerkschaften in Deutschland. Von den Anfängen bis heute, Köln 1990, S. 149–182, Zitate S. 174 u. 175.

DGB die Weichen in die gleiche Richtung, die die SPD mit ihrem Godesberger Programm von 1959 eingeschlagen hatte: Die Gewerkschaften richteten sich darauf ein, mit dem Kapitalismus leben zu müssen, und konzentrierten ihre Strategie darauf, seine Mängel für die Arbeitnehmer durch fortwährende Reform abzumildern, während zugleich aber „sozialistische" Forderungen wie etwa die Überführung von Schlüsselindustrien in Gemeineigentum stehenblieben. Im „Nebeneinander von systemkritischen und systemkonformen Programmpunkten"[17] bildete die Mitbestimmung den Brückenschlag zwischen dem Fernziel grundlegender Transformation und operativer Politik, um die Arbeits- und Existenzbedingungen der Arbeitnehmer zu verbessern. So begründete das Grundsatzprogramm von 1963 die Forderung nach einer Ausweitung der Mitbestimmung damit, sie solle „eine Umgestaltung von Wirtschaft und Gesellschaft einleiten, die darauf abzielt, alle Bürger an der wirtschaftlichen, kulturellen und politischen Willensbildung gleichberechtigt teilnehmen zu lassen". Das Aktionsprogramm von 1972 erklärte, Mitbestimmung der Arbeitnehmer auf allen Ebenen vom Arbeitsplatz bis zur Gesamtwirtschaft müsse die „politische Demokratie ergänzen"[18].

Solche Forderungen gerieten nicht einfach aus dem Blickfeld, sondern wurden im Laufe von 25 Jahren zu gewerkschaftlichen Traditionsbeständen, die nach wie vor mit dem Anspruch eines Zukunftsmodells einhergingen. Als sich die Verhandlungen der sozialliberalen Koalition über die Mitbestimmung auf Unternehmensebene konkretisierten, lasteten die aufgestauten Erwartungen eines Vierteljahrhunderts auf ihnen. Es war die Kombination dieses Erwartungsstaus mit den Erfahrungen von Empörung, Trotz und Enttäuschung während der langen Geschichte der Montanmitbestimmung, die sich in das „sozialpolitische Gedächtnis"[19] der Gewerkschaften eingegraben hatte. Sie wurde aufgefrischt, als in den 1960er Jahren Konzepte wieder aufgegriffen wurden, die in der unmittelbaren Nachkriegszeit die Hoffnungen der Gewerkschaften beflügelt hatten, durch Mitbestimmung die kapitalistische Wirtschafts- und Gesellschaftsordnung zu überwinden.

Wirtschaftsdemokratie und demokratischer Sozialismus

1966 wurde ein Buch wieder aufgelegt, das in der Weimarer Republik für Furore gesorgt hatte: Fritz Naphtalis „Wirtschaftsdemokratie"[20]. Das war nicht die zufällige Wiederauflage eines Klassikers, sondern eine zielbewusste Reminiszenz an eine Alternative zur herrschenden Wirtschafts- und Gesellschaftsordnung: DGB-

---

[17] Dies., Ideengeschichte, S. 464.
[18] Grundsatzprogramm des DGB, beschlossen auf dem Außerordentlichen Bundeskongress des DGB am 21. und 22. November 1963 in Düsseldorf, abgedruckt in: Gerhard Leminsky/Bernd Otto, Politik und Programmatik des Deutschen Gewerkschaftsbundes, Köln 1974, S. 45–62, Zitat S. 47; Aktionsprogramm des DGB, beschlossen auf dem 9. Ordentlichen Bundeskongress des DGB vom 25. bis 30 Juni 1972 in Berlin, abgedruckt ebd., S. 63–65, Zitat S. 64.
[19] Remeke, Gewerkschaften und Sozialgesetzgebung, S. 457.
[20] Fritz Naphtali, Wirtschaftsdemokratie. Ihr Wesen, Weg und Ziel [1928], Frankfurt am Main 1966.

Chef Ludwig Rosenberg steuerte ein Vorwort bei, Otto Brenner führte in das Werk ein, das Naphtali 1928 im Auftrag des Allgemeinen Deutschen Gewerkschaftsbundes als wirtschaftspolitisches Grundsatzprogramm vorgelegt hatte. Naphtali hielt die politische Demokratie für unvollendet, solange sie keine Entsprechung in der Wirtschaft fand. Sein Programm zur Demokratisierung zielte auf ein sozialistisches Wirtschaftssystem ab, das er nicht durch einen revolutionären Akt, sondern mit Reformen erreichen wollte. Dabei maß er der Mitbestimmung auf der Ebene von Unternehmen nur wenig Bedeutung zu. Sie spielte nur überbetrieblich eine Rolle auf dem evolutionären Weg zum Sozialismus, da Naphtali staatliche Kontrollorgane für Monopole, Kartelle und Großunternehmen vorsah, an denen die Gewerkschaften paritätisch beteiligt sein sollten.[21] Während sein Konzept bei der Gewerkschaftsführung große Zustimmung fand, stieß es an der Basis auf wenig Begeisterung.[22] In der Nachkriegszeit wurde schnell klar, dass die Gewerkschaften nicht nahtlos an Naphtalis Ideen anknüpfen konnten.[23] Dennoch erlebte sein Ansatz in der Mitbestimmungsdiskussion der 1970er Jahre eine Renaissance.[24]

Was Naphtali wieder attraktiv und aktuell erscheinen ließ, war die in großen Teilen der Sozialdemokratie, der Gewerkschaften und der Neuen Linken verbreitete Überzeugung, dass die repräsentative, parlamentarische Demokratie in der Bundesrepublik der 1960er und 1970er Jahre unvollkommen sei und weite Teile des gesellschaftlichen Lebens einer Demokratisierung bedürften. Die Gewerkschaften besannen sich wieder darauf, dass Mitbestimmung noch nicht das „Endziel" auf dem Weg zu einer „Wirtschaftsdemokratie" darstelle, sondern den „entscheidenden nächste Schritt"[25] dahin. Es mehrten sich die Stimmen, die an die

---

[21] Hans Willi Weinzen, Gewerkschaften und Sozialismus. Naphtalis Wirtschaftsdemokratie und Agartz' Wirtschaftsneuordnung, Frankfurt am Main 1982, S. 41, 226 u. 255; vgl. zum Konzept der Wirtschaftsdemokratie bei Naphtali sehr ausführlich ebd., S. 31–120, außerdem Thum, Wirtschaftsdemokratie, S. 38–46.

[22] Petra Weber, Gescheiterte Sozialpartnerschaft – Gefährdete Republik? Industrielle Beziehungen, Arbeitskämpfe und der Sozialstaat. Deutschland und Frankreich im Vergleich (1918–1933/39), München 2010, S. 687 f.; Werner Milert/Rudolf Tschirbs, Die andere Demokratie. Betriebliche Interessenvertretung in Deutschland, 1848 bis 2008, Essen 2012, S. 186. Auch Verfechter einer Demokratisierung der Gesellschaft durch die Wirtschaftspolitik wie der Ökonom Julius Hirsch, Staatssekretär im Reichswirtschaftsministerium von 1919 bis 1923, sprachen sich dezidiert dagegen aus; Tim B. Müller, Demokratie und Wirtschaftspolitik in der Weimarer Republik, in: VfZ 62 (2014), S. 569–601, hier S. 595 f.

[23] Gloria Müller, Mitbestimmung in der Nachkriegszeit. Britische Besatzungsmacht – Unternehmer – Gewerkschaften, Düsseldorf 1987, S. 69 u. 276; Ulrich Borsdorf, Wirtschaftsdemokratie und Mitbestimmung, in: Hans Pornschlegel (Hrsg.), Macht und Ohnmacht von Gewerkschaftstheorien in der Gewerkschaftspolitik, Berlin 1987, S. 135–154. Eine direkte Traditionslinie zieht dagegen Julia Angster, Konsenskapitalismus und Sozialdemokratie. Die Westernisierung von SPD und DGB, München 2003, S. 225 f.

[24] Z. B. Leminsky/Otto, Politik, S. 107; Christian Götz, Die Hoffnungen auf eine „neue Gesellschaft" erfüllten sich nicht. 25 Jahre DGB: Anmerkungen zu einem „Silbernen Jubiläum", in: Gewerkschaftliche Monatshefte 25 (1974), S. 630–640.

[25] Vgl. Fritz Vilmar, Wirtschaftsdemokratie. Theoretische und praktische Ansätze, entwickelt auf der Basis des gewerkschaftlichen Grundsatzprogramms in der BRD, in: ders. (Hrsg.), Industrielle Demokratie in Westeuropa, Reinbek bei Hamburg 1975, S. 26–78, hier S. 26 f. u. 64

großen Erwartungshorizonte der frühen 1950er Jahre erinnerten. Otto Brenner unterstrich in einer 1968 verbreiteten Broschüre, dass eine demokratische Ordnung erst möglich sei, wenn die Arbeitnehmer nicht nur als Staatsbürger über Parlament und Regierung mitbestimmten, sondern auch unmittelbar in der Wirtschaft. Auf der Mitbestimmungskundgebung des DGB am 12. März 1968 prophezeite er, die Mitbestimmung führe zur „Vollendung der Demokratie", und wenn die Gewerkschaften sie nicht durchsetzten, so habe die Demokratie keine Zukunft.[26]

Brenner knüpfte damit an Positionen an, die er bereits in den 1950er Jahren im Richtungsstreit um die Rolle der Gewerkschaften in der Bundesrepublik vertreten hatte. Die Auseinandersetzung hatte sich um die Frage gedreht, ob die Gewerkschaften ihren Platz im Rahmen der gesellschaftlichen Grundordnung ausfüllen oder den Weg zu einer Systemalternative bahnen sollten. Genau das strebte damals ein „radikalreformistischer und zugleich traditionalistischer" Flügel von DGB und IG Metall an, und Otto Brenner war seine unbestrittene Führungsfigur.[27] Obwohl die Gewerkschaften sich seit ihrem Grundsatzprogramm von 1963 pragmatisch mit der bestehenden Ordnung arrangiert hatten, verstanden sie sich doch als systemkritische Instanz. Sicherlich wollte die überwältigende Mehrheit der Gewerkschaftsmitglieder kein anderes Gesellschaftsmodell als die Demokratie, aber sie wollten eine bessere, eine gerechtere Demokratie. Mitbestimmung bediente beides: das Bekenntnis zur bundesrepublikanischen Ordnung und das Unbehagen an ihr. Aus diesem Grund eignete sich kein Thema besser, um programmatische Zielkonflikte zu befrieden, die in den späten 1960er Jahren wieder auflebten.

In einer Hinsicht knüpfte der DGB tatsächlich an das Konzept der Wirtschaftsdemokratie an: Genau wie Naphtali setzte er auf institutionalisierte überbetriebliche Mitspracherechte. Mitbestimmung sollte auf drei Ebenen greifen: Am Arbeitsplatz sollten die Betriebsräte für die Arbeitnehmer einstehen. In den Vorständen aller größeren Unternehmen sollte nach dem Vorbild der Montanindustrie ein Arbeitsdirektor installiert werden, die Aufsichtsräte waren paritätisch zu besetzen, und die Gewerkschaften sollten das Recht haben, auch betriebsfremde Arbeitnehmervertreter zu delegieren. Auf gesamtwirtschaftlicher Ebene schließlich wollte der DGB in allen Organen gleichberechtigt mitentscheiden, die den wirt-

---

(Zitat); zur „Re-Ideologisierung" und Linkswende innerhalb der Gewerkschaften vgl. Wolfgang Schroeder, Gewerkschaften als soziale Bewegung – soziale Bewegung in den Gewerkschaften, in: AfS 44 (2004), S. 243–265, hier S. 250–252 (Zitat S. 251).

[26] Zitiert nach Irene Raehlmann, Der Interessenstreit zwischen DGB und BDA um die Ausweitung der qualifizierten Mitbestimmung. Eine ideologiekritische Untersuchung, Köln 1975, S. 177f.

[27] Grebing, Gewerkschaften, S. 170f. (Zitat S. 170); Frank Deppe, Der deutsche Gewerkschaftsbund (DGB) (1945–1965), in: ders./Georg Fülberth/Jürgen Harrer (Hrsg.), Geschichte der deutschen Gewerkschaftsbewegung, Köln ^{4}1989, S. 471–575, hier S. 562–566; Jens Becker/Harald Jensch, „Es darf nie wieder zu einem 1933 kommen". Das gewerkschaftspolitische Selbstverständnis Otto Brenners in der Bundesrepublik Deutschland, in: Mitteilungsblatt des Instituts für Soziale Bewegungen 35 (2006), S. 59–73.

schaftspolitischen Rahmen auf nationaler und europäischer Ebene absteckten.[28] Dieses Element war am wenigsten klar ausgearbeitet. Darauf kam es aber auch gar nicht an, denn gestützt auf dieses Programm konnte der DGB behaupten, über eine geschlossene Konzeption für Mitbestimmung zu verfügen, die auf eine Transformation der Wirtschaftsordnung insgesamt abzielte. Gerade weil deren genaue Gestalt und Finalität nicht präzise benannt wurden, bot Mitbestimmung einen gemeinsamen Nenner für unterschiedliche Vorstellungen im Gewerkschaftslager.

Auch in der SPD berührte das Thema Mitbestimmung Spannungen zwischen verschiedenen Flügeln, Alterskohorten und strategischen Interessen. Zwar hatten die Sozialdemokraten im Godesberger Programm den „demokratischen Sozialismus" als Synonym für eine „neuere und bessere Ordnung der Gesellschaft" festgeschrieben[29], doch die Parteispitze gab sich staatstragend, seit sie in der Regierungsverantwortung stand. Zwischen programmatischen Höhenflügen und den Niederungen der Tagespolitik klaffte eine Lücke.[30] Sie machte der SPD innerparteilich stark zu schaffen, weil sich ihr mehr und mehr Mitglieder anschlossen, die von den Ideen der Studentenbewegung und der Neuen Linken fasziniert waren.[31] Vor allem die Jungsozialisten sorgten für Unruhe. 1970 stellten sie ein Viertel der aktiven Parteimitglieder; vier Fünftel von ihnen waren erst seit wenigen Jahren in der SPD, und sie waren unzufrieden mit ihren Partizipationschancen.[32] Ihnen bedeutete „demokratischer Sozialismus" mehr als nur eine vage Zukunftsvision; sie sahen darin ein Modell für eine antikapitalistische Gesellschaftsordnung. Um es

---

[28] Vgl. zur Konzeption BA B 149/26744, DGB-Nachrichtendienst, o. D.: Ansprache des DBG-Bundesvorstandsmitgliedes Georg Neemann auf der Kundgebung „Mitbestimmung" am 12. März 1968 in Köln. Am 3. März 1971 präzisierte der DGB seine Vorstellungen zur überbetrieblichen Mitbestimmung. Vorgesehen waren paritätisch besetzte Wirtschafts- und Sozialräte auf regionaler Ebene, in den Bundesländern und auf Bundesebene; Leminsky/Otto, Politik, S. 118.

[29] Grundsatzprogramm der Sozialdemokratischen Partei Deutschlands von 1959, abgedruckt in: Daniela Münkel (Hrsg.), „Freiheit, Gerechtigkeit, Solidarität". Die Programmgeschichte der Sozialdemokratischen Partei Deutschlands, Berlin 2007, S. 219–236, hier S. 219.

[30] Insbesondere die Notstandsverfassung galt vielen Sozialdemokraten als Verrat an den eigenen Zielen und Idealen; vgl. Michael Schneider, Demokratie in Gefahr? Der Konflikt um die Notstandsgesetze. Sozialdemokratie, Gewerkschaften und intellektueller Protest (1958–1968), Bonn 1986.

[31] Vgl. dazu Jeanette Seiffert, „Marsch durch die Institutionen?" Die 68er in der SPD, Bonn 2009, S. 103–127; Robert Philipps, Sozialdemokratie, 68er-Bewegung und gesellschaftlicher Wandel 1959–1969, Baden-Baden 2012, S. 209–419; Katharina Kellmann, Demokratischer Sozialismus oder soziale Demokratie? Richtungs- und Flügelkämpfe innerhalb der Sozialdemokratie zu Beginn der 70er-Jahre, in: Werner Daum u. a. (Hrsg.), Politische Bewegung und symbolische Ordnung. Festschrift für Peter Brandt, Bonn 2014, S. 421–444.

[32] Diese Ergebnisse erbrachte eine Fragebogenaktion des Parteivorstands; vgl. Klaus Schönhoven, Wendejahre. Die Sozialdemokratie in der Zeit der Großen Koalition 1966–1969, Bonn 2004, S. 537–540; außerdem Dietmar Süß, Die Enkel auf den Barrikaden. Jungsozialisten in der SPD in den Siebzigerjahren, in: AfS 44 (2004), S. 67–104. Vergleichbare Entwicklungen gab es in den Gewerkschaften; vgl. Knud Andresen, „Gebremste Radikalisierung" – zur Entwicklung der Gewerkschaftsjugend von 1968 bis Mitte der 1970er Jahre, in: Mitteilungsblatt des Instituts für soziale Bewegungen 43 (2010), S. 141–158, hier S. 153–156.

zu verwirklichen, setzten die Jusos und mit ihnen viele Linke in der SPD auf Reformen, deren Ziel ein grundlegender Gesellschaftswandel war. Für die Konzeption von „systemüberwindenden" Reformen war Mitbestimmung wegen ihrer ordnungspolitischen Offenheit eine dankbare Projektionsfläche.[33]

Als die Diskussion um die Mitbestimmung ab Mitte der 1960er Jahre an Fahrt aufnahm, waren Konflikte angelegt, die während der zehn Jahre bis zur Verabschiedung des Gesetzes über die Unternehmensmitbestimmung virulent blieben. Die „nachgeholte Debatte über Godesberg" betraf die Identität der sozialdemokratischen Partei, die Frage nach ihrer sozialen Basis, ihre Programmatik und Strategie.[34] Wer Stellung in der Mitbestimmungsdebatte bezog, positionierte sich damit auch in viel grundsätzlicheren Auseinandersetzungen, sodass Mitbestimmung für die Sozialdemokratie einen ähnlichen symbolischen Rang annahm, wie sie ihn für die Gewerkschaften seit jeher besaß. Für die Parteiführung wurde Mitbestimmung zu einem defensiven Konzept. Sie wollte die freiheitlich-demokratische Grundordnung verbessern, aber nicht verlassen, und darum diente Mitbestimmung dazu, weitergehende Forderungen nach Systemtransformation abzuwehren.[35] Aus demselben Grund musste ein Vorhaben, das so sehr wie die Mitbestimmung der Demokratisierung verpflichtet war, dieses Anliegen überzeugend beglaubigen. Die Ansprüche und Erwartungen an ein Mitbestimmungsgesetz stiegen dadurch noch einmal bedeutend an.

Niemand konnte solche Kontexte ausblenden, die sich mit dem Begriff und den Diskussionen über die Mitbestimmung seit Ende der 1960er Jahre verbanden. Auch unabhängig von Gewerkschaften und Sozialdemokratie galt sie als Inbegriff für Demokratisierung. Auf diesem Themengebiet wurden nicht nur intellektuelle Schlachten geschlagen. Mitbestimmung stand im Zentrum von konkreten Versuchen, die partizipatorischen Anliegen der Studentenbewegung in neue Ordnungsmodelle am Arbeitsplatz und in Ausbildungsstätten zu übersetzen. Das galt für das Theater in Frankfurt ebenso wie für Verlage, Redaktionen und vor allem Hochschulen.[36] Mitbestimmung wurde zum Experimentierfeld, um dem

---

[33] Zu den Ansätzen systemüberwindender bzw. antikapitalistische Strukturreformen vgl. Grebing, Ideengeschichte, S. 470–475; als Beispiel für die Einbettung der Mitbestimmung in ein Konzept des demokratischen Sozialismus vgl. den Exkurs zur Mitbestimmung bei Alexander u. Gesine Schwan, Sozialdemokratie und Marxismus. Zum Spannungsverhältnis von Godesberger Programm und marxistischer Theorie, Hamburg 1974, S. 314–321.

[34] Vgl. Faulenbach, Jahrzehnt, S. 329–346 (Zitat S. 329).

[35] Generell akzentuierte die SPD-Führung mit dem Begriff der „Reform", den die Mitbestimmung konkretisieren sollte, eine „gegenrevolutionäre Implikation"; Wolfgang Bergsdorf, Herrschaft und Sprache. Studie zur politischen Terminologie der Bundesrepublik Deutschland, Pfullingen 1983, S. 244.

[36] Vgl. Manfred Kittel, Marsch durch die Institutionen? Politik und Kultur in Frankfurt nach 1968, München 2011, S. 171–322; Björn Lück, Gegen Textherrschaft. Auseinandersetzungen um journalistische Selbstbestimmung Ende der 1960er Jahre, in: Ingrid Gilcher-Holtey (Hrsg.), „1968" – Eine Wahrnehmungsrevolution? Horizont-Verschiebungen des Politischen in den 1960er und 1970er Jahren, München 2013, S. 47–64; Philipp B. Bocks, Mehr Demokratie gewagt? Das Hochschulrahmengesetz und die sozial-liberale Reformpolitik 1969–1976, Bonn 2012; Philipp Gassert, Narratives of Democratization. 1968 in Postwar Europe, in: Mar-

wachsenden Partizipationsverlangen von Studenten, Arbeitnehmern, Journalisten und Künstlern Raum zu geben. Sowohl innerhalb von SPD und Gewerkschaften als auch gesamtgesellschaftlich war Mitbestimmung zu einem Schlüsselthema avanciert. Es stand symbolisch für die Frage, wie eine bessere, gerechtere Ordnung auszusehen hatte und auf welchem Wege man sie anstreben sollte; es stand für die Erwartung, Demokratiedefizite zu beheben.

Erwartungskulmination: Die Mitbestimmungsdebatte in den 1960er Jahren

Ab Mitte der 1960er Jahre forcierten die Gewerkschaften ihre Bemühungen, das Thema Mitbestimmung wieder auf die politische Tagesordnung zu bringen. 1965 rief der DGB die „Aktion Mitbestimmung" ins Leben, einen umfassenden Werbefeldzug, um die Forderung nach Ausweitung der Mitbestimmung zu popularisieren.[37] Daraus wurde ab 1967 eine der „aufwendigsten Kampagnen des Jahrzehnts"[38]. Sie umfasste Kundgebungen und Versammlungen im ganzen Bundesgebiet, Anzeigenserien in Gewerkschafts- und Tagespresse, Lobbying auf der politischen Spitzenebene und Informationsbroschüren in hoher Auflage – kurz, das vollständige Arsenal der PR-Instrumente. Ihr Leitmotiv lautete „Mitbestimmung – eine Forderung unserer Zeit". Diese Überschrift trugen zwei umfangreiche Denkschriften des DGB zur Mitbestimmung von 1966 und 1970, sie war der Hauptslogan der Plakatkampagne und prangte über den Delegierten des DGB-Bundeskongresses vom 12. März 1968, einer Großkundgebung vor 10 000 Teilnehmern, mit der der DGB seine politische Offensive noch einmal verstärkte.

Das Motto der Kampagne schlug einen kämpferischeren Ton an als die bis dahin verwendeten Slogans. Bis 1965 hatte der DGB die Mitbestimmung als eine unverbindliche „Idee" präsentiert, daraus wurde ab 1967 ein Anspruch.[39] Die Kampagne nahm das Motiv der unerfüllten Hoffnungen der beiden vorausgegangenen Jahrzehnte in zweierlei Hinsicht auf: Sie suggerierte zum einen, dass die Forderung nach Mitbestimmung zeitgemäß sei, also den Anforderungen der moder-

---

tin Klimke/Joachim Scharloth (Hrsg.), 1968 in Europe. A History of Protest and Activism, 1956-1977, New York 2008, S. 307-324, hier S. 313.

[37] Zunächst bewilligte der DGB-Vorstand dafür eine halbe Million Mark; Protokoll der 30. Sitzung des DGB-Bundesvorstands am 5. Oktober 1965, abgedruckt in: Wolther von Kieseritzky (Bearb.), Der Deutsche Gewerkschaftsbund 1964-1969, Bonn 2005 (Quellen zur Geschichte der Deutschen Gewerkschaftsbewegung im 20. Jahrhundert; 13), S. 213-221, hier S. 214-216; später stockte der DGB das Budget mehrfach bis auf knapp 4 Mio. DM auf; Schönhoven, Wendejahre, S. 368 u. 374.

[38] Wolther von Kieseritzky, Einleitung, in: ders. (Bearb.), Der Deutsche Gewerkschaftsbund 1964-1969, S. 9-60, hier S. 49; vgl. zu den einzelnen Schritten Lauschke, Mehr Demokratie in der Wirtschaft, Bd. 1, S. 18-40; Plakatabbildungen und Originaltöne der Kampagne finden sich außerdem online unter „Zeitstrahl: Mitbestimmung 1976", http://www.boeckler.de/tools/zeitleiste/popup.html (11.8.2014).

[39] Die Slogans lauteten „Eine Idee setzt sich durch", „Eine Idee verändert die Gesellschaft" und „Eine Idee des 20. Jahrhunderts"; vgl. die DGB-Imageplakate von 1965 in AdsD 6/PLKA008395, 6/PLKA008397 und 6/PLKA008914.

nen Industriegesellschaft entspreche. Auf diese Weise revitalisierten die Gewerkschaften ihr Kernthema und vermieden den Vorwurf, rückständigen Konzepten nachzuhängen. Zudem rückte die Konnotation mit Modernität das Thema Mitbestimmung eng an die Sozialdemokratie heran, die sich in den Wahlkämpfen seit Mitte der 1960er Jahre mit dem Image von Fortschrittlichkeit als zukunftsoptimistische, dynamische Alternative zu den Konservativen präsentierte.[40] Zum anderen spitzte der Slogan die lange vergeblich gehegten Erwartungen nach mehr Mitbestimmung in zeitlicher Hinsicht zu. Er verhieß, dass diese nunmehr endlich erfüllt werden müssten, dass die Zeit reif für umfassende Mitbestimmung sei. Dadurch erhielten die Enttäuschungen der Vergangenheit einen Sinn als notwendige Durchgangsphase und die Verfechter der Mitbestimmung aus den Anfangsjahren der Republik den Glorienschein der Avantgarde. Doch die Botschaft, dass der Durchbruch jetzt kommen müsse, barg für den Fall des Scheiterns das Risiko von Enttäuschung. Daraus schmiedeten die Gewerkschaften ein zusätzliches Argument. Der DGB warnte für den Fall, dass sich die Mitbestimmung nur zu einem „Scheinrecht" entwickeln würde, dass sich „allzuleicht [...] bei den Arbeitnehmern lähmende Enttäuschung und Resignation ausbreiten"[41] könne. Eine aus Sicht des DGB befriedigende gesetzliche Mitbestimmung erschien so geradezu als Voraussetzung für die emotionale Integration der Arbeitnehmerschaft in die Demokratie.

Adressat dieser mahnenden Worte war die Bundesregierung. Ihr wiesen die Gewerkschaften die Verantwortung dafür zu, die Erwartungen zu erfüllen. Am 6. Oktober 1965 stellte der Vorsitzender der IG Chemie, Papier und Keramik Wilhelm Gefeller auf einer Kundgebung in Dortmund klar, dass die Mitbestimmung „nicht ‚erpartnert' oder erstreikt, sondern nur durch den Gesetzgeber verwirklicht werden könne"[42]. Das bedeutete einen Strategiewechsel, denn zuvor hatten die Gewerkschaften vor allem auf betriebliche Vereinbarungen gesetzt, um die Montanmitbestimmung abzusichern.[43] Auf diesem Wege konnten die Gewerkschaften aber nichts hinzugewinnen, sondern bestenfalls den Status quo wahren. Darum waren sie auf Parlament und Regierung angewiesen. Der DGB baute dabei auf die Sozialdemokraten, die sich in ihrem Godesberger Programm explizit zu einer „Neuordnung der Wirtschaft" durch eine „demokratische Unterneh-

---

[40] Daniela Münkel, Willy Brandt und die „vierte Gewalt". Politik und Massenmedien in den 50er bis 70er Jahren, Frankfurt am Main 2005, S. 243, 247–249 u. 261–265; dies., John F. Kennedy – Harold Wilson – Willy Brandt: „Modernes" Image für moderne Zeiten, in: dies./Lu Seegers (Hrsg.), Medien und Imagepolitik im 20. Jahrhundert. Deutschland, Europa, USA, Frankfurt am Main 2008, S. 25–43; vgl. ausführlich zu Konzeption und Organisation der Wahlkampagnen Schönhoven, Wendejahre, S. 581–666; die Modernität des SPD-Bundestagswahlkampfs von 1969 betont außerdem Faulenbach, Jahrzehnt, S. 52–59.

[41] So die Denkschrift von 1966, auszugsweise abgedruckt in: Lauschke, Mehr Demokratie in der Wirtschaft, Bd. 2, S. 10–17, hier S. 16.

[42] Zitiert nach ebd., Bd. 1, S. 19f.

[43] Mit solchen Verträgen reagierten die Gewerkschaften auf den Konzentrationsprozess in der Eisen- und Stahlindustrie. Sie dienten dazu, die Mitbestimmungsstandards auch dann zu erhalten, wenn ihre formale Grundlage infolge von Reorganisationen des Konzernaufbaus entfiel, beispielsweise durch Umwandlung von eigenständigen Betrieben in Konzernabteilungen. Vgl. Müller, Strukturwandel, S. 330–353; Lauschke, Die halbe Macht, S. 197–205 u. 220f.

mensverfassung in der Großwirtschaft"[44] bekannt hatte. Doch bei aller Sympathie für das Anliegen der Gewerkschaften waren weder Parteiführung noch Fraktion bereit, sich einfach zu deren parlamentarischem Hebel machen zu lassen.[45] Außerdem setzte der DGB seine Hoffnungen auf den Arbeitnehmerflügel der Union, weil dort Befürworter der Mitbestimmung wie Norbert Blüm und Hans Katzer für eine gesellschaftspolitische Modernisierung eintraten.[46]

Doch zunächst schob Bundeskanzler Ludwig Erhard allen Hoffnungen einen Riegel vor. In seiner Regierungserklärung vom 10. November 1965 wandte er sich zwar gegen Bestrebungen, die geltende qualifizierte Mitbestimmung auszuhöhlen. Aber im selben Atemzug erklärte er, die Bundesregierung könne sich „aus grundsätzlichen rechtlichen volkswirtschaftlichen und politischen Erwägungen […] zu einer Ausdehnung der Mitbestimmung über den Montanbereich hinaus nicht verstehen"[47]. Auftrieb erhielten die Gewerkschaften 1966 durch die Bildung der Großen Koalition. Der DGB gab ihr die Forderung nach Ausweitung der Montanmitbestimmung auf alle Wirtschaftszweige mit auf den Weg, doch Erhards Nachfolger Kurt Georg Kiesinger beließ es bei der Ankündigung, eine Kommission unabhängiger Sachverständiger einzuberufen, die die Erfahrungen mit der Praxis der Mitbestimmung auswerten und Empfehlungen für weitere gesetzgeberische Schritte ausarbeiten sollte.[48] In den Augen der Gewerkschaftsführung war das eine reine Verzögerungstaktik. Im März 1968, anderthalb Jahre vor den Bundestagswahlen und unmittelbar vor dem Nürnberger Parteitag der SPD, veröffentlichte der DGB einen eigenen Gesetzesentwurf, der die paritätische Mitbestimmung auf alle Großunternehmen ausdehnte.[49] Im August erneuerte der DGB-Vorsitzende Ludwig Rosenberg in einem Brief an Kiesinger diese Forderung, denn „gerade von der derzeitigen Regierungskoalition müßte eine entscheidende Initiative und eine entsprechende gesetzliche Regelung erwartet werden"[50].

---

[44] Grundsatzprogramm der Sozialdemokratischen Partei Deutschlands von 1959 (wie Anm. 29) S. 228.
[45] Vgl. Schönhoven, Wendejahre, S. 368f.
[46] Das Thema Mitbestimmung entzweite Arbeitnehmer- und Wirtschaftsflügel der CDU so sehr, dass Helmut Kohl intern warnte, die Partei könne an dem Thema zerbrechen; Protokoll der Sitzung des CDU-Bundesvorstands vom 4. Dezember 1967, in: Günther Buchstab (Bearb.), Kiesinger: „Wir leben in einer veränderten Welt. Die Protokolle des CDU-Bundesvorstands 1965–1969, Düsseldorf 2005, S. 707–789, hier S. 747. Zur Mitbestimmungsdiskussion innerhalb der CDU vgl. Udo Zolleis, Die CDU. Das politische Leitbild im Wandel der Zeit, Wiesbaden 2008, S. 153–179.
[47] Deutscher Bundestag, 5. Wahlperiode, Plenarprotokoll Nr. 05/4 vom 10.11.1965, S. 23, http://dipbt.bundestag.de/doc/btp/05/05004.pdf (28.1.2015).
[48] Erklärung des DGB an die neue Bundesregierung vom 3. Dezember 1966, in: Kieseritzky (Bearb.), Der deutsche Gewerkschaftsbund 1964–1969, S. 366–369, hier S. 368f.; Deutscher Bundestag, 6. Wahlperiode, Plenarprotokoll Nr. 05/80 vom 13.12.1966, S. 3661, http://dipbt.bundestag.de/doc/btp/05/05080.pdf (28.1.2015).
[49] Die Standards der Montanmitbestimmung sollten in allen Unternehmen gelten, die mindestens 2000 Mitarbeiter beschäftigten und deren Bilanzsumme 75 Mio. DM oder deren Jahresumsatz 150 Mio. DM überstiegen. Der Entwurf ist abgedruckt bei Lauschke, Mehr Demokratie in der Wirtschaft, Bd. 2, S. 20–27.
[50] Ludwig Rosenberg und Bernhard Tacke an Kurt Georg Kiesinger, 5.8.1968, in: Kieseritzky (Bearb.), Der deutsche Gewerkschaftsbund 1964–1969, S. 729f., Zitat S. 729.

Obwohl Kiesinger diesen Wunsch nicht erfüllte, schob die DGB-Kampagne das Thema Mitbestimmung auf der politischen Agenda nach oben. Die Sachverständigenkommission, deren Vorsitz der 38-jährige Wirtschaftsjurist und Rektor der Bochumer Ruhr-Universität Kurt Biedenkopf übernahm, deutete bereits darauf hin. Beide Regierungsparteien setzten zusätzlich eigene Arbeitsgruppen zu dem Komplex ein, um die widerstreitenden Interessen zusammenzuführen, die sich in den Volksparteien abbildeten. In der CDU scheiterte der Arbeitnehmerflügel mit seinen Mitbestimmungsvorstellungen; der Bundesparteitag in Berlin lehnte es ab, die Montanmitbestimmung auf die gesamte Wirtschaft auszudehnen.[51] Bei der SPD trug der massive Druck der Gewerkschaften hingegen Früchte. Im Oktober 1968 kündigte der Parteivorsitzende Willy Brandt in einem Brief an die Mitglieder seiner Partei an, dass die SPD konkrete Vorschläge für die Verbesserung der Mitbestimmung unterbreiten werde.[52] Wenige Wochen danach verpflichtete der Nürnberger Parteitag die Bundestagsfraktion, eine parlamentarische Initiative zu ergreifen. Die Sozialdemokraten erarbeiteten nicht weniger als fünf Gesetzesvorschläge, die auf mehr Mitbestimmung abzielten, darunter auch ein Gesetz zur Mitbestimmung in Großunternehmen, das sich sehr eng an die Forderungen des DGB anlehnte.[53] Auch die Bundesregierung trug dem steigenden politischen Kurswert der Mitbestimmung Rechnung. Der Leiter der Informationsabteilung im Bundespresse- und Informationsamt Wolfgang Glaesser war davon überzeugt, „daß das Kapitel Mitbestimmung bei den Bundestagswahlen im kommenden Jahr eine überragende Rolle spielen"[54] werde. Aus diesem Grund hatte Bundesfamilienminister und CDU-Generalsekretär Bruno Heck wenige Tage, bevor er von seinem Ministeramt zurücktrat, um sich ganz auf den Wahlkampf zu konzentrieren, noch eine umfangreiche demoskopische Untersuchung über die Einstellung der Bevölkerung zur Mitbestimmung in Auftrag gegeben.[55] Nach der Bundestagswahl griff die Presse das Thema verstärkt auf: Dem „Spiegel" war die Mitbestimmung im Oktober 1968 eine Titelgeschichte wert, und die „Zeit" startete im November eine ganze Artikelserie, die Befürworter und Gegner der Mitbestimmung zu Wort kommen ließ.[56]

---

[51] Niederschrift über den 16. Bundesparteitag der Christlich Demokratischen Union Deutschlands vom 4.-7. November 1968 in Berlin, Bonn o. J., S. 365 ff., http://www.kas.de/upload/ACDP/CDU/Protokolle_Bundesparteitage/1968-11-04-07_Protokoll_16.Bundesparteitag_Berlin_Teil1.pdf (28.11.2017).

[52] Willy Brandt an die Mitglieder der SPD, Oktober 1968, in: Daniela Münkel (Bearb.), Auf dem Weg nach vorn. Willy Brandt und die SPD 1947–1972, Bonn 2000 (Willy Brandt. Berliner Ausgabe; 4), S. 420–424, hier S. 421.

[53] Deutscher Bundestag, 5. Wahlperiode, Drucksache V/3657: Entwurf eines Gesetzes über die Unternehmensverfassung in Großunternehmen und Konzernen, 16.12.1968, http://dipbt.bundestag.de/doc/btd/05/036/0503657.pdf (12.8.2014). Ihren Anhängern empfahl sich die SPD als die einzige Partei, die sich grundsätzlich für die Mitbestimmung einsetze: SPD-Broschüre „Wir und die Mitbestimmung", Bad Godesberg o. D. [1968], S. 8, http://library.fes.de/prodok/fa88-01155.pdf (24.9.2014).

[54] BA B 145/5489, Vermerk Wolfgang Glaesser, 8.10.1968.

[55] Ebd., Bruno Heck an Günter Diehl, 19.9.1968. Diehl leitete seit November 1967 das Bundespresse- und Informationsamt der Bundesregierung.

[56] Tür zur Macht, in: Der Spiegel 23 (1968), 28.10.1968, S. 46–65; Mitbestimmung in der Diskussion, in: Die Zeit, 22.11.1968, S. 38. In derselben Ausgabe legte Wilhelm Weber, Direktor

Im selben Maße, wie das Mitbestimmungsthema an Aufmerksamkeit gewann, polarisierte sich die Diskussion. Die Arbeitgeberverbände beantworteten die Kampagne der Gewerkschaften mit massiver Gegenpropaganda, die organisatorisch sowie finanziell keinen Vergleich mit dem DGB zu scheuen brauchte. Ein regelrechter Anzeigen- und Broschürenkrieg brach aus. Sowohl Arbeitgeber als auch Gewerkschaften versuchten, die Meinungsführerschaft mit Hilfe von Umfrageergebnissen zu behaupten. Die Arbeitgeberverbände gaben 1966 eine Studie bei Emnid in Auftrag, um die Bedeutung der Montanmitbestimmung für den sozialen Frieden zu hinterfragen. Obwohl die Ergebnisse eher mitbestimmungsfreundlich ausfielen, führte der BDI sie als Beleg dafür an, dass Mitbestimmung keineswegs zu mehr Zufriedenheit und damit zu einer besseren Integration der Arbeitnehmer führe.[57] Als das „ZDF-Magazin" im Sommer 1968 Zahlen des Allensbacher Instituts für Demoskopie verbreitete, denen zufolge Jungwähler die Mitbestimmungsforderungen für weniger dringlich hielten, mobilisierte der DGB seine Leute. Die Mitbestimmungsbeauftragten der Einzelgewerkschaften sorgten dafür, dass sich in der nächsten Wahlsendung des ZDF unter dem Motto „Wähler fragen – Politiker antworten" wenige Wochen darauf viele Gewerkschafter zu Wort meldeten und so die Mitbestimmung an die Spitze aller behandelten Fragekomplexe setzten.[58] Zudem gab der DGB selbst eine Meinungsumfrage zur Resonanz der Mitbestimmungskampagne in Auftrag. Sie stützte die Popularität der gewerkschaftlichen Forderung, allerdings waren Sicherung der Arbeitsplätze und Herabsetzung des Rentenalters den Befragten wichtiger als mehr Mitbestimmung.[59]

Beide Seiten zogen ein ganzes Register von Gefühlen: Die Gewerkschaften appellierten an Stolz und Empörung, indem sie die Mitbestimmung als hart erkämpftes demokratisches Grundrecht der Arbeitnehmer und den Widerstand dagegen als Unterdrückung charakterisierten. Die Unternehmer weckten Angst und Empörung, indem sie die Mitbestimmungsforderungen mit einem Aufruf zum Umsturz der freiheitlichen Demokratie gleichsetzten und dem DGB Machtegoismus als Motiv unterstellten. Mitbestimmung avancierte so für beide Seiten zum Prüfstein für demokratische Gesinnung: „Sage mir, wie Du es mit der Mitbe-

---

des Instituts für Christliche Sozialwissenschaften der Universität Münster, seinen Standpunkt dar, es folgten Artikel von Oswald von Nell-Breuning (29.11.1968), BASF-Vorstandsmitglied Wolfgang Heintzeler (6.12.1968) und dem Vorstandsvorsitzenden der Bank für Gemeinwirtschaft Walter Hesselbach (13.12.1968).

[57] Vgl. Viggo Graf Blücher, Integration und Mitbestimmung. Hauptergebnisse einer Untersuchungsreihe zum Thema „Wirksamkeit der erweiterten Mitbestimmung", Sennestadt 1966. Emnid musste sich den Vorwurf gefallen lassen, politisch verwertbare Argumente mit einem wissenschaftlichen Anstrich zu liefern; Karl-Heinz Diekershoff/Gundolf Klimt, Ideologische Funktionen demoskopischer Erhebungen. Kritische Bemerkungen zu einer Umfrage der EMNID-Institute, in: Kölner Zeitschrift für Soziologie und Sozialpsychologie 20 (1968), S. 62–77.

[58] AdsD DGB-Archiv 5/DGCS000011, Notiz über die Sitzung des Arbeitsausschusses Mitbestimmung am 11. August 1969, 11.8.1969. Die Sendung wurde am 4. September ausgestrahlt und war aus Sicht der Mitbestimmungsexperten ein „voller Erfolg"; ebd., Notiz über die Sitzung des Arbeitsausschusses Mitbestimmung am 8. September 1969, 10.9.1969.

[59] Vgl. Frank Ahland, Bürger und Gewerkschafter. Ludwig Rosenberg 1903 bis 1977. Eine Biografie, Essen 2016, S. 314 f.

stimmung hast, und ich sage Dir, wie Du es in Wahrheit mit der freiheitlich demokratischen Ordnung hast"[60], rief der stellvertretende DGB-Vorsitzende Bernhard Tacke auf einer Kundgebung am 27. März 1968 in Wuppertal. Diese Verquickung gab der Empörung zusätzliche Nahrung, denn Gewerkschaften und Arbeitgeber schlossen sich verbal gegenseitig wegen ihrer Haltung zur Mitbestimmung aus dem demokratischen Grundkonsens der Bundesrepublik aus. Während Rosenberg die Mitbestimmungsgegner mit preußischen Junkern und Diktatoren gleichsetzte, zogen die Unternehmer gegen den angeblich drohenden „Gewerkschaftsstaat" zu Felde.[61]

Auf diese Weise dramatisierten beide Seiten die Auseinandersetzungen um den Symbolgehalt der Mitbestimmung für eine gerechte Gesellschaftsordnung. Dadurch gewann der Zusammenhang zwischen Mitbestimmung und Demokratie eine neue Facette. Neben der Ausgestaltung einer zukünftigen Mitbestimmungsregelung geriet nun auch die Form, in der die Kontrahenten darum stritten, zur Bewährungsprobe der westdeutschen Demokratie. Als der SPD-Fraktionsvorsitzende Helmut Schmidt am 22. Januar 1969 im Bundestag die Vorschläge der Sozialdemokraten für mehr Mitbestimmung begründete, führte er die Studentenproteste als warnendes Beispiel dafür an, was passiere, wenn sich lange unerfüllte Wünsche und „berechtigte Empörung" über ein Demokratiedefizit explosionsartig entlüden: „Wer allzulange die notwendigen Reformen verhindert […], staut viele richtige Gedanken und Gefühle auf, erzeugt Ressentiments und ist schuld daran, wenn es später zu sehr unerwünschten Entwicklungen kommt."[62]

Kollektive Enttäuschung über Versäumnisse der Regierung destabilisiere die Demokratie, lautete Schmidts Botschaft. Damit argumentierte er ganz ähnlich wie der DGB, wenn dieser die Enttäuschung der Arbeitnehmer für den Fall eines unzureichenden Mitbestimmungsgesetzes prophezeite. Doch Schmidt machte Gefühle nicht allein aus strategischem Kalkül zum Politikum. Denn seine Mahnung galt nicht nur den Mitbestimmungsgegnern, sondern richtete sich auch an die Gewerkschaften. Diese forderte er am Schluss seiner Rede dazu auf, keine übertriebenen Hoffnungen zu schüren: „Paritätische Mitbestimmung bringt zwar die Gesellschaft einen wichtigen Schritt voran, aber sie ist keine Generalreform. Man sollte also – das meine ich mit diesen Worten – seine Erwartungen an die nachher eintretenden Veränderungen nicht zu hoch schrauben." Kollektive Enttäuschung erschien Schmidt als reale Bedrohung der Demokratie, und wer „unrealistische" Erwartungen schürte, spielte mit dem Feuer. Dieser Subtext verweist auf einen Grundzug der politischen Kultur in Westdeutschland, den Thomas

---

[60] BA B 149/26724, Referat Bernhard Tacke auf einer Kundgebung des Deutschen Gewerkschaftsbundes, Kreis Wuppertal, am 27.3.1968, o.D., S.14f.
[61] Zahlreiche Belege für die genannten Diffamierungsgrundformen finden sich im oben zitierten Spiegel-Artikel (wie Anm. 56); für eine Fülle weiterer Beispiele vgl. Lauschke, Mehr Demokratie in der Wirtschaft, Bd. 2, S. 28; Raehlmann, Interessenstreit, passim; Ahland, Bürger und Gewerkschafter, S. 310 u. 317.
[62] Deutscher Bundestag, 5. Wahlperiode, Plenarprotokoll Nr. 5/210 vom 22.2.1969, S. 11337 u. 11347, http://dipbt.bundestag.de/doc/btp/05/05210.pdf (12.8.2014).

Mergel herausgestellt hat. Sie kennzeichnete eine „tiefe Skepsis gegenüber einer politischen Propaganda [...], die weit in die Zukunft griff und Visionen eröffnete"[63]. Das Misstrauen gegen kollektive Gefühle rührte von der Überzeugung her, dass Hitler die Deutschen mit leeren Versprechen verführt habe. Die Konsequenz daraus war, dass Appelle an große Gefühle generell unter Demagogieverdacht standen. Der demokratische Wettbewerb um Wählerzuspruch sollte redlich und maßvoll geführt werden, und dies bedeutete, nicht zu viel zu versprechen.

Doch was genau erwarteten die Bürgerinnen und Bürger von der Politik mit Blick auf die Mitbestimmung? Generell war eine breite Mehrheit von 71% der Bevölkerung dafür, den Arbeitnehmern mehr Einfluss bei wichtigen betrieblichen Entscheidungen zu geben, wie das Meinungsforschungsinstitut infas im Oktober 1968 ermittelte. Unter der Arbeitnehmerschaft sprachen sich sogar 81% für mehr Mitbestimmung aus, dabei stachen die SPD-Anhänger mit 92% Befürwortern noch einmal hervor.[64] Doch diese hohen Zustimmungswerte bildeten nicht mehr ab als Sympathie für das Grundanliegen. Erhebungen, die konkreter nachfragten, zeigten auf, dass die Bevölkerung in ihrer Ansicht über die Mitbestimmungspläne von SPD und Gewerkschaften gespalten war. Drei Monate vor der Wahl stand einer knappen Mehrheit von 44%, die die Ausweitung der Mitbestimmung in Großbetrieben befürwortete, eine starke Minderheit von 35% gegenüber, die genau dies ablehnte. Zwar lagen die Zustimmungsraten innerhalb der SPD-Wählerklientel höher, doch von einmütiger Geschlossenheit konnte auch hier keine Rede sein.[65] Zudem unterstützte nur eine Minderheit der Arbeitnehmer die Ziele, mit denen der DGB für sein Konzept warb, wie eine weitere Umfrage vom März 1969 zeigte. Gerade einmal 17% engagierten sich stark für Mitbestimmung und führten normative Gründe dafür an. Der größte Teil der Arbeitnehmer setzte sich „weniger stark" für die Mitbestimmung ein. Sie erwarteten sich davon praktische Vorteile, nämlich Schutz vor Willkür durch den Arbeitgeber. Noch kleiner als die Gruppe der engagierten Befürworter war der Anteil der Arbeitnehmer, die die Mitbestimmung an die Spitze ihrer sozialen Forderungen stellte. Für 8% war Mitbestimmung das wichtigste Ziel, weitere 10% nannten sie an zweiter Stelle. Für die Arbeitnehmer insgesamt rangierte sie weit hinter Vollbeschäftigung und höheren Löhnen auf dem elften Rang. Für die Ausgestaltung der Mitbestimmung gab es zwei klare Präferenzen: Eine große Mehrheit der Befragten sprach sich für

---

[63] Mergel, Propaganda nach Hitler, S. 262.
[64] BA B 145/5489, infas report, 4.11.1968.
[65] Emnid hatte die Befragung im Auftrag des Bundespresse- und Informationsamts durchgeführt. Die stärksten Anteile hatten die Befürworter in der Alterskohorte von 16 bis 21 Jahren (53%), bei den Arbeitern (51%) und unter den SPD-Anhängern (59%). Knapp ein Drittel (28%) der Sozialdemokraten waren der Meinung, dass es schon genügend Mitbestimmung gebe, ebenso viele CDU-Anhänger (30%) sprachen sich für mehr Mitbestimmung aus. Am deutlichsten zeigte sich die Spaltung in der FDP-Klientel, deren Anhänger sich zu gleichen Teilen für (42%) und gegen (43%) mehr Mitbestimmung aussprachen; BA B 145/4287, Conrad Ahlers an Kurt Georg Kiesinger, 17.7.1969.

eine paritätische Besetzung des Aufsichtsrates aus, während nur 6% forderten, dass darunter auch betriebsfremde Gewerkschaftsvertreter sein sollten.[66]

Dass die Bundesregierung überhaupt innerhalb eines Dreivierteljahres drei demoskopische Erhebungen zur Mitbestimmung anfertigen ließ, illustriert die enorme politische Bedeutung des Themas ebenso wie das Gewicht von Meinungsforschung als Mittel der politischen Planung.[67] Die Ergebnisse belegten klar, dass Mitbestimmung im Kommen war. Allerdings ging die hohe Zustimmung nicht auf die Hoffnung zurück, die Wirtschaft insgesamt zu demokratisieren. In diesem Punkt unterschied sich der Standpunkt der Gewerkschaften und ihrer entschiedensten Anhänger deutlich von den Ansichten der meisten Arbeitnehmer. Überbetriebliche Mitbestimmungselemente fanden kaum Resonanz unter ihnen, und sie maßen der Mitbestimmung insgesamt weitaus geringere grundsätzliche Bedeutung zu als der DGB. Obwohl die großen Mitbestimmungskundgebungen, die Gesetzesinitiative der Sozialdemokraten und das Meinungsklima alle in Richtung mehr Mitbestimmung zu weisen schienen, herrschte keineswegs Einigkeit über deren Sinn und Zweck. Während Gewerkschaften, SPD und Arbeitnehmer mit ihrer Forderung nach außen hin an einem Strang zogen, klafften ihre Interessen und Erwartungen tatsächlich auseinander.

Der Rang der Mitbestimmung für die sozialliberale Koalition

Angesichts dieser Ausgangslage war die Mitbestimmung schon unter ihren Befürwortern ein schwieriges Thema – kein Wunder, dass die SPD sie in ihrem Wahlkampfprogramm nur „relativ beiläufig und knapp"[68] behandelt hatte. Obwohl die FDP auf ihrem Freiburger Parteitag von 1968 die Weichen für eine gesellschaftspolitische Öffnung gestellt hatte, waren die Mitbestimmungsvorstellungen der Gewerkschaften für sie ein rotes Tuch.[69] Im Wahlkampf hatte sich ihr Parteivorsitzender Walter Scheel klar positioniert: Die SPD müsse schon eine absolute Mehrheit erringen, um ein völlig paritätisches Mitbestimmungsgesetz

---

[66] BA B 145/5489, Vermerk Manfred Koch, 19.3.1969. Die Zahlen hatte das Frankfurter Marplan-Institut ermittelt; es handelte sich um die Umfrage, die Heck im September 1968 in Auftrag gegeben hatte. Nahezu dieselben Ergebnisse erbrachten Untersuchungen, die infas für den DGB und Allensbach im Auftrag der Bundesregierung zwischen März und Juni 1969 durchgeführt hatten; vgl. Winfried Süß, Sozialpolitische Denk- und Handlungsfelder in der Reformära, in: Hans Günter Hockerts (Hrsg.), Bundesrepublik Deutschland 1966-1974. Eine Zeit vielfältigen Aufbruchs, Baden-Baden 2006 (Geschichte der Sozialpolitik in Deutschland seit 1945; 5), S. 157–221, hier S. 204 Anm. 307; BA B 136/19901, Conrad Ahlers an Kurt Georg Kiesinger, 7.8.1969.

[67] Zwischen 1966 und 1969 stieg das Auftragsvolumen des BPA für Umfragen von 179 000 auf 468 000 DM: Anja Kruke, Demoskopie in der Bundesrepublik Deutschland. Meinungsforschung, Parteien und Medien 1949-1990, Düsseldorf 2007, S. 254. Das BPA vermehrte und diversifizierte die Auftragsvergabe, um aus unterschiedlichen punktuellen Beobachtungen Informationen für längerfristige politische Vorhaben zu gewinnen; vgl. ebd., S. 252-257.

[68] Schönhoven, Wendejahre, S. 657.

[69] Vgl. Klaus Weber, Der Linksliberalismus in der Bundesrepublik um 1969. Konjunktur und Profile, Frankfurt am Main 2012, S. 159–179; Raehlmann, Interessenstreit, S. 87.

zu bekommen.[70] Dagegen hatte Brandt zwei Wochen vor der Wahl deutlich signalisiert, dass die SPD bereit war, in diesem Punkt mit sich reden zu lassen.[71] Weil die Positionen der Koalitionspartner auf diesem Gebiet trotz allem weit auseinander lagen, schob die Regierung das Thema auf. Schon beim ersten Treffen am 30. September 1969 konnten die beiden Verhandlungsdelegationen die wesentlichen Eckpunkte zur Mitbestimmung klären.[72] Die FDP stimmte einer Ausweitung der betrieblichen Mitbestimmung durch eine Reform des Betriebsverfassungs- und des Personalratsgesetzes zu, widersetzte sich aber kategorisch der Übertragung des Montanmodells auf die bundesdeutschen Großunternehmen. Einigkeit bestand darin, zunächst den Bericht der Mitbestimmungskommission abzuwarten.[73]

Noch am selben Tag informierte die SPD die Gewerkschaften, dass die FDP ihr Veto gegen ein Mitbestimmungsgesetz auf paritätischer Basis eingelegt hatte. Während des Spitzengesprächs in Bochum verblieben beide Seiten dabei, dass der DGB seine Forderungen auf dem Gebiet der Mitbestimmung in vollem Umfang aufrechterhalten würde. Sobald die SPD über die parlamentarische Mehrheit verfügte, solle sie ein Mitbestimmungsgesetz nach den Vorstellungen der Gewerkschaften schaffen. Bis dahin erwarteten die Gewerkschaften von der Regierung, keine Regelung unterhalb dieses Standards einzuführen.[74] Klar war, dass Brandt die Koalition nicht an der Frage der Unternehmensmitbestimmung scheitern lassen wollte. Dies machte er auch öffentlich deutlich: Am 27. Oktober wich er ins Ungefähre aus, als er in einem „Spiegel"-Interview auf die Abstriche angesprochen wurde, die die SPD in diesem Punkt habe machen müssen. Das „eigentliche Mitbestimmungs-Thema" heiße, „unseren demokratischen Staat lebendiger machen, den Gegensatz zwischen Untertan und Obrigkeit überwinden, die Entschei-

---

[70] Vgl. Faulenbach, Jahrzehnt, S. 67 f.; Lauschke, Mehr Demokratie in der Wirtschaft, S. 49. Zum Wahlkampf der FDP 1969 vgl. Marco Michel, Die Bundestagswahlkämpfe der FDP 1949–2002, Wiesbaden 2005, S. 108–126.

[71] Brandt hob hervor, dass die Reform von Betriebsverfassungs- und Personalvertretungsgesetz für ihn Priorität habe; mit Blick auf die Unternehmensmitbestimmung erklärte er, dass die SPD sich mit ihrem Gesetzesvorschlag von 1968 nicht „auf Punkt und Komma" festgelegt habe; „Die SPD wird sich nicht billig machen". Interview mit Vizekanzler Willy Brandt (SPD), in: Der Spiegel 24 (1969), 15.9.1969, S. 39–52, hier S. 41.

[72] Daniel Hofmann, „Verdächtige Eile". Der Weg zur Koalition aus SPD und F.D.P. nach der Bundestagswahl vom 18. September 1969, in: VfZ 48 (2000), S. 515–564, hier S. 539; Meik Woyke, Management und Krisen der sozial-liberalen Koalition 1969-1982, in: Philipp Gassert/Hans Jörg Hennecke (Hrsg.), Koalitionen in der Bundesrepublik. Bildung, Management und Krisen von Adenauer bis Merkel, Paderborn 2017, S. 161–184, hier S. 169.

[73] Hans-Jürgen Wischnewski, Aufzeichnung über das Ergebnis der Koalitionsverhandlungen am 30.9.1969, 1.10.1969, abgedruckt in: Hofmann, „Verdächtige Eile", S. 555 f. Die FDP-Verhandlungskommission hielt schriftlich fest, dass jede Mitbestimmungsinitiative der SPD zum Bruch der Koalition führen werde; Arnulf Baring, Machtwechsel. Die Ära Brandt-Scheel, Stuttgart 1982, S. 184. Bereits zuvor hatte die SPD den Gewerkschaften vertraulich nahegelegt, auf die paritätische Mitbestimmung zu verzichten, sodass Brandt diese nicht zur Vorbedingung für eine Koalition machen musste; Süß, Sozialpolitische Denk- und Handlungsfelder, S. 166 Anm. 40.

[74] AdsD WBA A 8/61, Aktennotiz für Willy Brandt, o. D.

dungsvorgänge transparent machen"[75]. Diese schönen Worte konnten nicht darüber hinwegtäuschen, dass genau das eingetreten war, wovor der neue DGB-Vorsitzende Heinz Oskar Vetter im Gewerkschaftsrat gewarnt hatte: Die SPD hatte die Unternehmensmitbestimmung „auf dem Altar künftiger Koalitionsverhandlungen mit der FDP"[76] geopfert.

Alle Erwartungen, die die Gewerkschaftskampagne stimuliert hatten, waren mithin auf eine ferne Zukunft verschoben, wenn nicht sogar auf den Sankt-Nimmerleins-Tag, denn für eine sozialdemokratische absolute Mehrheit im Bundestag hätte es eines politischen Erdbebens bedurft. Der führende sozialdemokratische Sozialpolitiker Ernst Schellenberg gab aus diesem Grund die Parole aus, dass Die SPD am Ziel der paritätischen Mitbestimmung festhalte, sie aber in der laufenden Legislaturperiode nicht verwirklichen könne.[77] Mehrfach erinnerte Helmut Schmidt die Gewerkschaften daran, dass eine Alleinregierung der SPD die illusorische Voraussetzung für ein paritätisches Mitbestimmungsgesetz darstellte.[78]

Umso problematischer war es, dass der DGB seine öffentlich geäußerten Erwartungen an die Regierung in diesem Punkt nicht senkte. Die Ausdehnung der paritätischen Mitbestimmung auf alle Großunternehmen sowie die Verwirklichung der Mitbestimmung auf gesamtwirtschaftlicher Ebene führten den umfangreichen Forderungskatalog an, den der DGB der neuen Bundesregierung keine zwei Wochen nach dieser Begegnung mit auf den Weg gab.[79] IG-Metall-Chef Brenner erklärte die Mitbestimmung sogar zur „eigentlichen Bewährungsprobe"[80] der neuen Bundesregierung. An dieser Linie hielten die Gewerkschaften fest. Auch im Bundestagswahlkampf von 1972 stand die Ausweitung der paritätischen Mit-

---

[75] „Eine totale Opposition wird scheitern". Interview mit Bundeskanzler Willy Brandt, in: Der Spiegel 24 (1969), 27.10.1969, S. 29-34, hier S. 31.
[76] Zitiert nach Schönhoven, Wendejahre, S. 572. Der Gewerkschaftsrat ging auf eine Initiative Brandts zurück und diente dazu, das Verhältnis zwischen SPD und Gewerkschaften zu verbessern; ihm gehörten rund 30 Spitzenvertreter von SPD, DGB und Einzelgewerkschaften an.
[77] Tonbandtranskript der SPD-Bundestagsfraktionssitzung vom 9. Februar 1971, in: Kommission für Geschichte des Parlamentarismus und der politischen Parteien, online-Edition „Fraktionen im Deutschen Bundestag 1949-1990", https://fraktionsprotokolle.de/handle/444 (24.5.2018), S. 17. Schellenberg war Vorsitzender des Bundestagsausschuss für Sozialpolitik und leitete zugleich den sozialpolitischen Arbeitskreis der sozialdemokratischen Bundestagsfraktion.
[78] Schmidt tat dies sowohl vor dem Parteirat, in dem etliche gewerkschaftlich organisierte SPD-Funktionäre auf Landes- und Bezirksebene vertreten waren, als auch bei seinem Antrittsbesuch als Bundeswirtschafts- und -finanzminister beim DGB; AdsD SPD-Parteivorstand Neuer Bestand 497, Manuskript Rede Helmut Schmidt in der Sitzung des Parteirats und Parteivorstands am 26.2.1971; Protokoll der Sitzung des DGB-Bundesvorstands vom 5./6. September 1972, in: Klaus Mertsching (Bearb.), Der Deutsche Gewerkschaftsbund 1969-1975, Bonn 2013 (Quellen zur Geschichte der deutschen Gewerkschaftsbewegung im 20. Jahrhundert; 16), S. 564-576, hier S. 570.
[79] BA B 149/26744, DGB-Nachrichtendienst 292/69, 22.10.1969: Erklärung des Deutschen Gewerkschaftsbundes an die neue Bundesregierung. Ähnlich war auch der Tenor der Stellungnahme des DGB zur Regierungserklärung von Willy Brandt vom 28. Oktober 1969, abgedruckt in: Mertsching (Bearb.), Der Deutsche Gewerkschaftsbund 1969-1975, S. 120f.
[80] Brenner, Mitbestimmung ist entscheidende Frage, in: Neue Ruhr-Zeitung, 1.11.1969, S. 1.

bestimmung auf alle Großbetriebe und die Einführung der gesamtwirtschaftlichen Mitbestimmung ganz oben auf der Liste der „Wahlprüfsteine", die der DGB in millionenfacher Auflage unter den Arbeitnehmern verteilte.[81] Während die Führungsspitze schon frühzeitig wusste, dass ein Mitbestimmungsgesetz nach ihren Wünschen politisch in absehbarer Zeit nicht zu realisieren war, schürte sie an der Basis die Erwartung, dass die erste sozialdemokratisch geführte Bundesregierung der Nachkriegszeit endlich die überfällige Reform durchsetzen müsse.

Für den DGB gab es kaum die Möglichkeit zurückzustecken, ohne eine gesellschaftspolitische Bankrotterklärung abzugeben. Zu hoch war der Stellenwert, den die Gewerkschaften dieser Forderung jahrelang zugesprochen hatte, zu hart und grundsätzlich die Auseinandersetzungen mit den Arbeitgeberverbänden, und zu eng war das Prestige des Vorsitzenden daran geknüpft.[82] Damit setzte sich ein Grundzug in der Geschichte der Mitbestimmung seit der Nachkriegszeit fort: Zwischen Hoffnungen und Realisierungschancen klaffte eine immense Lücke. Diesen Erwartungsüberschuss schob nun die sozialliberale Bundesregierung vor sich her.

Die Diskrepanz zwischen symbolischer Bedeutung und konkreten gesetzgeberischen Schritten wurde selten so offenkundig wie in der berühmten Regierungserklärung von Bundeskanzler Willy Brandt am 28. Oktober 1969. Ihre Kernsätze nahmen den gesamtgesellschaftlichen Veränderungsimpetus der Mitbestimmungsdiskussion auf und setzten sie mit dem alles überstrahlenden Thema der Demokratisierung in eins: „Mitbestimmung, Mitverantwortung in den verschiedenen Bereichen unserer Gesellschaft wird eine bewegende Kraft der kommenden Jahre sein", bekräftigte Brandt wenige Augenblicke nach seinem Versprechen, das mehr als alle anderen Formulierungen das Aufbruchspathos des sozialliberalen Regierungsbündnisses ausbuchstabierte: „Wir wollen mehr Demokratie wagen"[83]. Mit seinem „visionären Stil"[84] akzentuierte Brandt die Ebene der symbolischen Bedeutung politischer Vorhaben weitaus stärker als deren konkrete Gestalt. In puncto Unternehmensmitbestimmung kündigte Brandt lediglich an, den Bericht der Mitbestimmungskommission zu prüfen und zu erörtern. Das war mager angesichts des ungeheuren Reformelans, den die Regierungserklärung insgesamt verströmte.

Obwohl Brandts Duktus über weite Strecken nüchtern und sein Programm „teilweise nicht ganz so sensationell"[85] war, wurde die Regierungserklärung als

---

[81] AdsD DGB-Archiv 5/DGCS000078, DGB-Nachrichtendienst 256/72, 6.9.1972; vgl. auch Lauschke, Mehr Demokratie in der Wirtschaft, Bd. 1, S. 61f.

[82] Im Mai 1969 hatte Vetter bei seinem Amtsantritt angekündigt, dass der DGB „nicht um einen Millimeter" von seinen Forderungen abrücken werde; Lauschke, Mehr Demokratie in der Wirtschaft, Bd. 1, S. 45.

[83] Deutscher Bundestag, 6. Wahlperiode, Plenarprotokoll Nr. 06/5 vom 28.10.1969, S. 20 (beide Zitate), http://dipbt.bundestag.de/doc/btp/06/06005.pdf (1.9.2014).

[84] Hans Günter Hockerts, Rahmenbedingungen: Das Profil der Reformära, in: ders. (Hrsg.), Bundesrepublik Deutschland 1966–1974. Eine Zeit vielfältigen Aufbruchs, Baden-Baden 2006 (Geschichte der Sozialpolitik in Deutschland seit 1945; 5), S. 1-155, hier S. 72.

[85] Faulenbach, Jahrzehnt, S. 70.

„Manifest des Neubeginns, des Aufbruchs zu neuen Ufern"[86] wahrgenommen. Dieses „große Missverständnis"[87] lag nicht allein an einzelnen prägnanten Formulierungen, zu denen auch Günter Grass beigetragen hatte.[88] Ihre euphorisierende Wirkung entfaltete die Rede durch denjenigen, der sie hielt. Willy Brandt war ein Hoffnungsträger. Vor allem bei Intellektuellen und Künstlern wie Grass, die Brandt häufig persönlich für die Sozialdemokratische Wählerinitiative (SWI) gewonnen hatte, verfing sein Charisma.[89] Aber auch für viele „einfache" Menschen verkörperte Brandt einen neuen Politikstil: Ehrlichkeit, Menschlichkeit, Integrität und Unverfälschtheit – der neue Kanzler war bzw. wurde für viele zu einer Symbolfigur, zum Gegenstück aller negativen Stereotypen des Berufspolitikers.[90] Viele Bewunderer sahen ihn als Garanten für eine „Vermenschlichung der Politik", erlebten dank Brandt ein „neues Bewußtsein von Demokratie [...], für das es sich einzusetzen lohnt", oder hatten schlichtweg „zum ersten Mal das Gefühl, nicht ‚beschissen' zu werden"[91]. Nicht nur Jungwähler, Intellektuelle und Arbeitnehmer verehrten Brandt, ihm flogen die Herzen allen Bevölkerungsschichten zu. Eine 71-jährige Frau, die jahrzehntelang CDU gewählt hatte, bekannte dem

---

[86] Wolfgang Jäger, Die Innenpolitik der sozial-liberalen Koalition 1969–1974, in: Karl Dietrich Bracher/Wolfgang Jäger/Werner Link, Republik im Wandel 1969–1974. Die Ära Brandt, Stuttgart 1986, S. 13–160, hier S. 24.

[87] Patrick Bernhard, Wirklich alles locker, flockig, liberal? Plädoyer für einen postrevisionistischen Blick auf die Geschichte der Bundesrepublik in den 1960er und 1970er Jahren, in: Martin Löhnig/Mareike Preisner/Thomas Schlemmer (Hrsg.), Reform und Revolte. Eine Rechtsgeschichte der 1960er und 1970er Jahre, Stuttgart 2012, S. 1–12, hier S. 7.

[88] Vgl. dazu Martin Kölbel, Nachwort. „Ohne Zweifel: Wir geraten in schwieriges Gelände". Briefe als Instrument politischer Machtbeteiligung, in: ders. (Hrsg.), Willy Brandt und Günter Grass. Der Briefwechsel, Göttingen 2013, S. 1059–1144, hier S. 1120 f.; siehe auch AdsD WBA A 8/64, Günter Grass: Entwürfe für die Regierungserklärung, o. D.

[89] Brandt bat am 14. Januar 1969 zahlreiche Künstler, Journalisten, Prominente und Meinungsbildner, sich für die SWI zu engagieren, unter anderem General Wolf Graf von Baudissin, Hartmut von Hentig, Robert Jungk, Alexander Mitscherlich, Philip Rosenthal und Helmut Schön (alle Schreiben in AdsD WBA A 11.1). Die Resonanz war groß: Joachim Kulenkampff warb auf einem Plakat für die SPD, zahlreiche andere schrieben für die SWI-Zeitung „Dafür". Zur Entwicklung der SWI vgl. Daniela Münkel, Intellektuelle für die SPD. Die sozialdemokratische Wählerinitiative, in: Thomas Hertfelder/Gangolf Hübinger (Hrsg.), Kritik und Mandat. Intellektuelle in der deutschen Politik, Stuttgart 2000, S. 222–238; dies., Bemerkungen zu Willy Brandt, Berlin 2005, S. 187–209; Schönhoven, Wendejahre, S. 620–643, und Kölbel, Nachwort, S. 1095–1109.

[90] Zur Entstehung dieser Vorurteile vgl. Kari Palonen, Rhetorik des Unbeliebten. Lobreden auf Politiker im Zeitalter der Demokratie, Baden-Baden 2012, S. 29–64.

[91] AdsD WBA A 4/7, Renate Kreibich-Fischer an Willy Brandt, 7.5.1974; ebd., Ernst und Monika Petruschka an Willy Brandt, 7.5.1974; AdsD WBA A 4/8-10, Eva Höpker-Windmöller an Willy Brandt, 7.5.1974. Alle Zitate stammen aus Reaktionen auf Brandts Rücktritt als Bundeskanzler, doch die Hoffnungen, die in ihnen zum Ausdruck kommen, waren bereits vor Brandts Amtsantritt entstanden, wie viele der Schreiberinnen und Schreiber betonten. Einen Eindruck davon vermitteln auch die hoch emotionalen Glückwünsche, die Brandt nach dem Scheitern des Misstrauensvotums von 1972 erhielt: Sabine Manke, Brandt anfeuern. Das Misstrauensvotum 1972 in Bürgerbriefen an den Bundeskanzler. Ein kulturwissenschaftlicher Beitrag zu modernen Resonanz- und Korrespondenzphänomenen, Marburg 2008, S. 169–171 u. 210–214. Vgl. zeitgenössisch auch Dagobert Lindlau (Hrsg.), Gedanken über einen Politiker. Von 35 Wissenschaftlern, Künstlern und Schriftstellern, München 1972.

Bundeskanzler, dass sie ihn aus „Achtung" und sogar „Liebe" jeden Abend in ihre Gebete einschließe.[92] Solche Gefühle kamen nicht zufällig, sondern gehörten zu Brandts Image als Erneuerer. Daher ist es kein Zufall, dass sein Amtsantritt eine „ungekannte Aufbruchstimmung" entfachte.[93] Herbert Wehner feierte im Parteiorgan „Vorwärts" die Wahl Willy Brandts zum Bundeskanzler als „ein neues Kapitel der Bundesrepublik Deutschland" und versprach, es werde „ein Kapitel der Erneuerung"[94] sein. Solche großen Worte waren typisch für den Beginn der sozialliberalen Koalition. Sie entsprachen dem Zeitgeist, der Veränderung und Demokratisierung prämierte, aber sie speisten sich auch aus der Überzeugung, mit Reformen die Gesellschaft umgestalten zu können. Im Nachhinein ist es leicht (und auch ein wenig leichtfertig), solche Überzeugungen und die an die neue Bundesregierung herangetragenen Erwartungen als unrealistisch oder gar naiv zu bewerten.[95] Dass Hoffnungen sich nicht erfüllten, bedeutet nicht, dass sie von vornherein überzogen waren. Allerdings nahm die neue Regierung sie in ihre programmatischen Ankündigungen auf. Dadurch nahmen die unverbindlichen Erwartungen den Charakter eines Versprechens an, an dem sich die Regierung messen lassen musste.

Mitbestimmung im Konzept der „Inneren Reform"

Die Selbstdarstellung der sozialliberalen Regierung knüpfte nahtlos an die Hoffnungen an, die sich jahrelang mit dem Begriff der Mitbestimmung verbunden hatten. Brandt präsentierte sich als „Kanzler der inneren Reform"[96], der sich zum Ziel gesetzt hatte, den demokratischen und sozialen Rechtsstaat zu verwirklichen. Vor allem zu Beginn seiner Amtszeit setzte Brandt dieses Leitmotiv wie ein Markenzeichen ein, um sein innenpolitisches Programm zu charakterisieren. In seiner Regierungserklärung konstatierte er „die Notwendigkeit umfassender Reformen"[97]. Brandt schien entschlossen, diese Aufgabe mit großem Elan anzupacken. Auf nahezu allen Rechtsgebieten kündigte er Reformen, Gesetzesinitiativen oder zumindest Vorarbeiten für zukünftige Maßnahmen an. Das Bundeskanzleramt

---

[92] AdsD WBA A 11.1/8, Alice Bärthel an Willy Brandt, 18.1.1970.
[93] Faulenbach, Jahrzehnt, S. 70 u. 73.
[94] AdsD WBA A 8/61, Pressemitteilung der SPD, 21.10.1969.
[95] Vgl. Faulenbach, Jahrzehnt, S. 73. Faulenbach, der sich jahrzehntelang in der SPD engagiert hat, übernimmt als Historiker damit eine Form der Enttäuschungsverarbeitung, deren Ursprung im Erwartungsmanagement der Regierung Brandt zu suchen ist (vgl. dazu unten Kap. 1.2). Insofern verquickten sich in seiner Einschätzung Zeitzeugenschaft und Zeitgeschichtsforschung. Vgl. zu diesem Problem Franka Maubach/Christina Morina, Historiographiegeschichte als Erfahrungs- und Resonanzgeschichte. Eine Einleitung, in: dies. (Hrsg.), Das 20. Jahrhundert erzählen. Zeiterfahrung und Zeitforschung im geteilten Deutschland, Göttingen 2016, S. 7–31, hier S. 16–19.
[96] Erstmals am 3. Oktober 1969 vor der SPD-Bundestagsfraktion; vgl. Baring, Machtwechsel, S. 183. SPD-Vorstandssprecher Jochen Schulz nahm die Formulierung in einer Pressemitteilung unmittelbar nach der Wahl Brandts zum Bundeskanzler auf; AdsD WBA A 8/61, Pressemitteilung der SPD, 21.10.1969.
[97] Regierungserklärung von Willy Brandt vom 28.10.1969 (wie Anm. 83), S. 21.

zählte nicht weniger als 120 Vorhaben zusammen.[98] Das Etikett der „inneren Reform" verhieß, dass die zahlreichen neu angestoßenen bzw. erst angekündigten Pläne einem Gesamtkonzept folgten. Es akzentuierte einen drängenden Problemstau sowie die Entschlossenheit, grundlegende gesellschaftspolitische Veränderungen einzuleiten. Und es signalisierte eine hohe Priorität auf der Agenda der sozialliberalen Regierung.

Doch das war keineswegs der Fall. Während die Regierung außenpolitisch Tatkraft demonstrierte, spektakuläre Erfolge erzielte und über ein klares Konzept verfügte, das ihre Anhängerschaft zusammenschloss, gab sie nach innen ein trübes Bild ab. Kompetenzstreit unter den Kabinettsmitgliedern prägte die Schlagzeilen; Finanzminister Alex Möller und sein Nachfolger Karl Schiller traten innerhalb eines Jahres wegen überbordender Forderungen aus den anderen Ressorts zurück; der prominente Bildungspolitiker Carl-Heinz Evers warf das Handtuch, weil die Reform der Schulen und Hochschulen zu scheitern drohte. Finanzielle Zwänge engten den Handlungsspielraum ein: Hohe Inflationsraten, die überhitzte Konjunktur und eine anhaltende Dollarschwäche zwangen die Bundesregierung im Mai 1971 zu einer Haushaltssperre. Schließlich betrieb die Opposition eine Obstruktionspolitik, für die sie seit April 1972 eine Mehrheit im Bundesrat einsetzen konnte. Insgesamt traf die Reformpolitik also auf eine „sperrige Realität"[99], die viele Pläne bremste oder ganz scheitern ließ.

Freunde des Regierungsbündnisses kritisierten die Innenpolitik oft noch schärfer als dessen Gegner als mutlos, kopflos und ergebnislos. Besonders vernehmlich taten dies linksliberal eingestellte Intellektuelle und Meinungsmacher, die die größten Erwartungen in das Programm der inneren Reformen gesetzt hatten. Ihr Druck auf die Bundesregierung stieg an. Wie um die sozialliberale Koalition anzuspornen, präsentierte der „Spiegel" in seiner Titelgeschichte vom November 1970 Umfrageergebnisse, die sich kaum anders denn als Aufforderung interpretieren ließen, die inneren Reformen voranzutreiben. Drei Viertel der Bevölkerung sprachen sich für behutsame Verbesserungen (43%), weitgehende Veränderungen (22%) oder sogar grundlegende Umwälzungen (8%) der bundesrepublikanischen Verhältnisse aus. Wieder einmal dienten demoskopische Erhebungen als scheinbar objektives Argument, um politischen Wünschen Rückenwind zu verschaffen. Die formulierte der „Spiegel" offen: „Die Progressiven werden [...] mutiger beim Durchsetzen von Reform-Projekten sein können." Mitbestimmung zählte mit 70% Zustimmung zu den „überaus populären" Vorhaben. Unverhohlen warnte der Artikel die SPD vor den Folgen gesellschaftspolitischer Stagnation: Handele die SPD nicht, so „könnte die Welle der allgemeinen Reformbereitschaft sie überrollen" und linke Wähler „ihre Enttäuschung durch Stimmenthaltung kompensieren"[100].

---

[98] BA B 136/4709, Liste von allen Projekten, Gesetzen usw., die in der Regierungserklärung vom 28. Oktober 1969 angekündigt, versprochen oder in Aussicht genommen worden sind – ausgenommen auf dem Gebiet der auswärtigen und innerdeutschen Beziehungen, 4.11.1969.
[99] Faulenbach, Jahrzehnt, S. 232; vgl. auch Jäger, Innenpolitik, S. 46–54.
[100] Was soll Bonn tun? Umfrage über innere Reformen, in: Der Spiegel 25 (1970), 9.11.1970, S. 74–94, hier S. 74 u. 77. Allerdings brachte auch die „Spiegel"-Umfrage ans Licht, dass die

Besonders oft nahm Günter Grass den Bundeskanzler ins Gebet.[101] In den beiden Jahren nach dessen Ernennung zum Bundeskanzler schrieb er ihm 35 Briefe. Bereits Anfang März 1970 warnte er Brandt, dass sein außenpolitisches Image nicht darüber hinwegtäuschen könne, „in welchem Ausmaß er als Kanzler der inneren Reformen blockiert"[102] sei. Immer wieder forderte der Schriftsteller Brandt auf, Führungsstärke zu zeigen, eine klare politische Linie in das „zerredete Reformkauderwelsch" zu bringen und der „schlingernden Konzeptlosigkeit im Bereich der Innenpolitik" ein Ende zu bereiten, die in der Sozialdemokratischen Wählerinitiative auf bittere Kritik stoße.[103] Der Journalist Klaus Harpprecht, ebenfalls Mitglied der SWI, verlangte sechs Monate, nachdem die Regierung ihre Geschäfte aufgenommen hatte, dass „der Elan des Anfangs"[104] wiederkehren müsse. Günter Gaus, „Spiegel"-Chefredakteur und einer der „entschiedenen journalistischen Wegbereiter und Unterstützer"[105] Brandts, nannte ihn in einem Kommentar vom Februar 1971 einen „Teil-Kanzler", von dem innenpolitische Reformen wohl nicht mehr zu erwarten seien.[106]

Obwohl Brandt die Kritik empfindlich traf – der „Spiegel" erhielt drei Monate lang kein Interview mehr, und Grass wurde von Kanzleramtschef Horst Ehmke vorgeworfen, er deprimiere den Kanzler –, bildete sie nur die Enttäuschung einer besonders engagierten Minderheit ab. Für das Erscheinungsbild der Regierung insgesamt fiel sie kaum ins Gewicht, wie die regelmäßig erhobenen Stimmungsbilder zeigten. Zwar bildeten sich Grass und Harpprecht beide ein, den Wähler-

---

meisten Menschen nur sehr wenig mit dem Begriff der Mitbestimmung anzufangen wussten; ebd., S. 93f.

[101] Zu Grass' Engagement für die SPD vgl. Bastian Hein, Das Gewissen der Nation? Günter Grass (Jg. 1927) als politischer Intellektueller, in: ders./Manfred Kittel/Horst Möller (Hrsg.), Gesichter der Zeitgeschichte. Porträts zur deutschen Zeitgeschichte, München 2012, S. 311–324, insbesondere S. 314–317.

[102] Günter Grass an Willy Brandt, 9.3.1970, abgedruckt in: Kölbel (Hrsg.), Willy Brandt und Günter Grass, S. 351–356, hier S. 352; ähnlich äußerte sich Grass am 22. September 1970; ebd., S. 391.

[103] Günter Grass an Willy Brandt, 29.6.1971 u. 21.9.1971, ebd., S. 464–470, Zitat S. 465, bzw. 483–488, Zitat S. 485. An die sozialdemokratischen Bundestagsfraktion appellierte Grass, den Kanzler stärker zu unterstützen: Tonbandtranskript der SPD-Bundestagsfraktionssitzung vom 23. März 1971, in: Kommission für Geschichte des Parlamentarismus und der politischen Parteien, online-Edition „Fraktionen im Deutschen Bundestag 1949–1990", https://fraktionsprotokolle.de/handle/455 (24.5.2018), S. 41f.

[104] AdsD WBA A 8/8, Klaus Harpprecht an Willy Brandt, 30.6.1970. Harpprecht, der 1972 als Leiter des Redenschreiberteams ins Kanzleramt wechselte, war zu diesem Zeitpunkt Chefredakteur der Zeitschrift „Der Monat" und ZDF-Korrespondent in Washington.

[105] Münkel, Willy Brandt und die „Vierte Gewalt", S. 202.

[106] Günter Gaus, Warten auf den Kanzler, in: Der Spiegel 26 (1971), 1.2.1971, S. 27. Brandt beschwerte sich daraufhin, ihm habe seit Langem nichts mehr geschadet und verletzt als dessen „böses Wort vom Teil-Kanzler"; Willy Brandt an Günter Gaus, 15.2.1971, abgedruckt in: Wolther von Kieseritzky (Bearb.), Mehr Demokratie wagen. Innen- und Gesellschaftspolitik 1966–1974, Bonn 2001 (Willy Brandt. Berliner Ausgabe; 7), S. 250. Gaus versicherte Brandt daraufhin seine Unterstützung, bestand aber darauf, „daß gerade Freunden und verehrten Politikern ein hartes Wort auch öffentlich gesagt werden muß, wenn dies angebracht zu sein scheint"; AdsD WBA A 8/6, Günter Gaus an Willy Brandt, 17.2.1971.

willen besser zu kennen als die Meinungsforscher[107], aber das war lediglich der Ausdruck des Wunsches, ihr Rat möge stärkeres Gehör und Gewicht beim Bundeskanzler finden. Tatsächlich ließ die Bundesregierung die Resonanz ihres Programms der inneren Reformen demoskopisch messen. Die Zahlen bestätigten die Kritik und relativierten sie zugleich. Demnach hatte die Bundesregierung für 13% der Bevölkerung zu wenig auf dem Gebiet der inneren Reformen geleistet, wie infas im März 1971 feststellte. Aber mehr als dreimal so viele (45%) sahen ihr schwerstes Versäumnis darin, den Preisanstieg nicht in den Griff zu bekommen.[108] Den Vorwurf, dass die Bundesregierung die inneren Reformen über ihrer Ostpolitik vernachlässige, teilten im Oktober desselben Jahres 38%, doch genauso viele Befragte wiesen ihn zurück.[109] An diesen Werten lässt sich ablesen, dass die Gesamtbevölkerung weniger stark als intellektuelle Eliten von Brandt erwartete, die Gesellschaft durch grundlegende Reformen umzugestalten. Noch mehr als für die inneren Reformen insgesamt galt für den Ausbau von Mitbestimmungsrechten der Arbeitnehmer, dass sie kein dringendes Anliegen der Bevölkerungsmehrheit darstellten. Als Biedenkopf den politisch so bedeutsamen Bericht der Mitbestimmungs-Kommission vorlegte, interessierte das zwei Drittel der Befragten schlichtweg nicht.[110] Im November 1970 hielten nach einer Allensbach-Umfrage über die Dringlichkeit der inneren Reformen lediglich 23% der Bundesbürger die Mitbestimmung für vorrangig, und unter acht Vorhaben, deren Bedeutung die Bundesregierung im März 1971 messen ließ, rangierte das Betriebsverfassungsgesetz an vorletzter Stelle.[111]

Obwohl die schwachen Leistungen auf dem Gebiet der Innenpolitik den Kredit der Regierung bei den Wählern nicht besonders stark beeinträchtigten, reagierte Brandt auf die Enttäuschung, die ihm von einem Teil seiner engen Anhänger, aus

---

[107] Günter Grass an Willy Brandt, 13.10.1971, in: Kölbel (Hrsg.), Willy Brandt und Günter Grass, S. 500–507, hier S. 504f.; AdsD WBA A 8/8, Klaus Harpprecht an Willy Brandt, 24.10.1972 u. 21.3.1973. Weil Grass' Penetranz dem Bundeskanzler zunehmend auf die Nerven ging, wies er schließlich seinen für die SWI zuständigen persönlichen Referenten an, den Schriftsteller abzuwimmeln; Reinhard Wilke, Meine Jahre mit Willy Brandt. Die ganz persönlichen Erinnerungen seines engsten Mitarbeiters, Stuttgart 2010, S. 41. Auch Harpprecht selbst agierte als Puffer zwischen dem Dichter und dem Kanzler; Klaus Harpprecht, Schräges Licht. Erinnerungen ans Überleben und Leben, Frankfurt am Main 2016, S. 499.

[108] BA B 145/6882, Presse- und Informationsamt der Bundesregierung: infas 6/71, Teil 2, 16.7.1971, S.1. In der positiven Leistungsbilanz lag die Ost- und Deutschlandpolitik mit 57% auf dem ersten Platz, die inneren Reformen bildeten mit 3% das Schlusslicht.

[109] BA B 145/6883, Presse- und Informationsamt der Bundesregierung: infas 11/71, Teil 3, 3.2.1972, S. 39.

[110] 23% der Bevölkerung bekundeten ihr Interesse an dem Thema; unter den SPD-Anhängern waren es mit 28% nur wenig mehr; BA B 145/4228, Presse- und Informationsamt der Bundesregierung: emnid 2/2, 13.3.1972.

[111] BA B 136/19901, Presse- und Informationsamt der Bundesregierung: Allensbacher Berichte [vom Februar 1971], 10.2.1971; BA B 145/6882, Presse- und Informationsamt der Bundesregierung: infas 6/71, Teil 3b, 23.7.1971. Ähnlich nachrangig erschien die Unternehmensmitbestimmung laut einer Allensbach-Umfrage vom August 1972. Unter 41 Zielen erschien der Wunsch, „daß die Arbeiter und Angestellten in den Unternehmen mehr mitbestimmen als bisher", erst an 28. Stelle; Elisabeth Noelle-Neumann/Erich Peter Neumann (Hrsg.), Jahrbuch der öffentlichen Meinung 1968–1973, Allensbach 1974, S. 132f.

den Reihen der Gewerkschaften und auch von der sozialdemokratischen Basis entgegenschlug. Seine Argumentation umfasste drei Elemente: Erstens bestritt Brandt, dass die Regierung ihre Versprechen nicht gehalten habe, zweitens dehnte er den Zeithorizont des Reformprogramms aus, und drittens suchte er die Schuld für die Unzufriedenheit in schlechter Außendarstellung. Vertreter der Landes- und Bezirksverbände beschwor er, nicht auf das „Gerede, wir würden nicht unsere Regierungserklärung verwirklichen können", hereinzufallen; das Gegenteil sei richtig. Man dürfe die eigenen Leistungen nicht „zerreden oder vermiesen lassen" und solle einzelne Unzulänglichkeiten nicht übertreiben.[112] Im Mai 1971 bekräftigte er während einer gemeinsamen Sitzung von Gewerkschaftsrat und Parteivorstand, dass die inneren Reformen trotz der restriktiven Haushaltspolitik nicht preisgegeben würden.[113] Eine Woche später trat er im „Spiegel" dem Vorwurf entgegen, dass er zu Beginn seiner Amtszeit „den Mund zu voll genommen" habe. Die Regierung habe nie behauptet, in vier Jahren auf allen denkbaren Gebieten alles Mögliche von Grund auf zu ändern. Regierung der inneren Reformen zu sein bedeute vielmehr, mit dem Planen und Rechnen anzufangen; zum Teil erstreckten sich die Vorhaben auf zehn Jahre.[114] Auch in einer programmatischen Rede im politischen Club der Evangelischen Akademie Tutzing, die Brandt als innenpolitisches Signal konzipiert hatte, warnte er verklausuliert vor überzogenen Erwartungen.[115] Die Schuld daran wies er jedoch stets von sich. Vielmehr seien andere – und damit meinte Brandt auch andere Regierungsmitglieder – dafür verantwortlich, dass die Regierungserklärung „extensiv ausgelegt" und „überstrapaziert" worden sei.[116] Den Grund für die Diskrepanz zwischen den konkreten Ankündigungen, die die Bundesregierung selbst gemacht hatte, und den Vorstellungen seiner Anhänger sah er in „Missverständnissen", an denen er der Öffentlichkeitsarbeit der Regierung eine Mitschuld gab.

Brandts Versuche, die Erwartungen zu dämpfen, begleiteten seine Regierungszeit ebenso zuverlässig wie seine Appelle, die Politik besser zu vermitteln.[117] Diese

---

[112] AdsD SPD-Parteivorstand Neuer Bestand 497, Manuskript Willy Brandt für die Sitzung des Parteirats am 26.2.1971, o.D.
[113] Handschriftliche Notizen Brandts für die gemeinsame Sitzung von Parteivorstand und Gewerkschaftsrat der SPD, 17.5.1971, abgedruckt in: von Kieseritzky (Bearb.), Mehr Demokratie wagen, S.256f.
[114] „Meine Landsleute krempeln die Ärmel hoch". Bundeskanzler Willy Brandt verteidigt seine Sparpolitik, in: Der Spiegel 26 (1971), 24.5.1971, S.36–47, hier S.38.
[115] Auszüge der Rede sind abgedruckt in: Kieseritzky (Bearb.), Mehr Demokratie wagen, S.272–282.
[116] So Brandt in einem Hintergrundgespräch mit der „Zeit" am 19.September 1972, ebd., S.354–364, hier S.355; ähnlich äußerte er sich eine Woche später in einem „Spiegel"-Interview: „Wir haben einen hohen Preis bezahlt". Bundeskanzler Willy Brandt zieht die Bilanz seiner Regierung, in: Der Spiegel 27 (1972), 25.9.1972, S.24–31, hier S.24.
[117] Z.B. auf den Parteitagen der SPD in Saarbrücken und Hannover: „Unsere politische Richtlinie für die siebziger Jahre". Rede vom 13.Mai 1970, in: Willy Brandt, ...auf der Zinne der Partei... Parteitagsreden 1960 bis 1983, hrsg. und erläutert von Werner Krause und Wolfgang Gröf, Berlin 1984, S.171–191, hier S.188; „Das Grundgesetz verwirklichen – Deutsche Politik und sozialdemokratische Grundsätze. Rede vom 11.April 1973, ebd., S.195–228, hier S.200f. Dort wie auch im „Spiegel"-Interview vom Mai 1971 (Anm.114) sprach Brandt von

Häufung allein zeigt, dass er kaum etwas erreichte. Genau wie der DGB in der Frage der Mitbestimmung hatte sich Brandt für das Programm der inneren Reformen zum Getriebenen der Hoffnung auf eine umfassende Demokratisierung der Gesellschaft gemacht, die er jahrelang geweckt und genährt hatte.[118] Dieser Zusammenhang gab der schwebenden Mitbestimmungsfrage zusätzliche Brisanz, weil alle noch ausstehenden innenpolitischen Vorhaben zur Bewährungsprobe für Gestaltungsfähigkeit und Glaubwürdigkeit der Bundesregierung wurden. Dies galt umso mehr, nachdem die SPD bei den vorgezogenen „Willy-Wahlen" vom 19. November 1972 mit 45,8% der Stimmen das beste Ergebnis ihrer Geschichte erzielte, das sie dem Ansehen und der Beliebtheit des Kanzlers verdankte. Der Sieg gehörte nicht nur Willy Brandt als Person, sondern auch dem Programm, für das er stand. Die sozialdemokratische Wahlkampfkonzeption hatte beides miteinander verknüpft, indem sie unter dem Namenszug des Kanzlers dessen Ausspruch plakatierte: „Wer morgen sicher leben will, muss heute für Reformen kämpfen!"[119] Insofern war das Ergebnis der Bundestagswahlen „vornehmlich ein ‚Plebiszit für den Wandel', für Reformen auf dem Gebiet der Innen- und Außenpolitik und für einen Kanzler Willy Brandt, der wie kein anderer diese Veränderungen personifizierte"[120].

Doch die Siegeseuphorie verflog schnell. In den Koalitionsverhandlungen erwies sich, dass die Partner nach wie vor unvereinbare Positionen in der Frage der Unternehmensmitbestimmung vertraten und auch nicht bereit waren, davon abzugehen. Das galt insbesondere für den neuralgischen Punkt der Parität: Die FDP hatte sich in ihren Freiburger Thesen von 1971 auf ein Modell festgelegt, das für den „Faktor Disposition" eine eigenständige Vertretung im Aufsichtsrat vorsah. Gemeint waren damit leitende Angestellte, die nach Auffassung der Liberalen eine eigenständige Gruppierung zwischen Kapitaleignern und Arbeitnehmern darstellten. Sie sollten daher separat in den Aufsichtsrat gewählt, aber zu den Arbeitnehmervertretern gezählt werden.[121] Aus Sicht der Gewerkschaften war das ein Etikettenschwindel, der die „echte" Parität durchkreuzte, denn wer an Führungsfunktionen teilhatte, würde sich im Zweifelsfall auf die Seite der Unternehmensleitung schlagen, anstatt die Rechte der Arbeitnehmer zu vertreten. Aus demselben Grund wiesen die Sozialdemokraten dieses Modell in den Koalitionsverhandlungen ebenso kategorisch zurück, wie die Liberalen darauf bestanden. Dabei stand

---

Missverständnissen. Vgl. außerdem das Hintergrundgespräch Brandts mit der Wochenzeitung „Die Zeit" am 22. Februar 1974, in: Kieseritzky (Bearb.), Mehr Demokratie wagen, S. 490–498, hier S. 492f.

[118] Vgl. Bergsdorf, Herrschaft und Sprache, S. 243–246.
[119] Abgedruckt bei Faulenbach, Jahrzehnt, S. 253.
[120] Münkel, Willy Brandt und die „Vierte Gewalt", S. 273; zum Wahlkampf von 1972 insgesamt siehe ebd., S. 272–285.
[121] Vorgesehen war ein Verhältnis von 6 : 4 : 2 (Kapitaleigner, Arbeitnehmer und leitende Angestellte) im Aufsichtsrat; Archiv des Liberalismus, Druckschriftenbestand D1-123, Freiburger Thesen zur Gesellschaftspolitik der Freien Demokratischen Partei (Beschlossen auf dem Bundesparteitag in Freiburg vom 25./27. Oktober 1971), S. 58–60, https://www.freiheit.org/sites/default/files/uploads/2017/03/03/1971freiburgerthesen.pdf (20. 4. 2018).

die Delegation der Sozialdemokraten unter dem Druck ihrer Bundestagsfraktion, denn viele Abgeordnete lehnten substanzielle Zugeständnisse an die FDP ab. Schon in der ersten Sitzung nahm ihr Vorsitzender Herbert Wehner Zuflucht zu einer elastischen Formulierung: Die SPD werde, wie er beschwichtigend betonte, keiner Vereinbarung unterhalb eines „paritätsähnlichen"[122] Modells zustimmen. Nach zähen Verhandlungen, in denen beide Seiten „buchstäblich um jedes Komma gerungen hatten"[123], überdeckten die Koalitionspartner den Dissens mit einem ganz ähnlichen Formelkompromiss. Sie vereinbarten, die Unternehmensmitbestimmung durch ein Gesetz auszubauen, das von der „grundsätzlichen Gleichberechtigung und Gleichwertigkeit zwischen Anteilseignern und Arbeitnehmern"[124] auszugehen habe. Wiederum war die Gewerkschaftsführung frühzeitig durch Spitzengespräche mit beiden Koalitionspartnern darüber informiert, dass die Unternehmensmitbestimmung in der künftigen Legislaturperiode zwar kommen sollte, die FDP aber in der Frage der leitenden Angestellten hart blieb. Wie schon 1969 zog der DGB aus den erkennbar schlechten Realisierungschancen nicht die Konsequenz, von seiner Grundsatzposition abzurücken. Im Gegenteil hegte die Führungsspitze weiter die Hoffnung, durch lautstark bekundete Prinzipientreue und beharrliches Lobbying ans Ziel zu gelangen.[125]

Solche Hoffnungen wurden durch Signale genährt, die die Aufgeschlossenheit der Sozialdemokraten für die DGB-Forderung betonten. Bestärkt fühlen konnten sich die Gewerkschaften aber auch durch den hohen Stellenwert, den Brandt ihrem Anliegen zuerkannte. Der Bundeskanzler erhob am 18. Januar 1973 die Unternehmensmitbestimmung zu einer der „Hauptaufgaben" für die neue Legislaturperiode. Im Unterschied zu 1969 verzichtete seine Regierungserklärung auf große Worte. Nur als er auf die Mitbestimmung zu sprechen kam, klang das reformerische Pathos noch einmal an. Sie gehöre zur „Substanz des Demokratisierungsprozesses unserer Gesellschaft", betonte der Kanzler und akzentuierte das ganze symbolische Gewicht, das dem Thema anhaftete: „In ihr erkennen wir die geschichtliche Voraussetzung für jene Reformen, die in ihrer Summe den freiheitlichen Sozialstaat möglich machen." Brandt beließ es nicht bei der legitimatorischen Überhöhung, sondern versprach, dass die Koalitionspartner sich trotz ihrer unterschiedlichen Auffassungen auf eine Lösung einigen würden, die vom „Grundsatz der Gleichberechtigung und Gleichgewichtigkeit von Anteilseignern

---

122 AdsD SPD-Bundestagsfraktion 2/BTFG000001, Protokoll der konstituierenden Sitzung der Fraktion der SPD im Deutschen Bundestag vom 29. November 1972, 1.12.1972, S. 1; ähnlich ausweichend antwortete Wehner auch im Dezember auf kritische Fragen; AdsD SPD-Bundestagsfraktion 2/BTFG000004, Protokoll der Sitzung der SPD-Bundestagsfraktion am 18. Dezember 1972, 23.1.1973, S. 2.
123 Süß, Sozialpolitische Denk- und Handlungsfelder, S. 168.
124 Vermerk Willy Brandts über die Koalitionsverhandlungen von SPD und FDP, 8.12.1972, abgedruckt in: Kieseritzky (Bearb.), Mehr Demokratie wagen, S. 396–404, hier S. 401.
125 Protokoll der Sitzung des DGB-Bundesausschusses vom 6. Dezember 1972, abgedruckt in: Mertsching (Bearb.), Der Deutsche Gewerkschaftsbund 1969–1975, S. 619–628, hier S. 621f. u. 625; Protokoll der Klausurtagung des DGB-Bundesvorstands vom 9. Dezember 1972, ebd., S. 629–636, hier S. 635.

und Arbeitnehmern"[126] ausgehen werde. Diese vieldeutige Formulierung ließ Interpretationsspielraum. Brandt sprach nicht explizit von Parität, aber wer wollte, konnte sie daraus herauslesen. Zusätzlich schürte Brandt Zuversicht, indem er eine Parallele zur Koalitionseinigung beim Betriebsverfassungsgesetz von 1972 zog, das die Kernforderungen des DGB berücksichtigt hatte.[127]

Betrachtet man die Dynamik von Erwartungshorizonten in der Mitbestimmungsdiskussion, bevor die Verhandlungen über die Ausgestaltung der Reform zwischen den Koalitionspartnern begannen, so lassen sich exemplarisch die Bedeutung und Funktion von Erwartungen in demokratischen Aushandlungsprozessen nachvollziehen. Aus zeitgeschichtlicher Perspektive sticht hervor, dass Erwartungen keineswegs nur auf die Zukunft gerichtet waren, sondern Erfahrungen im Sinne von gedeuteter Vergangenheit umschlossen. Dies zeigt sich insbesondere mit Blick auf die Nachholpolitik des DGB, denn aus dessen Perspektive hatte die Reform der Mitbestimmung das Ziel, jahrzehntealte gesellschaftspolitische Versäumnisse zu korrigieren. Aus diesem Grund galt der DGB-Führung die Regierungskoalition auch als ein Gelegenheitsfenster, das unbedingt genutzt werden musste. Diese Gegenwartswahrnehmung erklärt den Nachdruck, mit dem die Gewerkschaften ihre Forderungen stellten. Für andere Interessengruppen und Akteure spielten solche Vergangenheitsdeutungen dagegen keine Rolle: Die Bundesregierung war stärker daran interessiert, dem Eindruck innenpolitischer Erschlaffung entgegenzuwirken, sie orientierte sich also an einem kürzeren Zeithorizont. Den Arbeitgeberverbänden ging es um die langfristige Machtverteilung im Staat, während die meisten Arbeitnehmerinnen und Arbeitnehmer praktische Fortschritte im zeitlichen Nahbereich im Sinn hatten, sofern sie überhaupt konkrete Erwartungen mit Blick auf die Mitbestimmung hegten.

Nur zu einem geringen Teil bezogen sich die Erwartungen auf die materiellen Regelungen des künftigen Mitbestimmungsgesetzes. Die öffentliche Debatte bezog ihre Heftigkeit aus den symbolischen Bedeutungen, die die Kontrahenten der Reform zuschrieben. In dieser Hinsicht erwiesen sich Erwartungen als Medium, um Geltungsansprüche für ordnungspolitische Grundvorstellungen anzumelden bzw. abzuwehren. Die Erwartungsäußerungen der Akteure gingen daher über eine bloße Prognose zukünftiger Entwicklungen hinaus, weil sie Vorstellungen einer wünschbaren Zukunft und Gegenwartskritik transportieren konnten. Sie dienten mithin der Standortbestimmung der bundesdeutschen Demokratie. In dieser Hinsicht ist bemerkenswert, wie offen der demokratische Entwicklungspfad im ersten Drittel der 1970er Jahre erscheint. Noch der apodiktische Slogan „Freiheit statt Sozialismus", mit dem die Unionsparteien im Bundestagswahlkampf von 1976 antraten, lässt sich als Echo dieses Möglichkeitsraums begrei-

---

[126] Deutscher Bundestag, 7. Wahlperiode, Plenarprotokoll Nr. 07/7 vom 18.1.1973, S. 131, http://dipbt.bundestag.de/doc/btp/07/07007.pdf (12.9.2014).
[127] Diese Botschaft war dem inneren Kreis um Brandt während der Genese der Regierungserklärung wichtig; Klaus Harpprecht, Im Kanzleramt. Tagebuch der Jahre mit Willy, Reinbek 2000, S. 27. Zum Betriebsverfassungsgesetz vgl. Milert/Tschirbs, Die andere Demokratie, S. 462–474.

fen.[128] Aus der zeitgenössischen Perspektive erschien die Zukunft der bundesdeutschen Demokratie ungewiss. Für die Zeitgeschichtsforschung kann der Blick auf vergangene Erwartungen als Korrektiv für die Verlockung dienen, teleologische Entwicklungslinien aus der Gegenwart in die Vergangenheit zu ziehen.[129]

Schließlich offenbart die Mitbestimmungsdebatte, dass die Kontrahenten nicht allein um die semantische Besetzung von Zentralbegriffen kämpften, sondern auch um die dadurch ausgelösten kollektiven Gefühle. Politiker, Gewerkschafts- und Arbeitgebervertreter appellierten an Gefühle, um für oder gegen bestimmte Partizipationsvorstellungen einzunehmen. Doch nur vordergründig bietet das Thema der Mitbestimmung einen Beleg für eine „Emotionalisierung des öffentlichen Raums" in dem Sinne, dass Gefühle in den politischen Debatten in den späten 1960er und frühen 1970er Jahren stärker als zuvor in den Fokus der Auseinandersetzung gerückt wären.[130] In den Blick gerät vielmehr, wie selbstverständlich der Appell an die Gefühle der Bürgerinnen und Bürger zum Arsenal der politischen Auseinandersetzung gehörte.[131] Dieser Befund steht nicht im Widerspruch zum „Stil der Sachlichkeit", der Rationalität zur demokratischen Grundtugend erhob. Auch in der Mitbestimmungsdebatte fehlte es nicht an Versuchen, die Wogen zu glätten. Beispiele dafür sind Schmidts Warnungen vor gefährlichen Folgen zurückgedrängter beziehungsweise „aufgeputschter" Gefühle oder auch der Aufruf der Bundesregierung in ihrer Stellungnahme zum Bericht der Biedenkopf-Kommission vom Dezember 1970, die Diskussion zu „versachlichen".[132] Solche Appelle gingen jedoch mit einer Praxis einher, in der die Akteurinnen und Akteure keine Berührungsängste vor kollektiven Gefühlen an den Tag legten.

Für den Gesetzgebungsprozess bildeten Gefühle und Erwartungen, die sich mit dem Thema „Mitbestimmung" verbanden, mehr als nur ein auf- und wieder abschwellendes Hintergrundrauschen. Sie steckten die Parameter für die spätere Wahrnehmung der Reform bereits ab. Das heißt jedoch nicht, dass „übertriebene" Hoffnungen oder widerstreitende Erwartungen spätere Enttäuschungen vorprogrammiert hätten. Vielmehr bezeichneten die Erwartungsäußerungen der Ak-

---

128 Allerdings fand 1976 auch der letzte Lagerwahlkampf statt, der mit Abgrenzungssemantik und Negativparolen geführt wurde und in dem die Gesellschaftsordnung der Bundesrepublik einen prominenten Platz einnahm; vgl. Mergel, Propaganda nach Hitler, S. 267–270.
129 Dafür plädiert auch Joachim Radkau, Geschichte der Zukunft. Prognosen, Visionen, Irrungen in Deutschland von 1945 bis heute, München 2017, S. 13.
130 Vgl. Ute Frevert, Auch Gefühle haben ihre Geschichte in: Neue Zürcher Zeitung, 26.7.2008, S. 59; Eitler/Elberfeld, Von der Gesellschaftsgeschichte zur Zeitgeschichte des Selbst, S. 27.
131 Vgl. als Beispiel für die emotionale Ansprache der Bürgerinnen und Bürger Norbert Grube, Regierungspropaganda in der Ära Adenauer im Spannungsfeld von Politik, Wirtschaft, Wissenschaft und Medien, in: Klaus Arnold u. a. (Hrsg.), Von der Politisierung der Medien zur Medialisierung des Politischen? Zum Verhältnis von Medien, Öffentlichkeit und Politik im 20. Jahrhundert, Leipzig 2010, S. 267–306, hier S. 273–276.
132 Darin hatte die Bundesregierung ihre „Befriedigung" darüber betont, dass der Kommissionsbericht geeignet sei, die „oft leidenschaftlich geführte" Diskussion „zu versachlichen"; Deutscher Bundestag, 6. Wahlperiode, Drucksache VI/1551: Stellungnahme der Bundesregierung zum Bericht der Mitbestimmungskommission, 4.12.1970, http://dipbt.bundestag.de/doc/btd/06/015/0601551.pdf (16.9.2014).

teure, an welchen Maßstäben das Gelingen oder Scheitern eines Gesetzes gemessen werden sollte. Sie lassen sich also als Strategie verstehen, um zukünftige Perzeptionen zu beeinflussen. Unabhängig davon, ob solche Lenkungsversuche gelangen, schränken sie den Bewertungsspielraum für diejenigen ein, die mit ihren Erwartungen als Forderungen öffentlich hervortraten. Das gilt insbesondere für solche Erwartungen, die auf die symbolische Bedeutung der Mitbestimmung abzielten. Daher erlegten sich die Vertreter von DGB und Arbeitgeberverbänden Bindungen auf, die ohne Prestigeverlust nur schwer abzustreifen waren. Dies erklärt zum Teil, warum die von der DGB-Spitze öffentlich geäußerten Forderungen erheblich von ihrer internen Beurteilung der Realisierungschancen abwichen.

1.2 Das Mitbestimmungsgesetz von 1976

Am 1. Juli 1976 trat das Gesetz über die Mitbestimmung der Arbeitnehmer in Kraft, das der Bundestag am 4. Mai beschlossen hatte.[133] Es galt für Unternehmen, die mehr als 2000 Mitarbeiter beschäftigten. Schon diese Bestimmung blieb hinter den Vorstellungen von DGB und SPD zurück, denn hätte das Gesetz wie von ihnen beabsichtigt auch das alternative Kriterium von Umsatz- bzw. Bilanzsumme enthalten, wären rund einhundert Unternehmen mehr unter seine Geltung gefallen. Auch materiell erfüllte das Gesetz die Wünsche der Arbeitnehmerorganisationen nicht. Zwar setzte sich der Aufsichtsrat aus der gleichen Anzahl von Mitgliedern für die Anteilseigner und die Arbeitnehmer zusammen, darunter auch Gewerkschaftsvertreter. Doch das Gesetz schrieb vor, dass die Arbeitnehmerseite aus Arbeitern, Angestellten und leitenden Angestellten „entsprechend ihrem zahlenmäßigen Verhältnis im Unternehmen" (§ 15) bestehen musste. Außerdem genossen die leitenden Angestellten den sogenannten Minderheitenschutz, d. h., ihnen stand mindestens ein Sitz im Aufsichtsrat zu. Dies bedeutete, dass das Gesetz die „volle" oder „echte" Parität im Sinne der Gewerkschaften verfehlt hatte. Noch dazu bestimmte das Gesetz, dass bei Uneinigkeit über den Aufsichtsratsvorsitz die Anteilseigner das Recht hatten, den Vorsitzenden zu bestimmen, den Arbeitnehmern blieb dann nur dessen Stellvertreter. Damit besaß die Kapitalseite eine entscheidende Machtposition, denn bei einem Patt zwischen beiden Gruppen hatte der Aufsichtsratsvorsitzende anders als sein Stellvertreter ein Doppelstimmrecht. Gegen den Willen der Anteilseigner konnten die Arbeitnehmer also keine Entscheidungen erzwingen, umgekehrt jedoch sehr wohl. Diese Machtverteilung entwertete aus Sicht der Gewerkschaften auch die Vorschrift, dass im Vorstand der mitbestimmten Unternehmen ein Arbeitsdirektor als gleichberechtigtes Mitglied zu bestellen war, denn über diese Personalie entschied ja auch der Aufsichtsrat.

---

[133] Gesetz über die Mitbestimmung der Arbeitnehmer (Mitbestimmungsgesetz) vom 4. Mai 1976, in: BGBl. 1976 I, S. 1153–1165. Vgl. zu den einzelnen Bestimmungen Reinhard Richardi, Arbeitsverfassung und Arbeitsrecht, in: Martin H. Geyer (Hrsg.), Bundesrepublik Deutschland 1974–1982. Neue Herausforderungen, wachsende Unsicherheiten, Baden-Baden 2008 (Geschichte der Sozialpolitik in Deutschland seit 1945; 6), S. 238–266, hier S. 246–250.

Aus Sicht der Gewerkschaften war dieses Ergebnis niederschmetternd. Das Mitbestimmungsgesetz war für sie nicht irgendein Fehlschlag, den sie mit professioneller Nüchternheit akzeptierten. Ihre Reaktionen zeigen vielmehr, dass das Mitbestimmungsgesetz von 1976 noch lange, nachdem die Entscheidungen gefallen waren, emotional eindeutig besetzt war. Eugen Loderer, der an der Spitze der IG Metall stand, bewertete es 1978 als die „größte Enttäuschung" in der Bilanz der sozialliberalen Regierung.[134] Noch weiter ging 1982 der scheidende DGB-Vorsitzende Heinz Oskar Vetter, für den das Mitbestimmungsgesetz im Rückblick sogar die „größte Enttäuschung"[135] seiner gesamten Amtszeit darstellte.

Das folgende Kapitel beschäftigt sich mit den Ursachen für diese Einordnung. Dabei stellt sich die Frage, in welchem Maße vorgängige Erwartungen einerseits und Einflüsse während des Aushandlungsprozesses andererseits die emotionale Wahrnehmung des Mitbestimmungsgesetzes bestimmten. Gaben diejenigen Erwartungen den Ausschlag, die die Auseinandersetzungen über die Mitbestimmung in den Jahren zuvor geprägt hatten, oder lassen sich die Enttäuschungsäußerungen auf situative Faktoren zurückführen? Insbesondere wird untersucht, welche Rolle die vielbeschworene Krisenwahrnehmung zwischen Ölpreisschock und Kanzlerwechsel spielte. Das Mitbestimmungsgesetz wurde in einem Kontext entwickelt, der in der Forschung noch überwiegend als die „große Ernüchterung" gedeutet wird: die mittleren 1970er Jahre gelten als Inkubationszeit für das „Ende des keynesianischen Traums", für das „Ende der Zuversicht", sodass nur mehr „gedämpfte Erwartungen"[136] möglich gewesen seien. Inwiefern die Konjunkturen in den emotionalen Wahrnehmungen des Mitbestimmungsgesetzes also die These eines umfassenden soziokulturellen Strukturbruchs stützen, ist ebenfalls Thema dieses Kapitels.

Zu diesem Zweck werden im Folgenden auch die Stimmen der politisch Engagierten von der „Basis" analysiert. Stimmten die Wahrnehmungen und Bewertungen von Anhängerinnen und Anhängern sowie der (in aller Regel männlichen) örtlichen Funktionäre mit den Einschätzungen seitens der Führungsebene von SPD und DGB überein? Wie beeinflussten kollektive Stimmungen, die sich in Eingaben an DGB-Vorstand, Bundesregierung und SPD-Bundestagsfraktion äußerten, die Verhandlungen und ihre Darstellung nach außen?

Schließlich analysiert das Kapitel die Genese der Reform als paradigmatisches Beispiel für das Erwartungsmanagement in demokratischen Aushandlungspro-

---

[134] Eugen Loderer, IG Metall – 30 Jahre soziale Gegenmacht. Ansprache auf der Gedenkveranstaltung am 11. September 1978 in Lüdenscheid anläßlich der 30jährigen Wiederkehr des Vereinigungs-Verbandstages der IG Metall, in: ders., Reform als politisches Gebot. Reden und Aufsätze, Köln 1979, S. 117–143, hier S. 140. Zu Loderer vgl. Klaus Kempter, Eugen Loderer und die IG Metall. Biografie eines Gewerkschafters, Filderstadt 2003.

[135] Heinz Oskar Vetter, Gewerkschaft nie so unabhängig, in: SZ, 14. 4. 1982, S. 1.

[136] Schanetzky, Die große Ernüchterung; Jarausch (Hrsg.), Das Ende der Zuversicht?; Winfried Süß, Der keynesianische Traum und sein langes Ende. Sozioökonomischer Wandel und Sozialpolitik in den siebziger Jahren, in: ebd., S. 120–137; Judt, Die Geschichte Europas seit dem Zweiten Weltkrieg, S. 509. Kritisch gegenüber solchen Niedergangsdeutungen: Reitmayer, Nach dem Boom – eine neue Belle Époque?, S. 13.

zessen. Während die Mitbestimmungsreform Gestalt annahm, wurden Erwartungen und die daran anknüpfenden Gefühlsäußerungen nämlich noch stärker als in den Jahren zuvor zum Gegenstand von Einwirkungsversuchen. Dabei tritt die Bedeutung von Enttäuschung als Indikator für eine Störung in sozialen Beziehungen im politischen Kommunikationsraum deutlich hervor. Mit welchen Strategien versuchten die Akteure, Enttäuschung zu verhindern und Erwartungen abzusenken, und wie erfolgreich waren diese Versuche?

Aushandlungsprozess als Abstiegserfahrung

Die Grundzüge des Mitbestimmungsgesetzes von 1976 – eigenständige Vertretung der leitenden Angestellten im Aufsichtsrat inklusive Minderheitenschutz, Letztentscheidung der Kapitalseite in Pattsituationen im Aufsichtsrat, Bestellung eines Vorstandsmitglieds, das für Personal und Sozialwesen zuständig war – lagen bereits beim ersten greifbaren Verhandlungsergebnis im Januar 1974 fest. Um die Unterschiede zwischen den einzelnen Stadien zu verstehen, musste man schon ins Kleingedruckte schauen. Die Koalitionspartner änderten vor allem zwei Regelungen, nämlich die Art und Weise, wie eine Entscheidung im Aufsichtsrat bei Stimmgleichheit fallen sollte, und die Modalitäten für die Wahl der Arbeitnehmer in den Aufsichtsrat. Obwohl diese Modifikationen die Reform nur im Detail veränderten, erlebten die engagierten Befürworter der Mitbestimmung als Gesellschaftsreform die Genese des Gesetzes von den ersten Koalitionsgesprächen bis zur endgültigen Verabschiedung als eine Abfolge stetiger Verschlechterungen. Aus diesem Blickwinkel setzte sich die FDP jedes Mal durch, während die SPD stets nachgab und sich damit immer weiter von ihren ursprünglichen Vorstellungen entfernte.

Es waren vor allem die Gewerkschaften, die Arbeitsgemeinschaft für Arbeitnehmerfragen (AfA) in der SPD und Teile der Basis, die sich diese Sichtweise zu eigen machten. Bereits die Koalitionseinigung vom 19. Januar 1974 hatte der DGB in mehreren öffentlichen Stellungnahmen deutlich kritisiert. Noch schärfer wiesen DGB-Bundesvorstand und Bundesausschuss den ersten Gesetzentwurf als „nicht annehmbar" zurück.[137] Im Vergleich zur Kritik von der Basis war das noch eine konziliante Formulierung. Zahlreiche SPD-Ortsvereine und IG-Metall-Verwaltungsstellen gingen sehr hart mit der SPD-Führung ins Gericht. Die Jusos aus Norf am Niederrhein verwarfen die Koalitionseinigung als „faule[n] Kompromiß" und forderten die SPD-Bundestagsfraktion dazu auf, „an ihrem ursprünglichen Modell der qualifizierten paritätischen Mitbestimmung festzuhalten"[138].

---

[137] Vgl. zum Koalitionskompromiss DGB-Nachrichtendienst Nr. 22/74, 27/74 und 38/74 vom 30. Januar, 1. und 18. Februar 1974, zum Gesetzentwurf DGB-Nachrichtendienst Nr. 51/74 vom 6. März 1974 (Zitat).

[138] AdsD SPD-Bundestagsfraktion 2/BTFG000462, Brigitte Sobek (Juso-Vorsitzende Norf) an Herbert Wehner, 20. 2. 1974; ähnlich AdsD SPD-Parteivorstand 2/PVCO000108, Manfred Schreiber (AfA im SPD-Unzerbezirk Neustadt a. d. Weinstraße) an Bundestagsfraktion der SPD, 30. 1. 1974; AdsD SPD-Bundestagsfraktion 2/BTFG000457, SPD-Ortsverein Bergkamen-Mitte an Herbert Wehner, 9. 4. 1974.

Für die Sozialdemokraten in Hagen und im Ennepe-Ruhr-Kreis widersprach der Kompromiss in entscheidenden Fragen den Parteitagsbeschlüssen der SPD. Daher könne ihn kein den Arbeitnehmerinteressen verantwortlicher Sozialdemokrat akzeptieren.[139] Die IG Metall in Ludwigshafen urteilte, dass der Entwurf nichts mit dem Versprechen in der Regierungserklärung zu tun habe, die Gleichberechtigung von Kapital und Arbeit herstellen zu wollen. Ihn den Arbeitnehmern und den Gewerkschaften als paritätische Mitbestimmung zu verkaufen, sei „freiweg eine Unverschämtheit"[140].

Symptomatisch war der Vorwurf der IG-Metall-Verwaltungsstelle Dortmund, dass der Gesetzentwurf gegenüber der Koalitionseinigung „nochmals zu Lasten der Arbeitnehmer"[141] verändert worden sei – symptomatisch deswegen, weil man streng logisch gesprochen bei dem zweiten Schritt, den der Entwurf nach der Koalitionseinigung bedeutete, gar nicht von einer erneuten Verschlechterung sprechen konnte. Das ergab erst dann einen Sinn, wenn bereits die Koalitionseinigung als Rückschritt galt, was diese nur im Vergleich zu den Gesetzentwürfen war, die zuerst der DGB und dann die SPD 1968 vorgelegt hatten. Auch sozialdemokratische Bundestagsabgeordnete beklagten sich über Verschlechterungen, als Bundesarbeits- und Sozialminister Walter Arendt ihnen in der Fraktionssitzung am 18. Februar 1974 den Gesetzentwurf vorstellte, und revidierten darum ihre ursprüngliche Zustimmung zum Koalitionskompromiss vom 19. Januar.[142] Am vehementesten äußerte Friedhelm Farthmann, ein ausgewiesener Mitbestimmungsexperte und hauptamtlicher Gewerkschaftsfunktionär, seine Kritik. Er lehnte den Gesetzentwurf in einem „Spiegel"-Interview mit dem Argument ab, in den Kernpunkten habe sich die FDP durchgesetzt und eine echte Parität verhindert.[143] Der Vorwurf, den Mitbestimmungsbefürworter landauf, landab äußerten, lautete, dass die SPD als Interessenvertreterin der Arbeitnehmer versagt und ihre Zusagen nicht eingehalten habe.

[139] AdsD SPD-Parteivorstand 2/PVCO000108, SPD-Unterbezirk Hagen/Ennepe-Ruhr-Kreis an SPD-Parteivorstand, 18.2.1974.
[140] AdsD IG Metall Vorstand 5/IGMA090294, IG Metall Verwaltungsstelle Ludwigshafen an den Vorstand der IG Metall, 1.4.1974.
[141] AdsD, IG Metall Verwaltungsstelle Dortmund an den Vorstand der IG Metall, 5.3.1974. Denselben Vorwurf erhoben auch die Metaller in Essen; AdsD, Entschließung der IG Metall Verwaltungsstelle Duisburg für die ordentliche Bezirkskonferenz des Bezirks Essen, 23.4.1974.
[142] AdsD SPD-Bundestagsfraktion 2/BTFG000045, Protokoll der Sitzung der SPD-Bundestagsfraktion vom 18. Februar 1974, o. D. In der Fraktion blieben die Kritiker freilich eine Minderheit. Sie waren entweder Gewerkschafter wie Claus Grobecker (IG Druck und Papier) und Manfred Schmidt, der Arendt als Vorsitzender der IG Bergbau und Energie nachgefolgt war, oder zählten zum linken Flügel der Partei wie der „1968er" Norbert Gansel, der 1969 und 1970 stellvertretender Bundesvorsitzender der Jusos gewesen war und 1971 die programmatische Schrift „Überwindet den Kapitalismus" herausgebracht hatte; vgl. Seiffert, „Marsch durch die Institutionen", S. 112, 122f. u. 216.
[143] „Aus SPD-Sicht untragbar". Interview mit SPD-MdB Friedhelm Farthmann, in: Der Spiegel 29 (1974), 25.2.1974, S. 22–24, hier S. 22. Fahrtmann hatte 1966 die Leitung der Abteilung Mitbestimmung beim DGB-Bundesvorstand übernommen, seit 1971 war er Geschäftsführer des Wirtschafts- und Sozialwissenschaftlichen Instituts des DGB in Düsseldorf, dem Bundestag gehörte er seit 1972 an.

Mit derselben Botschaft wandte sich Vetter an Brandt, noch bevor der DGB seine offizielle Stellungnahme zum Regierungsentwurf abgegeben hatte: Auch er hielt die Versprechen, die der Bundeskanzler in seiner Regierungserklärung gegeben hatte, für gebrochen und den Gesetzentwurf für schlechter als die Koalitionseinigung. Vor allem aber maß er das Verhandlungsergebnis an den großen gesellschaftspolitischen Zielsetzungen der 1960er Jahre:

„Es kann doch nicht übersehen werden, daß mit diesem Entwurf Positionen aufgegeben werden, die Jahrzehntelang [sic] in Sozialdemokratie und Gewerkschaften unangefochten als gesellschaftspolitisches Herzstück galten. Und die über die Grenzen hinaus als wesentliche Bestandteile eines Konzepts angesehen wurden, den Herausforderungen unserer Zeit mit den Mitteln des demokratischen Sozialismus zu begegnen."[144]

Der gemeinsame Nenner der Kritik von der Basis bis in die Führungsgremien war, dass sie die Ausgangserwartungen an ein Mitbestimmungsgesetz konservierte. Den Gewerkschaften galt die unzweideutige Parität im Aufsichtsrat als Goldstandard, der nicht unterschritten werden durfte. Sie maßen ebenso wie zahlreiche Sozialdemokraten die Verhandlungsschritte an den Plänen und normativen Zielen aus der Oppositionszeit. In ihren Augen waren die Parteitagsbeschlüsse der SPD und deren Gesetzentwurf von 1968 die Richtschnur für die Regierung.

Gemessen an diesen Erwartungen war der Koalitionskompromiss, wie Vetter in seinem Brief an den Bundeskanzler gleich zwei Mal formulierte, eine „Enttäuschung". In einem Fernsehinterview, das am 11. März ausgestrahlt wurde, ging der DGB-Chef sogar noch einen Schritt weiter. Zur besten Sendezeit bezichtigte er die Regierung offen der Lüge, weil sie ihr Modell als paritätisch ausgebe.[145] Damit skandalisierte der Gewerkschaftsvorsitzende den Gesetzentwurf. Sein Vorwurf transportierte ein anderes Gefühl als Enttäuschung, das schon die Mitbestimmungsdebatten der 1950er und 1960er Jahre begleitet hatte: Vetter appellierte an Empörung. Dieses Gefühl wird nach der Definition der französischen Historiker Anne-Claude Ambroise-Rendu und Christian Delporte von einer Verletzung der individuellen Würde und des Gerechtigkeitsempfindens ausgelöst. Empörung manifestiert sich öffentlich, weil man damit auf den Bruch von sozialmoralischen Wertvorstellungen reagiert, deren Verbindlichkeit die Äußerung von Empörung bekräftigen soll.[146] Genau daran machte sich die Kritik am Gesetzentwurf der Koalition von der DGB-Spitze bis hinunter zur SPD-Basis fest: an der sozialmora-

---

[144] Heinz Oskar Vetter an Willy Brandt, 28.2.1974, abgedruckt in: Mertsching (Bearb.), Der Deutsche Gewerkschaftsbund 1969–1975, S. 835–839, hier S. 836f. Auch IG-Metall-Vorstandsmitglied Rudolf Judith pochte darauf, dass die Mitbestimmung das zentrale Stück einer gesellschaftlichen Reformstrategie zur Demokratisierung von Wirtschaft und Gesellschaft sei; BA B 149/50863, Rudolf Judith an Walter Arendt, 12.5.1974.

[145] „Es würde eine große Lüge sein, wenn man das unter ‚Mitbestimmung' verkaufen wollte"; Interview mit Heinz Oskar Vetter, in: Panorama, ARD, 11.3.1974, http://daserste.ndr.de/panorama/archiv/1974/panorama1709.html (bei 21:54).

[146] Anne-Claude Ambroise-Rendu/Christian Delporte, L'indignation, un sentiment au prisme d'histoire, in: dies. (Hrsg.), L'indignation. Histoire d'une émotion (XIXe-XXe siècles), Paris 2008, S. 5–19. Ähnlich argumentiert auch Frank Bösch, ohne die Empörung zu definieren: Frank Bösch, Öffentliche Geheimnisse. Skandale, Politik und Medien in Deutschland und Großbritannien 1880–1914, München 2009, S. 9.

lischen Norm, dass in einer Demokratie den Bürgern das Recht zustehe, in allen gesellschaftlichen Bereichen über ihre Belange mitzuentscheiden. Niemand konnte mehr als die SPD dazu berufen sein, dieses Prinzip in der Wirtschaft für die Arbeitnehmer durchzusetzen, da sie dies als eine Frage der sozialen Gerechtigkeit vertrat. Für die Empörung waren also die Identifikation der Mitbestimmung mit Demokratie als Lebensform und die Identität der SPD als Wahrerin der sozialen Gerechtigkeit die entscheidenden Impulse.

Diese Empörung schlug der Regierung während des gesamten Aushandlungsprozesses entgegen. Beispielsweise bezeichneten die Betriebsräte der Kölner Krankenversicherungs AG den Regierungsentwurf im Oktober 1974 als „Augenwischerei" und „Betrug an der Arbeitnehmerschaft". Die sozialdemokratischen Gemeinderäte in Rottweil warfen ihrer Parteiführung im August 1975 ein „geradezu widerliches Sich-Einschmeicheln bei den Unternehmern" vor und prophezeiten, dass die Genossen an der Basis Widerstand gegen eine „Mitbestimmung à la FDP" leisten würden.[147] Genauso hart und mit derselben emotionalen Verve verurteilten die Arbeitnehmervertreter in der SPD, die seit 1973 in der AfA organisiert waren, den Mitbestimmungsvorschlag. Obwohl sich die AfA-Führung während der Bundeskonferenz 1975 hinter den Gesetzentwurf stellte, stimmten die Delegierten fast einstimmig für eine Resolution, die diesen als inakzeptabel verwarf. Er habe sich so weit von den ursprünglichen Vorstellungen der SPD entfernt, dass man in der laufenden Legislaturperiode das Gesetz nicht verabschieden solle. Der Widerstand gegen die Mitbestimmungsvorlage fiel so heftig aus, dass ein Beobachter der Konferenz von einem „Aufstand" der Delegierten sprach.[148]

Angesichts dieser vernichtenden Kritik war es nicht verwunderlich, dass die Modifikationen im zweiten Regierungsentwurf vom 9. Dezember 1975 die Stimmung unter den Mitbestimmungsbefürwortern nicht aufhellten. Im Gegenteil: Viele erblickten darin weitere Benachteiligungen. Mit „Bestürzung" stellten beispielsweise die Betriebsräte der Bank für Gemeinwirtschaft fest, dass sich die SPD in allen wichtigen Fragen der FDP gebeugt habe, und forderten die sozialdemokratische Bundestagsfraktion dazu auf, den „faulen kompromiss, der den titel mitbestimmung nicht verdient"[149], zu stoppen. Anstatt die grundlegenden Monita der Gewerkschaften – die Sondervertretung der leitenden Angestellten, die Auflösung von Pattsituationen zugunsten der Kapitalseite und die gesonderten Wahlverfahren für Arbeiter und Angestellte – zu beheben, durchlöcherte der Entwurf die Parität in den Augen der DGB-Führung noch stärker, indem er den Angestellten größere Rechte als zuvor einräumte und den Stichentscheid nun ganz dem Aufsichtsratsvorsitzenden übertrug.[150] Wie empfindlich die Gewerkschaften ge-

---

[147] AdsD DGB-Archiv 5/DGAK000042, Hans-Georg Scholz an DGB-Bundesvorstand, 1.10.1974; AdsD SPD-Parteivorstand 2/PVCO000112, Rolf Hepp an Willy Brandt, 22.8.1975.
[148] AdsD DGB-Archiv 5/DGAI001706, Siegfried Balduin an Heinz Oskar Vetter, 17.7.1975.
[149] AdsD SPD-Bundestagsfraktion 2/BTFG000313, Telex des Betriebsrats der Bank für Gemeinwirtschaft an die SPD-Bundestagsfraktion, 10.12.1975.
[150] AdsD SPD-Bundestagsfraktion 2/BTFG000605, Heinz-Oskar Vetter an Herbert Wehner, 2.2.1976.

worden waren, zeigt die Stellungnahme Loderers zur Einführung eines Arbeitsdirektors im Mitbestimmungsgesetz. Der Entwurf von 1974 hatte vorgesehen, dass ein Vorstandsmitglied für Personal- und Sozialfragen zuständig sein müsse; diese Definition war nun zugunsten der neuen Bezeichnung weggefallen. Für den IG-Metall-Vorsitzenden war das ein Etikettenschwindel, denn im Bereich der Montanmitbestimmung galt, dass der Arbeitsdirektor nicht gegen die Stimmen der Arbeitnehmervertreter im Aufsichtsrat gewählt werden konnte. Aus diesem Grund warf er der Regierung vor, dass sie eine Reform nur vortäusche und den Begriff des Arbeitsdirektors seines Gehalts entleere, was unseriös und sogar „gewerkschaftsfeindlich" sei.[151] Dass die beiden Vorsitzenden des Deutschen Gewerkschaftsbundes und der größten Einzelgewerkschaft des Landes einer SPD-geführten Bundesregierung vorwarfen, sie belüge die Arbeitnehmer und agiere zum Schaden von deren Interessenverband, lässt sich nicht mit sachlichen Einwänden gegen ein Gesetzesvorhaben erklären. Die große Empörung und tiefe Enttäuschung, die aus diesen und vielen anderen Äußerungen spricht, zeigt, dass sich die Gewerkschaften von ihren politischen Verbündeten im Stich gelassen fühlten.

Als der Bundestag drei Monate später das Mitbestimmungsgesetz beschloss, reagierten die Gewerkschaften verhalten. Sie wiederholten ihre Grundsatzkritik, wahrten in ihren offiziellen Stellungnahmen jedoch einen verbindlichen Ton. Obwohl sie die Reform als unzureichend betrachteten, versicherten DGB und IG Metall, dass sie pragmatisch mit dem neuen Gesetz zu arbeiten gedachten. Dessen ungeachtet hielten sie an ihrer Forderung fest, die nun getroffenen Regelungen für Großunternehmen nach dem Vorbild der Montanmitbestimmung auszuweiten, und kündigten darum an, den Kampf für die „echte" Parität fortzuführen.[152] So sehr sich die Gewerkschaftsführung gegenüber der Regierung um Deeskalation bemühte, so wenig traf das die Gefühlslage ihrer Funktionäre. In seinem Tagebuch wählte Wolfgang Spieker, der gerade Geschäftsführer des Wirtschafts- und Sozialwissenschaftlichen Instituts der Gewerkschaften (WSI) geworden war, einen drastischen Vergleich für die SPD: „Wie die Juden um das goldene Kalb, so tanzt die SPD-Führung um die FDP herum."[153] Der Vergleich rekurriert auf die biblische Erzählung vom Abfall des Gottesvolkes von Jahwe im Alten Testament (2 Mo 32), eine archetypische Geschichte über Treuebruch und Verrat, der schreckliche Folgen nach sich zieht. Genau das bedeutete die Reform in den Augen Spiekers: einen Verrat der SPD an den Arbeitnehmern, einen Verrat an der Idee der Mitbestimmung und einen Verrat an ihren Verbündeten. Diese Wahr-

---

[151] BA B 149/50863, Eugen Loderer an Herbert Wehner, 3.2.1976.
[152] Heinz Oskar Vetter, Gewerkschaften und Mitbestimmung, in: Das Mitbestimmungsgespräch 22 (1976), S. 84–88; AdsD IG Metall Vorstand 5/IGMA071100, DGB-Nachrichtendienst 84/76: Mitbestimmungsregelung muß ausgeweitet werden, 26.3.1976; AdsD IG Metall Vorstand 5/IGMA071101, Mitschrift des Berichts „25 Jahre Mitbestimmung im Montanbereich" vom Hessischen Rundfunk in der Sendung „Stimme der Arbeit" vom 24.5.1976, o. D.
[153] Wolfgang Spieker, „Denksplitter und Formulierungsversuche", Bd. 23, Nr. 3293, 3.4.1976, http://www.fes.de/archiv/adsd_neu/inhalt/dokumente/spieker/Band23.pdf (31.7.2014).

nehmung zog sich auf der Seite der Gewerkschaften wie ein roter Faden durch die Genese des Mitbestimmungsgesetzes. Bereits den ersten Entwurf hatte Gerd Muhr, der den Vorständen der IG Metall und des DGB angehörte und im sozialpolitischen Ausschuss beim SPD-Parteivorstand mitarbeitete, einen „Sündenfall" genannt, weil die SPD gegenüber der FDP die Flinte zu schnell ins Korn geworfen habe.[154] Dasselbe Wort wählte der Kommentator des Hessischen Rundfunks, um den zweiten Gesetzentwurf vom 9. Dezember 1975 zu charakterisieren: Weil die FDP sich auf ganzer Linie durchgesetzt habe, sei „das sozialdemokratische Herzensanliegen ‚Mitbestimmung' [...] denaturiert und deformiert" worden, und daher sei das Gesetz ein „Sündenfall wider die Mitbestimmung"[155]. Spiekers Privatmeinung zog keine weiteren Kreise, doch Muhr richtete seinen Vorwurf in einem hochrangigen Beratungsgremium an die eigenen Parteigenossen, und der Journalist des Hessischen Rundfunks, der als Bastion des linken SPD-Flügels galt und daher als „Rotfunk" verschrien war[156], zielte auf ein großes Publikum. Die Moralisierung der Mitbestimmungsreform auf Seiten der Gewerkschaften und ihrer Anhänger war kein Randphänomen, sondern der prägende Zug der Debatte.

Das lag daran, dass sich die Rahmung des Themas ebenso grundlegend wandelte wie die Position, die die Mitbestimmungsbefürworter darin einnahmen. Während der langen Phase zwischen dem ersten Gesetzentwurf und der Neufassung, die die Koalition am 9. Dezember 1975 der Öffentlichkeit präsentierte, agierten die Gewerkschaften durchgehend aus einer Position der Verteidigung heraus. Das politische Umfeld für Reformen hatte die Vorzeichen gewechselt. Hatte mehr Mitbestimmung bis zu Beginn des Jahrzehnts als fortschrittlich gegolten, so gewannen unter dem Einfluss der Weltwirtschaftskrise und steigender Arbeitslosigkeit Stimmen Gehör, die dieses Projekt für nachrangig oder sogar für gefährlich hielten, weil es die Flexibilität und Wettbewerbsfähigkeit der Unternehmen behindere und daher Arbeitsplätze gefährde. Zum Menetekel für eine vermeintlich rücksichtslose Klientpolitik der Gewerkschaften zum Schaden der Allgemeinheit wurde der Tarifabschluss im Öffentlichen Dienst im Frühjahr 1974: Die ÖTV setzte nach einem bundesweiten Streik Lohnerhöhungen von durchschnittlich 12,1% durch. Dieses Ergebnis wurde von allen Seiten als Brüskierung des

---

[154] AdsD SPD-Bundestagsfraktion 2/BTFG000599, Protokoll der Sitzung der Koordinierungsgruppe Mitbestimmung am 25.9.1974, 26.9.1974, S. 5. Zur Funktion dieses Gremiums siehe unten S. 82.

[155] AdsD IG Metall Vorstand 5/IGMA071098, Verschriftlichung des Kommentars von Jörg Weder zur Mitbestimmung im Hessischen Rundfunk am 9.12.1975, o. D. Dass Weder so prononciert für eine weit gefasste Mitbestimmung eintrat, war auch eine Stellungnahme in eigener Sache, denn seit Anfang der 1970er Jahre forderten Rundfunkjournalisten der öffentlich-rechtlichen Sendeanstalten ein „Redakteursstatut", das ihnen mehr Mitentscheidungsmöglichkeiten in Personal- und Programmfragen einräumen sollte; vgl. Josef Schmidt, Intendant Klaus von Bismarck und die Kampagne gegen den WDR, in: Archiv für Sozialgeschichte 41 (2001), S. 349–382, hier S. 366–369.

[156] Darüber debattierte im Juni 1971 sogar der Wiesbadener Landtag; vgl. Stefan Kursawe, Vom Leitmedium zum Begleitmedium. Die Radioprogramme des hessischen Rundfunks 1960–1980, Köln 2004, S. 231–233; zur „Rotfunk"-Kampagne gegen die öffentlich-rechtlichen Radioprogramme vgl. Schmidt, Intendant Klaus von Bismarck, S. 349–351 u. 372–380.

Kanzlers interpretiert, der sich vehement gegen eine zweistellige Lohnerhöhung ausgesprochen hatte, und es galt als Treibsatz für die ohnehin galoppierende Inflation.[157] Für das Verhältnis von SPD-Führung und Gewerkschaften bedeutete diese vermeintliche Machtdemonstration eine schwere Hypothek. Brandt fühlte sich im Stich gelassen und enttäuscht und brachte dies gegenüber Vertrauten, Kabinettskollegen und Journalisten zum Ausdruck. Dass solche Äußerungen umgehend in der Presse kolportiert wurden, beschädigte seine Führungsautorität nachhaltig. Er galt als resigniert und amtsmüde.[158]

Vor diesem Hintergrund nahmen die Kampagnen von Gewerkschaften und Arbeitnehmerverbänden noch einmal an Aggressivität zu. Neue Argumente tauchten nicht auf. Allerdings änderte sich der Fokus: Nicht mehr die Mitbestimmung an sich stand im Zentrum der Kampagnen, sondern ihre Funktion für die Rolle der Gewerkschaften. Die Arbeitgeberverbände bestimmten mit dem Schlagwort vom „Gewerkschaftsstaat" die Agenda.[159] In diesem Licht erschien der DGB nicht als Verfechter von mehr Gerechtigkeit und Demokratie, sondern im Gegenteil als eine Bedrohung von Marktwirtschaft und Grundgesetz. Die Mitbestimmung sollte nach dieser Lesart dazu dienen, die „absolute Übermacht der Gewerkschaften in Staat, Wirtschaft und Politik" zu zementieren.[160] Ein ums andere Mal sahen sich DGB und IG Metall dazu genötigt, gegen „Volksverdummung und Verhetzung, mit denen die reaktionären Kräfte immer wieder versuchen, unser Streben nach sozialer Gerechtigkeit zu diffamieren"[161], anzugehen. Doch es gelang den Gewerkschaften nicht, die Wahrnehmung von mehr Mitbestimmung als potenzielle Bedrohung von Freiheit und Ordnung zu durchbrechen, weil die Arbeitgeberseite mit großem Erfolg die Vereinbarkeit der geplanten Reform mit dem Grundgesetz in Frage stellte. Im März 1974 ließ der Innenminister und stellvertretende FDP-Vorsitzende Hans-Dietrich Genscher ein Gutachten erstellen, das den Gesetzentwurf für verfassungswidrig erklärte. Konnte dies in der politischen Diskussion noch als juristische Schützenhilfe für die Arbeitgeber in Zweifel gezogen werden, so wirkte sich ein weiteres Gutachten umso verheerender aus,

---

[157] Vgl. die Darstellung von Gerhard Weiß, Die ÖTV. Politik und gesellschaftspolitische Konzeptionen der Gewerkschaft ÖTV von 1966 bis 1976, Marburg 21978, S. 164–181; eine differenzierte Bewertung des Tarifabschlusses und seiner Folgen bietet Karl Christian Führer, Gewerkschaftsmacht und ihre Grenzen. Die ÖTV und ihr Vorsitzender Heinz Kluncker 1964–1982, Bielefeld 2017, S. 339–389.
[158] Vgl. ebd., S. 352 f. u. 371 Anm. 147; Willy Brandt: „Ihr lasst mich alle allein", in: Der Spiegel 29 (1974), 18.2.1974, S. 19–23.
[159] Vgl. Lauschke, Mehr Demokratie in der Wirtschaft, Bd. 1, S. 71–77.
[160] Faltblatt „In Sachen Mitbestimmung", 1975, abgedruckt in: ebd., Bd. 2, S. 101–106, Zitat S. 105; zahlreiche weitere Belege für die Kampagne bei Hans-Otto Hemmer/Ulrich Borsdorf, „Gewerkschaftsstaat" – zur Vorgeschichte eines aktuellen Schlagworts, in: Gewerkschaftliche Monatshefte 25 (1974), S. 640–651, hier S. 641–643.
[161] DGB-Nachrichtendienst 267/74, 14.10.1974. Ähnliche Beispiele: DGB-Nachrichtendienst 286/74, 30.10.1974, ND 350/74, 20.12.1977, ND 143/75, 14.5.1975, ND 147/75, 22.5.1975, ND 249/75, 1.10.1975; Eugen Loderer, Gewerkschaftsstaat oder Unternehmerstaat? Rede vor dem Kreis hessischer Unternehmer am 30. September 1975 in Frankfurt am Main, abgedruckt in: ders., Reform als politisches Gebot, S. 27–37.

das ebenfalls erhebliche verfassungsrechtliche Bedenken gegen den Regierungsentwurf erhob, denn diese Expertise hatte der sozialdemokratische Justizminister Gerhard Jahn in Auftrag gegeben.[162] Über die Frage, ob der Mitbestimmungsentwurf der Bundesregierung gegen das Grundgesetz verstoße, setzte der Bundestag ein zusätzliches Expertenhearing am 19. Dezember an. Die Mehrheit der Juristen sah die Zweifel als berechtigt an. Doch nicht erst dieses Ergebnis war ein Triumph der Arbeitgeber. Ihr entscheidender Sieg bestand darin, dass das Thema Mitbestimmung nicht mehr mit Freiheit, Fortschritt und Demokratie assoziiert, sondern im Gegenteil als mögliche Bedrohung dieser Werte diskutiert wurde.

Aus diesem Deutungskampf bezog die Auseinandersetzung ihre Schärfe. Gewerkschaften und Arbeitgeberverbände überzogen sich mit Polemik, die darin gipfelte, den politischen Gegner in die Nähe des Nationalsozialismus zu rücken. So beschimpfte Vetter die Unternehmervertreter im Mai 1974 öffentlich als „alte Nazis". Wenige Tage danach warf Rudolf Judith, Leiter des Zweigbüros der IG Metall und geschäftsführendes Bundesvorstandsmitglied des DGB, dem BDI-Chef Hans-Günther Sohl ebenfalls in einer öffentlichen Veranstaltung „Brunnenvergiftung" vor.[163] BDA-Präsident Hanns-Martin Schleyer drehte den Spieß um, indem er die Gewerkschaften beschuldigte, sie setzten über die Mitbestimmung zur „Machtergreifung" an, die zum „totalitären" Staat führen werde.[164] Die extreme Konfrontation nahm inhaltlich die harten Auseinandersetzungen Ende der 1960er Jahre auf, denn der Streit dreht sich um die Neubestimmung von Macht und Einfluss in der Wirtschaft und damit um die gesellschaftliche Grundordnung. Emotional verstärkten sie auf Seiten der Gewerkschaften die Empörung, weil es immer stärker um moralische Kategorien und die Verteidigung von Wertideen ging.

Die verfassungsrechtliche Debatte wie auch die Reaktionen auf den Gesetzentwurf der Koalition verweisen auf eine deutliche Veränderung in der Art und Weise, wie über Mitbestimmung gesprochen wurde. Bei den Mitbestimmungsbefürwortern lässt sich eine negative emotionale Selektion konstatieren: Die angenehmen Gefühle und positiv besetzten Begriffe, die sie bis dahin mit der Mitbestimmung

---

[162] Geschrieben hatten es die Verfassungsjuristen Thomas Raiser und Rupert Scholz. Die Einwände bezogen sich auf die Artikel 9 (Koalitionsfreiheit) und 14 (Eigentum), außerdem sahen die Autoren im Gesetzentwurf eine Gefährdung der Tarifautonomie; vgl. Michael Schröder, Verbände und Mitbestimmung. Die Einflußnahme der beteiligten Verbände auf die Entstehung des Mitbestimmungsgesetzes von 1976, Diss. Phil. München 1983, S. 183f.

[163] Vetter zitiert nach Lauschke, Demokratie, Bd. 1, S. 77; BA B 149/50863, Rudolf Judith an Walter Arendt, 12.5.1974, Anhang: Referat Judiths über „Montanmitbestimmung in Gefahr", gehalten auf der Konferenz der Betriebsratsvorsitzenden, ihrer Stellvertreter, Arbeitsdirektoren und Bevollmächtigte der IG Metall aus den Unternehmen der Eisen- und Stahlindustrie am 17. Mai 1974 in Mühlheim, S. 19. Das Zweigbüro war als „Schnittstelle zwischen der Vorstandsverwaltung in Frankfurt und den Mitbestimmungsträgern in den Unternehmen der Eisen- und Stahlindustrie" das gewerkschaftliche Kompetenzzentrum für Mitbestimmung; Lauschke, Die halbe Macht, S. 105.

[164] Hanns Martin Schleyer, Unternehmer werden den Kampf durchstehen, in: Frankfurter Rundschau, 29.3.1974, S. 11; genauso äußerte sich Schleyer in einem Interview in der Panorama-Sendung vom 7. Oktober 1974, http://daserste.ndr.de/panorama/archiv/1974/panorama1691.html (bei 27:47; letzter Zugriff 29.10.2014).

verbunden hatten – Hoffnung, Fortschritt, Demokratisierung, Gerechtigkeit – wurden von negativen Assoziationen verdrängt. Zorn, Empörung und Enttäuschung hatten zwar seit den 1950er Jahren die Geschichte der Mitbestimmung begleitet, doch erst ab Anfang 1974, als der erste Gesetzentwurf auf dem Tisch lag, überdeckten solche Gefühle alle anderen. Diese negative emotionale Selektion ging damit einher, dass die Mitbestimmungsbefürworter die Aushandlungsphase insgesamt als Abstiegsprozess erlebten; beide Wahrnehmungsfilter bedingten einander und verstärkten sich gegenseitig. Die Vergleichsfolie für die materielle wie auch die emotionale Bewertung der Verhandlungsschritte bildeten dabei die hochfliegenden Ziele aus der zweiten Hälfte der 1960er Jahre. Doch mit nostalgischer Verklärung allein lässt sich die große Enttäuschung nicht erklären, die das Mitbestimmungsgesetz von 1976 hervorrief. Die Reform stand nicht nur für ein Ziel aus der Vergangenheit, das viele Gewerkschafter und Sozialdemokraten unter keinen Umständen aufgeben wollten, sondern auch für die zukünftige Entwicklung der Politik im linken Lager: Die Mitbestimmung wurde zum Symbolthema für den gesellschaftspolitischen Kurs der Regierung, für die Art und Weise der innerparteilichen Willensbildung und für das Verhältnis von SPD und Gewerkschaften.

Symbolische Umdeutung

Die Enttäuschung der Mitbestimmungsbefürworter rührte auch daher, dass das Gesetz von 1976 lange genährte Hoffnungen zunichte machte, die weit über seine materiellen Inhalte hinausgingen. Seit der Nachkriegszeit hatte Mitbestimmung immer mehr gemeint als die Beteiligung von Arbeitnehmervertretern in Führungs- und Kontrollorganen von Unternehmen. In den ersten Jahren der sozialliberalen Koalition war das Thema symbolisch stark aufgeladen worden. Auf drei Feldern galt sie als richtungsweisend: für die Frage, wohin sich die Demokratie in der Bundesrepublik entwickeln sollte, für die programmatische Ausrichtung der SPD und des DGB, und für die Entschlossenheit der Regierung Brandt, ihr Programm der inneren Reformen zu verwirklichen.[165] Während der Verhandlungen über das Mitbestimmungsgesetz wurden all diese Kontexte neu akzentuiert. Komplementär dazu verschoben sich die Schwerpunkte in der symbolischen Bedeutung des Themas. Mitbestimmung stand mehr und mehr für den Abbruch einer gesellschaftlichen Reformperspektive. Verbunden damit waren tiefe Zweifel an der Glaubwürdigkeit sozialdemokratischer Regierungspolitik. Vor allem die Parteifunktionäre an der Basis stellten die Mitbestimmung in den Kontext zahlreicher Entscheidungen, die zu Lasten der breiten Masse der Arbeitnehmer gingen. Viele Sozialdemokraten des linken Parteiflügels werteten die Mitbestimmung zudem als beunruhigendes Indiz für einen zunehmend autoritären Führungsstil. Für sie markierte ausgerechnet die Reform, die wie keine andere auf mehr Demokratie abzielte, einen eklatanten Verlust an innerparteilicher Mitsprache. Schließ-

---

[165] Siehe dazu oben S. 38, 49f. u. 58f.

lich entwickelte sich das Mitbestimmungsgesetz aus Sicht der Gewerkschaften zu einem Keil, der die Arbeitnehmerorganisationen und die Sozialdemokratie auseinandertrieb.

Der Bundesregierung war der symbolische Stellenwert der Mitbestimmung wohl bewusst. Kurz vor dem Beginn der Spitzengespräche zwischen SPD und FDP im November 1973 stellte der Leiter einer für gesellschaftspolitische Analysen zuständigen Arbeitsgruppe in der Planungsabteilung des Bundeskanzleramts die Bedeutung der Reform für das Erscheinungsbild der Regierung heraus: „Sie markiert für den Wähler, ob die SPD unbeirrt die Verwirklichung von Arbeitnehmerinteressen in den Vordergrund stellt oder sich zunehmend auch gruppenspezifischen Wünschen öffnet. Die Entscheidung ist deshalb sowohl für die innere Geschlossenheit als auch für die Außenwirkung der SPD (wie auch für ihre Rolle als gestaltender politischer Kraft) von weittragender Bedeutung."[166] Diese Analyse deckt sich mit einer Flut an Eingaben von Gewerkschafts- und Parteifunktionären, die Zweifel daran anmeldeten, dass die Regierung auf ihrer Seite stehe. Zwischen November 1973 und April 1974 machte sich massive Unzufriedenheit an der Basis bemerkbar. Deren Vertreter beschwerten sich über die wachsende Zahl der Kurzarbeiter, Preiserhöhungen für Heizöl und Benzin, das Ausbleiben von versprochenen Steuererleichterungen, steigende Gebühren bei der Post. Besonders gereizt reagierten sie auf die Maßhalteappelle der Regierung im Zuge der Ölkrise, während zugleich die Abgeordnetendiäten stiegen. Der „kleine Mann", der die SPD im Vertrauen auf „überfällige Reformen" und „mehr Gerechtigkeit" gewählt habe, erlebe das Gegenteil, lautete die weit verbreitete Klage. Zahlreiche Ortsvereine meldeten der Parteiführung eine „auf Schritt und Tritt spürbare Unzufriedenheit der Wähler mit der innenpolitischen Entwicklung der letzten Monate in unserem Lande"; viele Arbeitnehmer fühlten sich „von der Bundesregierung im Stich gelassen und sprechen das offen aus"[167]. Umso schwerer sei es, den SPD-Wählern vor Ort die Entscheidungen der Parteiführung als arbeitnehmerfreundliche Politik zu vermitteln. All diese Klagen zielten darauf ab, dass die Bundesregierung Basiserwartungen an sozialdemokratische Politik nicht mehr erfülle, die sich in Schlagworten wie „soziale Gerechtigkeit" und „Politik für den kleinen Mann" bündelten. Enttäuscht waren die Genossen daher nicht allein über die konkreten Punkte, die sie anführten, sie sahen darin Symptome für einen grundsätzlich falschen Kurs.

Vor diesem Hintergrund nahm die Mitbestimmung Signalcharakter an: „Ob Parlamentarier wirklich die Interessen der abhängig Beschäftigten vertreten, ist gerade an ihrer Haltung in der Mitbestimmungsfrage zu messen", mahnten

---

[166] BA B 136/14998, Werner Tegtmeier an Albrecht Müller, 9.11.1973.
[167] Zitate: AdsD SPD-Parteivorstand 2/PVCO000108, Manfred Kuhn (SPD Ortsverein Altneudorf) an Holger Börner, 29.11.1973; ebd., W. Zimmermann (SPD Ortsverein Lollar) an Willy Brandt, 31.1.1974. Ähnliche Zuschriften finden sich im Akt zuhauf, etwa Klaus Kirschner (SPD Kreisverband Rottweil) an Willy Brandt, 27.11.1973; Otmar Reinhardt (SPD Kreisverband Aschaffenburg-Land) an Holger Börner, 1.2.1974; Heinrich Müller (SPD Ortsverein Harxheim) an SPD Parteivorstand, 11.3.1974.

IG-Metall-Vertreter aus Aachen im Dezember 1973, und ihre Kollegen vom DGB in Landshut warnten den Bundesarbeitsminister vor Kompromissen mit der FDP, die das Vertrauen der Arbeitnehmer in die Bundesregierung erschüttern würden.[168] Der Beginn der Verhandlungen über die Mitbestimmung stand also im Zeichen einer Vertrauens- und Glaubwürdigkeitskrise. Die Reform erhielt dadurch den Charakter einer Bewährungsprobe für die sozialdemokratische Regierungspolitik.

Nicht nur innerhalb der SPD, sondern auch in der öffentlichen Wahrnehmung war das Erscheinungsbild der sozialliberalen Regierung Ende 1973 so schlecht wie noch nie seit ihrem Amtsantritt. Vor allem wegen ihrer innenpolitischen Bilanz war die Koalition in die Krise geraten.[169] Die Zustimmungswerte der SPD bei der „Sonntagsfrage" stürzten im zweiten Halbjahr 1973 um zehn Prozentpunkte ab.[170] Verstärkt und kanalisiert wurde dieser Stimmungstrend durch das Zusammenspiel von Demoskopie und Massenmedien, insbesondere dem Fernsehen. Zwei Sendungen der ARD und ein Artikel in der „Zeit" spitzten in nur einer Woche die Unzufriedenheit zu einem konkreten Gefühlsausdruck zu und machten „Enttäuschung" zum emotionalen Leitbegriff der Regierungskrise.

Das Fernsehmagazin „Report" präsentierte am 19. November die Ergebnisse einer Meinungsumfrage, die die Redaktion beim Institut für Demokopie Allensbach in Auftrag gegeben hatte. Beide Instanzen waren dafür bekannt, politisch nicht auf der Seite der Regierung zu stehen: Sowohl der Moderator und Leiter des Magazins als auch der verantwortliche Redakteur des Beitrags waren CDU-Mitglieder, das Institut für Demoskopie in Allensbach und seine Leiterin Elisabeth Noelle-Neumann galten als Hausdemoskopen der Christdemokraten.[171] Ihre Fragen waren so formuliert, dass eine kritische Beurteilung der Regierungsarbeit unweigerlich emotional aufgeladen wurde: „Sind Sie mit den Leistungen der Bundesregierung zufrieden, oder sind Sie von der Bundesregierung enttäuscht?" Die Befragten konnten zwischen drei Antworten auswählen: „zufrieden", „enttäuscht" und „weder – noch". Nach diesem Schema stellten die Befragten der Regierung ein gutes Zeugnis in der Außenpolitik aus, während sie ihr innenpolitisch Versagen attestierten. Die mit Abstand größte Enttäuschung riefen bei 77% der Befragten die Maßnahmen gegen die Preissteigerungen hervor. Doch auch mit den Ergebnissen auf dem Kerngebiet sozialdemokratischer Politik, soziale Sicherheit und Gerechtigkeit, bezeichneten sich 36% als „enttäuscht", nur ein knappes Drit-

---

[168] AdsD IG Metall Vorstand 5/IGMA090294, IG Metall-Verwaltungsstelle Aachen an die SPD-Bundestagsfraktion, die Bundestagsabgeordneten des Aachener Raums, den Vorstand der IG Metall und den Bundesvorstand des DGB, 13.12.1973 (auch in BA B 149/50857); BA B 149/50857, DGB Kreis Landshut an Walter Arendt, 5.12.1973.
[169] Vgl. Faulenbach, Jahrzehnt, S. 237f, 262–267 u. 398–403.
[170] Vgl. Elisabeth Noelle/Erich Peter Neumann (Hrsg.), Jahrbuch der Öffentlichen Meinung 1969–1973, Allensbach 1974, S. 304f.
[171] Vgl. Gerhard Lampe, Panorama, Report und Monitor. Geschichte der politischen Fernsehmagazine 1957–1990, Konstanz 2000, S. 288f. u. 293. Der Ruf der Allensbacher, der CDU nahezustehen, geht auf ihre Bevorzugung durch das BPA und das enge Verhältnis zur Umgebung Adenauers in den 1950er und 1960er Jahren zurück; vgl. Kruke, Demoskopie, S. 68 u. 78–86.

tel war mit dem Erreichten zufrieden. Die Leiterin des Allensbach-Instituts verdichtete diese Zahlen in einem Interview während der Sendung zum Eindruck, dass die Regierung zu schwach sei.[172] Vier Tage später verbreitete Noelle-Neumann ihre Interpretation mitsamt dem Umfragematerial in einem Artikel in der „Zeit". Wer die Fernsehsendung verpasst hatte, konnte hier noch einmal nachlesen, dass die gesamte Innenpolitik der Regierung Brandt in den Augen der Bevölkerung eine „Zone der Enttäuschungen" darstelle. Gestützt auf dieselben Zahlen, die sie im Fernsehen präsentiert hatte, konstatierte die Meinungsforscherin Versäumnisse bei der Kriminalitätsbekämpfung, dem Umweltschutz, der Preisstabilität, aber auch Verstimmung über die Langsamkeit der inneren Reformen.[173]

Dieser Unzufriedenheit gab noch einmal drei Tage später Günter Grass in einem Beitrag für „Panorama" beredten Ausdruck. Sechs Minuten lang hielt er der Regierung eine Gardinenpredigt, die von keinem redaktionellen Kommentar unterbrochen wurde, im Gegenteil: Die Bildregie inszenierte den Schriftsteller als moralische Instanz, die von der Kamera frontal eingefangen wurde, kein Interviewer war zu sehen. Die Zuschauer wurden Zeuge, wie Grass den Bundeskanzler persönlich ins Gebet nahm.[174] Grass nahm das Wort „Enttäuschung" zwar nicht in den Mund, doch seine „Worte an Willy", wie der Beitrag sich nannte, waren eine einzige Auflistung unerfüllter Erwartungen: Er konstatierte „mehr Geschäftigkeit als politische Tatkraft, mehr parteiinternen, den Wähler anödenden Streit als ernsthaften Willen, die begonnene Reformarbeit fortzusetzen", er bemängelte „verlorenen Elan" und warf der Regierung „lähmende Selbstgefälligkeit" vor. Gemessen an den Ansprüchen der SPD und ihres Vorsitzenden sei das „zu wenig". Von Brandt forderte Grass, er müsse endlich der Kanzler der inneren Reformen werden. Die Mitbestimmung bezeichnete er dabei als eines der Gebiete, auf denen der Kanzler die Zügel in die Hand nehmen solle.

Die schulmeisterliche Kritik des befreundeten Intellektuellen ging Brandt zwar auf die Nerven, politisch maß er ihr jedoch wenig Gewicht bei. Ganz anders schätzte das Bundeskanzleramt den Angriff in der linksliberalen Wochenzeitung ein. Die Planungsabteilung, zu deren Aufgaben auch „gesellschaftliche und politische Analysen [...] zu inhaltlich brisanten Fragen im Sinne einer Frühwarnung"[175] zählte, wog mögliche Reaktionen ab, um den Artikel als Stimmungsmache hinzustellen.[176] Obwohl sich ihr Leiter Albrecht Müller gegen eine direkte Antwort ent-

---

[172] BA B 136/19902, Zusammenfassung des Bundespresseamts über die Sendung „Report" am 19.11.1973 um 20:00 Uhr, o. D. Der Autor des Beitrags und Interviewpartner für Noelle-Neumann war Hans Gresmann, der 1971 von der „Zeit" in die Report-Redaktion gewechselt war.
[173] Elisabeth Noelle-Neumann: Der Wind bläst Brandt ins Gesicht, in: Die Zeit, 23.11.1973, S. 3.
[174] Günter Grass: Worte an Willy, in: Panorama, ARD, 26.11.1973, http://daserste.ndr.de/panorama/archiv/1973/panorama2245.html (ab 18:20; letzter Zugriff 31.10.2014). Vgl. zur Inszenierung des Beitrags Lampe, Panorama, Report und Monitor, S. 355f.
[175] Thomas Knoll, Das Bonner Bundeskanzleramt. Organisation und Funktionen von 1949-1990, Wiesbaden 2004, S. 198.
[176] BA 136/19902, Horst Becker und Werner Sörgel, Thesen und Überlegungen für eine etwaige Erwiderung auf den Artikel von Frau Noelle-Neumann in der „Zeit" vom 23.11.1973, o. D. [26.11.1973].

schied, nahmen die Beamten die demoskopisch konstruierte Enttäuschung offensichtlich sehr ernst. Noelle-Neumanns Rang als Expertin, die Glaubwürdigkeit statistisch abgesicherter Daten und der daraus abgeleitete Anspruch, die Einstellung der Bevölkerung wissenschaftlich exakt abzubilden, gaben dem Befund der Enttäuschung den Anschein einer objektiven Tatsache.[177]

Sowohl diese medial verbreitete Enttäuschung als auch die vielen Klagen der Parteifunktionäre von der Basis richteten sich auf Willy Brandts Image als gesellschaftspolitischer Reformer. Die Enttäuschungsäußerungen transportierten den Appell, seine Versprechen einzulösen und die an ihn gerichteten Erwartungen an eine sozial gerechte Politik zu erfüllen. Die Verwirklichung der Reformen hing demnach von Brandts Willen bzw. seiner Durchsetzungsfähigkeit ab. Wie sehr die Reformpolitik mit dem Kanzler assoziiert wurde, zeigte sich in aller Deutlichkeit, als Brandt am 7. Mai 1974 von seinem Amt als Regierungschef zurücktrat. Die Enttäuschung über Brandts Leistung schlug um in die Enttäuschung über den Verlust der Reformperspektive. Für den DGB, der ausgerechnet an diesem Tag eine große Kundgebung gegen die Mitbestimmungspläne der Bundesregierung veranstaltete, unterstrich Vetter, wie stark die Gewerkschaften mit Brandt trotz aller Kritik am Mitbestimmungsvorschlag die „Hoffnung auf soziale Reformen und gesellschaftspolitischen Fortschritt"[178] verbunden hätten. Aus der ganzen Bevölkerung erhielt Brandt Briefe. Sie waren voller Gefühle, die wie die Rückseite der Euphorie wirkten, die Brandts Wahl zum Kanzler und sein Sieg beim Misstrauensvotum von 1972 ausgelöst hatten: Anerkennung und Dankbarkeit drückten sie ebenso aus wie Trauer und Bestürzung.[179]

Enttäuschung formulierten Anhängerinnen und Anhänger Brandts, die hohe Erwartungen in sein Leitwort „mehr Demokratie wagen" gesetzt hatten. So offenbarte ein SPD-Mitglied, das generationell zu den Achtundsechzigern zählte, „ein Gefühl der Hoffnungslosigkeit", denn „an Ihre Person war für mich ein erhebliches Stück Demokratieverständnis gebunden"[180]. Noch einmal verschränkten sich Demokratisierung, Fortschritt und Mitbestimmung in den Verlustreaktionen zu einem Ganzen. Beispielsweise appellierte ein 19-jähriger Jungsozialist an Brandt, seine Mission fortzuführen: „Sie waren unsere Hoffnung; enttäuschen Sie uns nicht, bleiben Sie uns erhalten und führen Sie die von uns erhofften Reformen aus. Sie, und ich glaube nur Sie, sind der Garant für eine herausragende Reformpolitik."[181] Viele wurden gewahr, „wie sehr eigentlich die fortschrittliche

---

[177] Aussagewert und politische Verwertbarkeit demoskopischer Daten wurden zu dieser Zeit allerdings bereits kritisch reflektiert; Kruke, Demoskopie, S. 479–492.
[178] AdsD DGB-Archiv 5/DGCS000039, Einleitung zur Rede auf der Mitbestimmungskundgebung in Essen, o. D.
[179] Vgl. Bernhard Gotto, Von enttäuschten Erwartungen: Willy Brandts „mehr Demokratie wagen" und Valéry Giscard d'Estaings „Démocratie française", in: ders. u. a. (Hrsg.), Nach „Achtundsechzig". Krisen und Krisenbewusstsein in Deutschland und Frankreich in den 1970er Jahren, München 2013, S. 31–44, hier S. 42 f.
[180] AdsD WBA A 4/8-10, Ingo Schulz an Willy Brandt, 7. 5. 1974.
[181] Ebd., Wolfgang Reinhard an Willy Brandt, 8. 5. 1974. Mitbestimmung führte Reinhard explizit als Beispiel für fortschrittliche Reformen auf.

Politik der demokratischen Sozialisten mit Ihrer Person verbunden ist. Ihr Rücktritt [...] hinterläßt ein Gefühl der Leere und der Hoffnungslosigkeit"[182]. Eine Frau schrieb, sie habe nicht der SPD allein ihre Stimme gegeben, dafür sei Brandts Persönlichkeit ausschlaggebend gewesen. Sie habe nun Angst vor der politischen Zukunft.[183] Doch nicht nur Studenten, Jusos und linksliberale Reformer waren enttäuscht über den Rücktritt ihrer Galionsfigur. Auch ältere Menschen und Arbeitnehmer schauten voller Sorge in die Zukunft, weil sie Brandt als ihren Fürsprecher ansahen. „Was soll nur jetzt mit dem kleinen mann auf der strasse werden", fragte ein Arbeiter, dessen Schreibunsicherheiten ihn als einen Angehörigen bildungsferner Schichten auswiesen.[184] Eine Vertriebene befürchtete, dass die Zeit, in der kleine Leute wie sie wieder als gleichberechtigte Menschen gegolten hätten, vorbei seien: „Und der Schmidt! Na ich weiss nicht! [...] wenn jetzt so n Finanzmagnat a[n] d[er] Regierung sitzt, will der doch noch mehr Geld!"[185]

Der Wechsel vom „Visionär" Willy Brandt zum „Krisenmanager" Helmut Schmidt erschien vielen Zeitgenossen als Zäsur. Obwohl er seine Regierungserklärung vom 17. Mai 1974 unter das Leitwort „Kontinuität und Konzentration" gestellt hatte, grenzte sich Schmidt deutlich genug von der Emphase seines Amtsvorgängers ab, dass seine Agenda kaum anders denn als „Abgesang auf die Reformpolitik der vorausgegangenen Jahre"[186] verstanden werden konnte. Zwar kündigte Schmidt an, den Kurs der inneren Reformen fortzusetzen, aber er entkleidete dieses Programm aller Ansätze, die auf eine Systemtransformation abzielten. Von seinem Vorgänger, der ganz auf den „Affektionswert der großen Worte"[187] gesetzt hatte, grenzte sich Schmidts Duktus inhaltlich und terminologisch ab. Den Pathosformeln seines Amtsvorgängers, die politisches Handeln auf das Ziel einer demokratischeren und gerechteren Gesellschaft ausgerichtet hatten, stellte er gleich zu Beginn der Regierungserklärung „Realismus und Nüchternheit"[188] entgegen. Auf dem Gebiet der Mitbestimmung hingegen nahm der neue Bundeskanzler die vieldeutige Formulierung Brandts vom Januar 1973 auf, dass das künftige Mitbestimmungsgesetz vom Grundsatz der „Gleichberechtigung und Gleichgewichtigkeit" von Arbeitnehmern und Anteilseignern ausgehen werde. Er

---

[182] AdsD WBA A 4/19A, Hannes Vester an Willy Brandt, 7.5.1974. Der Absender war 25 Jahre alt.
[183] AdsD WBA A 4/7, Tatjana Spühr an Willy Brandt, 7.5.1974.
[184] Ebd., Berthold Lissek an Willy Brandt, 7.5.1974. Der handschriftliche Brief steckt voller orthografischer Fehler, die Sätze sind grammatisch alle falsch. Der Absender bekannte, er sei „kein Perfeckter Briefschreiber aber Sie wissen bestimmt was ich meine". Im schriftlichen Ausdruck so ungelenke Autoren mussten enorme Hemmungen überwinden; umso dringender war ihnen ihr Anliegen; vgl. Fenske, Demokratie erschreiben, S. 45 f.
[185] AdsD WBA A 4/17-18, Helene Wittig an Willy Brandt, 8.5.1974.
[186] Martin H. Geyer, Rahmenbedingungen: Unsicherheit als Normalität, in: ders. (Hrsg.), Bundesrepublik Deutschland 1974–1982. Neue Herausforderungen, wachsende Unsicherheiten, Baden-Baden 2008 (Geschichte der Sozialpolitik in Deutschland seit 1945; 6), S. 1–109, hier S. 11.
[187] Bergsdorf, Herrschaft und Sprache, S. 253.
[188] Deutscher Bundestag, 7. Wahlperiode, Plenarprotokoll Nr. 07/100 vom 17.5.1974, S. 6593, http://dipbt.bundestag.de/doc/btp/07/07100.pdf (30.10.2014).

sei zuversichtlich, dass das neue Gesetz zum Beginn des Jahres 1975 in Kraft treten werde. Das war ein Signal der Handlungsfähigkeit und der Entschlossenheit. Damit demonstrierte der Bundeskanzler, dass seine Regierung nach wie vor den Willen und die Kraft besitze, innenpolitische Reformen von Rang umzusetzen.

Genau daran hatte die Enttäuschung gegenüber Brandt angesetzt. Seinem Nachfolger schlug Skepsis entgegen: Viele fragten sich, ob grundlegende Reformen überhaupt noch möglich waren. Verbreitet waren solche Zweifel bei denen, die große Hoffnungen auf Brandts Gesellschaftsreformen und damit auch in die Mitbestimmung gesetzt hatten: Jusos, Parteilinke, Gewerkschaftskreise und Achtundsechziger. Wenige Wochen nachdem Schmidt Bundeskanzler geworden war, hieß es in einem Diskussionspapier des Frankfurter Kreises, in dem sich die Parteilinke organisierte, dass grundlegende Reformen mit dem Ziel des Sozialismus zurzeit nicht durchführbar seien. Zwar sollten die Reformziele nach wie vor propagiert werden, aber ohne große Illusionen über ihre Realisierbarkeit.[189] Zwei Jahre später zeichnete der führende Kopf des Frankfurter Kreises Karsten Voigt ein noch düstereres Bild der Lage für die Linken: Die SPD werde auch unter besseren Rahmenbedingungen nicht mehr in der Lage sein, ihre Anhänger für systemverändernde Reformen zu mobilisieren, weil in der SPD noch nicht einmal mehr über deren Ziele gesprochen werde. Parteitagsbeschlüsse, die sich am demokratischen Sozialismus orientierten, wirkten sich kaum noch auf die praktische Politik aus, sondern würden einem fatalen Machbarkeitsgestus untergeordnet.[190]

Nicht nur die Parteilinke, auch die Gewerkschaften reagierten mit Enttäuschung auf den Umschwung. Auf dem DGB-Bundeskongress im Mai 1975 beklagte Vetter, dass der anfängliche Reformschwung der sozialliberalen Koalition erlahmt sei.[191] Zur selben Zeit berichtete die Sozialdemokratische Wählerinitiative von mutlosen Anhängern, die keine „positiven Emotionen" mehr mobilisieren könnten.[192] Unter den Jusos breitete sich laut Zeitungsberichten vom Dezember 1976 „Frustration" und „Resignation" aus.[193] Es waren diese Stimmungslagen, die die Kritik an der geplanten Reform der Mitbestimmung ins Grundsätzliche hoben. Sichtbar wurde dies auf der AfA-Bundeskonferenz im Juni 1975. Entgegen der Empfehlung des AfA-Vorstands ließen die Teilnehmer den Mitbestimmungskompromiss durchfallen. Ein Beobachter des DGB analysierte, dass sich dabei ein „erhebliches Potential an aufgestautem Druck und an Unzufriedenheit" entladen habe. Der offene Streit zwischen der Partei- und AfA-Führung und den Delegierten über den Kurs der Koalition sei „symptomatisch für das Verhältnis zwischen

---

[189] Seiffert, „Marsch durch die Institutionen", S. 161.
[190] AdsD SPD-Parteivorstand 2/PVCO000090, Karsten D. Voigt: Zusammengefaßtes Diskussionsergebnis der Gespräche und Beratungen im Frankfurter Diskussionskreis über die SPD 1974–1976, 24.6.1976.
[191] Heinz Oskar Vetter, Gewerkschaftspolitik in schwieriger Zeit, in: Gewerkschaftliche Monatshefte 24 (1975), S. 201–208, hier S. 202.
[192] AdsD SPD-Parteivorstand 2/PVCO000118, Ausführungen von Martin Gregor-Dellin über ein strategisches Konzept der Sozialdemokratischen Wählerinitiative, vorgetragen Helmut Schmidt am 12.5.1975.
[193] Seiffert, „Marsch durch die Institutionen", S. 163.

Parteimitgliedschaft und Führung"[194]. Tatsächlich galt dies aber eben nur für Teile der Basis, die vergeblich forderten, lieber auf eine schlechte Mitbestimmungsreform zu verzichten, als die Glaubwürdigkeit der Partei dabei zu verlieren.[195] Aus dieser Sicht bedeutete der zweite Gesetzentwurf ein fatales Signal, wie der sozialpolitische Kommentar des Hessischen Rundfunks hervorhob: „Für die restlichen großen Reformvorhaben [...] ist der heutige Tag ein böses Omen."[196] Zusammengenommen lassen diese Stellungnahmen erkennen, dass das Mitbestimmungsgesetz von 1976 Enttäuschung hervorrief, weil es als Vorwegnahme einer Zukunft gedeutet wurde, in der die Politik nicht mehr den Anspruch erhob, durch grundlegende Reformen der Gesellschaft ein neues Gesicht zu geben.

Für die emotionale Bewertung der Mitbestimmungsreform seitens der Gewerkschaften spielte eine weitere Bedeutungsebene eine große Rolle, nämlich ihr Verhältnis zur Sozialdemokratie. Programmatisch und organisatorisch waren Partei und Verband vielfach miteinander verschränkt: Wer in der SPD eine Position bekleidete, war regelmäßig Gewerkschaftsmitglied, für Gewerkschaftsfunktionäre gehörte es zum guten Ton, ein sozialdemokratisches Parteibuch zu besitzen. Vom Selbstverständnis her vertraten beide Organisationen die Interessen der Arbeitnehmer. Während der großen Koalition hatte sich dieses Verhältnis merklich abgekühlt, weil die SPD als Teil der Bundesregierung eine neue Rolle übernahm, in der sie den Gewerkschaften als Widerpart gegenüberstand. Zudem gewannen durch ihre Entwicklung zur modernen Volkspartei andere Interessen als die klassischen Arbeitnehmeranliegen programmatisch und praktisch an Gewicht.[197] Als die SPD 1969 die Rolle als Juniorpartner abschüttelte, rechneten viele Gewerkschafter damit, dass die Regierung fortan im Sinne ihrer Vorstellungen agieren werde. Solche Erwartungen erhielten durch die Bundestagswahl von 1972 Auftrieb, weil sie den parlamentarischen Rückhalt für die Koalition auf ein sicheres Fundament stellte.[198] Als die Koalitionsverhandlungen über die Mitbestimmung begannen, hatte sich das Verhältnis zwischen SPD und Gewerkschaften jedoch deutlich eingetrübt. Auf der Gründungskonferenz der AfA in Duisburg im Oktober 1973 akzentuierte Vetter eine schleichende Entfremdung: „Zu früheren Zeiten hatten wir als sozialdemokratische Gewerkschafter den Felsblock der Partei unverrückbar hinter uns, auf den wir uns stützen konnten. Heute rutscht die haltsu-

---

[194] AdsD DGB-Archiv 5/DGAI001706, Siegfried Balduin an Heinz Oskar Vetter, 17.7.1975.
[195] Z.B. BA B 149/50857, SPD-Unterbezirk SPD-Ortsverein Kassel-West an Walter Arendt und die SPD-Bundestagsfraktion, 13.12.1973; AdsD SPD-Bundestagsfraktion 2/BTFG000313, Telex des Betriebsrats der Bank für Gemeinwirtschaft an die SPD-Bundestagsfraktion, 10.12.1975.
[196] AdsD IG Metall Vorstand 5/IGMA071098, Verschriftlichung des Kommentars von Jörg Weder zur Mitbestimmung im Hessischen Rundfunk am 9.12.1975, o.D.
[197] Die schwersten inhaltlichen Konflikte drehten sich um Tarifpolitik, Notstandsgesetze und die Streiks im September 1969; organisatorisch schlugen sich die Differenzen in der Gründung des Gewerkschaftsrates beim Parteivorstand der SPD nieder. Vgl. ausführlich Schönhoven, Wendejahre, S. 558–578.
[198] Z.B. Erhard Kaßler, Nach der Wahl, in: Das Mitbestimmungsgespräch 18 (1972), S.210; vgl. Faulenbach, Jahrzehnt, S.182–190.

chende Hand zu oft ins Leere."[199] Genauso wie der DGB-Chef die Solidarität der Sozialdemokratie vermisste, forderte der Bundeskanzler seinerseits mehr Unterstützung bei den Gewerkschaften ein.[200]

In dieser Situation des gegenseitigen Zweifels bei zwei Organisationen, die sich als Verbündete ansahen, erhielt die Reform der Mitbestimmung eine neue Tragweite. Loderer warnte den Bundeskanzler im Oktober 1973, dass bei Arbeitnehmern und Gewerkschaften die „Enttäuschung über die Diskrepanz zwischen programmatisch erklärter und realer Politik" wachse. Aus diesem Grund werde die Qualität des Gesetzentwurfs über die Mitbestimmung das Verhältnis der Gewerkschaften zur Bundesregierung maßgeblich bestimmen.[201] Damit behielt der Vorsitzende der IG Metall Recht. Die Heftigkeit der Kritik, mit der Gewerkschaftsvertreter aller Hierarchiestufen die Mitbestimmungseinigung der Koalition ablehnten, löste Unverständnis und Ärger im Regierungslager aus. Im Bundeskanzleramt war von „Blindheit", sogar von „Verstocktheit" der Gewerkschaften die Rede. Deren unverhältnismäßige „Mißstimmung" deutete der Leiter der Planungsabteilung als Symptom für das schwierige Verhältnis zwischen Sozialdemokraten in der Regierungsverantwortung und Gewerkschaften.[202]

Nach außen hin bemühten sich beide Seiten, nicht den Eindruck einer Entzweiung aufkommen zu lassen. Brandt betonte, die Bundesregierung könne den Rat der Gewerkschaften gerade in der Frage der Mitbestimmung gut gebrauchen, und der federführende Arbeits- und Sozialminister Walter Arendt hob mehrfach hervor, dass Regierung und Gewerkschaften an einem Strang zögen.[203] Nach seiner Wahl zum Bundeskanzler suchte Schmidt als Erstes demonstrativ das Gespräch mit der DGB-Spitze, um seine „feste Absicht zur Verbesserung des

---

[199] Der DGB vermißt die helfende Hand der SPD – Aus einer Rede von Heinz Oskar Vetter, in: Handelsblatt, 22.10.1973, S. 3. Auch die Stimmung in den Betrieben gegenüber der Regierung beschrieb ein Teilnehmer der Bundeskonferenz als ausgesprochen „frostig": Peter Diehl-Thiele, Ein Gewinn für die innerparteiliche Opposition, in: FAZ, 22.10.1973, S. 8.

[200] Brandt machte den DGB indirekt für die vielen „Reibungsverluste" verantwortlich; Winfried Dinzoleit, Vetter beklagt Verwirrung in der SPD, in: Frankfurter Rundschau, 20.10.1973, S. 4. Später führte Brandt das schlechte Verhältnis zu einem Teil der Gewerkschaften auf deren „unangemessene Opposition" gegen den Mitbestimmungskompromiss zurück; Handschriftliche Aufzeichnungen Willy Brandts über den „Fall Guillaume", 24.4.-6.5.1974, abgedruckt in: Kieseritzky (Bearb.), Mehr Demokratie wagen, S. 508–537, hier S. 530.

[201] AdsD DGB-Archiv 5/DGCS000079, Telex Eugen Loderer an Heinz Oskar Vetter, 18.10.1973. Darin übermittelte Loderer dem DGB-Chef den Wortlaut seines Briefes an den Bundeskanzler vom selben Tag.

[202] BA 136/14999, Albrecht Müller an Willy Brandt, 4.2.1974. Der Text diente als Vorlage für ein Statement Brandts vor dem Parteirat. Zur Empörung über den Koalitionskompromiss siehe oben S. 64f.

[203] Willy Brandt an Heinz Oskar Vetter, 31.1.1974, abgedruckt in: Mertsching (Bearb.), Der Deutsche Gewerkschaftsbund 1969–1975, S. 809f.; AdsD IG Metall Vorstand 5/IGMA090405, Rede des Bundesministers für Arbeit und Sozialordnung, Walter Arendt, zur Einbringung der Mitbestimmungsvorlage der Bundesregierung im Deutschen Bundestag am 20. Juni 1974, S. 41f.; BA 149/50860, Vortrag Walter Arendt „Mitbestimmung der Arbeitnehmer – Durchbruch und Chance" aus Anlass der Eröffnung der Ausstellung „Der Weg zur Mitbestimmung" der Arbeitsgemeinschaft „Arbeit und Leben/Dortmund" in Zusammenarbeit mit der Historischen Abteilung der Ruhr-Universität Bochum am 3. März 1975, o. D., S. 18f.

Verhältnisses"²⁰⁴ zu bekunden. Vetter versuchte ebenfalls, die Spannungen abzumildern. Auf dem Bundeskongress im Mai 1975 führte er sie auf überzogene Erwartungen zurück, die er umgehend revidierte: „Eine Regierung kann die Gewerkschaften nicht auf ihre Vorstellungen ‚einschwören' [...] und die Gewerkschaften können die sozialliberale Koalition nicht in Grund und Boden verdammen, weil sie das Konzept der qualifizierten Mitbestimmung in der DGB-Form nicht übernimmt. Wir haben auf beiden Seiten Lernprozesse mitgemacht."²⁰⁵ So abgeklärt, wie diese Worte klangen, sah die Gefühlslage bei vielen Gewerkschaftern allerdings nicht aus, denen das Verhalten der SPD in der Mitbestimmung wie ein Verrat vorkam.²⁰⁶ Vetter selbst war davon offenbar auch nicht ganz frei. Ein halbes Jahr später wählte er einen kriegerischen Vergleich, um das Verhältnis zwischen SPD und Gewerkschaften zu beschreiben: Auf die Frage, ob er glaube, dass die Proteste des DGB gegen den zweiten Entwurf des Mitbestimmungsgesetzes die Regierung noch beeindrucken würden, antwortete er: „Man marschiert doch voreinander auf, bis in die letzte Phase hinein. Selbst beim Waffenstillstand wird bis zuletzt geschossen, aber das möchte ich nicht unbedingt als ein Bild für die Mitbestimmungsdiskussion verstanden wissen."²⁰⁷ Doch diese halbherzige Einschränkung konnte die Kluft nicht verdecken, die beide Arbeitgeberorganisationen in der Frage der Mitbestimmung trennte.

Die Enttäuschung über das Mitbestimmungsgesetz geht wesentlich auf die spiegelbildliche Umkehrung der Bedeutungen und Assoziationen zurück, die die Befürworter der Reform mit ihr verbanden: Aus einem Projekt im Dienst von Fortschritt und Gerechtigkeit, das für politischen Gestaltungswillen und die Emanzipation aus der Verfügungsgewalt der Mächtigen stand, wurde ein Symbol der Niederlage, der Bevormundung und des Streits. Der politisch-kulturelle Wandel, der sich zeitgleich zur Aushandlungsphase des Gesetzes vollzog, hatte andere Ursachen, aber seine Implikationen strahlten unmittelbar auf die Mitbestimmungsdebatte aus. Auf dem Feld der Mitbestimmung wurden daher auch normative Erwartungen an die Finalität und die Legitimation politischen Handelns enttäuscht. Darauf hatten die politischen Akteure kaum Einfluss, wie nicht

---

204 Protokoll des Gesprächs des DGB-Bundesvorstandes mit Bundeskanzler Helmut Schmidt am 18. Mai 1974, o. D., abgedruckt in: Mertsching (Bearb.), Der Deutsche Gewerkschaftsbund 1969–1975, S. 865–872, hier S. 866. Bereits am 10. Mai hatte Schmidt dem DGB-Vorsitzenden diese Absicht für den Fall mitgeteilt, dass er zum Kanzler gewählt würde; AdsD DGB-Archiv 5/DGCS000079, Heinz Oskar Vetter an die Vorsitzenden der Gewerkschaften, die Mitglieder des Geschäftsführenden Bundesvorstands des DGB und Bundesvorstandssekretär Bernd Otto, 16.5.1974. Das Verhältnis zur IG Metall verbesserte sich durch den Wechsel von Brandt zu Schmidt, weil Eugen Loderer der Person und dem pragmatischen Politikstil des neuen Bundeskanzlers mit großer Wertschätzung begegnete; vgl. Kempter, Loderer, S. 301–303.
205 Vetter, Gewerkschaftspolitik in schwieriger Zeit, S. 207.
206 Siehe oben S. 66f.
207 „Wir müssen unsere Kraft wiederbeleben". Interview mit DGB-Chef Heinz Oskar Vetter über den Mitbestimmungsstreit, in: Der Spiegel 30 (1975), 17.11.1975, S. 29. Auch die „Frankfurter Rundschau" bezeichnete die Agitation des DGB im Vorfeld des SPD-Parteitags als „Waffengeklirr"; vgl. Schröder, Mitbestimmung, S. 236f.

zuletzt Willy Brandts vergebliche Versuche demonstrieren, die hochgesteckten Erwartungen seiner Anhänger zu dämpfen.[208] Anders stellte sich dies bei den Durchsetzungschancen für die jeweiligen Mitbestimmungsforderungen dar. Diese Aussichten waren Gegenstand eines intensiven Erwartungsmanagements, das dazu diente, Enttäuschungen nach Möglichkeit zu vermeiden. Allerdings führte es, wie ein genauerer Blick auf die Kommunikationsstrategien der Beteiligten zeigen wird, zum entgegengesetzten Effekt und vergrößerte die Enttäuschung am Ende sogar.

Erwartungsmanagement

Es ist erstaunlich, wie beharrlich die DGB-Spitze und weite Teile der SPD an Mitbestimmungsforderungen festhielten, deren Durchsetzung immer unwahrscheinlicher erschien, je länger um die Reform gestritten wurde. Sie lassen sich als Teil eines Erwartungsmanagements verstehen, das auf unterschiedlichen Ebenen wirkte. Insbesondere die Entscheidungen der DGB-Spitze im Zuge der Koalitionsvereinbarungen von 1969 und 1972, an den Grundsatzforderungen zur Mitbestimmung festzuhalten, obwohl sie innerhalb des Regierungsbündnisses praktisch nicht durchsetzbar waren, offenbaren dieses Dilemma.[209] Denn die Gewerkschaftsführung setzte Erwartungsäußerungen als strategisches Druckmittel gegenüber der Bundesregierung ein, reagierte jedoch zugleich auf die Erwartungen der organisierten Arbeitnehmer, ihre Interessen wirksam zu vertreten. Weil der DGB die Mitbestimmung jahrelang zum Kernanliegen der Arbeitnehmer stilisiert hatte, waren die organisationsinternen Erwartungen enorm hoch, diese Forderungen auch durchzusetzen. Betriebsräte und Gewerkschaftsgremien auf lokaler Ebene schickten eine Flut von Resolutionen, dass die Reform der Mitbestimmung zügig in Angriff genommen und gemäß den Vorstellungen des DGB ausfallen solle.

Derartige Eingaben von der Basis waren in der Regel in typischer Funktionärssprache abgefasst und nahmen häufig die Formulierungen von Forderungen des DGB- bzw. IG-Metall-Vorstands auf. „Die Arbeitnehmer nehmen die in der Regierungserklärung gemachten Aussagen ernst und erwarten, daß diese wichtige gesellschaftspolitische Frage im Rahmen der inneren Reformen bald verwirklicht wird", schrieb der Betriebsrat der Rheinstahl AG im Sommer 1973 an Brandt.[210] Der DGB-Kreis Südtondern forderte „wirkliche Mitbestimmung und keine falschen Etiketten"; die IG-Metall-Verwaltungsstelle Aachen warnte vor „Schein-

---

[208] Siehe oben S. 54f.
[209] Vgl. oben S. 47 u. 57.
[210] BA B 136/14998, Konzernbetriebsrat der Rheinstahl AG an Brandt, 25.7.1973. Ähnliche Aufforderungen richteten Zweigwerke des Konzerns an den Bundesarbeitsminister, z. B. BA B 149/50857, Entschließung des Betriebsrats der Firma Bergische Stahl-Industrie Remscheid, 6.8.1973, ebd., Vertrauensleute der Rheinstahl Henschel Werke Kassel an Arendt, 20.9.1973. Auch Bundestagsabgeordnete erhielten Druck von Arbeitnehmervertretern der Stahlindustrie in ihren Wahlkreisen: ebd., Hermann Barche (Stahlwerke Peine-Salzgitter AG) an Hermann Buschfort, 3.10.1973.

lösungen", und ihre Kollegen aus Bielefeld sekundierten, dass es in der Frage der Parität „keine Kompromisse" geben dürfe.[211] Vetter verwendete diese Schreiben summarisch als Argumentationshilfe, um den Gewerkschaftsforderungen durch die Stimme der Basis mehr Gewicht zu verleihen.[212] Indirekt zielte er damit auf den Erwartungshorizont der Bundesregierung ab: Sie konnte sich des Wohlwollens und der Zufriedenheit der Arbeitnehmerinnen und Arbeitnehmer sicher sein, wenn sie nur die „richtige" Mitbestimmung verwirklichen würde. Doch derartige Einwirkungsversuche hatten keinen nachweisbaren Einfluss auf den Entscheidungsprozess. Meinungsäußerungen von der Basis nahmen die Adressaten in der Regel zum Anlass, die eigene Position zu verteidigen und zu erläutern. Der in den Resolutionen enthaltene Appell, sich den darin formulierten Erwartungen entsprechend zu verhalten, blieb wirkungslos.[213]

Insofern war die Form der Erwartungsäußerung ein vergleichsweise zahmes Mittel, um Bundesregierung oder Parlamentarier in die gewünschte Richtung zu lenken. Doch den Gewerkschaften blieb kaum etwas anderes übrig. Ihr Dilemma bestand darin, dass sie einer SPD-geführte Regierung nicht durch harte Konfrontation schaden wollten. Kundgebungen gegen die Mitbestimmungspläne der Regierung wurden verschoben, mehrfach entschied sich der DGB-Bundesausschuss gegen „demonstrative Aktionen", an einen Streik mochte kaum jemand denken, um der Forderung nach „echter Parität" Nachdruck zu verleihen.[214] Im Fernsehen wurden die Gewerkschaften als „Stützungsverein der sozialliberalen Koalition" angegangen, und manche Gewerkschafter an der Basis murrten über die „wachsweiche" Haltung ihrer Führung gegenüber der Mitbestimmungspolitik der Bundesregierung.[215] Aus diesem Grund bemühte sich der DGB, Festigkeit und Zuversicht zu demonstrieren. Doch immer wieder musste Vetter dem Eindruck entgegentreten, die Gewerkschaften hätten bereits aufgegeben. Schon auf dem DGB-Bundeskongress im Juni 1972 versicherte Vetter, dass von Resignation keine Rede sein könne.[216] Als der erste Gesetzentwurf die unermüdlich proklamierten Mindeststandards erheblich unterschritt, hob Vetter in seiner ersten Re-

---

[211] Siehe die Nachweise in Anm. 168, außerdem BA B 149/50857, IG Metall Verwaltungsstelle Bielefeld an die Bundesregierung, 5.11.1973, DGB Kreis Südtondern an Walter Arendt, 13.11.1973.
[212] AdsD DGB-Archiv 5/DGAK000040, Heinz Oskar Vetter an Willy Brandt (ungezeichneter Entwurf), 22.1.1974. Auch die IG Metall bedankte sich ausdrücklich für Schützenhilfe aus den Verwaltungsstellen; AdsD IG Metall Vorstand 5/IGMA090294, IG Metall Vorstand an IG Metall Verwaltungsstelle Gelsenkirchen, 15.5.1974.
[213] Vgl. dazu ausführlicher Kap. 4.2.
[214] Protokoll der Sitzung des DGB-Bundesvorstands vom 3. Juli 1973, abgedruckt in: Mertsching (Bearb.), Der Deutsche Gewerkschaftsbund 1969–1975, S. 793–747, hier S. 740; Protokoll der Sitzung des DGB-Bundesvorstands vom 3. Dezember 1974, ebd., S. 929–940, hier S. 932 (Zitat). Vgl. Lauschke, Mehr Demokratie in der Wirtschaft, Bd. 1, S. 74f. u. 79.
[215] Im Kreuzfeuer: Eugen Loderer, in: Monitor, ARD, 23.9.1974 (bei 4:00); AdsD IG Metall Vorstand 5/IGMA090294, Vertrauensmänner der IG Metall bei der Firma VFW-Fokker GmbH Werk Speyer an den Vorstand der IG Metall, 11.3.1974 (Zitat). Die Kritik richtete sich gegen den DGB, ihre eigene Gewerkschaft nahmen die Metaller davon ausdrücklich aus.
[216] Zitiert nach Lauschke, Mehr Demokratie in der Wirtschaft, Bd. 1, S. 62.

aktion im Fernsehen hervor, er sei überzeugt, dies durch Verhandlungen noch ändern zu können. Auch am Rande der Ruhrfestspiele Ende Mai 1974 verkündete der DGB-Vorsitzende, das Ringen um die Mitbestimmung verspreche zum ersten Mal in der Geschichte der Bundesrepublik Erfolg.[217] Ein gutes halbes Jahr später ließ er verlautbaren, der DGB stecke nicht zurück, und im November 1975 musste er Berichte dementieren lassen, dass die Gewerkschaften sich mit dem Mitbestimmungskompromiss arrangiert hätten.[218]

Dies war nötig, weil führende Gewerkschaftsfunktionäre widersprüchliche Signale ausgesandt hatten, die ihren Weg in die Öffentlichkeit fanden. Während der DGB nach außen das Koalitionsmodell rigoros zurückwies, erklärte der Vorsitzende der Deutschen Postgewerkschaft Ernst Breit intern bereits im Februar 1974, dass die Gewerkschaften im Grunde genommen mit dem Kompromiss leben könnten – ausgenommen die Sondervertretung der leitenden Angestellten.[219] Doch schon ein halbes Jahr später rechnete die Gewerkschaftsführung nicht mehr damit, diese Kernforderung durchzusetzen. Um die Chancen dafür auszuloten, hatten SPD und DGB eine Koordinierungsgruppe gebildet, die dazu diente, die Positionen vor den Sitzungen des zuständigen Bundestagsausschusses abzuklären. Nach mehreren Gesprächen im August und September 1974 stand fest, dass die zwei größten Mängel des Entwurfs – die leitenden Angestellten und der Stichentscheid des Aufsichtsratsvorsitzenden – nicht zu beseitigen waren.[220] Am 3. Dezember erklärte Vetter im DGB-Bundesvorstand, es sei nicht abzusehen, dass der DGB in den weiteren vorgesehenen Gesprächen mit SPD und FDP noch größere Fortschritte erzielen werde. Er bekräftigte, dass der DGB seine Position bis zum Ende des parlamentarischen Verfahrens vertreten werde, doch das Gesetz werde man auch dann akzeptieren, wenn es in der vorliegenden Fassung verabschiedet werde.[221] Dies ließen Vetter und seine Kollegen auch im Gewerkschaftsrat durchblicken. Die Botschaft für die Sozialdemokraten lautete also, dass sie keinen ernsthaften Widerstand zu befürchten hatten, wenn das ungeliebte Mitbestimmungsgesetz Wirklichkeit werden sollte. Damit entsprach der DGB der Erwartung der SPD an die Gewerkschaften, der von der Arbeitnehmerpartei SPD geführten Bundesregierung keine Knüppel zwischen die Beine zu werfen.

[217] Gewerkschaften und Mitbestimmung, in: Monitor, ARD, 18. 2. 1974 (bei 1:12); DGB-Nachrichtendienst 142/74, 29. 5. 1974.
[218] DGB-Nachrichtendienst 27/75, 28. 1. 1975, u. 297/75, 10. 11. 1975.
[219] Protokoll der außerordentlichen Sitzung des DGB-Bundesausschusses vom 16. Februar 1974, abgedruckt in: Mertsching (Bearb.), Der Deutsche Gewerkschaftsbund 1969–1975, S. 828–834, hier S. 834. Auf dieser Sondersitzung, die den ganzen Tag dauerte, bewerteten die Vorsitzenden der Einzelgewerkschaften das Regierungsmodell, das ihnen Arendt persönlich vorgestellt hatte.
[220] Protokoll der Sitzung des DGB-Bundesvorstands vom 3. September 1974, abgedruckt in: ebd., S. 893–904, hier S. 896; AdsD SPD-Bundestagsfraktion 2/BTFG000599, Protokoll der Sitzung der Koordinierungsgruppe „Mitbestimmung" am 27. September 1974, 30. 9. 1974; ebd., Protokoll der Sitzung der Koordinierungsgruppe „Mitbestimmung" am 25. 9. 1974, 26. 9. 1974. Vgl. auch Lauschke, Mehr Demokratie in der Wirtschaft, Bd. 1, S. 82 f.
[221] Protokoll der Sitzung des DGB-Bundesvorstands vom 3. Dezember 1974, abgedruckt in: Mertsching (Bearb.), Der Deutsche Gewerkschaftsbund 1969–1975, S. 929–940, hier S. 932.

Wie sehr interne Lageeinschätzung und öffentliches Auftreten auseinanderklafften, trat kurz vor der Präsentation des zweiten Gesetzentwurfs offen zutage. Am 8. November 1975 mobilisierte der DGB für eine Großkundgebung in Dortmund noch einmal 45 000 Anhänger, um vor dieser Kulisse seine Forderungen zu proklamieren. Vetter gab sich kämpferisch und rief den Teilnehmern zu, zur Not seien auch 100 000 bereit, für die Mitbestimmung zu marschieren. Drei Tage später griff er auf dem SPD-Parteitag in Mannheim zu viel moderateren Formulierungen, sodass der „Spiegel" schrieb, Vetter habe den Sozialdemokraten Wohlverhalten hinsichtlich der Mitbestimmung in Aussicht gestellt. Nachdem die Deutsche Presseagentur außerdem noch die Meldung verbreitet hatte, der DGB sei zu Kompromissen bereit, entstand in der Öffentlichkeit der Eindruck, „der DGB lärme und demonstriere nach draußen. Innen aber ballen die Gewerkschafter höchstens die Faust in der Tasche"[222]. Der Versuch des DGB, widerstreitenden Erwartungen zu genügen, ging letztendlich auf Kosten seiner Glaubwürdigkeit.

Auch im Erwartungsmanagement von SPD und Bundesregierung stand die Glaubwürdigkeit im Zentrum. Sie zu erhalten war das oberste Ziel derjenigen Sozialdemokraten, die in Regierung, Fraktions- und Parteiführung unmittelbaren Einfluss auf den Gesetzgebungsprozess nahmen. Sie standen dabei allerdings vor einem Dilemma, denn die hohen Erwartungen von Teilen der eigenen Anhängerschaft waren zusammen mit der FDP unerfüllbar, ohne den Koalitionspartner aber erst recht nicht. FDP und DGB richteten gegensätzliche Forderungen an die Sozialdemokraten, die es sich weder mit den einen noch mit den anderen verderben wollten. Zugleich benötigte die Regierung dringend einen Erfolg, um den Zweifeln an der Reformkraft des sozialliberalen Bündnisses zu begegnen.

In dieser Lage unternahm die SPD-Spitze die Gratwanderung, Erwartungen im eigenen Lager zu dämpfen, ohne sie ganz zu zerstören. Diesen Zweck erfüllte die dehnbare Sprachregelung der Regierung seit 1973, das künftige Mitbestimmungsgesetz werde sich am Grundsatz der Gleichgewichtigkeit und Gleichberechtigung von Arbeitnehmern und Kapitaleignern ausrichten. Mit diesem Argument beruhigte der Fraktionsvorsitzende Herbert Wehner nach dem Beginn der Koalitionsverhandlungen misstrauische Genossen an der Basis, die nach entsprechenden Zeitungsmeldungen die Parität in Gefahr sahen. Sie pochten auf die Parteitagsbeschlüsse, den leitenden Angestellten keine eigene Vertretung im Aufsichtsrat zuzubilligen. Wehner beschwichtigte, dass die Presse nur spekuliere und die Position der SPD völlig klar sei.[223] Ohne dass er das explizit schrieb, suggerierte seine Antwort doch, dass die SPD sich der FDP nicht beugen werde.

Auch dem DGB vermittelte die SPD-Führung immer wieder, dass sie dieselbe Mitbestimmung wolle wie die Gewerkschaften. Im Bundestagswahlkampf von 1972 stellten sich die Sozialdemokraten in der Antwort auf die DGB-Wahlprüf-

---

[222] „Wir müssen unsere Kraft wiederbeleben". Interview mit DGB-Chef Heinz Oskar Vetter über den Mitbestimmungsstreit, in: Der Spiegel 30 (1975), 17.11.1975, S. 29.
[223] Z. B. AdsD SPD-Bundestagsfraktion 2/BTFG000458, Herbert Wehner an SPD-Kreisverband Calw, 9.1.1974; AdsD SPD-Bundestagsfraktion 2/BTFG000464, Herbert Wehner an SPD-Ortsverein Völklingen, 9.1.1974.

steine unzweideutig hinter die Forderung nach echter Parität.[224] Als die Koalitionsverhandlungen begannen, schickte der parlamentarische Staatssekretär im Bundesarbeitsministerium Helmut Rohde, zugleich AfA-Bundesvorsitzender, dem DGB-Vorsitzenden eine Entschließung des Arbeitnehmerbeirats beim SPD-Parteivorstand, die „wirkliche Gleichberechtigung" und „nicht manipulierte Gleichgewichtigkeit zwischen Kapital und Arbeit in den Aufsichtsorganen der Großunternehmen" forderte und Sonderrechte für die leitenden Angestellten explizit zurückwies.[225] Kurz darauf kam Brandt persönlich mit der DGB-Spitze zu einer Aussprache über die Mitbestimmung zusammen. Der Bundeskanzler erinnerte vage an die „nicht unbedenkliche" Position der FDP zur Mitbestimmung, versicherte aber, das „Kernstück" der zukünftigen Regelung werde sich an die Montanmitbestimmung „anlehnen" – wieder eine Formulierung, die alle Optionen offenließ, aber so klang, als erfülle die Regierung die Wünsche der Gewerkschaften.[226] Die Botschaft lautete, dass die SPD mit den Gewerkschaften an einem Strang ziehe. Aus diesem Grund wirkte die erste Koalitionseinigung auch so desillusionierend, wie Vetter betonte:

> „In zahlreichen Gesprächen, insbesondere im Herbst des vergangenen Jahres, mußten wir den Eindruck gewinnen, daß die Grundelemente einer wirksamen paritätischen Mitbestimmung von dem Sozialdemokratischen Regierungspartner nicht in Frage gestellt würden. [...] Umso größer war die Enttäuschung, als wir bereits nach Bekanntwerden des Koalitionskompromisses vom 19. Januar d. J. feststellen mußten, daß wesentliche gewerkschaftliche Forderungen nicht verwirklicht waren."[227]

Gerade weil die SPD ihre Verbündeten nicht enttäuschen wollte, erreichte sie das Gegenteil.

Auch nach der Koalitionseinigung vom Januar 1974 setzte die SPD-Führungsspitze darauf, die Erwartungshorizonte im Arbeitnehmerlager und bei den Gewerkschaften zu dämpfen und sie dabei doch möglichst lange offen zu lassen. SPD-Bundesschatzmeister Alfred Nau argumentierte, in dem Kompromiss mit der FDP könnten „naturgemäß" nicht alle Forderungen der Gewerkschaften und Arbeitgeber erfüllt werden.[228] Bei der ersten Lesung des Gesetzes appellierte Arendt explizit an Arbeitnehmer und Gewerkschaften, von Maximalforderungen Abstand zu nehmen, denn auch wenn der Entwurf ihren Forderungen nicht voll zu entsprechen vermöge, so sei es doch besser, „das politisch Realisierbare heute zu schaffen, als auf ein ungewisses ‚Morgen' zu vertrauen"[229]. Sein Appell tauchte Utopieverlust mithin in das angenehme Licht politischer Klugheit. Im März 1975 weitete der Bundesarbeitsminister dies zu einer allgemeingültigen Lebensregel aus. Die Gewerkschaften müssten ihre Erwartungen zurückschrauben, denn es sei

---

[224] AdsD DGB-Archiv 5/DGCS000078, Willy Brandt an Heinz Oskar Vetter, 22.9.1972.
[225] AdsD DGB-Archiv 5/DGAI001804, Helmut Rohde an Heinz Oskar Vetter, 12.9.1973.
[226] Kurzprotokoll der Mitbestimmungsdiskussion mit Bundeskanzler Willy Brandt, 10.10.1973, abgedruckt in: Mertsching (Bearb.), Der Deutsche Gewerkschaftsbund 1969–1975, S. 768–771.
[227] Heinz Oskar Vetter an Willy Brandt, 28.2.1974 (wie Anm. 144), S. 836f.
[228] AdsD IG Metall Vorstand 5/IGMA090200, Alfred Nau an Eugen Loderer, 2.9.1974.
[229] Deutscher Bundestag, 7. Wahlperiode, Plenarprotokoll Nr. 07/110 vom 20.6.1974, S. 4767, http://dipbt.bundestag.de/doc/btp/07/07110.pdf (20.12.2014).

"nun einmal so, daß man nicht zu jeder Zeit alles das erreichen kann, was man gerne haben möchte"[230]. Diese rhetorische Strategie rückte diejenigen, die auf ihren Forderungen beharrten, in die Nähe von verstockten Kindern. Mit dem Stilmittel der Erwartungsdämpfung verbanden sich daher auch Zugehörigkeitskriterien für demokratische Entscheidungsprozeduren: Wer bereit war, von seinen Positionen abzurücken, bewies eine „rationale" Sichtweise, die für ein politisches Mandat oder Amt qualifizierte. Welche Erwartungen in diesem Sinne als realistisch gelten durften, bestimmten allerdings die Spitzenpolitiker. Sie setzten Erwartungsdämpfung als subtiles Führungsinstrument ein, um die eigenen Interessen gegenüber konkurrierenden Ansprüchen durchzusetzen.

Außer den Gewerkschaften waren die Fraktionsmitglieder Adressaten der Erwartungsdämpfung. Als der Gesetzentwurf im Dezember 1975 vorlag, griff Arendt zu einem ganzen Bündel Beschwichtigungen, um den Parlamentariern die Zustimmung zu erleichtern. Zunächst korrigierte er die Ausgangserwartungen nach unten: „Bei realistischer Einschätzung" habe man stets davon ausgehen müssen, dass mit der FDP nur ein Mitbestimmungsgesetz mit Sonderregelung für die leitenden Angestellten zu erreichen gewesen sei. Deswegen habe es immer nur darum gehen können, diese Regelung erträglich zu gestalten. In diesem Sinne würdigte er das Verhandlungsergebnis als Erfolg für die SPD. Nachdem der Bundesarbeitsminister so den Beurteilungsmaßstab verändert hatte, griff er bei der Gesamtbewertung des Kompromisses zu einem Euphemismus und lenkte die Hoffnung auf eine fernere Zukunft: Das Ergebnis könne aus sozialdemokratischer Sicht „nicht voll befriedigen", sei aber gleichwohl ein „entscheidender Schritt hin zur vollen Parität"[231]. Tatsächlich begehrte außer Norbert Gansel kein Abgeordneter mehr auf; die Fraktion billigte den Kompromiss mit nur acht Gegenstimmen und fünf Enthaltungen.[232]

Wenige Wochen darauf übernahm Bundeskanzler Schmidt es höchstpersönlich, unerfüllte Erwartungen der Parlamentarier zu dämpfen, er verteufelte sie sogar geradezu. Zwei Monate vor der endgültigen Verabschiedung des Gesetzes prangerte er am Beispiel der Mitbestimmung die Neigung an, zu meinen, „das Gesetz, das wir hier gemacht haben, ist zwar ordentlich, aber leider nur ein mieser Kompromiß, in Wirklichkeit hätte es ja noch viel besser werden müssen". Scharf verurteilte der Kanzler „die entsetzliche Haltung, das[,] was wir selber verändert oder verbessert haben, gering zu achten, es immer zu messen an den Träumen oder Idealen oder Zukunftsvorstellungen"[233]. Schmidt disqualifizierte

---

[230] BA 149/50860, Vortrag Walter Arendt „Mitbestimmung der Arbeitnehmer – Durchbruch und Chance" am 3. März 1975 (wie Anm. 203), S. 18.
[231] AdsD IG Metall Vorstand 5/IGMA090151, Walter Arendt an die Mitglieder der SPD-Fraktion des Deutschen Bundestages, 9.12.1975.
[232] Bei 175 anwesenden Abgeordneten war das eine überwältigende Mehrheit; AdsD SPD-Bundestagsfraktion 2/BTFG000117, Protokoll der Sitzung der SPD-Bundestagsfraktion am 9. Dezember 1975, 11.12.1975.
[233] AdsD SPD-Bundestagsfraktion 2/BTFG000120, Politischer Bericht von Bundeskanzler Helmut Schmidt vor der SPD-Bundestagsfraktion am 13. Januar 1976, o. D.

damit alle Vorstellungen, die über das Erreichte hinausgingen, als Wunschdenken. Gemünzt war diese Attacke auf die Außendarstellung des Gesetzes; der Kanzler verpflichtete die Parlamentarier dazu, in der Öffentlichkeit nicht daran herumzumäkeln.

Komplementär zum Versuch, die Erwartungen zu dämpfen, bemühte sich die SPD-Spitze, nicht als Totengräber der Mitbestimmungshoffnungen dazustehen. Sie verschob die unerfüllten Erwartungen in den eigenen Reihen und bei den Gewerkschaften einfach auf die Zukunft, und zwar mit dem Versprechen, dass alles getan werde, um den Entwurf im weiteren parlamentarischen Verfahren zu verbessern. Mit diesem Argument brachten Wehner, SPD-Bundesgeschäftsführer Holger Börner und der Staatssekretär im Bundesarbeitsministerium Herbert Ehrenberg die widerwillige Bundestagsfraktion hinter sich, als Arendt dort am 18. Februar 1974 den Mitbestimmungskompromiss gegen scharfe Kritik verteidigte.[234] Dass die Bundestagsfraktion entschlossen sei, den Entwurf weiter zu verbessern, erwiderte Wehner schließlich auf Zuschriften von der Parteibasis, die lieber auf das Mitbestimmungsgesetz verzichten wollten, als den Kompromiss mit der FDP zu akzeptieren.[235] In gleicher Weise beantwortete der Parlamentarische Staatssekretär im Bundesarbeitsministerium Hermann Buschfort eine scharfe Kritik von Rudolf Judith: „Sicher erfüllt der Entwurf nicht alle Hoffnungen und Erwartungen; wir haben aber stets betont, daß wir uns nach Kräften bemühen werden, im weiteren Verlauf des Gesetzgebungsverfahrens Möglichkeiten zur Verbesserung des Entwurfs auszuschöpfen."[236] Helmut Schmidt setzte diese Strategie nach dem Kanzlerwechsel nahtlos fort. In seinem Antrittsbesuch beim DGB-Bundesvorstand gab er seiner Hoffnung Ausdruck, dass der vorliegende Entwurf noch verbessert werden könne.[237] Der DGB trat bereitwillig auf diese goldene Brücke und forderte fortan, den Regierungsentwurf zu verbessern.[238] Selbst als schon längst klar war, dass die so häufig beschworenen Verbesserungen die gravierenden Mängel am Mitbestimmungsgesetz aus Sicht der Gewerkschaften nicht beseitigen würden, nutzte der DGB dieses Argument, um seine Ziele nicht für endgültig gescheitert erklären zu müssen. Kurz vor dem DGB-Bundeskongress vom Mai 1975 kündigte Vetter an, dass die Gewerkschaften auch ein Mitbestimmungsgesetz tolerieren würden, das nicht ihren Vorstellungen entspreche; in diesem Fall würden sie jedoch „sofort von neuem beginnen, sich um eine Verbesserung des Gesetzes

---

[234] AdsD SPD-Bundestagsfraktion 2/BTFG000045, Protokoll der Sitzung der SPD-Bundestagsfraktion vom 18. Februar 1974, o. D, S. 19–23. Zur Kritik in der Fraktion vgl. oben S. 63.
[235] AdsD SPD-Bundestagsfraktion 2/BTFG000459, Herbert Wehner an SPD-Ortsverein Gingen, 27.3.1974; AdsD SPD-Bundestagsfraktion 2/BTFG000462, Herbert Wehner an Brigitte Sobek (Juso-Vorsitzende Norf), 29.3.1974; AdsD SPD-Bundestagsfraktion 2/BTFG000457, Herbert Wehner an SPD-Ortsverein Bergkamen-Mitte, 9.5.1974.
[236] BA B 149/50863, Hermann Buschfort an Rudolf Judith, 19.6.1974.
[237] Protokoll des Gesprächs des DGB-Bundesvorstandes mit Bundeskanzler Helmut Schmidt am 18. Mai 1974 (wie Anm. 204), S. 864.
[238] Vgl. die Pressemeldungen im DGB-Nachrichtendienst 116/74 vom 16.5.1974: „Mitbestimmungsentwurf muß wesentliche Verbesserungen erfahren", und 167/74 vom 21.6.1974: „Mitbestimmungsentwurf verbesserungsfähig".

zu bemühen"[239]. Offenkundig ging es dem DGB-Chef darum, die absehbare Niederlage im Voraus abzumildern. Aus demselben Grund appellierte Schmidt noch im Oktober 1975 an die Zuversicht auf künftige Fortschritte, indem er an die Erfahrungen der Arbeitnehmerorganisation verwies: „wir als Gewerkschafter wissen, daß wir auch bisher nie ein entscheidendes gewerkschaftspolitisches Ziel in einem einzigen oder auch nur zwei Schritten erreicht haben"[240].

Aus dem Erwartungsmanagement von SPD und Gewerkschaften lassen sich, wie die Beispiele zeigen, zwei parallele Ansätze herauslesen, nämlich die Erwartungen im eigenen Lager einerseits herunterzuschrauben und andererseits auf lange Sicht aufrechtzuerhalten. Diese Vorgehensweise entsprang keiner strategischen Planung, sondern wurde je nach Situation und Adressatenkreis angewendet. Es war darum gar nicht zu vermeiden, dass die jeweiligen Botschaften sich überlagerten und widersprachen. Sie mochten zwar in der jeweiligen Kommunikationssituation ihr Ziel erreichen, doch langfristig konnte der Umgang mit den hohen Erwartungen an die Mitbestimmung Enttäuschung nicht verhindern, sondern bestenfalls hinauszögern.

Zu Beschwichtigung und Vertröstung trat noch ein drittes Element in das Erwartungsmanagement der Architekten des Mitbestimmungsgesetzes hinzu. Die Bundesregierung begleitete nämlich die ersten Ergebnisse des Gesetzgebungsprozesses mit einer Marketingkampagne, die das Koalitionsmodell als Jahrhundertreform anpries. Mit dieser Darstellung erfüllte die Regierung zumindest in der Eigendarstellung die normativen Erwartungen, die die Mitbestimmung begleiteten, sie setzte aber auch zu einem Befreiungsschlag an, um die Vertrauenskrise zu beenden, in der sie innenpolitisch seit dem Herbst 1973 steckte. In dieser Situation hatte sie mit einer einwöchigen Anzeigenkampagne in großen Boulevardmedien um das Vertrauen der Arbeitnehmer geworben. Der wiederkehrende Slogan lautete: „Die Bundesregierung: Politik, von der Sie als Arbeitnehmer etwas haben", und Mitbestimmung war das „Beispiel Nr. 6", das ihn beglaubigen sollte. Am 8. September versprach die Regierung in der „Bild"-Zeitung, der „Berliner Zeitung", dem „Kölner Express", der „Hamburger Morgenpost" und drei weiteren Blättern:

„Die Mitbestimmung wird nicht auf die lange Bank geschoben. Denn die demokratische Qualität unserer Gesellschaftsordnung hängt nicht zuletzt davon ab, ob die Arbeitnehmer gleichberechtigt an den Entscheidungs- und Kontrollprozessen auf der Unternehmensebene mitwirken. […] Die Bundesregierung wird deshalb in dieser Amtsperiode die Mitbestimmung durchsetzen. Sie wird den Freiheitsraum der Arbeitnehmer erweitern und mehr Demokratie am Arbeitsplatz verwirklichen."[241]

---

[239] DGB-Nachrichtendienst 147/75 vom 22.5.1975: „Arbeitnehmer und Gewerkschaften verzichten nicht auf Reformen".
[240] AdsD IG Metall Vorstand 5/IGMA090151, Helmut Schmidt an Eugen Loderer, 16.10.1975. Ganz ähnlich hatte sich Schmidt bereits Anfang September vor dem DGB-Bundesausschuss geäußert: AdsD DGB-Archiv 5/DGCS000079, Rede des Bundeskanzlers vor dem Bundesausschuss des DGB am 2.9.1975.
[241] BA B 145/8774, Anzeige (s/w) in der Bild-Zeitung, 8.9.1973. Die Regierung ließ sich die Kampagne 575 000 DM kosten; ebd., ARE Werbeagentur an BPA, 4.10.1973.

Die Öffentlichkeitsarbeit der Bundesregierung reagierte damit auf den Vertrauensverlust, den diese erlitten hatte, und baute die Mitbestimmung symbolisch zu einem Gradmesser für ihre Verlässlichkeit auf.

Damit war die Außendarstellung des Koalitionsergebnisses bereits determiniert, bevor es ausgehandelt war. Im Zentrum stand die Botschaft, die Regierung habe erfüllt, was sie versprochen habe. Noch bevor der erste Gesetzentwurf vorlag, feierte Brandt in seinem Tätigkeitsbericht für das Jahr 1973 vor dem Bundestag die Mitbestimmungseinigung als „Krönung" seiner innenpolitischen Bilanz. Ganz im Gegensatz zur Kritik aus dem Gewerkschaftsflügel seiner Partei konstatierte er, dass der Grundsatz von Gleichgewichtigkeit und Gleichberechtigung der Arbeitnehmer erfüllt sei. Mit der Vorhersage, dass die Koalition damit den Weg zu einem „epochemachenden Gesetz zur Neuordnung der Rechte im Unternehmen" beschritten habe, das weit über die Bundesrepublik hinaus ausstrahlen werde, akzentuierte der Kanzler noch einmal seinen „visionären Stil", der Mitbestimmung, Fortschritt und Demokratie so eng miteinander verzahnte.[242] Dieselbe große Geste zeichnete die Werbemittel aus, die das Bundespresse- und Informationsamt bereitstellte, um die Mitbestimmungseinigung bekannt zu machen. Ein vierseitiges Faltblatt pries das Koalitionsmodell als „Meilenstein", der „jahrzehntealte Forderungen der Arbeitnehmer" Realität werden lasse. Damit verwirkliche de Koalition ein „Reformziel von historischer Bedeutung" und schaffe „mehr Demokratie auch in der Wirtschaft"[243].

„Diese Bundesregierung hat Wort gehalten", bekräftigte der Text, von dem nach einer Startauflage von 2 Mio. Exemplaren nach dem Kabinettsbeschluss über den ersten Gesetzentwurf noch einmal 1,5 Mio. nachgedruckt wurden.[244] Daneben stellte das BPA noch eine Reform-Illustrierte her, die die Mitbestimmung zusammen mit der Vermögensbildung behandelte, ein aufwändiges Werbemittel, von dem die Bundesregierung 1,5 Mio. Stück verteilte.[245] Befriedigt stellte Werner Maihofer für die Bundesregierung fest, diese habe mit dem Mitbestimmungskompromiss ihre „Nagelprobe" für die inneren Reformen bestanden und den Beweis geliefert, dass sie die Demokratisierung der Gesellschaft und die Reform des Kapitalismus tatkräftig anpacke.[246] Auch die SPD rührte kräftig die Werbetrommel.

---

[242] Deutscher Bundestag, 7. Wahlperiode, Plenarprotokoll Nr. 7/76 vom 24.1.1974, S. 4775f., http://dipbt.bundestag.de/doc/btp/07/07076.pdf (19.12.2014). Auch in einem Interview für die Gewerkschaftszeitung „Welt der Arbeit" erhob Brandt die Mitbestimmungseinigung zu „einem der wichtigsten gesellschaftlichen Fortschritte der Nachkriegszeit", weil sie die Alleinbestimmung des Kapitals überwinde; BA B 136/14999, Interview Bundeskanzler Willy Brandt mit Welt der Arbeit, 29.1.1974. Das Interview erschien in der Ausgabe vom 25. Januar 1974.
[243] BA B 145/8774, Fernschreiben BPA an ARE-Werbeagentur, 29.1.1974.
[244] Ebd., Vermerk Dr. Just, 21.2.1974.
[245] Ebd., Norbert Burger an Walter Arendt, 5.3.1974. Vermögensbildung und Mitbestimmung wurden zu diesem Zeitpunkt als zusammenhängende Reformbausteine für mehr Beteiligungsgerechtigkeit zugunsten der Arbeitnehmer dargestellt. Zur Reform der Vermögensbeteiligung vgl. York Dietrich, Vermögenspolitik, in: Hans Günter Hockerts (Hrsg.), Bundesrepublik Deutschland 1966-1974. Eine Zeit vielfältigen Aufbruchs, Baden-Baden 2006 (Geschichte der Sozialpolitik in Deutschland seit 1945; 5), S. 887-907.
[246] ACDP 01-446-A102, Sybille Krause-Burger, Verändert die Mitbestimmung unsere Gesellschaft? Manuskript zur Sendung des NDR am 16.3.1974 um 20:45, o.D. [27.3.1974], S. 30.

Abb. 1: Wandzeitung der SPD über die Koalitionseinigung zur Mitbestimmung (März 1974)
Quelle: AdsD Plakatsammlung 6/PLKA018595, © Harry Walter/ARE Team mit freundlicher Genehmigung der Erben des Urhebers

Eine Wandzeitung nahm das Thema „Wort gehalten" auf und konstatierte, dass das Koalitionsmodell alles erfülle, was die Gewerkschaften forderten: volle Parität, außerbetriebliche Arbeitnehmervertreter, keine Sonderrechte für leitende Angestellte, kein „Mehrklassenwahlrecht", also keine getrennten Wahlverfahren für Arbeiter und Angestellte (vgl. Abb. 1).

Die Selbstbeweihräucherung der Bundesregierung stand in scharfem Kontrast zur vernichtenden Kritik, mit der Gewerkschaften, linke SPD-Mandatsträgern und große Teile der Partei- bzw. Gewerkschaftsbasis den Koalitionskompromiss zurückwiesen.[247] Das war keineswegs eine unglückliche Koinzidenz oder eine Kommunikationspanne. Dahinter stand die Absicht, der negativen Wahrnehmung durch Öffentlichkeitsarbeit entgegenzuwirken, man könnte auch sagen: sie durch positive Propaganda zu übertönen. Gerade weil das Bundeskanzleramt mit heftiger Kritik aus den eigenen Reihen rechnete, sprach es sich für eine offensive Verkaufsstrategie aus.[248] Brandt beherzigte diesen Rat, doch die Kritik ebbte nicht ab. Einige SPD-Unterbezirke im Ruhrgebiet, wo die Montanmitbestimmung zuhause und der Organisationsgrad der Metallarbeiter hoch war, weigerten sich so-

---

[247] Siehe dazu oben S. 62ff.
[248] BA 136/14999, Manfred Lahnstein (Leiter der Abteilung für Wirtschafts-, Finanz- und Sozialpolitik im Bundeskanzleramt) an Willy Brandt, 19. 2. 1974.

gar, die Werbematerialien des Bundespresseamts zu verteilen; in Teilen Hessens wurden sie gar nicht erst ausgeliefert, weil die Bezirke den Mitbestimmungskompromiss ablehnten.[249] Manchen Genossen an der Basis stieß die Regierungspropaganda offenbar sauer auf. Zielte die Öffentlichkeitsarbeit darauf ab, verlorenes Vertrauen wiederzugewinnen, so wirkte sie dort so unglaubwürdig, dass sie Verweigerung provozierte.

Flankiert wurde die Werbekampagne durch Appelle aller, die als Sozialdemokraten am Zustandekommen der Mitbestimmungsregelung beteiligt oder daran interessiert waren, das Regierungsmodell als Erfolg zu verkaufen. Unmittelbar nach Bekanntgabe der Koalitionseinigung verpflichtete SPD-Bundesgeschäftsführer Börner alle Genossinnen und Genossen, sie als „entscheidenden Durchbruch" bei den Mitbürgern zu vertreten. Ihnen solle deutlich gemacht werden, dass dies „konsequente Politik für Arbeitnehmer" sei. „Verzettelt Euch nicht mit Kritik an Einzelpunkten. Vertretet diesen Erfolg geschlossen nach außen, mit allen Mitteln!"[250], beschwor Börner die Basis. Seine Aufforderung war ein Rettungsversuch, denn seit Monaten hatten zahlreiche Ortsgruppen ihre Führung aufgefordert, keine Kompromisse mit der FDP zu Lasten der Parität einzugehen, sodass die SPD-Führung mit Ablehnung rechnen musste.[251] Wenige Tage nach Börners Aufruf lobte Philip Rosenthal, der als Parlamentarischer Staatssekretär im Bundeswirtschaftsministerium an den Koalitionsverhandlungen über die Mitbestimmung teilgenommen hatte, in der Parteizeitung „Vorwärts" den Kompromiss als bahnbrechenden Fortschritt und schimpfte über den Hang seiner Parteigenossen, eigene „Leistungen so lange anzupinkeln, bis sie in der Öffentlichkeit selbst lädiert sind"[252]. Dieser Logik zufolge machte erst die öffentliche Darstellung die Ergebnisse der an sich guten Regierungspolitik zunichte. Auch gegenüber den Gewerkschaften argumentierte die SPD-Führung so. Schmidt forderte bei seinem Antrittsbesuch im DGB-Vorstand nach seiner Wahl zum Bundeskanzler, die Gewerkschaften sollten die Erfolge der Regierungspolitik als ihre eigenen Erfolge vertreten.[253] Im Gewerkschaftsrat mahnte der parlamentarische Geschäftsführer der SPD-Bundestagsfraktion gegen-

---

[249] BA B 145/8774, Gerd Brengelmann an Walter Müller (BPA): Bericht über die Informationsbesuche in den Bezirks- und Unterbezirksgeschäftsstellen der SPD am 25. und 26. März sowie 1. und 2. April 1974, 3. 4. 1974.

[250] BA 136/14999, Rundschreiben Holger Börner (Bundesgeschäftsführer der SPD), 24. 1. 1974.

[251] Z. B. BA B 149/50857, SPD-Unterbezirk Delmenhorst an Walter Arendt und die SPD-Bundestagsfraktion, 4. 6. 1973; ebd., SPD-Unterbezirk Duisburg an Walter Arendt, 10. 9. 1973; BA 149/26724, SPD Ortsverein Göttingen an Walter Arendt, 3. 9. 1973; AdsD SPD-Bundestagsfraktion 2/BTFG000458, SPD-Kreisverband Calw an Herbert Wehner, 30. 11. 1973; AdsD SPD-Bundestagsfraktion 2/BTFG000459, Alfred Rudolph (Vorsitzender des SPD-Ortsvereins Gingen) an Herbert Wehner, 16. 1. 1974.

[252] Philipp Rosenthal, Den Sieg nicht selbst vermiesen, in: Vorwärts, 31. 1. 1974, S. 2. Mit ganz ähnlichen Worten hatte Rosenthal sich zuvor an die Bundestagsabgeordneten und an Vetter gewandt; BA 136/14999, Philip Rosenthal an die Mitglieder der SPD-Bundestagsfraktion, 22. 1. 1974, AdsD DGB-Archiv 5/DGAK000040, Philip Rosenthal an Heinz Oskar Vetter, 25. 1. 1974.

[253] Protokoll des Gesprächs des DGB-Bundesvorstandes mit Bundeskanzler Helmut Schmidt am 18. Mai 1974 (wie Anm. 204), S. 869 u. 871.

über den Gewerkschaftsführern, die Sache müsse „politisch gesehen werden". Außerdem dürfe man draußen nicht sagen, das Gesetz sei eine Niederlage.[254] Bundesschatzmeister Nau wünschte sich von der IG Metall, sie möge immerhin anerkennen, dass der Gesetzentwurf den vorliegenden Rechtszustand verbessere.[255] All diese Bitten und Aufforderungen zeigen, dass das Erwartungsmanagement der SPD-Führung sich nicht darin erschöpfte, die an sie gerichteten Wünsche und Interessen zu moderieren. Vielmehr trugen die Macher der Mitbestimmung auch eigene Erwartungen an ihre Klientel und Partner heran.

Verbunden war mit diesen Appellen das Eingeständnis, dass man die eigene Politik nicht gut genug vermittele. Beispielhaft dafür war ein Appell an das sozialdemokratische Selbstbewusstsein, den ein umtriebiger Unterbezirksvorsitzender aus dem Ruhrgebiet drei Wochen nach der Verabschiedung des Gesetzes an seine Kollegen verschickte. Um „Resignation und Mutlosigkeit" vorzubeugen, lenkte er den Blick auf die Bilanz der Koalition: „Das alles soll schlechte Politik sein?! Nein! Wir haben sie nur schlecht dargestellt. Warum sagen wir Sozialdemokraten der Bevölkerung nicht, was wir seit 1969 alles geleistet haben?"[256] Vor allem das Presse- und Informationsamt der Bundesregierung musste sich gegen entsprechende Vorwürfe wehren, aber auch das Spitzenpersonal klopfte sich kollektiv auf die Brust und bekannte, „alle", „man", „wir" oder gleich „die ganze Partei" habe die eigene Politik schlecht verkauft, trete zu bescheiden oder zu defensiv auf. Diese Selbstkritik funktionierte ähnlich wie der Verweis auf Verbesserungsmöglichkeiten im weiteren parlamentarischen Prozedere als goldene Brücke für die Kritiker aus den eigenen Reihen. Börner nutzte sie ebenso in seinen Antworten an empörte Genossen von der Basis wie Brandt gegenüber dem nörgelnden Grass; die DGB-Spitze vermochte sich dem genauso anzuschließen wie unzufriedene Parlamentarier.[257] Die Kritik an der Öffentlichkeitsarbeit lenkte von unüberbrückbaren Gegensätzen in der „Sache" ab und bekräftigte das gemeinsame Interesse an genau dieser „Sache" selbst: Wer Defizite bei der Vermarktung der Mitbestimmungspolitik konstatierte, signalisierte Wertschätzung für das Thema, ohne in den Streit über Details eintreten zu müssen. Daher wirkte diese Kritik ebenso integrierend wie die Formelkompromisse der Koalitionsverhandlungen von 1972, die zur Sprachregelung der Bundesregierung geworden waren. Sie bekräftigte einen

---

[254] AdsD SPD-Bundestagsfraktion 2/BTFG000599, Protokoll der Sitzung der Koordinierungsgruppe Mitbestimmung am 25.9.1974, 26.9.1974.
[255] AdsD IG Metall Vorstand 5/IGMA090200, Alfred Nau an Eugen Loderer, 2.9.1974.
[256] AdsD SPD-Parteivorstand 2/PVCO000112, Horst Niggemeier (SPD Unterbezirk Recklinghausen) an alle Unterbezirksvorsitzenden und -Geschäftsführer, 7.4.1976.
[257] Günter Grass an Willy Brandt, 21.9.1971, und Willy Brandt an SWI, 28.9.1971, beides in: Kölbel (Hrsg.), Willy Brandt und Günter Grass, S. 483–488 u. 490; AdsD SPD-Parteivorstand 2/PVCO000108, Heinrich Müller (Vorsitzender des SPD Ortsvereins Harxheim) an SPD Parteivorstand, 11.3.1974; ebd., Holger Börner an Heinrich Müller, 20.3.1974; ebd., Schreiben an SPD Ortsverein Lollar, 1.3.1974 (von Börners persönlichem Referenten Edgar Thielemann); AdsD SPD-Bundestagsfraktion 2/BTFG000048, Günter Grass, Rede vor der Fraktion am 13. März 1974, o.D.; Protokoll des Gesprächs des DGB-Bundesvorstandes mit Bundeskanzler Helmut Schmidt am 18. Mai 1974 (wie Anm. 204), S. 868.

sozialen Konsens, der gefährdet war: gefährdet durch die Enttäuschung darüber, dass die sozialdemokratische Führung andere Prioritäten setzte als Teile ihrer Anhängerschaft und ihre Partner.

Weder Kommunikationsdefizite noch Missverständnisse zwischen sozialdemokratischer Führung, Gewerkschaften und ihren jeweiligen Klientelgruppen waren die Ursache für die tiefe Enttäuschung, die die Reform der Mitbestimmung hervorrief. Dabei garantierte sie den Arbeitnehmern Mitspracherechte, die im internationalen Vergleich bis heute hervorstechen.[258] Die deutsche Diskussion über echte oder vorgetäuschte Parität hätte in Großbritannien, Frankreich oder Italien nur Kopfschütteln hervorrufen können, wo die institutionalisierten Einwirkungsmöglichkeiten der Arbeitnehmervertretungen auf die Unternehmensführung weitaus geringer ausgeprägt waren. Doch vergebens appellierte Philip Rosenthal 1974 an den nationalen Stolz seiner Fraktionskollegen auf den sozialen Fortschritt durch die Reform; umsonst pries Brandt sie als Vorbild für Europa.[259] Zwar ließ sich das Gesetz später unter dem Schlagwort vom „Modell Deutschland" subsumieren, mit dem die SPD in die Bundestagswahl von 1976 zog.[260] Die im europäischen Vergleich großzügigen Mitbestimmungsrechte der Arbeitnehmer trugen demnach zu einer „spezifisch deutschen Balance" bei, die ökonomischen Erfolg mit sozialem Ausgleich verband.[261] Aber das machte die Niederlage aus Sicht der Gewerkschaften und des linken Flügels der SPD nicht weniger bitter.

Schuld daran war der Umgang mit Erwartungen, die sowohl die SPD als auch die Gewerkschaften ab der zweiten Hälfte der 1960er Jahre mobilisiert hatten. Das Erwartungsmanagement bei beiden großen politischen Organisationen der Arbeitnehmer vergrößerte am Ende die Enttäuschung sogar noch, zumindest bei denjenigen Gruppierungen, die sich von der Reform der Mitbestimmung eine evo-

---

[258] Vgl. Walter Dittrich, Mitbestimmungspolitik, in: Manfred G. Schmidt (Hrsg.), Die westlichen Länder, München 1992 (Lexikon der Politik; 3), S. 252–260; Kathleen Thelen/Lowell Turner, Die deutsche Mitbestimmung im internationalen Vergleich, in: Wolfgang Streeck/Norbert Kluge (Hrsg.), Mitbestimmung in Deutschland. Tradition und Effizienz, Frankfurt am Main 1999, S. 135–223; Horst-Udo Niedenhoff, Mitbestimmung im europäischen Vergleich, in: IW-Trends. Vierteljährliche Zeitschrift zur empirischen Wirtschaftsforschung 32 (2005), H. 2, S. 3–17.

[259] BA 136/14999, Philip Rosenthal an die Mitglieder der SPD-Bundestagsfraktion, 22.1.1974; Deutscher Bundestag, 7. Wahlperiode, Plenarprotokoll Nr. 7/76 vom 24.1.1974 (wie Anm. 242), S. 4775.

[260] Vgl. die Stichpunkte für die Haushaltsdebatte 1976 „Modell Deutschland" vom April 1976, die das Bundeskanzleramt für Schmidt zusammenstellte, Auszüge enthalten in: Geyer (Hrsg.), Bundesrepublik Deutschland 1974–1982, CD-ROM, Dokument 6/59, außerdem ders., Rahmenbedingungen, S. 42–44.

[261] Thomas Hertfelder, „Modell Deutschland" – Erfolgsgeschichte oder Illusion?, in: ders./Andreas Rödder (Hrsg.), Modell Deutschland. Erfolgsgeschichte oder Illusion?, Göttingen 2007, S. 9–27, hier S. 9; vgl. auch Andreas Rödder, „Modell Deutschland" 1950–2011. Konjunkturen einer bundesdeutschen Ordnungsvorstellung, in: Tilman Mayer/Karl-Heinz Paqué/Andreas H. Apelt (Hrsg.), Modell Deutschland, Berlin 2013, S. 39–51. Zur Genese des Slogans vgl. Michael März, Linker Protest nach dem Deutschen Herbst. Eine Geschichte des linken Spektrums im Schatten des „starken Staates" 1977–1979, Bielefeld 2012, S. 89–94.

lutionäre Transformation von Wirtschaft und Gesellschaft hin zu mehr Demokratie und Gerechtigkeit erhofft hatten. Sie befanden sich freilich in der Minderheit, jedenfalls nach Ansicht von Demoskopen und Journalisten. Bereits der erste Gesetzentwurf ließ die große Masse der Arbeitnehmer „seltsam unbewegt"[262]; der gesellschaftspolitische Hintergrund interessierte die meisten nicht annähernd so sehr wie Inflation, Lohnerhöhungen oder die zeitgleich verhandelte Steuerreform. Gestützt auf Zahlen des Allensbach-Instituts für Demoskopie konstatierte der ZDF-Moderator Gerhard Löwenthal im Oktober 1974 „Desinteresse und äußerst mangelhaften Kenntnisstand" selbst bei Gewerkschaftsmitgliedern und SPD-Anhängern.[263] Als das Gesetz schließlich feststand, bewerteten es 22% der Arbeitnehmer in Großbetrieben nach einer Allensbach-Umfrage vom Januar 1976 als völlig ausreichend, 47% meinten, es sei besser als nichts, und nur 12% lehnten es als schlechten Kompromiss ab.[264] Die Gesamtbevölkerung interessierte sich demnach nur mäßig für das Thema, und die Mehrheit war mit dem Gesetz zufrieden. Noch größer als in der Gesamtbevölkerung war nach Ergebnissen von infratest und infas die Akzeptanz des Gesetzes unter Gewerkschaftsmitgliedern, die sich mit großer Mehrheit gegen weiteren Widerstand dagegen aussprachen.[265] Ein Teil der Enttäuschung auf Seiten der DGB-Führung mochte daher auch darauf zurückgehen, dass sich die Arbeitnehmer für ihr Herzensanliegen so schwer erwärmen ließen.[266] Das Mitbestimmungsgesetz enttäuschte also vor allem eine Minderheit, und zwar nicht allein weil sie eine andere Reform gewollt hatte, sondern auch weil ein erwarteter Solidarisierungseffekt ausgeblieben war, wie Wolfgang Spieker in seinem Tagebuch festhielt.[267] Die Konsequenzen aus der großen Enttäuschung drückten den Mitbestimmungsdiskussionen noch viele Jahre lang ihren Stempel auf.

1.3 Nach der Niederlage: Funktionen und Folgen von Enttäuschung

Zweifellos war die Enttäuschung bei vielen Gewerkschaftern und Sozialdemokraten über das Ergebnis der Mitbestimmungsreform echt. Aber wer sie zum Ausdruck brachte, verband damit auch eine Botschaft. Diese strategische Dimension

---

[262] ACDP 01-446-A102, Sybille Krause-Burger, Verändert die Mitbestimmung unsere Gesellschaft? Manuskript zur Sendung des NDR am 16.3.1974 20:45, o. D. [27.3.1974], S.1.
[263] Interview von Gerhard Löwenthal mit Elisabeth Noelle-Neuman zur Mitbestimmung, in: ZDF Magazin, 30.10.1974.
[264] BA 136/19902, Allensbacher Berichte 1976 Nr.9, März 1976; BA B 149/50863, DGB-Informationsdienst 4/76, 27.4.1976.
[265] BA B 149/50863, DGB-Informationsdienst 4/76, 27.4.1976.
[266] Die Entfremdung der Gewerkschaftsführung und ihres Funktionärskorps von den Interessen und Belangen der Arbeitnehmer hat Wolfgang Lorenz als eine der Ursachen für den Niedergang der Gewerkschaften in den 1980er Jahren identifiziert; vgl. Wolfgang Lorenz, Gewerkschaftsdämmerung. Geschichte und Perspektiven deutscher Gewerkschaften, Bielefeld 2013, S.106.
[267] Wolfgang Spieker, „Denksplitter und Formulierungsversuche", Bd.23, Nr.3266, 1.3.1976, http://www.fes.de/archiv/adsd_neu/inhalt/dokumente/spieker/Band23.pdf (31.7.2014).

von Enttäuschungsäußerungen steht zunächst im Zentrum der Betrachtung. Angesprochen ist damit die Funktion von Gefühlen in politischen Aushandlungsprozessen. Sie hängen eng mit der sozialen Kohäsion von politischen Formationen zusammen, die sich als Gesinnungs- und Erlebnisgemeinschaften inszenieren. Enttäuschung wurde als Bedrohung des sozialen Zusammenhalts zwischen Führungsebene und Basis wahrgenommen, wie die Analyse des Erwartungsmanagements gezeigt hat. Darum griffen die politischen Führungen von SPD und DGB zu Strategien, um die Enttäuschung ihrer Klientel bzw. ihrer Partner abzufedern. Der Umgang mit Enttäuschung über die Mitbestimmung wird daher als zweiter Punkt analysiert.

Schließlich soll untersucht werden, welche Folgen die Enttäuschung über die Reform von 1976 nach sich zog. Die Vorgeschichte des Mitbestimmungsgesetzes hat gezeigt, dass Erwartungen und kollektive Gefühle langfristige Nachwirkungen haben. Darum löste sich auch die große Enttäuschung von 1976 nicht einfach auf, nachdem das Gesetz verabschiedet worden war. Vielmehr prägte sie sich in das institutionelle Gedächtnis der Gewerkschaften ein.[268] Außerdem modifizierte die Erfahrung der Niederlage den Erwartungshorizont neu, insbesondere in Bezug auf all die Hoffnungen, mehr Demokratie und Gerechtigkeit in die wirtschaftliche und gesellschaftliche Ordnung der Bundesrepublik auf dem Weg der Reform durch den Gesetzgeber einzupflanzen. Gerade die Nachwirkungen der Enttäuschung über das Mitbestimmungsgesetz sind daher nicht nur ein Beispiel für den Aufbau von Erwartungen in einer Demokratie, sondern auch für die Nachwirkungen der Enttäuschungen, also den Abbau von Hoffnungen, ohne das politische System insgesamt in Frage zu stellen.

Enttäuschung als Argument

Charakteristisch für den strategischen Einsatz von Enttäuschung war, dass die Akteure nicht die eigene Befindlichkeit offenlegten, sondern die kollektiven Gefühle Dritter ansprachen. Diese mussten dazu herhalten, der jeweils vertretenen Position mehr Plausibilität bzw. den eigenen Forderungen höhere Geltung zu verschaffen. Vor allem in den Monaten vor und nach dem ersten Gesetzentwurf finden sich in den Quellen zahlreiche Beispiele für derartige Behauptungen und Appelle. Die Vorsitzenden der IG Metall bauten die Enttäuschung der Arbeitnehmer als Drohkulisse gegenüber der SPD-Führung für den Fall auf, dass die Mitbestimmungsregelung nicht die von den Gewerkschaften formulierten Anforderungen erfülle.[269] Häufig setzten die Anhänger einer umfassenden Mitbestimmungs-

---

[268] Im individuellen Gedächtnis von Gewerkschaftsfunktionären spielte die Mitbestimmung als umstrittenes politisches Konzept offenbar eine weitaus geringere Rolle. Politische Misserfolge wurden verallgemeinernd in ein sinnstiftendes Narrativ von sozialem Aufstieg und fortschreitender Emanzipation der Arbeiterschaft in der Bundesrepublik integriert; vgl. Knud Andresen, Triumpherzählungen. Wie Gewerkschafter über ihre Erinnerungen sprechen, Essen 2014, S. 205–209.
[269] Vgl. oben S. 78.

reform die vorgebliche Enttäuschung von Arbeitnehmern als Argument ein, um die Unzulänglichkeit des Koalitionsmodells zu belegen. So leitete Vetter seine umfangreiche Kritik an dem Entwurf mit dem Hinweis darauf ein, dass nach seiner Veröffentlichung zahlreiche Gewerkschafter „aus ihrer Enttäuschung keinen Hehl gemacht"[270] hätten. Norbert Gansel berichtete im Februar 1974 in der Bundestagsfraktion, dass die Arbeitnehmer eines Betriebes in seinem Wahlkreis bei seinem Besuch dort ihre Enttäuschung darüber zum Ausdruck gebracht hätten, dass er dem Koalitionskompromiss vom Januar zugestimmt habe.[271] Und sein Fraktionskollege Friedhelm Farthmann warnte kurz darauf in einem „Spiegel"-Interview vor einem Glaubwürdigkeitsverlust, der bei einer „halben Lösung" der Mitbestimmungsreform eintreten werde, denn „das führt nur zur Enttäuschung bei den Arbeitnehmern"[272]. Eine derartige Antizipation von Enttäuschung der Arbeitnehmer findet sich auch in Eingaben von Gewerkschaftsfunktionären, die damit die Unabdingbarkeit ihrer Forderung nach „echter Parität" untermauerten.[273] Wie dehnbar die Legitimation mit der Befindlichkeit der Arbeitnehmer war, zeigt sich daran, dass die Bundesregierung genau dasselbe Argument nutzte, um ihren Gesetzvorschlag zu rechtfertigen. Arendt präsentierte ihn dem Bundestag als die Erfüllung eines lange nicht eingelösten Versprechens und begründete die darin enthaltenen Kompromisse auch damit, dass ohne ein Eingehen auf den Koalitionspartner gar keine Lösung zustande komme: „Wir dürfen jetzt die Arbeitnehmer nicht erneut enttäuschen."[274]

Es würde zu kurz greifen, diesen instrumentellen Hinweisen auf bereits eingetretene oder zukünftig drohende Enttäuschung jeden Wahrheitsgehalt abzusprechen. Die so vorgestellte Enttäuschung war nicht einfach erfunden, sonst hätte sie als Argument nicht ernst genommen werden können. Sie ließ sich gerade deswegen einsetzen, weil es sie tatsächlich gab, nur eben nicht, wie die zitierten Akteure behaupteten, als vorherrschendes Grundgefühl bei „den", also allen Arbeitnehmern. Enttäuschung als Argument beruhte auf einer Generalisierung von Stimmungen, für die sich leicht Belege finden ließen. Nichtsdestotrotz fußte es auf einer Fiktion von Einheitlichkeit der Wahrnehmung und Empfindung, die es in

---

[270] Heinz Oskar Vetter an Willy Brandt, 28.2.1974 (wie Anm.144), S.835.
[271] AdsD SPD-Bundestagsfraktion 2/BTFG000045, Protokoll der Sitzung der SPD-Bundestagsfraktion vom 18. Februar 1974, o. D., S. 19.
[272] „Aus SPD-Sicht untragbar". Interview mit SPD-MdB Friedhelm Farthmann, in: Der Spiegel 29 (1974), 25.2.1974, S.22–24, hier S.23.
[273] Z.B. in einer Entschließung der Konferenz der Betriebsratsvorsitzenden, ihrer Stellvertreter, Arbeitsdirektoren und Bevollmächtigten der IG Metall aus den Unternehmen der Eisen- und Stahlindustrie am 17. Mai 1974 in Mühlheim, die der DGB an den Bundesarbeitsminister weiterleitete; BA B 149/50863, Rudolf Judith an Walter Arendt, 12.5.1974.
[274] Deutscher Bundestag, 7.Wahlperiode, Plenarprotokoll Nr.07/110 vom 20.6.1974 (wie Anm.229), S.7461. Genau so argumentierte Arendt auch nach der Verabschiedung des Gesetzes: Wer auf Maximalforderungen ohne Aussicht auf politische Verwirklichung beharre, wecke falsche Erwartungen bei den Arbeitnehmern, die sich am Ende getäuscht sähen; vgl. den Text eines Interviews mit Arendt in „Welt der Arbeit", den Herbert Wehner in der Bundestagsfraktion verbreitete: AdsD SPD-Bundestagsfraktion 2/BTFG000604, Herbert Wehner an die Mitglieder der SPD-Bundestagsfraktion, 16.3.1976.

pluralistischen Großorganisationen wie den Gewerkschaften oder einer Volkspartei nicht gibt. Diese Ambivalenz schwächte die Überzeugungskraft des Arguments ebenso ab wie die in Funktionärsjargon abgefassten Erwartungseingaben an die Regierung, denn den führenden Sozialdemokraten war aufgrund ihrer eigenen Organisations- und Kampagnenerfahrung bewusst, dass die ihnen zugetragenen Beispiele eine „vox populi" nur simulierten und dazu dienten, Interessen zu legitimieren.[275]

Der Zweck solcher Verweise bestand darin, den Adressaten zu einer Positionsänderung zu bewegen, die ihn wieder in Übereinstimmung mit den Wünschen und Hoffnungen der vornehmlich Enttäuschten bringen würde. Alle genannten Beispiele, die sich an die Bundesregierung oder die SPD-Fraktion richteten, liefen auf Aufforderungen hinaus, den Gesetzentwurf nicht so stehen zu lassen, wie er war. Enttäuschungsäußerungen transportierten damit einen Appell zur Neuverhandlung. Wer Enttäuschung ins Feld führte, vertraute auf die Kooperationsbereitschaft seines Gegenübers und setzte auf dessen Interesse an gegenseitiger Wertschätzung. Außerdem lautete die implizite Botschaft, dass man von der Regierung mehr erwarte und ihr eine bessere Lösung zutraue als den ersten Gesetzentwurf. Enttäuschungsäußerungen waren daher eine Form der Kritik, die mit Wohlwollen und Sympathie einherging.[276] Und so ist es nicht verwunderlich, dass Enttäuschung als Argument nur wenige Monate nach dem ersten Gesetzentwurf kaum noch eine Rolle spielte, denn wie die Analyse des Erwartungsmanagements gezeigt hat, glaubte die Gewerkschaftsführung ab Mitte 1974 nicht mehr daran, ihre Forderungen durchsetzen zu können. Auch aus diesem Grund schürte sie öffentlich die Empörung.[277] Damit setzte sie die Regierung massiv ins Unrecht. Fortan transportierte die Kritik von DGB und IG Metall an den Mitbestimmungsplänen der Regierung kein Wohlwollen, sondern moralische Vorwürfe. Die emotionalen Konnotationen, mit denen die Gewerkschaften ihre Positionen zur Mitbestimmung öffentlich vorbrachten, markierten also Nähe bzw. Distanz unter politisch Verbündeten. Sie dienten dazu, die Eindringlichkeit von Forderungen zu bestimmen. Und sie funktionierten als Code in der politischen Debatte, mit dem die Schärfe eines sachlich begründeten Einwandes variiert werden konnte.

Dass Enttäuschung als Argument darauf abzielte, die soziale Kohäsion zu erneuern, gilt freilich nur für Akteure, die sich als Partner verstanden. Die Opposition benutzte Enttäuschung als Argument in gegenteiliger Absicht. Ihr ging es darum, den Zusammenhalt in den Reihen des Regierungslagers und seiner Ver-

---

[275] Der DGB empfahl seinen Funktionären sogar, mit Enttäuschung zu argumentieren, vgl. „Mitbestimmung jetzt – und keine halben Sachen!" Referentenmaterial zur Mitbestimmung, Musterreferat, hrsg. vom Deutschen Gewerkschaftsbund, Düsseldorf 1974, auszugsweise abgedruckt in: Lauschke, Mehr Demokratie in der Wirtschaft, Bd. 2, S. 75–81, hier S. 81.
[276] Diese Beobachtung deckt sich mit sozialpsychologischen Erkenntnissen; vgl. Wubben/de Cremer/van Dijk, How Emotion Communication Guides Reciprocity, S. 988.
[277] Vgl. oben S. 64.

bündeten zu schwächen. Auch sie griff vorhandene Stimmungslagen auf, um sie zu ihrem Vorteil zu nutzen. So versuchte die CDU im Bundestagswahlkampf von 1972, Enttäuschung bei den SPD-Anhängern über die ausgebliebenen Reformen zu mobilisieren. Ein zu diesem Zweck vorgesehener Fernsehfilm verspottete die Sozialdemokraten als „Papier-Reformer", deren gebrochene Versprechen und gescheiterte Konzepte stapelweise den Reißwolf fütterten. Auch der Bundesparteitag im Oktober 1972 diente als Bühne, um die Enttäuschung der Bevölkerung explizit vorzuführen: „Die Abrechnung mit dem politischen Gegner wird auf der emotionalen Ebene durch eine Filmdokumentation vollzogen, in der die Bevölkerung sich unter dem Stichwort ‚Drei Jahre Versprechungen' zur politischen Lage äußert. Tenor der Interviews auf der Straße, dem Wähler von 1969 und 1972, sollte die Verbitterung und Enttäuschung über die nicht gehaltenen Versprechungen von 1969 sein"[278]. Nicht nur die CDU, auch die DKP diskreditierte die Bundesregierung mit der Behauptung, dass die Bevölkerung über das Ausbleiben der versprochenen Reformen enttäuscht sei; allerdings nahm sie dies gleich zum Beweis dafür, dass das gesamte kapitalistische System unfähig sei, die Probleme der Zeit zu meistern.[279]

Auch als Beleg für das angebliche Scheitern der Regierung benötigte Enttäuschung einen realen Resonanzboden. Und den bot die weit verbreitete Kritik an der innenpolitischen Leistung der Bundesregierung zur Genüge.[280] Die Planungsabteilung der CDU wertete die „aufgrund der Erwartungsenttäuschung eingetretene Ernüchterung auf seiten des DGB" als Chance, durch eine Öffnung gegenüber den Gewerkschaften die Präferenz der Arbeitnehmer für die Sozialdemokratie zu brechen.[281] In der Mitbestimmung ließen sich dafür mannigfache Anknüpfungspunkte finden. Entsprechend kommentierten christdemokratische Spitzenpolitiker und CDU-nahe Organisationen das Koalitionsmodell im Januar 1974. Ihr Fraktionsvorsitzender Helmut Kohl nannte es „mehr als enttäuschend", und zwar insbesondere für die leitenden Angestellten, weil ihnen kein wirksamer Minderheitenschutz gewährt werde.[282] Während Kohl der Regierung also die leitenden Angestellten abspenstig machen wollte, zielte die Stellungnahme des CDU-Arbeitnehmerflügels darauf, einen Keil zwischen Koalition und Gewerkschaften

---

[278] ACDP 07-001-5207, Werbeagentur Dr. Hegemann GmbH, CDU-Kampagne für die Bundestagswahl am 3.12.1972, 1.8.1972. Ob der Film für den Bundesparteitag tatsächlich produziert wurde, konnte nicht überprüft werden. Das Thema der Enttäuschung nahm Oppositionsführer Rainer Barzel in seiner Eröffnungsrede allerdings auf: Niederschrift über den 20. Bundesparteitag der Christlich Demokratischen Union Deutschlands vom 9.–11. Oktober 1972 in Wiesbaden, Bonn o. J., S. 21 f., http://www.kas.de/upload/ACDP/CDU/Protokolle_Bundesparteitage/1972-10-09-11_Protokoll_20.Bundesparteitag_Wiesbaden.pdf (15.1.2015).
[279] Vgl. den Leitartikel „Kommunisten in den Bundestag" der DKP-Zeitung „Roter Leuchtturm" vom Juli 1972, den ein Sozialdemokrat an die Parteiführung schickte: AdsD SPD-Parteivorstand 2/PVCO000107, Horst Reuter (Vorsitzender SPD-Kreisverband Karlsruhe-Land) an Holger Börner, 6.11.1972.
[280] Vgl. oben S. 52 ff. u. 72 ff.
[281] ACDP 07-001-17028, Warnfried Dettling, Vorüberlegungen zu einer Strategie der CDU gegenüber den Gewerkschaften, 22.1.1974.
[282] AdsD SPD-Bundestagsfraktion 2/BTFG000600, Presseerklärung der CDU, 22.1.1974.

zu treiben. Deren Mitbestimmungsentwurf müsse jeden überzeugten Gewerkschafter „tief enttäuschen, denn auch er bringt keine volle Parität"[283]. Noch im März 1976 fragte Norbert Blüm, der wortmächtigste Verfechter einer „echten" Parität unter den Christdemokraten, wie lange sich die Gewerkschaften „trotz herber Enttäuschungen" noch an die SPD anlehnen wollten.[284] Diese Rollenverteilung spiegelte zugleich die divergierenden Positionen zur Mitbestimmung in der CDU wider; ihr kleinster gemeinsamer Nenner bestand darin, die Vorschläge der Regierung als Enttäuschung zu brandmarken.[285]

Die Beispiele zeigen, dass es um den Zusammenhalt in einer politischen Gesinnungsgemeinschaft ging, wenn Oppositionsvertreter Enttäuschung über die Mitbestimmungsreform aufriefen. Die Stellungnahmen aus dem Lager der CDU zielten darauf ab, der Regierung mit Appellen an „negative" Gefühle ihrer Anhänger zu schaden. Sie stellten den Versuch dar, eine emotionale Wertung in der öffentlichen Debatte zu verstärken, lassen sich also als Rahmung verstehen.[286] Enttäuschung als Argument gehörte zum Repertoire der Diskreditierungsinstrumente, und es war sicherlich ein subtileres Mittel als etwa die Schreckensszenarien vom Untergang der freien Marktwirtschaft, weil es tatsächlich vorhandene Erwartungen ansprach. Im Unterschied zu den Enttäuschungsäußerungen von befreundeter Seite zielte es nicht auf Neuverhandlung ab, sondern auf Glaubwürdigkeitsverlust des politischen Gegners.

Von wem und in welcher Absicht auch immer sie als Argument eingesetzt wurde, Enttäuschung galt als ein bedeutsamer Faktor für den Zusammenhalt zwischen Parteien, Verbänden und Wählern. Schon aus diesem Grund war kollektive Enttäuschung ein Gefühl von großer politischer Brisanz. Dies lässt sich an den Strategien ablesen, mit denen SPD- und Gewerkschaftsführung den Folgen von Enttäuschung in den eigenen Reihen entgegentraten.

---

[283] AdsD DGB-Archiv 5/DGCS000012, Pressemitteilung der Sozialausschüsse der Christlichdemokratischen Arbeitnehmerschaft, 23.1.1974; ebenfalls „tief enttäuscht" äußerte sich der Dachverband der katholischen Arbeiterbewegung: ebd., Erklärung des Bundesratsvorsitzenden der Katholischen Arbeitnehmer-Bewegung Deutschlands (KAB), Alfons Müller, zu den Mitbestimmungsvorschlägen von SPD und FDP (KAB-Pressemitteilung), 24.1.1974.

[284] Zitiert im Artikel von Dieter Piel, Die zwei Seelen der „Urbaniaks". SPD-Abgeordnete müssen im Bundestag oft gegen ihre gewerkschaftliche Überzeugung stimmen, in: Die Zeit, 19.3.1976, S.17. Auch im Bundestag nahm Blüm die Gewerkschaften aufs Korn, indem er ihnen vorwarf, keinen Protest gegen das für sie unannehmbare Mitbestimmungsgesetz zu erheben: Deutscher Bundestag, 7. Wahlperiode, Plenarprotokoll Nr. 07/230 vom 18.3.1976, S.16014, http://dipbt.bundestag.de/doc/btp/07/07230.pdf (15.1.2015).

[285] Dies zeigt auch die kontroverse Diskussion in der CDU-Bundestagsfraktion über die Positionierung zum zweiten Entwurf für ein Mitbestimmungsgesetz im Dezember 1975, der den Arbeitnehmervertretern nicht weit genug ging, während Vertreter des Wirtschaftsflügels frohlockten, die CDU habe die FDP zum Umfallen gebracht. Am Ende einigten sich alle darauf, dem DGB Unglaubwürdigkeit vorzuwerfen; ACDP 08-001-1044/1, Protokoll der Sitzung der CDU-Bundestagsfraktion vom 12.12.1975, 12.12.1975.

[286] Genau wie der DGB riet auch die Union ihren Funktionären in einer Handreichung, Enttäuschung über die Mitbestimmung zu schüren: AdsD DGB-Archiv 5/DGCS000078, Union in Deutschland 30 (1976), Nr. 16, 15.4.1976, Dokumentation: Prüfsteine bringen es an den Tag, S.1.

Umgang mit Enttäuschung

Nachdem die Koalition den zweiten Gesetzentwurf auf den Weg gebracht hatte und es damit keinen Spielraum mehr für Veränderungen gab, bemühten sich führende Sozialdemokraten und Gewerkschafter, die Diskussion zu versachlichen. Bundesarbeitsminister Arendt nutzte die dritte Lesung des Gesetzes am 18. März 1976, um ganz explizit zur Entemotionalisierung aufzurufen: „Es hat wenig Sinn, die gefundene Lösung – je nach Standort – zu beklagen oder zu bejammern. [...] Ich bin mir durchaus bewußt, daß viel Zeit und Geduld erforderlich sein werden, um die in dieser Frage aufgestauten Emotionen allmählich abklingen zu lassen."[287] Zweifelsohne war dies der Wunsch des Bundesarbeitsministers, den die Vorwürfe aus dem Gewerkschaftslager, aber auch die Intransigenz der FDP während der Verhandlungen im Sommer 1975 an den Rand des Rücktritts getrieben hatten.[288] Mehr Wunsch als Wirklichkeit sprach auch aus einem Bericht der SPD-Bundestagsfraktion über die Position der Gewerkschaften zum Mitbestimmungsgesetz: diese hätten eine „realistische und insgesamt verständnisvolle und verantwortungsbewusste Haltung"[289] eingenommen. So deutliche Regieanweisungen, wie Enttäuschung über die Mitbestimmungsreform aufgefangen werden sollte, finden sich selten in den Quellen. In der Regel ging die Entemotionalisierung subtiler vonstatten, beispielsweise durch den Gebrauch von Euphemismen. So gab Arendt zu, dass das Gesetz aus sozialdemokratischer Sicht „nicht voll befriedigen" könne. Schmidt erklärte in der Fraktion, das Gesetz verwirkliche „nicht die reine sozialdemokratische Lehre", sei aber von allen bisherigen Entwürfen am weitesten der Parität angenähert, weshalb die „Unsicherheit" darüber nun beendet werden müsse.[290] Derartige Hinweise wirkten als Sprachregelung und waren als emotionale Rahmung für die Außendarstellung gedacht. Sie boten der Enttäuschung ein Ventil und hegten sie gleichzeitig ein, indem sie das Ausmaß und die Intensität der unerwünschten Gefühle deutlich eindämmten. Das war umso wirksamer, als die Beschwichtigungsfloskeln hervorragend in den „Stil der Sachlichkeit" passten, also die Gefühlsnorm, die Emotionalität in der politischen Debatte unter den Ge-

---

[287] Deutscher Bundestag, 7. Wahlperiode, Plenarprotokoll Nr. 07/230 vom 18.3.1976 (wie Anm. 284), S. 16081f. Diesen Appell verbreitete Arendt noch einmal wörtlich in einem Interview für die Gewerkschaftszeitung „Welt der Arbeit" (wie Anm. 274).

[288] Vgl. Martin H. Geyer, Sozialpolitische Denk- und Handlungsfelder: Der Umgang mit Sicherheit und Unsicherheit, in: Bundesrepublik Deutschland 1974–1982. Neue Herausforderungen, wachsende Unsicherheiten, Baden-Baden 2008 (Geschichte der Sozialpolitik in Deutschland seit 1945; 6), S. 114–231, hier S. 140f. Schmidt zufolge war Arendt sehr besorgt, dass sein Renommee auf Gewerkschaftstagen wegen der Mitbestimmung beschädigt werden könne; AdsD IG Metall Vorstand 5/IGMA090151, Helmut Schmidt an Eugen Loderer, 16.10.1975.

[289] Bericht der SPD-Bundestagsfraktion für die Sitzung von SPD-Vorstand und Parteirat am 7. Mai 1976, zitiert nach Faulenbach, Jahrzehnt, S. 443f.

[290] AdsD IG Metall Vorstand 5/IGMA090151, Walter Arendt an die Mitglieder der SPD-Fraktion des Deutschen Bundestages, 9.12.1975; AdsD SPD-Bundestagsfraktion 2/BTFG000117, Protokoll der Sitzung der SPD-Bundestagsfraktion am 9. Dezember 1975, 11.12.1975, S. 2 u. 5.

neralverdacht der Demagogie stellte.[291] Die meisten Parlamentarier adaptierten die Euphemismen. So gab Paul Kratz an, er habe guten Gewissens für die Reform gestimmt, denn es sei „kein Jahrhundertgesetz", aber gemessen an den Forderungen der FDP hätten die Gewerkschafter in der SPD vieles durchsetzen können.[292]

Auch die DGB-Spitze bemühte sich, nach außen hin die Wogen zu glätten. So erklärte Vetter das Mitbestimmungsgesetz zu einem „weitere[n] Schritt in der langen und mühevollen Auseinandersetzung um die volle Gleichberechtigung der Arbeitnehmer im Wirtschaftsleben", mit dem das Ziel zwar nicht erreicht sei, das die Position der Arbeitnehmer aber dennoch verbessere und das der DGB daher „ohne überzogene Erwartungen" ausschöpfen werde.[293] Klar und deutlich tritt die Entemotionalisierung im Vergleich zweier Fassungen einer Rede Vetters über die ersten Erfahrungen mit dem neuen Mitbestimmungsgesetz zutage. Im ursprünglichen Manuskript war von „alten Wunden" die Rede, die die Auseinandersetzung mit den Regierungsparteien geschlagen habe, und vom „schmerzlichen Abschied" von der Vorstellung, dass die SPD der natürliche Vollstrecker gewerkschaftlicher Forderungen auf der parlamentarischen Ebene sei. All diese Passagen strich Vetter aus seinem Text heraus. Stattdessen betonte er, dass der DGB wie nach den Rückschlägen Anfang der 1950er Jahre die Kraft habe, „die teilweise um sich greifende Resignation oder Enttäuschung zu überwinden."[294] Auch diese Botschaft war eine klare emotionale Regieanweisung, ein Appell an Zuversicht und Selbstbewusstsein. Enttäuschung oder gar Resignation konnte der DGB-Vorsitzende in dieser Situation nicht gebrauchen.

So einfach ließ sich die Enttäuschung bei den Gewerkschaften jedoch nicht wegreden oder zum Ansporn für neue Kraftanstrengungen sublimieren. In der zitierten Passage findet sich aber ein weiterer Ansatz, mit diesem Gefühl umzugehen. Er bestand darin, die Enttäuschung in einen längeren historischen Zusammenhang zu integrieren. Das Mitbestimmungsgesetz von 1976 erhielt seinen Platz in der Geschichte der Mitbestimmung als ein dunkles Kapitel in einem Narrativ von hart errungenen Erfolgen, bitteren Niederlagen und zähen Kämpfen. Dadurch konnte

---

[291] Vgl. Steinmetz, Anbetung und Dämonisierung des „Sachzwangs"; Mergel, Der mediale Stil der Sachlichkeit; Markus M. Payk, Das „Pathos der Nüchternheit"? Über Emotionalität, Generation und Demokratie in Westdeutschland 1945–1970, in: Moderne 3 (2007), S. 128–141.

[292] AdsD IG Metall Vorstand 5/IGMA090395, Paul Kratz an die „Zeit", 22.3.1976. Kratz, der als hauptamtlicher Gewerkschaftsfunktionär für die SPD im Bundestag saß, antwortete damit auf den Vorwurf, dass Abgeordnete wie er sich bei der Mitbestimmung gegen ihre Überzeugung der Fraktionsdisziplin gebeugt hätten. Mit derselben Position wie Kratz ließ sich auch Farthmann von der Zeit zitieren (vgl. oben Anm. 284).

[293] AdsD IG Metall Vorstand 5/IGMA071101, DGB-Nachrichtendienst 186/76, 30.6.1976; ähnlich moderat äußerte sich Loderer in einem Interview; AdsD IG Metall Vorstand 5/IGMA071101, Mitschrift des Berichts „25 Jahre Mitbestimmung im Montanbereich" vom Hessischen Rundfunk in der Sendung „Stimme der Arbeit" vom 24.5.1976, o. D.

[294] Die erste Version trägt den handschriftlichen Zusatz „mündlich erheblich geändert"; BA B 149/50863, Rede des DGB-Vorsitzenden Heinz Oskar Vetter über „Die ersten Erfahrungen mit dem Mitbestimmungsgesetz 1976" anlässlich der öffentlichen Veranstaltung der Hans-Böckler-Stiftung in Düsseldorf am 9. September 1976, 12.9.1976. Der Text der Rede, wie Vetter sie hielt: ebd., DGB-Bundesvorstand, Abt. Gesellschaftspolitik, an Helmut Wißmann (BMA), 27.9.1976.

die Enttäuschung in die gewerkschaftliche Tradition eingeordnet werden, sie erhielt einen Sinn und ließ sich insbesondere als vorübergehende Episode in einer Geschichte verstehen, deren Ausgang noch offen war. So stellte Wolfgang Spieker am 2. Juni 1976 in einer Veranstaltung anlässlich des 25-jährigen Jubiläums der Montanmitbestimmung den „historischen Erfolgen" der frühen 1950er Jahre die „Niederlage der Mitbestimmungsidee" von 1976 gegenüber.

Wie tief die Enttäuschung so kurz nach der Verabschiedung des Mitbestimmungsgesetzes saß, zeigt seine Rückschau deutlich: „Nichts ist mehr, wie es war und wie es von den Arbeitnehmern und ihren Gewerkschaften seit Jahrzehnten erhofft wurde; mit der Verabschiedung des neuen Mitbestimmungsgesetzes hat sich der über 50jährige Hoffnungshorizont der paritätischen Unternehmensmitbestimmung gewissermassen verdunkelt."[295] Seither erzählten Gewerkschafter die Geschichte der Mitbestimmung unter dem Vorzeichen von Abstieg und Verlust, in der ihre Erwartungen ein ums andere Mal enttäuscht worden seien. Für Hoffnung standen dabei die Montanmitbestimmung von 1951 und das Betriebsverfassungsgesetz von 1972, für Enttäuschung das Mitbestimmungsergänzungsgesetz von 1956 und eben die Reform von 1976.[296] Diese entwickelte sich mehr und mehr zur schwarzen Kontrastfolie, vor der die Errungenschaft der Montanmitbestimmung umso strahlender erglänzte. Die Regelungen, die für Großunternehmen galten, bezeichneten Gewerkschafter abfällig als „Scheinmitbestimmung", als „riesenhafte Frustration, die fortlaufend neue Frustrationserlebnisse auf der Arbeitnehmerseite erzeugt"[297]. Auch die Bildsprache in der Öffentlichkeitsarbeit des DGB identifizierte Mitbestimmung eindeutig mit dem Paritätsstandard in der Montanindustrie, wie ein Plakat aus dem Jahr 1980 zeigt (Abb. 2): Die beiden Symbolfiguren für „Kapital" und „Arbeit" sitzen sich auf Stahlträgern gegenüber, im Hintergrund sind Förderanlagen zu erkennen. Zusätzlich bekräftigte der Plakattext, dass das Mitbestimmungsgesetz von 1976 weit hinter die Montanmitbestimmung zurückfalle. Die enge Verquickung von Montanmitbestimmung und Unternehmensmitbestimmung als Gegensatzpaar von Gut und Böse führte, wie noch zu zeigen sein wird, zu großer Unnachgiebigkeit, wann immer die Montanmitbestimmung gefährdet erschien.

---

[295] AdsD IG Metall Vorstand 5/IGMA090395, Wolfgang Spieker, Mitbestimmung in Unternehmen – Idee und Wirklichkeit. Referat auf der Tagung „25 Jahre Mitbestimmungsgesetz" in Recklinghausen, 2.6.1976, S. 4.

[296] AdsD IG Metall Vorstand 5/IGMA071107, Zweigbüro des Vorstands der IG Metall: Musterreferat „Montan-Mitbestimmung – jetzt sichern!", 25.8.1980; AdsD IG Metall Vorstand 5/IGMA090810, Referat von Ernst Breit über die Mitbestimmungsinitiative des DGB anlässlich der Arbeitstagung der DGB-Region Mitte am 18.2.1983 in Hannover, o. D., S. 9–12.

[297] Rudolf Judith, Erfahrungen mit dem Mitbestimmungsgesetz '76. Vergleich mit dem Montanmitbestimmungsgesetz, in: Gewerkschaftliche Monatshefte 29 (1978), S. 726 f., hier S. 727; „Scheinmitbestimmung" auch im Geschäftsbericht der IG Metall für die Jahre 1980 bis 1982, zitiert nach Lauschke, Die halbe Macht, S. 225; Wolfgang Spieker, „Denksplitter und Formulierungsversuche", Bd. 28, Nr. 3801, 3.10.1978, http://www.fes.de/archiv/adsd_neu/inhalt/dokumente/spieker/Band28.pdf (14.7.2014); von Enttäuschung („Genosse Frust") in der IG Metall über die Praxis nach dem Mitbestimmungsgesetz von 1976 berichteten auch Heinz Günther Kemmer/Erika Martens, Einig in der Abwehr. Das Thema Mitbestimmung deckt interne Querelen zu, in: Die Zeit, 19.9.1980, S. 18.

Abb. 2: Abwertung des Mitbestimmungsgesetzes von 1976 in der Öffentlichkeitsarbeit des DGB
Quelle: AdsD 6/PLKA001977, © Deutscher Gewerkschaftsbund

Spiekers Bild vom verdunkelten Hoffnungshorizont verweist auf eine weitere Facette im Umgang mit der Enttäuschung über die Unternehmensmitbestimmung. Zögernd nahmen viele Gewerkschafter Abschied von Hoffnungen, die lange Zeit die gesellschaftspolitische Strahlkraft der Mitbestimmung ausgemacht hatten. Spieker sah im Mitbestimmungsgesetz einen Wendepunkt, weil die SPD damit den Weg von Reformen für die Arbeitnehmer und für mehr Demokratie verlassen habe. Damit habe sie dem gewerkschaftlichen Ansatz den Boden entzogen, das kapitalistische System mit Hilfe durchsetzungsstarker und auf die gleichen Ziele ausgerichteter Parteien zu verändern. Die Zweifel an der Verlässlichkeit der SPD, die in Gewerkschaftskreisen während der Verhandlungen aufgekommen waren, hatte die Mitbestimmungsreform demnach grundsätzlich bestätigt. Auch Vetter und Judith sahen „keine realistische Chance" mehr, in absehbarer Zeit auf gesetzlichem Wege eine Mitbestimmungsregelung nach gewerkschaftlichen Vorstellungen zu erreichen oder das gerade beschlossene Gesetz auch nur zu verbessern.[298] Es blieb aus Sicht der Gewerkschaften ein Menetekel für ein „steckengebliebenes Reformvorhaben"[299].

[298] Vetter: wie Anm. 294 (Text der gehaltenen Rede); Judith: wie Anm. 297.
[299] Roland Köstler, Das steckengebliebene Reformvorhaben. Rechtsprechung und Rechtsentwicklung zur Unternehmensmitbestimmung von 1922 bis zum Mitbestimmungsgesetz 1976, Köln 1987. Der Autor leitete das Referat für Wirtschaftsrecht bei der Hans-Böckler-Stiftung.

Die Enttäuschung über das Mitbestimmungsgesetz läutete nicht nur bei Gewerkschaftsfunktionären einen Utopieverlust ein. Auch linke Sozialdemokraten kamen zum Schluss, dass in ihrer Partei Reformpolitik, wie Brandt sie 1969 in Angriff genommen habe, obsolet geworden sei. Mitbestimmung war für sie ein Paradebeispiel, wie ein aufklärerisches Projekt bis zur Unkenntlichkeit verwässert worden sei, sodass am Ende nur noch „systemgerechte Durchwurstelei" stehe.[300] Manche von ihnen sahen nach dem Regierungswechsel von 1982 in den gesellschaftspolitischen Enttäuschungen, die die SPD den Arbeitnehmern insbesondere durch die gebrochenen Versprechungen bei der Mitbestimmungsreform bereitet habe, die Ursache für einen Utopie- und Glaubwürdigkeitsverlust, der die SPD von ihren Wählern entfremdet habe.[301] So scheiterte mit der Reform der Unternehmensmitbestimmung, die wie kaum ein anderes Projekt für Demokratisierung und für eine Wandlung des Kapitalismus gestanden hatte, auch der Ansatz, die Gesellschaft von oben her zu tiefgreifend verändern. Dieses Beispiel führte einige zum Abschied von einem „perfektionistischen"[302] Demokratieverständnis und ebnete den Weg für weniger enttäuschungsanfällige Erwartungen an die Reichweite staatlichen Handelns.

Folgen von Enttäuschung

Damit ist bereits eine langfristige Folge von Enttäuschungserfahrungen angesprochen. Die emotionalen Rückwirkungen der Mitbestimmungsreform kamen bis in die 1980er Jahre immer wieder zum Vorschein. Das zeigte sich etwa, als die Bundesregierung nach der Verabschiedung des Gesetzes daranging, eine Wahlordnung für den Aufsichtsrat zu erarbeiten. Die Beratungen darüber entwickelten sich rasch zu einem Nachhutgefecht, das von Gewerkschaftsfunktionären als „entwürdigendes Hickhack"[303] empfunden wurde. An sich geringfügige Punkte in Positionspapieren der Koalition wie etwa die Vorschrift, dass ein leitender Angestellter im Wahlvorstand beteiligt sein und damit Einfluss auf die Abgrenzung der Wahlmänner dieser Gruppe erhalten sollte, reizten den IG-Metall-Vorsitzenden zu einer überaus scharfen Reaktion. Loderer bezeichnete jedwede zukünftige Aufwertung der leitenden Angestellten als „Affront", als „endgültige Düpierung der Gewerkschaften in Sachen Mitbestimmung" und als „Kapitulation des sozialdemokratischen Partners auf Kosten seiner politischen Freunde" und drohte unverhohlen mit Protestaktionen gegen die Regierung. Seine Begründung zeigte, wie

---

[300] Wolf-Dieter Narr/Hermann Scheer/Dieter Spöri, SPD – Staatspartei oder Reformpartei?, München 1976, S. 18 u. 41 f. (Zitat).
[301] AdsD SPD-Parteivorstand 2/PVEK000250, Kreisparteitag der SPD Stormarn: Thesen zur Standortbestimmung der SPD nach den Wahlen 1983, 20. 8. 1983.
[302] Karl-Dietrich Bracher, Politik und Zeitgeist. Tendenzen der siebziger Jahre, in: ders./Wolfgang Jäger/Werner Link, Republik im Wandel 1969–1974. Die Ära Brandt, Stuttgart 1986, S. 283–406, hier S. 314.
[303] AdsD IG Metall Vorstand 5/IGMA090404, IG Metall Bezirksleitung Frankfurt am Main an den Vorstand der IG Metall, 2. 6. 1977.

tief der Stachel des Mitbestimmungsgesetzes saß, das er als „maximales, beinahe unzumutbares Entgegenkommen" für die FDP wertete: „Hier handelt es sich nicht um eine neue, beziehungslos zu diskutierende Materie, sondern um einen Ausläufer der politischen Auseinandersetzung um das Mitbest[immungs] G[esetz], an dem die Gewerkschaften gewiß genug zu schlucken bekommen haben."[304] Ohne die vorgängige Enttäuschung ist der gereizte, zum Teil polemische Tonfall Loderers nicht zu verstehen. Sie sorgte dafür, dass die Gewerkschaften jeden weiteren Kompromiss als Fortsetzung bzw. Vertiefung ihrer Niederlage ansahen. Dazu beigetragen hatten auch die Beschwichtigungsversuche der SPD. Etwaigen euphemistischen Glättungen nahm Loderer vorsorglich den Wind aus den Segeln, denn in dieser Frage gebe es „gewiß nicht die Möglichkeit, zu sagen, es sei zwar nicht alles nach Wunsch gelaufen, aber mindestens ein kleiner Schritt in die richtige Richtung getan".

Die schroffe Abfuhr des den IG-Metall-Vorsitzenden an den Bundesarbeitsminister belegt, dass die von der SPD-Führung so dringend gewünschte Entemotionalisierung nicht gelungen war, so wie auch die Appelle an Pragmatismus und Nüchternheit der Gewerkschaftsführung bei den Betriebsräten nicht fruchteten.[305] Das emotionale Register, das Loderer wählte, war die Empörung. Ihm ging es damit nicht um eine kooperative Form der Kritik, sondern um Anklage. Empörung zieht sich durch die Einlassungen von Gewerkschaftsvertretern, wann immer die Mitbestimmung wieder aktuell wurde. Für sie behielt dieses Thema einen „sehr grundsätzlichen Charakter", von dem das Prestige und der Rang der Gewerkschaften als politische Gestaltungskraft abhingen.[306] Zudem ging es um die Mobilisierungsfähigkeit und programmatische Leitbilder, denn das Ergebnis der Reform bedrohte aus Sicht des DGB eine seiner zentralen gesellschaftspolitischen Positionen. Immer wieder warnten ihre Führungskräfte davor, dass die „Idee der Mitbestimmung" für alle Zukunft diskreditiert werde, wenn die Arbeitnehmer den Begriff, an dem so viele Demokratisierungshoffnungen hingen, mit der Praxis eines unzugänglichen Gesetzes identifizieren würden.[307] Ursache der Empö-

---

[304] BA 149/50863, Eugen Loderer an Herbert Ehrenberg, 30.3.1977. Loderer verschickte das Positionspapier außerdem an den Vorstand der AfA und an SPD-Bundesgeschäftsführer Egon Bahr. Ehrenberg war seit Dezember 1976 Nachfolger Arendts als Bundesarbeitsminister, der unter anderem wegen „gravierender Auffassungsunterschiede" über die Wahlordnung aus der Regierung ausgeschieden war; Walter Arendt an Helmut Schmidt, 15.12.1976, in: Geyer (Hrsg.), Bundesrepublik Deutschland 1974–1982, CD-ROM, Dokument 6/58.

[305] Allerdings in ganz anderer Weise: Während die SPD die Enttäuschung in der Gewerkschaftsführung dämpfen wollte, versuchte diese vergeblich, die zum Teil hohen Erwartungen ihrer Funktionäre in den Betrieben zu senken, in denen das neue Gesetz die Mitbestimmungsstandards gegenüber dem alten Rechtszustand verbesserte; Ulrich Bamberg u. a., Aber ob die Karten voll ausgereizt sind... 10 Jahre Mitbestimmungsgesetz 1976 in der Bilanz, Köln 1987, S. 326 f.

[306] Gérard Bökenkamp, Das Ende des Wirtschaftswunders. Geschichte der Sozial-, Wirtschafts- und Finanzpolitik der Bundesrepublik 1969–1998, Stuttgart 2010, S. 156. Sowohl Gewerkschaften als auch Arbeitnehmerverbände standen bei den eigenen Anhängern in der Kritik, ihre Position nicht offensiv genug zu vertreten, ebd., S. 156–159.

[307] So äußerte sich Vetter in einer ersten öffentlichen Auswertung der Erfahrungen mit dem Gesetz (wie Anm. 294); Wolfgang Spieker, „Denksplitter und Formulierungsversuche",

rung war damit einmal mehr die symbolische Bedeutung der Mitbestimmungsreform.

Konkret richteten sich die Befürchtungen auf die Früchte des einzigen großen Erfolgs der Gewerkschaften auf diesem Gebiet, nämlich auf die Montanmitbestimmung von 1951. Sie war das eigentliche Ziel der Klage, die 28 Arbeitgeberverbände, neun Großunternehmen und die Schutzvereinigung für Wertpapierbesitz am 19. Juni 1977 beim Bundesverfassungsgericht gegen das Mitbestimmungsgesetz von 1976 einreichten. Sie hofften auf eine Urteilsbegründung, die der Mitbestimmung grundsätzlich Grenzen zog. Schon die breite Phalanx der Kläger war ein politisches Signal der Geschlossenheit, mit der die Wirtschaft gegen die Mitbestimmung zu Felde zog. Genauso interpretierte es auch der DGB, der in der Verfassungsklage eine „Provokation, ein Beispiel für Klassenkampf von oben"[308] erblickte. Mit der „Empörung" über diesen Schritt rechtfertigte Vetter, dass der DGB die Konzertierte Aktion verließ.[309] Dass die Gewerkschaften sich aus dem Forum zurückzogen, das wie kein anderes seit dem Stabilitäts- und Wachstumsgesetz von 1967 für eine Kultur der partnerschaftlichen Konsenssuche zwischen Regierung, Wirtschafts- und Arbeitnehmerverbänden stand, passte zu dem Gefühl der Empörung. Hier zeigten sich dieselben Muster, die bereits vor 1976 wirksam geworden waren, als die Unternehmer das geplante Gesetz in einen Gegensatz zum Grundgesetz gerückt hatten. Erneut sahen sich die Gewerkschaften zu Unrecht in eine Position der Verteidigung gedrängt und ihr Eintreten für die Teilhabechancen der Arbeitnehmer als Gefahr für die demokratische Ordnung diffamiert.[310]

Auch nachdem das Bundesverfassungsgericht am 1. März 1979 die Klage der Arbeitgeber in allen Punkten zurückgewiesen und der Mitbestimmung damit das höchstrichterliche Gütesiegel verliehen hatte, flammte die Empörung immer wieder auf. Gewerkschaftsfunktionäre stellten sich als die Verteidiger des Guten dar, die sich ständig der Angriffe des Bösen in Gestalt der Unternehmervertreter erwehren mussten. Dabei wurde stets um die Wertideen gestritten, für die die Mitbestimmung stand. „Die qualifizierte Mitbestimmung der Arbeitnehmer in der Montanindustrie ist zu einem demokratischen Symbol in der Bundesrepublik

---

Bd. 24, Nr. 3365, 26.6.1976, http://www.fes.de/archiv/adsd_neu/inhalt/dokumente/spieker/Band24.pdf (20.7.2014); Michael Kittner, Zur verfassungsrechtlichen Zukunft von Reformpolitik, Mitbestimmung und Gewerkschaftsfreiheit. Bemerkungen nach dem Mitbestimmungsurteil des Bundesverfassungsgerichts, in: Gewerkschaftliche Monatshefte 30 (1979), S. 321–342, hier S. 342.

[308] Heinz Oskar Vetter, Mitbestimmung in der Krise – Krise der Mitbestimmung?, in: Gewerkschaftliche Monatshefte 28 (1977), S. 673–678, hier S. 675; das folgende Zitat ebd., S. 673. Zur Klage und dem Urteil des Bundesverfassungsgerichts vom 1. März 1979 vgl. Richardi, Arbeitsverfassung, S. 255–258; Uwe Wesel, Der Gang nach Karlsruhe. Das Bundesverfassungsgericht in der Geschichte der Bundesrepublik, München 2004, S. 266–268.

[309] Vgl. Andrea Rehling, Konfliktstrategie und Konsenssuche in der Krise. Von der Zentralarbeitsgemeinschaft zur konzertierten Aktion, Baden-Baden 2011, S. 431f. Diese Empörung zog weite Kreise bis hinein ins feministische Lager; vgl. Margit Brunner-Walther, Arbeitgeber gegen Mitbestimmung, in: Emma 1 (1977), Nr. 9, September 1977, S. 17.

[310] Wie Anm. 294.

Deutschland geworden. Die Arbeitnehmer sind nicht bereit, den Abbau nach 1945 erkämpfter Rechte kampflos hinzunehmen"[311], proklamierten Duisburger IG-Metall-Funktionäre im November 1980. Auslöser dafür war die Entscheidung der Mannesmann AG, den Konzern umzustrukturieren. Dessen Hüttenwerke, die bis dahin eine unselbstständige Werksgruppe der Dachgesellschaft gewesen waren, sollten in die Mannesmann-Röhrenwerke AG eingegliedert werden. Betriebsorganisatorisch und rechnerisch war das sinnvoll, denn die Hütte produzierte das Vormaterial für das Röhrenwerk und arbeitete zudem mit Verlusten, die die Konzernspitze verringern wollte. Auch strategisch war dieser Schritt mitten in der Stahlkrise konsequent, denn Mannesmann war längst auf dem Weg zu einem diversifizierten Technologiekonzern.[312] Durch die Ausgliederung hätte die Dachgesellschaft auch nominell den Charakter eines Eisen- und Stahlunternehmens verloren. Daher wäre sie nicht mehr unter die Montanmitbestimmung, sondern unter das Mitbestimmungsgesetz von 1976 gefallen. Aus Sicht der Gewerkschaften bedeutete dies nicht einfach nur eine Abschwächung des Mitbestimmungsregimes in einem Unternehmen, sondern einen politisch motivierten Angriff auf ihre wichtigste gesellschaftspolitische Errungenschaft der Nachkriegszeit.[313]

Das bekundete auch die SPD und brachte auf Betreiben Wehners im Juli einen Gesetzentwurf zur Sicherung der Montanmitbestimmung in den Bundestag ein, bei dessen Formulierung das Zweigbüro der IG Metall beteiligt gewesen war. Formal handelte es sich um einen Gruppenantrag, um den Koalitionspartner FDP nicht zu brüskieren. So kurz vor der Sommerpause und im Schatten der Bundestagswahlen, die am 5. Oktober stattfanden, war dies ein durchsichtiges politisches

---

[311] AdsD IG Metall Vorstand 5/IGMA090404, Entschließung der Vertrauensleute-Vollkonferenz der IG Metall Verwaltungsstelle Duisburg, 28.11.1980. Ganz ähnlich lauteten die Formulierungen in den offiziellen Reaktionen von IG Metall und DGB, abgedruckt in: Das Mitbestimmungsgespräch 26 (1980), S. 115.

[312] Konzentration und Diversifikation prägten die Unternehmenspolitik schon vor dem Beginn der Stahlkrise im Jahr 1975: Bereits 1969 hatte Mannesmann seine Zechen an die Ruhrkohle AG verkauft, ein Jahr darauf gab der Konzern seine Walzstahlproduktion an Thyssen ab und übernahm im Gegenzug die Röhrenfertigung des Konkurrenten. Außerdem baute die Konzernleitung unter Egon Overbeck (Vorstandsvorsitzender von 1962 bis 1983) die Bereiche Anlagen- und Maschinenbau, Messtechnik und Informationssysteme zielstrebig aus. Die Grundlinien dieser Entwicklung beschreibt Horst Wessel als Erfolgsgeschichte: Kontinuität im Wandel. 100 Jahre Mannesmann 1890–1990, hrsg. von der Mannesmann AG, Düsseldorf 1990. Für die Ruhrkonzerne vgl. Müller, Strukturwandel, S. 393–397. Zur Stahlkrise vgl. die betriebswirtschaftliche Arbeit von Alexander Dieter, Die Krise der deutschen Stahlindustrie. Darstellung, Ursachenanalyse und theoretisch-empirische Überprüfung strategischer Konzepte der Krisenbewältigung, Diss. Universität Würzburg 1992; aus arbeitssoziologischer u. sozialhistorischer Perspektive Wolfgang Hinrichs u. a., Der lange Abschied vom Malocher. Sozialer Umbruch in der Stahlindustrie und die Rolle der Betriebsräte von 1960 bis in die neunziger Jahre, Essen 2000.

[313] IG Metall (Hrsg.), Der Angriff. Mannesmann gegen Mitbestimmung, Frankfurt am Main 1980; in diesem Sinne auch die Beiträge in der Juli/August-Nummer unter dem Titel „Montanmitbestimmung in Gefahr", in: Das Mitbestimmungsgespräch 26 (1980), S. 146–172. Zum Konflikt insgesamt vgl. Müller, Strukturwandel, S. 425–427; Lauschke, Die halbe Macht, S. 224–228.

Manöver, um die Arbeitnehmer nicht zu enttäuschen und zugleich die Koalition nicht zu belasten.³¹⁴ Nach der Wahl kündigte Schmidt in seiner Regierungserklärung vom 24. November ein Gesetz an, das die Geltungsdauer der Montanmitbestimmung in Unternehmen, bei denen die gesetzlichen Voraussetzungen ihrer Anwendung entfielen, für die Dauer von sechs Jahren verlängern werde. Mit dieser Frist wollte der Bundeskanzler die Möglichkeit für „weiteres Nachdenken" schaffen. Er ordnete die Regelung analog zum Mitbestimmungsgesetz von 1976 als einen Kompromiss ein, der zwar nicht alle Wünsche erfülle, aber die Kraft der Koalitionspartner bezeuge, trotz ihrer Ziel- und Auffassungsunterschiede zu gemeinsamen Lösungen zu gelangen.³¹⁵ Im März brachte die Bundesregierung dann ihren Gesetzentwurf ein, der am 1. Juli in Kraft trat und als „lex Mannesmann" bezeichnet wurde. Es führte die von Schmidt versprochene Aufschubfrist von sechs Jahren ein. Der Preis, den die FDP dafür verlangt und bekommen hatte, war aus Sicht der Gewerkschaften hoch. Die Regelung änderte das Verfahren zur Wahl der außerbetrieblichen Arbeitnehmervertreter. Sie wurden nicht mehr wie nach dem ursprünglichen Montanmitbestimmungsgesetz von den Gewerkschaften vorgeschlagen, sondern von den Betriebsräten, was den gewerkschaftlichen Einfluss auf die Unternehmenspolitik schmälerte. Dieser Eingriff brachte viele Gewerkschafter in Rage. Sie sahen in dem Gesetz „weiter nichts als die Beseitigung der qualifizierten Mitbestimmung auf Raten" und warfen der SPD vor, dass ausgerechnet sie sich anschicke, einen unter Konrad Adenauer erkämpften sozialen Fortschritt nach dreißig Jahren zu beerdigen.³¹⁶

Nicht allein in der Empörung der Gewerkschaften wirkten die enttäuschten Hoffnungen der Mitbestimmungsreform nach. In vielerlei Hinsicht bestätigte und festigte der Konflikt Anfang der 1980er Jahre Perzeptionsmuster, die sich in den Auseinandersetzungen um das Mitbestimmungsgesetz von 1976 ausgeprägt hatten. Genau wie in der ersten Hälfte der 1970er nahmen die Gewerkschaften jeden Zwischenschritt im Gesetzgebungsprozess als eine Verschlechterung ihrer Position wahr. Sie maßen das Gesetz am Gruppenantrag vom Juli 1980, also an einem politischen Statement ohne praktische Realisierungschance, das ihren Wünschen weitgehend entsprach. In gleicher Weise hatte der DGB sich in seiner

---

314 Bei einigen Journalisten löste das „absurde Theater vor der Wahl" nur noch Kopfschütteln aus; vgl. Heinz Michaels, Ins eigene Gesicht geschlagen, in: Die Zeit, 4.7.1980, S.16. Bundeskanzler Schmidt unterbrach sogar seinen Sommerurlaub, um eine Eskalation des Themas zu unterbinden; Mannesmann – Fortsetzung nach der Wahl, in: Der Spiegel 35 (1980), 18.8.1980, S.19-21.
315 Deutscher Bundestag, 9. Legislaturperiode, Plenarprotokoll Nr. 09/5 vom 24.11.1980, S.32, http://dipbt.bundestag.de/doc/btp/09/09005.pdf (27.1.2015).
316 AdsD IG-Metall 5/IGMA090792, Herbert Harder (IG Metall Verwaltungsstelle Lübeck) an Björn Engholm, 28.1.1981; ganz ähnlich AdsD IG Metall Vorstand 5/IGMA090793, Offener Brief der Großen Funktionärskonferenz der IG Metall für die Bundesrepublik Deutschland, Verwaltungsstelle Dortmund, an den Bundeskanzler der Bundesrepublik Deutschland, 29.1.1981. Engholm war im zweiten Kabinett Schmidt Bundesminister für Bildung und Wissenschaft, außerdem vertrat er als direkt gewählter Abgeordneter den Wahlkreis Lübeck im Bundestag. Vgl. auch Wolfgang Spieker, Montan-Mitbestimmung in den 80er Jahren. Sicherung oder Tod auf Raten, in: Das Mitbestimmungsgespräch 27 (1981), S.79-87.

Kritik am ersten Regierungsentwurf von 1974 auf den Gesetzentwurf der SPD von 1968 berufen. Außerdem warfen die Gewerkschaften dem Kanzler vor, seine Zusagen aus der Regierungserklärung vom November 1980 gebrochen zu haben – ebenfalls eine Parallele zur Mitbestimmungsreform.[317]

Auch die Probleme in der politischen Vermittlung nach außen muten wie eine Reprise des missglückten Erwartungsmanagements in den 1970er Jahren an. So musste sich Loderer wieder gegen den Eindruck wehren, die IG Metall meine ihren lautstarken Protest gar nicht ernst und signalisiere der SPD intern Verständnis für deren Haltung.[318] Bundesregierung und SPD-Führung griffen erneut zu Beschwichtigungen und Euphemismen, um den Streit zu entemotionalisieren, und verschoben die Hoffnung auf die Zukunft. So bezeichnete die Parlamentarische Staatssekretärin im Bundesarbeitsministerium Anke Fuchs den Kompromiss gegenüber der IG Metall als „für uns alle unbefriedigend", er verschaffe aber Zeit, in der die SPD dafür eintreten werde, die Mitbestimmungsrechte der Arbeitnehmer auszuweiten. Der AfA-Bundesvorsitzende Helmut Rohde warnte bei einer DGB-Veranstaltung in Hannover vor dem „Dauerstress der Irritationen der enttäuschten Erwartungen und der Emotionen"[319]. Vorwürfe von der Gewerkschaftsbasis, die Sozialdemokratie lasse die Montanmitbestimmung ausbluten, wiesen SPD-Fraktion und Regierungsmitglieder als unbegründet zurück und riefen dazu auf, das Gesetz als Erfolg zu betrachten und auch so darzustellen.[320] All diese Versuche schlugen fehl. Tiefes Misstrauen der Gewerkschaften gegenüber der Bundesregierung und der Sozialdemokratie als Partner in der Mitbestimmungspolitik war eine dauerhafte Folge der Enttäuschung. Die Gewerkschaften sahen sich selbst als Opfer ihrer Verbündeten: „Was politisch nun preisgegeben worden ist, das werden wir nie wieder zurückholen, auch wenn der gesamte Deutsche Ge-

---

[317] Vgl. die Stellungnahme des DGB zum Regierungsentwurf eines Gesetzes zur Änderung des Montanmitbestimmungsgesetzes und des Mitbestimmungsgesetzes, abgedruckt in: Gewerkschaftliche Monatshefte 32 (1981), S. 126–128. Darin nahm der DGB auch Bezug auf einen Referentenentwurf vom 1. Dezember 1980, abgedruckt in: Wolfgang Spieker/Heinrich Strohauer, 30 Jahre Management gegen die Montan-Mitbestimmung. Tatsachen und Deutungen des Konflikts Mannesmann/IG Metall 1980/81, Köln 1982, S. 92–101. Alle genannten Vorwürfe an die Bundesregierung finden sich auch in der oben zitierten Eingabe von Herbert Harder.
[318] AdsD IG Metall Vorstand 5/IGMA090230, Franz Steinkühler (IG Metall Bezirksleitung Stuttgart) an Eugen Loderer, 16.2.1981; ebd., Eugen Loderer an Hermann Scheer, 26.2.1981.
[319] AdsD IG Metall Vorstand 5/IGMA090338, Helmut Rohde, „Reformpolitik am Ende? Möglichkeiten und Grenzen nach der Bundestagswahl", Referat am 17./18.1.1981 in Hannover, 20.1.1981. Explizit zur Entemotionalisierung riefen auch einzelne Mitbestimmungsträger wie der Arbeitsdirektor der bundeseigenen Stahlwerke Peine-Salzgitter AG auf; AdsD IG Metall Vorstand 5/IGMA090793, Referat Günter Geisler zum Tag der Mitbestimmung, 22.1.1981.
[320] AdsD IG Metall Vorstand 5/IGMA090230, Anke Fuchs an den Vorstand der IG Metall, 8.12.1980; AdsD IG-Metall 5/IGMA090972, Manfred Hiltner (Arbeitskreis IV – Sozialpolitik – der SPD-Fraktion im Deutschen Bundestag) an Herbert Harder, 9.2.1981; ebd., Björn Engholm an Herbert Harder, 12.2.1981; ebd., Brigitte Traupe an August Winsmann, 12.2.1981. Traupe war Bundestagsabgeordnete, Winsmann IG Metall-Funktionär im niedersächsischen Dellingsen.

werkschaftsbund an einem Strang zieht. Das, was die Politiker jetzt preisgegeben haben, kriegen wir nicht wieder."[321]

Mit dieser Einschätzung lag Rudolf Judith richtig, denn bis zum Ende des Jahrzehnts setzte sich der Auszehrungstrend in der Montanmitbestimmung fort. 1987 und 1988 verabschiedete der Bundestag zwei weitere Sicherungsgesetze, um zu verhindern, dass die Konzernobergesellschaften von Klöckner, Thyssen, Mannesmann und der Salzgitter AG aus der Montanmitbestimmung ausschieden. Doch die christlich-liberale Koalition näherte Wahlvorschriften und Zusammensetzung des Aufsichtsrates den Regelungen nach der Unternehmensmitbestimmung von 1976 weiter an. Damit verlor das Montanmodell mehr und mehr seine Vorbildfunktion, während die ungeliebte „Scheinmitbestimmung" zum Normalfall avancierte.[322]

Mit der Enttäuschung über die Reform von 1976 lässt sich also die Kontinuität in der Form der Konflikte über die Mitbestimmung in den 1980er Jahren erklären. Sie war außerdem eine der Triebkräfte für ein strategisches Umdenken. Da die DGB-Führung auf der programmatischen Ebene die Mitbestimmung nie in Frage gestellt, sondern im Gegenteil ihren Stellenwert und ihre normative Begründung immer wieder gestärkt hatte, stand das Ziel der Mitbestimmung an sich nicht zur Disposition. Aber in die Frage, wie dieses Ziel anzustreben sei, kam Bewegung. Der DGB zog Konsequenzen aus dem Scheitern seiner langen Bemühungen, Mitbestimmung durch gesetzgeberische Akte zu verwirklichen.[323] Verbunden damit war ein Wandel der Kommunikationsstrategie. Beides lässt sich an der Mitbestimmungsinitiative des DGB in der ersten Hälfte der 1980er Jahre ablesen.

Im September 1982 beschloss der DGB-Bundesvorstand seine neue Mitbestimmungsinitiative. Den Anstoß dazu hatte der Streit um die Montanmitbestimmung bei Mannesmann und das Scheitern des DGB gegeben, sie durch ein Gesetz dauerhaft abzusichern. Die Initiative sollte die strategischen Konsequenzen aus den Misserfolgen ziehen und den Gewerkschaften wieder zu politischer Schlagkraft verhelfen. Als Ernst Breit, der im Mai 1982 Vetter als DGB-Vorsitzender abgelöst hatte, die neue Mitbestimmungsinitiative vorstellte, klang vieles vertraut. Im Mittelpunkt der Forderungen stand die Ausweitung der paritätischen Mitbestimmung nach dem Vorbild der Montanindustrie auf die gesamte Wirtschaft. Sie

---

[321] „Frontal angreifen mit dem Ziel der Ausweitung der Mitbestimmung in allen Großunternehmen". Interview mit Rudolf Judith, in: Das Mitbestimmungsgespräch 27 (1981), S. 239–243, hier S. 243.

[322] Vgl. Müller, Strukturwandel, S. 428f.; Hinrichs u. a., Der lange Abschied vom Malocher, S. 92. Bereits Ende der 1970er Jahre fielen nur noch 2,6% der Arbeitnehmer unter das Mitbestimmungsregime nach dem Montanmodell, für 19,6% galten die Bestimmungen von 1976; Horst-Udo Niedenhoff, Mitbestimmung in der Bundesrepublik Deutschland, Köln 1979, S. 20.

[323] Das zeigte sich etwa am Grundsatzprogramm des DGB von 1981, in dem Mitbestimmung gegenüber der Beschäftigungs- und Tarifpolitik an Prominenz einbüßte und das die starke staatliche Orientierung der gewerkschaftlichen Reformpolitik relativierte. Vgl. Heinz Oskar Vetter, Einigkeit im Grundsatz, Vielfalt in der Praxis. Gedanken zum Grundsatzprogramm-Kongreß des DGB, in: Gewerkschaftliche Monatshefte 32 (1981), S. 65–76, hier S. 68f. u. 74f.

sollte auf allen Ebenen vom Arbeitsplatz über den Betrieb und das Unternehmen bis zu gesamtwirtschaftlichen Strukturen greifen. Breit präsentierte Mitbestimmung zugleich als Mittel und Ziel für eine Demokratisierung der Wirtschaft. Doch der DGB-Vorsitzende bettete diese Traditionsbestände gewerkschaftlicher Programmatik in einen Neuansatz ein. Unverkennbar war sein Bemühen, Mitbestimmung nicht mehr als ein abstraktes Ordnungsprinzip darzustellen, sondern ihren konkreten Nutzen in einer wirtschaftlichen Umbruchphase hervorzukehren. Mitbestimmung erschien so als notwendiges Instrument, um die Arbeitnehmerrechte im wirtschaftlichen Strukturwandel zu bewahren. Außerdem akzentuierte Breit die Mitbestimmungsforderung als Antwort auf die Gesellschafts- und Wirtschaftspolitik unter Helmut Kohl. Nur die Mitbestimmung, so seine Botschaft, helfe gegen Massenarbeitslosigkeit, Reallohnverluste und Einschnitte in die soziale Sicherheit, nur sie könne einen ungezügelten Marktliberalismus noch verhindern.[324] Diese Argumentation bestimmte die Positionierung der Gewerkschaften auf Jahre hinaus. Sie bauten Mitbestimmung als Gegenbegriff zur konservativen „Wende" der christlich-liberalen Bundesregierung auf. Wiederum wurde Mitbestimmung zum Symbol, diesmal als Verteidigungsbastion gegen die vorgebliche Demontage des gesamten sozialen und gesellschaftspolitischen Fortschritts der vorausgegangenen Jahrzehnte.[325]

Die zweite bedeutende Neuerung war eine Abkehr von den Parteien und der Bundesregierung als Adressaten der gewerkschaftlichen Forderungen einerseits und von der Fixierung auf die Führungs- und Kontrollgremien der Unternehmen andererseits. Damit zog der DGB die Konsequenz aus der Enttäuschung über die Reformpolitik der Bundesregierung nach dem ersten Ölpreisschock. 1978 hatte Vetter die Quintessenz dieser Umorientierung formuliert: „Wir müssen uns sehr viel mehr auf unsere eigene Kraft verlassen. Wir müssen die eigenen Handlungsmöglichkeiten suchen und ausweiten. Das heißt: ein Schwergewicht liegt auf der Erweiterung der Tarifpolitik und ihrer Verzahnung mit einer gewerkschaftlichen Betriebs- und Unternehmenspolitik."[326] Dieses strategische Lernen ging direkt

---

[324] Ernst Breit, Mitbestimmungsinitiative. Abbau der Arbeitslosigkeit – Demokratisierung der Wirtschaft, 24.9.1982, in: Gewerkschaftliche Monatshefte 33 (1982), S. 593–602.

[325] AdsD IG Metall Vorstand 5/IGMA170922, Referat von Ernst Breit zum Thema „Mitbestimmung und Tarifpolitik" auf der Arbeitsdirektorentagung der Hans-Böckler-Stiftung am 12. Januar 1984 in Erlangen, o. D.; mit vielen weiteren Belegen Michael Schneider, Kleine Geschichte der Gewerkschaften. Ihre Entwicklung in Deutschland von den Anfängen bis heute, Bonn 2000, S. 375–380. Tatsächlich kann von einer Rücknahme der sozialliberalen gesellschaftspolitischen Reformen keine Rede sein. Trotz aller Erneuerungsrhetorik führte die Bundesregierung die sozialstaatlichen Entwicklungslinien fort, und auch die haushaltspolitische Konsolidierung stand in Kontinuität zu den Rezepten ihrer Vorgängerregierung; vgl. Wirsching, Abschied vom Provisorium, S. 242–255, 264–270 u. 337–340.

[326] Zitiert nach Frank Deppe, Zwischen Integration und autonomer Klassenpolitik – die DGB-Gewerkschaften in der Ära des Sozialliberalismus (1966/67–1982), in: ders./Georg Fülberth/Jürgen Harrer (Hrsg.), Geschichte der deutschen Gewerkschaftsbewegung, Köln 41989, S. 576–707, hier S. 652. Die Betonung der „eigenen Kraft" wurde zu einem Leitmotiv der Einlassungen Vetters zur Mitbestimmungspolitik des DGB, das er beispielsweise am 27. Februar 1981 vor Beschäftigten der Volkswagen AG in Baunatal variierte, zitiert in: Das Mitbestimmungsgespräch 27 (1981), S. 87.

auf die Auseinandersetzungen um die Mitbestimmung zurück, denn genau dieselben Schlussfolgerungen hatte Vetter bereits 1976 aus den Erfahrungen des Mitbestimmungsgesetzes gezogen.[327] Die neue Mitbestimmungsinitiative zielte daher nicht mehr darauf ab, politische Entscheider zu überzeugen, sondern stellte die Mobilisierung der Gewerkschaftsmitglieder ins Zentrum. Sie wertete den Arbeitsplatz als Handlungsfeld enorm auf und arbeitete sich nicht mehr an Wahlordnungen und Paritätsmodellen für den Aufsichtsrat ab.[328] Und sie bezog alle Forderungen auf die praktischen Probleme der Arbeitnehmer, anstatt diese mit mehr Demokratie und Gerechtigkeit zu ködern.

Wie stark sich der DGB bemühte, die Mitbestimmung in ein neues Licht zu stellen, zeigt der Vergleich zwischen den Werbebroschüren aus den frühen 1970er und Mitte der 1980er Jahre. Hatte der DGB 1970 noch seitenlang in kompliziertem Funktionärsjargon die ordnungspolitischen, gesellschaftstheoretischen und betriebsorganisatorischen Einwände gegen ihr Konzept zu widerlegen versucht, so reichte 1984 eine als grafisches Element hervorgehobene „Vorurteilskiste", um die Adressaten mit Argumenten gegen Kritiker zu versorgen. Der Hauptakzent lag nun auf Fallbeispielen, die den praktischen Nutzen der Mitbestimmung veranschaulichten. Die neue Broschüre richtete sich direkt an Arbeitnehmer, die von der Krise betroffen waren oder dies für die Zukunft fürchteten: „Die Zukunft ist für alle Arbeitnehmer unsicherer geworden. [...] Arbeitslosigkeit, Sozialabbau, Rationalisierung, Nullwachstum müssen gemeinsam und gleichberechtigt von allen bewältigt werden. Über Mitbestimmung. Nicht irgendwann später, sondern jetzt." Um das zu erreichen, appellierte der Text in der zweiten Person Singular an die Adressaten: „Das erste und wichtigste Ziel unserer Initiative ist es, die organisierten Kolleginnen und Kollegen zu überzeugen. Also auch Dich! [...] Wir brauchen Dich für die Überzeugungsarbeit am Arbeitsplatz. Rede mit den Kollegen in der Mittagspause. Abends beim Bier. [...] Mach Stimmung für mehr Mitbestimmung!"[329]

Zielgruppengerechte Sprache, Konkretion und Werbeslogans konnten allerdings nicht darüber hinwegtäuschen, dass die Kampagne nicht nur gegen den gesellschaftlichen Trend anzukämpfen hatte, sondern auch gegen das Desinteresse der Arbeitnehmer. Die Initiative stieß in der Öffentlichkeit und bei den Gewerk-

---

[327] Wörtlich hatte Vetter betont: „Nicht zuletzt das Mitbestimmungsgesetz '76 hat uns bewiesen, daß wir uns nur auf die Stärke der organisierten Arbeitnehmerschaft und ihrer Gewerkschaften verlassen können. Sonst aber auf niemanden!", und in diesem Zusammenhang auf Tarifpolitik und Betriebsräteabeit verwiesen (wie Anm. 294). Genauso argumentierte auch Volker Jung, Aspekte der Mitbestimmungsinitiative des DGB, in: Gewerkschaftliche Monatshefte 33 (1982), S. 627–640, hier S. 638. Jung leitete die Abteilung Gesellschaftspolitik beim Bundesvorstand des DGB, welche die Initiative konzipiert hatte.
[328] Vgl. Günter Döding, Mitbestimmung am Arbeitsplatz als Beitrag zur Humanisierung der Arbeit, in: ebd., S. 602–610. Im November 1984 verabschiedete der DGB eine Konzeption für die Mitbestimmung am Arbeitsplatz, auszugsweise abgedruckt in: Gewerkschaftliche Monatshefte 36 (1984), S. 180–184.
[329] AdsD IG Metall Vorstand 5/IGMA071108, DGB-Broschüre „Die neue Initiative für mehr Mitbestimmung", o. D. [1984].

schaftern selbst auf geringe Resonanz, wie Breit zugeben musste.[330] Sie entfaltete auch wenig Wirkung. Gerade die neuen Akzente wie die Verzahnung mit der Tarifpolitik und die Mitbestimmung am Arbeitsplatz wurden nicht realisiert. Zwar sicherten die verschiedenen Mitbestimmungsgesetze den Arbeitnehmern auf allen Entscheidungsebenen starke Mitspracherechte, aber sie wurden häufig von einer kleinen Elite wahrgenommen, während die Masse der Beschäftigten kaum mitwirkte. Dieses „Mitbestimmungsparadox"[331] war sicher auch ein Grund dafür, dass die gewerkschaftlichen Forderungen keine große Popularität genossen. Doch die auch demoskopisch immer wieder untermauerte Erkenntnis, dass den Arbeitnehmern Lohnsteigerungen, Arbeitsplatzsicherheit und die konkreten Arbeitsbedingungen weit wichtiger waren als Mitbestimmung, führte nicht dazu, dass der DGB seine Forderung aufgab. Bis heute hat die Mitbestimmung ihren programmatischen Rang für die Gewerkschaften nicht verloren.

Die Enttäuschung über das Mitbestimmungsgesetz von 1976 zog insofern einen Utopieverlust nach sich, weil die Mitbestimmung ihren Nimbus als Königsweg in eine lichte Zukunft der Demokratie und der Gerechtigkeit einbüßte. Sie führte zu einem strategischen Lernen und bereitete auf diese Weise den Weg zu einer Neuverhandlung, die aber das grundsätzliche Ziel unangetastet ließ. Genauso wichtig ist, dass die Enttäuschung keine grundsätzliche Verweigerungshaltung hervorrief. Weder lässt sich eine breite Austrittswelle enttäuschter Sozialdemokraten oder Gewerkschaftsmitglieder konstatieren, noch litt die Demokratie an sich Schaden. Enttäuschung fand innerhalb der demokratischen Prozesse und Institutionen ihren Platz.

1.4 Zwischenfazit: Der Ort von Enttäuschung in der Zeitgeschichte der 1970er Jahre

Die Geschichte der Mitbestimmung in den 1970er und 1980er Jahren zeigt deutlich, dass Enttäuschung nicht nur eine Begleiterscheinung war. Jahrelang geschürte Erwartungen gaben der Materie, über die ab 1974 verhandelt wurde, ihre symbolische und damit auch ihre politische Bedeutung. Hoffnung, Empörung und Enttäuschung bestimmten den Gang des Aushandlungsprozesses mit und wurden dadurch selbst zum Faktor, mit dem die Akteure umzugehen hatten. Mittel- und langfristig zog die Enttäuschung über das Mitbestimmungsgesetz Folgen nach sich, die bis in die strategische Positionierung der Gewerkschaften hineinreichten. Daher geht es in die Irre, die Bewertung des Mitbestimmungsgesetzes von 1976 als eine der größten Niederlagen der Gewerkschaften als „eklatante Fehleinschätzung" abzutun, selbst wenn man dem Mitbestimmungsgesetz von 1976 langfristig Erfolg bescheinigt und darin den Ausgangspunkt für das Entstehen einer neuen

---

[330] Ebd., Bericht der DGB-Bundespressestelle über die Wissenschaftliche Konferenz des DGB „Vollbeschäftigung – Mitbestimmung – Technikgestaltung" vom 26. bis 28. März 1985, April 1985; vgl. auch Schneider, Kleine Geschichte der Gewerkschaften, S. 380.
[331] Hinrichs u. a., Der lange Abschied vom Malocher, S. 99.

1.4 Enttäuschung in der Zeitgeschichte der 1970er Jahre

Mitbestimmungskultur sieht.[332] Denn Wahrnehmung und emotionale Einordnung der Reform prägten diese Kultur stark mit, etwa in Form von ausgeprägtem Misstrauen zwischen Arbeitnehmer- und Arbeitgebervertretern, das jahrelang die Anwendungspraxis des Gesetzes bestimmte.[333]

Vergleicht man die Mitbestimmung mit verwandten Konzepten der Arbeiterselbstverwaltung, so wird deutlich, dass Enttäuschungsmuster Teil einer spezifischen politischen Kultur sind, die stark von den jeweiligen nationalen Besonderheiten abhängen. Enttäuscht waren Gewerkschafter und Sozialdemokraten über die Regierung beziehungsweise über ihre jeweiligen Führungsriegen. Es ist augenfällig, in welch hohem Maße sich ihre Erwartungen auf staatliche Regulationskompetenz, auf institutionell kanalisiertes Handeln und die Überzeugungskraft vernünftig vorgetragener Forderungen bezogen. Mitbestimmung war trotz aller Hoffnungen auf Systemtransformation ein evolutionärer und staatsnaher Ansatz und zugleich eine Absage an revolutionäre Gegenutopien. Das war im Kontext der transnationalen syndikalistischen Bewegung ganz anders: Die Anhänger der *autogestion* in Frankreich bzw. des italienischen Gegenstücks der *autogestione*, die Kooperativen in Katalonien während des Spanischen Bürgerkriegs, die selbstverwalteten Arbeiterkollektive in Chile und Argentinien oder polnische Konzepte der Betriebsdemokratie beriefen sich auf andere Traditionen.[334] Sie alle zielten genau

---

[332] Milert/Tschirbs, Die andere Demokratie, S. 499. Die Forschung zu den Arbeitsbeziehungen zwischen Mitbestimmungsträgern und Management hebt hervor, dass diese sich in den 1990er Jahren professionalisierten und versachlichten, sodass die Akteure auf der Basis gegenseitiger Zugeständnisse sowohl betriebswirtschaftliche als auch soziale Interessen gelten ließen; z. B. Aida Bosch, Vom Interessenkonflikt zur Kultur der Rationalität. Neue Verhandlungsbeziehungen zwischen Management und Betriebsrat, München 1997; Walther Müller-Jentsch, Strukturwandel der industriellen Beziehungen. „Industrial Citizenship" zwischen Markt und Regulierung, Wiesbaden 2007. Dessen ungeachtet sind die subjektiven Erfahrungsberichte von Betriebsräten, die während und nach diesem Wandel aktiv waren, voll von „vielfachen und wiederholten Enttäuschungen, Zurückweisungen und Missachtungen […] aus nicht eingelösten Anerkennungserwartungen"; Erhard Tietel, Konfrontation – Kooperation – Solidarität. Betriebsräte in der sozialen und emotionalen Zwickmühle, Berlin 2006, S. 64. Vgl. zur Einordnung Ralph Greifenstein/Leo Kißler, Mitbestimmung im Spiegel der Forschung. Eine Bilanz der empirischen Untersuchungen 1952–2010, Berlin 2010.

[333] Betriebsräte und Aufsichtsratsmitglieder der Arbeitnehmerseite klagten über fortwährende Versuche der Kapitaleigner, ihre Partizipationsrechte durch Geschäftsordnungstricks zu unterlaufen, indem beispielsweise die Hauptversammlung den Katalog der Geschäfte zusammenstrich, die dem Aufsichtsrat vorzulegen waren. Umgekehrt warfen die Unternehmer den Gewerkschaften vor, unzulässigen Einfluss auf die Wahl der Arbeitsdirektoren auszuüben. Vgl. BA B 149/50863, BPA-Nachrichtenabteilung: Auswertung der ZDF-Sendung „Bilanz" vom 6.9.1978, o. D.; ebd., Ausarbeitung „Mitbestimmung der Arbeitnehmer", o. D. [Oktober 1978]; Heinz Günther Kemmer/Erika Martens, Einig in der Abwehr. Das Thema Mitbestimmung deckt interne Querelen zu, in: Die Zeit, 19.9.1980, S. 18.

[334] Vgl. Axel Weipert (Hrsg.), Demokratisierung von Wirtschaft und Staat. Studien zum Verhältnis von Ökonomie, Staat und Demokratie vom 19. Jahrhundert bis heute, Berlin 2014; Lycien van der Walt/Michael Schmidt, Schwarze Flamme. Revolutionäre Klassenpolitik im Anarchismus und Syndikalismus, Hamburg 2013; Dario Azzellini/Immanuel Ness (Hrsg.), „Die endlich entdeckte politische Form". Fabrikräte und Selbstverwaltung von der Russischen Revolution bis heute, Köln 2012; Lucien Collonges (coord.), Autogestion. Hier, aujourd'hui, demain, Paris 2010.

wie die Mitbestimmung in Deutschland auf mehr Demokratie von unten, richteten sich gegen die kapitalistische Verfügungsmacht über die Beschäftigten und begriffen sich als Weg zu einer gerechteren Gesellschaft. Doch unabhängig davon, mit welchem Erfolg diese Modelle der Arbeiterselbstverwaltung praktiziert wurden, waren sie doch weniger anfällig für die Enttäuschungen, die die Mitbestimmungsreform von 1976 ihren Verfechtern in der Bundesrepublik bereitete.

Fokus und Ausprägung der Enttäuschung über die Mitbestimmung lassen sich mithin als „deutsch" begreifen. Doch was lässt sich aus ihnen für die Zeitgeschichte der 1970er Jahre für die Bundesrepublik ableiten? Zunächst verdeutlicht die Mitbestimmungsdiskussion, wie heterogen selbst im Lager der Mitbestimmungsbefürworter die Erwartungen waren. Keineswegs alle von ihnen erhofften sich von der Reform einen entscheidenden Demokratisierungsschub. Noch geringer war der Anteil derjenigen, die in der Mitbestimmung einen Schritt auf dem Weg zu einer grundlegenden Transformation der Wirtschafts- und Gesellschaftsordnung sahen. Insbesondere zwischen den Vorkämpfern von Strömungen und Gruppierungen innerhalb der Sozialdemokratie und der Führungsetage der Gewerkschaften auf der einen und den eigentlichen Adressaten der Reform auf der anderen Seite zeigten sich deutliche Unterschiede. Die Mehrheit der Arbeitnehmerinnen und Arbeitnehmer nahmen nur wenig Anteil an der Diskussion um Ziele und Inhalte der Reform und an den Auseinandersetzungen, die nach dem Inkrafttreten des Mitbestimmungsgesetzes folgten. Sie waren auch weitaus zufriedener mit dem Kompromiss als die Gewerkschaftsführung, selbst bei Betriebsräten stieß er auf weniger Ablehnung, als die aufgeregte Diskussion in den Zeitungen und zwischen den Führungsfiguren von SPD und Gewerkschaften vermuten lassen.

Diese Ergebnisse zeigen, wie wenig sich Erwartungen und Enttäuschungen als kollektives Stimmungsbild verallgemeinern lassen. Zudem demonstrieren die Mitbestimmungsdebatten, dass die Behauptung von kollektiven Hoffnungen oder Enttäuschungen auch als strategisches Argument diente, um bestimmten Forderungen Nachdruck zu verleihen. Insofern bestätigt die Mitbestimmung, was Sina Fabian für die Konsumgeschichte der 1970er Jahre unterstreicht, dass sich nämlich „die Wahrnehmungen der Bevölkerung und ihre konkreten Praktiken mitunter stark von in zeitgenössischen Höhenkammdiskussionen verhandelten Wahrnehmungen unterscheiden"[335]. In diesem Lichte verlieren Verlusterzählungen an Plausibilität, die auf ein weit verbreitetes Krisengefühl, auf die Enttäuschung von partizipatorischen Reformerwartungen oder auf den generellen Abbruch von Zukunftsoptimismus abstellen.[336] Karl Dietrich Bracher unterteilte in diesem Sinne die 1970er Jahre in drei Abschnitte: Die Jahre 1969 bis 1973 charakterisierte er als die „Zeit der großen Erwartungen", auf die eine bis 1977 andauernde Phase nicht

---

[335] Sina Fabian, Boom in der Krise. Konsum, Tourismus, Autofahren in Westdeutschland und Großbritannien 1970–1990, Göttingen 2016, S. 432. Fabians Befund hat Frank Bösch zu einer Kritik am Krisennarrativ in der deutsche Zeitgeschichtsschreibung der 1970er Jahre ausgeweitet: Bösch, Boom zwischen Krise und Globalisierung, S. 355.

[336] Vgl. die in Anm. 136 genannten Beispiele für solche Generalisierungen. Zum Krisengefühl der 1970er Jahre vgl. u. a. Gassert, Viel Lärm um nichts, S. 182–184.

minder „großer Ernüchterung" gefolgt sei, bis schließlich ein „neues Krisendenken" Einzug gehalten habe.[337] Brachers Einteilung hat in der Zeitgeschichtsforschung bis heute Widerhall gefunden. Am stärksten bestimmt die Zuschreibung eines Übergangs „von der Euphorie zur Ernüchterung"[338] die Geschichte der politischen Planung. Lutz Raphael und Anselm Doering-Manteuffel begründeten ihre These eines Strukturbruches ebenfalls mit einem mentalen Umschwung. Hatten die Achtundsechziger eine fortschrittsgläubige „Aufbruchstimmung" in eine offene Zukunft verkörpert und damit den Demokratisierungsimpetus der sozialliberalen Reformpolitik als „Signum der Siebzigerjahre" getragen, so entzog das Ende des Booms diesem Zukunftsvertrauen den Boden und erschütterte die Zukunftserwartungen.[339]

Die emotionalen Nachwirkungen der Mitbestimmungsreform fügen sich nur teilweise in dieses Schema ein. Enttäuschung rief das Gesetz in der Tat hervor, weil es die Möglichkeitsräume begrenzte, die die Mitbestimmung als ordnungspolitische Idee in einer symbolischen Dimension erschlossen hatte. Allerdings brachen nach dem Mitbestimmungsgesetz nicht alle Erwartungen ab, die bestimmte Akteure und soziale Gruppen an die Reform gerichtet hatten. Die Mitbestimmungsinitiative des DGB der 1980er Jahre begründete die Forderung nach mehr Mitbestimmung mit denselben Argumenten, die die Gewerkschaften seit den 1960er Jahren vorgebracht hatten. Während der DGB trotz der Enttäuschung über die Reform die Erwartungen von gesellschaftspolitischem Fortschritt durch mehr Mitbestimmung konservierte, wandten sich die Arbeitnehmerinnen und Arbeitnehmer zusehends von diesem Thema ab. Diesen Vorgang haben Rüdiger Graf und Benjamin Herzog als „Entkollektivierung" beschrieben, die sie als „Konsequenz aus der Enttäuschung von Erwartungszukünften" fassen.[340] Doch auch der DGB-Vorstand zog Schlussfolgerungen aus der Enttäuschung. Diese bahnte den Weg für eine Neuausrichtung der gewerkschaftlichen Strategie: Sie setzte nicht mehr darauf, im Bündnis mit sozialdemokratischen Regierungsmitgliedern ihre gesellschaftspolitischen Ziele durch Reformpolitik zu verwirklichen. Der DGB zog aus dem Scheitern dieses Ansatzes die Konsequenz, die eigene Stärke als Tarifpartner auszuspielen, und akzentuierte die betriebliche Ebene. Keinen Raum mehr hatten indessen seit Mitte der 1970er Jahre Hoffnungen, das Wirtschafts- und Gesellschaftssystem der Bundesrepublik grundlegend zu wandeln.

Auf Seiten der Gewerkschaften fand also ein partieller Utopieverlust statt. Auch mit Blick auf den Demokratisierungsimpetus der „inneren Reformen" bedeutete

---

[337] Bracher, Politik und Zeitgeist, S. 286.
[338] Benjamin Seifert, Träume vom modernen Deutschland. Horst Ehmke, Reimut Jochimsen und die Planung des Politischen in der ersten Regierung Willy Brandts, Stuttgart 2010, S. 125.
[339] Vgl. Doering-Manteuffel/Raphael, Nach dem Boom, S. 26–30 u. 113. Auch die Gesamtdarstellungen von Eckart Conze und Ulrich Herbert markieren 1973/1974 als Zäsur zwischen der „Reformzeit" und „Krisenjahren" bzw. zwischen „fortschrittsgewisse[r] Euphorie" und „Zweifel und Krisenempfinden": Eckart Conze, Die Suche nach Sicherheit. Eine Geschichte der Bundesrepublik Deutschland von 1949 bis in die Gegenwart, München 2009, S. 331 u. 463; Ulrich Herbert, Geschichte Deutschlands im 20. Jahrhundert, München 2014, S. 887.
[340] Graf/Herzog, Geschichte der Zukunftsvorstellungen, S. 506.

das Scheitern der „echten Parität" nicht das Ende aller Hoffnungen und Erwartungen. Im Programm „Humanisierung der Arbeit" lebte der partizipative Ansatz der Mitbestimmung fort, bildete jedoch nicht mehr die Hauptstoßrichtung.[341] Zudem revitalisierte sich das Demokratisierungsstreben in der zweiten Hälfte der 1970er Jahre auf anderen Ebenen. Wiederum zu kurz gefasst wäre es, den „alten Aufbruchsimpetus" von 1968 nach dem Scheitern der Reformen nur noch im alternativen Milieu fortleben zu sehen.[342] Zum einen führte kein geradliniger, bruchloser Weg von den Studentenprotesten in die Neuen sozialen Bewegungen hinein[343], zum anderen lenkten die Bürgerinitiativen, die Umwelt-, Emanzipations- und Friedensbewegungen das Partizipationsanliegen nicht völlig aus den Parteien und Gewerkschaften hinaus. Vielmehr kanalisierten sie ebenso wie das Mitbestimmungsthema in den etablierten politischen und gesellschaftlichen Organisationen die Wahrnehmung von Demokratiedefiziten. Der Bielefelder Appell von Sozialdemokratinnen und Sozialdemokraten, die Forderungen der Arbeitsgemeinschaft sozialdemokratischer Frauen oder das Engagement der Jugendverbände von IG Metall und SPD belegen, wie stark das Vertrauen blieb, durch politisches Engagement die Organisationen selbst und auch die Gesellschaft als Ganzes gerechter und demokratischer zu gestalten.[344]

So richtig es ist, die Reichweite von Enttäuschung über die Mitbestimmung nach Akteuren und sozialen Gruppen zu differenzieren, so unangemessen erscheint es, die ihr zugrunde liegenden Erwartungen in der zeitgeschichtlichen Rückschau als naiv, illusorisch oder utopisch abzutun. Vergangene Zukunftsvorstellungen als „unrealistische Hoffnungen"[345] zu bezeichnen, adelt eine Strategie, mit der Akteure vergangener Deutungskämpfe die Position politisch Andersdenkender disqualifizierten, mit dem Gütesigel eines geschichtswissenschaftlichen

---

[341] Ab der Wende zu den 1980er Jahren traten die partizipativen Programmelemente gänzlich in den Hintergrund; vgl. Anne Seibring, Die Humanisierung des Arbeitslebens in den 1970er Jahren: Forschungsstand und Forschungsperspektiven, in: Knud Andresen/Ursula Bitzegeio/Jürgen Mittag (Hrsg.), „Nach dem Strukturbruch"? Kontinuität und Wandel von Arbeitsbeziehungen und Arbeitswelt(en) seit den 1970er Jahren, Bonn 2011, S. 107–126, hier S. 109f.

[342] Diese gängige Lesart findet sich etwa bei Werner Faulstich, Gesellschaft und Kultur der siebziger Jahre: Einführung und Überblick, in: ders. (Hrsg.), Die Kultur der siebziger Jahre, München 2004, S. 7–18, hier S. 16.

[343] Vgl. Ingrid Gilcher-Holtey, Die 68er Bewegung. Deutschland – Westeuropa – USA, München 2001, S. 115; Siegfried, Time Is on My Side, S. 645–746; Karl-Werner Brand, Die aktive Bürgergesellschaft. Studentenbewegung, neue soziale Bewegungen – und was davon bleibt, in: Forschungsjournal Neue soziale Bewegungen 21 (2008), Nr. 3, S. 35–44, insbesondere S. 39f.; Dieter Rucht, Das alternative Milieu in der Bundesrepublik. Ursprünge, Infrastruktur und Nachwirkungen, in: Sven Reichardt/Detlef Siegfried (Hrsg.), Das Alternative Milieu. Antibürgerlicher Lebensstil und linke Politik in der Bundesrepublik Deutschland und Europa 1968–1983, Göttingen 2010, S. 61–86.

[344] Vgl. Kap. 4.1; außerdem Jan Hansen, Abschied vom Kalten Krieg? Die Sozialdemokraten und der Nachrüstungsstreit (1977–1987), Berlin 2016, S. 153–196; Andresen, Gebremste Radikalisierung, S. 518–535, Dietmar Süß, Friedensbewegung und Gewerkschaften, in: Christoph Becker-Schaum u. a. (Hrsg.), „Entrüstet Euch!" Nuklearkrise, NATO-Doppelbeschluss und Friedensbewegung, Paderborn 2012, S. 262–272.

[345] Faulenbach, Jahrzehnt, S. 73.

Urteils. Die Geschichte der Mitbestimmung illustriert, dass Interventionen in den kollektiven Erwartungshaushalt als Instrument in der Auseinandersetzung um politische Möglichkeitsräume dienten. Brachers Verdikt über die „weitschweifenden, utopischen und nie erprobten Wunschformen der Demokratisierung"[346] gibt sich klar als Widerhall der zeitgenössischen Auseinandersetzung selbst zu erkennen. Doch auch subtilere Bewertungen[347] ebnen die Pluralität von Zukunftsentwürfen ein, indem sie sie nach der Wahrscheinlichkeit ihrer Verwirklichung hierarchisieren.[348] Diese Vielfalt von Zukunftsentwürfen gilt es für die zweite Hälfte der 1970er Jahre wiederzuentdecken, wenn die Einschätzung stimmt, dass diese Dekade stärker von Aufbrüchen als von Niedergängen geprägt worden ist.[349] Enttäuschung lässt sich als treibende Kraft für die Neukonfigurierung von Zukunftserwartungen erkennen. Als Anstoß für Utopieverlust, für Anpassungsleistungen, aber auch für die Verteidigung von normativen Erwartungen erwies sich Enttäuschung als Mittel und Medium politischen Handelns.

Diese Funktion verweist auf den Stellenwert des Gefühlshaushalts in der politischen Kultur der 1970er Jahre. Die Auseinandersetzungen um die Mitbestimmungsreform zeigen, wie wichtig kollektive Gefühle für ein Handlungsfeld waren, das von etablierten und institutionalisierten Akteuren beherrscht wurde: Regierungsmitglieder, Gewerkschaften, Arbeitgeberverbände, Angehörige von Parteien und Parlamentarier. Gefühlspolitik war in den 1970er Jahren nicht nur Sache der neuen sozialen Bewegungen. Sie gehörte zum Handlungsrepertoire im Kampf um die Besetzung politischer Leitbegriffe, die in der Forschung als Charakteristikum der 1970er Jahre gilt. Diese Auseinandersetzungen erstreckten sich nicht allein auf den semantischen Gehalt von Fahnenwörtern.[350] Sie umfassten auch ihre emotionale Füllung. Am Beispiel der Mitbestimmung erweist sich, dass die politischen Debatten nicht nur Gefühle auslösten, sondern dass auch um die Gefühle selbst gestritten wurde. Dabei war die Mitbestimmung keineswegs eine Ausnahme von der Regel einer ansonsten gefühlsabstinenten politischen Kultur. Die vielen hochemotional geführten Auseinandersetzungen über die Ost- und Deutschlandpolitik, über Radikalenerlass, Schwangerschaftsabbruch oder Rasterfahndung sind nur besonders prägnante Beispiele dafür, wie selbstverständlich Gefühlsappelle und -resonanz in der politischen Kultur der 1970er Jahre waren und dass die Aus-

---

[346] Bracher, Politik und Zeitgeist, S. 316.
[347] Vgl. z. B. Herbert, Geschichte Deutschlands, S. 865.
[348] Vgl. Graf/Herzog, Geschichte der Zukunftsvorstellungen, S. 499.
[349] Reitmayer, Nach dem Boom – eine neue Belle Époque?, S. 22.
[350] Vgl. als jüngere Beispiele für den historisch-semantischen Zugang zur Zeitgeschichte der 1970er Jahre Ariane Leendertz/Wencke Meteling, Bezeichnungsrevolutionen, Bedeutungsverschiebungen und Politik. Zur Einleitung, in: dies. (Hrsg.), Die neue Wirklichkeit. Semantische Neuvermessungen und Politik seit den 1970er Jahren, Frankfurt am Main 2016, S. 13–33; Martina Steber, Die Hüter der Begriffe. Politische Sprachen des Konservativen in Großbritannien und der Bundesrepublik Deutschland, 1945–1980, Berlin 2017. Zu Mitbestimmung als Fahnenwort vgl. Martin Wengeler, „Der alte Streit ‚hier Marktwirtschaft dort Planwirtschaft' ist vorbei". Ein Rückblick auf die sprachlichen Aspekte wirtschaftspolitischer Diskussionen, in: ders./Georg Stötzel (Hrsg.), Kontroverse Begriffe. Geschichte des öffentlichen Sprachgebrauchs in der Bundesrepublik Deutschland, Berlin 1995, S. 35–92, hier S. 56–59.

einandersetzung über deren Folgen für die Demokratie untrennbar zur „inhaltlichen" beziehungsweise „sachlichen" Seite der Kontroversen dazugehörte.

Dieser emotionale Modus trennte traditionelle von unkonventionellen Politikansätzen und Akteuren also weniger, als die Zeitgeschichtsforschung bislang in aller Regel unterstellt. Zwar bekannten sich die Anhängerinnen und Anhänger der Neuen sozialen Bewegungen zu Gefühlen als Mittel der politischen Aktion, während die ganz überwiegende Mehrheit der Politiker, Politikwissenschaftler und Journalisten Rationalität und Gefühlskontrolle zum Gütesiegel demokratischer Meinungsbildung erklärten. Doch jenseits dieser diskursiven Ebene ähnelten sich die Gefühlspraktiken von Akteurinnen und Akteuren von etablierten und gegenkulturellen politischen Milieus. In diesem Sinne erweist sich der Ort von Enttäuschung in der Zeitgeschichte der 1970er Jahre als erstaunlich „normal".

2. Sehnsucht nach Bewegung: Enttäuschung in der autonomen Frauenbewegung

„?FRAUENBEWEGUNG = FRUSTBEWEGUNG", begann ein Leserinnenbrief an die Münchner Frauenzeitung vom Dezember 1979, in dem eine Frau ihre vergeblichen Versuche schilderte, Anschluss an die Münchner Frauenszene zu bekommen. Die Autorin erlebte ihr Engagement als „eine Aneinanderreihung von kleineren und größeren Enttäuschungen, Dämpfern, Rückschlägen, wenn ich versuche, mich aktiv in die Bewegung ‚einzumischen'"[1]. Derartige Erfahrungen waren treue Begleiter der Frauen, die in der „Neuen Frauenbewegung" in den 1970er und 1980er Jahren gegen ihre systematische gesellschaftliche Unterdrückung zu Felde zogen. Enttäuschung war eine immer wiederkehrende Alltagserfahrung und ein überwältigend präsentes Thema in der Selbstreflexion der Aktivistinnen.[2] Sie schlug sich in einem „resignativen Ton" nieder, der die (Selbst-)Historisierung der Bewegung vor allem in den 1990er Jahren begleitete.[3] Dagegen hat sich in den Gesamtdarstellungen zur bundesdeutschen Nachkriegsgeschichte ein Erfolgsnarrativ durchgesetzt, das die Frauenbewegung in einen langanhaltenden Prozess der Liberalisierung und Pluralisierung einordnet. Ihrem Einfluss werden die Emanzipationsfortschritte weiblicher Rollenentwürfe seit den 1960er Jahren zugeschrieben, sie gilt als Triebkraft für soziokulturelle Wandlungsprozesse hinsichtlich der Wahrnehmung und Einordnung geschlechtlicher Ungleichheiten, ihre Impulse brachten demzufolge neue Themen auf die politische Agenda, ihre Manifestationen veränderten maßgeblich die politische Kul-

---

[1] Ursula, Leserinnenbrief, in: IfZ Dq 855.001-1978/80, Münchner Frauenzeitung, Dez. 1979, S. 25.

[2] Vgl. z. B. die Oral-History-Studie von Annette Keinhorst, „Das war alles sehr, sehr aufregend...". 25 Jahre autonome Frauenbewegung in Saarbrücken. Eine Dokumentation in Text und Bild, Saarbrücken 1999, S. 44, 106 u. 112; Elisabeth Zellmer, Töchter der Revolte? Frauenbewegung und Feminismus der 1970er Jahre in München, München 2011, S. 61, 73, 79, 124, 151, 167 u. 187.

[3] Christine Thon, Frauenbewegung im Wandel der Generationen. Eine Studie über Geschlechterkonstruktionen in biographischen Erzählungen, Bielefeld 2008, S. 48. Thon belegt ihre These mit Titeln wie „Viel bewegt – nichts verrückt?", „Bewegter Stillstand" und „Frauen in der Defensive", unter denen Sympathisantinnen oder ehemalige Aktivistinnen in den 1990er Jahren Bilanz zogen; vgl. auch Ilse Lenz, Die unendliche Geschichte? Zur Entwicklung und den Transformationen der Neuen Frauenbewegung in Deutschland, in: dies. (Hrsg.), Die Neue Frauenbewegung, S. 21–44, hier S. 25. Bereits die ersten Resümees von Aktivistinnen zu Wirkungen und Zustand der Frauenbewegung thematisierten Enttäuschung und betonten weniger das Erreichte als die noch zu überwindenden Hürden; vgl. z. B. Lottemi Doormann, Die neue Frauenbewegung in der Bundesrepublik. Geschichte – Tendenzen – Perspektiven, in: dies. (Hrsg.), Keiner schiebt uns weg. Zwischenbilanz der Frauenbewegung in der Bundesrepublik, Weinheim 1979, S. 16–70, hier S. 61, außerdem das Vorwort ebd., S. 7; Alice Schwarzer, So fing es an! 10 Jahre Frauenbewegung, Köln 1981, S. 9, 47, 84, 105 u. 118; Frigga Haug, Perspektiven eines sozialistischen Feminismus. 20 Jahre Frauenbewegung in Westdeutschland, in: Autonome Frauenredaktion (Hrsg.), Frauenbewegungen in der Welt, Bd. 1: Westeuropa, Berlin 1988, S. 25–52, hier S. 26.

tur.⁴ Thematisch enger zugeschnittene Arbeiten argumentieren weitaus zurückhaltender und differenzierter, doch auch sie belegen eine deutliche Diskrepanz zwischen der Selbstwahrnehmung der Aktivistinnen und ihrer späteren zeitgeschichtlichen Einordnung.⁵ Historiografisch wird hier eine Spannung zwischen zeitgenössischen Erwartungshorizonten und wissenschaftlich bewerteten Erfahrungen greifbar, die ein analytischer Enttäuschungsbegriff auszuleuchten vermag.

Die Frauenbewegung kennzeichnete eine dezentrale Organisationsstruktur und eine große Themenvielfalt; Ziele, Strategien und ideologische Orientierungen der Akteurinnen waren so unterschiedlich, dass es deswegen zu regelrechten Sezessionen kam.⁶ Viel größere Kohärenz besaßen die Strömungen, die sich nach Aktionsrahmen oder sozialen Gruppen eingrenzen lassen, beispielsweise die Kinderladenbewegung, die Mütterbewegung, die Lesbenbewegung, die Frauenhausbewegung oder die Migrantinnenbewegung. In der Historiografie hat es sich daher durchgesetzt, von Frauenbewegungen im Plural zu sprechen.⁷ Sie alle waren zumindest aus Sicht der Akteurinnen der 1970er und 1980er Jahre allerdings Teil eines übergreifenden politischen Projekts, nämlich „der" Frauenbewegung.⁸ Was sie einte, war die „Einsicht in die strukturelle, herrschaftsförmige, historisch gewordene Ungleichheit und Ungleichwertigkeit der Geschlechter in Zusammenhang mit anderen (Ungleichheits-)Strukturen sowie der Anspruch, anhand verschiedener Praxen diese Struktur zu überwinden"⁹. Um sich vom übrigen Protestmilieu und der bürgerlichen Frauenbewegung abzugrenzen, bezeichneten die Aktivistinnen ihre Bewegung als „autonom", weil *keine* der bestehenden Organi-

---

⁴ Vgl. die z.T. überschwänglichen Urteile bei Manfred Görtemaker, Geschichte der Bundesrepublik. Von der Gründung bis zur Gegenwart, München 1999, S.637; Edgar Wolfrum, Die geglückte Demokratie. Geschichte der Bundesrepublik Deutschland von ihren Anfängen bis zur Gegenwart, Stuttgart 2006, S.405; Hans Ullrich Wehler, Deutsche Gesellschaftsgeschichte, Bd.5: Bundesrepublik und DDR 1949–1990, München 2008, S.171; Eckart Conze, Die Suche nach Sicherheit. Eine Geschichte der Bundesrepublik Deutschland von 1949 bis in die Gegenwart, München 2009, S.546; Ulrich Herbert, Geschichte Deutschlands im 20.Jahrhundert, München 2014, S.861.

⁵ Birgit Meyer, Frauenbewegung und politische Kultur in den 80er Jahren, in: Werner Süß (Hrsg.), Die Bundesrepublik in den achtziger Jahren. Innenpolitik – politische Kultur – Außenpolitik, Opladen 1991, S.218-234, hier S.228f.; Lenz, Unendliche Geschichte, S.40f.; Ute Gerhard, Frauenbewegung, in: Roland Roth/Dieter Rucht (Hrsg.), Die Sozialen Bewegungen in Deutschland seit 1945. Ein Handbuch, Frankfurt am Main 2008, S.187-218, hier S.216f.

⁶ Ilse Lenz bezeichnet diesen Prozess als „konfliktuelle Differenzierung": Lenz, Unendliche Geschichte, S.30.

⁷ Vgl. ebd., S.21; Gerhard, Frauenbewegung, S.188; Eva-Maria Silies, Ein, zwei, viele Bewegungen? Die Diversität der neuen Frauenbewegung in den 1970er Jahren in der Bundesrepublik, in: Cordia Baumann/Sebastian Gehrig/Nicolas Büchse (Hrsg.), Linksalternatives Milieu und Neue Soziale Bewegungen in den 1970er Jahren, Heidelberg 2010, S.87-106, hier S.101.

⁸ Kritisch gegenüber dem Plural aus diesem Grund daher Elisabeth Zellmer, Protestieren und Polarisieren. Frauenbewegung und Feminismus der 1970er Jahre in München, in: Julia Paulus/Eva-Maria Silies/Kerstin Wolff (Hrsg.), Zeitgeschichte als Geschlechtergeschichte. Neue Perspektiven auf die Bundesrepublik, Frankfurt am Main 2012, S.276-296, hier S.278.

⁹ Paula-Irene Villa, Woran erkennen wir eine Feministin? Polemische und programmatische Gedanken zur Politisierung von Erfahrungen, in: Gudrun-Axeli Knapp/Angelika Wetterer (Hrsg.), Achsen der Differenz. Gesellschaftstheorie und feministische Kritik II, Münster 2003, S.266-285, hier S.266.

sationen oder anderen Gruppen in dieser Gesellschaft sie als Frauen unterstützen, sondern eher *alle* in unterschiedlicher Weise zu ihrer weiteren Fremdbestimmung beitragen"[10]. Autonomie wurde zum „defining concept", das die westdeutschen Aktivistinnen von ihren Gesinnungsschwestern jenseits der Mauer und auf der anderen Seite des Atlantiks unterschied.[11]

Die Forschungsliteratur rekurriert im Zusammenhang mit der Frauenbewegung der 1970er und 1980er Jahre mehrfach auf den Enttäuschungsbegriff. Birgit Meyer deutete die Option für Autonomie als „Konsequenz einer historischen Enttäuschungsverarbeitung"[12]. Nina Verheyen zufolge produzierte die „Dialektik von utopischem Erwartungsüberschuss und Enttäuschung [über die kommunikative Bevormundung der ersten Feministinnen durch SDS-Genossen] nicht intendierte Handlungsfolgen und initiierte Prozesse des Wandels"[13]. Ingrid Biermann erblickt in der „Enttäuschung über die geringen Erfolge" der Frauenbewegung auf dem Gebiet der Geschlechtergleichheit den Grund dafür, dass das Gleichheitspostulat in der feministischen Theorie an Boden verloren habe.[14]

Enttäuschung ist also in dreifacher Weise für die Frauenbewegung relevant: erstens als Thema der Eigenwahrnehmung und Selbstreflexion der Akteurinnen, zweitens als Zuschreibungskategorie der Forschungsliteratur, und drittens als historiografisch fassbares Spannungsverhältnis zwischen Erwartungen und Erfahrungen. Zunächst wird die Valenz von Enttäuschung im sozialen Erfahrungsraum der neuen Frauenbewegung erörtert. Im nächsten Schritt werden die Erwartungen der Aktivistinnen und die Auslöser von Enttäuschung im Bewegungsalltag systematisch analysiert. Anschließend sollen die Enttäuschungsäußerungen als Teil der Selbstreflexion der Aktivistinnen untersucht werden, bevor abschließend ihre Bewältigungsstrategien im Fokus der Analyse stehen.

2.1 Enttäuschung im Gefühlsregime der autonomen Frauenbewegung

Wenn sich eine Frau in der Frauenbewegung engagierte, ging sie durch eine Schule der Gefühle: Sie lernte, ihre Empfindungen neu zu bewerten, sie wurde angeleitet,

---

[10] Ein Versuch, möglichst wenig theoretisch zu formulieren, was die *autonome Frauenbewegung* will, in: Münchner Frauenzentrum (Hrsg.), Frauenzentrum München. Selbstdarstellung, München 1978, S. 9–11, hier S. 9 (Hervorhebung im Original; Exemplar der Bibliothek des IfZ. Eine frühere Fassung des Textes befindet sich in IfZ ED 899/12. Vgl. zum Autonomieanspruch Gerhard, Frauenbewegung, S. 201.

[11] Vgl. Myra Max Ferree, Varieties of Feminism. German Gender Politics in Global Perspective, Stanford (CA) 2012, S. 55 f., 70 u. 80–84, Zitat S. 56.

[12] Meyer, Frauenbewegung, S. 225.

[13] Nina Verheyen, Diskussionslust. Eine Kulturgeschichte des „besseren Arguments" in Westdeutschland, Göttingen 2010, S. 263; für die Linke allgemein argumentiert so auch Philipp Felsch, Der lange Sommer der Theorie. Geschichte einer Revolte 1960–1990, München ²2015, S. 82.

[14] Ingrid Biermann, Von Differenz zu Gleichheit. Frauenbewegung und Inklusionspolitiken im 19. und 20. Jahrhundert, Bielefeld 2009, S. 122.

zum Ausdruck zu bringen was in ihr vorging, und sie übte Praktiken ein, die Gefühle für das politische Engagement einsetzten. Die Arbeit an und mit Gefühlen war unverzichtbar, um aus einer „unterdrückten" Frau eine „frauenbewegte" Aktivistin zu machen und um die vielen Aktivistinnen zu einer „Bewegung" mit politischer Schlagkraft zu vereinen.

Obwohl es das eine, verbindliche Gefühlsregime ebenso wenig gab wie „die" Frauenbewegung, lassen sich Merkmale aufzeigen, die den Umgang mit Gefühlen und den Stellenwert von Enttäuschung im Kommunikationsraum der feministischen Szenen kennzeichneten. Generell waren die emotionalen Selbstbeschreibungen der Aktivistinnen denkbar weit von Enttäuschung entfernt. Das Selbstbild der emanzipierten Frau umfasste eine Gefühlspalette, die Mut und Unbeugsamkeit im politischen Kampf, Empathie und Solidarität mit allen Frauen, Wut und Empörung über Geschlechterungerechtigkeit in jeder Form favorisierte. Enttäuschung galt dagegen als negative Zuschreibung von außen auf die Aktivistinnen, die sich im Klischee der „frustrierten Emanze" manifestierte. Außerdem zählte Enttäuschung zu den Gefühlen, die der patriarchalischen Unterdrückung zugeschrieben wurden. Akzeptiert war Enttäuschung im Kommunikationsraum der Frauenbewegung dagegen als emotionaler Marker für „solidarische Kritik".

Obwohl die engagierten Frauen immer wieder Enttäuschungen erlebten und viel darüber sprachen, nahm dieses Gefühl in den emotionalen Selbstbeschreibungen der Aktivistinnen keinen breiten Raum ein. Unstrittig gehörten dagegen Wut und Zorn zur emotionalen Grundausstattung einer engagierten Frau; sie waren der Antrieb, sich gegen Unterdrückung zur Wehr zu setzen.[15] Manch eine Frau durchlebte nach ihrer feministischen Initiation eine regelrechte „Wutphase", mit der sie zeigte, dass sie mit ihrem vorherigen angepassten Lebensstil gebrochen hatte.[16] Eine radikale Feministin, so das Ergebnis einer Collage, die die Zuhörerinnen einer Frauenringvorlesung in Hannover 1986 anfertigten, gab sich dadurch zu erkennen, dass sie Wut und Zorn regelmäßig offen zeigte und dass sie als habituelle Entsprechung Selbstsicherheit und Aggressivität an den Tag legte.[17] Wie sehr sich die Feministinnen mit solchen Gefühlen und Verhaltensweisen identifizierten, zeigen bereits die Titel von lokalen Frauenzeitschriften wie „Kratzbürste" (Nürnberg), „Kobra", „Xanthippe" (beide Köln), „Furien" (Bremen), „lila Distel" (Saarbrücken) oder „Tarantel" (Bielefeld), die zum Teil Schimpfnamen für streitsüchtige Frauen positiv umdeuteten.

---

[15] Vgl. z. B. FMT Z 125, Britta, Theorie & Praxis, in: Frauenzeitung des Frauenzentrums Hamburg, Nr. 7, Dezember 1976, S. 18–20; FMT Z 136, Inka Schievelkamp, Naja Naja, in: Kobra. Kölner Frauenzeitung, Nr. 1, November/Dezember 1982, S. 4f.

[16] FMT Z 212, Kurzhaarschnitt und lila Latzhose, in: Lila Lotta. Bonner Frauenzeitung mit Kölner Seiten 5 (1985), Nr. 5, Mai 1985, S. 29–33, hier S. 29.

[17] Vgl. FMT Z 137, Die „Unvollendete", in: autoxa. Hannoversche Frauenzeitung, Nr. 2, April 1986, S. 36. Aus diesem Grund musste sich Alice Schwarzer 1985 heftige Kritik anhören, als sie bei einer Podiumsdiskussion mit Heiner Geißler zu sanft umsprang; FMT Z 212, Ursula Hilberath, Alice im Wendeland, oder: wie aus Xanthippen Geishas werden, in: Lila Lotta. Bonner Frauenzeitung mit Kölner Seiten 5 (1985), Nr. 6, Juni 1985, S. 21f.

2.1 Enttäuschung im Gefühlsregime der autonomen Frauenbewegung

Unabdingbar für ein dauerhaftes Engagement mit einer gesellschaftsverändernden Utopie war außerdem Zuversicht. In einem der unzähligen Artikel über die Niedergangsdiskussionen in der Frauenbewegung beschrieb eine Aktivistin diese Haltung idealtypisch: „Ich habe die Hoffnung auf Veränderung, weil ich sie brauche, weil sie mir und anderen Mut für die Zukunft gibt"[18]. Hoffnung, Mut und Solidarität waren unverzichtbar für das Fortbestehen der Bewegung. Enttäuschung drohte dieses Fundament zu untergraben. Wann immer die Aktivistinnen daher Enttäuschung thematisierten, schrieben sie gegen dieses Gefühl an. So beharrte eine Aachener Feministin darauf, sie wolle sich nicht aus „enttäuschung [...] mit einem aufenthaltsrecht in diesem patriarchat" abfinden.[19] So wie sie assoziierten viele Frauen Enttäuschung mit Resignation und Isolation, also mit denjenigen Gefühlen, die sie als emotionale Bürde ihrer gesellschaftlichen Unterdrückung ausmachten. Enttäuschung galt im sozialen Kommunikationsraum der Frauenbewegung daher als gefährlich und verdächtig. Diese Wertung spiegelt eine Typologie der Feministinnen wider, die die Juristin und Soziologin Vera Slupik auf der Sommeruniversität 1979 vorstellte. Enttäuschung kennzeichnete darin zwei zweifelhafte Sorten von Bewegungsfrauen: Die „postpubertäre Jungakademikerin" und die „tragische Rebellin in der midlife-crisis". Während die erste „schnell begeistert, aber ebenso schnell wieder enttäuscht, mißtrauisch gegenüber jedweder Theorie, doch bald auch ‚abgetörnt' von der Praxis" sei, charakterisierte Slupik die zweite als „ausgebrannt von Aufständen, die nicht stattgefunden haben und Träumen, die unerfüllt blieben". Mit Enttäuschung verknüpfte Slupik oberflächliche, labile, ichbezogene und rastlose Persönlichkeiten, die weder eine feste Überzeugung noch Durchhaltevermögen besaßen und von denen kein dauerhaftes Engagement für die Sache der Frauen zu erwarten war.[20]

Enttäuschung war im Gefühlsregime der Frauenbewegung negativ konnotiert, wenn dafür das Adjektiv „frustriert" verwendet wurde[21], denn dieses Attribut war

---

[18] FMT Z 142, Annemarie, Verrottung der Frauenbewegung?, in: Lila Klatschmohn. Emanzenblatt Mannheim-Ludwigshafen, Nr. 8, Juni/Juli 1980, S. 4.
[19] FMT Z 162, Freya, Bleibe im Land und wehre dich täglich, in: lilaac. Aachener Frauenzeitung, Nr. 2, März/April 1989, S. 2 f. Vgl. zum Umgang mit Enttäuschung Kap. 2.4.
[20] Vera Slupik, Liebe ist Arbeit – aber Liebe ist auch Liebe, in: Autonomie oder Institution. Über die Leidenschaft und Macht von Frauen. Beiträge zur 4. Sommeruniversität der Frauen – Berlin 1979, hrsg. von der Dokumentationsgruppe der Sommeruniversität der Frauen, Berlin 1981, S. 206–217, hier S 213; auch abgedruckt in Emma 5 (1981), Nr. 10, Oktober 1981, S. 36 f. Slupik ordnete die Mehrheit der engagierten Frauen dem Typus der „postpubertären Jungakademikerin" zu.
[21] Frustration bezeichnet einen Zustand, der durch das Versagen einer Befriedigung eintritt, und ist daher nicht deckungsgleich mit dem in dieser Studie zugrunde gelegten Enttäuschungsdefinition. Außerdem ist der Begriff durch die auf Sigmund Freud zurückgehende Frustrations-Aggressions-Hypothese pathologisiert. Seine Verbreitung geht auf den Boom von psychotherapeutischen Techniken der Arbeit am Selbst zurück, der im Alternativen Milieu (und nicht nur dort) zu einer Popularisierung und Trivialisierung psychoanalytischer Kategorien führte; vgl. Maik Tändler, „Psychoboom". Therapeutisierungsprozesse in Westdeutschland in den späten 1960er und 1970er Jahren, in: Sabine Maasen u. a. (Hrsg.), Das beratene Selbst. Zur Genealogie der Therapeutisierung in den „langen" Siebzigern, Bielefeld 2011, S. 59–94; Reichardt, Authentizität und Gemeinschaft, S. 782–794; Jens Elberfeld, Befreiung des Subjekts, Manage-

Bestandteil einer unausrottbaren Diffamierungsfloskel. „Frustriert" stand dabei in einer Reihe mit ähnlichen Etikettierungen. Bereits das berühmte „Schwanz-ab-Flugblatt" des Frankfurter Weiberrats vom November 1968 listete eine Reihe solcher Vokabeln auf, mit denen die führenden Genossen des Sozialistischen Deutschen Studentenbundes (SDS) das Aufbegehren ihrer Kommilitoninnen abtaten: „kotzen wir's aus: sind wir penisneidisch, frustriert, hysterisch, verklemmt, asexuell, lesbisch, frigid, zukurzgekommen, irrational, penisneidisch, lustfeindlich, hart, viril, spitzig, zickig"[22]. Mit psychoanalytischem Jargon aktualisierten die SDS-Männer das Krankheitsbild der „Hysterie", das um die Jahrhundertwende als misogyne Differenzkategorie weibliche Sexualität mit psychischen Defiziten assoziiert hatte.[23] Im Begriff der „frustrierten Emanze" verband sich Geringschätzung gegenüber feministischem Protest mit einer Pathologisierung der Person. Das Schmähwort reizte die engagierten Frauen besonders, weil es ein konstitutives Bewegungsaxiom invertierte: Lautete der Kampfruf der Frauen, das Private sei politisch, so führte die verächtliche Bezeichnung als „frustrierte Emanze" alles politische Engagement auf individuelle psychische Probleme zurück.

Ein Gesicht erhielt das Klischee durch Alice Schwarzer (Abb. 3), die seit der von ihr initiierten Selbstbezichtigungskampagne „Wir haben abgetrieben" im Magazin „Der Stern" bekannteste und polarisierendste Feministin der Bundesrepublik. Über sie schrieb Richard Kaufmann in seiner Rezension des Schwarzer-Buchs „Der ‚kleine Unterschied' und seine großen Folgen" im November 1975: „Hier hat eine ‚frustrierte Tucke' andere frustrierte Tucken schamlos exploriert, um einen Bestseller zu schreiben"[24]. Nicht nur Alice Schwarzer musste ein ums andere Mal gegen

---

ment des Selbst. Therapeutisierungsprozesse im deutschsprachigen Raum seit den 1960er Jahren, in: ders./Pascal Eitler (Hrsg.), Zeitgeschichte des Selbst. Therapeutisierung – Politisierung – Emotionalisierung, Bielefeld 2015, S. 49–83.

[22] Rechenschaftsbericht des Weiberrats der Gruppe Frankfurt, abgedruckt in: Lenz (Hrsg.), Die Neue Frauenbewegung, S. 64f., hier S. 65. Die Diskussionen mit den SDS-Männern über die Vorwürfe der weiblichen Delegierten bestätigten aus Sicht der Frauen nur deren Machoattitüde; vgl. die Schilderung bei Gretchen Dutschke, 1968. Worauf wir stolz sein dürfen, Hamburg 2018, S: 156–159. Legendär war das Flugblatt bereits in den 1970er Jahren, so druckte es das erste Frauenjahrbuch in Bild und Text ab; Frauenjahrbuch '75, hrsg. und hergestellt von Frankfurter Frauen, Frankfurt am Main 1975, S. 16f. Vgl. auch das Lied „Hysterie" der Bonner Blaustrümpfe, abgedruckt in: Inge Latz (Hrsg.), Frauen-Lieder, Frankfurt am Main 1980, S. 85f.

[23] Vgl. Dorion Weickmann, Rebellion der Sinne. Hysterie – ein Krankheitsbild als Spiegel der Geschlechterordnung (1880–1920), Frankfurt am Main 1997; Karen Nolte, Gelebte Hysterie. Erfahrung, Eigensinn und psychiatrische Diskurse im Anstaltsalltag um 1900, Frankfurt am Main 2003, S. 149–162.

[24] Außerdem bezeichnete er die von Schwarzer präsentierten Frauen als „infantil-neurotisch": Richard Kaufmann, „Frustrierte Tucken", in: SZ, 13.11.1975, S. 6. Das Zitat hatte er aus dem Buch selbst entnommen: Alice Schwarzer, Der „kleine Unterschied" und seine großen Folgen. Frauen über sich – Beginn einer Befreiung, Frankfurt am Main 1975, S. 57. Vgl. zu ähnlichen Reaktionen, die das politische Engagement als Strategie deuteten, mit persönlicher Enttäuschung fertig zu werden, Alice Schwarzer, Lebenslauf, Köln 2011, S. 316–328. Weitere Beispiele für Herabsetzungen Schwarzers mittels des Klischees der frustrierten Emanze schildern Julia Bähr [Pseudonym für Claudia Pinl], Klatschmohn. Eine Geschichte aus der Frauenbewegung, Köln 1984, S. 83, und Alice Schwarzer (Hrsg.), Das Emma-Buch, München 1981, S. 185–194. Ein Echo davon findet sich noch in der Gummipuppen-Politsatire „Hurra Deutschland", in

Abb. 3: Alice Schwarzer als „frustrierte Emanze" in der Satiresendung „Hurra Deutschland" (ARD, Folge vom 3. 7. 1989)
© GUM Studios GmbH, Köln

das Klischee der frustrierten Emanze angehen. Heidelbergerinnen, die in einem gemischten selbstverwalteten Studentenwohnheim ein Frauenzentrum betreiben wollten, wurden von ihren Kommilitonen ebenso damit konfrontiert wie Berliner Aktivistinnen, die in einem von Männern und Frauen besetzten Haus ein Frauencafé betrieben.[25] Innerhalb der Frauenbewegung galt es als Tabubruch, andere Frauen als frustriert oder hysterisch zu etikettieren. Wann immer sich Aktivistinnen in diese Ecke gedrängt fühlten, reagierten sie mit scharfer Kritik.[26]

Enttäuschung war nicht nur wegen der Nähe zu dieser Diffamierung pejorativ besetzt. Noch dazu galt sie wegen der Assoziation mit Hilflosigkeit und Resignation als emotionale Haltung, die das Patriarchat stützte und die daher einer „frauenbewussten" Frau nicht anstand. In ihrem Klassiker „Der ‚kleine Unterschied' und seine großen Folgen" hob Alice Schwarzer mehrfach in ihren Kommentaren zu den Ausführungen der von ihr interviewten Frauen hervor, dass deren „Resignation" das typische Schicksal aller Frauen in der bundesrepublikanischen Gesellschaft sei.[27] Die Gefühlsarbeit in der Frauenbewegung stellte darauf ab, die emo-

    der Schwarzer mehrfach „hysterische" Auftritte hatte: Hurra Deutschland, ARD, 3.7.1989 (2:55–4:13); Hurra Deutschland, ARD, 7.8.1989 (4:52).
[25] FMT Z 129, Lih und Dagmar, Zur Erhaltung des C[ollegium] A[cademicum], in: Heidelberger Frauenzeitung, Nr.3, Januar 1978, S.15–17; FFBIZ A Rep.400 Berlin 20.10, Karin Wieland, Entstehungsgeschichte, in: Frauencafé Moabit (Hrsg.), Frauenbewegung und Häuserkampf – unversöhnlich?, Berlin 1982, S.4–9, hier S.8; Renate, Frauenpower macht Männer sauer. Ein Frauenprojekt in einem ‚gemischt' besetzten Haus – geht das überhaupt?, ebd., S.10f.; vgl. zu Heidelberg auch Reichardt, Authentizität und Gemeinschaft, S.608f. Siehe außerdem Detlef Siegfried, Moderne Lüste. Ernest Borneman – Jazzkritiker, Filmemacher, Sexforscher, Göttingen 2015, S.318 (zu Bornemans Diffamierung, die Kritik von Marielouise Jurreit an seinem Hauptwerk entspringe deren sexuellen Problemen).
[26] Vgl. z.B. FMT Z 159, Barbara und Eva, Impressionen einer Demo, in: Lila Distel. Saarbrücker Frauenzeitung, Nr.2, Juni 1979, S.5, und den Kommentar von Birgit Wolz, ebd., S.5f.; FMT Z 135, Marlies, Leserinbrief zu Andrea Leiners Artikel „Ein Fuß über die Schwelle des Frauenzentrums…", in: Kölner Frauenzeitung, Nr.5, August/September 1980, S.23.
[27] Schwarzer, Der „kleine Unterschied", S.48, 61, 93 u. 126. Vgl. auch Barbara Mahrt, Mit 40 zur Frauenbewegung? Statt Resignation – Entwicklung!, in: Frauenjahrbuch '76, hrsg. von der Jahrbuchgruppe des Münchner Frauenzentrums, München 1976, S.16–21.

tionale Sozialisation zu konterkarieren, der Frauen im Patriarchat ausgesetzt waren. Damit war gemeint, das Rollenbild einer sanften, duldsamen Weiblichkeit umzuprogrammieren und Gefühle wiederzuentdecken und auszuleben, welche die patriarchalische Unterdrückung verdrängt hatte.

Diesem Ziel dienten auch die vielen Selbsterfahrungsgruppen, die sich seit 1971 nach dem Vorbild der amerikanischen Consciousness-Raising-Groups bildeten. Kennengelernt hatten deutsche Feministinnen sie in den USA.[28] In den CR-Gruppen wurden die persönlichen Empfindungen und Erfahrungen der Frauen in einen Deutungsrahmen hineingestellt (nämlich die gesellschaftliche Unterdrückung der Frau), verbalisiert und einer „gemeinsamen Interpretation" zugänglich gemacht.[29] Um den Frauen zu erleichtern, über schmerzhafte und persönliche Themen zu sprechen, sorgten Gesprächsregeln für einen Schutzraum: Es war verboten, zu bedrängen, zu unterbrechen und zu kritisieren. Vor allem „negative" Gefühle sollten in den Gruppen angesprochen und bearbeitet werden: Unzufriedenheit, Minderwertigkeitsgefühle, Erniedrigung, Ängste und Isolation. Auch Enttäuschung zählte dazu. Wenn eine Frau in der Gruppe von Situationen erzählte, die solche Gefühle bei ihr ausgelöst hatten, sollten die anderen darauf mit „Anteilnahme und Verständnis" eingehen, denn „die zentrale Erfahrung" der Gruppen sollte nach einem in der Frauenbewegung weit verbreiteten Leitfaden die Einsicht festigen, „daß das, was man stets als Symptom für eigene Unsicherheit oder Frustration hielt, sich so regelmäßig bei anderen Frauen wiederfindet, daß man es als gesellschaftlich bedingt betrachten muss"[30]. Die Frauen wurden systematisch dazu angeleitet, ihre Gefühle als Folge ihrer Unterdrückung zu interpretieren. Diese Deutung war die feministische Variante einer in den Alternativbewegungen verbreiteten Somatisierung von Welt- und Gesellschaftswahrnehmung: Körperliche und seelische Leiden erschienen als Folge von Umweltzerstörung, Entfremdung und Ausbeutung durch das „System". Akteurinnen und Akteure der Alternativbewegungen erklärten sich zu Symptomträgern einer kranken Gesellschaft. Beispiele dafür sind das Sozialistische Patientenkollektiv Heidel-

---

[28] Diese Praxis war daher in hohem Maße ein „Transferprodukt". Vorgestellt wurde das Konzept auf einem Treffen von Frauengruppen aus der ganzen Bundesrepublik am 10. und 11. Februar 1973 in München; Zellmer, Töchter der Revolte, S. 164; Ferre, Varieties of Feminism, S. 66.

[29] FMT Z 154, Selbsterfahrung, in: Kratzbürste. Nürnberger Frauenzeitung, Nr. 2, April 1978, S. 17–22, hier S. 19. Die Autorin stützte sich auf das Konzept von Kathie Sarachild, einer der Mitbegründerinnen der Women's Liberation in New York, die es auf der ersten nationalen Frauenkonferenz des Women's Liberation Movement am 27. November 1968 in Chicago vorgestellt hatte; vgl. Kathie Sarachild, A Program for Feminist „Consciousness Raising", in: Women's Liberation. Notes from the Second Year. Major Writings of the Radical Feminists, New York 1970, S. 78–80, https://womenwhatistobedone.files.wordpress.com/2013/09/notes-from-the-second-year-a-program-for-feminist-consciousness-raising.pdf (30.7.2015).

[30] Angelika C. Wagner, Bewußtseinsveränderung durch Emanzipations-Gruppen (1973), gekürzt abgedruckt in: Lenz (Hrsg.), Die Neue Frauenbewegung, S. 501–507, hier S. 506. Wagner hatte von 1967 bis 1971 in den USA Psychologie studiert und ihre Dissertation abgeschlossen; von dort importierte sie die CR-Methode nach Deutschland. Wagners Leitfaden verbreitete sich weiter, nachdem er im ersten Frauenjahrbuch abgedruckt worden war; Frauenjahrbuch '75, S. 192–198, oben zitiert S. 194.

berg, das alle Krankheiten auf den Kapitalismus zurückführte, oder die New-Age-Bewegung, die den zum „physischen und psychischen Wrack" degenerierten Menschen zur Selbstheilung und Ganzheitlichkeit aufrief.[31] Innerhalb der Frauenbewegung wurde die Deutung individuellen Leidens als Ausfluss gesellschaftlicher Unterdrückung zur Basis der feministischen Therapie.

Auch „angemessene" emotionale Antworten wurden in den Gruppen eingeübt. Claudia Pinl, die sich seit 1972 in der Kölner Frauenbewegung engagierte, beschrieb im Rückblick, dass es in den CR-Gruppen darum gegangen sei, „Gefühle zu mobilisieren, zum Beispiel Wut"[32]. Noch Jahre nach dem Boom der Selbsterfahrungsgruppen konnten Frauen darüber staunen, „wie wichtig und ‚patriarchatserhaltend' der Mechanismus ist, daß ich meine Empfindungen, meine Wut, Betroffenheit und Angst nicht mehr spüre an Stellen, wo sie eigentlich entstehen"[33].

Die Selbsterfahrungsgespräche waren mithin eine ungemein wichtige Praxis, um Selbstwahrnehmung und Gesellschaftsbild der Frauen zu modellieren, und die Arbeit mit und an ihren Gefühlen stand dabei im Zentrum. Sie lassen sich daher auch als Subjektivierungstechnik im Sinne Foucaults interpretieren, um „feministische Handlungsmächtigkeit" zu gewinnen.[34] Dabei sticht die Parallele zum Diskurs über die weibliche Sexualität ins Auge: Sie galt in der autonomen Frauenbewegung als Bereich, in dem die Gesellschaft Frauen männlichen Normen unterwarf und dadurch von ihrer authentischen Weiblichkeit entfremdete.[35] Genauso wie sexuelle Unlust wurde Enttäuschung als Folge der patriarchalischen Unterdrückungsmechanismen gedeutet und sollte dementsprechend überwunden werden.

Aus vielen Erfahrungsberichten geht hervor, dass die Gefühlsarbeit in den Augen der Teilnehmerinnen wirkte. Sie erlebten die Umgangsregeln und das Deutungsangebot der Selbsterfahrungsgruppen als große Erleichterung, sie bauten ein neues Selbstwertgefühl auf und nahmen den emotionalen Rückhalt durch die

---

[31] Vgl. Cornelia Brink, (Anti-)Psychiatrie und Politik. Über das Sozialistische Patientenkollektiv Heidelberg, in: Richard Faber/Erhard Stölting (Hrsg.), Die Phantasie an die Macht? 1968 – Versuch einer Bilanz, Berlin 2002, S. 125–156; Pascal Eitler, „Selbstheilung". Zur Somatisierung und Sakralisierung von Selbstverhältnissen im New Age (Westdeutschland 1970–1990), in: Sabine Maasen u.a. (Hrsg.), Das beratene Selbst. Zur Genealogie der Therapeutisierung in den „langen" Siebzigern, Bielefeld 2011, S. 161–181, Zitat S. 165.

[32] Bähr [Pinl], Klatschmohn, S. 67.

[33] Annegret Drescher, Grenzüberschreitungen. Frauenwiderstand im Hunsrück, in: ASBF, Freiburger Frauenzeitung Nr. 8, 1984, S. 39–43, hier S. 41. Die Autorin hatte an einer Selbsterfahrungsgruppe bei einem Frauenwiderstandscamp in der Nähe von Hasselbach teilgenommen, das sich gegen die Stationierung von atomaren Mittelstreckenraketen richtete.

[34] So vor allem Reichardt, Authentizität und Gemeinschaft, S. 149f. u. 882 (Zitat S. 149); ähnlich, aber ohne Bezug auf Foucault argumentiert Imke Schmincke, Von der Politisierung des Privatlebens zum neuen Frauenbewusstsein: Körperpolitik und Subjektivierung von Weiblichkeit in der Neuen Frauenbewegung Westdeutschlands, in: Julia Paulus/Eva-Maria Silies/Kerstin Wolff (Hrsg.), Zeitgeschichte als Geschlechtergeschichte. Neue Perspektiven auf die Bundesrepublik, Frankfurt am Main 2012, S. 297–317, hier S. 310f.

[35] Vgl. Andrea Bührmann, Das authentische Geschlecht. Die Sexualitätsdebatte der Neuen Frauenbewegung und die Foucaultsche Machtanalyse, Münster 1995, S. 167f.

Gruppe dankbar an.[36] Nach 14 Monaten hatten sechs Teilnehmerinnen aus München einen „freundschaftlich-beruhigenden CR-Gleichklang" erlebt, „neue Einsichten, ein neues Bewußtsein" erreicht und ein „starkes Gefühl emotionalen Rückhalts" erfahren.[37] Geborgenheit war jedoch nicht das Ziel, sondern eine Voraussetzung, um die Frauen zum Handeln zu ermächtigen. Daher wollten beispielsweise die Freiburger Feministinnen ihre Selbsterfahrungsgruppe nicht auf eine „Wohlfühloase" reduzieren, denn „das Geborgenheitsgefühl das sich dort einstellt, darf nicht dazu führen, daß wir die Frustration ‚draußen' leichter kompensieren. Aus dem Bewußtsein der Unterdrückung soll nicht Selbstmitleid entstehen, sondern das Bedürfnis nach Veränderung"[38]. Die Gruppengespräche weckten diesen Wunsch in vielen Frauen. Eine ganze Reihe Gruppen, beispielsweise in Köln, Frankfurt und München, gingen auseinander, weil die Teilnehmerinnen nicht mehr nur über sich reden wollten, sondern darauf drangen, politisch aktiv zu werden.[39] Ohnehin bestanden die Gruppen zumeist nur für eine begrenzte Zeit: Selbsterfahrung war kein Dauerzustand, sondern eine Etappe.

Tatsächlich waren Selbsterfahrungsgruppen insbesondere während der „Phase der Bewusstwerdung und Artikulation"[40] für viele Aktivistinnen der Einstieg in das Engagement. Allerdings redeten die Frauen dort nicht nur über Enttäuschungen aus ihrem Alltag, sondern machten auch „ernüchternde Erfahrungen"[41], wenn

---

[36] Vgl. z. B. IfZ ED 899/12, CR-Gruppe [im Münchner Frauenzentrum], o. D.; IfZ ED 914/42, Bericht [der Gruppe Brot und Rosen] über die Diskussion mit einer Münchner Frauengruppe, o. D. [1972/73]; FMT Z 116, Bericht einer Selbsterfahrungsgruppe im Frauentreff Niederau, in: Frauen wißt ihr schon… Frankfurter Frauenzeitung, Nr. 3, 17.5.1976, S. 19f.; FMT Z 142, Hanne, Miriam u. Heide, Ein halbes Jahr im Frauenforum – was hat es uns gegeben?, in: Lila Klatschmohn. Emanzenblatt Mannheim-Ludwigshafen, Nr. 3, August 1979, S. 18; FMT Z 159, Bericht einer Selbsterfahrungsgruppe, in: Lila Distel. Saarbrücker Frauenzeitung, Nr. 5, Oktober 1979, S. 13–17; rückblickend Cristina Perincioli, Berlin wird feministisch. Das Beste, was von der 68er Bewegung blieb, Berlin 2015, S. 95, sowie Christine Bald, Die Neue Frauenbewegung in der katholischen Provinz. Feministische Aufbrüche in Trier, der Eifel und im Hunsrück, in: Julia Paulus Hrsg.), „Bewegte Dörfer". Neue soziale Bewegungen in der Provinz 1970–1990, Paderborn 2018, S. 147–176, hier S. 156.

[37] Frauenzentrum München (Hrsg.), Selbstdarstellung autonomer Frauengruppen München Ingolstadt, o. O. [München] o. J. [1975], S. 21–40, hier S. 24f. u. 29.

[38] ASBF 7.2.2, Info 1 der Frauengruppe Freiburg, Januar 1974, S. 6; ganz ähnlich ein etwas späterer Text derselben Frauengruppe: Kleingruppen – Erfahrungen und Regeln, in: Frauenjahrbuch '75, S. 184–198, hier S. 191. Auch eine Münchner Selbsterfahrungsgruppe wollte nicht als „Frustabladeplatz" missverstanden werden; zitiert in Christine Schäfer/Christiane Wilke (Bearb.), Die Neue Frauenbewegung in München 1968–1985. Eine Dokumentation, München 2000, S. 77. Der Leitfaden aus Nürnberg forderte: „Unsere Gefühle sollen uns zu Ideen hinleiten und von da aus zum Handeln" (wie Anm. 30, S. 20).

[39] Bähr [Pinl], Klatschmohn, S. 68; Frauenzentrum München (Hrsg.), Selbstdarstellung autonomer Frauengruppen München Ingolstadt, o. O. [München] o. J. [1975], S. 21–40, hier S. 21; FMT Z 116, Andrea, Selbsterfahrungsgruppen, in: Frauen wißt ihr schon… Frankfurter Frauenzeitung, Nr. 4, 2.6.1976, S. 7–10, hier S. 8.

[40] Lenz, Unendliche Geschichte, S. 26. Lenz bezeichnet damit die ersten Jahre der Neuen Frauenbewegung von 1968 bis 1975. Die Blütezeit der Selbsterfahrungsgruppen nach den hier ausgewerteten Quellen ist damit nicht ganz deckungsgleich; sie liegt zwischen 1973 und 1977.

[41] Schäfer/Wilke (Bearb.), Die Neue Frauenbewegung, S. 79, mit weiteren Beispielen Zellmer, Töchter der Revolte, S. 164–168. Solche Erfahrungen waren immer wieder Thema im Münch-

die gruppendynamischen Prozesse ihren Erwartungen nicht entsprachen. Manche Frauen fühlten sich durch die angeleitete Selbstoffenbarung unter Druck gesetzt, Vielrednerinnen nahmen den Schweigsamen den Mut, sich zu Wort zu melden. Einige Gruppen schliefen ein, weil die Frauen Gespräche über Gefühle ohne Kritik als Stillstand empfanden, keine gemeinsamen Themen mehr angingen und sich zum „Tratschverein"[42] entwickelten, andere zerbrachen an internen Differenzen, die das konfliktvermeidende Regelwerk nur kurzzeitig verschleierte. Eine Nürnberger Gruppe ging auseinander, weil sich einige Frauen wegen ihrer vermeintlichen Inkonsequenz von den anderen verachtet fühlten.[43] In vielen Gruppen brachen früher oder später Konflikte auf, die umso heftiger ausgetragen wurden, als die Gruppen ja gerade Verständnis und Empathie hervorbringen sollten. Frankfurter Feministinnen resümierten, es sei eine Illusion gewesen, dass alle sich gleich gut verstehen würden, bloß weil alle Frauen seien.[44] Da solche Schwierigkeiten immer wieder auftauchten, nahmen einige Gruppen sie in ihre Selbstbeschreibungen auf, um die Probleme zu entdramatisieren und möglicher Resignation vorzubeugen.[45] Enttäuschung war in den Selbsterfahrungsgruppen also in zweifacher Weise präsent: als emotionale Verformung von Frauen durch patriarchalische Unterdrückung, die aufgearbeitet und mit Hilfe gezielter Gefühlsarbeit in Selbstgewissheit, Empörung und Kampfbereitschaft transformiert werden sollte, und als Erfahrung während des Bestehens der Gruppen, dass die erwarteten Resultate der Gefühlsarbeit auch ausbleiben konnten.

Während Enttäuschung als Zuschreibung von außen in der Frauenbewegung diskreditiert war, konnten engagierte Frauen eigene Enttäuschungen durchaus zur Sprache bringen. Besonders wenn Feministinnen sich gegenseitig kritisierten, diente das Bekunden von Enttäuschung dazu, dies auf einfühlsame Weise zu tun. Differenz und Streit waren heikle Themen in der autonomen Frauenbewegung. Von Beginn an gehörten Auseinandersetzungen und Abgrenzungen zur Frauenbewegung dazu – sie folgte dem Prinzip der „konfliktuellen Differenzierung", das oft zu einer „Personalisierung und Totalisierung"[46] der Auseinandersetzungen führte. Wie hart, persönlich verletzend, ja vernichtend die Kritik der Frauen aneinander ausfallen konnte, lässt sich an zahlreichen Beispielen illustrieren. Das bekannteste ist der Streit über das von Alice Schwarzer lancierte Zeitschriftenprojekt „Emma". Vorausgegangen war ein Zerwürfnis im Redaktionskollektiv des

---

ner Frauenzentrum, z. B. IfZ ED 899/19, Protokoll Plenum Adlzreiterstraße, 30. 4. 1975. Voll davon sind auch die in Anm. 37 zitierten Erfahrungsberichte.

[42] IfZ ED 899/19, Plenum [des Münchner Frauenzentrums in der] Adlzreiterstraße, 24. 4. 1975.

[43] FMT Z 152, Bericht einer Selbsterfahrungsgruppe, in: Grete. Nürnberger Frauenzeitung, Nr. 2, Dezember 1976, S. 5–7. Stein des Anstoßes war die sexuelle Beziehung zu einem Mann, die für einige Frauen im Widerspruch zur Einsicht in patriarchalische Unterdrückung stand.

[44] FMT Z 116, Bericht einer Selbsterfahrungsgruppe im Frauentreff Niederau, in: Frauen wißt ihr schon… Frankfurter Frauenzeitung, Nr. 3, 17. 5. 1976, S. 19f., hier S. 19; ähnlich FMT Z 116, Andrea, Selbsterfahrungsgruppen, in: Frauen wißt ihr schon… Frankfurter Frauenzeitung, Nr. 4, 2. 6. 1976, S. 7–10.

[45] Z. B. in München; IfZ ED 899/12, undatiertes Papier CR-Gruppen [nach 1972].

[46] Lenz, Unendliche Geschichte, S. 30.

Frauenkalenders (ebenfalls unter Beteiligung von Schwarzer), das die verfeindeten Frauen schließlich sogar vor Gericht ausfochten.[47] Kritik an Themen, Ausrichtung und Finanzierung der „Emma" bildeten den Aufhänger einer Auseinandersetzung, die sich im Kern um Status und Rolle der prominenten Herausgeberin drehte. Die Vorwürfe waren so massiv, dass sie Schwarzer als feministisches Subjekt geradezu auslöschten: Sie beute ihre Mitarbeiterinnen nach männlicher Kapitalistenmanier aus, sei manipulativ, selbstherrlich und kritikunfähig, ihr Projekt spreche den Grundsätzen der Bewegung Hohn, sie ziehe Profit aus der Bewegung. Es gab Boykottaufrufe, Rundbriefe voller Unterstellungen und Beleidigungen[48], Podiumsdiskussionen in Berlin und Köln arteten zu Tribunalen aus. Im Kölner Frauenzentrum herrschte eine „Atmosphäre wie im Schlachthaus", in der sich die Frauen mit „wahnwitzigen Aggressionen" und „schneidende[r] Arroganz" drei Stunden lang gegenseitig „zerfleischten"[49]. Dass ein Konflikt innerhalb der Bewegung derart eskalieren konnte, schockierte viele Aktivistinnen.[50]

Solche Austragungsformen waren kein Privileg von Alice Schwarzer und ihren Gegnerinnen: Auch Angehörige des Frauenforums München und die Führungsriege einer gerade erst gegründeten Frauenpartei prozessierten jeweils gegeneinander.[51] In vielen Alternativprojekten führten finanzieller Druck, permanente Selbstausbeutung, hohe Erwartungen und unternehmerische Unerfahrenheit zu großen Spannungen.[52] Als etwa die Frauenkneipe Blocksberg, eine Institution der Berliner Frauenszene, kurz vor dem Konkurs stand, zerstritten sich die Gründe-

---

[47] Dabei ging es vor allem um die Verwendung der Gewinne aus dem Verkauf, doch viele der Vorwürfe gegen Schwarzer finden sich bereits dort; vgl. FFBIZ B Rep. 500 Acc. 100 Nr. 3, Gudula Lorez, Was ist mit mir und dem Frauenkalender?, Januar 1977. Auch in diesem Fall gab es Boykottaufrufe und Appelle, den Streit nicht eskalieren zu lassen; FMT Z 125, Frauengruppe Action (Hamburg), Offener Brief an die Mitarbeiterinnen der „Emma", in: Frauenzeitung des Frauenzentrums Hamburg, Nr. 20/21/22/23/24, Mai 1978, S. 8 f.; Bärbel Weinberg, Brief an das Frauenzentrum Hamburg, in: ebd., Nr. 21, Juni 1978, S. 15–17.

[48] FFBIZ A Rep. 400 BRD 20 (1), Brigitte Classen und Gabriele Goettle, Aufruf zum Boykott, o. D. [September/Oktober 1976]. Dieser Text der beiden Herausgeberinnen der „Schwarzen Botin" wurde kurze Zeit später in der Berliner Frauenzeitschrift „Courage" veröffentlicht und von deren Redaktion unterstützt; Konflikt um Alice Schwarzers neue Zeitung „Emma", in: Courage 1 (1976), Nr. 3, 15.11.1976, S. 42. FFBIZ A Rep. 400 BRD 20 (1) Pag. 64-67, Offener Brief Karin Huffzky an Alice Schwarzer, 5.12.1976, abgedruckt in: Courage 2 (1977), Nr. 1, 15.1.1977, S. 53 f.

[49] Bähr [Pinl], Klatschmohn, S. 179–184, Zitate S. 179 u. 183.

[50] Ebd., S. 184; FFBIZ A Rep. 400 BRD 20 (1) Pag. 58-63, Renate Bookhagen, Cillie Rentmeister und Monika Savier, Vampire in der Frauenbewegung? Zu den Konflikten um die Zeitschrift Emma, 24.12.1976, abgedruckt in: Courage 2 (1977), Nr. 1, 15.1.1977, S. 54 f., vgl. auch den Leserinnenbrief von Hilde Radusch, ebd., S. 58.

[51] Sowohl in München als auch in Kiel bzw. Warendorf ging es um die „richtige" Auffassung von Feminismus, das Symbolthema Männerpräsenz, um Führungsstil und um Geld. Die Auseinandersetzungen um die Vorsitzende des Frauenforums München Hannelore Mabry sind dokumentiert in IfZ ED 900, Bände 13–18. Vgl. Zellmer, Töchter der Revolte, S. 139 f.; „Wo Schwestern aufeinander schlagen", in: Die Zeit, 14.11.1975, S. 12. Zur Spaltung der Frauenpartei vgl. die Darstellung von der Initiatorin Eva Rath, Küche und Parlament. Ein leidenschaftliches Manifest für die Frauenpartei, Kronshagen 1982, S. 77-104; außerdem die Dokumentation in FFBIZ A Rep. 400 BRD 19.1.6 Frauenparteien, Bände 1–3.

[52] Vgl. dazu Reichardt, Authentizität und Gemeinschaft, S. 333–341.

rinnen und zwei als Saniererinnen hinzugekommene Frauen so unversöhnlich, dass die einen sogar die Polizei zu Hilfe riefen, um die anderen am Betreten der Räumlichkeiten zu hindern.[53] Die Mitarbeiterinnen des Frankfurter Frauenbuchladens befehdeten sich über das Symbolthema Männerpräsenz, beschimpften sich zunächst als „unverschämte Sau" und redeten schließlich überhaupt nicht mehr miteinander.[54] Streit über das investierte Geld, konzeptionelle Divergenzen und Beziehungsprobleme führten in einer Münchner Teestube für Frauen zu derartigem Misstrauen, dass keine Zusammenarbeit mehr möglich war. „Das alles hat nichts mehr mit der Idee von Kollektivität zu tun, Vertrauen oder gar Feminismus", notierte eine der Beteiligten in ihr Tagebuch.[55] Solche Erfahrungen wiederholten sich überall in der frauenbewegten Szene der Bundesrepublik. Sie standen im Gegensatz zur Erwartung, zusammen mit Gleichgesinnten gegen die Übermacht der Männer aufzustehen. „Die Geschichte der Frauenbewegung ist geprägt von Konflikten und Enttäuschungen", schrieben 1983 die Autorinnen eines Buches über den „Schwesternstreit"[56].

Zwar verstanden die Aktivistinnen die Frauenbewegung als ein heterogenes Gebilde, das für viele theoretische Positionen und Aktionsformen offen war, aber ihre Kraft bezog sie aus dem Zusammenschluss. „Frauen gemeinsam sind stark", die aus dem amerikanischen *women's lib* übertragene Parole[57], bedeutete im Umkehrschluss, dass eine zerstrittene oder sogar gespaltene Bewegung politisch wirkungslos bleiben musste. Außerdem bedienten öffentlich ausgetragene Auseinandersetzungen das Stereotyp der „zänkischen Weiber". Und schließlich legten die verletzenden Auseinandersetzungen offen, wie schwer es den engagierten Frauen fiel, die Verhaltensnormen von wohlwollendem, wertschätzendem Umgang einzuhalten, mit denen sich die Bewegung von der Männerwelt absetzen wollte. Einige Frauen empfanden die „lässige sanftheit der frauen bei begrüssungen und verabschieden"[58] deswegen als Heuchelei; andere appellierten mit Gedichten an

---

[53] FFBIZ B Rep. 400 Acc. Berlin 20.10, Gerda Herrmann, Gerdas Blocksberg-Geschichte, 14.6.1977; ebd., Darstellung der Blocksberg-Frauen, 12.6.1977; Sigrid Fronius, Die Schlacht am Blocksberg, in: Courage 2 (1977), Nr. 8, August 1977, S. 55 f. In Köln griffen die Betreiberinnen eines Frauencafés ebenfalls zu juristischen Mitteln, um von ehemaligen Mitarbeiterinnen Geldforderungen einzutreiben, die sich der Bhagwan-Sekte angeschlossen und deshalb aus dem Projekt ausgeschlossen worden waren; FMT Z 136, Hedwig, Café Rouge, in: Kobra. Kölner Frauenzeitung, Nr. 2, 15.12.1982, S. 13.

[54] FMT Z 116, Gitta und Cornelia, Der Frankfurter Frauenbuchladen..., in: Frauen wißt ihr schon... Frankfurter Frauenzeitung, Nr. 12, 25.4.1977, S. 15–21.

[55] Diesen gab sie in einem Positionspapier vor einer Sitzung des Kollektivs wieder; IfZ ED 899/17, Anne, Darstellung der Situation des Teestubenkollektivs, 2./3.2.1977, S. 3.

[56] Birgit Cramon-Daiber u. a., Schwesternstreit. Von den heimlichen und unheimlichen Auseinandersetzungen zwischen Frauen, Hamburg 1983, S. 2; vgl. auch Alice Schwarzer, Wie mies sind Frauen, in: Emma 2 (1978), Nr. 3, März 1978, S. 5.

[57] Unter dem Titel „Sisterhood is Powerful" hatte Robin Morgan 1971 eine Sammlung von Texten aus der amerikanischen Frauenbewegung veröffentlicht. Erstmals verwendet wurde die deutsche Übertragung 1971; vgl. Ferree, Varieties of Feminism, S. 66 ff.

[58] FMT Z 102, Von den Grenzen der Solidarität oder wie ursprünglich Gemeintes eine Sinnentleerung erfährt, in: Frauenzeitung Bremen Nr. 5, 1977, S. 28; ähnlich FFBIZ A Rep. 400 BRD 20 (2) o. Pag., Nushin: Frankfurter Living Theater, in: Hexenschuß. Fraueninfo, [Januar 1978], S. 10–12.

die Bewegungsfrauen: „Feminismus heißt: nicht in die Pfanne hauen / Feminismus heißt: nicht blindlings um sich schlagen, / Feminismus heißt: verstehen von anderen Frauen"[59]. Doch gerade die Häufigkeit solcher Aufrufe zeigt, dass Erwartung und Erfahrung regelmäßig auseinanderfielen.

Überall in der Bundesrepublik erfuhren Aktivistinnen Unversöhnlichkeit, schroffe Konfrontation und emotionale Ausgrenzung, und sie hatten selbst daran teil. Sie suchten daher nach Konfliktaustragungsformen, ohne andere Frauen persönlich zu verletzen, doch auch ohne Dissens zu tabuisieren oder unter der Decke zu halten.[60] Enttäuschung als kommunikativer Code konnte das leisten, wenn eine Feministin eine andere direkt ansprach. Beispielsweise kleideten die Redakteurinnen der lokalen Frauenzeitungen ihre Klage darüber, dass sie von den Leserinnen kaum Post erhielten, in Ich-Botschaften der Enttäuschung. So schrieben die Macherinnen der Nürnberger „Kratzbürste" an ihre Leserinnen, sie seien „ein wenig enttäuscht" darüber, dass so wenig Leserinnenbriefe und Artikel bei ihnen eingingen.[61] Mit dieser Formulierung akzentuierten die Nürnbergerinnen, dass sie etwas von ihren Leserinnen erwarteten, ihnen also Kreativität und Engagement zutrauten. Sie setzten zugleich voraus, dass ihre Befindlichkeit die Angesprochenen nicht ungerührt lassen würde – Enttäuschungsäußerungen zielten auf die Beziehungsebene ab, und sie waren darauf angelegt, den sozialen Zusammenhalt nicht abreißen zu lassen. Wer Kritik emotional mit Enttäuschungsäußerungen verknüpfte, anstatt Zorn und Empörung über eine andere Frau niedergehen zu lassen, thematisierte schließlich nicht nur die vermeintlichen Fehler der Angesprochenen, sondern auch die eigenen Reaktionen und Erwartungen. Darum konnten auch sehr grundsätzliche Vorwürfe, wie sie beispielsweise eine Kölner Feministin an der ersten kommunalen Gleichstellungsbeauftragten in der Domstadt vorbrachte, noch als „solidarische Kritik" erscheinen. Inmitten einer langen Reihe von Fragen und Anschuldigungen, sich von der Bürokratie verschaukeln zu lassen, flocht die Autorin die Bekundung von persönlicher Wertschätzung für die Gescholtene ein: „Ich schätze sie [die Position der Angesprochenen], bewundere sie zuweilen und habe Respekt vor Deiner Aktivität in der Höhle des Löwen, aber ich kann nicht umhin, tief enttäuscht zu sein, womit Du Dich zufrieden gibst"[62]. Während das Verhältnis von autonomer Frauenszene und kommunalen Gleichstellungsbeauftragten in der Regel von Abgrenzung und Misstrauen geprägt war, riss der Gesprächsfaden in Köln nicht ab. Die Stelleninhaberin

---

[59] FMT Z 116, Brigitte, Gift und Galle, in: Frauen wißt ihr schon... Frankfurter Frauenzeitung, Nr. 9, 14.12.1976, S. 9 (Zitat); Ene Knorr, Zwist, in: Emma 3 (1979), Nr. 2, Februar 1979, S. 59.
[60] Vgl. Monika Jaeckel, Spaltung zwischen Frauen – Fußangeln der Unterdrückung oder Sauerteig einer weiblichen Zukunft?, in: Cramon-Daiber u. a., Schwesternstreit, S. 17–31.
[61] FMT Z 154, Vorwort, in: Kratzbürste. Nürnberger Frauenzeitung, Nr. 3, Juni 1978, S. 1. Zur Enttäuschung über mangelnde Resonanz vgl. unten S. 147–155.
[62] FMT Z 136, Klaudia Dirmeier an Lie Selter, 8.5.1983, in: Kobra. Kölner Frauenzeitung, Nr. 7, Juni 1983, S. 12f. Weitere Beispiele für die Verwendung von Enttäuschung als wohlmeinende Kritikformel findet sich in FMT Z 142, Edith, Leserinnenbrief, in: Lila Klatschmohn. Emanzenblatt Mannheim-Ludwigshafen, Nr. 7, April/Mai 1980, S. 21, und Evelyn Krümmel, Leserinnenbrief an Anja Baumhoff, in: ASBF, Freiburger Frauenzeitung Nr. 4, Sommer 1983, S. 4.

erhielt Gelegenheit zu einem Interview, in dem sie ihre Position verteidigen und auf die an ihr geübte Kritik eingehen konnte.[63]

Nur selten setzten die Aktivistinnen Enttäuschung als kommunikativen Code ein, noch dazu so konstruktiv wie in diesem Beispiel. In der Regel thematisierten sie Enttäuschung nicht in strategischer Absicht, sondern weil ihre Erfahrungen im Bewegungsalltag den Erwartungen an ihr politisches Engagement nicht entsprachen.

2.2 Erwartungen und Enttäuschungen im Bewegungsalltag

Aus der Sicht der Frauen, die sich als Teil der autonomen Frauenbewegung verstanden, war Enttäuschung nicht nur eine periphere, vorübergehende Erscheinung, sondern eine wiederkehrende und dauerhafte Erfahrung ihres Engagements. Auf den Punkt brachten dies Hamburgerinnen, die ihre Enttäuschung sogar personifizierten: In der Frauenbewegung sitze „Frusti" immer schon mit am Tisch.[64] Dieser Satz lässt sich als Momentaufnahme einer Krise lesen – im März 1979 stand das Hamburger Frauenzentrum kurz vor der Schließung – oder als Bewältigungsstrategie: Indem die Feministinnen Enttäuschung als eine Art Naturzustand beschrieben, an dem nichts zu ändern sei, entdramatisierten sie ihr Gefühl. In diesem Sinne diente auch der Kosename dazu, es zu verniedlichen beziehungsweise zu zähmen. Doch die Generalisierung, dass Enttäuschung unabhängig von Zeitpunkt und Auslösern zum Engagement dazugehöre, führt in die Irre. Vielmehr lassen sich konkrete Erwartungshorizonte und temporale Muster identifizieren, die Enttäuschungen bei den Akteurinnen begünstigten.

Anfangseuphorie und Alltagsernüchterung

Viele Aktivistinnen schilderten den Beginn ihrer „Bewegungskarriere" als eine Zeit voller Hoffnungen, ungetrübter Begeisterung und Tatendrang. Bereits die Lektüre einschlägiger feministischer Texte konnte zu einem politischen Erweckungserlebnis werden, genauso wie einige Jahre zuvor neomarxistische Theorien Glücksgefühle bei Studierenden verursacht hatten.[65] Noch viel mehr euphorisierten Gruppenerlebnisse und politische Aktionen Frauen, die erstmals in ein Frauenzentrum,

---

[63] FMT Z 136, Stadt Köln – Der Oberstadtdirektor, Frauengleichstellungsstelle, in: Kobra. Kölner Frauenzeitung, Nr. 7, Juni 1983, S. 9–11. Darin thematisierte sie auch ihre eigene emotionale Reaktion auf die offenen Briefe der Kölner Feministinnen. Ebenfalls wohlwollende Resonanz erhielt eine Saarbrückerin, nachdem sie stundenlang im Frauencafé von keiner Mitarbeiterin angesprochen worden war und darüber ihre Enttäuschung geäußert hatte; FMT Z 159, Anonymer Brief einer „etwas enttäuschten Frau" an den Frauenladen Saarbrücken, in: Lila Distel. Saarbrücker Frauenzeitung, Nr. 8, März/April 1980, S. 24f., ebd., Antwort von Gisela im Namen der Frauengruppe, S. 26f.

[64] FMT Z 125, Raphaela, Frusti verläßt uns nicht..., in: Frauenzeitung des Frauenzentrums Hamburg, März 1979, S. 5f.; Babsi, Frauentheater, ebd., S. 15–17 (Zitat S. 15).

[65] Vgl. Felsch, Sommer, S. 12f., 39 u. 80f.

eine Selbsterfahrungsgruppe oder ein Projekt der autonomen Frauenbewegung kamen. Häufig mussten sie Schwellenängste überwinden, waren schüchtern oder befürchteten, wegen ihrer politischen Unerfahrenheit belächelt oder abgewiesen zu werden. Umso beflügelter waren sie, wenn sie den Schritt gewagt hatten. Eine Göttingerin schrieb nach ihrem ersten Besuch im Frauenzentrum:

„Ich merke, daß ich hier frei reden kann, ohne Angst haben zu müssen, daß meine Meinung niedergetrampelt wird. Hier schlägt mir kein Desinteresse oder gar Ablehnung entgegen. [...] Seit langer Zeit habe ich endlich mal wieder ein Gefühl, das ich nicht mit Worten beschreiben kann. Ich bin unheimlich froh, endlich ins Frauenzentrum gegangen zu sein, weil ich glaube, daß mir das Zusammensein mit Frauen viel bringen wird."[66]

Am Beginn einer weiblichen Bewegungsbiografie stand häufig ein überwältigendes Glücksgefühl, das sich daraus speiste, dass die Frauenbewegung bedrückende individuelle Erfahrungen auf gesellschaftliche Ursachen zurückführte. Dies entlastete die Frauen von Selbstzweifeln und Minderwertigkeitsgefühlen, wertete ihre Problemlagen zu einem bedeutsamen Politikum auf und versicherte sie der Unterstützung anderer Frauen. Zweifellos übten das Deutungsangebot der „patriarchalischen Unterdrückung" und die daraus abgeleitete Kampfansage, „Das Private ist politisch!" einen großen Reiz aus.

Ihre ersten politischen Aktionen erlebten viele Frauen als persönlichen Durchbruch. Eine 21-Jährige, die in ihrer Gesamtschule mit einer Wandzeitung gegen ihre Diskriminierung als Lesbierin protestiert hatte, war von den positiven Reaktionen ihrer Mitschülerinnen regelrecht überwältigt: „Hin und wieder strahlte mir mein Bauch ein Glücksgefühl aus, daß [sic] mich richtig wohlig und warm fühlen ließ. Ich hatte nicht geahnt, daß sich so viele Frauen mit mir solidarisieren würden. Einige fielen mir um den Hals und waren genauso aufgeregt wie ich."[67] Ihre Begeisterung über den Erfolg war so groß, dass die Schülerin im Anschluss eine Frauengruppe gründete. Die Erfahrung von eigener Initiative, Kompetenz und Wirksamkeit konnte eine politische Aktion zu einem Initiationserlebnis werden lassen. Ein Beispiel dafür bietet eine Hausbesetzung in Heidelberg, um darin ein Frauenzentrum einzurichten. Eine der Beteiligten entdeckte dabei ungeahnte Fähigkeiten in sich:

„Plötzlich merkte ich, daß ich genauso wie andere in der Lage bin, Flugblätter zu schreiben, Verhandlungen mit den Behörden zu führen oder mit Leuten auf der Straße zu diskutieren. Bis dahin hatte ich solche Aufgaben in der Frauengruppe lieber den Frauen überlassen, von denen ich dachte, daß sie darin geübter oder geschickter sind. Nun habe ich erkannt, daß das keine

---

[66] FMT Z 182, Ulrike, Erfahrungen von neuen ♀en, in: Frauenzeitung Göttingen, Nr. 1, 1977, S. 4f. Ganz ähnlich schilderten Frauen ihre Eindrücke, die zum ersten Mal ins Berliner Frauenzentrum kamen: Perincioli, Berlin wird feministisch, S. 89 f.
[67] FMT Z 116, Bärbel Doelter, An unserer Schule ist was los – Aktion gegen Chauvinisten, 12.12.1976, in: Frauen wißt ihr schon… Frankfurter Frauenzeitung, Nr. 10, 9.2.1977, S. 18–20, hier S. 19; ähnlich überschwängliche Aktionsberichte: FMT Z 125, Sybille, Lesbeninfostand, in: Frauenzeitung des Frauenzentrums Hamburg, Nr. 1, Juni 1976, S. 18–22; FMT Z 129, [Erfahrungsbericht über die Demonstration zur Walpurgisnacht 1977 in Heidelberg], in: Heidelberger Frauenzeitung, Nr. 2, Juni 1977, S. 21–25; FMT Z 154, Mechthild Kock, Frauen in Coburg, in: Kratzbürste. Nürnberger Frauenzeitung, Nr. 4, September 1978, S. 26 f.

Frage der Intelligenz oder Begabung ist, sondern daß ich mir solche Dinge einfach zutrauen muß, und dann kann ich sie auch."[68]

Wenn Empfindungen, Aktivitäten und gesellschaftspolitische Deutung wie in diesem Beispiel konvergierten, beglaubigten die Erfahrungen der Frauen ihre „Authentizität", die Sven Reichardt als Kennzeichen des alternativen Subjekts herausgestellt hat.[69] Solche Momentaufnahmen stärkten die Anfangseuphorie des Engagements, ließen sich jedoch nicht beliebig oft wiederholen.

Zusammen mit einem neuen Selbstvertrauen und einem gesellschaftspolitischen Leitbild markierten die zahlreichen Aktionen spürbare Veränderungen im Alltag der Aktivistinnen, in denen sich die Euphorie des Neubeginns manifestierte. Während der ersten Hälfte der 1970er Jahre standen auf der Agenda der Frauengruppen und -zentren zahllose Demonstrationen, Diskussionen, Treffen, öffentlichkeitswirksame Aktionen und Projektideen.[70] An diese Zeit erinnerten sich die Aktivistinnen später oft als eine Aufbruchsphase voller Hoffnung und Elan. Eine Saarbrückerin fand „alles sehr, sehr aufregend", zwei Freiburgerinnen schwärmten im Rückblick von ihrem „Gefühl von 100 000 Möglichkeiten und eine Erleichterung und viel Kraft"[71]. Das Leben einer Aktivistin konnte, wenn sie nur wollte, völlig von Bewegungsaktivitäten bestimmt werden – die Frauenbewegung war, wie eine Kölner Feministin der ersten Stunde sagte, ein „Fulltime-Job"[72]. Dieser Aktivismus hob sich markant vom Alltag einer Studentin oder Hausfrau ab und vermittelte den Frauen das „angenehm erregende" Gefühl, an der Veränderung der gesellschaftlichen und politischen Ordnung teilzuhaben.[73] Exemplarisch dafür steht die Beschreibung dreier Bremerinnen, die 1974 eine Frauengruppe initiiert hatten: „wir wollten was tun gegen die unterdrückung der frauen, aber

---

[68] FFBIZ A Rep. 400 BRD 20 (1) o. Pag., Ein paar Erfahrungen aus der Plöck, in: Frauen in der Plöck 48, oder: Bagger, Bullen und Beamte. Erfahrungen und Dokumente, Heidelberg o. D. [1975], S. 18–20, hier S. 18.
[69] Vgl. Reichardt, Authentizität und Gemeinschaft, S. 876.
[70] Vgl. FFBIZ A Rep. 400 BRD 20 (1) Pag. 9f., Wie das Frauenzentrum entstand und welche Geschichte wir schon haben, in: Frauenzentrum Berlin (Hrsg.), Fraueninfo Berlin. Selbstdarstellung, Januar 1976, S. 12–15; Ulla Hühnlich-Schickling, Hier können Frauen mitmachen und mitbestimmen!, in: Emma 2 (1978), Nr. 4, April 1978, S. 32–34; Margot Poppenhusen, Viel bewegt – nichts verrückt? 20 Jahre Frauenbewegung in Freiburg 1972–1992, Freiburg 1992, S. 26–35. München galt wegen seiner vielen Projekte und Initiativen sogar als „feministisches Wunderland"; Zellmer, Töchter der Revolte, S. 173.
[71] Keinhorst, „Das war alles sehr, sehr aufregend...", S. 20; Ursula Bouczek und Nena Helfferich, Das Netz wird immer enger. Frauenbewegung und Politik, in: ASBF, Freiburger Frauenzeitung Nr. 1, 1982, S. 15–18, hier S. 15.
[72] FMT Z 135, Das Frauenzentrum ein Mythos?, in: Kölner Frauenzeitung, Nr. 4, Juni/Juli 1980, S. 3–5, hier S. 3. Ein weiteres Beispiel dafür ist Claudia Pinl, die diesen Sog für die erste Hälfte der 1970er Jahre anschaulich beschreibt: Bähr [Pinl], Klatschmohn, S. 18–30, 37–40, 48–53 u. 58–62.
[73] Hirschman, Engagement und Enttäuschung, S. 97. Aus demselben Grund erlebte auch Verena Stefan, die seit 1972 der Berliner Gruppe „Brot und Rosen" angehörte und mit ihrem Roman „Häutungen" 1975 einen feministischen Bestseller landete, die ersten drei Jahre ihres Engagements als „reine Euphorie": „Ich bin keine Frau. Punkt." Interview Heide Oestreich mit Verena Stefan, in: taz Magazin, 10.5.2008, S. IVf., hier S. V.

Abb. 4: Begeisterung auf dem ersten nationalen Frauenkongress in Frankfurt am Main, 8. März 1972
© Erika Sulzer-Kleinemeier; Quelle: FMT FT.12.113

was war noch ziemlich unklar. Wir waren ziemlich hilflos und unsicher, hatten angst voreinander. Aber es war ein tolles gefühl, wenn 30 frauen zusammenkamen und gemeinsam ihre veränderung und die veränderung der gesellschaft anpacken wollten. sehr stark!"[74] Diese Aktivistinnen beflügelte mithin ihre Erfahrung, dass sie gemeinsam ein politisches Ziel anstreben konnten. Auf sie trifft nicht zu, was Andreas Pettenkofer für den gewaltfreien Teil der Antiatombewegung als „Euphorie des Protests" herausgestellt hat: Weil die Atomkraftgegner aus dem Protest selbst Glücksgefühle zogen, sofern dessen Form und Ablauf im Einklang mit ihren Erwartungen standen, konnten sie das Engagement auf Dauer stellen.[75] Dagegen speiste sich die Anfangseuphorie der Frauen aus der Erfahrung im Sinne einer Gegenwartsdeutung, dass ihr Engagement zu einer politischen Veränderung großen Ausmaßes beitrug.

Besonders intensiv erlebten die Aktivistinnen dies auf den bundesweiten Kongressen, Tribunalen und Festen, zu denen zunächst ein paar hundert, dann mehrere tausend Mitglieder lokaler Frauengruppen aus ganz Deutschland zusammenkamen (Abb. 4). Zwischen 1972 und 1978 fand jedes Jahr mindestens eine solche Veranstaltung statt. Schon allein die große Zahl der Teilnehmerinnen be-

---

[74] FMT Z 102, das ende und der neuanfang unserer frauengruppe – aufgearbeitet, überlegt und aufgeschrieben von erika, urte, kristine (ehemalige aus der stadtteilgruppe walle), in: Frauenzeitung Bremen Nr. 5, 1977, S. 46–55, hier S. 47.
[75] Vgl. Andreas Pettenkofer, Die Entstehung der grünen Politik. Kultursoziologie der westdeutschen Umweltbewegung, Frankfurt am Main 2014, S. 247–278; vgl. zu ganz ähnlichen Mechanismen der Enttäuschungsabwehr in der Friedensbewegung Gotto, Enttäuschung als Politikressource, S. 23 f.

2.2 Erwartungen und Enttäuschungen im Bewegungsalltag 137

wirkte, dass sich die Frauen als Teil von etwas Großem begriffen und in „Begeisterung" und „Hochstimmung" versetzt wurden.[76] Dies war umso mehr der Fall, da die Teilnehmerinnen dort auch mit feministischen Konzepten und Aktivistinnen aus anderen Ländern in Kontakt kamen und sich so als Teil einer transnationalen Befreiungsbewegung fühlen konnten.

Doch es war nicht nur die Wahrnehmung von Handlungsmacht, die die Anfangseuphorie des Engagements trug, sondern auch die Erfahrung, dass politisches Engagement Spaß machte. Die Frauen feierten viel und ausgelassen: Es gab kaum eine Demonstration oder Aktion, die nicht mit einer Party oder zumindest einem langen Abend in der örtlichen Frauenkneipe endete. Auf den großen Frauenfesten spielten Frauenbands wie die „Flying Lesbians" aus Berlin, „Unter Rock" aus Marburg oder die Bonner „Blaustrümpfe", es gab Frauenkabarett und -theater. Die Aktionen selbst waren, ganz im Stil der Alternativbewegungen, performativ, unkonventionell, ironisch und provokativ.[77] Die Aktivistinnen sangen, tanzten, schminkten und verkleideten sich als Hexen. Als übermütig und begeistert charakterisierten viele Aktivistinnen sich selbst während ihrer ersten Bewegungszeit. Nicht zufällig klangen einige dieser Erfahrungsberichte wie die Schilderung von Verliebtheit, denn nicht wenige Aktivistinnen gingen gleichzeitig Liebesbeziehungen zu Frauen ein. An dieser erotischen Atmosphäre hatten aber auch heterosexuelle Aktivistinnen ihren Anteil. Eine Mannheimerin schrieb im Anschluss an ein Frauenfest nach einer Demonstration 1979: „Ich habe mich selten so wohl in einer Kneipe gefühlt, wie in dieser Nacht, und es gab mir Kraft, daß wir doch viele sind [...], daß wir gemeinsam sind, wenn wir zusammen sind, und Spaß haben, Ausgelassenheit und Zärtlichkeit empfinden."[78]

Ausgelassenheit, Zärtlichkeit, Gemeinsamkeit, Einigkeit, Stärke: Mit solchen Attributen beschrieben die Frauen, was sie zu Beginn ihrer Bewegungskarriere fühlten. Und so wollten sie auch weiter empfinden – die Erfahrung der Anfangs-

---

[76] FMT Z 125, Monka und Karin, Eindrücke vom Münchner Frauenkongress, in: Frauenzeitung des Frauenzentrums Hamburg, Nr. 11, April 1977, S. 31-36, hier S. 32f. Zum Bundesfrauenkongress am 12. März 1972 vgl. die Auszüge des Protokolls, abgedruckt in: Lenz (Hrsg.), Die Neue Frauenbewegung, S. 87-95; zu den Reaktionen vgl. außerdem Schulz, Der lange Atem der Provokation, S. 158f., sowie FFBIZ A Rep. 400 BRD 2.20.11 d, Alice Schwarzer, Sendemanuskript „‚Ich lass' mir nichts mehr gefallen!' Aktion 218 und Frauenkongress – ist das der Aufbruch der deutschen Frauen?", gesendet am 8.5.1972, 21:00–22:00 Uhr, WDR, III. Programm. Für Freiburger Feministinnen bedeutete der Frauenkongress in Frankfurt am Main im April 1973 eine Initialzündung: Poppenhusen, Viel bewegt, S. 10 u. 16. Begeistert berichteten Münchnerinnen von der „Frauenmanifestation" in Brüssel am 11. November 1972, „nicht mehr zu bremsen[de] Euphorie" herrschte auf dem Münchner Frauenkongress im Februar 1973; Zellmer, Töchter der Revolte, S. 126 (Zitat) u. 136.

[77] Vgl. Kathrin Fahlenbrach, Protest-Inszenierungen. Visuelle Kommunikation und kollektive Identitäten in Protestbewegungen, Wiesbaden 2002; Dorothee Lier, Ereignisinszenierung im Medienformat. Proteststrategien und Öffentlichkeit – eine Typologie, in: Martin Klimke/Joachim Scharloth (Hrsg.), 1968. Handbuch zur Kultur- und Mediengeschichte der Studentenbewegung, Stuttgart 2007, S. 23-36, hier v. a. S. 31 f.; Joachim Scharloth, 1968. Eine Kommunikationsgeschichte, München 2011, S. 68-172.

[78] FMT Z 142, Zur Walpurgisnacht-Demo..., in: Lila Klatschmohn. Emanzenblatt Mannheim-Ludwigshafen, Nr. 2, Juni 1979, S. 22.

euphorie bestimmte den Erwartungshorizont der Aktivistinnen. Dies ist umso bemerkenswerter, als viele von ihnen ohne klare Vorstellungen zur Bewegung gestoßen waren. Die Aufbruchsbegeisterung wurde zur Folie, vor der der Bewegungsalltag nach einiger Zeit trist und belanglos erschien. Diskussionen, die zuvor neue Welten eröffnet hatten, erschienen den Feministinnen nun häufig langweilig und quälend; Demonstrationen, die zu Beginn elektrisiert hatten, empfanden viele Frauen nach einiger Zeit als ödes Ritual; nach dem überwältigenden ersten Eindruck von Gemeinsamkeit und Stärke lernten die engagierten Frauen auch internen Streit kennen und formulierten Zweifel, ob ihre Anstrengungen überhaupt Früchte trügen. Symptomatisch formulierte eine Göttinger Feministin diese Stimmung 1979: „Ich hatte das Gefühl, das läuft sich alles irgendwie zu Tode, und alle Sachen, die ich gemacht habe, wiederholen sich ständig. Der Punkt, wo ich das Gefühl hatte, es bringt mich weiter, der hat oft gefehlt."[79] Vor allem in den Frauenzentren spielte sich diese Entwicklung an vielen Orten ab. Dies illustriert etwa der Situationsbericht einer Aktivistin aus dem Frauenzentrum in Ludwigshafen:

„es hat sich in der letzten Zeit einiges geändert, Lustlosigkeit und Resignation machen sich breit. Die Solidarität ist kleiner geworden, wir fallen uns schon lange nicht mehr in die Arme, weil das Zusammensein und das Zusammen-was-machen so viel Freude in uns hervorruft. Die Verbindlichkeit der Frauen untereinander hat nachgelassen, die Euphorie, das Glücksgefühl des ersten Frauenfestes, der ersten Frauendemonstration lassen sich trotz aller Anstrengungen nicht mehr herstellen."[80]

Immer häufiger machten die Aktivistinnen ihre Unzufriedenheit zum abendfüllenden Thema. Die Freiburger Frauengruppe setzte im Juni 1975 sogar ein ganzes Wochenende an, um die Gründe für die Enttäuschungen zu erforschen. Eine Teilnehmerin diagnostizierte ganz explizit die Diskrepanz zwischen ihren Erwartungen und Erfahrungen: „Ich ging ins Plenum, um: Frauen zu treffen, Termine zu erfahren, über Frauenemanzipation zu reden, Aktionen vorzubereiten, endlich eine Bezugsgruppe zu haben, mich solidarisch zu fühlen, zu erfahren, was ich tun (TUN) kann. Alle kamen aus dem Plenum wieder heraus: frustriert."[81] Ähnliche Klagen formulierten Aktivistinnen aus den Frauenzentren in Aachen, Berlin, Bremen, Freiburg, Göttingen, Heidelberg, Köln, Mannheim, München und Nürnberg. Sie erkannten darin Symptome eines Niedergangs: Fast alle Zentren litten unter finanziellen Engpässen, weil die aktiven Frauen zu wenig oder zu unregelmäßig ihre Mitgliedsbeiträge zahlten bzw. spendeten. Immer weniger Frauen besuchten die Zentren überhaupt regelmäßig; von den Vollversammlungen gingen keine Impulse mehr aus, die Zentren verloren ihre Funktion als lokales Informa-

---

[79] FMT Z 182, Frauen im Zentrum. Themenzentrierter Abend im Frauenzentrum über die Frage „Warum bin ich ins Frauenzentrum gekommen und warum bleibe ich?", in: Frauenzeitung Göttingen, Nr. 4, 1979, S. 26–31, hier S. 27.
[80] FMT Z 142, Gisela, Feminismus ist die Theorie – arbeiten mit Frauen ist die Praxis, in: Lila Klatschmohn. Emanzenblatt Mannheim-Ludwigshafen, Nr. 8, Juni/Juli 1980, S. 5–7, hier S. 5.
[81] ASBF 7.2.2, Protokoll des Arbeitswochenendes der Frauengruppe in der Arce [Akronym einer italienischen Gastarbeitervereinigung], 21.6.1975, S. 6.

tions- und Organisationsforum. Abgrenzungen, Richtungsstreit, eine gereizte und gedrückte Atmosphäre schreckten neugierige Frauen ab, die zum ersten Mal ins Zentrum kamen.[82]

Besonders häufig thematisierten Feministinnen solche Enttäuschungen Ende der 1970er und Anfang der 1980er Jahre. Komplementär dazu stammen viele begeisterte Erfahrungsberichte aus der Phase, in der die Kampagne gegen den § 218 ihren Höhepunkt erreichte, überall in Deutschland Frauenzentren gegründet wurden und nationale Events wie die Kongresse und die Berliner Sommeruniversitäten für Frauen stattfanden. Dennoch lassen sich Euphorie und Enttäuschung nicht eindeutig bestimmten aufeinander folgenden Bewegungsphasen zuordnen, denn auch in den Anfangsjahren der Bewegung machten Feministinnen enttäuschende Erfahrungen.[83] Außerdem konnte sich der Zauber des Neubeginns auch noch auswirken, als die autonome Frauenbewegung nicht mehr ganz so neu war. Für die Anfälligkeit von Enttäuschung war die Phase der jeweiligen Bewegungsbiografie wichtiger als die zeitliche Konjunktur der autonomen Frauenbewegung selbst.

Denn auch Frauen, die schon auf eine längere Bewegungskarriere zurückblicken konnten, erlebten Neuanfänge und Aufbrüche. Typisch dafür sind die zahlreichen Projekte, die ab der zweiten Hälfte der 1970er Jahre aus der alternativen Frauenbewegung hervorgingen. Häufig gehörten die Initiatorinnen zum festen Kern der lokalen feministischen Szene. Viele hatten zwischen 1972 und 1976 am Protest gegen den § 218 teilgenommen und langwierige interne Theoriediskussionen über Feminismus miterlebt. Nicht wenige Aktivistinnen waren dieser Debatten überdrüssig und wollten etwas tun.[84] Sie suchten nach neuen Wegen, um ihre Gesellschaftsutopien im Kleinen zu verwirklichen. Nahezu alle Projekte wie etwa

---

[82] FMT ZS-120, Frauenzentrümmer, in: Aachener Frauenzeitung Nr. 3, Oktober 1979, S. 24; FMT Z 106, Nach dem Winterschlaf – ein Frühlingserwachen?, in: Tango Feminista. Erlebtes und Gedachtes aus der Berliner Frauenbewegung, Nr. 1, 1978, S. 3-5; FMT Z 102, Frauen wo seid ihr?, in: Frauenzeitung Bremen Nr. 1, 1978, S. 47f.; Carolina Brauckmann, Sag mir, wo die Frauen sind..., in: ASBF, Freiburger Frauenzeitung Nr. 5, Herbst 1983, S. 30-32; Astrid Osterland, Zentrumsperspektiven, in: Emma 5 (1981), Nr. 8, August 1981, S. 13; FMT Z 129, [Auswertung einer Fragebogenaktion über das Heidelberger Frauenzentrum], in: Heidelberger Frauenzeitung, Nr. 3, Januar 1978, S. 12-14; FMT Z 136, Kneipengruppe, Zentrum zu?, in: Kobra. Kölner Frauenzeitung, Nr. 6, April 1983, S. 7-9; FMT Z 142, Marion, Die traurige Geschichte der Verrottung des Frauenzentrums Mannheim, in: Lila Klatschmohn. Emanzenblatt Mannheim-Ludwigshafen, Nr. 8, Juni/Juli 1980, S. 8-10; Zellmer, Töchter der Revolte, S. 187f.; FMT Z 154, Theaterstück der Frauentheatergruppe des Frauenzentrums Nürnberg, in: Kratzbürste. Nürnberger Frauenzeitung, Nr. 5, Mai 1979, S. 3-7.
[83] Vgl. z. B. Perincioli, Berlin wird feministisch, S. 223-226. Auslöser dafür waren während der „Phase der Bewusstwerdung und Artikulation" zwischen 1968 und 1975 (nach Lenz, Unendliche Geschichte, S. 26) ausufernde Theoriedebatten und Auseinandersetzungen zwischen sozialistischen und autonomen Feminismusströmungen; vgl. z. B. Zellmer, Töchter der Revolte, S. 124; Bähr [Pinl], Klatschmohn, S. 55.
[84] Tiefe „Theoriemüdigkeit" ergriff in der zweiten Hälfte der 1970er Jahre weite Teile der alternativen Szene. Selbst eingefleischte Intellektuelle wie die Kerngruppe des Westberliner Merve-Verlags wandten sich in diesem Zeitraum von der reinen Kopfarbeit ab; vgl. Felsch, Sommer, S. 81f., 95 u. 142 (Zitat).

Zeitschriften, Frauenhäuser, Beratungsgruppen, Frauenkneipen oder -buchläden starteten mit dem Schwung und der Begeisterung des Neubeginns. „Die Eröffnung der Frauenkneipe löste in mir eine ziemlich starke euphorische Stimmung aus. Von Frauen‚bewegung' (eher Stillstand) war für mich zu diesem Zeitpunkt kaum etwas zu spüren"[85], beschrieb eine Hamburgerin 1977 diesen Aufbruchselan. Er speiste sich zum einen aus der Alltagsernüchterung vieler Aktivistinnen. Sie sehnten sich nach einem Ausbruch aus den Enttäuschungen, die sie in den Frauengruppen und -zentren erlebt hatten. Zum anderen fehlten ihnen in aller Regel praktische Erfahrungen auf dem Feld, in dem sie sich nun erprobten. Daher konnten sie Hoffnungen in die alternativen Projekte setzen: Die Tätigkeit der Frauen dort sollte ein Gegenmodell zu den Abhängigkeiten eines Lohnarbeitsverhältnisses sein. Sie wollten sich ganz mit ihrer Arbeit und deren Früchten identifizieren. An die Stelle von Ausbeutung, Hierarchien, Leistungsdruck und Sachzwängen sollten Partnerschaftlichkeit, Teamarbeit, die Orientierung an den Bedürfnissen der Mitarbeiterinnen sowie Handeln aus Überzeugung treten. Die Projekte der autonomen Feministinnen sollten ihre gesellschaftspolitischen Leitideen mit der eigenen Lebensführung zur Deckung bringen. Sie waren als Umsetzung einer gesellschaftspolitischen Utopie konzipiert, als Kontrapunkt zur patriarchalischen Unterdrückung.[86]

Für die spätere emotionale Bewertung der Projektarbeit war bedeutsam, dass sich die Erwartungen der Aktivistinnen aus ihrer Bewegungserfahrung speisten. Genau wie die Mitbestimmungsreform für die Gewerkschaften stellten die Projekte für viele Feministinnen einen Neuanlauf zu einem bis dahin vergeblich verfolgten Ziel dar. Und ähnlich wie im Fall der Mitbestimmung eröffnete der Schritt von der Idee zur Verwirklichung erst die Möglichkeit, eine Differenz zwischen Erwartung und Erfahrung wahrzunehmen und zu bewerten. Frauen aus der Bewegung bauten ihre alternativen Projekte mit hoher Eigenleistung, ohne großes Startkapital und professionelle Ausbildung auf und steckten viel Zeit, zuweilen auch Geld hinein. Dabei unterschätzten sie den Arbeitsaufwand und gerieten wegen ihrer Unerfahrenheit unter finanziellen Druck. In aller Regel erwiesen sich alternative Organisationsprinzipien wie basisdemokratische Entscheidungsverfahren, die Ablehnung funktionaler Arbeitsteilung („jede macht alles") und leistungsunabhängige, egalitäre Entlohnung als umständlich, undurchführbar beziehungsweise (da die Projekte oftmals nicht genügend Gewinn abwarfen, um die Betreiberinnen zu bezahlen) als gegenstandslos. Daraus erwuchsen große Belas-

---

[85] FMT Z 125, Brigitte, „Wir" haben eine Frauenkneipe, in: Frauenzeitung des Frauenzentrums Hamburg, Nr. 10, März 1977, S. 14–16, hier S. 14.
[86] Damit waren die Frauenprojekte eine Variante der Alternativökonomie, die Sven Reichardt konzise beschrieben hat; Reichardt, Authentizität und Gemeinschaft, S. 319–334; Ulrich Bröckling, Projektwelten. Anatomie einer Vergesellschaftungsform, in: Leviathan 33 (2005), S. 364–383. Zu feministischen Projekten im engeren Sinne vgl. Renate Rieger (Hrsg.), Der Widerspenstigen Lähmung? Frauenprojekte zwischen Autonomie und Anpassung, Frankfurt am Main 1993; Gisela Notz, Warum flog die Tomate? Die autonomen Frauenbewegungen der Siebzigerjahre, Neu-Ulm 2006, S. 52–55. Die umfassendste Untersuchung bietet Sibylle Plogstedt, Frauenbetriebe. Vom Kollektiv zur Einzelunternehmerin, Königstein 2006.

tungen für die Mitarbeiterinnen, zu denen noch persönliche Spannungen und konzeptionelle Auseinandersetzungen hinzutreten konnten. Ausnahmslos alle Frauen, die Sybille Plogstedt für ihr Buch über alternative Frauenprojekte interviewte, gaben an, dass ihre Hoffnungen in das Projektkollektiv enttäuscht worden seien; die daraus folgenden Auseinandersetzungen erlebten sie so intensiv wie bei Liebesbeziehungen und Trennungen.[87] Sehr rasch ging viel Idealismus verloren, zahlreiche Frauen beendeten ihr Engagement, viele Projekte kapitulierten vor Geldproblemen, Zeitdruck und den Widersprüchen zwischen den Grundsätzen alternativer Ökonomie und den betriebswirtschaftlichen Zwängen ihres kapitalistischen Umfelds.[88]

Wie die Träume in einem selbstverwalteten feministischen Projekt in die Brüche gehen konnten, zeigt ein Papier von Sigrid Fronius. 1968 war sie die erste weibliche AStA-Vorsitzende an der Berliner Freien Universität gewesen. Acht Jahre später gehörte sie zu den Gründerinnen und Herausgeberinnen der Berliner Frauenzeitschrift „Courage", dem bedeutendsten Periodikum der autonomen Frauenbewegung, das bundesweite Verbreitung fand.[89] Nach etwas mehr als einem Jahr im Projekt beschrieb Fronius den Umgangston während der Redaktionssitzungen als „Heulen, Schreien und Verweigern", ihren Arbeitsalltag als Ausbeutung, beklagte versteckte Hierarchien, Machtkämpfe und Intrigen unter den Redakteurinnen, kritisierte den Umgang mit den freien Autorinnen als unprofessionell und herablassend. Sie erfuhr das genaue Gegenteil des Versprechens einer ganzheitlichen, feministischen Lebensführung. Anstelle von Selbstverwirklichung erlebte sie Druck und Zwang:

„Ich lebe wie in einem Netz gefangen, fühle mich keine Minute mehr frei, ständig von Vorwürfen verfolgt, auch wenn sie nicht offen ausgesprochen werden. [...] Nach außen mag es so ausgesehen haben als führe ich ein erfülltes Leben, ich selbst befand mich unter ständigem Zwang. [...] Ich habe dauernd das Gefühl, mich zu zersplittern, oberflächlich zu sein, nutzlos meine Zeit zu zersitzen, ständig abhängig vom Arbeitsrhythmus anderer, nie meinen eigenen Bedürfnissen folgend."

---

[87] Ebd., S. 109.
[88] Vgl. FMT Z 116, Gitta und Cornelia, Der Frankfurter Frauenbuchladen..., in: Frauen wißt ihr schon... Frankfurter Frauenzeitung, Nr. 12, 25.4.1977, S. 15–21; FMT Z 106, Der Viva-Traum ist ausgeträumt, in: Tango Feminista. Erlebtes und Gedachtes aus der Berliner Frauenbewegung, Nr. 3, Oktober 1978, S. 20f. (über das Scheitern einer Frauendruckerei in Berlin); FMT Z 142, Marion W. u. Marion K., ein paar Zeilen zum Schluß... die Geschichte wie wir die Zeitung gemacht haben + warum wir die Zeitung nicht mehr weitermachen, in: Lila Klatschmohn. Emanzenblatt Mannheim-Ludwigshafen, ohne Nr., Sommer 1982, S. 24f.; FMT Z 162, Ina, Die Frauentaxi-Initiative löste sich auf, in: lilaac. Aachener Frauenzeitung, Nr. 2, Juli/August 1987, S. 10.
[89] Die von Alice Schwarzer initiierte und geleitete Zeitschrift „Emma" erzielte höhere Auflagen, richtete sich aber an ein breiteres Publikum als die „Courage" und war die wichtigste Stimme des „radikalen Gleichheitsfeminismus". Über die „Courage" gibt es keine wissenschaftlich befriedigende Arbeit. Informativ, aber ohne kritische Distanz ist die Publikation von Gisela Notz (Hrsg.), Als die Frauenbewegung noch Courage hatte. Die „Berliner Frauenzeitung Courage" und die autonomen Frauenbewegungen der 1970er und 1980er Jahre. Dokumentation einer Veranstaltung am 17. Juni 2006 in der Friedrich-Ebert-Stiftung, Berlin, Bonn 2007. Zu den Ausgangserwartungen der Gründerinnen vgl. ebd., S. 38f.

Fronius' Urteil war eine Bankrotterklärung für das Projekts „Das ist kein Leben und so kann nicht ein feministisches Projekt funktionieren dürfen."[90] Fronius zog die Konsequenz und stieg aus dem Projekt aus. Noch fünfundzwanzig Jahre später beschrieb sie das Gefühl des Identitätsverlustes, der Leere und des Ausgestoßenseins, das die Abkehr von der „Courage" in ihr ausgelöst hatte.[91] Dass diese Konflikte keine Anfangskrankheit waren, sondern aus der Diskrepanz zwischen Erwartungen an ein alternatives feministisches Projekt und der Arbeitsrealität resultierten, zeigte sich 1981, als sechs Mitarbeiterinnen aus genau denselben Gründen wie Fronius die „Courage" verließen.[92] Systematische Überforderung und uneinlösbare Ansprüche kennzeichneten auch das Arbeitsklima bei der „Emma", der zweiten bundesweit verbreiteten Frauenzeitschrift; auch ihr kehrten Frauen den Rücken, weil sie sich ausgebeutet, missbraucht und in ihren Erwartungen bitter enttäuscht fühlten.[93]

Dies ist nur ein besonders drastisches Beispiel für die Ernüchterung, die die autonomen Feministinnen nach der anfänglichen Begeisterung im Projektalltag regelmäßig ereilte. Sie mussten mit Schwierigkeiten umgehen, mit denen sie nicht gerechnet hatten, und sie stellten fest, dass sich ausgerechnet diejenigen Erwartungen nicht erfüllten, die den alternativen und feministischen Kern der Projektidee ausmachten. So waren Frauenkneipen und Frauenbuchläden in aller Regel als Kristallisationsorte der Frauenbewegung konzipiert, als Orte, die vielfältigen feministischen Aktivitäten Raum boten und wo interessierte Frauen zur Bewegung finden konnten. Doch so manche Kneipe oder Buchladen waren schlecht besucht, und die erhofften Initiativen, mit denen das Programm hätte gefüllt werden sollen, blieben aus.[94] Viele der Projektbetreiberinnen fühlten sich ausgenutzt.

---

[90] FFBIZ B Rep. 400 Berlin 20.11.d, Sigrid Fronius, Redaktionsinternes Positionspapier, o. D. [Oktober 1977]. Auszüge dieser und ähnlicher Erklärungen druckte die „Courage" Anfang 1978 ab, legte also die schweren redaktionsinternen Konflikte offen, die in erster Linie zwischen den Redakteurinnen und denjenigen Frauen bestanden, die die Zeitschrift layouteten und das Büro organisierten: In eigener Sache, in: Courage 3 (1978), Nr. 2, S. 2 u. 52–55.

[91] Vgl. die Zusammenfassung des lebensgeschichtlichen Interviews mit Sigrid Fronius, das Ute Kätzel in ihrem Buch über „68erinnen" führte; Ute Kätzel, Die 68erinnen. Porträt einer rebellischen Frauengeneration, Berlin 2002, S. 21–39, hier S. 34–37.

[92] Nach-Denken über Courage, in: Courage 7 (1982), Nr. 1, Januar 1982, S. 51–56; vgl. auch den Oral-History-Beitrag von Beate Schneegass, Feminismus im Brennpunkt. Die Frauenzeitung COURAGE und ihre Mütter. Geschichte – Entwicklung – Wirkung, in: dies./Angelika Oettinger (Hrsg.), Gebraucht. Gebremst... Gefördert. Frauen und Politik in Charlottenburg nach 1945, Berlin 1993, S. 74–112, hier S. 80, 87, 89–95 u. 105.

[93] Die Kritik von Claudia Pinl in ihrem unter Pseudonym veröffentlichten Erfahrungsbericht an „Schwarzer-Press" war so drastisch, dass Alice Schwarzer die entsprechenden Passagen des Buches per einstweiliger Verfügung aus dem Manuskript streichen ließ; Bähr [Pinl], Klatschmohn, z. B. S. 162 f., 189 f. Auch Lottemi Doormann rechnete nach fünf Monaten unbezahlter Tätigkeit journalistisch mit Alice Schwarzer ab; FFBIZ B Rep. 500 Acc. 100 Nr. 3, Lottemi Doormann, Abschied von „Emma", in: konkret, Juli 1977, S. 29.

[94] FFBIZ A Rep. 400 Berlin 20.9a Labrys Nr. I, Artikel „frauenbuchladen labrys", 3.3.1977; FMT Z 129, Dörte, Ingrid, Leh, Sigi und Silvia, [Frauenbuchladen Heidelberg], in: Heidelberger Frauenzeitung, Nr. 2, Juni 1977, S. 14; FFBIZ B Rep. 400 Acc. Berlin 20.10, Aus unserer Cafèchronik, sowie: Anne, Frauenarbeit, beides in: Frauencafé Moabit (Hrsg.), Frauenbewegung und Häuserkampf – unversöhnlich?, Berlin 1982, S. 26–28 u. 36.

Sie hatten von ihrer Klientel Lob und Anerkennung erwartet, zumindest aber Nachsicht für die nicht perfekten Abläufe und das zuweilen improvisierte Angebot. Doch die Feministinnen kamen nicht als Sympathisantinnen, sondern verstanden sich als Kundinnen eines Dienstleistungsbetriebs. Manchmal schaukelten sich gegenseitige Fehlerwartungen zu einer regelrechten Enttäuschungsspirale auf. In Heidelberg fühlte sich eine Frau gründlich missverstanden, die an einem Tag der Woche für ihre „Bewegungsschwestern" gekocht hatte: „Einige gingen dann auch wieder enttäuscht weg, weil das Essen nicht schnell genug fertig war. Darüber war ich wieder enttäuscht und einmal kam ich mir wirklich ganz bescheuert vor, die Feministinnen wie die letzte Kaltmamsell zu bedienen."[95] Wie sie beklagten viele Cafébetreiberinnen, von ihren Kundinnen herablassend behandelt zu werden.[96] In manchen Frauenbuchläden lag die Diebstahlrate bei 10%.[97]

Wegen solcher Erfahrungen beendeten viele Frauen ihr Projektengagement. Manchmal fanden sie Nachfolgerinnen, die mit unverbrauchter Zuversicht und Energie an ihre Stelle traten, nicht selten bereitete Arbeitsüberlastung und die Zermürbung durch fortwährende Enttäuschungen feministischen Projekten aber auch das Ende.[98] Doch nur selten verließen die Frauen aus diesem Grund die autonome Frauenbewegung. Viele Aktivistinnen wandten sich von ihrem Projekt ab, um in einer anderen Gruppe ein neues Betätigungsfeld zu finden, das sie frei von enttäuschten Erwartungen angehen konnten. Auf diese Weise entwickelten sich regelrechte Erwartungs- und Enttäuschungszyklen. Eine Freiburgerin beschrieb diese Wechsel von hoffnungsvollen Neuanfängen und enttäuschten Rückzügen sogar als „klassische Frauenzentrumskarriere [...] – zwei Jahre in einer Gruppe, dann ab in die nächste"[99]. Im Verlauf ihrer Bewegungsbiografie erlebten

---

[95] FMT Z 129, Ulrike und Isabel, Das Dienstagsessen im Frauenzentrum, zunächst Frauenrestaurant genannt, aber es ist kein Frauenrestaurant, in: Heidelberger Frauenzeitung, Nr. 2, Juni 1977, S. 15.

[96] Z. B. in Berlin, Aachen und München: FMT Z 106, Blocksberg – eine Kneipe von Frauen für Frauen, in: Tango Feminista. Erlebtes und Gedachtes aus der Berliner Frauenbewegung, Nr. 3, Oktober 1978, S. 23 f.; FMT Z 162, Caféfrauen, Vollversammlung in der „Schwarzen Witwe". Die Situation des Frauencafés und der „Caféfrauen", in: lilaac. Aachener Frauenzeitung, Nr. 2, März/April 1988, S. 8 f.; Zellmer, Töchter der Revolte, S. 201 f.

[97] FMT Z 136, Annemie, Frau und Geld, in: Kobra. Kölner Frauenzeitung, Nr. 3, 19.1.1983, S. 16 f.

[98] FFBIZ A Rep. 400 Berlin B.20.9a Labrys Nr. I, Artikel „frauenbuchladen labrys", 3.3.1977; FMT Z 104, Geschichte des Frauenwoll- und Frauenbuchladens. Erfahrungsbericht von Agathe, in: Gesche. Frauenzeitung aus Bremen Nr. 1, Februar 1979, S. 24–27; FMT Z 106, Zur Beratungsdiskussion im Frauenzentrum, in: Tango Feminista. Erlebtes und Gedachtes aus der Berliner Frauenbewegung, Nr. 4, Juni 1979, S. 8–11; Frauen helfen Frauen e.V. Frauenhausinitiative, in: ASBF, Freiburger Frauenzeitung Nr. 4, Sommer 1983, S. 38 f.; Ausgelernt?, in: ASBF, Freiburger Frauenzeitung Nr. 6, 1984, S. 51; FMT Z 162, Ina, Die Frauentaxi-Initiative löste sich auf, in: lilaac. Aachener Frauenzeitung, Nr. 2, Juli/August 1987, S. 10.

[99] Mechthild, Ausstieg aus dem Notruf, in: ASBF, Freiburger Frauenzeitung Nr. 1, 1982, S. 13 f., hier S. 14. Ein Beispiel dafür ist eine Münchner Aktivistin, die sich zunächst im Frauenhausprojekt, dann in der Frauenzeitung engagierte und schließlich mit Frauenstudien einen dritten Projektanfang wagte; Lydia Willrop, Gar nicht so lustig!, in: Emma 5 (1981), Nr. 4, April 1981, S. 53 f.

Abb. 5: Cartoon aus der Freiburger Frauenzeitung zu Neuaufbrüchen und Alltagsernüchterung
© unbekannt; Quelle: ASBF, Freiburger Frauenzeitung Nr. 5, Herbst 1983, S. 30

die Frauen daher mehrfach Neuaufbrüche und Enttäuschungen (vgl. Abb. 5). Charakteristisch für die autonome Frauenbewegung war daher nicht eine eindeutige zeitliche Korrelation von Bewegungsphase und Enttäuschung, sondern die Gleichzeitigkeit von Euphorie und Ernüchterung.

Vor Ort prallten regelmäßig Frauen mit unterschiedlichem Erfahrungsreichtum aufeinander, deren Erwartungshorizonte entsprechend weit voneinander abwichen. Daraus entstanden Spannungen, die die engagierten Frauen thematisierten, und zwar als eine Problematik, die über den Einzelfall hinausweise. Zu den Chiffren dieser Diskussionen wurden die Begriffe „neue" beziehungsweise „alte" Frauen. Sie bezogen sich ausdrücklich nicht auf das Lebensalter, sondern auf die Dauer der Zugehörigkeit zur Frauenbewegung. Feministinnen mit unterschiedlich langer Bewegungsbiografie hatten Verständigungsschwierigkeiten, die sich in gegenseitigen Vorwürfen manifestierten: Aktivistinnen der ersten Stunde waren gelangweilt oder genervt, wenn frisch Dazugestoßene Fragen oder Debatten anstießen, die sie bereits ausdiskutiert hatten. Sie waren, wie zwei Hamburger Zentrumsaktivistinnen 1977 stellvertretend formulierten, „sauer, frustriert und enttäuscht" und fühlten sich in ihrer Entwicklung von den weniger erfahrenen Feministinnen sogar behindert.[100] Dafür monierten die „Neuen" den dominanten Diskussionsstil und die Intoleranz der anderen. Während viele „alte" Frauen ein Desinteresse der „jungen" an der Auseinandersetzung mit feministischer Theorie und Symbolthemen wie dem § 218 beklagten, stießen sich die jüngeren Aktivistinnen an der vermeintlichen Engstirnigkeit, Nostalgie und sogar Dekadenz der „Alten", die ihnen vorkamen wie „Apo-Opis"[101] (vgl. Abb. 6).

---

[100] FMT Z 125, Heimke und Dorothea, &?!£$(•)%/ß⁄ŒØ œœó aèéõüñ£$(•)%/?f, in: Frauenzeitung des Frauenzentrums Hamburg, Nr. 11, April 1977, S. 4–6, hier S. 4. Die Überschrift markierte die Kommunikationsschranken zwischen beiden Lagern.

[101] FMT Z 182, Frauen im Zentrum. Themenzentrierter Abend im Frauenzentrum über die Frage „Warum bin ich ins Frauenzentrum gekommen und warum bleibe ich?", in: Frauenzeitung Göttingen, Nr. 4, 1979, S. 26–31; IfZ ED 899/19, Anita, Über die Entwicklung der Münchner Frauenbewegung. Versuch einer Bilanz 1979, in: Münchner Frauenzeitung, Februar 1980, S. 10 f.; FMT Z 142, Regine, Ich fühle mich von der Schließung des Frauenzentrums ziemlich betroffen, in: Lila Klatschmohn. Emanzenblatt Mannheim-Ludwigshafen, Nr. 8, Juni/Juli 1980, S. 11; Nena Helfferich, Ein Brief betreffs § 218 und Kinderkriegen, in: ASBF, Freiburger Frauenzeitung Nr. 1, 1982, S. 12–13; Andrea, Der große Aufschwung in kleinen Anfängen, in: ASBF, Freiburger Frauenzeitung Nr. 2/3, Februar 1983, S. 3; FMT Z 137, Wiebke Nimmer, Frauenbewegung – wo?, in: autoxa. Hannoversche Frauenzeitung, Nr. 3,

Abb. 6: Cartoon zum Konflikt zwischen „alten" und „neuen" Frauen
© unbekannt; Quelle: FMT Z 125, Frauenzentrum Hamburg (Hrsg.), Frauenzeitung, Nr. 12/13, Mai/Juni 1977, S. 9

Beide Seiten vermissten persönliche Wertschätzung und Anerkennung für die Formen ihres feministischen Engagements. Enttäuschung wurde dabei zur diskursiven Waffe: Frauen, die sich erst seit kurzer Zeit engagierten, reklamierten für sich einen Vorteil, weil sie nicht wie viele langjährige Aktivistinnen durch die vielen erfolglosen Kämpfe resigniert hätten. Beide Seiten schrieben den Auseinandersetzungen auch grundsätzlichen Charakter zu, indem sie sie als Indiz für den Allgemeinzustand der Frauenbewegung deuteten. Je nach Standpunkt sahen sie in den kritisierten Verhaltensweisen Indizien für eine Entpolitisierung oder für eine Stagnation. Daraus könnte man nun folgern, dass Enttäuschung eine Anpassungsreaktion auf die Transformationen von Organisationsformen, sozialer Trägerschaft und Schwerpunktthemen der autonomen Frauenbewegung war. Doch ein genauerer Blick auf die Quellen ergibt keine eindeutige Relation zwischen den Phasenzäsuren von 1976 bzw. 1980 und den Spannungen zwischen „alten" und „neuen" Frauen. Zwar lag ihr zeitlicher Schwerpunkt zwischen Ende der 1970er und Mitte der 1980er Jahre, doch an einigen Orten fanden die Auseinandersetzungen bereits deutlich früher statt.[102]

Aus Sicht der soziologischen Bewegungsforschung waren die Auseinandersetzungen Ausdruck eines Generationenkonflikts zwischen „Gründerinnen" der Geburtsjahrgänge von 1940 bis 1948 und „Projekte-Macherinnen", die um 1955 zur Welt

Juni 1986, S. 27f. (Zitat S. 27); vgl. auch Christa Karras, Die neue Frauenbewegung im politischen Kräftefeld. Untersuchungen zum Wandel des Politikverständnisses und der politischen Praxis, Pfaffenweiler 1989, S. 155f., 204 u. 242.

[102] Z.B. FMT Z 116, Hilde, Sind wir noch zu retten???, in: Frauen wißt ihr schon... Frankfurter Frauenzeitung, Nr. 6, 13.9.1976, S. 5; FMT Z 125, Heimke und Dorothea, &?!£$(•)%/ßÆŒØ œœó aèéôüñ£$(•)%/?f, in: Frauenzeitung des Frauenzentrums Hamburg, Nr. 11, April 1977, S. 4–6; FMT Z 182, Selbstdarstellung: Geschichte und Arbeit unserer Beratungsgruppe, in: Frauenzeitung Göttingen, Nr. 4, 1979, S. 2f. (der Artikel umfasst eine Rückschau der Schwangerschaftsberatung seit Ende 1977); für Braunschweig (Mitte der 1970er Jahre) vgl. Karras, Frauenbewegung, S. 155–157.

gekommen seien.[103] Empirisch sind diese Deutungen schwach belegt und leiden überdies an Analogien zu biologischen Generationsabfolgen, die die Auseinandersetzungen zwischen den Akteurinnen als Mutter-Tochter-Konflikt psychologisieren.[104] Allerdings konnten auch Frauen, die zu den Geburtsjahrgängen der „Gründerinnen" zählten oder die Studentenrevolte miterlebt hatten, erst spät zur Bewegung stoßen und sich von der Euphorie des Neuanfangs anstecken lassen.[105] Nicht das Lebensalter, sondern die Dauer der Bewegungsbiografie formte den Erfahrungsschatz und den Erwartungshorizont der Akteurinnen. Einige Feministinnen reflektierten, dass sich ihre Erwartungen an die Bewegung mit der Zeit veränderten: Während ihnen zu Beginn des Engagements Gemeinschaftlichkeit, Bestätigung der feministischen Weltsicht und Identität vollauf genügt hatten, wollten sie nach einiger Zeit ihre politische Wirksamkeit und Ausstrahlung auf andere Frauen erleben.[106]

Enttäuschung war keine permanent gleiche Dauerbegleiterin der Aktivistinnen, die zu einem weißen Hintergrundrauschen des Engagements verschwamm. Tatsächlich folgten Erwartungen und Enttäuschungen zeitlichen Mustern, doch nicht in dem Sinne, dass es besonders enttäuschungsanfällige Zeiten in der autonomen Frauenbewegung gab. Vielmehr erlebten die Aktivistinnen mehrfach die Euphorie des Neubeginns und eine Ernüchterung in ihrem Bewegungsalltag. Und auch diese Wellenbewegungen waren keineswegs gleichförmig, denn enttäuschende Erfahrungen formten den Erwartungshorizont der Aktivistinnen um.

Während die zeitlichen Muster von Erwartung und Enttäuschung stark von der Bewegungsbiografie der engagierten Frauen abhingen, bildeten die Auslöser ihrer Enttäuschungen die Schwerpunkte der inhaltlichen Debatten über Strategie, Selbstverständnis und Organisationsformen der autonomen Frauenbewegung ab. Nicht die grundsätzliche Virulenz von Enttäuschung, wohl aber die konkreten Anlässe korrelierten daher mit den Phasen der autonomen Frauenbewegung. Dies kann nun nicht weiter überraschen, und eine Erfahrungsgeschichte des Protests dürfte sich nicht darin erschöpfen, solche Enttäuschungsgeschichten hintereinander zu präsentieren. So vielfältig deren Auslöser und Hintergründe auch waren, lassen sich doch zahlreiche negative Erfahrungen der Aktivistinnen auf zwei Grunderwartungen zurückführen: Resonanz und Anerkennung.

---

[103] Irene Stoehr, Gründerinnen – Macherinnen – Konsumentinnen? Generationenprobleme in der Frauenbewegung der 1990er Jahre, in: Ilse Modelmog/Ulrike Gräßel (Hrsg.), Konkurrenz & Kooperation. Frauen im Zwiespalt?, Münster 1995, S. 91–115; Ute Gerhard, Nachfolge in der Frauenbewegung – Generationen und sozialer Wandel [2006], in: Kattrin Pittius u. a. (Hrsg.), Die bewegte Frau. Feministische Perspektiven auf historische und aktuelle Gleichberechtigungsprozesse, Münster 2013, S. 23–40.

[104] Vgl. die kritische Würdigung bei Thon, Frauenbewegung, S. 52–60.

[105] Vgl. Mahrt, Mit 40 zur Frauenbewegung? (wie Anm. 27); Anke Wolf-Graaf, Im Gegenschritt, in: Cramon-Daiber u. a., Schwesternstreit, S. 121–153, hier S. 128 u. 141.

[106] Dies forderte eine Göttingerin, die dreieinhalb Jahre zuvor zur Frauenbewegung gestoßen war, FMT Z 182, Susanne, Das reicht mir nicht mehr, in: Frauenzeitung Göttingen, Nr. 4, 1979, S. 25 f. Ähnlich FMT Z 104, Eva Büssenschütt, Frauen gemeinsam sind stark?, in: Gesche. Frauenzeitung aus Bremen, Nr. 2, April/Mai 1979, S. 11–14; FMT Z 142, Gisela, Feminismus ist die Theorie – arbeiten mit Frauen ist die Praxis, in: Lila Klatschmohn. Emanzenblatt Mannheim-Ludwigshafen, Nr. 8, Juni/Juli 1980, S. 5–7.

Resonanz und Anerkennung

Der Wunsch der Frauen, Resonanz hervorzurufen, zielte auf die Wirksamkeit ihres politischen Engagements ab. Sie traten an, die Gesellschaft zum Besseren zu verändern, und sie wollten Resultate sehen. An dieser Grunderwartung änderte sich auch nichts, nachdem die Frauenbewegung ihr großes einigendes Ziel verfehlt hatte, das gesetzliche Abtreibungsverbot durch politischen Druck auf der Straße zu kippen.[107] Viele Frauen, die jahrelang gegen den § 218 auf die Straße gegangen waren, erlebten den Ausgang der Reform nicht als Enttäuschung, weil sie ohnehin keine großen Erwartungen in die traditionellen Instanzen der Politik gesetzt hatten. So proklamierte eine Resolution der Arbeitsgruppe 218 beim Bundesfrauenkongress am 12. März 1972 in Frankfurt, Diskussionen mit Parlamentariern und Forderungen an die Parteien führten zu nichts, da diese den Interessen des Patriarchats dienten.[108] Insofern war es konsequent, die Entscheidungen des Bundestags und des Bundesverfassungsgerichts nicht als endgültige Niederlagen zu begreifen, sondern als Ansporn, ihr Engagement aufrechtzuerhalten. Der überwältigende Tenor in den Frauengruppen lautete daher, dass der Kampf gegen das Abtreibungsverbot nicht vorbei sei, sondern umso entschiedener weitergeführt werde.[109] Insgesamt erlebten die Frauen die Kampagne gegen den § 218 bis zu diesem Zeitpunkt als geradezu berauschende Bestätigung ihrer gesellschaftlichen

---

[107] Vgl. zum Protest der Frauenbewegung gegen den § 218 bis zum Urteil des Bundesverfassungsgerichts vom 25. Februar 1975 und der Einführung des Indikationsmodells im Mai 1976 Schulz, Der lange Atem der Provokation, S. 143–174; Reichardt, Authentizität und Gemeinschaft, S. 144–147; Zellmer, Töchter der Revolte, S. 143–164; Schäfer/Wilke (Bearb.), Die Neue Frauenbewegung, S. 167–195. Aus rechtshistorischer Perspektive vgl. Dirk von Behren, Die Geschichte des § 218 StGB, Diss. Tübingen 2004, S. 247–282; eine gesellschaftsgeschichtliche Einordnung in die sozialkulturellen Transformationsprozesse der 1960er und 1970er Jahre bieten Michael Schwartz, Abtreibung und Wertewandel im doppelten Deutschland: Individualisierung und Strafrechtsreform in der DDR und in der Bundesrepublik in den sechziger und siebziger Jahren, in: Thomas Raithel/Andreas Rödder/Andreas Wirsching (Hrsg.), Auf dem Weg in die neue Moderne? Die Bundesrepublik Deutschland in den siebziger und achtziger Jahren, München 2009, S. 113–128; Thomas Schlemmer, Sexualstrafrecht und Wertewandel. Die Reformen der 1960er und 1970er Jahre zwischen konservativer Tradition und Liberalisierung, in: Martin Löhnig/Mareike Preisner/Thomas Schlemmer (Hrsg.), Reform und Revolte. Eine Rechtsgeschichte der 1960er und 1970er Jahre, Tübingen 2012, S. 231–242, hier S. 238–242; Dagmar Herzog, Schwangerschaftsabbruch, Behinderung, Christentum: Die Ambivalenzen der sexuellen Revolution in Westeuropa in den 1960er und -70er Jahren, in: Ulrike Busch/Daphne Hahn (Hrsg.), Abtreibung. Diskurse und Tendenzen, Bielefeld 2015, S. 121–138.
[108] Protokoll zum Plenum des Bundesfrauenkongresses am 12. März 1972 in Frankfurt am Main, auszugsweise abgedruckt in: Lenz (Hrsg.), Die Neue Frauenbewegung, S. 87–95, hier S. 93.
[109] Vgl. z.B. Zellmer, Töchter der Revolte, S. 162; Schäfer/Wilke (Bearb.), Die Neue Frauenbewegung, S. 191 f.; FFBIZ A Rep. 400 BRD 20 (1) Pag. 9 f., Wie das Frauenzentrum entstand und welche Geschichte wir schon haben, in: Frauenzentrum Berlin (Hrsg.), Frauenfinfo Berlin. Selbstdarstellung, Januar 1976, S. 12–15, hier S. 15; Zum § 218, in: Frauenjahrbuch '76, S. 154; ASBF 7.2.2, Flugblatt der Frauengruppe Freiburg, 21.2.1976; FMT Z 116, Gruppenbericht der 218-Gruppe, in: Frauen wißt ihr schon... Frankfurter Frauenzeitung, Nr. 2, 20.4.1976, S. 8–13, hier S. 8; Sabine Schruff, § 218 Frauen klagen die BRD an!, in: Emma 1 (1977), Nr. 7, Juli 1977, S. 26.

Relevanz, weil dadurch die Frauenbewegung als politische Kraft überhaupt erst sichtbar geworden war.[110]

Doch die Erwartung, dass die Mobilisierung von Frauen für den Kampf gegen den § 218 auch nach der Reform fortgeführt werden könne, erfüllte sich nicht. Diesem Ziel dienten die vielen Beratungsgruppen, die aus den Initiativen und Kampagnen gegen den § 218 heraus entstanden waren. Sie boten Schwangeren praktische Hilfe an, die von juristischer Beratung über die Vermittlung von Adressen abtreibungswilliger Ärzte bis hin zur Organisation von Fahrten ins Ausland reichte, um dort eine legale Abtreibung vornehmen zu lassen. Die Frauen wollten den Ratsuchenden nicht als überlegene Expertinnen begegnen, sondern als potenziell selbst „Betroffene", d. h. mit Empathie und auf Augenhöhe. Kaum eine persönliche Lage erschien ihnen besser geeignet als die von Hilfe suchenden Schwangeren, um ihnen ihre (aus feministischer Sicht) systematische Gängelung und Unterdrückung vor Augen zu führen. Von der Betroffenheit zum politischen Bewusstsein schien nur ein kleiner Schritt zu fehlen, und bei diesem wollten die Beraterinnen Hilfestellung leisten. Doch ihre Rechnung ging nicht auf. Oftmals konnten sie das Gespräch nicht auf eine gesellschaftspolitische Ebene lenken, weil die Schwangeren sich ausschließlich für konkrete Auswege aus ihrer Notlage interessierten. Hatten sie bekommen, was sie brauchten, kamen sie nicht wieder, obwohl die Gruppen immer wieder zu Nachtreffen einluden und um Erfahrungsberichte baten.

Schon früh machte sich daher in den Beratungsgruppen Enttäuschung breit. Die Beraterinnen der 218-Gruppe aus dem Frauenzentrum in West-Berlin waren unmittelbar nach der Reform über die „geringe Rückkopplungsbereitschaft der Frauen sehr enttäuscht" und fanden es „unbefriedigend", dass sie „dem Staat Arbeit abnahmen, ohne Frauen gegen ihn zu organisieren"[111]. In Frankfurt beschrieben die Aktivistinnen die Situation der § 218-Beratungen Ende 1976 als „desolat": Die Frauen, die mit ihrer Hilfe in Holland abgetrieben hatten, ließen sich danach nicht mehr im Zentrum blicken. Die Beraterinnen waren es leid, „immer wieder nur Informationen zu vermitteln und zu organisieren", statt „den Zusammenhang zwischen persönlichen Schwierigkeiten und politischer Situation" aufzudecken. Nur selten konnten sie persönliche Beziehungen zu den Rat suchenden Frauen aufbauen, die sich in den Augen der Feministinnen gegen neue Einsichten und Erfahrungen sperrten, sodass sie „passiv wie eh und je" blieben.[112] Genau die gleichen Klagen kamen aus Aachen, Bremen, Düsseldorf, Dortmund, Freiburg, Heidelberg, Lübeck, Mannheim, Marburg, München, Nürnberg und Stuttgart. Aus Enttäuschung über die geringe Resonanz bei den Frauen stellten viele das Konzept der Beratung in Frage oder stiegen aus der

---

[110] Dazu vor allem Dagmar Herzog, Die Politisierung der Lust. Sexualität in der deutschen Geschichte des zwanzigsten Jahrhunderts, München 2005, S. 273–275.

[111] Abtreibungs- und Verhütungsberatung: Unsere Erfahrungen damit, in: Frauenjahrbuch '75, S. 56–67, hier S. 64f.

[112] FMT Z 116, Keine Busfahrten nach Holland mehr?, in: Frauen wißt ihr schon… Frankfurter Frauenzeitung, Nr. 9, 14.12.1976, S. 3–5.

2.2 Erwartungen und Enttäuschungen im Bewegungsalltag 149

Gruppe aus.[113] Ebenso sehr wie die geringe Resonanz unter den Schwangeren enttäuschte die engagierten Frauen der drastische Rückgang von öffentlicher Aufmerksamkeit für das Thema. Noch empfindlicher traf sie jedoch, dass das Interesse und die Unterstützung aus den eigenen Reihen deutlich schrumpften. Die Beratungsgruppen fanden keine neuen Mitarbeiterinnen mehr, und der Stellenwert ihrer Arbeit hob sich in den Augen der meisten Feministinnen nicht von anderen frauenbewegten Betätigungsfeldern ab. Ganz offensichtlich hatte die Abtreibungsproblematik ihre Brisanz verloren: Während in den Jahren vor der Reform der Kampf und die gemeinsamen Forderungen zu einem Erstarken der Frauenbewegung geführt hatten, „so lockt ‚218' heute kaum noch jemand hinter dem Ofen hervor", klagte 1979 eine Mannheimer Gruppe und appellierte an die Frauenbewegung, aus ihrem „Dornröschenschlaf" zu erwachen.[114]

Diejenigen Aktivistinnen, die sich nach der Reform des § 218 in Beratungsgruppen engagierten, erlebten also mehrfache Enttäuschungen in Bezug auf den Widerhall ihrer Arbeit: Sie verfehlten ihr Ziel, die schwangeren Frauen zu politisieren und ihnen einen Weg in die Bewegung zu ebnen; ihre Protestaktionen erregten keine öffentliche Aufmerksamkeit mehr; die Mobilisierungskraft des Themas innerhalb der Bewegung versiegte. Ihre Arbeit, die als Widerstand und Protest gegen die staatlich sanktionierte Bevormundung von Frauen par excellence konzipiert war, blieb damit ohne jede politische Wirksamkeit. Enttäuschung über mangelnde Resonanz richtete sich gleichermaßen nach außen und innen: Die Aktivistinnen waren enttäuscht, wenn ihre Aktionen ohne Ergebnis blieben, und sie waren enttäuscht über das Desinteresse und das Ausbleiben von Unterstützung durch andere Feministinnen.

Diese beiden Varianten der Enttäuschung über schwache Resonanz zogen sich bis Ende der 1980er Jahre als roter Faden durch die autonome Frauenbewegung. Ob beispielsweise die Walpurgisnachtdemonstrationen[115] als Erfolg bewertet

---

[113] ASBF 7.2.3, Protokoll des Treffens der Beratungsgruppen am 13./14.2.1976 in Mannheim, o.D.; FMT Z 129, Cornelia Stefan, Referat innerhalb der Veranstaltung „Alternative Gynäkologie" im Rahmen des Alternativprogramms während des Medizinerstreiks, in: Heidelberger Frauenzeitung, Nr. 2, Juni 1977, S. 18f.; FMT Z 104, 218-Gruppe, in: Gesche. Frauenzeitung aus Bremen, Nr. 1, Februar 1979, S. 21-23; FFBIZ A Rep. 400 Berlin 14.3.15, 218-Beratungsgruppe des Frauenzentrums München – Darstellung unserer Situation, o. D. [ca. 1977].

[114] FMT Z 142, § 218 schon wieder?, in: Lila Klatschmohn. Emanzenblatt Mannheim-Ludwigshafen, Nr. 4, Oktober/November 1979, S. 24f., hier S. 25. Zwei Jahre später herrscht nach Einschätzung von Schwangerschaftsberaterinnen aus Nürnberg, Westberlin, Frankfurt, Hannover, Hamburg, Bremen und Braunschweig überall Lustlosigkeit und Flaute; ASBF 7.5.3, Protokoll des Treffens der § 218-Gruppen am 16.5.1981, o. D. Vgl. auch Beratungsgruppe Neu-Isenburg, 218 – kein Zuckerschlecken, in: Emma 5 (1981), Nr. 10, Oktober 1981, S. 42f.; Nena Helfferich, Eine Demonstration in Karlsruhe – und Gedanken zum § 218, in: ASBF, Freiburger Frauenzeitung Nr. 4, Sommer 1983, S. 23-27; FMT Z 138, Mit dem Kopf dafür – mit dem Herz dagegen?, in: Azade. Göttingens Frauen/Lesbenzeitung, Nr. 1, Juni 1985, S. 20.

[115] Vorbild dieser Demonstrationen waren amerikanische „Take back the Night"-Protestmärsche, die seit 1973 stattfanden und Mitte der 1970er Jahre von den westeuropäischen Frauenbewegungen übernommen wurden; vgl. Ferree, Varieties of Feminism, S. 91. Seit 1976 war der Vorabend des ersten Mai neben dem Muttertag ein fester Termin im Protestkalender der westdeutschen Bewegung. Bundesweit organisierten die örtlichen Frauenzentren unter dem

wurden, hing maßgeblich davon ab, wie viele Frauen sich daran beteiligten und ob ihr Auftreten das selbstbewusste Motto „Wir erobern uns die Nacht zurück" beglaubigte. Enttäuschung äußerten die Teilnehmerinnen, wenn sich die Demonstration wie 1979 in Köln als „trüber Zug" entpuppte, der „die Hoffnung, irgendetwas zu erreichen", schnell zunichtemachte.[116] Dies war etwa dann der Fall, wenn die Frauen sich von männlichen Zuschauern oder von Polizisten einschüchtern ließen, wenn sie statt durch die Rotlichtviertel der Stadt zu ziehen eine Demonstrationsroute durch Büro- oder Wohnviertel nehmen mussten oder wenn allein die geringe Zahl der marschierenden Frauen ihre Parolen ins Lächerliche zog.[117] 1980 ließen die Frauen in Mannheim die Walpurgisnachtdemonstration sogar ausfallen, um sich den „Frust [zu ersparen], mit so wenigen Frauen gegen Gewalt in Mannheim zu protestieren – zu oft schon, als daß unsere lieder und sprechchöre noch kraft hätten"[118].

Genauso wie die Demonstrantinnen gegen männliche Gewalt fragten sich auch viele Aktivistinnen in den alternativen Projekten, ob sie darin den selbstgesteckten Zielen näherkamen und ob sie einen Beitrag dazu leisteten, die Gesellschaft zu verändern. Der Zweifel daran war ein Dauerthema der autonomen Frauenhäuser, die Aktivistinnen der Frauenbewegung seit Mitte der 1970er Jahre in vielen Städten als alternative Selbsthilfeeinrichtungen gegründet hatten.[119] Ganz ähnlich wie die Beratungsgruppen zum § 218 zielten sie darauf ab, misshandelte Frauen zu einem neuen Selbstbewusstsein zu verhelfen und sie als Feministinnen zu politisieren. Außerdem begriffen die Betreiberinnen ihre Häuser als permanente, entlarvende Anklage gegen die patriarchalische Gesellschaft: Sie wollten die alltägli-

---

Motto „Wir erobern uns die Nacht zurück" Demonstrationen, die sich gegen männliche Gewalt und sexuelle Ausbeutung richteten.

[116] FMT Z 135, Gisela Thönes u. Ute Küppersbusch, Leserinnenbrief, in: Kölner Frauenzeitung, Nr. 4, Juni/Juli 1980, S. 25 f.

[117] Vgl. FMT Z 129, [Erfahrungsbericht über die Demonstration zur Walpurgisnacht 1977 in Heidelberg], in: Heidelberger Frauenzeitung, Nr. 2, Juni 1977, S. 21-25; FMT Z 106, Frauen erobern sich die Nacht zurück?, in: Tango Feminista. Erlebtes und Gedachtes aus der Berliner Frauenbewegung, Nr. 1, 1978, S. 15 (zu Berlin); IISG Die tageszeitung Archives 5, Marina Ziegler an die taz, 3. 5. 1980 (über Stuttgart); ebd., Susanne Freiling an die taz, o. D. [Mai 1980] (zur Demonstration in Frankfurt am Main).

[118] FMT Z 142, Marion, Die traurige Geschichte der Verrottung des Frauenzentrums Mannheim, in: Lila Klatschmohn. Emanzenblatt Mannheim-Ludwigshafen, Nr. 8, Juni/Juli 1980, S. 8-10, hier S. 8.

[119] Die Frauenhausbewegung war in hohem Maße transnational, Vorbilder gab es unter anderem in London, wo 1971 mit dem Chiswick Women's Aid das erste Haus für misshandelte Frauen entstand, Sydney und Amsterdam. Das erste autonome Frauenhaus der Bundesrepublik nahm am 1. November 1976 in Westberlin als Modellprojekt seine Arbeit auf, das aus Bundes- und Landesmitteln gefördert wurde. Es folgten Köln, Frankfurt und Hamburg. Ende 1985 existierten in der Bundesrepublik 87 autonome Frauenhäuser, weitere 14 Initiativen arbeiteten auf die Eröffnung hin; FFBIZ B Rep. 400 Acc. Berlin 20.22.5-53,292, Pressemitteilung der Zentralen Informationsstelle für Autonome Frauenhäuser [ZIF], 12. 12. 1985, in: ZIF (Hrsg.), Nationales Frauenhaus-Info, Dezember 1985, o. Pag. Vgl. Carol Hagemann-White, Die Frauenhausbewegung, abgedruckt in: Lenz (Hrsg.), Die Neue Frauenbewegung, S. 293-297; Lisa Glahn, Frauen im Aufbruch. 20 Jahre Geschichte und Gegenwart Autonomer Frauenhäuser, Münster 1998.

Abb. 7: *Cartoon zur angestrebten Politisierung misshandelter Frauen im autonomen Frauenhaus*
© unbekannt; Quelle: FFBIZ B Rep. 400 Acc. Berlin 20.22.5-52,290, Frauenhaus info der Zentralen Informationsstelle der autonomen Frauenhäuser, September 1982, S. 30

che Gewalt gegen Frauen aus der Tabuisierung herausholen und dadurch ihren systematischen Charakter offenlegen.

Doch die Mitarbeiterinnen machten die Erfahrung, dass die misshandelten Frauen so gut wie kein Interesse an ihren konzeptionellen Grundsätzen von Selbsthilfe und den gesellschaftlichen Ursachen ihrer Misshandlungen zeigten. Obwohl sie geschlechtsspezifische Unterdrückung und Ohnmacht am eigenen Leib erfahren hatten, und obwohl sie im Frauenhaus nicht nur für eine kurze Beratung, sondern oft über Monate hinweg mit feministischer Analyse und praktischer Hilfe vertraut wurden, kam es nur in Ausnahmefällen zu politischen Erweckungserlebnissen im Sinne der autonomen Frauenbewegung (Abb. 7).

So gut wie nie nahmen die Bewohnerinnen die ihnen zugedachte Rolle einer eigenverantwortlichen Projektteilnehmerin an, die sich an den Selbstverwaltungsaufgaben des Hauses beteiligte und das Kollektiv unterstützte. Viel häufiger sahen die Mitarbeiterinnen hilflos dabei zu, dass misshandelte Frauen zu ihrem Peiniger zurückkehrten. Bereits im April 1978 herrschte deswegen „frustrierte Betroffenheit"[120] unter den Frauenhausmitarbeiterinnen. Die Mitarbeiterinnen des Gießener Frauenhauses waren aus demselben Grund „oft enttäuscht, manchmal auch wütend"[121]. In Hamburg mussten die Aktivistinnen ihre „geheimen Hoffnungen und Erwartungen an die Bewohnerinnen nach und nach aufgeben: z.B., daß die Frauen sich möglichst schnell trennen, sich selbstbewußt und selbstsicher verhalten, sich möglichst mit uns in der Frauenbewegung engagieren und selbst andere kollektive Lebensformen anstreben […] Wir

---

[120] FMT Z 106, Kölner Tribunal, in: Tango Feminista. Erlebtes und Gedachtes aus der Berliner Frauenbewegung, Nr. 2, Juli 1978, S. 16 f. Das Tribunal gegen Gewalt gegen Frauen fand vom 28. bis 30. April 1978 in Köln statt; vgl. den Bericht darüber von Sibylle Plogstedt in Courage 3 (1978), Nr. 6, Juni 1978, S. 7 f.
[121] FMT SE 07.014, Frauenhaus Gießen (Hrsg.), Frauenhaus Gießen. Dokumentation 1981, Gießen 1981, S. 26.

mußten sehen, daß unser grundsätzlich richtiger Ansatz, von der gleichen patriarchalischen Gewalt betroffen zu sein, uns nicht gleich macht"[122].

Solche Erfahrungen und Desillusionierungen waren typisch für die Mitarbeiterinnen autonomer Frauenhäuser in der gesamten Bundesrepublik.[123] Es ist bezeichnend für den hohen Stellenwert, den die engagierten Frauen ihren Konzepten zumaßen, dass die Enttäuschung über die geringe Ausstrahlung der autonomen Häuser auf ihre misshandelten Bewohnerinnen in praktisch jeder Initiative auftrat, obwohl die Dokumentationen zahlreicher Frauenhäuser, in denen die Mitarbeiterinnen genau dies thematisierten, in der Szene zirkulierten und obwohl die Mitarbeiterinnen regelmäßig auf überregionalen Treffen ihre Erfahrungen austauschten. Diese Bedeutung wurzelte im politischen Selbstverständnis der Initiativen, mehr zu sein als eine Zufluchtsstätte in einer akuten Krisensituation, wie sie die nicht-feministischen Häuser der Wohlfahrtsverbände anboten. Doch genau dies trat in den Augen zahlreicher Frauen ein, die sich in einem autonomen Frauenhaus engagierten: Ungewollt agierten sie als „Sozialklempnerinnen" in der „‚feministischen' Abteilung des Sozialstaats" und machten sich zu „armen Deppen, die sich für systemerhaltende Reparaturfunktionen ungenügend bezahlen lassen"[124]. Schlimmer hätte sich die konkrete Praxis der autonomen Frauenhäuser kaum entwickeln können: gegründet, um die der Gesellschaft innewohnende Gewalt zu denunzieren und ihr entgegenzuwirken, entlasteten sie in den Augen der engagierten Frauen den Staat von deren Folgen.

Nicht allein durch die Auswirkung auf die misshandelten Frauen, sondern auch auf dem Feld der öffentlichen Wahrnehmung verfehlten die autonomen Frauenhäuser ihren gesellschaftspolitischen Anspruch. Zwar nahm die Aufmerksamkeit für Vergewaltigung und Missbrauch zu, aber die Erklärung der autonomen Frauenbewegung, dies sei der extremste Ausdruck einer strukturellen, der Gesellschaft immanenten Geschlechterungleichheit, setzte sich nicht durch. Viele Mitarbeiterinnen beklagten das Scheitern ihrer politischen Ansprüche wie bei-

---

[122] FMT SE 07.015, Drittes Frauenhaus Hamburg (Hrsg.), Frauen helfen Frauen. Frauen brauchen ein Haus, Hamburg 1982, S. 48 f.

[123] Vgl. FMT SE 07.023, Frauenhaus Göttingen (Hrsg.), Frauenhaus Göttingen. Dokumentation, Göttingen 1987, S. 11 u. 18; FMT SE 07.085, Frauen helfen Frauen Heidelberg (Hrsg.), 1 Jahr Frauenhaus Heidelberg – und nun?, Heidelberg 1981, S. 41 f.; FMT SE 07.089, Frauenhaus Kassel (Hrsg.), Frauenhaus Kassel, Kassel 1981, S. 58; FMT Z 136, Annemie Moll/Hedwig Müller, Autonomes Frauenhaus, in: Kobra. Kölner Frauenzeitung, Nr. 9, August/September 1983, S. 12–14; FMT SE 07.020, Frauen helfen Frauen Lübeck (Hrsg.), Aufbruch. Zehn Jahre autonomes Frauenhaus Lübeck, Lübeck 1983, S. 59 f.; FMT Z 142, Zur Frauenhaus-Organisation Selbstverwaltung, in: Lila Klatschmohn. Emanzenblatt Mannheim-Ludwigshafen, Nr. 13, Oktober/November 1981, S. 16 f.; FMT SE 07.031, Verein Hilfe für Frauen in Not Nürnberg (Hrsg.), Frauenhaus Nürnberg – Erfahrungsbericht der ersten fünf Jahre, Nürnberg 1985, S. 65 u. 70 f.

[124] FFBIZ B Rep. 400 Acc. Berlin 20.22.5-52,290, Positionspapier von Bochumer Frauenhaus-Mitarbeiterinnen, o. D., in: ZIF Extra-Info, Februar 1982, o. Pag., 14.10.1981; FFBIZ B Rep. 400 Acc. Berlin 20.22.5-52,289, Frauenhaus Essen an alle Frauenhäuser in Nordrhein-Westfalen, 15.10.1981; ebd., Stellungnahme des Frauenhauses Erlangen zum bundesweiten Finanzierungsvorschlag vom 1.10.1981, in: Rundbrief der Zentralen Informationsstelle der autonomen Frauenhäuser, S. 7–9, hier S. 9.

spielsweise eine Hamburgerin, die im August 1981 auf einem Treffen der autonomen Frauenhausmitarbeiterinnen meinte: „Im Grunde genommen ist es ja bei der ganzen Frauenhausarbeit so, daß wir Angst haben, daß wir uns da Projekte aufgebaut haben, in die haben wir unheimlich viel reingelegt. Und jetzt feststellen, wir sind unheimlich genervt und wir haben den Riesenfrust und nicht mehr wissen, was denn jetzt eigentlich hinterher noch kommen soll."[125] Eine Bochumer Initiative löste sich 1982 nach fünfjährigem Bestehen auf, weil sie nicht mehr die Chance sah, mit einem Frauenhaus eine gesellschaftspolitische Wirkung zu erzielen.[126] Anderswo schrumpften Initiativen, die oft jahrelang vergeblich versuchten, überhaupt ein Haus eröffnen zu können, denn „nicht jede Frau hält diese Erfolglosigkeit aus"[127]. Ein Jahr später stand das bundesweite Treffen der autonomen Frauenhausmitarbeiterinnen in Göttingen ganz im Zeichen der Diskussion über die politische Wirkungslosigkeit.[128] 1988 bilanzierten die Mitarbeiterinnen des Frankfurter autonomen Frauenhauses, dass von den Frauenhäusern nicht die Anstöße für eine offensivere Frauenpolitik ausgegangen seien, die sie zu Beginn ihres Engagements erwartet hätten; die Frauenhäuser seien zu „denkwürdigen Inseln in der Gesellschaft" geworden, deren Notwendigkeit diese akzeptiert hätte, ohne davon weiter berührt zu werden.[129]

Die Enttäuschung über schlechte Resonanz bezog sich nicht allein auf die gesellschaftspolitischen Resultate der Frauenbewegung, sondern auch auf die Wahrnehmung der Feministinnen innerhalb der Bewegung. Sie trat vor allem in Projekten auf, die nicht nur von Frauen für Frauen, sondern speziell von Aktivistinnen für Aktivistinnen gemacht wurden, in erster Linie in Serviceeinrichtungen der feministischen Subkulturen wie Bewegungszeitungen, den Frauenbuchläden, -kneipen und den Frauenzentren. Kaum eine Nummer einer lokalen Frauenzeitung kam ohne die Bitte um Zuschriften aus. In aller Regel verstand sich die Redaktion als Kollektiv, das eine Plattform für Austausch, Information und Diskussion zur Verfügung stellte. Die Redakteurinnen schrieben zwar auch selbst, erwarteten von ihren Leserinnen aber Beiträge, Meinungen, wenigstens Informationen. Wenn diese ausblieben, reagierten sie enttäuscht oder verärgert. Als auf eine Ausgabe der Kölner Frauenzeitung hin kein einziger Leserinnenbrief einging

---

[125] FFBIZ B Rep. 400 Acc. Berlin 20.22.5-52,289, [Diskussion während des Nationalen Frauenhaustreffens], in: Rundbrief der Zentralen Informationsstelle der autonomen Frauenhäuser Nr. 3, August 1981, S. 1–46, hier S. 8; ähnlich äußerte sich eine Bremerin ebd., S. 40.
[126] FFBIZ B Rep. 400 Acc. Berlin 20.22.5-52,290, Positionspapier von Bochumer Frauenhaus-Mitarbeiterinnen, o. D., in: ZIF Extra-Info, Februar 1982, o. Pag.
[127] Drittes Frauenhaus Hamburg (Hrsg.), Frauen helfen Frauen (wie Anm. 122), S. 24. Vgl. auch Frauen helfen Frauen e.V. Frauenhausinitiative, in: ASBF, Freiburger Frauenzeitung Nr. 4, Sommer 1983, S. 38f.
[128] Vgl. FFBIZ A Rep. 400 Berlin 20.22.5-52,290, Frauenhausinfo [der Zentralen Informationsstelle der autonomen Frauenhäuser], Dezember 1983.
[129] FMT SE.07.031, Rosemarie Göttert u. a. (Hrsg.), Du lernst deinen Weg kennen, indem du ihn verläßt. 10 Jahre autonomes Frauenhaus Frankfurt, Frankfurt am Main 1988, S. 10. Das Argument, die Frauenbewegung schaffe sich männerbefreite Inseln in der Gesellschaft und ziehe sich in das eigene Ghetto zurück, tauchte häufig in den Niedergangsnarrativen der 1980er Jahre auf; vgl. dazu das folgende Kapitel.

und auch die zugesagten Artikel ausblieben, platzte den Redakteurinnen der Kragen: „da wir eigentlich vorhatten, die Zeitung für Euch und mit Euch zu machen, wundert es uns doch sehr, wo die Resonanz bleibt – oder seid Ihr etwa Analphabetinnen? Das Konsumverhalten ist ja ein bekanntes Phänomen, aber *so* können wir leider keine Zeitung machen."[130] Enttäuschung herrschte auch bei den Betreiberinnen von Frauencafés, wenn keine Kundinnen kamen. „War absolut nichts los. Frust!", lautete ein Eintrag im Diensttagebuch eines Moabiter Frauencafés am 1. August 1981.[131] Manche Projekte lösten sich wegen des Desinteresses der Feministinnen an ihrem Angebot sogar auf. Als beispielsweise von 70 Freiburgerinnen, die dem Verein „Frauen lernen gemeinsam" angehörten, nur zehn der Einladung zu einer Versammlung folgten, lösten die Organisatorinnen ihn kurzerhand auf.[132] Dieselbe Konsequenz zog ein Aachener Projekt, das mit Sammeltaxis Frauen ersparen wollte, nachts alleine in öffentlichen Verkehrsmitteln unterwegs zu sein. Auch sie stellten ihren Service ein, nachdem von 3000 ausgegebenen Fragebögen nur 40 zurückgelaufen waren.[133]

Generell erwarteten die Aktivistinnen, dass ihr Engagement von ihrem feministischen Umfeld wahrgenommen und wertgeschätzt wurde. Immer wieder brachten die Aktivistinnen, die die Frauenzentren organisierten, Enttäuschung zum Ausdruck, wenn sich die Frauen dort nicht mehr blicken ließen. So beklagten sich die Organisatorinnen einer feministischen Platzbesetzung während einer der Bonner Großdemonstrationen gegen die „Nachrüstung" darüber, dass sich kaum eine Frau daran beteiligt habe, obwohl sie drei Mal an alle Frauenzentren, Frauenbuchläden, Frauenhäuser und Notrufe geschrieben hatten.[134] Auch die Aktivistinnen der Zentralen Informationsstelle für autonome Frauenhäuser (ZIF), die die überörtliche Kommunikation und Vernetzung der lokalen Einrichtungen und Initiativen für misshandelte Frauen betrieb, waren ärgerlich und demotiviert, weil

---

[130] FMT Z 135, Brief der Zeitungsgruppe an die Leserinnen, in: Kölner Frauenzeitung, Nr. 3, April/Mai 1980, S. 30; ähnliche Klagen gab es überall: FMT Z 154, Vorwort, in: Kratzbürste. Nürnberger Frauenzeitung, Nr. 4, September 1978, S. 1; FMT Z 106, 8 Monate sind eine lange Zeit, in: Tango Feminista. Erlebtes und Gedachtes aus der Berliner Frauenbewegung, Nr. 4, Juni 1979, S. 1; FMT Z 104, Christel, Editorial, in: Gesche. Frauenzeitung aus Bremen, Nr. 3, Juni/Juli 1979, S. 3; FMT Z 159, Liebe LILA DISTEL-Leser/innen!, in: Lila Distel. Saarbrücker Frauenzeitung, Nr. 13, Feb./März 1981, S. 4; FMT Z 137, Eine Bitte, in: autoxa. Hannoversche Frauenzeitung, Nr. 4, Januar 1987, S. 37; FMT Z 162, Freya, In eigener Sache, in: lilaac. Aachener Frauenzeitung, Nr. 6, November/Dezember 1988, S. 1; FMT Z 220, Geliebte Leserinnen, in: Igitte. Dortmunder Frauenzeitung, Nr. 4, Oktober/November 1988, S. 2; Margot Poppenhusen, In eigener Sache..., in: ASBF, Freiburger Frauenzeitung Nr. 19, 1989, S. 2.

[131] FFBIZ B Rep. 400 Acc. Berlin 20.10, Aus unserer Caféchronik, in: Frauencafé Moabit (Hrsg.), Frauenbewegung und Häuserkampf – unversöhnlich?, Berlin 1982, S. 26–28, hier S. 26.

[132] In der Einladung hatte es ausdrücklich geheißen, dass Nichterscheinen als Einverständnis zur Auflösung gewertet werde: Ausgelernt?, in: ASBF, Freiburger Frauenzeitung Nr. 6, 1984, S. 51.

[133] FMT Z 162, Ina, Die Frauentaxi-Initiative löste sich auf, in: lilaac. Aachener Frauenzeitung, Nr. 2, Juli/August 1987, S. 10.

[134] FFBIZ B Rep. 400 Acc. Berlin 20.22.5-52,290, Heidi Keenon, Rundbrief des Frauenkoordinationsbüros 10. Juni, 18.6.1982, o. Pag.

2.2 Erwartungen und Enttäuschungen im Bewegungsalltag 155

die lokalen Frauengruppen ihre Briefe nicht beantworteten, Fragebögen nicht zurückschickten und die großen Frauenzeitschriften wie „Emma" und „Courage" besser als die ZIF mit Informationen versorgten.[135]

Für den aktiven Kern der autonomen Frauenbewegung hatte ihre Resonanz nach innen keinen geringeren Stellenwert als die konkreten Resultate ihrer politischen Aktivitäten. Beide waren unverzichtbar, allerdings auf unterschiedlichen Ebenen: Während Letztere die gesellschaftspolitische Stoßrichtung der autonomen Frauenbewegung betraf, modellierte Erstere die feministische Identität. Rückkopplungen aus dem sozialen Kommunikationsraum der Frauenbewegung einzufordern zählte zu den „activities individuals engage in to create, present, and sustain personal identities that are congruent with and supportive of the self-concept"[136]. Die Aktivistinnen erwarteten Resonanz, weil sie daraus Orientierung und Bestätigung für sich selbst zogen. Symptomatisch dafür war die Klage einer Feministin angesichts der Leere im Mannheimer Frauenzentrum: „Frauen wo seid ihr – geht euch alles nichts mehr an?", fragte sie rhetorisch und erklärte anschließend, sie brauche andere Frauen, „nicht nur weil ich Aktionen durchführen will, weil ich mit Euch Öffentlichkeit schaffen will, sondern auch weil ich mich mit Euch über meine Zweifel, meine Verunsicherung, meine Gefühle auseinandersetzen muß."[137] Ohne Mitstreiterinnen war eine Feministin alleine – und konnte sich nicht mehr als Teil einer „Bewegung" fühlen. Resonanz nach innen war deshalb essenziell, um das politische Projekt der autonomen Frauenbewegung erlebbar zu machen. Eine Münchnerin akzentuierte dieselbe Erwartung nach einem misslungenen Abend, indem sie wieder „unsere Zentrumsatmosphäre" einforderte „mit all ihrem Einandergeöffnetsein, Einanderlieben, Einanderkränken, Einanderverstehen, Einandermißverstehen, mit ihrem Mit- und Gegeneinandersprechen, ihrem Sich-Gutes-Antun, Sich-Leid-Antun und mit ihrer doch letztlich wohl unzerstörbaren Verbundenheit von Frauen"[138].

Weil die konkreten Resultate häufig hinter den Ausgangserwartungen der Aktivistinnen zurückblieben, wuchs die Bedeutung der „Arbeit am Selbst"[139] an. Daher gewann die Grunderwartung der Aktivistinnen, unter ihresgleichen Anerkennung zu finden, stetig an Gewicht. Sie lässt sich an der Eindringlichkeit ablesen, mit der sich die Aktivistinnen über Zurückweisung beklagten. Die größte Zuspitzung erreichten die Enttäuschungen und Vorwürfe bei lesbischen Frauen und Müttern.

---

[135] Ebd., Protokoll vom 10. Nationalen Treffen der autonomen Frauenhäuser vom 5.-7.2.1982 in Marburg, o.D., in: ZIF Extra-Info, Februar 1982, o. Pag.

[136] Diese Definition des „identity work" stammt von David A. Snow und Leon Anderson, zitiert nach: Natalia Ruiz-Junco/Scott Hunt, Identity, in: Kathrin Fahlenbrach/Martin Klimke/Joachim Scharloth, Protest Cultures. A Companion, New York 2016, S. 152–159, hier S. 155.

[137] FMT Z 142, Edith u. Regine, Frauen wo seid ihr – geht euch alles nichts mehr an?, in: Lila Klatschmohn. Emanzenblatt Mannheim-Ludwigshafen, Nr. 4, Oktober/November 1979, S. 39; ähnlich z. B. Carolina Brauckmann, Sag mir, wo die Frauen sind..., in: ASBF, Freiburger Frauenzeitung Nr. 5, Herbst 1983, S. 30–32; weitere Beispiele siehe oben S. 138 f.

[138] IfZ Dq 855.001-1978/80, Buschi, Ein weniger wäre mehr gewesen, in: Frauen-Info [München], August 1978, S. 17 f., hier S. 18.

[139] Vgl. Eitler/Elberfeld, Von der Gesellschaftsgeschichte zur Zeitgeschichte des Selbst, S. 18.

Beide Konflikte drehten sich um die wechselseitige Anerkennung der jeweiligen Selbst- und Lebensführung als feministischer Weg. Lesbische warfen den heterosexuellen Aktivistinnen vor, ihre gesellschaftliche Diskriminierung in die Frauenbewegung hinein zu verlängern und sich vor der Stigmatisierung als Lesbe zu fürchten. Umgekehrt empfanden die Heteras den Anspruch „Feminismus ist die Theorie, Lesbianismus ist die Praxis"[140] als elitär und Herabsetzung ihres feministischen Selbst. Auf derselben Ebene spielte sich der Streit um die „neue Mütterlichkeit" innerhalb der Frauenbewegung ab. Er entzündete sich an dem Vorwurf, dass Aktivistinnen, die ihre Mutterschaft als weibliche Selbstverwirklichung entdeckten, unter dem Deckmantel des Feminismus das traditionelle Rollenbild der Frau anpriesen, gegen welches die autonome Frauenbewegung ankämpfte. Mütter hingegen fanden sich mit ihren Alltagsproblemen im auf unabhängige Frauen mit viel Zeit zugeschnittenen Themen- und Aktionsspektrum der Frauenbewegung nicht wieder und fühlten sich ausgegrenzt.[141] Wie tief das Misstrauen und die Abgrenzungen reichten, zeigt der Streit um das „Müttermanifest" von 1987 bei den Grünen, in dessen Verlauf die Autorinnen der Mütter AG von ihren Parteifreundinnen in die Nähe der pronatalistischen Mütterideologie des Nationalsozialismus gerückt wurden.[142]

Obwohl viele Verbindungen bestehen blieben, trennten sich sowohl Lesben als auch Mütter subkulturell und organisatorisch von der autonomen Frauenbewegung und etablierten ihre eigenen Gruppen, Szenen und Zentren. Vor allem das Schisma der lesbischen Frauen hinterließ tiefe Spuren in den lokalen Frauenszenen.[143] Doch auch jenseits dieser Gräben vermissten Aktivistinnen der autono-

---

[140] Dieser Slogan war vielfach präsent, doch auch innerhalb der lesbischen Feministinnen umstritten; vgl. z. B. den Text aus dem Münchner Frauenzentrum „Lesben und Frauenbewegung" [1978], abgedruckt in: Lenz (Hrsg.), Die Neue Frauenbewegung, S. 254-256, hier S. 256; Ursula Müller, Die Wahrheit über die lila Latzhosen. Höhen und Tiefen in 15 Jahren Frauenbewegung, Gießen 2004, S. 198. Besonders auf der dänischen Insel Femø, wo seit 1973 ein internationales Sommercamp nur für Frauen stattfand, fühlten sich heterosexuelle Frauen von den vorwiegend lesbischen Teilnehmerinnen oft ausgegrenzt, vgl. FMT Z 102, Femö – ein Frauenparadies?, in: Frauenzeitung Bremen Nr. 1, 1976, S. 3 f.; Schwarzer, Lebenslauf, S. 282 f. Aus lesbischer Perspektive war das Camp dagegen ein Ort, an dem sich die Utopie zärtlicher Frauensolidarität verwirklichen ließ: Monika Jaeckel, (M)ein bewegtes Leben. Aufgeschrieben von Katrin Rohnstock und Rosita Müller, Sulzbach/Taunus 2011, S. 89-93; FMT Z 102, Femö – ein Frauenparadies!, in: Frauenzeitung Bremen Nr. 2, Januar 1977, S. 17-21; FMT Z 159, Joéla, Lesbencamp auf Femø, in: Lila Distel. Saarbrücker Frauenzeitung, Nr. 11, Oktober/November 1980, S. 31-33; Monika Mengel, Femø. Beginn einer lesbischen Zeitrechnung, in: Gabriele Dennert/Christiane Leidinger/Franziska Rauchut (Hrsg.), In Bewegung bleiben. 100 Jahre Politik, Kultur und Geschichte von Lesben, Berlin 2007, S. 72-76.

[141] Die dritte Sommeruniversität für Frauen handelte die Kontroversen breit ab; 3. Sommeruniversität für Frauen (Hrsg.), Frauen und Mütter. Beiträge zur 3. Sommeruniversität von und für Frauen – 1978, Berlin 1979, v. a. S. 258-332; außerdem Schwarzer, So fing es an!, S. 95-102.

[142] Auszüge des Textes sind abgedruckt bei Lenz (Hrsg.), Die Neue Frauenbewegung, S. 623-629. Vgl. Margarete Runte-Plewnia, Streit zwischen Müttern und Feministinnen bei den Grünen, in: Panorama, ARD, 8. 7. 1987.

[143] Vgl. Lesbengruppe: Solidarität zwischen Lesben und Heterofrauen – Schwierigkeiten im Umgang miteinander, in: Dokumentationsgruppe der Sommeruniversität der Frauen (Hrsg.),

men Frauenbewegung häufig die Anerkennung. Die daraus resultierende Enttäuschung verdichtete sich in zwei Vorwürfen: Frauen beklagten, ihr Engagement werde als Selbstverständlichkeit betrachtet, und sie zogen gegen einengende Gefühls- und Verhaltensnormen innerhalb der Bewegung zu Felde.

Geringe Wertschätzung für den Einsatz an Arbeit, Zeit, Kreativität und Hingabe, die Frauen im Sinne der Bewegung erbrachten, war ein Dauerthema der Aktivistinnen. Es kondensierte im Vorwurf, dass manche Anhängerinnen der Bewegung die Leistungen der anderen lediglich „konsumierten". Diese Chiffre stand für Gleichgültigkeit und Passivität, für Unverbindlichkeit und Bequemlichkeit. Solche Vorwürfe gingen zumeist von denjenigen Aktivistinnen aus, die organisatorische Aufgaben übernahmen, in Diskussionen häufig das Wort führten und die Initiative für Aktionen ergriffen. Damit wollten sie die übrigen Frauen ermuntern, es ihnen gleichzutun, denn sie verstanden sich nicht als „Gruppe von Frauen, die andere Frauen bedient, agitiert, missioniert, einlädt oder sonstwie in eine Passivität drängt, aus der frau doch gerade heraus will"[144]. In vielen Städten beschwerten sich rührige Feministinnen unter dem Stichwort „Konsumhaltung" darüber, dass an ihnen die ganze Arbeit hängen bleibe und niemand die Verantwortung mit ihnen teilen wolle.[145] Weil die engagierten Frauen ihre Bewegungsaktivitäten im Gegensatz zur „entfremdeten" Lohnarbeit als Selbstentfaltung verstanden, bedeutete Gleichgültigkeit ihrem Engagement gegenüber auch eine persönliche Geringschätzung. Eine Mannheimerin beklagte sich in diesem Sinne: „irgendwann bekam ich das gefühl, konsumiert zu werden, besonders in diskussionen und entscheidungen, wenn sich höchstens 4–5 frauen äußerten und ich das gefühl von rückhalt sehr vermißte"[146].

Autonomie oder Institution, S. 328–331; Monika Jaeckel, Sag mir, mit wem du schläfst, und ich sag dir, wo du stehst? Lesben, Heteros & Co., in: Cramon-Daiber u. a., Schwesternstreit, S. 90–95; Halina Bendkowski, Wenn quer nicht queer ist. Zum Lesben-Heterakonflikt, in: Gabriele Dennert/Christiane Leidinger/Franziska Rauchut (Hrsg.), In Bewegung bleiben. 100 Jahre Politik, Kultur und Geschichte von Lesben, Berlin 2007, S. 83–85; Karras, Frauenbewegung, S. 154f.; Poppenhusen, Viel bewegt, S. 39f. u. 87; Schäfer/Wilke (Bearb.), Die Neue Frauenbewegung, S. 203–217; Keinhorst, „Das war alles sehr, sehr aufregend...", S. 44–49; Zellmer, Töchter der Revolte, S. 206–214.

[144] FMT Z 129, Ulrike, Das Frauenzentrum häutet sich, in: Heidelberger Frauenzeitung, Nr. 2, Juni 1977, S. 14.

[145] Z. B. ASBF 7.2.2, Protokoll des Arbeitswochenendes der Frauengruppe in der Arce [Italienische Gastarbeitervereinigung], 21.6.1975; FMT Z 125, Britta, Miete Miete [sic] für's Zentrum! Oder kein Zentrum, in: Frauenzeitung des Frauenzentrums Hamburg, Nr. 1, Juni 1976, S. 15; FMT Z 125, Tanja, In eigener Wut, in: Frauenzeitung des Frauenzentrums Hamburg, Nr. 2, Juli 1976, S. 33. Konflikte zwischen Aktivistinnen wegen des Vorwurfs der Konsumhaltung blieben bis in die 1980er Jahre hinein virulent; vgl. FMT Z 212, Gudrun Ziebold, Protokoll des Frauenplenums vom 13.2.85, in: Lila Lotta. Bonner Frauenzeitung mit Kölner Seiten 5 (1985), Nr. 3, März 1985, S. 14; FMT Z 138, Anita (München), Autonomie und/oder Geld..., in: Azade. Göttingens Frauen/Lesbenzeitung, ohne Nr., Winter 1986/87, S. 6–9, hier S. 6; FMT Z 162, Ellen, Hallo Frauen!, in: lilaac. Aachener Frauenzeitung, Nr. 4, Juli/August 1987, S. 14–16.

[146] FMT Z 142, Marion, Die traurige Geschichte der Verrottung des Frauenzentrums Mannheim, in: Lila Klatschmohn. Emanzenblatt Mannheim-Ludwigshafen, Nr. 8, Juni/Juli 1980, S. 8–10, hier S. 10.

Wie dieses Beispiel zeigt, standen hinter den Beschwerden von Frauen über die „Konsumhaltung" innerhalb der Bewegung grundsätzliche Erwartungen und Anerkennungswünsche. Durch die „Konsumhaltung" ihrer Bewegungsschwestern fühlten sich einige Aktivistinnen in ein klischeebeladenes Rollenbild hineingezwängt, nämlich das der dominanten, aggressiven, „vermännlichten" Emanze. Aktivistinnen, die sich in diese Ecke gedrängt sahen, fühlten sich wie ein „radikalfeministisches Monster" und baten darum, „von der Rolle des ‚aktiven, harten Kerns' befreit [zu] werden"[147]. Wer zu den „Macherinnen" gehörte, musste mit Misstrauen und versteckten Anfeindungen rechnen, denn Macht und Führung standen in der autonomen Frauenbewegung unter dem Generalverdacht, Instrumente des Patriarchats zu sein.[148] Diejenigen, die Passivität und Bequemlichkeit anderer Feministinnen beanstandeten, forderten daher zugleich auch Achtung für ihre eigene Haltung ein.

Enttäuschung über fehlende Anerkennung erlebten auch Frauen, die ihr feministisches Engagement in institutionalisierte Bahnen lenkten. Großes Misstrauen und offene Abgrenzung schlugen den Mitarbeiterinnen von Projekten entgegen, die in irgendeiner Form Kompromisse mit Behörden schlossen. Das galt für die Mainzer Notrufgruppe, eine Krisenberatung für vergewaltigte Frauen, die im Mainzer Frauenzentrum angesiedelt war und im Rahmen eines Modellprojektes vom Bundesministerium für Frauen, Familie und Gesundheit seit 1979 finanziert wurde. Nachdem über vier Monate hinweg offene Briefe in der „Courage" voller Unterstellungen, Gegendarstellungen, Distanzierungen und Solidarisierungen anderer Notrufgruppen das Projekt bundesweit bekannt gemacht hatten, wollten die Mitarbeiterinnen auf einem nationalen Notruftreffen im August 1984 ihren Ansatz verteidigen. Allerdings kamen sie kaum zu Wort und stießen auf durchgängige Vorverurteilungen, weshalb sie „enttäuscht" wieder abreisten.[149] Auch

---

[147] FMT Z-F19, Paula, Zur Lage im Frauenzentrum, „Frauen, laßt das Frauenzentrum wieder zum lebendigen Zentrum der Marburger Frauenbewegung werden!", in: Spinatwachtel. Marburger Frauenzeitung, Nr. 1, Mai 1979, S. 23; FMT Z 116, Martina, ...und Feministin fragt sich in diesem Zusammenhang, ob sie denn noch richtig tickt, in: Frauen wißt ihr schon... Frankfurter Frauenzeitung, Nr. 10, 9.2.1977, S. 8-10, hier S. 8. Die selbstironische Eigenbezeichnung als „Monster" auch bei IfZ Dq 855.001-1978/80, Rina, Die Glosse, in: Frauen-Info. Frauenzentrum Gabelsberger Str. 66 München, Juli 1978, S. 19.

[148] Vgl. das gehässige Porträt der „hartgesottenen Gründerin und Organisatorin" von Vera Slupik (wie Anm. 20); Bähr [Pinl], Klatschmohn, S. 179; Plogstedt, Frauenbetriebe, S. 89-96; Schwarzer, Lebenslauf, S. 357 f.

[149] Offener Brief an die Mainzer Notruf-Frauen, in: Courage 5 (1981), Nr. 4, April 1981, S. 50; Mainzer Notruf für vergewaltigte Frauen: Gegendarstellung, in: Courage 5 (1981), Nr. 5, Mai 1981, S. 51; Briefe der Notrufe, in: Courage 5 (1981), Nr. 6, Juni 1981, S. 51 (mit Stellungnahmen aus Marburg, Heidelberg und Köln); Zum offenen Brief an den Mainzer Notruf, in: Courage 5 (1981), Nr. 7, Juli 1981, S. 48 f., BA B 189/25432, Ursula Teubner, Bericht über das Nationale Notruftreffen in Kassel vom 17.-19.7.1984, o. D. [August 1984]. Die anderen Frauen warfen den Mainzerinnen vor, vergewaltigte Frauen der Polizei zu melden, und argumentierten im Übrigen, dass Staatsgeld korrumpiere und daher mit autonomen Projekten unvereinbar sei. Zum Projekt selbst vgl. Vergewaltigung als soziales Problem – Notruf und Beratung für vergewaltigte Frauen. Abschlußbericht der Projektgruppe Dr. Ulrike Teubner, Ingrid Becker, Rosemarie Steinhage unter Mitarbeit von Rechtsanwältin Katharina Engel.

2.2 Erwartungen und Enttäuschungen im Bewegungsalltag

einige der ersten kommunalen Frauenbeauftragten hatten einen schweren Stand in der lokalen autonomen Frauenszene, selbst wenn sie wie in Köln, Freiburg und Hannover über eine respektable Bewegungsbiografie verfügten.[150] In den Augen autonomer Feministinnen dienten sie dem patriarchalischen „System" als Feigenblatt, hatten sich ihre Radikalität für ein völlig einflussloses Pöstchen abkaufen lassen und standen als Repräsentantinnen eines gezähmten „Staatsfeminismus"[151] im Feindesland. Darum fanden sich die Frauenbeauftragten zwischen allen Stühlen wieder: Die Kölnerin Lie Selter erlebte in der Stadtverwaltung Abwehr und Verachtung, wurde aber zugleich von denjenigen Frauen als Überläuferin betrachtet, für deren Interessen und Ziele sie eintrat.[152] Ihren Kolleginnen ging es nicht besser: Während sie ihre Tätigkeit als Frauenbeauftragte als Fortsetzung ihres politischen Weges verstanden, grenzten sich andere Feministinnen von ihnen ab und behandelten sie wie Verräterinnen an der gemeinsamen Sache.[153]

Jede Aktivistin wollte von ihren Bewegungsschwestern als gute, als „richtige" Feministin anerkannt werden. Keine andere Erwartung an das Engagement war so tief mit den Grundsätzen der Bewegung von Frauenfreundlichkeit, Identifikation und Solidarität aller Frauen verschränkt. Frauen wollten von anderen Frauen „aufgenommen werden, total, quasi geliebt"[154]. Als politisches Wesen geachtet und als Person rückhaltlos bejaht zu werden, hatte viele Frauen zu Beginn ihres Engagements euphorisiert; umso tiefer war die Enttäuschung bei Zurückweisung, Ab- und Ausgrenzung. „Sie hat uns nicht geliebt!", rief im Oktober 1975 schluch-

---

Durchgeführt im Frauenzentrum Mainz e.V. unter finanzieller Förderung durch den Bundesminister für Jugend, Familie und Gesundheit in Bonn, Stuttgart 1983.

[150] Lie Selter (Köln) hatte dort 1976 das erste Frauenhaus mitgegründet; die Freiburgerinnen Ursula Knöpfle und Magret Sennekamp hatten jahrelang im Frauenzentrum und verschiedenen Projekten mitgearbeitet. Ursula Müller (Hannover) war während ihres Studiums in den USA zur Frauenbewegung gestoßen, hatte ein Jahr lang im Gießener Frauenhaus mitgearbeitet und anschließend die Frauenforschung an der Gießener Universität vorangetrieben. Von 1996 bis 1999 war sie für die Grünen als Staatssekretärin im Ministerium für Frauen, Jugend, Wohnungs- und Städtebau Mitglied der Landesregierung von Schleswig-Holstein.

[151] Müller, Wahrheit, S. 362.

[152] FMT Z 212, Dorothee Paß-Weingartz, „Jeden Abend heulend ins Bett...", in: Lila Lotta. Bonner Frauenzeitung mit Kölner Seiten 5 (1985), Nr. 4, April 1985, S. 32f. Deutlich unkritischer fiel das Porträt von Petra Gerster aus, Mal gucken..., in: Emma 9 (1985), Nr. 3, März 1985, S. 12f.

[153] Vgl. Nena Helfferich, Die Frauenbeauftragen in Freiburg. Ein Interview, in: ASBF, Freiburger Frauenzeitung Nr. 12, 1986, S. 31–36; FMT Z 137, Karin Pienschke u. Linda Mull, Interview mit Ursula Müller – Gleichstellungsstelle, in: autoxa. Hannoversche Frauenzeitung, Nr. 4, Januar 1987, S. 27–31; mit weiteren Beispielen Sabine Gattermann, Chance oder Alibi? Die kommunalen Gleichstellungsstellen und Frauenbüros, Marburg 1987, S. 129–132; Katharina Gröning, Beratung in kommunalen Gleichstellungsstellen. Zwischen Fürsorglichkeit und Feminismus, Köln 1993, S. 92–100.

[154] So zwei Frauen 1977 über ihre Erwartungen an den Besuch in einer Frauenkneipe; zitiert in Reichardt, Authentizität und Gemeinschaft, S. 616. Vgl. auch die Verse einer Aktivistin von 1979: „Mit unseren Erfahrungen / wuchs unsere Kraft / aber es starb auch / die anfängliche Euphorie / und Sorglosigkeit / Geblieben ist die Zuversicht / und unsere tiefe Sehnsucht / nach Zärtlichkeit und Liebe"; FMT Z 129, Annette. [Gedichte], in: Heidelberger Frauenzeitung, ohne Nr., Februar 1979, S. 12.

zend eine Aktivistin des Münchner Frauenforums und meinte damit die Vorsitzende Hannelore Mabry.[155] Viele Frauen stellten mit der Zeit fest, dass die autonome Frauenbewegung zwar vehement gegen gesellschaftlich verbreitete Stereotype von Weiblichkeit ankämpfte, allerdings selbst eigene Normen hervorbrachte. Sie orientierten sich an den Gewohnheiten und Bedürfnissen jüngerer Frauen, die über höhere, oft akademische Bildung verfügten, (noch) keine Familie gegründet hatten und nicht in einem Vollzeitarbeitsverhältnis steckten, also über wenig Geld und viel Zeit verfügten. Weniger bedeutsam als klischeehafte Erkennungszeichen wie die berühmte lila Latzhose, kurz geschnittene Haare, die Verwendung des Frauenzeichens auf Buttons oder in Schmuckstücken usw. waren die Umgangsformen der Frauen untereinander, tabuisierte Überzeugungen und nicht tolerierte Verhaltensweisen.

Wer abweichende Ansichten etwa über Hausarbeit, Kinder oder Männerbeziehungen äußerte oder einen nicht klar als alternativ erkennbaren Lebensstil pflegte, erlebte den Entzug der emotionalen Zuwendung. Zwei Freiburgerinnen nannten diesen kollektiv verinnerlichten Erwartungsdruck das „Dogma der frauenbewegten Frau"[156]. Die neue Norm wirkte als „Ausschluß- und Hierarchisierungsmechanismus"[157] und schreckte nicht wenige Frauen ab. Dieses Problem war ein oft diskutiertes und viel beklagtes Thema unter den Aktivistinnen.[158] So erzählte ein Cartoon der „Emma"-Illustratorin Franziska Becker die Geschichte einer Frau, die zum ersten Mal in ein Frauenzentrum ging und dort wegen ihres Äußeren auf Ablehnung und Hochnäsigkeit stieß (Abb. 8); nach kurzer Zeit ging sie wieder fort.

Vor allem diejenigen, die sich stark über ihre Zugehörigkeit zur autonomen Frauenbewegung definierten, wirkten sogar innerhalb der Szene zuweilen abgehoben und elitär.[159] Eine Freiburgerin, die fünf Jahre lang im Frauenzentrum aktiv gewesen war, verließ 1979 die Zentrumsgruppe, weil sie der Enge des alternativ-feministischen Milieus entkommen wollte. Rückblickend berichtete sie, dass dieser Schritt ihr die Augen für die Diskrepanz geöffnet habe, die zwischen den

---

[155] FFBIZ A Rep. 400 BRD 19.1.6 (1), Angelika Müller an Gertrud Weingarten, 24.10.1975.
[156] Ursula Bouczek und Nena Helfferich, Das Netz wird immer enger. Frauenbewegung und Politik, in: ASBF, Freiburger Frauenzeitung Nr. 1, 1982, S. 15–18, hier S. 17.
[157] Bührmann, Das authentische Geschlecht, S. 196.
[158] ASBF 7.2.2, Nena Helfferich, Zum Plenum vom 25.11.1976, o. D.; FMT Z 152, Bericht einer Selbsterfahrungsgruppe, in: Grete. Nürnberger Frauenzeitung, Nr. 2, Dezember 1976, S. 5–7; FMT Z 102, Urlaub von der Frauenbewegung?!, in: Frauenzeitung Bremen Nr. 1, 1976, S. 9f.; FMT Z 182, Frauen im Zentrum. Themenzentrierter Abend im Frauenzentrum über die Frage „Warum bin ich ins Frauenzentrum gekommen und warum bleibe ich?", in: Frauenzeitung Göttingen, Nr. 4, 1979, S. 26–31, hier S. 29; FMT Z 159, Susanne Schätzle, Leserinnenbrief, in: Lila Distel. Saarbrücker Frauenzeitung, Nr. 17, Okt./Nov. 1981, S. 42; Gabi B., Frauen gemeinsam –, in: ASBF, Freiburger Frauenzeitung Nr. 6, 1984, S. 15; FMT Z 159, Irmtraut M., Was ich schon immer sagen wollte..., in: Lila Distel. Saarbrücker Frauenzeitung, Nr. 28, Frühjahr 1984, S. 8f.
[159] Z.B. FMT Z125, Sybille, Leserinnenbrief, in: Frauenzentrum Hamburg (Hrsg.), Frauenzeitung, Nr. 12/13, Mai/Juni 1977, S. 13–15; FMT Z 102, Meine hoffentlich solidarische Kritik am Frauenzentrum, in: Frauenzeitung Bremen Nr. 4, 1977, S. 30f.; Anne Stahmer, Idealistisch – radikal – elitär, in: Frauenjahrbuch '77, S. 141–143, hier S. 141.

Abb. 8: Cartoon über Normen in der Frauenbewegung
© Franziska Becker; Quelle: Emma 4 (1980), Nr. 1, Januar 1980, S. 19

Lebenswelten von „frauenbewegten" Aktivistinnen und ganz normalen Frauen herrsche: „Du hast wirklich das Gefühl, als ob du vorher auf 'nem anderen Stern gelebt hast und fällst jetzt auf einmal auf die Erde runter und wirst konfrontiert mit ganz anderen Bewohnern"[160].

Zahlreiche Enttäuschungen der Aktivistinnen lassen sich auf die Erwartung zurückführen, für ihr Engagement Resonanz und Anerkennung zu erhalten. Zumindest für die 1970er und 1980er Jahre zeigen Quellen keine Gewichtsverschiebung zwischen den beiden Kategorien. Weder gaben die Frauen ihre gesellschaftspolitischen Ansprüche in den 1980er Jahren auf, noch erlangte das „feministische Selbst" erst zu einem späteren Zeitpunkt seinen zentralen Stellenwert, wie Imke Schmincke für die Zeit ab Mitte der 1970er Jahre aus Texten von prominenten

---

[160] Luise – eine Phantomfrau, in: ASBF, Freiburger Frauenzeitung Nr. 6, 1984, S. 44–51, hier S. 48.

Feministinnen schlussfolgert: Demnach bezogen sich die Aktivistinnen infolge der Praktiken von Selbstuntersuchungen und Selbsterfahrung immer mehr nur auf den eigenen Körper und die eigene Person, gaben ihren gesellschaftsverändernden Anspruch auf und verorteten das Ziel der Befreiung, das die Bewegung ausgegeben hatte, „einzig in der Befreiung des weiblichen Selbst"[161]. Bei näherem Hinsehen erweist sich diese Argumentation als Teil einer Auseinandersetzung, die im Folgenden selbst zum Gegenstand der Analyse werden soll. Denn die Diagnose einer vermeintlichen Entpolitisierung stand im Zentrum von kritischen Analysen, mit denen Aktivistinnen den Zustand der Bewegung kommentierten. Sie war Teil eines Selbstvergewisserungsprozesses, in dem die Aktivistinnen Erwartungen und Erfahrungen reflektierten.

2.3 Niedergangsnarrative

Wenn man die Alarmrufe und Untergangsprophezeiungen der Aktivistinnen für bare Münze nähme, dann müsste man zum Schluss kommen, die Frauenbewegung sei permanent in der Krise gewesen. Zwischen 1977 und 1987 war der vermeintliche Niedergang der Frauenbewegung ein Dauerthema in den Selbstverständigungszeitschriften der lokalen Frauenszenen. Allerdings ist die Krisensemantik, wie Thomas Mergel festgehalten hat, an sich irreführend, denn sie unterstellt, dass zuvor und danach eine stabile Normalität herrsche. Der unsichere Übergangszeitraum, in dem diese Transformation stattfindet, heißt Krise. Dabei ist es in der Moderne genau umgekehrt: Phasen der Stabilität sind kurz, Wandel und vor allem die Wahrnehmung, dass dieser Wandel immer schneller vonstattengeht, kennzeichnen das Lebensgefühl dauerhaft.[162] Diese Sichtweise auf die Krisensemantik lässt sich auf die Niedergangsdiskussionen in der autonomen Frauenbewegung anwenden. Sie erscheinen dann als Anpassungsphänomen und Ausdruck von Verunsicherung angesichts des raschen Wandels einer Neuen sozialen Bewegung, mit der sich deren Anhängerinnen identifizierten. Außerdem hatten die Klagen eine strategische Absicht: Wenn Akteurinnen den Zustand ihrer Bewegung kritisch reflektierten, waren dies Positionsbestimmungen. Dadurch wollten sie ihren Vorstellungen über die Ziele und Formen des Engagements Geltung verschaffen.

Der zeitliche Schwerpunkt der Debatte lag zu Beginn der 1980er Jahre. Beispielsweise bildete im Sommer 1980 die „Verrottung der Frauenbewegung" das Leitmotiv der Mannheimer Frauenzeitung „Lila Klatschmohn"; Themenausgaben

---

[161] Imke Schmincke, Von der Befreiung der Frau zur Befreiung des Selbst. Eine kritische Analyse der Befreiungssemantik in der (neuen) Frauenbewegung, in: Pascal Eitler/Jens Elberfeld (Hrsg.), Zeitgeschichte des Selbst. Therapeutisierung – Politisierung – Emotionalisierung, Bielefeld 2015, S. 217–237, hier S. 234; dasselbe Argument bereits in dies., Politisierung, S. 298. Die Erfahrungsberichte über die Selbsterfahrung widerlegen auch den Vorwurf, diese Praxis sei zu Lasten der öffentlichen Proteste gegangen; vgl. dazu oben S. 127 ff.
[162] Mergel, Krisen als Wahrnehmungsphänomene, S. 14 f.

über die Krise brachten 1982 auch das Frankfurter Frauenblatt und die Saarbrücker „Lila Distel"; Diskussionsabende über Fehler und Versagen der Frauenbewegung standen im Oktober 1982 in Köln und im November 1983 in Freiburg auf dem Programm der Frauenzentren.[163] Auch die siebte Sommeruniversität der Frauen vom 3. bis 8. Oktober 1983 in Berlin gab mit zwei der fünf Themenschwerpunkte – „Politik ohne Frau – Frau ohne Politik" und „Reizwort Krise" – der kritischen Bestandsaufnahme breiten Raum.[164] Die Konjunktur des Niedergangsdiskurses lag sicherlich daran, dass sich Gründungsereignisse wie die Selbstbezichtigungskampagne von 1971 und der erste bundesweite Frauenkongress von 1972 zum zehnten Mal jährten; die aus diesem Anlass einsetzenden Rückschauen und Bilanzierungen setzten sich notgedrungen mit der Frage auseinander, was aus der autonomen Frauenbewegung geworden war.[165] Wichtiger für die vergleichsweise hohe Zahl von Niedergangsbeschreibungen während der frühen 1980er Jahre war indessen der gesellschaftspolitische Hintergrund. Ihrer Herkunft und Zielsetzung nach verortete sich die neue Frauenbewegung politisch links. Als 1982 eine konservativ geführte Bundesregierung ans Ruder kam, fühlten sich die Feministinnen in die Defensive gedrängt. Schließlich hatte die CDU im langen Streit um die Reform des §218 an der Spitze der Abtreibungsgegner gestanden und durch die Klage vor dem Bundesverfassungsgericht die Fristenlösung zu Fall gebracht. Die CDU symbolisierte in den Augen der engagierten Frauen alles, wogegen sie angingen: ein patriarchalisches Weltbild, ein enges Verhältnis zur katholischen Kirche mit ihrer moralischen Verdammung von sexueller Freizügigkeit, gleichgeschlechtlicher Liebe und Schwangerschaftsabbruch, eine ausschließlich männliche Führungsriege, misogyne Programmatik und Praxis. Das ohnehin erhebliche Misstrauen, das die Anhänger aller Neuen sozialen Bewegungen dem professionellen politischen Betrieb entgegenbrachten, potenzierte sich daher bei den Aktivistinnen der autonomen Frauenbewegung gegenüber der CDU.

Sowohl die Rhetorik als auch die gesetzgeberische Praxis der Bundesregierung schienen dem Argwohn Recht zu geben. Noch als Oppositionspartei hatte die CDU im November 1979 ein Programm zum Schutz des ungeborenen Lebens präsentiert, das darauf abzielte, die Zahl der Abtreibungen zu verringern. Im Juni

---

[163] Vgl. FMT Z 142, Etwas zu dieser Nummer, in: Lila Klatschmohn. Emanzenblatt Mannheim-Ludwigshafen, Nr. 8, Juni/Juli 1980, S. 3; FMT Z 136, Karin und Annette, Mehr Bewegung meine Damen, in: Kobra. Kölner Frauenzeitung, Nr. 1, November/Dezember 1982, S. 17; FMT Z 159, Margitta, Habt ihr's vergessen, es gibt ein Zentrum? Oder: Frauen, wo seid ihr?, in: Lila Distel. Saarbrücker Frauenzeitung, Nr. 19, April/Mai 1982, S. 22.

[164] Vorbereitungsgruppe 7. Sommeruniversität für Frauen, Berlin (Hrsg.), Frauenpolitik zwischen Traum und Trauma. Wollen wir immer noch alles? Dokumentation der 7. Sommeruniversität für Frauen, Berlin 1984, S. 120-398.

[165] Vgl. das Vorwort von Schwarzer, So fing es an!, S. 7-10. Das Buch basiert auf einer neunteiligen Artikelserie, die 1981 in der „Emma" erschien. Außerdem Herrad Schenk, Die feministische Herausforderung. 150 Jahre Frauenbewegung in Deutschland, München 1980, S. 211; Margot Poppenhusen, Geschichte der Freiburger Frauenbewegung, Teil II, in: ASBF, Freiburger Frauenzeitung Nr. 2/3, Februar 1983, S. 23-25; ein früheres Beispiel ist Doormann, Frauenbewegung.

1981 war der Vorsitzende der Christlich-demokratischen Arbeitnehmerschaft, Norbert Blüm, mit einem Thesenpapier über die „sanfte Macht der Familie" hervorgetreten, das die „neue Mütterlichkeit" feierte, biologisch determinierte Wesensunterschiede der Geschlechter behauptete und weibliche Erwerbsarbeit als Gefahr für das Kindswohl denunzierte.[166] Eingebettet waren diese Positionierungen in eine grundsätzliche Kritik, die die Reformen der sozialliberalen Koalition auf zahlreichen gesellschaftspolitischen Handlungsfeldern für eine umfassende Orientierungskrise in Politik, Wirtschaft, Gesellschaft und Kultur verantwortlich machte.[167] Sie verdichtete sich im Schlagwort der „Wende", das rasch zu einer „Projektionsfläche für unterschiedliche Befürchtungen, aber auch von Hoffnungen und Enttäuschungen"[168] avancierte. Enttäuscht wurden allerdings die Anhänger des wertkonservativen Flügels der Union, die sich eine umfassende Korrektur der emanzipatorischen Weichenstellungen der 1970er Jahre erhofft hatten. Weder im Scheidungs- noch im Abtreibungsrecht revidierte die unionsgeführte Bundesregierung die seinerzeit heftig bekämpften Reformen. Ganz im Gegenteil bewegte sich die CDU programmatisch auf ein modernes Gesellschaftsmodell zu, das insbesondere für das weibliche Rollenbild die Konsequenzen aus Individualisierung und Pluralisierung zog.[169]

Doch dies war zu Beginn der Regierung Kohl wenig absehbar. Vielmehr schien ihr Handeln die schlimmsten Befürchtungen der Feministinnen zu bestätigen. Unmittelbar nach ihrem Amtsantritt ging die neue Bundesregierung daran, die Finanzen des Sozialstaats zu sanieren. Sie beschloss umfangreiche Sparmaßnahmen, die in den Augen der Feministinnen Frauen in besonderem Maße benachteiligten.[170] Die Anrechnung von Erziehungszeiten bei der Rente, die Einführung von Erziehungsgeld und die zum Zwecke des Lebensschutzes errichtete Bundesstiftung „Mutter und Kind" fügten sich allesamt in die Wahrnehmung der „Wen-

---

[166] Vgl. zu beiden Diskussionen in der CDU David Schumann, Bauarbeiten am „Fundament der Gesellschaft". Christdemokratische Familienpolitik in der Ära Kohl (1973–1998), Hamburg 2014, S. 95–104. Zur feministischen Kritik an Blüms Thesenpapier vgl. beispielsweise Barbelies Wiegmann, Katze aus dem Sack, in: Emma 5 (1981), Nr. 10, Oktober 1981, S. 28.

[167] Vgl. dazu Andreas Wirsching, Die mediale „Konstruktion" der Politik und die „Wende" von 1982/83, in: Historisch-politische Mitteilungen 9 (2002), S. 127–139; ders., Abschied, S. 49–55.

[168] Peter Hoeres, Von der „Tendenzwende" zur „geistig-moralischen Wende". Konstruktion und Kritik konservativer Signaturen in den 1970er und 1980er Jahren, in: VfZ 61 (2013), S. 93–119, hier S. 93.

[169] Ausdruck fand dies im Parteitag von 1985 (dem „Frauenparteitag"), auf dem die CDU die „Leitsätze für eine neue Partnerschaft zwischen Mann und Frau" verabschiedete. Vgl. dazu Wirsching, Abschied vom Provisorium, S. 189 f.; Frank Bösch, Macht und Machtverlust. Die Geschichte der CDU, Stuttgart 2002, S. 249–254; Schumann, Bauarbeiten, S. 212–215.

[170] Diese Argumentation berief sich vor allem auf die Kürzungen beim Kinder- und beim Mutterschaftsgeld, die Verschiebung der turnusmäßigen Erhöhung der Renten und der Sozialhilfesätze um ein halbes Jahr sowie Leistungseinschränkungen beim Arbeitslosengeld. Tatsächlich erstreckten sich die Einschnitte auf fast alle sozialstaatlichen Leistungssysteme, deren Klientelgruppen daher gleichermaßen betroffen waren; vgl. Manfred G. Schmidt, Sozialpolitische Denk- und Handlungsfelder, in: ders. (Hrsg.), Bundesrepublik Deutschland 1982–1989. Finanzielle Konsolidierung und institutionelle Reform, Baden-Baden 2005 (Geschichte der Sozialpolitik in Deutschland seit 1945; 7), S. 63–154, hier S. 66–72.

de" als groß angelegter Versuch ein, ein traditionelles weibliches Rollenbild zu restaurieren. So kommentierte eine Kölner Aktivistin den Erfolg der Regierungsparteien bei der Bundestagswahl im März 1983 mit schierem „Entsetzen", denn „von Kohl bis Wilms, von Geißler bis Blüm stürzt sich die schwarze Meute auf uns, und in keinem Ressort bleiben wir ungeschoren". In düsteren Farben malte sie eine Zukunft aus, in der Frauen zum Heimchen am Herd degradiert, die Reform des § 218 zurückgenommen und junge Mädchen keine Chance mehr auf eine qualifizierte Ausbildung erhalten, sondern in Haushalts- und Mütterkurse gesteckt würden.[171] Zur selben Zeit fragte die „Courage" ihre Leserinnen, ob sie vor lauter Schwärze die Zeitschrift überhaupt noch lesen könnten, und sinnierte, wie viele frauenfeindliche Beschlüsse zwischen Redaktionsschluss und Erscheinen der Aprilnummer von 1983 bereits wieder zu registrieren seien.[172] In dieser Perspektive erschienen die gesellschaftspolitischen Erfolge der Frauenbewegung in akuter Gefahr und Widerstand umso dringender geboten. Daher dramatisierten viele Aktivistinnen die Kritik am Zustand ihrer Bewegung, deren Grundelemente freilich bereits seit der zweiten Hälfte der 1970er Jahre artikuliert wurden.

Entpolitisierung und Stillstand

Die vermeintliche Degeneration machten die Aktivistinnen überall in der Bundesrepublik an ähnlichen Beobachtungen fest. Zusammengenommen ergaben sie einen Katalog von Symptomen einer Krankheit, welche die Bewegung dahinzuraffen drohte. Er umfasste die Topoi emotionale Erstarrung, Zersplitterung, Selbstbezüglichkeit, Entpolitisierung, Entradikalisierung und gipfelte in der Diagnose von Stillstand.

Angesichts der immensen Bedeutung von emotionaler Integration, von Geborgenheit, Zuwendung und Begeisterung für die Mobilisierung der Frauen ist es nicht verwunderlich, dass die Gefühle der Feministinnen als Indiz für den Zustand der Bewegung galten. In aller Regel beklagten die Abgesänge auf die Frauenbewegung, dass Zuversicht und Freude verschwunden seien.[173] Zudem konstatierten sie, dass die Beziehungen der Frauen untereinander nicht mehr so herzlich wie früher seien: „Wir sind recht zahm geworden gegenüber der Männergesellschaft und ein wenig rauher im Umgang mit uns selbst", stellten Frankfurter Feministinnen fest und klagten: „im frauenbewegten alltag zieht kälte ein."[174] Mit der Kältemetapher

---

[171] FMT Z 136, Inka Schievelkamp, Es brennt!, in: Kobra. Kölner Frauenzeitung, Nr. 5, 21.3.1983, S. 4f.

[172] In eigener Sache, in: Courage 8 (1983), Nr. 4, April 1983, S. 2.

[173] Z.B. FMT Z 142, Marion, Die traurige Geschichte der Verrottung des Frauenzentrums Mannheim, in: Lila Klatschmohn. Emanzenblatt Mannheim-Ludwigshafen, Nr. 8, Juni/Juli 1980, S. 8–10; vgl. auch oben S. 138.

[174] FMT Z 116, Christa, Ein ganz anderes Verhältnis zum eigenen Körper und zum Frau-Sein, in: Frauen wißt ihr schon... Frankfurter Frauenzeitung, Nr. 8, 3.11.1976, S. 24f.; FMT Z 102, Beitrag der Frankfurter Repressionsgruppe, in: Frauenzeitung Bremen Nr. 3, April 1977, S. 29–31, hier S. 31 (Zitat); IfZ ED 899/19, Anita, Über die Entwicklung der Münchner Frauenbewegung. Versuch einer Bilanz 1979, in: Münchner Frauenzeitung, Februar 1980, S. 10f.

kennzeichneten die Anhänger des linksalternativen Milieus die Lebenswirklichkeit der Gesellschaft, von der sie sich absetzen wollten.[175] Und genau dies war mit den emotionalen Erstarrungsbegriffen gemeint: dass die Frauenszene sich nicht mehr fühlbar von der Mehrheitsgesellschaft unterscheide. Einige Autorinnen unterstrichen diesen Befund, indem sie feststellten, dass sich Resignation ausgebreitet habe, also die Empfindung, die im Gefühlsregime der Bewegung als psychische Folge patriarchalischer Unterdrückung galt (vgl. Kap. 2.1). Ein Beispiel dafür ist eine Aktivistin, die nach fünf Jahren Engagement in Mannheim dabei mithelfen musste, das Frauenzentrum aufzulösen, nachdem mehrere Versuche gescheitert waren, dem schlecht besuchten Zentrum neues Leben einzuhauchen. Sie erblickte in der Schließung das „zeichen einer resignation und vereinzelung – einer verrottung" und schloss daraus, „daß es vorbei ist und ich fühle als sei etwas zu ende – und will es nicht – aber die frauenbewegung in Mannheim war einmal."[176] Resignation und Enttäuschung wurde in den Niedergangsnarrativen zumeist damit assoziiert, dass ehemalige Aktivistinnen sich von ihrem Engagement zurückzogen und der Frauenbewegung den Rücken kehrten. Solche Gefühle galten ebenso als Indiz wie als Grund dafür, dass die Frauenbewegung auf dem absteigenden Ast sei.

Ein weiteres Grundmotiv in den Verfallsanalysen waren die vermeintliche Zerfaserung der Bewegung und die Vereinzelung der Aktivistinnen. Diese Beobachtung musste umso alarmierender wirken, weil Gemeinsamkeit und Stärke in der Frauenbewegung als Voraussetzung für politische Erfolge galt. Dass in der frauenbewegten Szene unterschiedlichste Gruppen, Initiativen und Projekte gediehen und nebeneinander existierten, war nichts Neues. Doch während die Vielfalt beispielsweise in München als Gütezeichen der Bewegung galt, weshalb die „Emma" die bayerische Hauptstadt noch Anfang 1981 als „feministisches Wunderland" gefeiert hatte[177], sahen viele Aktivistinnen vor Ort in der Breite der Aktivitäten wenig später den Grund dafür, dass die Bewegung ihre Kohärenz verloren habe. Daher bezeichneten sie die Diversität als „Zersplitterung" und „Vereinzelung", beklagten Sektierertum und Spaltungen, monierten, dass die vielen Gruppen kein Interesse an Austausch und Kommunikation hätten, und trauerten einer gemeinsamen Zielsetzung nach, die es seit der Niederlage im Kampf gegen den § 218 nicht mehr gebe.[178] Zwar setz-

---

[175] Vgl. Sven Reichardt, „Wärme" als Modus sozialen Verhaltens? Vorüberlegungen zu einer Kulturgeschichte des linksalternativen Milieus vom Ende der sechziger bis Anfang der achtziger Jahre, in: vorgänge, H. 171/172, 2005, S. 175–187; ders., Authentizität und Gemeinschaft, S. 191–194.

[176] FMT Z 142, Marion, Die traurige Geschichte der Verrottung des Frauenzentrums Mannheim, in: Lila Klatschmohn. Emanzenblatt Mannheim-Ludwigshafen, Nr. 8, Juni/Juli 1980, S. 8–10; die Resignationsdiagnose außerdem bei: FMT Z 159, Ilse u. Traudl, Frauenpolitik in der Sackgasse?, in: Lila Distel. Saarbrücker Frauenzeitung, Nr. 14, April/Mai 1981, S. 28 f.; Anja Baumhoff, Frauenbewegung und Politik – ein luxuriöser feministischer Ausstieg, in: ASBF, Freiburger Frauenzeitung Nr. 2/3, Februar 1983, S. 49 f.

[177] Lotta Bewegung, Feministisches Wunderland, in: Emma 5 (1981), Nr. 2, Februar 1981, S. 8–13.

[178] Z. B. Ilse und Traudl, Frauenpolitik in der Sackgasse? (wie Anm. 176); Heidi Keenon, Rundbrief des Frauenkoordinationsbüros 10. Juni (wie Anm. 134); Ursula Bouczek und Nena Helfferich, Das Netz wird immer enger (wie Anm. 156); FFBIZ B Rep. 400 Berlin 20.10, [ohne Titel], in: Frauencafé Moabit (Hrsg.), Frauenbewegung und Häuserkampf – unver-

ten nicht alle Feministinnen die Breite der Bewegung mit Substanzverlust gleich, doch Zweifel und Verunsicherung angesichts der Entwicklung waren allenthalben spürbar. So fragte sich eine Saarbrückerin unter dem Eindruck der Berliner Sommeruniversität für Frauen 1980, ob das kaum mehr zu überschauende Themenspektrum „ein Zeichen allumfassender Stärke oder sinnloser Zersplitterung"[179] sei. Ähnlich ambivalent bezeichnete eine Münchnerin 1985 die große Zahl der Projekte und Veranstaltungen als „starke, mächtige Frauenrealität", diese existiere allerdings bloß als Vorstellung, denn in ihrem Alltag werde sie von dem „Übermaß patriarchalischer Realität in allen Poren unserer Gesellschaft" erschlagen.[180]

Immer wieder thematisierten Aktivistinnen in ihren Krisendiagnosen die Diskrepanz zwischen feministischer Subkultur und gesellschaftlicher Realität. Sie zielten dabei nicht in erster Linie darauf ab, dass die Frauenbewegung an der geschlechtsspezifischen Ungleichheit kaum etwas habe ändern können. Viel bedenklicher erschien ihnen die vermeintliche Tendenz, sich in frauenspezifische Räume zurückzuziehen. In der allein Frauen vorbehaltenen Infrastruktur von Zentren, Kneipen, Buchläden, Projekten und Wohngemeinschaften könnten die Aktivistinnen zwar die Utopie von der Abschaffung des Patriarchats verwirklichen, zugleich aber erschafften sie sich ein Paralleluniversum, das von der gesellschaftlichen Wirklichkeit abgekoppelt sei. Die Autorinnen der Niedergangsanalysen sahen darin einen Paradigmenwechsel: Indem sich die Frauen mit einem „Inselchen" begnügten beziehungsweise sich in ihr „Ghetto" zurückzögen, gäben sie den Kampf um gesamtgesellschaftliche Veränderungen auf. „Ist diese Bewegung nicht vielmehr zu einem exclusiven, sektiererischen und radikalen, aber hinterwäldlerischen MOMENT in Deutschland geworden?", fragte die Autorin eines Artikels, der die provokante These eines „luxuriösen feministischen Ausstiegs" aus der Politik vertrat; eine andere wetterte gegen „Radikalisierung und Eigenkult, Verzicht auf öffentliche Politik und Theorie" und spitzte den Vorwurf der Selbstgenügsamkeit zu: „Perverserweise wird mit der aufgezeigten Entwicklung genau das erreicht, was am Anfang als an der Frauenrolle unterdrückerisch bekämpft wurde: Ausschluß aus der Öffentlichkeit [...], Ausschluß aus der Politik. Neue Normen der Weiblichkeit"[181]. Darin lag die eigentliche Pointe des Arguments: Durch den Rückzug auf

---

söhnlich?, Berlin 1982, S. 12-15; FMT Z 137, 10 Jahre Annabee Frauenbuchladen, in: autoxa. Hannoversche Frauenzeitung, Nr. 4, Januar 1987, S. 32. Für das Argument der Zersplitterung dienten häufig die Frauenzentren als Indikator, die nach Meinung vieler Aktivistinnen die ihnen zugedachte Koordinationsfunktion der lokalen Frauenszene nicht erfüllten (vgl. oben S. 138f.) oder sogar wie in Braunschweig, Düsseldorf, Essen, Hannover, Köln, Ludwigshafen und Mannheim schließen mussten.

[179] FMT Z 159, Margitta, Frauen-Sommeruni in Berlin '80, in: Lila Distel. Saarbrücker Frauenzeitung, Nr. 12, Dezember 1980/Januar 1981, S. 32-34, hier S. 33.

[180] FMT Z 138, Anita (München): Autonomie und/oder Geld..., in: Azade. Göttingens Frauen/Lesbenzeitung, Winter 1986/87, S. 6-9, hier S. 6.

[181] Zitate: Anja Baumhoff, Frauenbewegung und Politik – ein luxuriöser feministischer Ausstieg (wie Anm. 176); Ursula Bouczek und Nena Helfferich, Das Netz wird immer enger (wie Anm. 156); das Argument der Verinselung bereits bei Christa, Ein ganz anderes Verhältnis zum eigenen Körper und zum Frau-Sein (wie Anm. 174); außerdem Heidi Keenon, Rundbrief des Frauenkoordinationsbüros 10. Juni (wie Anm. 134); FFBIZ A Rep. 400 Berlin 20.1a,

sich selbst reproduziere die Frauenbewegung genau die patriarchalischen Herrschaftsmechanismen, gegen die sie ursprünglich aufgestanden sei.

Dass die Frauenbewegung ihre gesellschaftliche Brisanz verloren habe und darum unpolitisch geworden sei, machte den Kern des Niedergangsnarrativs aus. Alle Analysen waren sich darin einig, dass die Frauenbewegung den öffentlichen Raum weitgehend preisgegeben habe und keine sichtbare Gefahr mehr für das Patriarchat darstelle. So spotteten Kritikerinnen über die fünfte Sommeruniversität für Frauen von 1980, die sich unter anderem dem Thema „Magie und Feminismus" gewidmet hatte: „Vor diesem Feminismus braucht sich das Patriarchat nicht zu fürchten, denn davon wird es so bedroht, wie ein Elefant von einem Gänseblümchen". Die Bewegung sei konzeptlos, schmore im „eigenen Selbsterfahrungssaft" und stagniere, anstatt über politische Strategien zu diskutieren.[182] Stillstand und Stagnation waren Urteile, welche die Existenzfrage für eine politische Formation stellten, die sich „Bewegung" nannte, denn dieser Begriff stand seit Mitte der 1970er Jahre für Spontaneität, Neuheit, Außeralltäglichkeit und Veränderung.[183] Genau diese Charakteristika vermissten viele Aktivistinnen. Entsprechend groß war ihre Enttäuschung: Von einer „Bewegung" sei nichts mehr zu spüren, beschrieben Kölnerinnen ihre nicht eingelöste Erwartung; eine Feministin aus Ostfriesland hatte das Gefühl, die Frauenbewegung schlafe, und sprach sogar von „innerer Emigration"[184].

Einige Aktivistinnen führten die vermeintliche Entpolitisierung auf die „neue Innerlichkeit" oder den „Weiblichkeitswahn" zurück. Gemeint war damit, dass sich die Frauen nur noch mit sich selbst befassten, mit ihrem Körper, ihrer Emotionalität, mit einer essenzialisierten Weiblichkeit oder mit Esoterik, Spiritualität und New Age. Solche Argumentationen deuteten Weltabgewandtheit als Folge von Enttäuschung: Da die Frauenbewegung ihre gesellschaftspolitischen Ziele nicht erreicht habe, verlegten sich die Aktivistinnen nun auf Selbstmitleid und eine ungefährliche „Nabelschau". Eine Psychologin erblickte 1981 in „Gefühlsarbeit" die „neue Tendenz" der Frauenbewegung und erklärte den Rückzug der Frauen in ihre eigenen Erfahrungs- und Gefühlswelten auch mit einer „ungeheuren Enttäuschung und Resignation darüber, daß sich gesellschaftliche und frau-

---

Ursula Nienhaus, Nächtliche Betrachtung einer Unzeitgemäßen, 10.3.1987 (Manuskript eines Artikels für das Aprilheft der Berliner Frauenzeitung PrimaDonna).

[182] Rose-Marie Giesen/Laetitia Orschel/Gunda Schumann, Magie statt Strategie, in: Emma 4 (1980), S. 38f., Zitat S. 38. Auch von anderer Seite wurde die Sommeruniversität, die unter dem Motto „Biederer Alltag – radikale Träume. Realität und Utopien erwerbstätiger Frauen" gestanden hatte, wegen ihrer Belanglosigkeit und Larmoyanz scharf kritisiert; FFBIZ A Rep. 400 Berlin 20.8b, Sabine Klingspohn, Sommer-Uni: Frau tat sich leid, in: Berliner Liberale Zeitung, 10.10.1980. Allerdings hatten auch frühere Sommeruniversitäten den Eindruck hinterlassen, die Frauenbewegung stecke in einer Sackgasse; z.B. FFBIZ A Rep. 400 Berlin 20.8b, Rundbrief der Gruppe „Gewalt gegen Frauen" des Frauenzentrums Nürnberg an die Frauenzentren, 1.11.1978.

[183] Vgl. Rucht/Blattert/Rink, Soziale Bewegungen auf dem Weg zur Institutionalisierung, S. 20.

[184] FMT Z 136, Karin u. Annette, Mehr Bewegung meine Damen, in: Kobra. Kölner Frauenzeitung, Nr. 1, November/Dezember 1982, S. 17; FMT Z 112, Käthe, Frauenbewegung – wohin?, in: Hexengewitter. Frauenzeitung für Ostfriesland, Nr. 4, 8.3.1983, S. 20–22, hier S. 22.

enpolitische Forderungen auf breiter Grundlage nicht haben durchsetzen lassen; in Erfahrungen von Vereinzelung [...]; in einer Desillusionierung, daß der ‚lange Marsch durch die Institutionen' doch in Anpassung endet."[185]

So neu, wie die Autorin behauptete, war die Gefühlsarbeit jedoch nicht, denn bereits seit Beginn der 1970er Jahre waren emotionale Praktiken wie die Selbsterfahrungsgruppen oder Schreien, Tanzen und Singen bei öffentlichen Protestveranstaltungen integraler Bestandteil des Bewegungsrepertoires. Und ebenso alt war auch die Kritik daran. Der Streit über den Stellenwert von Gefühlen im politischen Kampf trennte sozialistisch orientierte Frauengruppen von Radikalfeministinnen. In Gießen führte er 1973/74 zu tiefen Zerwürfnissen in der Frauengruppe, die eine der Aktivistinnen sogar als existenziell erachtete.[186] Zur selben Zeit grenzte sich die Sozialistische Frauenorganisation München scharf von „feministischen" Frauengruppen mit einem rein „subjektivistischen" Politikbegriff ab.[187] Aktivistinnen, die die Unterdrückung der Frau im Rahmen einer Klassenanalyse betrachteten, hielten Gefühle für irrational und verdächtigten sie, von einer theoretisch fundierten Gesellschaftskritik abzulenken. In ihren Augen verhinderten ein „neuer Mythos von Weiblichkeit" und ein von gesellschaftlichen Bedingungen abgekoppelter Begriff von rein innerlicher Betroffenheit die Politisierung des Privaten: „Joghurt und Sozialarbeit statt Frauenoffensive gegen das Gesundheitswesen. Was ursprünglich Revolte gegen männliche Herrschaftsstrukturen war, verkümmert zusehens [sic] zur Frauensubkultur und -innerlichkeit"[188], lautete die Analyse des „desolaten" Zustands der Frauenbewegung, mit der sozialistische Feministinnen aus Frankfurt am Main am 10. März 1978 einen Kongress über „Frauen und Repression" einleiteten.

Ebenso wie sozialistische Aktivistinnen erblickten die Anhängerinnen des „radikalen Gleichheitsfeminismus"[189] in Eskapismus und Gefühligkeit eine Bedrohung für die Frauenbewegung. Ihre herausragende Vertreterin war Alice Schwarzer, die 1981 „schwüle Emotion", das „Verharren in Gefühlen", und den „Rückzug in das Ghetto der ‚Weiblichkeit'" als Anzeichen dafür ausmachte, dass die Konterrevolte in die Reihen der Frauenbewegung eingebrochen sei.[190] Als schlagendes

---

[185] FFBIZ A Rep. 400 Berlin 20.8b, Michaela Huber, Gefühlsarbeit. Die neue Tendenz der Frauenbewegung, in: Psychologie heute 1/1981, S. 38–44, hier S. 40.
[186] Müller, Wahrheit, S. 86–88.
[187] Zellmer, Töchter der Revolte, S. 130.
[188] FMT Z 106, Einleitungsreferat zum Frankfurter Kongreß [März 1978], in: Tango Feminista. Erlebtes und Gedachtes aus der Berliner Frauenbewegung, Nr. 1, 1978, S. 6–9, hier S. 9.
[189] Diese Strömung führte die Ungleichheit der Geschlechtsrollen auf kulturell tradierte und sozial reproduzierte Rollenmuster zurück, während der Differenzfeminismus irreduzible, biologisch determinierte Wesensunterschiede der Geschlechter postulierte. Vgl. Lenz, Unendliche Geschichte, S. 22, 27 u. 31.
[190] Alice Schwarzer, Wie geht es weiter? Die neue Frauenbewegung, 9. und letzte Folge, in: Emma 5 (1981), Nr. 10, Oktober 1981, S. 32–35, Zitate S. 32 u. 34. Ganz in diesem Sinne bereits Christine Delphy, Was an der „neuen" Weiblichkeit frauenfeindlich ist, in: Emma 2 (1978), Nr. 6, Juni 1978, S. 38–40; Rose-Marie Giesen, Zur Ideologie des Neo-Feminismus, oder Gegen eine „neue" alte Weiblichkeit, in: 3. Sommeruniversität für Frauen (Hrsg.), Frauen und Mütter, S. 274–281.

Argument für die Tendenz von Frauen, nach einer vermeintlich authentischen Weiblichkeit zu suchen, galt der Verkaufserfolg des autobiografischen Selbstfindungsromans „Häutungen" von Verena Stefan, den die beiden Herausgeberinnen der Berliner Frauenzeitschrift „Die Schwarze Botin" aus diesem Grund vernichtend rezensierten.[191] Ihre Schärfe bezog die Kritik an der „Neuen Innerlichkeit" also auch daraus, dass die Verfechterinnen bestimmter feministischer Konzeptionen darin einen Angriff auf zentrale Kategorien erblickten. Aus diesem Grund dramatisierten und überzeichneten diese Autorinnen den vermeintlichen Trend.

Nicht wenige dieser Stimmen gehörten prominenten Figuren der autonomen Frauenszene, die als Wortführerinnen der Bewegung galten, vor allem Alice Schwarzer und Sybille Plogestedt. Die Mitgründerin der „Courage" platzierte ihre Krisenanalyse auf der Sommeruniversität für Frauen im Oktober 1983, die als Selbstverständigungsforum der Bewegung und feministische Trendbörse galt; wer ihren Auftritt in Berlin verpasst hatte, konnte das Referat zwei Monate später in der „Courage" nachlesen.[192] Schwarzer wiederum nutzte ihre große mediale Präsenz, um ihrer Position Geltung zu verschaffen. Sie veröffentlichte ihre Kritik nicht allein in der „Emma", sondern auch in einem Buch, das als eine der ersten Bilanzen stilprägend für die erste Welle der Selbsthistorisierung der Frauenbewegung in den 1980er Jahren wirkte. Außerdem trat sie im März 1983 als Kronzeugin der Bewegung in einem Fernsehbeitrag für die Magazinsendung „Kennzeichen D" auf, der alle Topoi des Niedergangsnarrativs reproduzierte: Die Bewegung sei zersplittert, statt politischer Auseinandersetzung für Ziele wie Emanzipation und Gleichheit dominierten nun „Mütterideologie", die „neue Innerlichkeit" und der „Rückzug ins unpolitische Weibliche", die vorläufige Endstation sei das „selbstgewählte Getto". Dieses jammervolle Tableau kontrastierte der Beitrag im Gegenschnitt mit Bildern von Demonstrationen Anfang der 1970er Jahre, welche die Autorin als „politischen Protest" charakterisierte, der zu „gesellschaftlichem Umdenken" beigetragen habe.[193] Auch die Presse nahm das Niedergangsnarrativ auf, beispielsweise sprach der „Spiegel" in einer Rezension zu Lot-

---

[191] Brigitte Classen u. Gabriele Goettle, „Häutungen" – eine Verwechslung von Anemone und Amazone, in: Courage 1 (1976), Nr. 1, 15.9.1976, S. 45f.; dies., Schleim oder nicht Schleim, in: Die Schwarze Botin 1 (1976), Nr. 1, S. 4f., abgedruckt in: Lenz, Unterschied, S. 116–118. Der Roman war allerdings nicht als Programmschrift der autonomen Frauenbewegung konzipiert, sondern als radikaler Entwurf einer weiblichen Subjektivität und Sprache; vgl. Ricarda Schmidt, Arbeit an weiblicher Subjektivität. Erzählende Prosa der siebziger und achtziger Jahre, in: Gisela Brinker-Gabler (Hrsg.), Deutsche Literatur von Frauen, Bd. 2, München 1988, S. 459–477; Sigrid Weigell, Die Stimme der Medusa. Schreibweisen der Gegenwartsliteratur von Frauen, Dülmen 1987, S. 102–105; Franziska Frei Gerlach, Schrift und Geschlecht. Feministische Entwürfe und Lektüren von Marlen Haushofer, Ingeborg Bachmann und Anne Duden, Berlin 1998, S. 42–47.

[192] Sibylle Plogstedt, Ist die Krise die der Frauenbewegung?, in: Vorbereitungsgruppe 7. Sommeruniversität für Frauen, Berlin (Hrsg.), Frauenpolitik zwischen Traum und Trauma, S. 185–194; erneut abgedruckt unter dem Titel: Wenn Autonomie zum Dogma wird, in: Courage 8 (1983), Nr. 12, S. 54–60, gekürzt auch in: Lenz, Unterschied, S. 510–514.

[193] Geri Nasarski, Frauenbewegung, in: Kennzeichen D, ZDF, 31.3.1983.

temi Doormanns Buch über die ersten zehn Jahre der autonomen Frauenbewegung von der „großen Abschlaffe".[194]

Autorität hatte das Urteil von Schwarzer und Plogstedt nicht nur, weil sie an der Spitze der beiden einzigen überregional verbreiteten Frauenzeitschriften standen, sondern auch weil beide zu den „Bewegungsunternehmerinnen" zählten: Sie trieben die Mobilisierung von Frauen maßgeblich voran, indem sie Kommunikationsnetzwerke aufbauten, Problemdeutungen popularisierten, finanzielle und organisatorische Ressourcen bereitstellten.[195] Plogstedt war bereits im SDS aktiv gewesen, sie war dabei, als Helke Sander ihre berühmte Rede hielt und daraufhin Tomaten flogen, sie hatte außer der „Courage" auch die Berliner Sommeruniversität für Frauen mitbegründet. Schwarzer war als Bestsellerautorin, Chefredakteurin und Organisatorin zahlreicher Kampagnen die bekannteste Feministin in Deutschland; bereits Anfang der 1970er Jahre wurde sie als „Mutter der Bewegung" bezeichnet und war wegen ihrer rastlosen Energie berüchtigt.[196] Ihre lange Bewegungskarriere verband Schwarzer und Plogstedt mit den weniger prominenten Kritikerinnen, denn auch die nur in ihrer lokalen Frauenszene bekannten Aktivistinnen, die eine Degeneration der Bewegung konstatierten, zählten in der Regel seit der ersten Hälfte der 1970er Jahre zum aktiven Kern der Szene. Viele gehörten zu den Mitbegründerinnen der örtlichen Frauenzentren, beschrieben sich als langjährige Zentrumsaktivistin, „altgediente Feministin" oder „alte Kämpferin gegen den § 218".[197] Der scheinbar so vielstimmige Klagechor der Entpolitisierung und Entradikalisierung war also mit Blick auf die Bewegungssozialisation verhältnismäßig homogen, denn er bestand nahezu ohne Ausnahme aus Aktivistinnen, deren Erfahrungshorizont sich durch das Engagement gegen den § 218 geformt hatte. Nun stemmten sie sich dagegen, wegen ihrer politischen Vorstellungen als „skurrile Veteraninnen"[198] abgetan zu werden. Das Niedergangsnarra-

---

[194] Nicht rosig, in: Der Spiegel 33 (1979), 16.4.1979, S. 221–224, hier S. 221. Auch in diesem Artikel fehlte keiner der oben analysierten Topoi des Niedergangsnarrativs.

[195] Der Begriff der „movement entrepreneurs" stammt aus dem Ressourcen-Mobilisierungsansatz der amerikanischen Bewegungsforschung; vgl. John D. McCarthy/Mayer N. Zald, Resource Mobilization and Social Movements. A Partial Theory, in: American Journal of Sociology 82 (1977), S. 1212–1241.

[196] Bähr [Pinl], Klatschmohn, S. 35.

[197] Dazu gehörten Regine und Marion aus Mannheim (wie Anm.n 101 u. 173), Ursula Nienhaus, die 1972 in Tübingen das Frauenzentrum und 1978 in Berlin das Frauenforschungs-, Bildungs- und Informationszentrum (FFBIZ) mitbegründet hatte (wie Anm. 181), Nena Helfferich, Ursula Bouczek und Carolina Brauckmann aus Freiburg (wie Anm.n 137 u. 156).

[198] Freia Hoffmann, Skurrile Veteraninnen, in: Courage 9 (1982), Nr. 2, Februar 1984, S. 58f. Bemerkenswert ähnlich beschrieben Vertreterinnen der traditionellen Frauenverbände in den 1970er Jahren ihren Eindruck, von der „neuen" Frauenbewegung als altmodische Relikte an den Rand gedrängt zu werden; vgl. Anna von der Goltz, Von alten Kämpfern, sexy Wahlgirls und zornigen jungen Frauen. Überlegungen zur Beziehung von Generationalität, Geschlecht und Populärkultur im gemäßigt-rechten Lager um 1968, in: Lu Seegers (Hrsg.), Hot Stuff. Gender, Popkultur und Generationalität in West- und Osteuropa nach 1945, Göttingen 2015, S. 57–79, hier S. 71–78.

tiv fügt sich daher in die Auseinandersetzungen um divergierende Erwartungen zwischen „alten" und „neuen" Frauen ein.[199]

Unverkennbar kontrastierten die Abgesänge auf die Frauenbewegung ihre düsteren Gegenwartsdiagnosen mit einem umso heller strahlenden Rückblick auf die glorreiche Vergangenheit. Viele der „alten" Frauen trauerten der „historische[n] Aura der neuen Frauenbewegung"[200] hinterher und schwärmten von den Zeiten, in denen sie zur Bewegung gestoßen waren, wie beispielsweise die Autorin der Mannheimer „Verrottungs"-Philippika, die seit 1975 in der Frauenbewegung aktiv war: Damals hätten die Frauen „echt zusammen" gearbeitet, die Plenen seien voll gewesen, sowohl der offene Abend als auch die Schwangerschaftsberatung hätten sich regen Zulaufs erfreut, es habe jede Menge Kleingruppen und gemeinsame Aktionen gegeben, „die gefühle untereinander waren sehr solidarisch und für mich mit euphorie und zuversicht verbunden"[201]. Eine Freiburgerin lobte 1983 im Rückblick die mutigen Utopien einer Perspektivgruppe, die wirtschaftlich autonome Frauenzentren als Keimzelle der Systemveränderung geplant hatten, obwohl weder deren Ideen noch die Gruppe selbst lange Bestand gehabt hatte: „schön wär's doch eigentlich, oder? Welche Frau traut sich heute noch, von solchen Visionen zu träumen? Ach, wie sind wir doch so bescheiden geworden!"[202] Derart verklärende Rückblicke zeigen das Ungenügen vieler Feministinnen an der Gegenwart. Während der ersten Hälfte der 1970er Jahre hatte es keineswegs weniger Enttäuschungen in der Bewegung gegeben, und gemessen an den Protesthandlungen und der Zahl der engagierten Aktivistinnen gewann die Frauenbewegung bis Mitte der 1990er Jahre kontinuierlich an Kraft und Präsenz.[203] Dass viele langjährige Aktivistinnen dies ganz anders wahrnahmen, lässt sich zum Teil auf die große Prägekraft der Anfangseuphorie zum Beginn ihres Engagements zurückführen.[204] Vor allem aber zeugen sie von den zu dieser Zeit geprägten Erwartungen an die Form des Engagements, denn die Niedergangsnarrative legten alle einen Maßstab an, der sich leicht auf die Erfahrungen im Kampf gegen den § 218 zurückführen lässt. Daraus resultierte ein Begriff des Politischen, der sich vor allem an öffentlich sichtbaren Protesthandlungen orientierte, auf die Handlungsebenen Staat und Gesellschaft bezogen war und Systemveränderung postulierte. Hinter dem Vorwurf der „Entpolitisierung" standen mithin die Erfahrungen und Erwartungen einer eingrenzbaren Gruppe von Feministinnen, die enttäuscht worden waren.

Dank ihrer starken lokalen Position, wegen der Autorität feministischer Wortführerinnen und weil die Presse das Niedergangsnarrativ dankbar aufgriff, erhielt

---

[199] Vgl. oben S. 144ff.
[200] Carolina Brauckmann, Sag mir wo die Frauen sind... (wie Anm. 137), S. 31.
[201] Marion, Die traurige Geschichte der Verrottung des Frauenzentrums Mannheim (wie Anm. 173), S. 9. Ganz ähnlich äußerten sich 1987 Hannoveraner Aktivistinnen, die sich bei der Schließung des Frauenzentrums an die Phase erinnerten, in der sie das Zentrum aufgebaut hatten; FMT Z 137, Brunhild Müller-Reiß, Frauenzentrum – ein Nachruf, in: autoxa. Hannoversche Frauenzeitung, Nr. 5, April/Mai 1987, S. 12f.
[202] Poppenhusen, Geschichte der Freiburger Frauenbewegung, Teil II (wie Anm. 165), S. 24.
[203] Lenz, Unendliche Geschichte, S. 25f.
[204] Vgl. oben S. 133–137.

die Deutung der „alten Frauen" viel Zuspruch in und außerhalb der Frauenbewegung. Ihr Widerhall reicht bis in die Historiografie der Frauenbewegung.[205] Unwidersprochen blieb sie jedoch nicht. Jüngere Aktivistinnen wollten sich die Bewegung, für die sie sich engagierten, nicht in dieser Weise madig machen lassen. So fühlte sich eine Kölnerin von Sybille Plogstedts Zustandsanalyse „verarscht", die in ihren Augen auf die Selbstpreisgabe der autonomen Frauenbewegung hinauslief, und pochte mit „Wut im Bauch" auf ihr Selbstbild als radikale Feministin. Ebenso zornig schrieb eine Bonnerin gegen den „trendigen Leichengesang" an. Sie widersprach der Ansicht, in der Frauenbewegung schwämmen nur noch Bleienten, und forderte dazu auf, sich von alten Illusionen zu lösen und die abgedroschenen Phrasen mit neuen Inhalten zu füllen.[206] Diese Kritik war klar auf die „alten Frauen" gemünzt. Ihnen warfen die jüngeren Aktivistinnen Dekadenz, Selbstmitleid und Trägheit vor, die dazu führten, jede Veränderung als Entpolitisierung oder Entradikalisierung abzuwerten und die Vergangenheit zu glorifizieren. Sie wollten nicht die „Putzfrau für die Spinnweben der alten Kellerpaläste" sein, wie eine Freiburgerin bissig anmerkte.[207] Einige von den so Angesprochenen schwächten ihre Vorhaltungen tatsächlich ab, darunter auch Alice Schwarzer, die in einem Interview von 1988 die Fortschritte der Frauenbewegung anerkannte, den selbstbewussten Stil der jüngeren Aktivistinnen ausdrücklich lobte und sie gegen den Vorwurf in Schutz nahm, ihnen sei das feministische Bewusstsein abhandengekommen.[208]

Dass eine ausdrückliche Mahnerin wie Schwarzer ihre Position vorsichtig relativierte, verweist darauf, dass die Auseinandersetzungen um einander widersprechende Erwartungen und Erfahrungen zu diesem Zeitpunkt deutlich an Schärfe verloren hatten. Begünstigt wurde die Akzeptanz von gesellschaftspolitisch eher evolutionären Ansätzen vom überwältigenden Erfolg der Frauenbewegung bei der öffentlichen Artikulation von Themen und Missständen. Sie konnte sich als Verdienst anrechnen, dass keine politische Partei an der „Frauenfrage" mehr vorbeikam; dass sexuelle Ausbeutung und Gewalt gegen Frauen und Mädchen, finanzielle, berufliche und politische Diskriminierung von Frauen als strukturelle gesellschaftliche Problemlagen angesehen wurden, dass Frauen in Kirchen, Gewerkschaften und Universitäten feministische Ansätze in die jeweiligen Diskurse und Institutio-

---

[205] Vgl. oben S. 119; ein Beispiel für das unkritische Fortschreiben dieser Deutung ist Reichardt, Authentizität und Gemeinschaft, S. 613.
[206] FMT Z 136, Anne Tepasse, Wenn Frauenbewegte zum Trauma werden, in: Kobra. Kölner Frauenzeitung, Nr. 13, Februar 1984, S. 26-28; FMT Z 212, Susanne Schulze, Blick zurück nach vorn, in: Lila Lotta. Bonner Frauenzeitung mit Kölner Seiten 6 (1986), Nr. 1, Januar 1986, S. 26. Solche Positionen waren nicht die Meinung von Einzelgängerinnen; vgl. z. B. Sonia Seymour [Mikich], Seufzer einer revolutionärhedonistischen Provinzfrau, in: Emma 6 (1982), Nr. 2, Februar 1982, S. 43; FMT Z 136, Marie-Louise, Leserinnenbrief, in: Kobra. Kölner Frauenzeitung, Nr. 14, März 1984, S. 2.
[207] Andrea, Der große Aufschwung in kleinen Anfängen, in: ASBF, Freiburger Frauenzeitung Nr. 2/3, Februar 1983, S. 3.
[208] Mona, Interview mit Alice Schwarzer, in: ASBF, Freiburger Frauenzeitung Nr. 17, 1988, S. 2-5; vgl. in diesem Sinne die Warnung einer langjährigen Zentrumsaktivistin vor „wilder Romantik" bereits in FMT Z 135, Das Frauenzentrum ein Mythos?, in: Kölner Frauenzeitung, Nr. 4, Juni/Juli 1980, S. 3-5, hier S. 4.

nen hineintrugen, dass es mit den Grünen eine zumindest programmatisch der Frauenbewegung verpflichtete Partei im Bundestag gab, dass sehr viele Mädchen und Frauen ein Selbstbewusstsein pflegten, das die Frauenbewegung seit Beginn der 1970er Jahre proklamiert hatte, und dass sich immer mehr Frauen als Anhängerinnen von Emanzipation und Feminismus bekannten. Doch es waren gerade diese Erfolge, die während der gesamten 1980er Jahre dem Entpolitisierungsvorwurf neue Nahrung gaben. Erhoben wurde er von den Verfechterinnen des Autonomiegrundsatzes, die jedes Zugeständnis an etablierte politische oder gesellschaftliche Strukturen als Verrat und Teufelspakt brandmarkten.[209]

Vereinnahmung und Institutionalisierung

Die „Institutionalisierung" von sozialen Bewegungen meint einen Strukturwandel, der sich auf Organisation, Ziele, Mobilisierungskraft, Aktionsformen und gesellschaftliche Selbstverortung von Alternativbewegungen erstreckt.[210] Die Bewegungsforschung versteht darunter in erster Linie die „Eingliederung von Bewegungsakteuren in das Establishment sowie vor allem auch deren Transformation in formalisierte, dauerhafte Organisationen"[211]. Aus Sicht der Akteurinnen und Akteure handelte es sich dabei um eine unerwünschte Anpassung an Strukturen, die zu verändern das ursprüngliche Ziel der Bewegung darstellte, und um Vereinnahmungsprozesse von Seiten der Mehrheitsgesellschaft. Diese Perspektive folgte dem ursprünglichen antiinstitutionellen Selbstverständnis, aus dem die Neuen sozialen Bewegungen heraus entstanden. „Institutionalisierung" bedeutete für die meisten Aktivistinnen und Aktivisten daher einen Totalverlust der Bewegungsförmigkeit. Diese Variante des Niedergangsnarrativs übernahm zunächst auch die sozialwissenschaftliche Bewegungsforschung mit allgemeinen Verlaufsmodellen, die jeder Protestbewegung einen Endpunkt der Verkrustung bzw. des Stillstands voraussagten. Solche Annahmen sind mittlerweile überholt und widerlegt; vielmehr lassen sich die Transformationen als „Stabilisierungsleistung" verstehen, bei der Bewegungsakteure flexibel auf die Veränderung von Umweltbedingungen reagierten, ohne das eigene Selbstverständnis und Strukturprofil zu gefährden oder gar zu verlieren.[212]

---

[209] Vgl. Gerhard, Frauenbewegung, S. 209–212.
[210] Vgl. zum Folgenden Rucht/Blattert/Rink, Soziale Bewegungen, S. 19–30.
[211] Jens Ivo Engels, „Inkorporierung" und „Normalisierung" einer Protestbewegung am Beispiel der westdeutschen Umweltproteste in den 1980er Jahren, in: Mitteilungsblatt des Instituts für soziale Bewegungen 40 (2008), S. 81–100, hier S. 83.
[212] Rucht/Blattert/Rink, Soziale Bewegungen, S. 211. Um die Assoziation mit Selbstpreisgabe und Substanzverlust des Institutionalisierungs-Begriffs zu vermeiden, hat Jens Ivo Engels alternative Begrifflichkeiten vorgeschlagen, die zudem die Interaktion von Bewegungsakteuren und gesellschaftlicher Umwelt konzeptionell stärker berücksichtigen. Dabei geht es um die „Eingliederung oder Übernahme von Themen, Forderungen oder Akteuren der Bewegung in dominante gesellschaftliche und politische Strukturen bzw. um die „Übernahme von Themen und Anliegen des Protests in dominante Normensysteme oder Meinungen"; Engels, „Inkorporierung" und „Normalisierung", S. 84.

Auch die Frauenbewegung der 1980er Jahre stand ganz im Zeichen der „Professionalisierung und institutionellen Integration"[213]. Wie Ilse Lenz feststellt, war dies jedoch keineswegs eine geradlinige Erfolgsgeschichte, sondern ein Prozess voller Widersprüche und Konflikte. Das gilt auch für diejenigen Akteurinnen, die sich dem autonomen Flügel der Frauenbewegung zurechneten. Darunter waren viele Frauen, die dem „System" zutiefst misstrauten und Konzessionen an „patriarchalische" Instanzen grundsätzlich als Rückschritt betrachteten. Doch auch im autonomen Lager thematisierten Akteurinnen die für alle sichtbaren Tendenzen der Institutionalisierung nicht nur als Gefahr beziehungsweise Verlust, sondern auch als Chance und notwendigen Entwicklungsschritt. Im Kern ging es darum, Enttäuschungen zu verarbeiten und unterschiedliche Erwartungen miteinander auszuhandeln.

Besonders gut nachvollziehen lässt sich dies anhand der Debatte um die Finanzierung der autonomen Frauenhäuser, die deren Mitarbeiterinnen während der gesamten 1980er Jahre beschäftigte. Ihr Dilemma bestand darin, dass sie ohne finanzielle Hilfe der öffentlichen Hand nicht existieren konnten, aber die Bedingungen rundheraus ablehnten, die an die staatlichen Mittel geknüpft waren. Der Trägerverein des Kölner Frauenhauses, das im Dezember 1976, also nur wenige Wochen nach dem Berliner Vorreiterprojekt eröffnete, musste sich beispielsweise dem Deutschen Paritätischen Wohlfahrtsverband anschließen, um städtische Zuschüsse zu erhalten; in Saarbrücken und Fulda scheiterte an diesem Punkt die Gründung eines autonomen Frauenhauses.[214] Verkompliziert wurde diese Zwickmühle noch, weil sie zu einer Positionierung in einer weiteren Grundsatzdebatte der Frauenbewegung zwang, nämlich in der Frage, ob der Staat Frauen für Tätigkeiten wie Hausarbeit, Kindererziehung oder die Pflege von Angehörigen zu entlohnen habe, von denen die Gesellschaft insgesamt profitierte.[215] An der Antwort daran schieden sich die Geister; in der zweiten Hälfte der 1970er Jahre tobte auf diesem Terrain ein heftiger Streit um die richtige feministische Strategie.[216] Allerdings hatte zu Beginn der 1980er Jahre die ursprüngliche Totalverweigerung vie-

---

[213] Lenz, Unendliche Geschichte, S. 32.
[214] FMT Z 135, Frauenhaus, in: Kölner Frauenzeitung, Nr. 2, Januar/Februar 1980, S. 10–12. Die Stadt Saarbrücken hatte ihre Förderung davon abhängig gemacht, dass die Arbeiterwohlfahrt als Trägerin auftreten würde. Da die Frauenhausinitiative dies ablehnte, eröffnete die AWO ein eigenes Haus für misshandelte Frauen; FMT Z 159, Frauenhausgruppe Saarbrücken, in: Lila Distel. Saarbrücker Frauenzeitung, Nr. 2, Juni 1979, S. 23 f.; zu Fulda vgl. FFBIZ A Rep. 400 Berlin 20.22.5-52,290, Frauenhausinfo [der Zentralen Informationsstelle für autonome Frauenhäuser], September 1983, S. 22 f.
[215] Vgl. als Beispiel für die Kampagne „Lohn für Hausarbeit" Lenz, Frauenbewegung, S. 149–152; Zellmer, Töchter der Revolte, S. 215–228.
[216] Dies war eines der vielen Themenfelder, auf denen sich die beiden Zeitschriften „Emma" und „Courage" heftig befehdeten; vgl. Gisela Bock, Lohn für Hausarbeit und die Macht der Frauen, in: Courage 1 (1976), Nr. 1, 15.9.1976, S. 27 f.; Pieke Biermann und Gisela Bock, Lohn für Hausarbeit vom Staat für alle Frauen, in: Courage 2 (1977), Nr. 3, 15.3.1977, S. 16–19; Alice Schwarzer, Hausfrauenlohn?, in: Emma 1 (1977), Nr. 5, Mai 1977, S. 3; Gruppe Lohn für Hausarbeit (Berlin), Lohn für Hausarbeit. Offener Brief an Alice, in: Courage 2 (1977), Nr. 8, 15.8.1977, S. 38 f.

ler Feministinnen, „Staatsknete" für Frauenprojekte zu akzeptieren, bereits pragmatischeren Positionen Platz gemacht.[217]

Obwohl die Konzeptionspapiere aller autonomen Frauenhäuser völlige Freiheit von institutionellen Bindungen und Zwängen zum Prinzip erklärten, verwässerten die meisten Initiativen diesen Grundsatz von Beginn an. Die wenigsten waren so konsequent wie das Bremer Frauenhaus, das sich zunächst um keine öffentlichen Gelder bemühte, weil „überall da, wo sich der Staat in irgend einer Form einmischt[,] Personen und ihre Probleme verwaltet werden und Selbstorganisation der Betroffenen abgewürgt wird."[218] Doch nach wenigen Jahren knickten die Bremerinnen ein und akzeptierten zähneknirschend die Bedingungen für öffentliche Zuschüsse.[219] Das erste Frauenhaus in Berlin war ein Modellprojekt, das größtenteils vom Bund und vom Land finanziert und darüber hinaus wissenschaftlich evaluiert wurde. Um die Mittel vom Senat zu bekommen, musste die Frauenhausinitiative Vertreterinnen des öffentlichen Lebens im Trägerverein hinnehmen.[220] Weitere staatlich geförderte Projekte entstanden in Hamburg und im schleswig-holsteinischen Rendsburg, wo die Bewilligung der Gelder jeweils an Auflagen geknüpft war.[221] Nahezu jede lokale Initiative war als Verein organisiert, um Spenden sammeln zu dürfen, als gemeinnützig anerkannt zu werden und im juristischen Sinne geschäftsfähig zu sein. Sehr viele arbeiteten in Häusern, die der jeweiligen Kommune gehörten, weil geeignete Objekte auf dem freien Mietmarkt für die Frauen praktisch unerreichbar waren. Ein Gebäude im Besitz der Initiative wie in Warendorf war die Ausnahme.[222] Die meisten autonomen Frauenhäuser

---

[217] Vgl. Plogstedt, Frauenbetriebe, S. 23–26.
[218] FMT Z 102, Frauenhaus Bremen, in: Frauenzeitung Bremen Nr. 2, Januar 1977, S. 2–4, hier S. 4. Auch das autonome Frauenhaus in Bielefeld arbeitete ohne öffentliche Zuschüsse.
[219] FFBIZ B Rep. 400 Acc. Berlin 20.22.5-52,289, Schreiben von Mitarbeiterinnen des Bremer Frauenhauses, 6. 2. 1981.
[220] Vgl. Carol Hagemann-White u. a., Hilfen für mißhandelte Frauen. Abschlußbericht der wissenschaftlichen Begleitung des Modellprojekts Frauenhaus Berlin, Stuttgart 1981, S. 15. Diese vom Senat als Kontrollinstanz gedachten Frauen stellten sich häufig an die Seite der Feministinnen; vgl. Alice Schwarzer, Ein Tag im Haus für geschlagene Frauen, in: Emma 1 (1977), Nr. 2, März 1977, S. 6–12, hier S. 10; FMT SE.07.016, Berliner Frauenhaus für Mißhandelte Frauen (Hrsg.), Frauen gegen Männergewalt. Erster Erfahrungsbericht des Berliner Frauenhauses für mißhandelte Frauen, Berlin 1978, S. 22–25.
[221] In Rendsburg durften beispielsweise nur Frauen aus dem Landkreis aufgenommen werden, die Initiativgruppe musste sich einem freien Wohlfahrtsverband anschließen, und die Personalausstattung wurde gegenüber der ursprünglichen Konzeption von 2,5 auf 1,5 Planstellen reduziert; vgl. BA B 189/25428, Marianne Weg an die Initiativgruppe Frauenhaus Rendsburg e.V., 27. 8. 1981; Karin Bergdoll/Christel Namgalies-Teicher, Frauenhaus im ländlichen Raum, Stuttgart 1987, S. 68–74. Zu den Schwierigkeiten und Enttäuschungen der Initiativgruppe beim Versuch, staatliche Gelder für das Frauenhaus zu akquirieren, vgl. auch Astrid von Friesen, Gewalt in der Provinz, in: Emma 6 (1982), Nr. 5, Mai 1982, S. 42f.
[222] Dort erwarb 1981 die Tierärztin Sibylle Schücking-Helfferich kurzerhand eine alte Schule, um ein Frauenhaus zu ermöglichen; Julia Paulus, Eigensinn und Loyalität – Protest- und Mobilisierungskulturen in ländlichen Gesellschaften am Beispiel der politischen Emanzipationsbewegungen von Frauen (1970 bis 1990), in: Franz-Werner Kesting/Clemens Zimmermann (Hrsg.), Stadt-Land-Beziehungen im 20. Jahrhundert. Geschichts- und kulturwissenschaftliche Perspektiven, Paderborn 2015, S. 137–153, hier S. 147–153.

arbeiteten mit einer Mischfinanzierung: Eine Auswertung von 56 autonomen Frauenhäusern aus dem Jahr 1983 ergab, dass knapp 60% einmalig oder laufend Haushaltsmittel von Gebietskörperschaften erhielten, 45% beschäftigten ABM-finanzierte Mitarbeiterinnen.[223] Ohne Vergünstigungen bei der Miete, Zuschüsse von Stadt und Land, vom Arbeitsamt finanzierte ABM-Stellen usw. hätten die meisten Häuser gar nicht arbeiten können.

Doch selbst mit öffentlichen Mitteln standen die autonomen Häuser am Rande des Ruins, da die Zuschüsse so gut wie nie die vollen Personal- und Betriebskosten abdeckten. Außerdem boten diese Mittel in aller Regel keine dauerhaft kalkulierbare Grundlage, da die Kommunen ihre Förderung je nach Haushaltslage kürzten, ABM-Stellen befristet waren und Modellprojekte ausliefen. Aus diesem Grund strebten die Mitarbeiterinnen der autonomen Frauenhäuser nach verlässlicheren Formen der öffentlichen Zuwendung. Am liebsten wäre ihnen die Vollfinanzierung durch einen Haushaltstitel gewesen, den jedoch nur wenige Projekte wie in Göttingen, Hamburg und Nürnberg erhielten. Stattdessen verwiesen die meisten Kommunen die Aktivistinnen auf eine Finanzierung durch Tagessätze nach dem Bundessozialhilfegesetz (BSHG). Das war für Kommunen und Länder attraktiv, weil sie dann nicht mehr zu zahlen brauchten. Die Mitarbeiterinnen der autonomen Frauenhäuser lehnten diese Möglichkeit jedoch aus grundsätzlichen Motiven strikt ab.[224] Erstens befürchteten sie eine Diskriminierung der misshandelten Frauen, zweitens wehrten sie sich gegen die Bürokratisierung ihrer Arbeit, und drittens stand dieser Ansatz den Prämissen ihres politischen Selbstverständnisses diametral entgegen.

Alle autonomen Frauenhäuser gingen vom Axiom aus, dass Vergewaltigung und Misshandlung von Frauen die krassesten Erscheinungsformen der allgegenwärtigen Frauenunterdrückung durch die patriarchalische Gesellschaftsstruktur darstelle. Damit war jedoch das Prinzip der Einzelfallhilfe unvereinbar, auf dem die Sozialhilfe basierte. §72 BSGH verankerte einen Rechtsanspruch auf Unterstützung für „Personen, bei denen besondere Schwierigkeiten der Teilnahme am Leben in der Gemeinschaft entgegenstehen [...], wenn sie aus eigener Kraft hierzu nicht fähig sind"[225]. Eine Finanzierung auf dieser Grundlage verdrehte aus feministischer Sicht Ursache und Folge, indem sie das Problem bei den Frauen selbst verortete und die tieferliegenden Ursprünge ihrer Notlage verschleierte. Noch dazu belegte eine Anwendung dieser Regelung misshandelte Frauen mit dem Stigma sozialer Devianz, denn als Hilfeempfänger definierte der Gesetzgeber

---

[223] Ute Gerhard (Bearb.), Droht das Aus fürs Frauenhaus? Bestandsaufnahme zur Situation der autonomen Frauenhäuser, Sensbachtal 1983, S. 72–79; eigene Berechnungen. Vgl. auch Glahn, Frauenhäuser, S. 38–40.

[224] Erstmals diskutierten die Mitarbeiterinnen der autonomen Frauenhäuser bei einem nationalen Kongress im November 1978 über die Finanzierungsfrage und beschlossen, öffentliche Mittel auf der Basis des § 72 BSHG abzulehnen; vgl. Angelika Ebbinghaus u. a., Wendepunkte. Frauen erzählen aus ihrem Leben – Alltag in einem Frauenhaus – Die politische Gratwanderung von Frauenhäusern, Hamburg 1982, S. 268f.

[225] Bundessozialhilfegesetz, hier zitiert nach der Neufassung vom 13. Februar 1976, BGBl. 1976 I, S. 303.

obdachlose, haftentlassene, psychisch kranke, süchtige und verhaltensgestörte Menschen, denen Wege aufzuzeigen seien, um sich wieder in die Gesellschaft einzufügen.[226] Obwohl misshandelte Frauen als distinkte benachteiligte Gruppe noch nicht in den Fokus der Sozialpolitik geraten waren, fügte sich der Finanzierungsvorschlag doch in die seit Mitte der 1970er Jahre aufflammende Kontroverse um die Rekonfigurierung von Armutsimages und den Umgang des Staates mit sozialen Problemlagen ein.[227] Für die Aktivistinnen der Frauenhäuser hieß das nichts anderes, als dass misshandelte Frauen zu einer „Randgruppe abgestempelt [werden], die ihre Not selbst verschuldet hat, obwohl Gewalt von Männern an Frauen ein gesellschaftliches Problem ist"[228]. Daher diskriminierte und degradierte die Sozialhilfe aus feministischer Sicht die misshandelten Frauen, behandelte sie als Objekt und machte sie ein weiteres Mal zu Opfern.

Außerdem wehrten sich die autonomen Frauenhäuser gegen jede Form von bürokratischer Kontrolle, die die Sozialämter zur Bedingung für finanzielle Unterstützung erhoben. Die Behörden verlangten, dass die Frauenhäuser Standards einhielten, nach denen alle sozialstaatlichen Betreuungseinrichtungen arbeiteten, also sparsame und wirtschaftliche Verwendung öffentlicher Mittel, Transparenz durch Rechenschaftspflicht und Aktenführung sowie fachliche Qualifikation des Personals. All dies war mit dem Ansatz der selbstverwalteten Frauenhäuser unvereinbar. Die Schwierigkeiten begannen schon damit, dass sie in der Regel Hierarchien im Mitarbeiterinnenstab ablehnten und darum den Behörden keine Leiterin als Ansprechpartnerin gegenüberstellten. Weiterhin bestanden sie darauf, dass jede Frau Aufnahme fand und selbst bestimmte, wann sie wieder ging, während die Sozialbehörden die Aufenthaltsdauer begrenzen wollten und Zuwendungen für Frauen außerhalb ihrer räumlichen Zuständigkeit ablehnten. Die Mitarbeiterinnen der Frauenhäuser, die nur ganz selten als Psychologin, Therapeutin oder gar Verwaltungsfachkraft ausgebildet waren, wiesen die Rolle als überlegene Expertinnen zurück und forderten stattdessen feministische Kardinaltugenden ein: Parteilichkeit und Betroffenheit.[229] Mitarbeiterinnen autonomer Frauenhäuser, die sich wie beispielsweise in Hamburg und Hannover über Tagessätze auf der

---

[226] Verordnung zur Durchführung des § 72 des Bundessozialhilfegesetzes vom 9. Juni 1976, BGBl. 1976 I, S. 1469. In diesem Katalog lebte die Stigmatisierung einer Fürsorgeklientel fort, die das Bundessozialhilfegesetz eigentlich überwinden sollte; vgl. Friederike Föcking, Fürsorge im Wirtschaftsboom. Die Entstehung des Bundessozialhilfegesetzes von 1961, München 2007, S. 337–375; Falk Roscher, Die neue Rechtsverordnung zu § 72 BSHG – eine kritische Analyse, in: Wohnungslos 43 (2001), Nr. 2, S. 45–51.

[227] In der 1975 von CDU-Generalsekretär Heiner Geißler angestoßenen Auseinandersetzung über die „Neue Soziale Frage" ging es auch um die besonderen Armutsrisiken und Benachteiligungen von Frauen; zeitgleich bemühte sich die Regierung im Rahmen ihres „Aktionsprogramms zur Eingliederung sozialer Randgruppen", diese in der Öffentlichkeit symbolisch aufzuwerten; vgl. Christoph Lorke, Armut im geteilten Deutschland. Die Wahrnehmung sozialer Randlagen in der Bundesrepublik und der DDR, Frankfurt am Main 2015, S. 238–254.

[228] Warum der § 72 Bundessozialhilfegesetz für misshandelte Frauen nach wie vor abzulehnen ist, in: Göttert u. a. (Hrsg.), Weg (wie Anm. 129), S. 153.

[229] Vgl. Ferree, Varieties of Feminism, S. 91.

Grundlage des § 72 BSHG finanzierten, agierten deshalb unfreiwillig wie der verlängerte Arm des Sozialstaats: Sie mussten den Frauen helfen, Anträge auf Sozialhilfe auszufüllen, in denen die Misshandelten sich für ihre Hilfsbedürftigkeit zu rechtfertigen hatten, sie stellten den Frauen die wöchentlichen Schecks aus, kassierten einen Anteil für den Unterhalt, machten die Buchführung und rechneten vierteljährlich mit dem Sozialamt ab. Der bürokratische Aufwand verschlang bis zu zwei Dritteln der Arbeitszeit der Mitarbeiterinnen.[230] Für sie bedeutete die „Erpressung mit dem Paragraphen 72 BSHG" den „systematischen Abbau des ursprünglichen Frauenhaus-Bewegungs-Gedankens", denn „das Weglaufen von dem prügelnden Ehemann wird dann wohl immer weniger ein erster Akt der Selbstbefreiung und immer mehr ein weiterer Akt der Unterwerfung. Diesmal unter die Realitätsbegriffe der Bürokratie."[231]

So vehement die Frauenhäuser das ablehnten, standen viele doch bald vor der Alternative, ihre Autonomieansprüche zurückzustellen oder deutlich weniger Opfern beizustehen – feministisch untadelig, aber auch ohne Bezahlung. Als das autonome Frauenhaus in Lübeck 1979 eine Finanzierung über den § 72 BSHG ablehnte, wurden vier von sechs Mitarbeiterinnen arbeitslos und machten ehrenamtlich weiter, übrig blieben zwei ABM-Stellen.[232] Immer weniger Frauenhäuser konnten sich diesem Druck entziehen, zumal auch Politik und Experten der Sozialverwaltungen diese Möglichkeit seit 1978 intensiv diskutierten.[233] Daher such-

---

[230] Für eine detaillierte Beschreibung der Verfahrenspraxis vgl. Drittes Frauenhaus Hamburg (Hrsg.), Frauen brauchen ein Haus (wie Anm. 122), S. 43 f.

[231] FFBIZ B Rep. 400 Acc. Berlin 20.22.5-52,289, Die Erpressung mit dem Paragraphen 72 BSHG, in: Sozialmagazin 4 (1979), Nr. 9, September 1979, S. 60–63, Zitate S. 62 u. 63.

[232] Angelika Henschel, So haben wir angefangen. Eine Chronik der Ereignisse, in: Frauen helfen Frauen Lübeck (Hrsg.), Aufbruch (wie Anm. 123), S. 35–44, hier S. 38. Die Lübeckerinnen erhielten 1980 einen Haushaltstitel der Stadtverwaltung, der jedoch nur ein Viertel der Kosten abdeckte.

[233] Ausgangspunkt der Debatte war ein Gutachten des Deutschen Vereins für öffentliche und private Fürsorge, das die Stadt Frankfurt und der hessische Landeswohlfahrtsverband Ende 1977 in Auftrag gaben; abgedruckt in: Nachrichtendienst des Deutschen Vereins für Private und Öffentliche Fürsorge 58 (1978), S. 77–79. Im Mai 1979 machte sich der Obmann der SPD-Bundestagsfraktion für Jugend, Familie, Frauen und Gesundheit Horst Jaunich dafür stark, anstelle des diskriminierenden § 72 eine eigene Regelung ins Bundessozialhilfegesetz aufzunehmen, um misshandelte Frauen zu unterstützen; Deutscher Bundestag, 8. Wahlperiode, Plenarprotokoll Nr. 8/151 vom 10.5.1979, S. 12139, http://dipbt.bundestag.de/doc/btp/08/08151.pdf (14.1.2016). Sozialhilfeträger und Sozialwissenschaftler sprachen sich für eine Finanzierung durch das BSHG aus, favorisierten aber andere Rechtsgrundlagen als den § 72; vgl. Otto Fichtner, Die Finanzierung von Frauenhäusern, in: Nachrichtendienst des Deutschen Vereins für Private und Öffentliche Fürsorge 59 (1979), S. 180–184; Dieter Giese, Über Individualisierungsprinzip, Frauenhäuser und „Warenkorb" in der Sozialhilfe, in: Zeitschrift für Sozialhilfe 20 (1981), S. 321–327; Klaus Sieveking, Die Finanzierung von Frauenhäusern. Ein Beitrag zur Problematik von individuellem Rechtsanspruch und staatlichen Leistungen für den Individualschutz in Vergemeinschaftungsform, in: Archiv für Wissenschaft und Praxis der sozialen Arbeit 12 (1981), S. 1–53; Theresa Bock/Helga Gross/Ilonka Senger, Die Finanzierung von Frauenhäusern – Bericht über eine Studientagung des Deutschen Vereins, in: Nachrichtendienst des Deutschen Vereins für Private und Öffentliche Fürsorge 61 (1981), S. 276–278.

ten die Mitarbeiterinnen nach Möglichkeiten, staatliche Gelder zu akquirieren, ohne dafür konzeptionelle Abstriche hinnehmen zu müssen. Im September 1981 beschlossen sie beim Nationalen Frauenhaustreffen in Tübingen einen Finanzierungsvorschlag. Er sollte bundesweit gelten und sah für die fest angestellten Mitarbeiterinnen 13 Monatsgehälter bei einem Stundenlohn von 25 DM vor, die von den Ländern zu bezahlen waren, während die Gemeinden die Sachkosten übernehmen sollten.

Doch bereits in dieser Aufteilung erblickten einige Frauen einen Verstoß gegen ihre Organisationsprinzipien, die sie von den „Gegenhäusern" – damit waren Schutzhäuser der traditionellen Wohlfahrtseinrichtungen gemeint – unterscheide. Vollzeitstellen und Lohnverhältnisse seien fremdbestimmte, bürgerliche Vorstellungen, während Arbeit und Leben im Frauenhaus eins sein sollten. Sie forderten eine pauschale Lohnsumme, über die die Frauenhäuser autonom verfügen sollten. Wie hochgradig symbolisch aufgeladen die Finanzierungsfrage war, zeigt die Argumentation der Aktivistinnen: „Wir wehren uns gegen die gesellschaftliche Verfügung über unseren Körper, unsere Arbeit, unser Verhalten, unser Leben. Uns ist klar, daß diese letztendlich nur durch die Umwälzung der gesellschaftlichen Verhältnisse abgeschafft werden kann. Dieses langfristige (scheinbar schon aus den Augen verlorene) utopische (?) Ziel versuchen wir zum Teil dadurch zu erreichen, indem wir uns immer mehr der Fremdbestimmtheit entziehen"[234]. Der Einschub und das Fragezeichen im Zitat verweisen auf die Zweifel an dem politischen Stellenwert ihres Engagements, die selbst bei radikalen Feministinnen herrschten. Sie werteten den Finanzierungsvorschlag als „Ausdruck der Schwäche der autonomen Frauenhausbewegung, die immer mehr dazu übergeht, sich auf das Sozialarbeitsabstellgleis zu bewegen", und forderten Distanz zur Gesellschaft ein: „Frauenhäuser müssen ein Ärgernis bleiben"[235].

Die Vehemenz, mit der einige Aktivistinnen den Finanzierungsvorschlag zurückwiesen, entsprang der Verteidigung ihres gegenkulturellen Selbstbildes. Ein alternativer, feministischer Lebensentwurf ohne die Gemeinschaft mit politisch Gleichgesinnten hätte diesen Selbstentwurf der Lächerlichkeit preisgegeben. Darum hätte eine Frauenbewegung, die die Frauenhäuser in die Gesellschaft integrierte und deren Spielregeln unterwarf, einem radikalen feministischen Subjekt keine Heimat mehr bieten können. Die Konsequenz daraus sprach eine Frauenhausmitarbeiterin aus Hamburg bei dem Frauenhaustreffen offen aus: „Ich würde sofort aus der F[rauen]H[aus]bewegung rausgehen, wenn wir hier beschließen würden: also die FHs sind jetzt gesellschaftlich anerkannt und deshalb

---

[234] FFBIZ B Rep. 400 Acc. Berlin 20.22.5-52,289, Stellungnahme des Frauenhauses Erlangen zum bundesweiten Finanzierungsvorschlag vom 1.10.1981, 14.10.1981, in: Rundbrief der Zentralen Informationsstelle für autonome Frauenhäuser, S. 7–9, hier S. 8.
[235] Ebd., Frauenhaus Essen an alle Frauenhäuser in Nordrhein-Westfalen, 15.10.1981. Dieselbe Klage gab es beispielsweise auch in den Notruf-Gruppen, die Krisenintervention für vergewaltigte Frauen leisteten; vgl. z. B. Anna Dorothea Brockmann, Notrufe in Not?, in: Emma 6 (1982), Nr. 4, April 1982, S. 10–13, hier S. 12.

akzeptieren wir die ganzen Abstriche an Autonomie usw."[236] Doch nicht nur die unauflösliche Verquickung von Selbstbild und politischer Ausrichtung der Bewegung machte das Finanzierungsthema so brisant. Zusätzliche symbolische Bedeutung gewann es, weil sich so viele andere Erwartungen der Aktivistinnen an ihr Engagement in den Frauenhäusern nicht erfüllt hatten: Die Misshandelten entwickelten kein neues feministisches Bewusstsein, sie übernahmen nicht die ihnen zugedachte aktive Rolle im Projekt, basisdemokratische Entscheidungsprinzipien und alternative Arbeitsorganisationsmodelle scheiterten, politische Arbeit fand wegen der Überbelastung mit organisatorischen Aufgaben kaum statt, statt die Gewalttätigkeit der Gesellschaft anzuprangern, entlasteten die Frauenhäuser den Staat von deren Folgen.[237] All diese Enttäuschungen sorgten dafür, dass an der Finanzierungsfrage die Last der Utopie hängen blieb, die die Aktivistinnen mit den Frauenhäusern verbunden hatten. Und weil diese Projekte selbst nach dem § 218 zu einem der wichtigsten gesellschaftspolitischen Handlungsfelder der Frauenbewegung insgesamt avanciert waren, ging es in der Debatte auch um den Glauben an die Möglichkeit, überhaupt etwas verändern zu können.

Die Befürworterinnen einer staatlichen Finanzierung teilten im Grunde die Einschätzung der Kritikerinnen, dass die praktische Arbeit im Frauenhaus mehr und mehr Züge bürokratischer Sozialarbeit annehme. Doch sie bewerteten diese Entwicklung völlig anders. Aus ihrer Sicht ließ sie sich ohnehin nicht aufhalten, darum hatten sie sich damit abgefunden. Sie rechneten sich als Erfolg an, Gewalt gegen Frauen als gesellschaftliches Problem sichtbar gemacht und Anstöße dafür gegeben zu haben, dass misshandelte Frauen überhaupt Zuflucht finden könnten: „Es ist doch so, daß vor einiger Zeit noch Frauenhaus überhaupt nicht denkbar war und jetzt ist es da und jetzt setzen sich die freien Verbände rein – so wie das bei anderen gesellschaftlichen Problemen ja auch ist. Erst muß das kommen, von unten, von Initiativen und dann setzt sich der Staat drauf [...] dann sackt er das ein und vereinnahmt das."[238] Sie waren der Meinung, dass ihre Arbeit noch ausreichend politische Brisanz besitze, weil das Alltagsleben und das Beratungsziel der autonomen Frauenhäuser sich deutlich von den „Gegenhäusern" abhebe, wo die misshandelten Frauen durch Zwangseheberatung, Entmündigung, hierarchische Strukturen und finanzielle Abhängigkeit wie im „Frauenknast" lebten.[239]

---

236 FFBIZ B Rep. 400 Acc. Berlin 20.22.5-52,289, [Diskussion während des Nationalen Frauenhaustreffens], in: Rundbrief der Zentralen Informationsstelle für autonome Frauenhäuser Nr. 3, August 1981, S. 1–46, hier S. 41.
237 Vgl. oben S. 150 ff.
238 FFBIZ B Rep. 400 Acc. Berlin 20.22.5-52,289, [Diskussion während des Nationalen Frauenhaustreffens], in: Rundbrief der Zentralen Informationsstelle für autonome Frauenhäuser Nr. 3, August 1981, S. 1–46, S. 10. Auszüge dieser Diskussion sind abgedruckt in Ebbinghaus u. a., Wendepunkte, S. 316–322.
239 FFBIZ B Rep. 400 Acc. Berlin 20.22.5-52,290, Zur Lage der hess. Frauenhäuser: „...oder sollte das am Ende das Interesse der Landesregierung sein?" Schließung der hessischen Frauenhäuser, in: Rundbrief der Zentralen Informationsstelle für autonome Frauenhäuser, September 1982, S. 27–30, hier S. 28.

Zudem bewerteten sie es als eminenten Fortschritt, dass Aktivistinnen der Frauenhausbewegung vom Staat für politische Arbeit bezahlt würden, dadurch ihre traditionelle weibliche Lückenbüßerrolle als unbezahlte Pflegekräfte abstreiften und endlich so leben könnten, wie sie es sich schon so lange gewünscht hätten.

Die Trennlinie zwischen den beiden Lagern war hart und verlief quer durch die einzelnen Frauenhausprojekte. Angelika Ebbinghaus und Ulrike Schaz, die zu den Gründerinnen des ersten autonomen Frauenhauses in Hamburg gehörten, erinnerten sich noch dreißig Jahre später daran, wie unversöhnlich, intolerant und emotional die Auseinandersetzungen gewesen waren.[240] Sie führten zu keiner Annäherung. Bei einem weiteren nationalen Frauenhaustreffen im September 1983 in Göttingen stritten sich die beiden Lager darüber, ob sie zu Recht oder zu Unrecht enttäuscht seien. Hamburger und Bielefelder Aktivistinnen meinten, es bestehe kein Grund, frustriert zu sein, „denn wir haben auch ganz schön was geschafft!" Dagegen wendeten Berliner und Bremer Mitarbeiterinnen ein: „Frustrierend ist, dass die Frauenhäuser in ihrem Ziel und Inhalt stehengeblieben sind"[241]. In solchen Vorwürfen äußerten sich nicht allein unterschiedliche Erwartungen an das Engagement, sondern auch Enttäuschung über die Anspruchslosigkeit bzw. Unduldsamkeit der eigenen Mitstreiterinnen.

Dass dieses Thema die Aktivistinnen so entzweite, lässt sich mit unterschiedlichen Erwartungen und Erfahrungen nicht erklären. Die Übereinstimmung der Ausgangserwartungen, die sich in den Konzeptionspapieren und Selbstbeschreibungen der Initiativen offenbart, ist frappierend. Dasselbe gilt für das Scheitern ihrer Hoffnungen. Fast alle autonomen Frauenhäuser waren zu Beginn der 1980er Jahre in irgendeiner Form Kompromisse mit dem „System" – d. h. mit Kommunalverwaltungen, Sozialämtern und Landes- bzw. Bundesministerien – eingegangen, um öffentliche Gelder zu erhalten. 1983 finanzierten sich rund 80% der autonomen Frauenhäuser über das BSHG.[242] So eindeutig sich die Praxis der Projekte also von Kernelementen der Autonomie- und Selbsthilfe-Konzeption entfernt hatte, so kontrovers deuteten die Aktivistinnen diese Entwicklung. Der Grund für den Streit waren also divergierende Positionierungen zu und Konsequenzen aus der Enttäuschung über die Entwicklung der autonomen Frauenhäuser.

Während innerhalb der Frauenhausbewegung über „Institutionalisierung" keineswegs nur im Modus der Klage gesprochen wurde, war der Tenor in der

---

[240] Ebbinghaus hatte bereits 1977 Forschungsgelder für eine wissenschaftliche Begleitung des Frauenhausprojektes eingeworben und zählte daher zu denjenigen, die „Staatsknete" für Frauenprojekte akzeptierten; vgl. Ulrike Schaz, Juli '76. Das Private ist politisch. Wie in Hamburg das erste Frauenhaus entstand, in: Angelika Ebbinghaus, Ein anderer Kompass. Soziale Bewegungen und Geschichtsschreibung; Texte 1969–2009, Berlin 2010, S. 51–60, hier S. 56 f.; vgl. zeitgenössisch Ebbinghaus u. a., Wendepunkte, S. 249 f.

[241] FFBIZ A Rep. 400 Berlin 20.22.5-52,290, Frauenhausinfo [der Zentralen Informationsstelle für autonome Frauenhäuser], Dezember 1983, ohne Seitenzahl. Anfang der 1990er Jahre bildete sich diese Gegenüberstellung in Interviews mit Frauenhausmitarbeiterinnen immer noch deutlich ab; Glahn, Frauen im Aufbruch, S. 46–48.

[242] Errechnet nach der Stichprobe von 56 Initiativen; vgl. Gerhard (Bearb.), Droht das Aus fürs Frauenhaus, S. 74–79.

Berichterstattung über die Frauenhäuser eindeutig. Beispielsweise publizierte die „Courage" im November 1981 einen Ausstiegsbericht von sechs ehemaligen Mitarbeiterinnen des vierten Hamburger Frauenhauses, die ihr Engagement aufgegeben hatten, weil sie darin keine Widerstandsperspektive mehr erblickten, sondern durch ihre „Pufferfunktion zwischen Behörden und Bewohnerinnen" die gesellschaftlichen Gewaltverhältnisse verschleierten.[243] Karin Stötzner, die selbst Frauenhäuser mitgegründet hatte, urteilte Anfang 1982 in der Berliner „tageszeitung", dass die Frauenhäuser wegen ihres Dienstleistungscharakters die misshandelten Frauen nicht politisieren könnten. Ebenfalls in der „taz" klagten Mitarbeiterinnen des Essener Frauenhauses, dass der Staat sie als Sozialbürokratie ausnutze.[244] Zeitgenössisch dominierte also das Niedergangsnarrativ in der Institutionalisierungsdebatte, doch auf lange Sicht setzte es sich nicht durch. Historiografisch wurden die von radikalen Feministinnen verächtlich gemachten Integrationsansätze zur „frauenpolitische[n] Erfolgsgeschichte"[245] geadelt. Dies lag nicht nur daran, dass sich aus zeitlichem Abstand die Befürchtungen als falsch erwiesen, jeder Kompromiss mit dem Staat führe zum Verlust der politischen Vitalität, sondern auch daran, dass Pionierinnen der Frauenforschung wie z. B. Ute Gerhard sich bereits in den 1980er Jahren für einen „Staatsfeminismus" entschieden hatten und damit auch eigene biografische Weichenstellungen verteidigten.[246]

Unter „Institutionalisierung" verstanden die Aktivistinnen nicht nur, dass sich die Praxis ihres Engagements veränderte, sondern auch dass politische und gesellschaftliche Akteure ihre Themen und Anliegen aufgriffen. In dieser Hinsicht herrschte große Einmütigkeit unter den Frauen: Sie misstrauten allen gesellschaftlichen Instanzen und insbesondere politischen Akteuren, die frauenspezifische Unterdrückung und Gewalt thematisierten, denn sie sahen darin den Versuch, unter dem Deckmantel von Aufgeschlossenheit die Frauen mit kosmetischen Zugeständnissen zu beschwichtigen, ohne die patriarchalischen Strukturen zu verändern. „Vereinnahmung" lautete das einhellige Urteil der Feministinnen, wenn die Politik ihnen die Hand entgegenstreckte.

Besonders plausibel erschien aus der Perspektive der engagierten Frauen der Vorwurf der Vereinnahmung, seit die Bundesregierung von der CDU geführt wurde. Doch ausgerechnet die Konservativen, denen aus feministischer Sicht das Patriarchat aus jeder Pore quoll, übernahmen seit 1983 frauenpolitisch die Initiative: Im August 1983 veröffentlichte die Bundesregierung einen Bericht über die Möglichkeiten, Frauenhäuser durch Bundesmittel zu finanzieren, in dem der zu-

---

[243] Unter dem Mantel des Helfenwollens, in: Courage 5 (1981), Nr. 11, November 1981, S. 16 f., hier S. 17.
[244] Karin Stötzner, Wie politisch ist die Frauenhausarbeit?, in: taz, 19.1.1982, S. 8; Ansprüche, Wirklichkeit, Perspektiven, in: ebd., 5.1.1982, S. 11.
[245] Gerhard, Frauenbewegung, S. 211; ihre späte Abrechnung mit der autonomen bzw. radikalen Verweigerung als strategische Sackgasse ebd., S. 212. Ein Beispiel für diese Betrachtungsweise ist Ferree, Varieties of Feminism.
[246] Gerhard hatte eine Hochschulkarriere eingeschlagen und setzte sich als Vorstandsmitglied des Komitees für Grundrechte und Demokratie für eine staatliche Finanzierung der Frauenhäuser ein (s. u.).

ständige Minister Heiner Geißler die Arbeit der autonomen Frauenhäuser ausdrücklich lobte.[247] Obwohl sich die Bundesregierung der Forderung der Frauenhäuser nach einer bundesgesetzlichen Finanzierung verschloss und argumentierte, die praktizierten Regelungen hätten sich grundsätzlich bewährt, war der Bericht doch mehr als eine Charmeoffensive, denn Geißler kündigte eine Fachtagung über Gewalt gegen Frauen an, auf der auch autonome Frauenhäuser vertreten sein sollten. Überhaupt ließ Geißler keine Gelegenheit aus zu demonstrieren, dass er keine Berührungsängste gegenüber Feministinnen hatte. Unmittelbar nach seiner Ernennung zum Bundesfamilienminister gab er der „Emma" ein Interview, das die Leserinnen aufhorchen ließ.[248] Zum CDU-Bundesparteitag im März 1985, in dessen Mittelpunkt der gesellschaftliche Wandel und das neue Selbstverständnis der Frauen standen, lud er Aktivistinnen der Frauenhausbewegung zum Diskutieren ein. Die autonomen Frauen schlugen diese Einladung mit der Begründung aus, dass sich hinter der Propagandafassade, um die Stimmen emanzipierter Wählerinnen zu bekommen, eine zutiefst frauenfeindliche Praxis verberge: „Auf die Mitwirkung an einer solchen Frauenpolitik legen wir keinen Wert, es scheint uns eher nötig, dieser Politik Gegenpositionen entgegenzustellen."[249] Geißler fand dafür in Alice Schwarzer eine viel prominentere Gesprächspartnerin, mit der er am Rande des Bundesparteitags in einer vom Fernsehen übertragenen Podiumsdiskussion über den Feminismus diskutierte. Obwohl Schwarzer darin den CDU-Politiker scharf angriff, ärgerte es viele Aktivistinnen, dass die CDU so tue, als habe sie feministische Forderungen akzeptiert und sich feministische Begriffe, Kategorien und Analysen zu eigen gemacht. Geißler, hieß es in der Bonner Frauenzeitschrift „Lila Lotta", habe Alice Schwarzer eingewickelt, um sie zum „Jo Leinen der Frauenbewegung" zu machen.[250]

---

[247] BA B 189/25423, Bericht der Bundesregierung zur Frage, ob bundesgesetzliche Grundlagen zur Finanzierung von Frauenhäusern geschaffen werden können, 8.8.1983. Angestoßen hatte den Bericht ein Prüfungsauftrag des Bundestages, der aus der Debatte über die Vierte Änderung des Bundessozialhilfegesetzes hervorgegangen war; vgl. Deutscher Bundestag, 8. Wahlperiode, Drucksache 8/4286: Beschlußempfehlung und Bericht des Ausschusses für Jugend, Familie und Gesundheit zu dem von der Bundesregierung eingebrachten Entwurf eines Vierten Gesetzes zur Änderung des Bundessozialhilfegesetzes, 24.6.1980, http://dipbt.bundestag.de/doc/btd/08/042/0804286.pdf (17.1.2016).
[248] Im Teaser-Text hieß es „Geißler scheint zu wissen, was Frauen hören wollen"; „Tragik in einem Politikerleben", in: Emma 6 (1982), Nr. 11, November 1982, S. 16f., Zitat S. 16.
[249] FFBIZ B Rep. 400 Acc. Berlin 20.22.5-53,292, Heiner Geißler an die ZIF, 31.1.1985, in: ZIF (Hrsg.), Nationales Frauenhaus-Info, Dezember 1985, o. Pag.; ebd., Zentrale Informationsstelle für autonome Frauenhäuser an Heiner Geißler, 22.2.1985.
[250] FMT Z 212, Ursula Hilberath, Alice im Wendeland, oder: wie aus Xanthippen Geishas werden, in: Lila Lotta. Bonner Frauenzeitung mit Kölner Seiten 5 (1985), Nr. 6, Juni 1985, S. 21f., hier S. 22. Auszüge des am 20. März um 23 Uhr im WDR gesendeten Streitgesprächs dokumentierte Schwarzer höchstselbst: Das Streitgespräch, in: Emma 9 (1985), Nr. 5, Mai 1985, S. 18f. Zur Kritik der Frauenbewegung an Geißler vgl. auch FMT Z 212, Gudrun Ortmanns, Wie Heiner G. ein Windei legte, in: Lila Lotta. Bonner Frauenzeitung mit Kölner Seiten 5 (1985), Nr. 5, Mai 1985, S. 14f. Josef Leinen verband eine Funktionärskarriere in der SPD mit seinem Engagement als „Bewegungsunternehmer" in der Anti-AKW, und Friedensbewegung, er gehörte unter anderem dem Vorstand des Bundesverbands Bürgerinitiativen

Gegenüber den weiteren frauenpolitischen Initiativen der CDU reagierte die Frauenbewegung mit äußerstem Misstrauen und Ablehnung. Einen Höhepunkt erreichte diese Abwehr, als im September 1985 mit Rita Süssmuth eine Ministerin die Nachfolge Geißlers antrat, die sich noch offensiver als ihr Amtsvorgänger als frauenpolitische Vorreiterin der Konservativen positionierte und seit Juni 1986 die Zuständigkeit als Bundesfrauenministerin im Titel führte.[251] Sie galt den Feministinnen als „Meisterwerk der CDU", um die Frauen einzulullen; ihnen erschien die konservative „Haus-Emanze" als noch gefährlicher als der immerhin noch als Feindbild identifizierbare Geißler, denn sie garniere alte frauenfeindliche Werte mit einem „lila Bändchen"[252]. Süssmuth bedrohte das feministische Feindbild auf mehreren Ebenen, denn sie vertrat emanzipatorische Positionen, die sie in ihrer Partei als „Missionarin für Feminismus" erscheinen ließen, ihr Ressortzuschnitt und ihre Parteiämter wiesen sie als machtpolitische Figur der ersten Reihe aus, und vor allem verkörperte sie in den Augen der Bevölkerungsmehrheit Glaubwürdigkeit, Empathie und Bescheidenheit inmitten einer verlogenen, zynischen und selbstherrlichen Umgebung.[253]

Vor diesem Hintergrund standen die direkten Begegnungen von Aktivistinnen der Frauenhausbewegung und dem CDU-Minister unter keinem guten Stern. Dies zeigte sich bei der Fachtagung über „Gewalt gegen Frauen" am 12. und 13. Januar 1984, als Aktivistinnen Transparente mit Parolen vor Geißler entrollten, die die volle Finanzierung der Frauenhäuser forderten und kundtaten, sie ließen sich nicht an Heim und Herd zurückdrängen, was Geißler als „Irrtum"

Umweltschutz (BBU) und dem Bonner Koordinationsausschuss an, der die Massendemonstrationen gegen die Stationierung atomarer Mittelstreckenraketen organisierte. 1985 wurde er saarländischer Umweltminister; er galt als Paradebeispiel dafür, wie die Politik die systemkritischen Bewegungen korrumpiere; vgl. etwa Venceremos, Jo, in: Der Spiegel 36 (1982), 27.9.1982, S.120-122; Pettenkofer, Entstehung, S.313f.

[251] Die Umbenennung des Ministeriums im Juni 1986 krönte eine Entwicklung, in der seit 1972 frauenspezifische Politikbereiche zunächst auf Referatsebene, ab 1979 dann in einem direkt der Ministerin Anke Huber unterstellten „Arbeitsstab Frauenpolitik" organisatorisch und personell aufgewertet worden waren; vgl. Angela Icken, Der Deutsche Frauenrat. Etablierte Frauenverbandsarbeit im gesellschaftlichen Wandel, Wiesbaden 2002, S.100.

[252] FMT Z 138, Rita – ein Meisterwerk der CDU, in: Azade. Göttingens Frauen/Lesbenzeitung, Juni 1986, S.6-8; Viola Roggenkamp, Transvestitenshow bei der CDU, in: Emma 11 (1987), Nr.1, Januar 1987, S.34-36, Zitat S.36; FMT Z 220, Rita Süssmuth. Unsere Frau in Bonn – Radikale Verpackung und lila Bändchen für alte Werte, in: Igitte. Dortmunder Frauenzeitung 1 (1987), Nr.0, Juni 1987, S.8f.; mit gleichem Tenor Mechthild Jansen, „Konservativer Feminismus" mit Rita Süssmuth?, in: Blätter für deutsche und internationale Politik 31 (1986), S.184-201; FMT Z 212, Offener Brief der Fraueninitiative 6.Oktober an Rita Süssmuth, 17.3.1987, in: Lila Lotta. Bonner Frauenzeitung mit Kölner Seiten 7 (1987), Nr.4, April 1987, S.30.

[253] Ein Jahr nach ihrer Ernennung zur Ministerin für Familien, Jugend, Frauen und Gesundheit rangierte Süssmuth hinter Gerhard Stoltenberg auf Platz zwei in der vom Allensbacher Meinungsforschungsinstitut ermittelten Rangliste der deutschen Bundespolitik; Elisabeth Noelle-Neumann/Renate Köcher (Hrsg.), Allensbacher Jahrbuch der Demoskopie 1984-1992, München 1993, S.746. Vgl. für die Wirkung auch das enthusiastische Porträt von Reimar Oltmanns, Rita Süssmuth. Das Schwierigste ist Glaubwürdigkeit, in: ders., Frauen an der Macht. Protokolle einer Aufbruchsära, Frankfurt am Main 1990, S.135-153, Zitat S.146.

zurückwies.[254] Noch stärker traten die Gegensätze bei einem Spitzengespräch über die Finanzierung der Frauenhäuser am 7. Juni 1984 zutage, zu dem Geißler Vertreter der Länder, der kommunalen Spitzenverbände und der Sozialhilfeträger zusammenführte. Bereits die Einladungspolitik zeigte die gegenseitigen Vorbehalte. Die Beteiligung der autonomen Aktivistinnen war innerhalb des Ministeriums umstritten, weil sie das BSHG als Finanzierungsgrundlage ja strikt ablehnten, und darauf hatte sich Geißler bereits festgelegt. Sie durften schließlich teilnehmen, weil das Ministerium sich nicht dem Vorwurf der Diskriminierung aussetzen und den politischen Charakter des Spitzengesprächs hervorkehren wollte.[255] Die Vertreterinnen der Zentralen Informationsstelle für autonome Frauenhäuser nahmen die Einladung zwar an, forderten aber, dass auch Aktivistinnen aus den Landesarbeitsgemeinschaften beteiligt werden müssten, weil sie nicht für die autonome Frauenhausbewegung als Ganzes sprechen könnten.[256] Vorab schickten sie ein umfangreiches Finanzierungspapier, das neben politisch undurchsetzbaren Maximalforderungen auch noch einen Fundamentalangriff gegen die von Geißler favorisierte Finanzierung durch das BSHG enthielt: Dadurch solle „der Frauenhausbewegung, die Gewalt in Ehe und Partnerschaft enttabuisiert, an die Öffentlichkeit gebracht und als Ausdruck der in der Familie herrschenden Gewaltverhältnisse angeprangert hat, die politische Brisanz genommen werden"[257]. Außerdem orchestrierten sie unmittelbar vor dem Spitzengespräch Presseartikel und Fernsehberichte, die Geißlers Vorschläge vorab verwarfen und die Bundesregierung als Verursacherin der finanziellen Misere der Frauenhäuser in ein schlechtes Licht rückten.[258] Die kompromisslosen Botschaften und der aggressive Tonfall des Finanzierungspapiers waren deutlich der Selbstvergewisserung geschuldet. Beiden Seiten ging es nicht um konstruktive Zusammenarbeit, sondern um Symbolpolitik. Das Bundesfamilienministerium wollte Aufgeschlossenheit demonstrieren, die autonomen Frauen nutzten das Forum als Bühne zur Anklage.

[254] Susanne von Paczensky, Hearing „Gewalt gegen Frauen", in: Courage 9 (1984), Nr. 2, Februar 1984, S. 66. Vgl. zu den atmosphärischen Spannungen während der Tagung auch das Radiofeature von Monika Lübschen: BA 189/25423, Sendemanuskript „Wie wir leben – Berichte aus dem Alltag in Deutschland", Deutschlandfunk, 2.2.1984, insbesondere S. 7.
[255] Ebd., Lenz an Werner Chory, 7.2.1984. Lenz gehörte zu den leitenden Beamten des Stabes Frauenpolitik, Werner Chory war seit Oktober 1982 beamteter Staatssekretär im Bundesministerium für Familie, Jugend und Gesundheit.
[256] BA B 189/25424, Cordula Winkels (Zentrale Informationsstelle für autonome Frauenhäuser) an Heiner Geißler, 10.4. u. 27.5.1984. Am Ende blieb es bei sechs Vertreterinnen der autonomen Frauenhäuser, die von der ZIF und den Landesarbeitsgemeinschaften aus Niedersachsen, Baden-Württemberg und Berlin kamen.
[257] Ebd., Zentrale Informationsstelle für autonome Frauenhäuser: Frauenhausfinanzierung: Forderungen der autonomen Frauenhausbewegung, 19.5.1984, S. 2.
[258] Dies warf Geißler den Aktivistinnen auch vor; vgl. das ungeglättete Gesprächsprotokoll (Anm. 263), S. 2; außerdem Sonia Mikich, Finanzielle Lage der Frauenhäuser, in: Monitor, ARD, 29.5.1984. Die Autorin des Beitrags stammte selbst aus der Frauenbewegung: Sie gehörte einer aus dem Aachener Frauenzentrum hervorgegangenen Frauenkabarettgruppe an und publizierte seit 1979 in der „Emma". Ihr Beitrag wurde im Bundesfamilienministerium als „Attacke" gegen Geißler gewertet: BA B 189/25424, tele-control nr. 22, 6.6.1984.

Den Beamten des Bundesfamilienministeriums war durchaus klar, dass der Bericht der Bundesregierung über die finanzielle Lage der Frauenhäuser in Deutschland vom August 1983 ein zu rosiges Bild gemalt hatte. Nicht allein die autonomen Frauenhäuser, sondern auch der Interessenverband der traditionellen Zufluchtsstätten forderte Geißler dazu auf, dass der Bund in die Bresche springen solle.[259] Doch die gewünschte Leistungsausweitung stand im Widerspruch zu den Einsparzielen bei der Sozialhilfe. Der Bund wollte neue Finanzierungslasten vermeiden, seine Handlungsspielräume gegenüber den Einrichtungsträgern erweitern, die Prinzipien von Subsidiarität und Nachrangigkeit stärken und daher keine neuen Privilegierungen für bestimmte Hilfen schaffen.[260] Nach außen hin lehnte die Bundesregierung die Forderung nach einem Bundesgesetz zur Finanzierung mit dem Argument ab, dass ihr dafür die gesetzliche Kompetenz fehle, doch schwerer als verfassungsrechtliche Argumente wog das politische Ziel, die Sozialhilfekosten zu senken bzw. ihren Anstieg zu begrenzen. Noch bevor die große Runde am 7. Juni zusammentrat, stand das Ergebnis im Wesentlichen schon fest: Die Frauenhäuser sollten durch das BSHG finanziert werden, und zwar bundesweit nach demselben Muster, dessen Modalitäten das Bundesfamilienministerium durch ein Rundschreiben als „Empfehlung" sanktionieren wollte. Die Besprechung diente dem Ziel, eine „gemeinsame Verständigung" über die Ausgestaltung dieser Empfehlungen herzustellen, um sie zur breit akzeptierten Richtschnur der Frauenhausfinanzierung zu machen.[261] Wie diese Verständigung aussehen sollte, skizzierte Geißler in seinem Eröffnungsstatement: Als Rechtsgrundlage für eine Kostenerstattung kamen entweder § 22 oder § 93 BSHG in Betracht. Im ersten Fall erhielt die misshandelte Frau selbst die Mittel, um ihren Aufenthalt im Frauenhaus zu bezahlen, wobei die genaue Höhe zwischen Frauenhausträgern und Sozialämtern ausgehandelt werden sollte, im zweiten Fall schlossen Frauenhausträger und Sozialhilfeträger Kostenvereinbarungen ab, d.h. die Frauenhäuser erhielten das Geld direkt vom Sozialamt. Beide Wege umgingen zwar die mit dem § 27 assoziierte Diskriminierung der Gewaltopfer als Randgruppe, doch alle anderen Nachteile aus Sicht der autonomen Frauenhäuser blieben dabei bestehen, insbesondere ihre Funktionalisierung als verlängerter Arm des Sozialstaats.

Genau darauf lief das Spitzengespräch auch hinaus: Die Frauenhäuser sollten durch die „volle Ausschöpfung" des BSHG finanziert werden.[262] Die Vertreterin-

---

[259] Die Vorsitzende der Arbeitsgemeinschaft deutscher Kinder- und Schutzhäuser, Paula Maeder, wollte darum einen neuen Leistungstatbestand für Frauenhäuser in das BSHG aufnehmen lassen; BA 189/25423, Paula Maeder an Heiner Geißler, 10.11.1983; ebd., Lenz an Heiner Geißler, 22.12.1983.
[260] Ebd., Steininger an Lenz, 23.12.1983. Zum Sparkurs in der Sozialhilfe vgl. Matthias Willing, Sozialhilfe, in: Manfred G. Schmidt (Hrsg.), Bundesrepublik Deutschland 1982–1989. Finanzielle Konsolidierung und institutionelle Reform, Baden-Baden 2005 (Geschichte der Sozialpolitik in Deutschland seit 1945; 7), S. 479–516, hier S. 484–486.
[261] BA B 189/25424, Leitfaden (Langfassung) für die Sitzungsleitung des Spitzengesprächs am 7.6.1984 über Frauenhausfinanzierung, 21.5.1984.
[262] BA B 189/25422, Protokoll über das Gespräch des Bundesministers für Jugend, Familie und Gesundheit mit den Ländern, den kommunalen Spitzenverbänden und den Trägern der

nen der autonomen Frauenhäuser erhielten mehrfach Gelegenheit, ihre Grundsatzeinwände zu formulieren, die jedoch nicht diskutiert, sondern nur zur Kenntnis genommen wurden. Gegen den breiten Konsens aus Politik und Sozialexperten der Verbände hatten sie keine Chance. In Geißlers Zusammenfassung des Sitzungsergebnisses und seiner Presseverlautbarung kamen sie nicht vor; das offizielle Protokoll ebnete ihre Einwände im Vergleich zur Mitschrift eines Ministerialbeamten ein.[263]

Gegen diese „unzureichende Scheinlösung"[264] zogen die Aktivistinnen der autonomen Frauenhäuser verbal scharf zu Felde. Einzelne Initiativen, beispielsweise in Krefeld und Dinslaken, klagten darüber, dass die Kommunen ihre Förderung unter Berufung auf Geißlers Empfehlungen versagten oder einschränkten. Doch trotz der Alarmrufe schrumpfte die Zahl der autonomen Frauenhäuser in den folgenden Jahren nicht, sondern stieg sogar leicht an.[265] Gleichzeitig mehrten sich die Versuche der autonomen Frauenhäuser, ihr Anliegen in den parlamentarischen Raum zu tragen. Am 20. November 1984 richtete das Komitee für Grundrechte und Demokratie, eine 1980 gegründete Bürgerrechtsorganisation, in Zusammenarbeit mit der ZIF eine Petition für ein Bundesgesetz zur Finanzierung von Frauenhäusern an den Deutschen Bundestag, gefolgt von einer Kampagne, um auf die finanzielle Notlage der bestehenden Initiativen aufmerksam zu machen.[266] Unmittelbar danach brachten die Grünen einen Gesetzentwurf ein, der dasselbe Ziel mit einer neu zu errichtenden Bundesstiftung verfolgte, die mit jährlich

---

Frauenhäuser am 7. Juni 1984 in Bonn, 30. 6. 1984; ebd., Einleitung des Bundesministers für Jugend, Familie und Gesundheit, 7. 6. 1984.

[263] BA B 189/25424, Pressedienst des Bundesministers für Jugend, Familie und Gesundheit Nr. 79, 7. 6. 1984; ebd., Lenz: Protokoll über das Spitzengespräch mit den Ländern, den kommunalen Spitzenverbänden und den Trägern der Frauenhäuser am 7. Juni 1984 im Bundesministerium für Jugend, Familie und Gesundheit wegen der Finanzierungsprobleme von Frauenhäusern, 12. 6. 1984. Diese Fassung trägt den handschriftlichen Vermerk „Meine Fassung".

[264] So bezeichneten die autonomen Frauenhäuser die BSHG-Regelung immer wieder, z. B. in der Petition für eine bundesgesetzliche Frauenhausfinanzierung (siehe Anm. 266) und in BA 189/25422, Stellungnahme der autonomen Frauenhäuser zu Minister Geißlers Empfehlungen, 20. 2. 1985; FFBIZ B Rep. 400 Acc. Berlin 20.22.5-53,292, Pressemitteilung der Zentralen Informationsstelle für autonome Frauenhäuser, 12. 12. 1985, in: ZIF (Hrsg.), Nationales Frauenhaus-Info, Dezember 1985, o. Pag.

[265] Hatte die Petition der autonomen Frauenhäuser Ende 1984 noch 80 Frauenhäuser gezählt, so waren es 1987 bereits etwa 100; vgl. Deutscher Bundestag, 11. Wahlperiode, Drucksache 11/2848: Zweiter Bericht der Bundesregierung über die Lage der Frauenhäuser für mißhandelte Frauen und Kinder, 1. 9. 1988, S. 5, http://dipbt.bundestag.de/doc/btd/11/028/1102848.pdf (21. 1. 2016).

[266] BA B 189/25424, Komitee für Grundrechte und Demokratie, Zentrale Informationsstelle für autonome Frauenhäuser und Gustav-Heinemann-Initiative: Petition für ein Gesetz zur Finanzierung von Frauenhäusern, 20. 11. 1984; BA B 189/25423, Ute Gerhard, Presseerklärung der Arbeitsgruppe Frauenrechte im Komitee für Grundrechte und Demokratie e.V., 30. 11. 1983. Vgl. auch Reinhild Schäfer, Feministisches Engagement in der Zivilgesellschaft gegen Gewalt an Frauen, in: Regina-Maria Dackweiler/Reinhild Schäfer (Hrsg.), Gewalt-Verhältnisse. Feministische Perspektiven auf Geschlecht und Gewalt, Frankfurt am Main 2002, S. 201–220, hier S. 213.

50 Mio. DM ausgestattet war.[267] Auch in Hessen und Baden-Württemberg suchten Vertreterinnen der autonomen Frauenhäuser seit 1984 verstärkt den Kontakt zur Politik, um die Länder dazu zu bringen, mehr Geld an autonome Frauenhäuser zu vergeben.[268]

Im Frühjahr 1986 flammte der Streit über Zusammenarbeit beziehungsweise Abgrenzung der autonomen Frauenhäuser gegenüber der Politik noch einmal auf. Anlass war ein Sondierungsgespräch der SPD mit Vertreterinnen der ZIF über eine mögliche Gesetzesinitiative zur Finanzierung der Frauenhäuser. Niemand glaubte daran, dass die Opposition dieses Vorhaben parlamentarisch durchsetzen könnte. Doch die Befürworterinnen versprachen sich davon die Möglichkeit, öffentliche Aufmerksamkeit zu erzeugen und mit Blick auf die Bundestagswahl von 1987 zumindest einen kleinen Schritt zu einer aus ihrer Sicht befriedigenden Finanzierung zu vollziehen. Nur noch eine kleine Minderheit vertrat die Grundsatzposition, dass jede Kooperation mit dem „System" zur Selbstpreisgabe führe. So lehnten die Aktivistinnen aus Gießen, einem der ganz wenigen Frauenhäuser, die ohne staatliche Zuschüsse arbeiteten, ein Bundesgesetz rundheraus ab, weil dadurch „die Integration in die staatliche Politik endgültig gemacht" werde. Dann werde es neben der Bundespost auch die „Bundesfrauenhäuser" geben, die nichts mehr mit autonomer Politik zu tun hätten, sondern nur noch ein Alibi für Staat und Gesellschaft darstellten.[269] Doch auch die Gießenerinnen gingen davon aus, dass die Entwicklung unumkehrbar sei, und konstatierten, dass vom ursprünglichen systemkritischen Ansatz der Frauenhäuser nicht mehr die Rede sein könne. Die Mehrheit der Aktivistinnen hatte sich von dieser Erwartung mittlerweile verabschiedet. Unzweideutig verteidigten die Mitarbeiterinnen des Göttinger Frauenhauses den Wandel: „die Zeit der außerparlamentarischen Handlungsspielräume sind [sic] vorbei (teilweise von uns selbst gewollt); die Frauenhäuser sind sozialpolitisch etabliert; es ist an der Zeit, die Finanzierung auf gesetzlichem und parlamentarischem Weg zu sichern, und damit halte ich unsere Aufgabe für erledigt. Daraus folgt: Demnächst auf zu neuen Ufern!"[270]

Enttäuscht war nur eine kleine Minderheit darüber, dass nur wenig von den gegenkulturellen Ursprungsideen der autonomen Frauenhäuser übrigblieb. Die

---

[267] Deutscher Bundestag, 10. Wahlperiode, Drucksache 10/2527: Entwurf eines Gesetzes zur Errichtung einer Stiftung zur Finanzierung von Frauenhäusern, 28.11.1984, http://dipbt.bundestag.de/doc/btd/10/025/1002527.pdf (17.1.2016).

[268] Am 10. September 1984 reichten Vertreterinnen der autonomen Frauenhäuser einen Antrag für eine landesgesetzliche Finanzierung außerhalb des BSHG im Stuttgarter Landtag ein; BA B 189/25422, Frauenhaus Esslingen: Finanzierung Frauenhäuser wie?, o. D. [März 1985]; Claudia Dillmann, Mit Sozialarbeit haben sie nichts am Hut, in: Frankfurter Rundschau, 4.3.1985, S. 17; FFBIZ B Rep. 400 Acc. Berlin 20.22.5-53,293, Landesarbeitsgemeinschaft der Autonomen Frauenhäuser in Hessen an den Hessischen Sozialminister, 18.6.1986, in: ZIF (Hrsg.), Nationales Frauenhaus-Info, September 1986, S. 32-34.

[269] Ebd., Frauenhaus Gießen: Stoppt die Forderung nach einer bundesweiten Finanzierung der autonomen Frauenhäuser, 8.4.1986, in: ZIF (Hrsg.), Standortbestimmung autonome Frauenhäuser, April 1986, S. 35-38.

[270] Frauenhaus Göttingen: Diskussionspapier zum Plenum am 18.4.1986, o. D., in: ebd., S. 39. Weitere Gespräche mit der SPD und den Grünen fanden im Dezember 1986 statt.

meisten Mitarbeiterinnen hatten ihren Frieden mit dieser Entwicklung gemacht, die ihnen immerhin eine berufliche Perspektive bot, ob nun innerhalb oder außerhalb der Frauenhäuser.[271] Damit bewegten sich die Frauenhaus-Aktivistinnen im Mainstream der Frauenbewegung. Die Zeit des großen Haders über Institutionalisierung war ab Mitte der 1980er Jahre vorbei. Nur noch wenige kritisierten, dass „mit der wachsenden Gesellschaftsfähigkeit der Frauenfrage eine wachsende Entpolitisierung und Entradikalisierung" einhergehe, und beharrten darauf, dass die Bewegung sich an der Utopie einer „autonomen Frauengesellschaft" auszurichten habe.[272] Viele Aktivistinnen bemühten sich dagegen, dem unübersehbaren Wandel ihres Engagements etwas Gutes abzugewinnen, etwa eine Bonnerin, die die Frauenbewegung mit einem Fluss verglich: „mit den Jahren immer breiter und langsamer werdend, ohne feste Ufer"[273]. Das Bild invertierte das Niedergangsnarrativ und deutete die Alarmzeichen der Bewegungskritik (Stillstand, Unbestimmtheit) als Indizien eines unwiderstehlichen Zuwachses. Auf diese Weise ließ sich die Grunderwartung an das Engagement, Resonanz im Sinne politischer Wirksamkeit zu erzeugen, aufrechterhalten und mit der Perzeption des Bewegungsalltags wieder in Übereinstimmung bringen. Das Beispiel zeigt, dass die Aktivistinnen Wege suchten und fanden, um produktiv mit Enttäuschung umzugehen.

2.4 Umgang mit Enttäuschung

Da die Aktivistinnen Enttäuschung vornehmlich als Gefahr für das Engagement betrachteten, zugleich aber ständig mit der Dissonanz zwischen Erwartungen und Bewegungsalltag konfrontiert waren, entwickelten sie Strategien, um diesem Dilemma zu entkommen. Idealtypisch lassen sich vier Ansätze unterscheiden, um mit Enttäuschung fertig zu werden: Gezielte Gefühlsarbeit, das Absenken der Erwartungen, Neuverhandlung und Utopieverlust. Enttäuschung konnte allerdings auch zum Rückzug von Aktivistinnen führen, doch selbst diese Option ließ sich noch als Neuaufbruch inszenieren.

Gefühlsarbeit gegen Enttäuschung

Um Enttäuschung zu überwinden, setzten die Aktivistinnen diverse Praktiken ein, um diese Empfindung unmittelbar zu modulieren. Einige davon wie der gelenkte

---

[271] Das gilt etwa für Lie Selter, Ursula Müller, Angelika Ebbinghaus (vgl. Anm. 150 u. 240) und Cordula Winkels, eine der Sprecherinnen der ZIF, die an dem Finanzierungsgespräch teilgenommen hatte und Ende der 1980er Jahre einen vom Land Nordrhein-Westfalen finanzierten Forschungsauftrag über die Situation von Kindern in Frauenhäusern annahm; vgl. Cordula Winkels/Christine Nawrath, Kinder in Frauenhäusern. Eine empirische Untersuchung in Nordrhein-Westfalen, Düsseldorf 1990.
[272] FMT Z 138, Anita (München), Autonomie und/oder Geld..., in: Azade. Göttingens Frauen/Lesbenzeitung, ohne Nr., Winter 1986/87, S. 6–9, hier S. 9.
[273] FMT Z 212, Susanne Schulze, Blick zurück nach vorn, in: Lila Lotta. Bonner Frauenzeitung mit Kölner Seiten 6 (1986), Nr. 1, Januar 1986, S. 26.

Erfahrungsaustausch in den Selbsterfahrungsgruppen dienten dazu, Enttäuschung in Stärke zu transformieren (vgl. Kap. 2.1). Auch das gemeinsame Singen von Bewegungsliedern flößte den Frauen Zuversicht und Entschlossenheit in entmutigenden und enttäuschenden Situationen ein, etwa als die Polizei in Berlin und Wiesbaden von ihnen besetzte Häuser räumte.[274] Viele Aktivistinnen balancierten Alltagsenttäuschungen dadurch aus, dass sie immer wieder Erlebnisse suchten, die ihnen die erwünschten Bewegungsgefühle wie Begeisterung, Spaß und Stärke in besonders intensiver Form einflößten. Solche außeralltäglichen Erfahrungen konnten die landesweiten Kongresse und Zusammenkünfte sein, das Frauensommercamp auf der dänischen Insel Femø oder die Frauenfeste. „ES WAR !! GANZ EINFACH !! TOLL", jubelte eine Kölnerin nach einem Frauenfest im November 1979, denn sie hatte dabei das Gefühl, „nach einer langen Durst- und Fruststrecke und Frustphase endlich die phantastische Oase erreicht zu haben, von der ich immer träume"[275]. Eine Bremerin wähnte sich im Sommer 1976 im berühmten Sommercamp nur für Frauen auf der dänischen Insel Femø bereits im Frauenparadies: „ich bekomme eine ahnung davon, daß ich mich anders fühlen könnte, wenn ich unter anderen bedingungen leben würde [...] ich möchte mich immer mehr dahin entwickeln, zu einem wirklichen gefühl von mir selbst, zu einer ganzheit zwischen sein – bewußtsein – gefühl." Noch lange nach ihrer Rückkehr zehrte sie von dieser Erfahrung und sehnte sich nach einem „allgegenwärtige[n] femø"[276]. Kraft, um den demütigenden und desillusionierenden Alltag zu ertragen, zogen die Frauen beispielsweise auch aus einem Frauenwiderstandscamp und aus dem Besuch der Berliner Lesbenwoche.[277] Derartige Erlebnisse beglaubigten den Aktivistinnen, dass die Utopien für einen kurzen Moment Wirklichkeit werden konnten, die im Alltag ihres Engagements so häufig scheiterten.

Doch der Zauber von solchen Erlebnissen beruhte auf ihrem exzeptionellen Charakter. Sie halfen deswegen nicht unmittelbar gegen Enttäuschungen im Bewegungsalltag. Ein probates Mittel dagegen bestand darin, dass die Aktivistinnen ihren Bewegungsschwestern ihr Leid klagten. Es bereitete große Erleichterung, den Gefühlen freien Lauf zu lassen und Trost zugesprochen zu bekommen. Sigrid

---

[274] FMT SE 07.057, Frauen helfen Frauen Wiesbaden (Hrsg.), Frauenhausdokumentation Wiesbaden, Wiesbaden 1981, S. 8; Kaputtbesitzer: Stadt Wiesbaden, in: Emma 5 (1981), Nr. 11, November 1981, S. 42 f.; FFBIZ B Rep. 400 Acc. Berlin 20.10, Susanne, Donnerstag, 12.2.81, in: Frauencafé Moabit (Hrsg.), Frauenbewegung und Häuserkampf – unversöhnlich?, Berlin 1982, S. 34.

[275] FMT Z 135, Brigitte, Frauenfest, in: Kölner Frauenzeitung, Nr. 2, Januar/Februar 1980, S. 4 f., hier S. 4. Eine Saarbrückerin empfand die Frauenfeste als „Tankstelle" für neuen Mut, Hoffnung und Stärke; FMT Z 159, Martina Graß, Gedanken zur Hexennacht, in: Lila Distel. Saarbrücker Frauenzeitung, Nr. 20, Juni/Juli 1982, S. 22.

[276] FMT Z 102, Femö – ein Frauenparadies!, in: Frauenzeitung Bremen Nr. 2, Januar 1977, S. 17–21, Zitate S. 18 u. 20.

[277] Vgl. Annegret Drescher, Grenzüberschreitungen. Frauenwiderstand im Hunsrück, in: ASBF, Freiburger Frauenzeitung Nr. 8, 1984, S. 39–43; Claudia Koppert/Birgit Lindberg, Den Widerstand leben – das Aushalten der Widersprüche in uns, in: ebd., S. 43–46; FMT Z 137, Anke Hagner, Ich eß' mein Bounty heut' nicht allein. Eindrücke von der Eröffnungsveranstaltung der 1. Berliner Lesbenwoche, in: autoxa. Hannoversche Frauenzeitung, Nr. 1, 1985, S. 34 f.

Fronius berichtete, viele Mitarbeiterinnen der „Courage" ertrügen die Enttäuschungen im Projekt nur deshalb, „weil wir nach den Sitzungen unseren Frust in der Kneipe erzählen, schimpfen, [...] uns gegenseitig für einen Tag wieder aufrichten"[278]. Entscheidend war, dass die Enttäuschung verging und anderen Gefühlen Platz machte. Dies beschrieben auch zwei Heidelberger Aktivistinnen, die aus Enttäuschung über Streit und Arroganz eine Veranstaltung verlassen hatten: „wir lassen unsere Wut raus und lachen über das zu uns herüberdringende Gekeife von nebenan. [...] Durch dieses Zusammensitzen mit den Frauen hinterher habe ich mich, als ich dann ging, viel besser gefühlt – der Mordsfrust war nicht mehr da"[279]. Diese Episode bestätigt Ergebnisse soziologischer Feldforschungen zu Gefühlsarbeit in sozialen Bewegungen, die die Bedeutung von Lachen für den Gruppenzusammenhalt bei Enttäuschungserfahrungen hervorheben.[280] Aus psychoanalytischer Perspektive ist Lachen sogar der „Königsweg zur Enttäuschungstoleranz"[281]. Mit einem Cartoon über Gelächter quittierten auch Gießener Frauenhausaktivistinnen ihre Enttäuschung über die Weigerung von Stadt- und Kreisbehörden, sie finanziell zu unterstützen (Abb. 9). In Hamburg lachten sich die Zentrumsfrauen „halb kringelig", als sie ihre eigenen Frust-Debatten kabarettistisch nachspielten.[282] Offenbar gelang den Frauen in erstaunlich kurzer Zeit ein emotionaler Umschwung, der sie in ein ganz anderes Verhältnis zur Situation versetzte: Durch Lachen und ironische Distanz gewannen sie Überlegenheit, während sie sich zuvor noch als machtlos und sogar verächtlich empfunden hatten. Sich den Frust von der Seele zu reden bewirkte also mehr, als ein unerwünschtes Gefühl loszuwerden; dadurch brachten die Frauen sich wieder in

---

[278] FFBIZ B Rep. 400 Berlin 20.11. d, Sigrid Fronius, Redaktionsinternes Positionspapier, o. D. [Oktober 1977]. Zu den Spannungen in der „Courage" vgl. oben S. 141 f. In der Redaktion waren die sagenumwobenen „Konfliktordner" zugänglich, die die Zeugnisse interner Auseinandersetzungen dokumentierten und von den Redakteurinnen als Referenzmaterial für eigene Beschwerden herangezogen werden konnten; Christel Dormagen, Von Macherinnen und Mitmacherinnen. Erfahrungen im Courage-Kollektiv, in: Claudia Koppert (Hrsg.), Glück, Alltag und Desaster. Über die Zusammenarbeit von Frauen, Berlin 1993, S. 13–26, hier S. 21.

[279] FMT Z 129, Lih und Dagmar, Zur Erhaltung des CA, in: Heidelberger Frauenzeitung, Nr. 3, Januar 1978, S. 15–17, hier S. 17. Nachdem bei einem gemeinsamen Wochenende einer Hamburger Frauenhausinitiative gruppeninterne Konflikte aufgebrochen und ausdiskutiert worden waren, zog eine der Teilnehmerinnen ein positives Fazit: „Ich finde es dufte, daß ich mein Unbehagen von der Leber reden konnte"; FMT Z 125, Christine, Bericht über die Situation der Frauenhausinitiativgruppe, in: Frauenzeitung des Frauenzentrums Hamburg, Nr. 12/13, Mai/Juni 1977, S. 46–48, hier S. 48.

[280] Vgl. Colin Barker, Fear, Laughter, and Collective Power: The Making of Collective Solidarity at the Lenin Shipyard in Gdansk, Poland, August 1980, in: Jeff Goodwin/James M. Jasper/Francesca Polletta (Hrsg.), Passionate Politics: Emotions and Social Movements, Chicago 2001, S. 175–194; Erika Summers-Effler, The Emotional Significance of Solidarity for Social Movement Communities. Sustaining Catholic Worker Community and Service, in: Helena Flam/Debra King (Hrsg.), Emotions and Social Movements, London 2008, S. 135–149, hier S. 143 f.; Marjolein 't Hart/Dennis Bos (Hrsg.), Humour and Social Protest, Cambridge 2007.

[281] Brigitte Boothe, Die Psychodynamik der Enttäuschung, in: Heinsohn/Moxter (Hrsg.), Enttäuschung, S. 75–94, hier S. 90 f., Zitat S. 75.

[282] FMT Z 125, Babsi, Frauentheater, in: Frauenzeitung des Frauenzentrums Hamburg, März 1979, S. 15–17, hier S. 16.

Abb. 9: Lachen gegen Enttäuschung
© unbekannt; Quelle: FMT SE 07.014, Frauenhaus Gießen (Hrsg.), Frauenhaus Gießen. Dokumentation 1981, Gießen 1981, S. 37

Übereinstimmung mit den emotionalen Attributen einer Feministin. Wenn die engagierten Frauen ihre Enttäuschung nicht verbalisierten, hielt dieses Gefühl dagegen länger an. So bedauerte eine Frankfurterin, die einem Streit mit anderen Aktivistinnen über die Präsenz von Männern in einem Frauenbuchladen aus dem Weg gegangen war, dass sie ihrer Frustration nicht Luft gemacht hatte, denn aus diesem Grund sei sie lange nicht aus „Dumpfheit und Niedergeschlagenheitsgefühlen" herausgekommen.[283]

Diese Form der Gefühlsarbeit funktionierte nicht nur verbal. Auch schriftliche Erfahrungsberichte konnten dazu dienen, Enttäuschungen abzubauen und zu transformieren. Derartige Berichte richteten sich an die Aktivistinnen der lokalen Frauenszene. Frauen, die ihre Enttäuschungen nicht dem Tagebuch anvertrauten, sondern ihren Bewegungsschwestern mitteilten, sandten eine kommunikative Botschaft aus, um Zuspruch und Bestätigung zu erhalten. Doch auch das Schreiben selbst diente dazu, Enttäuschung zu überwinden. Manche Texte enthalten Spuren dieses Prozesses. Beispielsweise steigerte sich eine Autorin regelrecht in ihre Enttäuschung hinein, um dann abrupt davon abzulassen: „Wo sind die veränderungen? Zu hause in der zweizimmerwohnung? Wo ist die frau, die frei ist? Gut, ich schiebe meine enttäuschung beiseite und versuche mal alles ganz nüchtern zu sehen"[284]. Als eine Frankfurterin wegen einer sarkastischen Glosse über die Nostalgie einiger

---

[283] FMT Z 116, Martina, ...und Feministin fragt sich in diesem Zusammenhang, ob sie denn noch richtig tickt, in: Frauen wißt ihr schon... Frankfurter Frauenzeitung, Nr. 10, 9.2.1977, S. 8–10, hier S. 10.

[284] FMT Z 142, Marion, Die traurige Geschichte der Verrottung des Frauenzentrums Mannheim, in: Lila Klatschmohn. Emanzenblatt Mannheim-Ludwigshafen, Nr. 8, Juni/Juli 1980, S. 8–10, hier S. 8; ganz ähnlich IfZ ED 899/19, Anita, Über die Entwicklung der Münchner Frauenbewegung. Versuch einer Bilanz 1979, in: Münchner Frauenzeitung, Februar 1980, S. 10f.

Frauen der alten Garde kritische Leserinnenpost erhielt, entschuldigte sie sich mit dem Hinweis, sie habe den Artikel „im ersten Frust" geschrieben.[285] Wie diese Beispiele zeigen, gaben sich die Aktivistinnen große Mühe, Gefühle zu kontrollieren und zu verändern, indem sie über sie sprachen und schrieben. Sie veranschaulichen außerdem, wie stark emotionale Selbst- und Fremdführung ineinandergriffen.[286]

Diese Praxis war weit verbreitet, hatte aber auch Kehrseiten. Denn die emotionale Selbstoffenbarung ging mit der Erwartung von Empathie und Zuwendung einher, die nicht immer eingelöst wurde.[287] Frauen, die mehr oder weniger bereitwillig zuhörten, wenn eine andere sich bei ihnen „auskotzte", fühlten sich hinterher zuweilen ausgenutzt.[288] Außerdem konnte sich die Enttäuschung auch potenzieren anstatt aufgelöst zu werden. Wenn sich nämlich zu viele Frauen beklagten, entstand der Eindruck, dass die gesamte Bewegung im Bann bewegungsfeindlicher Gefühle stehe. Dann befreite der Austausch nicht von Enttäuschung, sondern verstärkte sie sogar. Die Mitarbeiterin eines Frauencafés stöhnte 1982: „Ach, es könnte einer wirklich die Lust vergehen, wenn alle Frauen ständig nur jammern und es an allen Ecken und Enden irgendwelche Probleme gibt"[289]. Nicht wenige Zentrumsaktivistinnen kamen nicht mehr zu den Plenumsdiskussionen, weil sie die permanenten „Frust-Debatten" leid waren; auch die sich wiederholenden Klagen unter den Mitarbeiterinnen der autonomen Frauenhäuser verleideten einigen Frauen die Teilnahme an den nationalen Frauenhaustreffen.[290] Die Erfolge der Gefühlsarbeit mussten also spürbar sein, sonst brachte das Reden über Enttäuschung die Aktivistinnen nicht weiter. Ganz ähnlich wie die „Angst vor der Angst" in den 1970er und 1980er Jahren[291] konnte Enttäuschung in der Frauenbewegung

---

[285] Antwort Hilde auf einen Leserinnenbrief, in: FMT Z 116, Frauen wißt ihr schon… Frankfurter Frauenzeitung, Nr. 7, 15.10.1976, S. 21.

[286] Vgl. dazu Eitler/Elberfeld, Von der Gesellschaftsgeschichte zur Zeitgeschichte des Selbst, S. 12 u. 18.

[287] Als eine Mitarbeiterin des Bremer autonomen Frauenhauses von den anderen Frauen des Teams daran gehindert wurde, einen subjektiven Bericht über die Enttäuschungen ihres Engagements zu veröffentlichen, fühlte sie sich im Stich gelassen und zog sich nach einiger Zeit sogar ganz aus der Gruppe zurück; FMT Z 104, Liz Wieskerstrauch, Über die Schwierigkeit, von Konflikten in Frauengruppen zu berichten, in: Gesche. Frauenzeitung aus Bremen, Nr. 3, Juni/Juli 1979, S. 5f.

[288] FFBIZ B Rep. 400 Acc. Berlin 20.10, Aus unserer Caféchronik, in: Frauencafé Moabit (Hrsg.), Frauenbewegung und Häuserkampf – unversöhnlich?, Berlin 1982, S. 26-28.

[289] FMT Z 142, Säulen des Cafés?, in: Lila Klatschmohn. Emanzenblatt Mannheim-Ludwigshafen, ohne Nr., Winter 1982, S. 12.

[290] Vgl. FMT Z 129, [Auswertung einer Fragebogenaktion über das Heidelberger Frauenzentrum], in: Heidelberger Frauenzeitung, Nr. 3, Januar 1978, S. 12-14, hier S. 13; FMT ZS-120, Frauenzentrümmer, in: Aachener Frauenzeitung, Nr. 3, Oktober 1979, S. 24; FMT Z 159, Gisela, „Das Zentrum ist ein Durchlauferhitzer". Zur Situation in Frankfurt, in: Lila Distel. Saarbrücker Frauenzeitung, Nr. 28, Frühjahr 1984, S. 10-13, hier S. 11; FFBIZ B Rep. 400 Acc. Berlin 20.22.5-52,289, Schreiben von Mitarbeiterinnen des Bremer Frauenhauses, 6.2.1981; FFBIZ B Rep. 400 Acc. Berlin 20.22.5-52,291, Meike, Renate und Veronika, Allgemeine Überlegungen zum nationalen Frauenhaustreffen November 1983 in Hamburg, in: ZIF (Hrsg.), Nationales Frauenhaus-Info, Februar 1984, S. 19-24, hier S. 20.

[291] Vgl. Rüdiger Graf, Gefährdungen der Energiesicherheit und die Angst vor der Angst. Westliche Industrieländer und das arabische Ölembargo 1973/74, in: Patrick Bormann/Thomas

eine Eigendynamik entwickeln, die man analog als „Frust über den Frust" bezeichnen könnte. Ungeachtet dessen funktionierte gezielte Gefühlsarbeit, um Enttäuschung abzubauen und zu transformieren. Im Ausagieren „negativer" Gefühle steckte also bereits der Ansatz, sie zu überwinden. Doch auch semantisch rückten die Aktivistinnen der Enttäuschung zu Leibe.

Neuverhandlung

Die Auseinandersetzung mit Enttäuschung war ein stark diskursiver Prozess: Die Aktivistinnen tauschten sich über ihre Erwartungen und Erfahrungen aus, und aus diesem kommunikativen Prozess schälten sich die „feeling rules"[292] heraus, also die Maßstäbe für den Ausdruck von und den Umgang mit Enttäuschung. Gegenstand dieses Aushandlungsprozesses waren sowohl Auslöser von Enttäuschungen als auch die dadurch hervorgerufenen emotionalen Reaktionen. Das hervorstechende Kennzeichen der Neuverhandlung war, dass die Aktivistinnen Enttäuschungen zum Anlass nahmen, nach Verbesserungen der Situation zu suchen: Sie begriffen den „Frust als Chance"[293]. Fasst man Enttäuschung als Ausdruck einer gestörten sozialen Beziehung, so handelten beide Seiten ihr Verhältnis zueinander neu aus, um die emotionale Dissonanz wieder zu beheben.[294]

Voraussetzung dafür war, die Angesprochenen nicht zu brüskieren. Beispielhaft zeigt eine Episode aus Nürnberg, wie diese Form der Neuverhandlung verlief: 1976 erschien eine Frau zum offenen Besuchsabend des Frauenzentrums. Sie hatte erwartet, dort mehr über die Ziele und Initiativen der Feministinnen zu erfahren, und sich eine Einladung zur Mitarbeit gewünscht. Aber niemand zeigte Interesse an ihr. Stattdessen stellte sie fest, dass die Frauen sich über ihr Selbstverständnis noch unklar waren, außerdem missfiel ihr das elitäre Gehabe einiger Wortführerinnen. Ihre Enttäuschung über die Zurückweisung beschrieb sie in einem Brief an die Zentrumsfrauen, den sie mit dem Appell „tschüss und macht was draus" beendete. Daraufhin entschuldigten sich die Zentrumsfrauen für den Eindruck, den sie hervorgerufen hatten, lobten, sie fänden es „wahnsinnig gut, dass du deine kritik geschrieben hast und deine gefühle", berichteten von eigenen Schwellenängsten und luden sie ein, ein weiteres Mal ins Zentrum zu kommen, um bei ihnen mitzuarbeiten. Dabei beschränkten sich die Zentrumsfrauen nicht darauf, eigene Fehler einzugestehen, sondern appellierten an die Interessentin, ihre „Konsumhaltung" zu überdenken. Zur Disposition standen also sowohl die

---

Freiberger/Judith Michel (Hrsg.), Angst in den internationalen Beziehungen, Göttingen 2010, S. 227–249, hier S. 243–245; Judith Michel, „Richtige" und „falsche" Angst in der westdeutschen Debatte um den Nato-Doppelbeschluss, in: ebd., S. 251–272, hier S. 264f.
[292] Vgl. dazu zuerst Hochschild, Emotion Work.
[293] So die Formulierung eines taz-Mitarbeiters, der sich mit den typischen Problemen der Alternativökonomie auseinandersetzte: Gerd Nowakowski, Frust als Chance – Überleben allein reicht nicht, in: Contraste. Monatszeitung für Selbstverwaltung, Nr. 50, November 1988, Beilage Bunte Seiten, S. 3.
[294] Vgl. aus sozialpsychologischer Sicht Wubben/De Cremer/van Dijk, How Emotion Communication Guides Reciprocity.

Erwartungen von Neuankömmlingen als auch die Haltung der bereits Engagierten. Dieser Austausch erschien den Frauen so modellhaft, dass sie ihn in der Nürnberger Frauenzeitung abdruckten.[295]

Enttäuschungsäußerungen als Appell zur Umkehr waren in der Frauenbewegung weit verbreitet, weil sie als „solidarische" Form der Kritik anerkannt waren (vgl. Kap. 2.1). In zahlreichen Städten nahmen die Aktivistinnen die Enttäuschung über die nachlassende Attraktivität der Frauenzentren zum Anlass, über die Gründe für die Misere zu diskutieren. Zu diesem Thema gab es Sondernummern in den lokalen Frauenzeitschriften, Arbeitswochenenden und Abendveranstaltungen. Die Mannheimerinnen dramatisierten ihren Aufruf zur Neuverhandlung, indem sie ihn wie eine Todesanzeige gestalteten (Abb. 10).[296] Auch wenn diese Aufbrüche nicht automatisch zum Erfolg führten – viele Zentren mussten am Ende trotz der Wiederbelebungsversuche schließen, in anderen brach die Krise regelmäßig wieder auf, manche Initiativen scheiterten an der schroffen Ablehnung der Angesprochenen[297] – weckten die aus einer Enttäuschung heraus entstandenen Appelle doch in aller Regel die Bereitschaft, einen Neuanfang zu versuchen. Welche Energien ein Rückschlag freisetzen konnte, illustriert die Gründungsgeschichte der Berliner Frauenzeitung „Tango feminista". Sie entstand im Anschluss an den Frankfurter Antirepressionskongress, den zehn Berlinerinnen als „unheimlich resignative Erfahrung" erlebten. Doch weil sie nicht dazu bereit waren, ihre Eindrücke „in Frustration versanden zu lassen", schrieben sie einen Rundbrief an alle Frauenzentren in Deutschland, um gemeinsam mit anderen Frauen „neue Energien und Lüste" zu entdecken, weiterzumachen und etwas Neues auszuprobieren. Aus diesem Impuls heraus gründeten sie eine neue Zeitung, die in einem Jahr immerhin vier Ausgaben hervorbrachte.[298]

Wenn Aktivistinnen auf diese Weise Enttäuschung offenlegten, riefen sie dazu auf, die zugrunde liegenden Auslöser zu verändern. Sie setzten mithin nachdrück-

---

[295] FMT Z 152, Anja, Brief an die Frauengruppe; Edith, Brief an Anja, in: Grete. Nürnberger Frauenzeitung, Nr. 1, 1976, S. 24f. Mit derselben Mischung aus Verständnis und Gegenkritik erwiderte eine Hamburgerin den Vorwurf, die von ihr mitgestaltete Frauenzeitung sei lieblos: FMT Z 125, Helma, also die zeitung…, Heimke, An Helma, in: Frauenzeitung des Frauenzentrums Hamburg, Nr. 5, Oktober 1976, S. 24f.

[296] Auch in anderen sozialen Bewegungen nutzten Aktivistinnen das Motiv der Todesanzeige als alarmierenden Weckruf für erneutes Engagement: FMT Z 154, Olivia Teles, Todesanzeige, in: Kratzbürste. Nürnberger Frauenzeitung, Nr. 1, Februar 1978, S. 42; AGG A Christa Nickels 119, Aufruf zum Friedensfest Linnich am 22.9.1984, o. D. [1984].

[297] Vgl. ASBF 7.2.2, Ergebnis des Arbeitswochenendes vom 21.–22. Juni 1975, o. D.; ebd., Neues Zentrum – Wochenende Freiburg, 9.10.1976; ebd., Wortprotokoll der Diskussion vom 8.3.1982, o. D.; ASBF 7.2.3, Info Februar 1978; FMT Z 135, Zentrum, in: Kölner Frauenzeitung, Nr. 3, April/Mai 1980, S. 22; FMT Z-F19, Paula, Zur Lage im Frauenzentrum, „Frauen, laßt das Frauenzentrum wieder zum lebendigen Zentrum der Marburger Frauenbewegung werden!", in: Spinatwachtel. Marburger Frauenzeitung, Nr. 1/Mai 1979, S. 23; FFBIZ A Rep. 400 Berlin 20.8b, Rundbrief der Gruppe „Gewalt gegen Frauen" des Frauenzentrums Nürnberg an die Frauenzentren, 1.11.1978. Vgl. auch oben S. 163.

[298] FMT Z 106, Oh, schon wieder eine Zeitung…, in: Tango Feminista. Erlebtes und Gedachtes aus der Berliner Frauenbewegung, Nr. 1, 1978, S. 1f.; Orientierung am öffentlichen Theater, ebd., S. 10f.

Abb. 10: Aufruf zur Neuverhandlung in Form einer Todesanzeige
© unbekannt; Quelle: FMT Z 142, Lila Klatschmohn. Emanzenblatt Mannheim-Ludwigshafen, Nr. 3, August 1979, S. 12

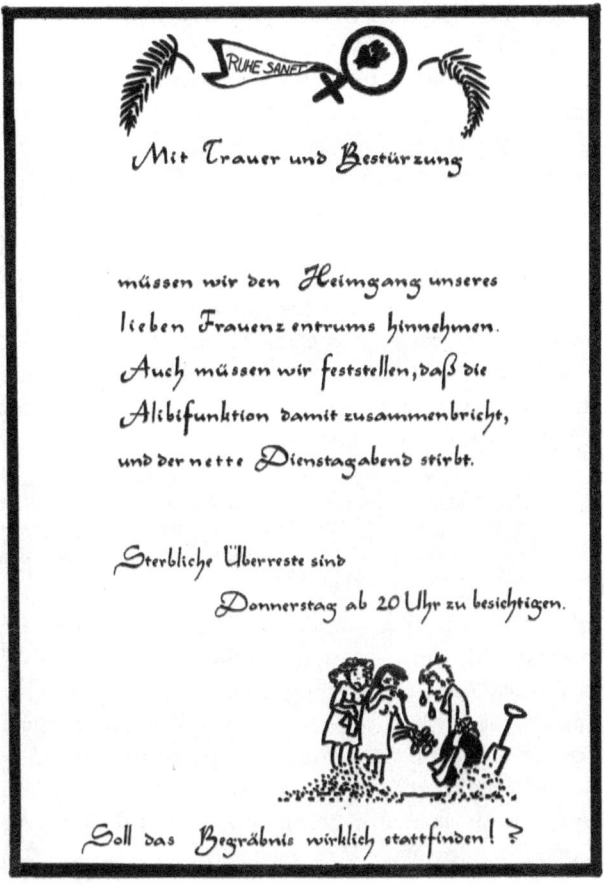

lich Erwartungen ins Recht, die aus ihrer Sicht verletzt worden waren. Neuverhandlung konnte sich aber auch auf die Bewertung von Situationen und Entwicklungen beziehen. Dabei reagierten engagierte Frauen auf die Enttäuschungsäußerungen anderer Feministinnen und nahmen eine Umdeutung vor. Im Juni 1979 gab die Aachener Frauenzeitung in einer Ausgabe, die sich thematisch ganz den „feministischen An- und Widersprüchen" innerhalb der Bewegung widmete, ihren Leserinnen den Rat: „Gerade die Fragwürdigkeit mancher Situationen (auch für uns) und die scheinbare Langsamkeit von Entwicklung [...] die uns zu lähmen scheint, sollte uns nicht resignieren lassen, sondern als mögliches Zeichen eines neuen Aufbruchs betrachtet werden!"[299] Genauso wollten die Gründerinnen der „Tango Feminista" die kümmerliche Resonanz auf ihren Appell an 70 Berliner Frauengruppen, wieder zusammenzukommen, nicht als Ausdruck von Schwäche, sondern als Zeichen für die „neue Breite" der Frauenbewegung

[299] FMT ZS-120, Zu dieser Nummer, in: Aachener Frauenzeitung, Nr. 3, Oktober 1979, S. 1.

verstehen.³⁰⁰ Als im Sommer 1980 das Mannheimer Frauenzentrum schließen musste und eine der Aktivistinnen dies zum Anlass nahm, einen vor Enttäuschung triefenden Artikel über die „Verrottung der Frauenbewegung" zu veröffentlichen, bekam sie ebenfalls beschwichtigende Repliken. Eine davon nahm das Bild der Verrottung auf, um ihm Positives abzugewinnen, denn aus dem Verrotten von Küchenabfällen und Gartenabfall werde herrlicher Dünger und Humus für neue Ernten und Blumen. Eine andere Feministin plädierte dafür, von „Veränderung" zu sprechen, weil es bei aller notwendigen Kritik gesünder sei, Erfolge anzuerkennen, als über Fehlschlägen zu verzweifeln.³⁰¹ Beide wiesen die Verrottungsthese mit der Begründung zurück, dass es doch sehr viele engagierte und emanzipierte Frauen gebe. Ganz auf dieser Linie lag die Interpretation von vornehmlicher Tatenlosigkeit und Unsichtbarkeit der Frauenbewegung als Latenzphase. In diesem Sinne schrieb 1987 eine Aktivistin demonstrativ „in Sektlaune" gegen Zweifel und Enttäuschung an:

> „Du suchst die frauenbewegung in Hannover – glaubst sie wäre eingeschlafen, nur weil sich das FRAUENZENTRUM aufgelöst hat, die FRAUENMITFAHRZENTALE nicht mehr existiert und vom FRAUENKULTURZENTRUM nichts zu sehen und zu hören ist – und auToxa kein feedback bekommt. Könntest Du das momentane schweigen einer Bewegung nicht auch als ruhe vor einem neuen sturm verstehen?!"³⁰²

Solche Umdeutungen waren nicht einfach Schönfärbereien. Sie rekurrierten ebenso wie die Niedergangsnarrative auf Erfahrungen und Wahrnehmungen engagierter Frauen. Zugleich waren die Umdeutungen und Aufrufe zur Neuverhandlung ein Akt, die Wirklichkeit kommunikativ zu (re)konstruieren. Die Strategie der Neuverhandlung nahm Enttäuschungserfahrungen auf, um nicht dabei stehen zu bleiben. Freilich konnten die Aktivistinnen auf diese Weise Enttäuschungen nur begegnen, sie aber nicht verhindern. Genau darauf zielte eine weitere weit verbreitete Strategie ab.

Absenken der Erwartungen

Die eigenen Erwartungen neu zu justieren war ein Königsweg, um bereits eingetretene Enttäuschungen zu mildern und künftigen vorzubauen, denn wer wenig erhoffte, konnte auch keine bösen Überraschungen erleben.³⁰³ Ohne den Glauben,

---

[300] FMT Z 106, Oh, schon wieder eine Zeitung..., in: Tango Feminista. Erlebtes und Gedachtes aus der Berliner Frauenbewegung, Nr. 1, 1978, S. 1f., hier S. 2.
[301] FMT Z 142, Annemarie, Verrottung der Frauenbewegung?, in: Lila Klatschmohn. Emanzenblatt Mannheim-Ludwigshafen, Nr. 8, Juni/Juli 1980, S. 4; Brigitte, Leserinnenbrief, in: Lila Klatschmohn. Emanzenblatt Mannheim-Ludwigshafen, Nr. 9, September/Oktober 1980, S. 36.
[302] FMT Z 137, Gabi Schuppe, Liebe auToxa!, in: autoxa. Hannoversche Frauenzeitung, Nr. 5, April/Mai 1987, S. 3.
[303] Vgl. dazu aus sozialpsychologischer Sicht Orit E. Tykocinsky, I Never Had a Chance: Using Hindsight Tactics to Mitigate Disappointments, in: Personality and Social Psychology Bulletin 27 (2001), S. 376–382; Wilco W. van Dijk/Joop Zeelenberg/Marcel van der Pligt, Blessed are Those who Expect Nothing. Lowering Expectations as a Way of Avoiding Disappointment, in: Journal of Economic Psychology 24 (2003), S. 505–516; van Dijk, Shattered Hopes, S. 90–96.

überhaupt etwas verändern zu können, machte jedoch das ganze Engagement keinen Sinn. Aus diesem Grund war das Erwartungsmanagement ein Balanceakt. Weil sich in den Erwartungen zudem Wunschvorstellungen der Aktivistinnen über strategische, inhaltliche und organisatorische Schwerpunkte der Bewegung abbildeten, gründeten entsprechende Aushandlungsprozesse immer auch in den Richtungskonflikten unter den feministischen Lagern und Teilbewegungen.

Für die Motivation der engagierten Frauen und die Regenerationsfähigkeit der Bewegung insgesamt bot das Absenken bestimmter Erwartungen einen unschätzbaren Vorteil: Die Aktivistinnen konnten dadurch auf Enttäuschungen reagieren, ohne den Sinn ihres Engagements grundsätzlich in Frage zu stellen. Waren die Mitarbeiterinnen der Frauenhausinitiativen ursprünglich noch davon ausgegangen, misshandelte Frauen durch ihre Projekte politisieren zu können, so relativierten sie diesen Anspruch nach kurzer Zeit, genau wie die Beratungsfrauen sich daran gewöhnten, dass die ungewollt schwangeren Frauen von ihnen nichts anderes wollten als die Adresse einer Abtreibungspraxis.[304] Doch auch die Erfahrung, dass es im Engagement überhaupt zu Enttäuschungen kam, war Gegenstand des Erwartungsmanagements. Wenn Aktivistinnen sich auf dieser abstrakten Ebene mit Enttäuschung auseinandersetzten, dann lautete ihre Botschaft, dass solche Erlebnisse normal seien. Diese nachträgliche Antizipation nahm enttäuschenden Erlebnissen ihre schockierende Wirkung. 1979 schrieb eine Mitarbeiterin einer Berliner Beratungsgruppe, sie glaube, dass Beratungsarbeit „wohl immer mit Frust verbunden" sei.[305] Zur selben Zeit stellte eine Heidelbergerin in einem Gedicht ihren Mitstreiterinnen die rhetorische Frage: „Habt ihr denn geglaubt / wir könnten auf einmal / die jahrhundertealte Unterdrückung / ohne Rückschläge aufheben?", und die ermutigende Antwort lieferte sie gleich mit: „Unsere Niederlagen heute / sind die Quellen künftiger Siege / nur müssen wir die Erfahrungen / verarbeiten und die Konsequenzen ziehen."[306] Enttäuschungserfahrungen konnten so in eine längerfristige Perspektive eingeordnet werden und erschienen als unvermeidliche Begleitaspekte einer kontinuierlichen Aufwärtsentwicklung. In diesem Sinne verstand eine Bremerin die irritierenden Ausschläge in der Entwicklung ihres feministischen Bewusstseins als Teil eines organischen Prozesses: „Manchmal fühle ich mich ekstatisch und frei und wie eine ‚Neue Frau' und manchmal fühle ich mich schrecklich entmutigt oder verschreckt oder als die gleiche Person, als die ich vor langer, langer Zeit begonnen habe… Dieses Auf und Ab, ist ganz verständlich, es sind die zu erwartenden Zyklen des Wachstums."[307] Auf diese Weise ließen sich Enttäuschungserfahrungen banalisieren und zähmen. Mit dieser Strategie demonstrierten die

---

[304] Vgl. oben S. 148.
[305] FMT Z 106, Zur Beratungsdiskussion im Frauenzentrum, in: Tango Feminista. Erlebtes und Gedachtes aus der Berliner Frauenbewegung, Nr. 4, Juni 1979, S. 8–11, hier S. 9. Vgl. zur Allgegenwart von Enttäuschung auch oben S. 133.
[306] FMT Z 129, Annette: [ohne Titel], in: Heidelberger Frauenzeitung, ohne Nr., Februar 1979, S. 12.
[307] FMT Z 102, Frauenhausfest in Kassel, November 1976, in: Frauenzeitung Bremen, Nr. 2, Januar 1977, S. 5f., hier S. 6.

Frauen überdies, dass sie sich nicht von Gefühlen überwältigen ließen. Durch einen souveränen Umgang mit Gefühlen emanzipierten sie sich von Weiblichkeitsklischees, die der Unterdrückung durch das Patriarchat zugerechnet wurden. Erwartungsabsenkung war mithin Bestandteil der emotionalen Selbstführung.

Mit nachträglicher Erwartungsdämpfung begegneten die Aktivistinnen auch der Ernüchterung, die bei vielen Frauen eintrat, wenn das Hochgefühl zu Beginn ihrer Bewegungskarriere nachließ. Eine Freiburgerin merkte im Februar 1978 selbstkritisch an, sie habe in ihrer „ziemlich euphorischen" Frauengruppen-Anfangszeit wohl auch zu große Erwartungen hinsichtlich der Entwicklung der Bewegung und ihres Einflusses auf die Gesellschaft gehabt.[308] Andere Aktivistinnen versuchten, vermeintlich überzogene Erwartungen ihrer Mitstreiterinnen herunterzuschrauben oder gar als „falsch" zu entlarven. Vor allem die Neulinge wurden verdächtigt, die Bewegung zu idealisieren und aus diesem Grund enttäuscht zu werden.[309] Daher stellte eine Bremerin 1979 klar, dass im Frauenzentrum keine „Patentrezepte für ein besseres Leben" verteilt würden. Nachdrücklich warnten zwei Kölner Feministinnen ihre Bewegungsschwestern Ende 1982 vor Schwärmerei: „Glück, Liebe, Zärtlichkeit kann die ‚Frauenbewegung' jeder einzelnen Frau nicht anbieten; wir sind höchstens in der Lage, gemeinsam zu lernen und Entwicklungsprozesse zu vollziehen."[310] Solche Äußerungen während der Hochphase der Niedergangsklagen richteten sich mindestens ebenso sehr an frisch dazugestoßene Frauen wie an Aktivistinnen mit längerer Bewegungsbiografie. Sie waren Teil der kommunikativen Selbstreflexion und dienten dazu, die Erwartungen an die Erfahrungen anzupassen.

Keine Aktivistin konnte Ende der 1970er Jahre noch daran vorbeisehen, dass nach rund zehn Jahren Engagement eine feministische Revolution nicht abzusehen war. Insbesondere das Scheitern der Proteste gegen das Abtreibungsverbot zwang die Aktivistinnen dazu, sich neu die Frage zu stellen, wie sie ihre Ziele überhaupt erreichen konnten. Eingebettet waren diese Veränderungen in Diskussionen unter den Linksalternativen während der zweiten Hälfte der 1970er Jahre, wie nach Abflauen der Studentenrevolte und dem Abbruch des Reformelans in der sozialliberalen Regierung der angestrebte „big change" vonstattengehen könne.[311] Nicht wenige Aktivistinnen akzentuierten vor diesem Hintergrund Vorstellungen, die auf einen langen und evolutionären Prozess hinausliefen. Relativiert wurden damit Erwartungen, schnelle, durchschlagende Erfolge bei der Befreiung

---

[308] ASBF 7.2.3, Info [der Freiburger Frauengruppe], Februar 1978, Bericht über ein Arbeitswochenende über das Freiburger Frauenzentrum.

[309] Z. B. FMT Z 182, Ulrike, Erfahrungen von neuen ♀en, in: Frauenzeitung Göttingen, Nr. 1, 1977, S. 4f.; ASBF 7.3.4, Margot Poppenhusen, Protokoll des 3. Freifrauen-Treffens am 2.4.1982, o. D.

[310] FMT Z 104, Eva Büssenschütt, Protokoll vom Arbeitstreffen, in: Gesche. Frauenzeitung aus Bremen, Nr. 2, April/Mai 1979, S. 6–10, hier S. 8; FMT Z 136, Karin u. Annette, Mehr Bewegung meine Damen, in: Kobra. Kölner Frauenzeitung, Nr. 1, November/Dezember 1982, S. 17.

[311] Vgl. dazu Belinda Davis, Disappointment and the Emotion of Historical Law and Change, in: Bernhard Gotto/Anna Ullrich (Hrsg.), Enttäuschung im 20. Jahrhundert, Berlin 2019 (in Vorbereitung); März, Linker Protest, S. 203–244.

Abb. 11: Die Frauenbewegung als Schildkröte
© unbekannt; Quelle: FMT Z 106, Tango Feminista.
Erlebtes und Gedachtes aus der Berliner Frauenbewegung, Nr. 1, 1978, S. 5

der Frau zu erleben. Manchmal zeigte sich dies im Subtext der Diskussionen. So verzierten die Autorinnen eines Artikels, der Anfang 1978 die Frauenbewegung sowohl als kulturelle Revolution und Revolte als auch als Prozess beziehungsweise Praxis definierte, ihren Text mit einer Vielzahl von Schnecken- und Schildkrötenzeichnungen, auf denen das Frauenzeichen zu sehen war (Abb. 11). Andere setzten sich explizit gegen die Erwartung ab, dass feministisches Engagement konkrete Erfolge erzielen müsse. So argumentierte beispielsweise eine katholische Laiin, die sich innerhalb ihrer Kirche für feministische Theologie einsetzte: „Ich frage nicht mehr so sehr danach, ob ich ein Ziel erreichen werde oder nicht. Ich richte mich auf den Weg ein und tue täglich, was ich für sinnvoll halte"[312]. Es sei, so eine Aktivistin aus Mannheim, doch schon eine „große Sache", die Situation der Frauen in ihrem familiären Umfeld zu verbessern, wenn auch nur langsam und allmählich.[313] Kleinschrittige Verbesserungen, ein praktisch grenzenlos ausgeweiteter Zeithorizont und entkonkretisierte Erfolgskriterien halfen dabei, das Engagement auch ohne sichtbare Fortschritte als sinnvolle politische Praxis zu begreifen.

Indem sie die Erwartungen auf diese Weise absenkten, passten sich die Aktivistinnen auch dem veränderten politisch-gesellschaftlichen Umfeld an. Ein evolutionäres Konzept erlaubte es, die Reaktionen des institutionalisierten politischen Betriebes auf die feministische Herausforderung nicht als Vereinnahmung zu bekämpfen, sondern als Erfolge der eigenen Beharrlichkeit zu interpretieren. Durch die Anpassung der Erwartungshaltung konnten die Feministinnen zugleich ihr Selbstbild aufrechterhalten, sich dem Patriarchat nicht ergeben zu haben. Zum Credo dieser Haltung wurde der Slogan „Bleibe im Land und wehre Dich täg-

---

[312] FMT Z 142, Helen, Leserinnenbrief, in: Lila Klatschmohn. Emanzenblatt Mannheim-Ludwigshafen, Nr. 10, Dezember/Januar 1980/1981, S. 34f.
[313] Ebd., Hanne, Miriam u. Heide, Ein halbes Jahr im Frauenforum – was hat es uns gegeben?, in: Lila Klatschmohn. Emanzenblatt Mannheim-Ludwigshafen, Nr. 3, August 1979, S. 18; weiteres Beispiel für das Lob der kleinen Schritte: FMT Z 112, Leserinnenbrief von Karin Luber zum Artikel über das Frauenhaus, in: Hexengewitter. Frauenzeitung für Ostfriesland, Nr. 2, Juli 1982, S. 43.

lich"³¹⁴. Das Absenken der Erwartungen war mithin eine Strategie, um das Engagement aufrechtzuerhalten und zu verstetigen. Dabei hielten die Aktivistinnen an ihren Grundüberzeugungen fest: Sie nahmen einzelne Annahmen zurück, relativierten die Bedeutung von Misserfolgen und konzedierten andere Wege, um die Gesellschaft zu verändern, aber sie gaben ihre Erwartungen nicht endgültig auf. Doch auch der Abschied von fundamentalen Gewissheiten konnte eine Konsequenz aus der Auseinandersetzung mit Enttäuschung sein.

Utopieverlust

Solche Abschiede waren schmerzlich, denn sie zwangen die Aktivistinnen dazu, sich Scheitern einzugestehen. Außerdem warf diese Option grundsätzliche Fragen über den Sinn des Engagements auf, denn wofür lohnte es sich zu kämpfen, wenn die Vision einer Welt ohne Frauenunterdrückung für unerreichbar erklärt wurde?

Viele Aktivistinnen revidierten ursprüngliche Vorstellungen durch die Konfrontation mit ungeahnten Schwierigkeiten beim Versuch, ihre Utopien in kleinem Maßstab zu verwirklichen. Das Terrain, auf dem die Aktivistinnen diesen „Praxisschock"³¹⁵ erlitten, war die Projektarbeit. In der Regel waren die Erwartungen der Gründerinnen hoch und ihre Kenntnisse gering. Für Sybille Plogstedt war diese Diskrepanz sogar eine Voraussetzung dafür, den Aufbau zu wagen, denn „es brauchte die Kraft, die aus der Naivität kommt, um solche Projekte zu gründen"³¹⁶. Allerdings enthält diese Einschätzung bereits den Kern des Utopieverlustes, der darin besteht, bestimmte Positionen im Nachhinein als wirklichkeitsfremd, unmöglich oder Wunschdenken einzuordnen. Viele Aktivistinnen der Frauenhausbewegung distanzierten sich auf diese Weise von ihren Ausgangsvorstellungen: „Den meisten von uns geht es doch so, daß wir einen Horror kriegen, wenn wir unsere ursprünglichen Konzeptionen sehen und was wir alles erreichen wollten. Die Praxis hat gezeigt, daß wir von unheimlich vielen Ansprüchen, die wir hatten, runterkommen müssen"³¹⁷, meinte eine Bremerin 1981. Nach zehn Jahren Arbeit im Frauenhaus kommentierte eine Göttingerin 1987 die Ursprungsidee der Initiative, mit dem Frauenhaus jede Art von Gewalt an Frauen zu bekämpfen, als überzogen und unrealistisch: „Der helle Wahn, wenn ich das heute aus einigermaßen zeitlichem Abstand lese. Und dies alles wollte ein Frauenhausverein schaffen!"³¹⁸ Kaum ein Arbeitsbereich blieb davon unberührt. Wenige Jah-

---

³¹⁴ Z. B. im ermunternden Kommentar von Redakteurinnen unter einem Gedicht; FMT Z 159, Martina Graß, Am Anfang des Weges, in: Lila Distel. Saarbrücker Frauenzeitung, Nr. 17, Oktober/November 1981, S. 3; außerdem FMT Z 162, Freya, Bleibe im Land und wehre dich täglich, in: lilaac. Aachener Frauenzeitung, Nr. 2, März/April 1989, S. 2f.
³¹⁵ FMT Z 142, Zur Frauenhaus-Organisation Selbstverwaltung, in: Lila Klatschmohn. Emanzenblatt Mannheim-Ludwigshafen, Nr. 13, Oktober/November 1981, S. 16f., hier S. 17.
³¹⁶ Plogstedt, Frauenbetriebe, S. 40.
³¹⁷ FFBIZ B Rep. 400 Acc. Berlin 20.22.5-52,289, [Diskussion während des Nationalen Frauenhaustreffens], in: Rundbrief der Zentralen Informationsstelle der autonomen Frauenhäuser Nr. 3, August 1981, S. 1–46, hier S. 40.
³¹⁸ Frauenhaus Göttingen (Hrsg.), Dokumentation (wie Anm. 123), S. 11f.

re nachdem die Frauenhäuser sich an die Arbeit gemacht hatten, qualifizierten die Macherinnen ihre Autonomie- und Selbsthilfekonzepte als „Illusion", ihre gesellschaftspolitischen Ziele als „Maximalanspruch" und ihre Erwartungen an die misshandelten Frauen als „Wunschvorstellung"[319]. Einige zogen daraus die Konsequenz, erklärten den Autonomieanspruch der Frauenhäuser für obsolet, warben für eine Professionalisierung ihrer Arbeit als bezahlte feministische Therapie und akzeptierten, dass sie faktisch Sozialarbeit leisteten.[320]

Praktisch alle Projektideen der autonomen Frauenbewegung, die feministische Gegenentwürfe zur herrschenden Ordnung realisieren wollten, arbeiteten sich in ähnlicher Form an der Diskrepanz zwischen Ansprüchen und Arbeitsalltag ab. „Der Viva-Traum ist ausgeträumt", lautete das Resümee einer Berlinerin, die in einer Frauendruckerei mit allen typischen Kennzeichen der Alternativökonomie die Integration von Arbeit und Lebensentwurf angestrebt hatte: Anstelle von Leistungszwängen, Entfremdung und Ausbeutung der kapitalistischen Verwertungslogik sollte der Betrieb Freiheit, Identifikation mit Produkten und dem Arbeitsumfeld sowie Freude hervorbringen. Kollektives Eigentum an den Produktionsmitteln, leistungsunabhängige Entlohnung, an den Möglichkeiten der Kundinnen orientierte Preise für Dienstleistungen und Produkte, selbstbestimmte Zeitregime, hierarchiefreies Arbeiten ohne den Zwang zur Spezialisierung, all dies erwies sich als wenig praxistauglich. Als auch noch die Unterstützung aus der Frauenszene nachließ, „ist mir an dem Punkt der Idealismus geraubt worden: daß du letztendlich ein Dienstleistungsbetrieb bleibst mit einem funktionalen Verhältnis zu denen, die da kommen, und daß eine Basis über die Arbeit zu anderen Frauen aufzubauen, einfach nicht drin ist"[321]. Die Gründerinnen und Mitarbeiterinnen von Frauenbuchläden, Frauenzeitschriften und Frauenkneipen machten dieselben Erfahrungen. „Die Utopie bleibt immer wieder auf der Strecke", konstatierte eine Kölner Aktivistin. „Die Forderung, daß jede Frau sich aus dem System herauszieht und zusammen mit anderen Frauen eine Gegenkultur aufbaut, ist utopisch. Ebenso utopisch ist es wohl, Frauenprojekte langfristig nur auf Idealismus aufzubauen"[322].

Utopieverlust bedeutete, vom Kern der Projektidee abzurücken. Damit wurde hinfällig, was dem Engagement seinen Sinn verliehen hatte. Wenn die Aktivistin-

---

[319] FMT SE 07.012, Monika Drach u. a. (Hrsg.), Das ganze Leben abwarten und den Mund halten. Dokumentation 83, Sindelfingen 1983, S. 82; Frauen helfen Frauen Heidelberg (Hrsg.), 1 Jahr Frauenhaus Heidelberg (wie Anm. 123), S. 41 u. 46; Frauen helfen Frauen Lübeck (Hrsg.), Aufbruch (wie Anm. 123), S. 103; Verein Hilfe für Frauen in Not Nürnberg (Hrsg.), Erfahrungsbericht (wie Anm. 123), S. 37.

[320] So die Position einiger Frauen bei der Diskussion über den Zustand der Frauenhausbewegung von 1981 (wie Anm. 317), S. 9; außerdem FMT Z 106, Beratung Beratung? Beratung?, in: Tango Feminista. Erlebtes und Gedachtes aus der Berliner Frauenbewegung, Nr. 4, Juni 1979, S. 15 f.; Göttert u. a. (Hrsg.), Weg (wie Anm. 129), S. 125 f.; FMT Z 138, Britta, Feministische Therapie – mal praktisch betrachtet und an ihren theoretischen, politischen Ansprüchen gemessen!, in: Azade. Göttingens Frauen/Lesbenzeitung, ohne Nr., 1986, S. 17–20.

[321] FMT Z 106, Der Viva-Traum ist ausgeträumt, in: Tango Feminista. Erlebtes und Gedachtes aus der Berliner Frauenbewegung, Nr. 3, Oktober 1978, S. 20 f., hier S. 21.

[322] FMT Z 136, Annemie, Frau und Geld, in: Kobra. Kölner Frauenzeitung, Nr. 3, 19. 1. 1983, S. 16 f.

nen nicht aufgeben wollten, mussten sie darum eine neue Legitimation dafür finden, dass sie ihre Arbeit fortführten. Die Frauen konnten sich darauf berufen, dass sie nicht alles, aber immerhin doch wichtige Bestandteile ihrer Ideen verwirklicht hätten. Dabei werteten sie diese realisierbaren Aspekte ihrer Tätigkeiten im Nachhinein auf, beispielsweise die Tatsache, ausschließlich mit Frauen zusammenzuarbeiten. Für andere reichte die Befriedigung aus, etwas im weitesten Sinne Feministisches zu tun und davon leben zu können. Viele rechtfertigten sich mit dem Stellenwert ihrer Tätigkeit für andere Frauen. Für die Mitarbeiterinnen der autonomen Frauenhäuser wog das Argument schwer, dass misshandelte Frauen ohne sie auf die „Gegenhäuser" angewiesen wären.

Schließlich beschrieben die Frauen ihre Erfahrungen als desillusionierenden Lernprozess.[323] Damit deuteten sie die Abkehr von ihren Ursprungserwartungen als Befreiung aus falschen Vorstellungen, die eine realistische Fortentwicklung ihres Projektes ermöglichte. Ein so deklarierter Utopieverlust hatte einen vergleichbaren Effekt wie die oben beschriebene emotionale Selbstführung, denn dadurch verwandelte sich lähmende Enttäuschung in rationale Überlegenheit und Tatkraft. Das Lob der Ernüchterung setzte allerdings Aktivistinnen in ein schlechtes Licht, die sich solchen Revisionen verweigerten und auf Prinzipientreue bestanden. Deren Vorwürfe der Selbstpreisgabe und Zaghaftigkeit provozierten beißenden Spott über den Selbstbetrug der „selige[n] Utopistinnen-Front" beziehungsweise der (wegen ihrer Bockigkeit oder weil sie keinen Bock auf unangenehme Kompromisse hatten so genannten) „Bock-Fraktion"[324]. Der Abschied von utopischen Zielen war also keine rein persönliche Option der Aktivistinnen, sondern ging mit einer Positionierung zum ideellen Gemeingut der Frauenbewegung einher.

So abgeklärt, wie die Aktivistinnen neue Einsichten vertraten, gelang der Abschied von der Utopie nicht immer. Sie lebte als „Mythos" in den Köpfen der Aktivistinnen fort und blieb trotz aller negativen Erfahrungen als Maßstab und Idealbild wirksam.[325] Gerade die sinnstiftende Kraft der Ursprungsidee half den Frauen, den Widerspruch zu ihrer Alltagserfahrung auszuhalten: „Überstehen können wir diese Arbeit im Frauenhaus nur, weil wir die Idee von einer besseren Welt noch nicht aufgegeben haben" und weil „gemeinsame Erfahrungen, Enttäuschungen und Lernprozesse [...] aneinander binden"[326]. Genauso wie Enttäuschung selbst war auch die Konsequenz des Utopieverlustes eine Erfahrung, die sich zusammen leichter verarbeiten ließ, weil sich die Aktivistinnen gegenseitig weiter versichern konnten, das Richtige zu tun, um der feministischen Sache einen Dienst zu erweisen.

---

[323] Z.B. FFBIZ A Rep. 400 Berlin Ac. 150 B.20.9a Labrys Nr. I, Artikel „frauenbuchladen labrys", 3.3.1977; Göttert u.a. (Hrsg.), Weg (wie Anm. 129), S. 73-75.
[324] Ebbinghaus u.a., Wendepunkte, S. 249; Anja Baumhoff, Frauenbewegung und Politik, in: ASBF, Freiburger Frauenzeitung Nr. 5, Herbst 1983, S. 47f.; Margot Poppenhusen, Nachrichten vom Frauenzentrum, in: ebd., Freiburger Frauenzeitung Nr. 13, 1986, S. 15.
[325] Drittes Frauenhaus Hamburg (Hrsg.), Frauen brauchen ein Haus (wie Anm. 122), S. 50.
[326] FMT SE 07.083, Frauenhaus Kassel (Hrsg.), Frauenhausdokumentation, Kassel 1985, S. 44.

Durch Utopieverlust distanzierten sich die Aktivistinnen von ihren vormaligen Erwartungen, um die erlittenen Enttäuschungen zu rationalisieren und künftige zu vermeiden. Diese Strategie ermöglichte ebenfalls eine Fortführung des Engagements, allerdings um den Preis, andere Frauen auszugrenzen. Ganz ähnliche Vorgänge spielten sich bei den Grünen im Streit zwischen „Realos" und „Fundis" während der 1980er Jahre ab. Utopieverlust machte aus Enttäuschung erst eine im eigentlichen Sinne „historische" Erfahrung, weil ihr dadurch eine (mehr oder weniger notwendige oder zwangsläufige) episodische Funktion in der Vergangenheit zugewiesen wurde. Enttäuschung avancierte so zum Steigbügelhalter einer Fortschrittsidee, die in einem affirmativen Verhältnis zu Aufklärung und Moderne gründete. In diesem Sinne definierte der Sozialphilosoph Peter Furth, der sich zeitweise an den Studentenprotesten von 1968 und zu Beginn der 1980er Jahre der Friedensbewegung beteiligt hatte, aktive Ent-täuschung als eine „Befreiung von Täuschung", die der Aufklärung inhärent sei.[327] Auch Christina Thürmer-Rohr, die Pionierarbeit in der feministischen Theorie leistete und als Sängerin und Pianistin einer Frauenrockband die Szene auch von innen kannte, sah in der Transformation von der „Täuschung in die Ent-täuschung" einen heilsamen Akt der Ernüchterung.[328] Doch diese „Whig interpretation of history" sagt weniger über die Erwartungen der Akteurinnen aus als über die Fortschreibung von Deutungskonflikten in der Historiografie. Zudem blendete ein solches Verständnis von Enttäuschung aus, dass es unter den Aktivistinnen auch Frauen gab, die sich dem Lernen aus Enttäuschung verweigerten.

Rückzug und Resignation

Zweifelsohne war Enttäuschung ein Beweggrund dafür, dass Frauen ihr feministisches Engagement einstellten. Quantifizieren lässt sich nicht, wie viele Aktivistinnen die Frauenbewegung aus Enttäuschung verließen, aber zahlreiche Erfahrungsberichte und „Abschiedsbriefe der Bewegung"[329] dokumentieren, dass Gefühlsarbeit, Erwartungsabsenkung, Umdeutungen und Utopieverlust kein lückenloses Netz von Praktiken bildeten, um die Enttäuschungen im Bewegungsalltag aufzufangen und zu überwinden.

Ein völliger Rückzug aus einem feministischen Projekt oder gar von der gesamten Frauenbewegung aus Enttäuschung war zumeist das Ende einer Eskalation von nicht erfüllten Erwartungen, verletzten Gefühlen und fehlgeschlagenen Heilungs-

---

[327] Furth, Phänomenologie der Enttäuschung, S. 8 u. 28. Furth war Mitglied im SDS und betreute in den 1970er Jahren die Dissertation von Rudi Dutschke. In einem Interview von 2008 erklärte er, durch Enttäuschungen gelernt zu haben, sich vom Wunschdenken zu verabschieden: „Die 68er-Revolte hat eine Wächtergeneration hinterlassen." Interview von Timo Frasch mit Peter Furth, in: FAZ, 5.8.2008, S. 3.

[328] Christina Thürmer-Rohr, Aus der Täuschung in die Ent-täuschung. Zur Mittäterschaft von Frauen, in: Beiträge zur feministischen Theorie und Praxis 8 (1983), S. 11–25.

[329] Aribert Reimann, Abschiedsbriefe der Bewegung. Linke Selbstreflexionen der siebziger Jahre, in: Daniel Fulda u. a. (Hrsg.), Demokratie im Schatten der Gewalt. Geschichte des Privaten im deutschen Nachkrieg, Göttingen 2010, S. 262–285.

versuchen. Dies war insbesondere der Fall, wenn die Aktivistinnen sich persönlich zurückgesetzt, nicht wertgeschätzt oder, noch schlimmer, verraten fühlten. Von den beiden in Kap. 2.2 analysierten Grunderwartungen an das Engagement war Anerkennung in diesem Zusammenhang das sensiblere Feld. Streit zwischen Feministinnen steigerte sich nicht selten zu solcher Heftigkeit, dass die unterlegenen Frauen nichts mehr mit dem Projekt oder der ganzen Bewegung zu tun haben wollten.[330] Dies war umso mehr der Fall, wenn es um eines der heiklen Tabuthemen ging, die Sybille Plogstedt in ihrer Untersuchung über Frauenkollektive identifiziert hat: Schönheit, Geld, Macht, Liebesbeziehungen unter den engagierten Frauen und Männerverhältnisse.[331] Doch auch die großen Hoffnungen, die die Frauen in die Projekte gesetzt hatten, bewirkten umso tiefere Enttäuschung im Falle des Scheiterns. Als die „Courage" 1984 eingestellt werden musste, erlebten die verbliebenen Redakteurinnen dies als Katastrophe, die „bitterste Verletzungen und Feindschaften fast fürs Leben" hinterließ.[332] Fasst man Enttäuschung als Zeichen einer gestörten sozialen Beziehung auf, so war der Rückzug die Konsequenz, wenn eine Feministin die Beziehung zu ihrem Bewegungsumfeld als unrettbar zerrüttet betrachtete.

Doch ein lautstark im Bewegungsraum ausgetragener Streit, an dessen Ende eine Partei effektvoll ihren Ausstieg verkündete, bildete keinesfalls das typische Muster für einen Rückzug vom Engagement. Frauen, die sich endgültig von der Bewegung abwandten, machten davon zumeist nicht viel Aufhebens. Erst im Abstand von vielen Jahren gaben einige Aktivistinnen zu, dass sie aus Enttäuschung gegangen waren.[333] In der Regel beklagten daher die verbliebenen Feministinnen die Lücken und suchten nach Gründen. Wenn diese den Verlust von ehemaligen Aktivistinnen auf Enttäuschung zurückführten, schrieben sie den Abwesenden ein Motiv zu, das mehr oder weniger plausibel sein konnte. In den Krisendiskussionen der Frauenzentren und bei den Niedergangsnarrativen über die Bewegung insgesamt galt Enttäuschung als Hauptgrund für den Rückzug ehemaliger Feministinnen.[334] Aus dieser Diagnose sprachen allerdings auch „Wut und Enttäuschung" *über* die Abtrünnigen, wie eine der Klagenden selbstkritisch festhielt.[335] Außerdem

---

[330] Vgl. die Beispiele oben S. 129 ff.
[331] Vgl. Plogstedt, Frauenbetriebe, S. 79–113.
[332] Dormagen, Macherinnen, S. 25.
[333] Z. B. Angelika Ebbinghaus und Sigrid Fronius; vgl. Schaz, Juli '76, S. 58; Kätzel, 68erinnen, S. 37.
[334] Z. B. FMT Z 154, Aufruf der Öffentlichkeitsarbeitsgruppe zu einem Gesamtplenum, in: Kratzbürste. Nürnberger Frauenzeitung, Nr. 3, Juni 1978, S. 6f., hier S. 7; Ursula Bouczek/ Nena Helfferich, Das Netz wird immer enger. Frauenbewegung und Politik, in: ASBF, Freiburger Frauenzeitung Nr. 1, 1982, S. 15–18, hier S. 17; Margot Poppenhusen, Geschichte der Freiburger Frauenbewegung, Teil II, in: ASBF, Freiburger Frauenzeitung Nr. 2/3, Februar 1983, S. 23–25, hier S. 24
[335] Carolina Brauckmann, Sag mir, wo die Frauen sind…, in: ASBF, Freiburger Frauenzeitung Nr. 5, Herbst 1983, S. 30–32, hier S. 30. Die Enttäuschung über die Verbürgerlichung von Bewegungsfrauen äußerte sich zuweilen in beißendem Spott. So schilderte eine Aktivistin auf der Sommeruniversität von 1982, dass eine ehemalige Mitkämpferin, „die Oberlesbe von damals", heute schwanger sei; Bericht über die 6. Frauenuniversität in Berlin, in: Bildungstribunal, WDR, 13.11.1982 (bei 9:55).

diente die Zuschreibung von Enttäuschung als Argument in den Aushandlungen über die Gültigkeit konkurrierender Erwartungen an die Frauenbewegung.

Einige der ehemaligen Aktivistinnen wiesen die Vermutung zurück, dass sie ihr Engagement aus Enttäuschung beendet hätten. Zwei Freiburgerinnen, die jahrelang im Frauenzentrum mitgearbeitet hatten, bevor die eine in der Hausbesetzerszene und die andere in der Ökologiebewegung aktiv wurde, stritten explizit ab, dass ihre Entscheidung etwas mit nicht eingelösten Erwartungen zu tun habe.[336] Als das Frauenzentrum in Hannover geräumt werden musste, versicherte eine der Feministinnen, die es aufgebaut hatten und die aus dem traurigen Anlass seiner Schließung noch einmal zusammenkamen, sie sei nicht resignativ.[337] Im Editorial der letzten Nummer der „lilaac" war zu lesen, der Frust habe die Aachener Frauenzeitung dahingerafft, während die verbliebenen Redakteurinnen selbst ihre Bereitschaft betonten, weiterzumachen.[338] Dass die Frauen Enttäuschung nicht als persönliches Motiv gelten ließen, lag an der Verteufelung von Resignation im Gefühlsregime der autonomen Frauenbewegung. Resignation galt als Folge patriarchalischer Unterdrückung und als Kennzeichen eines unpolitischen Bewusstseins. Wer zugab, resigniert oder aus Enttäuschung aufgegeben zu haben, machte sich daher als feministische Persönlichkeit unmöglich.

Wenn Aktivistinnen dennoch zugaben, aus Enttäuschung einen Schlussstrich zu ziehen, dann stellten sie dies häufig als Aufbruch zu neuen Ufern dar. Manche Frauen verbanden dies mit einer Kritik an der Enge des Bewegungsmilieus und argumentierten, sie wollten sich jenseits dieses Schutzraumes für Veränderungen einsetzen.[339] Auch innerhalb der Frauenbewegung suchten und fanden enttäuschte Aktivistinnen Möglichkeiten, sich ein neues Betätigungsfeld zu erschließen. Enttäuschung als Motiv für einen Umstieg statt als Sackgasse zum Ausstieg darzustellen war legitim, weil dadurch eine kämpferische feministische Grundhaltung gewahrt blieb. Tatsächlich waren Umstiege von Aktivistinnen in eine andere alternative Szene oder soziale Bewegung keine Seltenheit, denn die Fluktuation war in allen Bewegungen groß und die inhaltlichen Überschneidungen zwischen ihnen beträchtlich. „Der Kampf gegen Natur- und Umweltzerstörung war für mich ganz logisch ein Teil des Kampfes gegen das Patriarchat", erinnerte sich Claudia Pinl, und zwei Bremer Aktivistinnen hätten mit ihrer Motivation – „Wir kämpfen gegen dieses System, weil es kinderfeindlich, gesundheitsschädlich, naturfeindlich, leistungsorientiert, faschistisch, undemokratisch, rassistisch und sexistisch ist"[340]

---

[336] ASBF 7.3.4, Protokoll des Freifrauen-Treffens am 7.4.1982, o. D.
[337] FMT Z 137, Brunhild Müller-Reiß, Frauenzentrum – ein Nachruf, in: autoxa. Hannoversche Frauenzeitung, Nr. 5, April/Mai 1987, S. 12 f., hier S. 13.
[338] FMT Z 162, In eigener Sache, in: lilaac. Aachener Frauenzeitung, Nr. 2, März/April 1989, S. 1.
[339] Z.B. FMT Z 182, Susanne, Das reicht mir nicht mehr, in: Frauenzeitung Göttingen, Nr. 4, 1979, S. 25 f.; Luise – eine Phantomfrau, in: ASBF, Freiburger Frauenzeitung Nr. 6, 1984, S. 44–51; FMT Z 162, Christa, Warum ich aufhöre oder: Was hat die lilaac mit der Frauenbewegung zu tun?, in: lilaac. Aachener Frauenzeitung, Nr. 2, März/April 1989, S. 4–6; vgl. auch Karras, Frauenbewegung, S. 252.
[340] Vgl. z.B. Bähr [Pinl], Klatschmohn, S. 188 f.; FMT Z 104, Sigritt und Brigitte, Leserinnenbrief, in: Gesche. Frauenzeitung aus Bremen, Nr. 2, April/Mai 1979, S. 4 f., hier S. 5.

– in jeder Neuen sozialen Bewegung Unterschlupf finden können. Darum boten die Ökologie-, die Frauenfriedensbewegung[341] oder New-Age-Sekten den Feministinnen Alternativen, ohne das alternative Milieu selbst zu verlassen. Dabei handelte es sich um eine Umkehrbewegung, denn für nicht wenige Frauen war die Enttäuschung über den Machismo in linksalternativen Gruppen[342] ein wichtiger Antrieb gewesen, sich der Frauenbewegung zuzuwenden.

2.5 Zwischenfazit: Identität und Enttäuschung

Es ist offenkundig, dass Enttäuschung über die etablierten politischen Parteien Frauen dazu bewegte, sich in den Neuen sozialen Bewegungen zu engagieren. Ein prominentes Beispiel dafür ist Petra Kelly. Sie begründete den Austritt aus der SPD unter anderem mit ihrer „Enttäuschung vis a vis der *frauenfeindlichen* patriarchalischen Machtstruktur innerhalb der Partei [...] wir, meine Schwestern und ich, sind entmutigt von den vielen leeren Worten der SPD Herren und suchen nach neuen Formen der politischen Vertretung"[343]. Enttäuschung über die Herablassung und Ignoranz ihrer männlichen Kommilitonen im SDS führte zum berühmten Tomatenwurf, zur Gründung des Aktionsrats zur Befreiung der Frau und des Frankfurter Weiberrates.[344] Zahlreiche Aktivistinnen fanden zur Frauenbewegung, indem sie sich von der patriarchalischen Praxis in gemischten linken Gruppen abgrenzten.[345] Enttäuschungserfahrungen waren also ein wichtiger Antrieb für die Selbstorganisation von Frauen und für die Herausbildung eines feministischen Selbstverständnisses.

---

[341] Dazu existieren bislang nur wenige Untersuchungen; vgl. Belinda Davis, The Gender of War and Peace. Rhetoric in the West German Peace Movement of the Early 1980s, in: Mitteilungsblatt des Instituts für soziale Bewegungen, H. 32 (2004), S. 99–130; Reinhild Kreis, „Männer bauen Raketen". Geschlechterdimensionen in der Friedensbewegung der 1980er Jahre, in: Christoph Becker-Schaum u. a. (Hrsg.), „Entrüstet Euch!" Nuklearkrise, NATO-Doppelbeschluss und Friedensbewegung, Paderborn 2012, S. 294–308; Anne Bieschke, Frauen streiten um den Frieden. Kontroversen und Debatten rund um die Neue Frauenfriedensbewegung, in: Ariadne 66 (2014), S. 50–59; Ilona Scheidle, Das Frauenwiderstandscamp im Hunsrück (1983–1993). Lesbische Frauen für Frieden, gegen Krieg und Männergewalt, in: Franziska Dunkel/Corinna Schneider (Hrsg.), Frauen und Frieden? Zuschreibungen – Kämpfe – Verhinderungen, Opladen 2015, S. 117–145.

[342] Vgl. Aribert Reimann, Zwischen Machismo und Coolness – Männlichkeit zwischen Revolution und Emotion in den 60er und 70er Jahren, in: Manuel Borutta/Nina Verheyen (Hrsg.), Die Präsenz der Gefühle. Männlichkeit und Emotion in der Moderne, Bielefeld 2010, S. 229–252; Stefanie Pilzweger, Männlichkeit zwischen Revolution und Gefühl. Eine Emotionsgeschichte der bundesdeutschen 68er-Bewegung, Bielefeld 2015; zur feministischen Kritik daran u. a. Alice Schwarzer, Frauenbewegung im Ghetto?, in: Emma 1 (1977), Nr. 7, Juli 1977, S. 3.

[343] AGG PKA 2552, Offener Brief Petra Kelly an Helmut Schmidt, 17. 2. 1979 (Hervorhebung im Original).

[344] Vgl. Schulz, Der lange Atem der Provokation, S. 79–87.

[345] Z. B. FMT Z 154, WISO-Frauengruppe, in: Kratzbürste. Nürnberger Frauenzeitung, Nr. 1, Februar 1978, S. 10 f.; Ebbinghaus u. a., Wendepunkte, S. 238; Keinhorst, „Das war alles sehr, sehr aufregend...", S. 17.

Weniger deutlich sind die Folgen von Enttäuschungserfahrungen, die Aktivistinnen innerhalb der Bewegung erlebten. Zunächst ist festzuhalten, dass entgegen der Annahme von Albert O. Hirschman Enttäuschungen keineswegs zwangsläufig zu einem Rückzug ins Privatleben führten.[346] Es waren gerade Strategien zur Abschwächung, Überwindung und Vermeidung von Enttäuschung, die vielen Aktivistinnen eine Verstetigung ihres Engagements erlaubten. Doch die Art und Weise, wie sie sich selbst darin verorteten und wie sie ihre politische Aktivität bewerteten, veränderte sich durch diese Erfahrungen merklich. Denn die Frauenbewegung war auch ein Paradebeispiel für alternative Subjektivierungspraktiken der 1970er und 1980er Jahre, die ein feministisches „Selbst" hervorbringen sollten.[347] Enttäuschungserfahrungen mussten sich daher unmittelbar und langfristig auf Identitätskonstruktionen der Akteurinnen auswirken.

Die Konsequenzen lagen dabei nicht in einer Verabsolutierung der Subjektivität. Im Gegenteil führten Enttäuschungserfahrungen dazu, dass die Aktivistinnen den Stellenwert von subjektiver Betroffenheit als Schlüsselerlebnis ihres gesamten politischen Konzepts von gesellschaftlicher Veränderung relativierten. Überdeutlich stand zu Beginn der 1970er Jahre in der Frauenbewegung die Erwartung im Vordergrund, dass Frauen aufgrund ihrer gemeinsamen Unterdrückungserfahrung eine solidarische Kampfgemeinschaft bilden würden, in der jede Aktivistin der anderen schwesterlich verbunden sein müsse. Die Feministinnen „konstruierten – und beriefen sich auf ein – homogenes, weibliches Subjekt, ein ‚Wir' des Frauenkampfes", das auch die noch nicht politisierten Frauen, die Opfer patriarchalischer Unterdrückung waren, umfasste.[348] Bei diesen Ausgangserwartungen blieben die Feministinnen jedoch nicht stehen, wie sich an den Beratungsgruppen und der Frauenhausbewegung nachvollziehen lässt. Beispielsweise zogen Freiburgerinnen aus dem Scheitern dieser Homogenitätsfiktion und der daran geknüpften Hoffnung auf gesellschaftsverändernde Handlungsmacht die Schlussfolgerung, zur „Notschlachtung der heiligen Kuh Betroffenheit" aufzurufen.[349] Aktivistinnen, die starr an solchen Vorstellungen oder an gegenkulturellen Autonomiekonzepten länger festhielten, manövrierten sich zusehends ins Abseits und erfuhren sich selbst nicht mehr als feministische Avantgarde, sondern als komische Figur oder fanatische Außenseiterin.[350]

---

[346] Vgl. dazu die Ausführungen in der Einleitung, S. 10f.
[347] Dies betont Reichardt, Authentizität und Gemeinschaft, S. 148-150; zum Subjektivierungsbegriff als Verschränkung von Selbst- und Fremdführung vgl. Eitler/Elberfeldt, Von der Gesellschaftsgeschichte zur Zeitgeschichte des Selbst, S. 17f.
[348] Lenz (Hrsg.), Die Neue Frauenbewegung, S. 767.
[349] Ursula Bouczek/Nena Helfferich, Betroffenheit. Anregungen zum Nachdenken darüber, ob die Notschlachtung der heiligen Kuh Betroffenheit auf der feministischen Spielwiese jetzt fällig ist, in: ASBF, Freiburger Frauenzeitung Nr. 6, 1984, S. 6-11. Die darin enthaltenen heftigen Vorwürfe gegen Empathie und Identifikation als Voraussetzung für politische Einmischung sind als polemisches Argument gegen den „Betroffenheitskult" der Frauenbewegung später von Cora Stephan aufgegriffen und verallgemeinert worden: Cora Stephan, Der Betroffenheitskult. Eine politische Sittengeschichte, Berlin 1993, S. 45-48, 111 u. 119.
[350] Vgl. oben S. 158.

Ein näherer Blick auf die Verarbeitung von Enttäuschungserfahrungen nährt Zweifel an der These, dass die der „Selbstbestimmung" inhärenten Zwänge zur Autonomieproduktion geradlinig in die Rationalität neoliberaler Sozialtechnologie geführt hätten.[351] So greift es zu kurz, Feministinnen als Vorläufer des selbstausbeuterischen Kreativsubjekts zu bezeichnen, denn Akteurinnen entzogen sich auch Leistungs- und Verfügbarkeitsansprüchen ihrer Bewegungsschwestern. Diese Verweigerung rechtfertigten sie ausdrücklich mit dem Autonomie- und Freiheitspostulat ihrer frauenbewussten Identität.[352] Eine ähnliche Tendenz zur Abgrenzung und zur Neuverhandlung von Erwartungen lässt sich auf dem Kerngebiet von Selbst- und Fremdführung beobachten, wenn nämlich Aktivistinnen den Eindruck vermittelt bekamen, sie verhielten sich „nicht feministisch genug"[353]. Zwar erzeugten die Ansprüche, die die Feministinnen innerhalb ihrer sozialen Räume errichteten, nicht weniger „emotional stress" als die Verteidigung einer feministischen Identität außerhalb der Subkultur.[354] Doch viele Frauen zogen daraus die Konsequenz, die Zwänge und Normen innerhalb der frauenbewegten Szene zu reflektierten und sich davon zu distanzieren.[355] Enttäuschungserfahrungen konnten den Aktivistinnen also dabei helfen, die Ambivalenzen und Zumutungen bei ihrer Identitätsproduktion zu hinterfragen: Sie wendeten das analytische Instrumentarium, mit dem sie die weiblichen Rollenerwartungen des Patriarchats seziert hatten, auf den sozialen Raum der Frauenszene selbst an. Insofern führte die „intensive Selbstbezogenheit"[356] der Frauenbewegung nicht zu einer Entpolitisierung, sondern zu einer bewussteren Auseinandersetzung mit dem Ineinandergreifen von Selbst- und Fremdführung bei der Suche nach einer neuen, frauenbewussten Identität.

Solche Reflexionsprozesse stärkten die Position der einzelnen Akteurinnen gegenüber ihrer „Bewegung" als kollektive Identitätsspenderin. Sicherlich blieb die Gemeinschaft mit den Bewegungsschwestern eine unverzichtbare Bezugsebene für die Selbstverortung der Akteurinnen. „Ich brauche die Frauenbewegung nicht nur weil ich Aktionen durchführen will,", erklärte eine Mannheimerin Ende 1979, „sondern auch weil ich mich mit Euch über meine Zweifel, meine Verunsiche-

---

[351] So vor allem Reichardt, Authentizität und Gemeinschaft, S. 625 u. 887–889, im Anschluss an Andreas Reckwitz, Das hybride Subjekt. Eine Theorie der Subjektkulturen von der bürgerlichen Moderne zur Postmoderne, Weilerswist 2006. Dieselbe Verbindungslinie zogen 1999 bereits Luc Boltanski/Ève Chiapello, Der neue Geist des Kapitalismus, Konstanz 2003 (frz. Originalausgabe Paris 1999).
[352] Z. B. FFBIZ A Rep. 400 Berlin 20.11 d, Positionspapier von Monika [Schmid], o. D. [1978]; FMT Z 142, Gisela, Feminismus ist die Theorie – arbeiten mit Frauen ist die Praxis, in: Lila Klatschmohn. Emanzenblatt Mannheim-Ludwigshafen, Nr. 8, Juni/Juli 1980, S. 5–7.
[353] FFBIZ A Rep. 400 Berlin 20.11 d, Sigrid Fronius, Redaktionsinternes Positionspapier, o. D. [Oktober 1977].
[354] Vgl. dazu Cheryl Hercus, Identity, Emotion, and Feminist Collective Action, in: Gender and Society 13 (1999), S. 34–55, hier S. 46–48.
[355] Z. B. FMT Z 102, Urlaub von der Frauenbewegung?!, in: Frauenzeitung Bremen Nr. 1, 1976, S. 9f.
[356] Gerd Koenen, Das rote Jahrzehnt. Unsere kleine deutsche Kulturrevolution, 1967–1977, Köln 2001, S. 252.

rung, meine Gefühle auseinandersetzen muß"[357]. Dennoch führte das oben beschriebene Erwartungsmanagement zu einer Subjektivierung von Kriterien, um die Wirkungen der Frauenbewegung und damit die Relevanz des eigenen Engagements zu beurteilen. Die Fortschritte, die die Aktivistinnen in ihrer persönlichen Selbstwahrnehmung und Lebensweise feststellten, gewannen gegenüber gesellschaftspolitischen Forderungen an Bedeutung. Symptomatisch für die Gewichtsverlagerung hin zur individuellen Erfahrungswelt war die Einschätzung einer Bremerin von Anfang 1979, dass sie sich „nichts als Illusionen gemacht habe bezüglich der Veränderung und Neubelebung des Frauenzentrums, und daß diese Illusionen mich gehindert haben, weiterzugehen in meinen eigenen Interessen"[358]. Solche Beispiele gibt es zuhauf. Eine Göttingerin beklagte sich ebenfalls darüber „daß ich hier reinstecke und reinstecke und meine Kraft fast vergeude und nichts zurückkriege". Sie vermisste eine persönliche inhaltliche Entwicklung und setzte dies mit einer Stagnation des gesamten politischen Projektes gleich: „Ich sehe nicht mehr, daß es eine Frauen*bewegung* ist."[359]

Die Erwartung der Aktivistinnen, Veränderung, Fortentwicklung und Neuaufbrüche zu erfahren, äußerte sich in den 1970er und 1980er Jahren ungebrochen. Diese Sehnsucht nach Bewegung war mindestens in gleichem Maße ein politisches Projekt wie eine Suche nach dem Selbst. Auf beiden Ebenen fanden Aktivistinnen Befriedigung im Modus des Erlebens. Aus intensiven Erlebnissen schöpften sie zudem Mut und Zuversicht, um Enttäuschungen zu ertragen. Auch das Überwinden und Transformieren von Enttäuschungen selbst hatte diesen Erlebnischarakter. Die Aktivistinnen gaben ihre Erfahrungen im Umgang mit demotivierenden Gefühlen weiter, weil sie ihren Bewegungsschwestern dabei helfen wollten, auf Enttäuschungen zu reagieren. Daher gingen Enttäuschungen und die im sozialen Kommunikationsraum der Bewegung verbreiteten Überwindungsstrategien auch in die kollektive Identität der Frauenbewegung ein: Ihre politische Relevanz erwies sich in ihrer Persistenz und der Fähigkeit, Rückschläge zu verkraften. Die Frauenbewegung konstituierte sich als eine Gemeinschaft von Feministinnen, die trotz aller Enttäuschung an ihrem Engagement festhielten.

---

[357] FMT Z 142, Edith u. Regine, Frauen wo seid ihr – geht euch alles nichts mehr an?, in: Lila Klatschmohn. Emanzenblatt Mannheim-Ludwigshafen, Nr. 4, Oktober/November 1979, S. 39.

[358] FMT Z 104, Eva Büssenschütt, Frauen gemeinsam sind stark?, in: Gesche. Frauenzeitung aus Bremen, Nr. 2, April/Mai 1979, S. 11–14, hier S. 11.

[359] FMT Z 182, Frauen im Zentrum. Themenzentrierter Abend im Frauenzentrum über die Frage „Warum bin ich ins Frauenzentrum gekommen und warum bleibe ich?", in: Frauenzeitung Göttingen, Nr. 4, 1979, S. 26–31, hier S. 28.

3. Die Steuerreform der christlich-liberalen Bundesregierung

Es gibt wenige Beispiele für politische Projekte, die gemessen an ihrer Resonanz so gründlich schiefgingen wie die große Steuerreform der CDU-geführten Bundesregierung in der zweiten Hälfte der 1980er Jahre. Obwohl sie die finanzielle Belastung für sehr viele Bürgerinnen und Bürger beträchtlich reduzierte, produzierte die Steuerreform Unzufriedenheit, Empörung und Enttäuschung bei Wählerinnen und Wählern sowie innerhalb der Koalitionsparteien.

Woran lag dieser eklatante Widerspruch? Teilnehmer und Beobachter des politischen Prozesses erklärten das schlechte Image der Steuerreform mit Fehlleistungen der Bundesregierung und der sie tragenden Parteien. Demnach waren diese erstens unfähig, der Öffentlichkeit die Vorteile ihrer Politik zu erklären und sie von den Segnungen der Reform zu überzeugen. Zweitens lautete der Vorwurf, dass die Spitzenpolitiker von Unionsparteien und FDP durch unausgesetzten Streit über Einzelheiten die grundlegenden Konturen und Zielsetzungen vollständig verdeckt hätten.[1] Die griffige Formulierung für dieses Argument lautete, die Koalition habe ihre eigene Steuerreform „zerredet". Demgegenüber stellten systematischere Analysen heraus, dass die Steuerreformdebatte an unaufhebbaren Zielkonflikten zwischen finanz-, gesellschafts- und wirtschaftspolitischen Prioritäten litt, die allesamt einen hohen programmatischen Rang für die Koalitionsparteien hatten. Konkret mussten Haushaltskonsolidierung, Entlastung der Familien, Anreize für den Wirtschaftsaufschwung und die soziale Symmetrie unter einen Hut gebracht werden, was die Steuerreform zeitweise zur „Quadratur des Kreises" habe werden lassen.[2]

Das Hauptproblem der Reform war in dieser Perspektive nicht die Vermittlung durch die Regierung und die sie tragenden Parteien, vielmehr bündelten sich in diesem Vorhaben exemplarisch Strukturprobleme politischer Willensbildung in der Bundesrepublik. Sie lagen im Zusammenspiel zwischen den demokratisch legitimierten Exekutiv- und Legislativorganen der Bundesrepublik mit ihrer institutionellen Umwelt einerseits und den inhärenten Zwängen der medialen Repräsentation von Politik andererseits begründet: Das politische System der Bundesrepublik war (und ist) gekennzeichnet von einer engen Verflechtung politischer Parteien mit organisierten Interessen, die daher großen Einfluss auf demokratisch gewählte Organe ausüben können. Weiterhin sind die Entscheidungsebenen im föderalen System der Bundesrepublik horizontal, vertikal und funktional hochgradig vernetzt, wodurch einzelne Entscheidungsträger die Position eines „Vetospielers" einnehmen können. Freilich gelang es der Bundesregierung in den 1980er

---

[1] Douglas Webber, Das Reformpaket: Anspruch und Wirklichkeit der christlich-liberalen „Wende", in: Werner Süß (Hrsg.), Die Bundesrepublik in den achtziger Jahren. Innenpolitik – politische Kultur – Außenpolitik, Opladen 1991, S. 153–170, hier S. 160f.
[2] Wirsching, Abschied vom Provisorium, S. 282.

Jahren auch häufig, den Einfluss der „Mitregenten" zu überspielen oder zu umgehen.[3]

Während des Diskussionsprozesses über die Steuerreform nutzen insbesondere die Ministerpräsidenten von Baden-Württemberg, Niedersachsen und Bayern ihre Stellung im Bundesrat, um ihren Forderungen Nachdruck zu verleihen. Schließlich entstand aus diesen Strukturmerkmalen die Neigung, Regierungshandeln vor dem gesetzesförmigen Entscheidungsverfahren durch informell herbeigeführten Konsens mit zahlreichen Instanzen und Funktionsträgern abzusichern. Dadurch erschien der Entscheidungsprozess ausufernd, „notorisch zerfasert", ja „geradezu quälend"[4] und ließ sich darüber hinaus leicht als undemokratisch und intransparent („Kungelei", „Gemauschel") abqualifizieren.

Für alle diese Erklärungsansätze bietet die Steuerreform gute Argumente. Allerdings konzentrieren sie sich auf den Entscheidungsprozess und gehen an den konkreten Bedingungen für den Auf- und Abbau von Erwartungen vorbei. Um zu verstehen, wo die Ursachen für die Enttäuschung über die Reform lagen, wer zu den Enttäuschten zählte und welche Funktion die Kommunikation dieses Gefühls hatte, werden im Folgenden zunächst die Erwartungen analysiert, die mit diesem Projekt verbunden waren. In einem zweiten Schritt wird untersucht, welche emotionale Dynamik die öffentlichen Debatten über die Reform freisetzten. Abschließend stehen die Enttäuschten selbst im Fokus, d. h., insbesondere ihre Reaktionen und Strategien, um diesem Gefühl zu begegnen.

Überblick: Die Steuerreform der Bundesregierung von 1986 bis 1990

Im Rückblick zeichnen sich die Konturen der Steuerreform der christlich-liberalen Koalition sehr viel klarer ab, als sie im politischen Diskussions- und Entscheidungsprozess zu erkennen waren. Beispielsweise präsentierte die Bundesregierung im Jahreswirtschaftsbericht von 1983 die geplante Senkung der Lohn- und Einkommensteuer zunächst als „dritte Stufe" eines Gesamtentlastungsplanes, der Erleichterungen bei der Gewerbe- und Unternehmenssteuern vorausgingen.[5] Ob-

---

[3] So Schmidt, Sozialpolitische Denk- und Handlungsfelder, S. 145. Dass die Anzahl von Vetospielern die Reformfähigkeit von Staaten auf dem Gebiet des Steuerwesens verringere, ist die These von Uwe Wagschal, Blockieren Vetospieler Steuerreformen?, in: Politische Vierteljahresschrift 40 (1999), S. 628–640; kritische Einwände dagegen erhebt Buggeln, Steuern nach dem Boom, S. 88 f.

[4] Wirsching, Abschied vom Provisorium, S. 276; systematisch zu den geschilderten Problemkomplexen ebd., S. 208–222. Auf derselben Ebene argumentiert unter Rückgriff auf die Systemtheorie Niklas Luhmanns Siegfried E. Franke, Steuerpolitik in der Demokratie. Das Beispiel der Bundesrepublik Deutschland, Berlin 1993, S. 408; die Informalisierung und Konsensbildung bei der Steuerreform veranschaulicht Jürgen Gros, Politikgestaltung im Machtdreieck Partei, Fraktion, Regierung. Zum Verhältnis von CDU-Parteiführungsgremien, Unionsfraktion und Bundesregierung 1982–1989 an den Beispielen der Finanz-, Deutschland- und Umweltpolitik, Berlin 1998, S. 135–137 u. 397–399.

[5] Deutscher Bundestag, 9. Wahlperiode, Drucksache 9/2400: Jahreswirtschaftsbericht 1983 der Bundesregierung, 27.1.1983, S.13, http://dipbt.bundestag.de/doc/btd/09/024/0902400.pdf

wohl die leitenden Grundprinzipien im Finanzministerium schon sehr früh niedergelegt waren, hing die konkrete Ausgestaltung stark von einer ganzen Reihe finanzwirtschaftlicher und politischer Variablen ab, die im jeweiligen Entscheidungsstadium die Optionen der Handelnden bestimmten. Jede Übersicht ist daher eine Rekonstruktion, die die Systematik betont und Zufälligkeiten einebnet.

Im Mittelpunkt der Reform stand die Lohn- und Einkommensteuer.[6] Die Neugestaltung dieses Steuertarifs war ihr Herzstück. Stellt man die Besteuerung der unterschiedlichen Einkommensklassen grafisch dar, so ergibt sich eine Kurve, anhand derer sich die Einzelheiten der Besteuerung nachvollziehen lassen. Zunächst ist dabei festzuhalten, dass die Berechnung des zu versteuernden Einkommens eine wesentliche Stellschraube der Steuerpolitik darstellt. Das Steuerrecht der Bundesrepublik kennt eine hohe Zahl von Freibeträgen, die vom erzielten Einkommen abgezogen werden, sodass sich die Bemessungsgrundlage verringert und die Steuerlast sinkt. Einige davon sind verfassungsrechtlich begründet. So hatte die Entscheidung des Bundesverfassungsgerichts, dass das Existenzminimum steuerfrei zu sein hatte, die Bundesregierung unter Zugzwang gesetzt, den Grundfreibetrag anzuheben. Generell jedoch waren Freibeträge eine willkommene Möglichkeit, steuerliche Vorteile gezielt bestimmten Klientelgruppen zukommen zu lassen. Die Besteuerung des Einkommens, das nach Abzug der Freibeträge die Bemessungsgrundlage darstellte, zerfiel in vier Tarifzonen: Bis zu einer bestimmten Grenze waren Einkommen generell von Steuern befreit. Dieser Bereich, der vor der Reform von 0 bis 4212 DM für Ledige bzw. dem doppelten Betrag für Verheiratete reichte, hieß „Nullzone". An sie schloss sich die „untere Proportionalzone" an, in der Einkommen mit einem gleichbleibenden Steuersatz belegt wurden, dem Eingangssteuersatz. Er lag vor der Reform bei 22% und wurde für Einkommen bis 18 000/36 000 DM fällig. Höhere Einkommen unterlagen Steuersätzen, die überproportional zum Verdienst anstiegen. Diese so genannte „Progressionszone" umfasste vor der Reform den weiten Bereich von 18 000/36 000 bis 130 000/ 260 000 DM pro Jahr an zu versteuerndem Einkommen. Jenseits dieser Grenze wurden Einkommen einheitlich mit dem Spitzensteuersatz von 56% belegt; dieser Bereich nannte sich „obere Proportionalzone".

Dieser Tarifverlauf spiegelte die Grundannahme der progressiven Besteuerung wider, dass Bezieher höherer Einkommen im Vergleich zu einkommensschwachen

---

(24.2.2016); vgl. auch Regierung kündigt „Stufenplan" für Steuerentlastungen an, in: FAZ, 27.1.1983, S. 11.

6 Die Änderungen an der Unternehmensbesteuerung sind nicht Gegenstand dieser Untersuchung. Bevor die Bundesregierung die eigentliche Reform anging, hatte sie einige steuerliche Erleichterungen für Unternehmen auf den Weg gebracht. 1988 wurden die Sonderabschreibungsmöglichkeiten für kleine und mittlere Betriebe ausgeweitet. 1990 änderten sich weitere Vorschriften für die Umsatz-, die Gewerbe- und die Körperschaftssteuer, außerdem wurde das Investitionszulagengesetz abgeschafft. Vgl. zu den Einzelheiten Ulrich Johann, Die Steuergesetzgebung in der Bundesrepublik Deutschland von 1983 bis 1998. Die Zeit der christlich-liberalen Koalition, Frankfurt am Main 2006, S. 14–21, 48f. u. 90; Martin Leo Heinrich, Steuerpolitik zwischen systematischer und wirtschaftspolitischer Orientierung. Dargestellt am Beispiel der Steuerreform 1986, 1988 und 1990, Pfaffenweiler 1992, S. 38f. u. 40f.

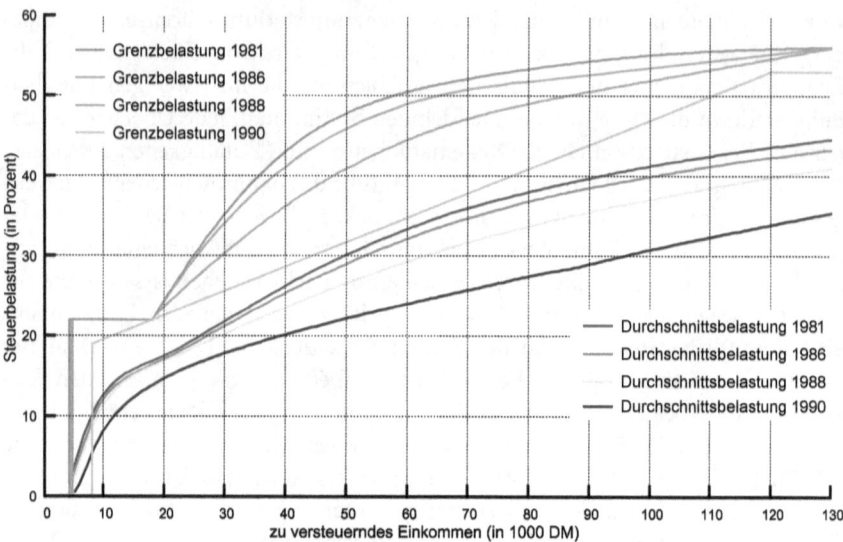

Abb. 12: Grenz- und Durchschnittssteuersätze 1981–1990
Quelle: ACDP Pressearchiv 0/6/9-0-0, Presse- und Informationsamt der Bundesregierung: Aktuelle Beiträge zur Wirtschafts- und Finanzpolitik, Nr. 19/1988, 5. 2. 1988, S. 10

Schichten eine überproportional größere steuerliche Leistungskraft besaßen. Während dieses Prinzip selbst nicht in Frage gestellt wurde, entzündete sich an seiner Konkretion in Gestalt des Tarifverlaufs Kritik. Grund dafür war der Grenzsteuersatz, der angab, wie hoch Einkommenszuwächse zu versteuern waren. Diese Größe stieg nach der letzten Änderung von 1981 für Einkommen zwischen 18 000 und 60 000 DM besonders steil an – von 23 auf über 50% (vgl. die rote Kurve in Abb. 12). In Verbindung mit den hohen nominalen Lohn- und Einkommenszuwächsen infolge der Inflation während der 1970er Jahre waren immer mehr Arbeitnehmer in diesen Tarifbereich hineingewachsen; 1984 betrug ihr Anteil bereits 54% aller Steuerpflichtigen.[7] Die Folgeeffekte wurden unter dem Schlagwort der „kalten Progression" diskutiert: Große Anteile von Gehaltserhöhungen gingen an den Fiskus, sodass unter dem Strich nur geringe Nettozuwächse verblieben, welche den Kaufkraftverlust durch die Preissteigerungen nicht immer kompensierten. Aus diesem Grund hatte die sozialliberale Bundesregierung Tarifänderungen, die zu einem steileren Anstieg der Progression geführt hatten, 1979 korrigiert. Doch bereits zwei Jahre später war der Entlastungseffekt verpufft, sodass eine erneute Tarifanpassung nötig wurde, die allerdings gar nicht mehr den Anspruch erhob, systematische Korrekturen vorzunehmen.[8]

---

[7] ACDP 01-626-165/1, Dr. Gerhard Stoltenberg, Vorschläge zur Senkung der Einkommen- und Lohnsteuer, steuerlichen Entlastung der Familien und für Umschichtungen im Steuersystem, März 1984, S. 3.
[8] Vgl. Jutta Muscheid, Die Steuerpolitik in der Bundesrepublik Deutschland 1949–1982, Berlin 1986, S. 171 u. 181.

Überdies galt die hohe Grenzsteuerbelastung als leistungshemmend, weil sich finanzielle Verbesserungen durch Höherqualifikation oder durch stärkeren beruflichen Einsatz nur geringfügig bemerkbar machten.[9] Außerdem sorgte die „kalte Progression" dafür, dass die Lohn- und Einkommensteuer schneller anstieg als das Gesamtsteueraufkommen: Von 1970 bis 1980 wuchs der Anteil der Lohn- und Einkommensteuer an den Steuereinnahmen von 33,8 auf 40,6%.[10] Als die Konjunktur Anfang der 1980er Jahre anzog, wuchsen die Einnahmen des Fiskus überproportional an, während die Bundesregierung mit Rücksicht auf ihre Konsolidierungspolitik keinen Ausgleich für die stärkere steuerliche Abschöpfung der nominalen Lohnzuwächse schuf.[11] Daher, so die weit verbreitete Überzeugung unter den politischen Parteien, in der öffentlichen Meinung und in der Fachdiskussion, hatte der Staat die moralische Pflicht, die „heimlichen Steuererhöhungen" zurückzugeben, indem sie die Steuerlast für alle verringerte.[12]

Die Steuerreform erfolgte in drei Schritten bzw. „Stufen", wie die Regierung selbst immer wieder betonte, um den Zusammenhang der einzelnen Änderungen hervorzuheben. Zum 1. Januar 1986 hob die Bundesregierung den Grundfreibetrag um 324 DM für Alleinstehende und 648 DM für Verheiratete auf 4536/9072 DM an. Weiterhin milderte sie ein wenig die Schärfe der Progression im Tarifverlauf (in Abb. 12 die grünen Kurven). Kernstück des ersten Reformabschnitts war jedoch die deutliche Erhöhung der erst 1983 wieder eingeführten Kinderfreibeträge. Sie wurden von 432 auf 2484 DM aufgestockt. Damit kehrte die Bundesregierung zum dualen System des Familienlastenausgleichs zurück, in dem Kindergeld und steuerliche Freibeträge nebeneinander bestanden. Als weitere familienpolitische Leistung wurden die Ausbildungsfreibeträge leicht angehoben, die die sozialliberale Koalition im Rahmen der Haushaltskonsolidierung halbiert hatte.

Der zweite Reformabschnitt setzte die 1988 eingeleiteten Veränderungen fort, allerdings mit einer anderen Akzentsetzung. Erneut erhöhte die Bundesregierung den Grundfreibetrag um 216 bzw. 432 DM auf 4752 DM für Alleinstehende und

---

[9] Im Oktober 1977 glaubten nach einer Allensbach-Umfrage über die Hälfte der Berufstätigen, dass viele Leute mehr arbeiten würden, wenn sie nicht so hohe Steuern zahlen müssten; Elisabeth Noelle-Neumann/Edgar Piel (Hrsg.), Allensbacher Jahrbuch der Demoskopie 1978–1983, München 1983, S. 385.

[10] Bundesministerium der Finanzen (Hrsg.), Finanzbericht 1985. Die volkswirtschaftlichen Grundlagen und die wichtigsten finanzwirtschaftlichen Probleme des Haushaltsplans der BRD für das Rechnungsjahr 1985, Bonn 1985, S. 176–178; eigene Berechnung.

[11] Vgl. Ullmann, Steuerstaat, S. 207.

[12] Vgl. zusammenfassend Franke, Steuerpolitik, S. 145–148. Für die öffentliche Meinung vgl. Kurt Breme, Die Steuerschraube dreht sich weiter, in: Der Stern 36 (1983), Nr. 25, 15.6.1983, S. 128f.; Theo Siepert, Die Steuern senken!, in: Neue Ruhr-Zeitung, 6.1.1984, S. 2; Hanzheinz Hauser, Die Lohn- und Einkommensteuerentlastung ist vorrangig, in: Handelsblatt, 23/24.3.1984, S. 4; Gerd Friedel, Der große Bluff, in: Der Stern 37 (1984), Nr. 16, 12.4.1984, S. 30–38; Hans Wagner, Wie der Staat uns schröpft, in: Quick 37 (1984), Nr. 2, 19.12.1984, S. 20–25. Der Sachverständigenrat zur Begutachtung der gesamtwirtschaftlichen Entwicklung beklagte die skizzierten Entwicklungen immer wieder, z. B. im Jahresgutachten von 1980/81, Deutscher Bundestag, 9. Wahlperiode, Drucksache 09/17, 25.11.1980, S. 3, 43, 83f. u. 117f., http://dipbt.bundestag.de/doc/btd/09/000/0900017.pdf (16.2.2016).

9504 DM für Verheiratete. Die Ausbildungsfreibeträge stiegen wieder auf das ursprüngliche Niveau an. Im Zentrum stand eine im Vergleich zu 1986 deutlichere Abflachung des Tarifverlaufs (in Abb. 12 die gelben und orangen Kurven). Sie verursachte Einnahmeausfälle von 11,5 Mrd. DM für den Fiskus, also mehr als das Dreifache der Tarifentlastung von 1986.

Am durchgreifendsten veränderte die Bundesregierung den Tarifverlauf zum 1. Januar 1990 (vgl. in Abb. 12 die türkise Linie und die blaue Kurve). Zum ersten Mal seit 1955 wurden die Steuersätze durchgängig und deutlich ermäßigt.[13] Dieser dritte Schritt der Reform senkte den Eingangs- und den Spitzensteuersatz um jeweils drei Prozentpunkte von 22% auf 19% bzw. von 56% auf 53%. Zugleich veränderten sich die Einkommensgrenzen, ab denen sie galten: Der neue Eingangssteuersatz griff ab einem zu versteuernden Einkommen von 8150/16 300 DM (zuvor 18 000/36 000 DM), der Spitzensteuersatz wurde ab 120 000/240 000 DM fällig (zuvor 130 000/260 000 DM). Vor allem führte der dritte Reformschritt einen linear ansteigenden Tarifverlauf ein. Nach wie vor erhöhte sich die Steuerbelastung in der nunmehr verbreiterten Progressionszone mit wachsendem Einkommen. Doch dieser Anstieg verlief nun kontinuierlich und deutlich langsamer als die Grenzsteuersätze in den vorausgegangenen Jahren. Zudem stiegen die Freibeträge erneut an: Der Grundfreibetrag erhöhte sich um 864 bzw. 1728 auf 5616/ 11 232 DM, und der Kinderfreibetrag wuchs um 528 auf 3024 DM pro Kind. Zusätzlich führte die Bundesregierung eine neue Abzugsmöglichkeit von der Bemessungsgrundlage ein, nämlich einen Pauschbetrag von 1800 DM für Steuerpflichtige, die pflegebedürftige Familienangehörige zuhause versorgten.

Während die ersten beiden Stufen der Reform 1986 und 1988 allein aus Steuerermäßigungen bestanden hatten, kompensierte die Bundesregierung beim dritten und umfangreichsten Abschnitt des Gesamtpakets einen Teil der Mindereinnahmen, indem sie Steuervergünstigungen abbaute. Der Katalog der Veränderungen umfasste rund 60 Positionen und summierte sich zu einem Volumen, das rund 47% der Bruttoentlastung ausmachte. Am bedeutsamsten für die abhängig Beschäftigten waren die Zusammenlegung unterschiedlicher Freibeträge zu einem Arbeitnehmerpauschbetrag von 2000 DM, die Einführung des Quellenabzugsverfahrens bei der Kapitalertragssteuer sowie die Begrenzung der Steuerfreiheit von Belegschaftsrabatten und Lohnzuschlägen für Sonntags-, Feiertags- und Nachtarbeit.

Die Bundesregierung bezifferte die Nettoentlastung aller Steuerzahler durch die Gesamtreform auf rund 45 Mrd. DM. Dies war die Summe der prognostizierten Einnahmeausfälle des Fiskus abzüglich der erwarteten Zusatzeinnahmen aus den Kompensationsmaßnahmen des dritten Reformabschnitts. Ungeachtet der vielen Fallstricke und Unwägbarkeiten, die sich aus der Berechnungsweise ergaben[14], stellte das finanzielle Gesamtvolumen der Steuerentlastung eine enorme

---

[13] Vgl. zur Entwicklung des Einkommensteuersatzes Marc Hansmann, Vor dem dritten Staatsbankrott? Der deutsche Schuldenstaat in historischer und internationaler Perspektive, München ²2011, S. 56-59.
[14] Vgl. dazu unten S. 262.

Größenordnung dar. Alle Steuerpflichtigen profitierten von der Tarifabsenkung durch eine Minderung ihres Durchschnittssteuersatzes, wenngleich dabei die mittleren und höheren Einkommen vergleichsweise besser wegkamen als die kleinen.[15] Doch im Vergleich zu den drastischen Schnitten, die die Steuerreformen der 1980er Jahre in Großbritannien und den USA durchführten, nahm sich die Tarifabsenkung in Deutschland bescheiden aus.[16]

Für die Beurteilung durch die Bundesbürger war der internationale Vergleich jedoch unerheblich. Die Wirkung auf das Zielpublikum folgte dem Zusammenspiel von Ausgangserwartungen, der öffentlichen Darstellung und einer komplexen Zeitstruktur, in die die Reform eingebunden war.

3.1 Mehr für alle? Erwartungen an die Reform

In weiten Teilen lässt sich die Genese der Steuerreform als Kampf um Glaubwürdigkeit, Deutungsmacht und Wählergunst beschreiben, den die politischen Opponenten ausfochten, indem sie die kollektive Wahrnehmung der Reformpläne zu beeinflussen versuchten. Erwartungsmanagement in dem Sinne, dass die Regierung eine goldene Zukunft versprach, während die Opposition düsterste Prophezeiungen dagegensetzte, war indessen nur ein Faktor in einem komplexen Prozess. Um die Enttäuschungspotenziale der Steuerreform zu identifizieren, ist es zunächst nötig, das zeitliche Schema zu rekonstruieren, in dem sich Erwartungshorizonte bildeten und wandelten.[17] Um diese zu konkretisieren, werden anschließend die übergreifenden politischen Ziele untersucht, zu denen die Reform als Gesamtprojekt einen Beitrag leisten sollte. Danach stehen die Wirkungen der zentralen Botschaften im Fokus, mit denen die Akteure des Regierungslagers

---

[15] Insgesamt beförderte die Reform eine Trendwende: Während zuvor die Steuerpolitik auf eine Umverteilung der Einkommensmasse zugunsten der Bezieher kleinerer Einkommen abgezielt hatte, reduzierte sich die Ungleichheit der Einkommensverteilung in der Bundesrepublik in den 1980er Jahren nur noch minimal, ab den 1990er Jahren nahm sie deutlich zu; vgl. Buggeln, Steuern nach dem Boom, S. 77f. Die Verteilungswirkung stand im Zentrum der politischen Auseinandersetzung über die Reform. Dies schlägt sich auch in der Einordnung durch die Forschungsliteratur nieder, die zum Teil die Hauptvorwürfe der Opposition einer „Umverteilung von unten nach oben" reproduziert, z.B. Roland Sturm, Die Wende im Stolperschritt – eine finanzpolitische Bilanz, in: Göttrik Wewer (Hrsg.), Bilanz der Ära Kohl. Christlich-liberale Politik in Deutschland 1982–1998, Opladen 1998, S. 183–200, hier S. 195. Andere Autoren folgen der Selbstdarstellung der Regierung, z.B. Werner Ehrlicher, Finanzpolitik seit 1945, in: Eckart Schremmer (Hrsg.), Steuern, Abgaben und Dienste vom Mittelalter bis zur Gegenwart, Stuttgart 1994, S. 213–247, hier S. 237; Bökenkamp, Das Ende des Wirtschaftswunders, S. 256f. u. 288. Abwägende Beurteilungen nehmen Ullmann, Steuerstaat, S. 220, und Wirsching, Abschied vom Provisorium, S. 287f., vor.

[16] Der Spitzensteuersatz sank in Großbritannien von 83 auf 40%, in den USA von 70 auf 28%. Vgl. ausführlich zum Vergleich der jeweiligen Reformen Buggeln, Steuern nach dem Boom, S. 58–78.

[17] Vgl. grundsätzlich Riescher, Zeit und Politik; Kari Palonen, Political Times and the Rhetoric of Democratization, in: ders., Politics and Conceptual Histories. Rhetorical and Temporal Perspectives, Baden-Baden 2014, S. 181–197.

die Steuerreform dem Publikum vermittelten. Abschließend wird untersucht, welche Rolle demoskopische Untersuchungen dabei spielten, kollektive Erwartungen abzubilden bzw. zu formen.

Im Modus der Verheißung: Die Zeitstruktur der Steuerreform

Der Auf- und Abbau von Erwartungen hinsichtlich der Steuerreform war kein statischer und auch kein kontinuierlicher Prozess. Es reicht daher nicht aus, Ausgangserwartungen mit dem Ergebnis des Regierungshandelns zu vergleichen, um die Enttäuschung über die Reform zu erklären. Schon wegen der langen Zeitspanne zwischen ersten Ankündigungen und Inkrafttreten der Steuerreform ginge ein solcher Vergleich an der Wahrnehmung der Bürgerinnen und Bürger vorbei, die von viel kurzfristigeren Faktoren bestimmt war. Erstmals kündigte die Bundesregierung eine durchgreifende Umgestaltung der Einkommensteuer im Jahreswirtschaftsbericht für 1983 an, den sie am 27. Januar 1983 veröffentlichte. An weitaus prominenterer Stelle bekräftigte Helmut Kohl diese Absicht, als er am 4. Mai 1983 im Bundestag das Programm der gerade gewählten christlich-liberalen Bundesregierung präsentierte.[18] Das formale Gesetzgebungsverfahren zog sich bis zum 8. Juli 1988 hin, als das letzte Steuerreformgesetz den Bundesrat passierte; wirksam wurde der Abschluss der Reform zum 1. Januar 1990. In diesen sieben Jahren lösten sich Phasen der Erwartungsbildung „im Unterton der Verheißung"[19] mit solchen ab, in denen das Schlimmste befürchtet wurde, und diese Wechsel waren stark von den einzelnen Etappen der Entscheidungsfindung abhängig.

Wie die Bürgerinnen und Bürger die Steuerpolitik der Bundesregierung einschätzten, folgte auch aus ihren Erfahrungen im Sinne von gedeuteter Vergangenheit. Und diese Erfahrungen waren durchweg geeignet, Skepsis gegenüber dem Staat zu schüren, wenn er Steuererleichterungen versprach. Denn die letzte größere Reform von 1975, an der auch die Opposition mitgewirkt hatte, hatte weder die sozial Schwachen im versprochenen Umfang begünstigt, noch hatte sie verhindert, dass die Steuer- und Abgabenlast kontinuierlich anstieg.[20] Zwischen 1969 und 1982 wuchs die Lohnsteuerquote, also der durchschnittliche Anteil der vom Bruttoeinkommen abgezogenen Lohnsteuer, von rund zehn auf knapp 16% an; in absoluten Beträgen vervierfachte sie sich sogar. Der Anteil der Lohnsteuereinnahmen am Bruttosozialprodukt stieg im selben Zeitraum von 4,5 auf knapp

---

[18] Vgl. Anm. 5 sowie Deutscher Bundestag, 10. Wahlperiode, Plenarprotokoll Nr. 10/4 vom 4.5.1983, S. 60–62, http://dipbt.bundestag.de/doc/btp/10/10004.pdf (19.2.2016).
[19] Peter Gillies, Reform auf Trinkgeldbasis, in: Die Welt, 17.1.1984, S. 2.
[20] Vgl. Wiebke Krüer-Buchholz, Steuerpolitik und Steuerreformen in der Bundesrepublik Deutschland unter besonderer Berücksichtigung der „Großen Steuerreform" 1975. Eine Untersuchung der Steuerreformmaßnahmen in ihrem historischen Zusammenhang, ihren wirtschaftlichen und politischen Grenzen sowie ihren sozialen Auswirkungen, Diss. Bremen 1982, S. 326. Milder beurteilt die verteilungspolitische Wirkung Muscheid, Steuerpolitik, S. 156; vgl. auch Ullmann, Steuerstaat, S. 202.

8%.²¹ Da sich zugleich auch die Sozialabgaben deutlich erhöhten, verpuffte die Wirkung der Einkommensteuerreform von 1975 schnell. Nicht wenige fühlten sich als Verlierer der Reform und artikulierten lautstark Zorn, Empörung und Enttäuschung; gerade viele Sozialdemokraten schimpften heftig über die „Scheiß-Steuerreform"²². Das Echo in der Öffentlichkeit war derart verheerend, dass Bundesfinanzminister Hans Apel in einem Fernsehinterview für die Tagesschau im Januar 1975 meinte: „ich hab gedacht, mich tritt ein Pferd!"²³ Mit Steuerrechtsänderungen assoziierte die Mehrheit der Bürgerinnen und Bürger also unangenehme Gefühle und schlechte Erwartungen.

Hinzu kam, dass noch fast jede Bundesregierung eine „große" Steuerreform angekündigt hatte, von denen regelmäßig nur Teile verwirklicht worden waren, sodass die Grundzüge des Steuersystems fortbestanden und die Lohn- und Einkommensteuer nur leichte Modifikationen erfuhr.²⁴ Aus Sicht der Steuerpflichtigen änderte sich trotz aller Versprechungen nur wenig, und kaum zu ihrem Vorteil. Dass die neue Bundesregierung Ende 1982 zunächst die Mehrwertsteuer anhob, um den Haushalt zu sanieren, wirkte wie eine Bestätigung.²⁵ Herrschte bereits generell erhebliches Misstrauen gegen die Politik auf dem Gebiet des Steuerrechts, so verstärkte eine kritische Berichterstattung im Vorfeld der Steuerreform dies zusätzlich. Mit dem Argument, dass kein Bundesfinanzminister vor Gerhard Stoltenberg sein Versprechen einer gerechteren Besteuerung eingehalten habe, dämpften Journalisten in der Anfangsphase der Reformdebatte die Erwartungen an die angekündigte Steuerreform.²⁶ In den Medien herrschte das Bild eines übermächtigen Fiskus vor, der gnadenlos zugriff. Typisch dafür war ein Einspieler zu einem Bericht über die Absichten der Bundesregierung im ARD-Wirtschaftsmagazin

---

[21] Alexander Hennig, Die Wirtschafts- und Finanzpolitik der Bundesregierungen Brandt und Schmidt. Gut gemeint – schlecht gemacht?, Hamburg 2012, S. 90–92.

[22] BA B 126/71522, Uwe Marxen an Herman P. Reiser, 6.2.1975 (Zitat); vgl. außerdem ebd., Hermann Eulenbruch an Hans Apel, 2.2.1975; Johannes G. Kemnitz an Hans Apel, 5.2.1975; Klaus-Jürgen Aschner an Hans Apel, 10.2.1975. Weil die Unterhaltszahlungen für Kinder aus einer geschiedenen Ehe nicht mehr absetzbar waren, bildete sich sogar eine „Interessengemeinschaft steuerreformgeschädigter unterhaltspflichtiger Väter" (ISUV); vgl. z.B. BA B 126/82897, Stellungnahme der ISUV zum Steueränderungsgesetz 1977, 26.4.1977. Vgl. zu den Reaktionen auch Bökenkamp, Das Ende des Wirtschaftswunders, S. 99f.

[23] Hier zitiert nach einem Einspieler in der Fernsehsendung Journalisten fragen – Politiker antworten: Gerhard Stoltenberg, ZDF, 7.7.1988 (bei 51:55). Vgl. auch Dudenredaktion (Hrsg.), Zitate und Aussprüche, Mannheim ³2008, S. 260. Dieser Spruch hat seither einige Berühmtheit erlangt; Apel selbst verwendete ihn als Titel für ein Buch und eine Kapitelüberschrift seiner Lebenserinnerungen, in denen er freilich nicht auf die Steuerreform einging; vgl. Hans Apel, Ich dacht', mich tritt ein Pferd. Bundesfinanzminister Hans Apel steht Rede und Antwort auf 100 Fragen, Hamburg 1975; ders., Hans, mach du das! Lebenserinnerungen, Gießen 2010, S. 63.

[24] Vgl. Franke, Steuerpolitik, S. 291.

[25] Vgl. Reimut Zolnhöfer, Die Wirtschaftspolitik der Ära Kohl. Eine Analyse der Schlüsselentscheidungen in den Politikfeldern Finanzen, Arbeit und Entstaatlichung, 1982–1998, Opladen 2001, S. 72.

[26] Vgl. z.B. Gerd Friedel, Der große Bluff, in: Der Stern 37 (1984), Nr. 16, 12.4.1984, S. 30–38, vor allem S. 34f., sowie Theofried Leinpinsel, Stückwerk mit großem Namen, in: Deutsches Allgemeines Sonntagsblatt, 13.5.1984, S. 15.

Abb. 13: Im Würgegriff des Fiskus
Quelle: Joachim Beck, Was die geplante Steuerreform dem kleinen Mann bringt, in: plusminus, ARD, 11.5.1984 (Screenshots bei 10:43, 10:45 und 10:47)

„plusminus" vom 11. Mai 1984, wenige Wochen bevor Stoltenberg seine Pläne erstmals der Öffentlichkeit präsentierte. Der Trickfilm zeigte einen Mann, dem der Staat in Gestalt zweier großer Hände zunächst Geld aus der Ladenkasse nimmt, anschließend sein Sparschwein plündert und schließlich, als der Mann triumphierend seine leeren Taschen zeigt, aus ihm selbst noch die letzten Scheine und Münzen herausschüttelt, sodass der Geschröpfte am Ende ganz zerstört auf dem Boden liegt (Abb. 13).

Vor diesem Hintergrund ist es wenig überraschend, dass die prognostizierten Auswirkungen der christlich-liberalen Steuerreform ihre Wahrnehmung stärker bestimmten als die tatsächlichen Effekte auf die Steuerlast des Einzelnen. Ein weiterer Grund dafür waren die großen Abstände zwischen den Beschlüssen der Koalition bzw. dem Gesetzgebungsverfahren und dem Zeitpunkt, ab dem die Steuersenkungen wirksam wurden. So einigte sich die Koalition bereits am 20. Juni 1984 auf die wesentlichen Inhalte der beiden ersten Reformabschnitte, die erst anderthalb bzw. dreieinhalb Jahre später in Kraft traten. Paradoxerweise hatte nicht zuletzt das Motiv, Enttäuschungen zu vermeiden, die Bundesregierung zu dieser Strategie bewogen. Stoltenbergs parlamentarischer Staatssekretär Hansjörg Häfele, der die Steuerreform konzeptionell maßgeblich prägte[27], erklärte dies im November 1983: Um eine umfassende Reform finanziell stemmen zu können, müsse zunächst der Haushalt saniert werden. Tarifkorrekturen, die mangels ausreichender Finanzmasse keine spürbaren Entlastungen bei den Steuerpflichtigen bewirkten, seien nichts als „Murks". Darum, so Häfele, lohne sich das Warten: „Je später der neue Tarif kommt, um so besser wird er. [...] Schnellschüsse und Sofortlösungen führen nur zu Enttäuschungen."[28] So triftig dieses Argument aus Sicht des Finanzministeriums auch erscheinen mochte, die Konsequenz daraus war,

---

[27] Vgl. Gerhard Stoltenberg, Wendepunkte. Stationen deutscher Politik 1949–1990, Berlin 1997, S. 297.
[28] Hansjörg Häfele, Steuerreform – lieber später, aber richtig, in: FAZ, 5.11.1983, S.15. Die Grundposition, dass Steuerentlastungen nötig seien, aber erst später realisiert werden könnten, bekräftigte Stoltenberg selbst auch in einem Beitrag für die Funktionärszeitschrift der Union: ACDP Pressearchiv 0/06/9-0-0, Steuern Allgemeines XXIX, Gerhard Stoltenberg, Perspektiven der Steuerpolitik – Gesundung der öffentlichen Finanzen hat Priorität, in: Deutschland-Union-Dienst 38 (1984), Nr. 4, 5.1.1984, S. 3.

dass zwischen der Regierungserklärung vom 4. Mai 1983 und der Koalitionseinigung über die ersten beiden Phasen der Steuerreform mehr als ein Jahr verstrich, in dem außer guten Absichten nichts bekannt war. Selbst eine so regierungsfreundliche Zeitung wie die „Welt" verglich daher die steuerpolitischen Ankündigungen der Regierung mit dem Theaterstück „Warten auf Godot" von Samuel Beckett, schürte mithin die Zweifel daran, ob die Regierung ihre Absichten überhaupt in die Tat umsetzen werde.[29]

Ungünstig aus Sicht der Regierung wirkte sich die zeitliche Differenz zwischen Entscheidung und Wirkung bei der dritten Stufe der Reform aus. Nachdem die Koalition im Februar 1987 zuerst die Entlastungsseite beschlossen und verkündet hatte, verhandelte sie den unpopulären Abbau von Steuervergünstigungen erst im Oktober und November desselben Jahres. In den dazwischenliegenden acht Monaten konzentrierten sich die Mutmaßungen auf mögliche Einbußen, während die beschlossene Tarifermäßigung, die ja erst drei Jahre später in Kraft treten sollte, noch keine Vorfreude bewirkte.

In engstem Zusammenhang mit den Phasen von hohen und niedrigen Erwartungen stand zudem die politische Rhythmisierung der Zeit durch Wahltermine. Während der Genese der Reform fanden eine Bundestags- und sechzehn Landtagswahlen statt.[30] Dies hatte unmittelbaren Einfluss auf die Terminierung von Entscheidungsprozessen und die Modellierung von Erwartungshorizonten: So argumentierte Kohl im Parteivorstand Anfang 1984, dass es wegen der Bundestagswahl am 25. Januar 1987 sinnlos sei, die geplanten Steuersenkungen zum 1. Januar 1987 einzuführen, weil diese dann mit Recht als „reine Wahlkampfarithmetik und -akrobatik" wahrgenommen würden.[31] Tatsächlich ließ sich die Koalition von genau diesem Motiv leiten, denn ihre Entscheidung, die ersten Entlastungen für Familien und untere Einkommensgruppen bereits 1986 und nicht, wie von Stoltenberg bevorzugt, erst 1988 einzuführen, zielte auf drei Landtagswahlen ab (in Nordrhein-Westfalen, dem Saarland und Berlin). „Wir müssen es machen, wenn es politisch relevant ist", erklärte der Vorsitzende der CSU-Landesgruppe vor den bayerischen Unionsabgeordneten.[32] Für Otto Barbarino, den langjährigen Amtschef des bayerischen Finanzministeriums, verführte die Sorge um die Bundestagswahl 1987 die CDU-geführte Bundesregierung dazu, die Sanierung der Staatsfinanzen auf halbem Wege abzubrechen. Aus seiner Sicht war die Steuerreform der 1980er Jahre daher der „schwerste finanzpolitische Fehler", den Kohl machen konnte.[33]

---

[29] Peter Gillies, Reform auf Trinkgeldbasis, in: Die Welt, 17.1.1984, S. 2.
[30] Einen Überblick über die Wahlen und ihre Ergebnisse bietet Manfred G. Schmidt, Rahmenbedingungen, in: ders. (Hrsg.), Bundesrepublik Deutschland, S. 1–60, hier S. 25 f.
[31] Helmut Kohl: Bericht zur Lage, 23.1.1984, in: Günther Buchstab/Hans-Otto Kleinmann (Bearb.), Helmut Kohl: Berichte zur Lage 1982–1989. Der Kanzler und Parteivorsitzende im Bundesvorstand der CDU Deutschlands, Düsseldorf 2014, S. 178–190, hier S. 182.
[32] In einer Landesgruppensitzung vom 2. April 1984, zitiert nach Schumann, Bauarbeiten, S. 159; vgl. generell Franke, Steuerpolitik, S. 363.
[33] Otto Barbarino, Ein Lebenslauf im 20. Jahrhundert, Landsberg am Lech 1997, S. 103.

Im Bundestagswahlkampf selbst war die Steuerreform ein beherrschendes Thema. CDU, CSU und FDP überboten sich mit Ankündigungen, wie viele Milliarden sie den Bürgern im Falle ihrer Wahl durch eine Steuerreform zurückgeben würden. Auch die zeitliche Trennung der Entscheidungsprozesse über den Entlastungs- und den Belastungsteil des dritten Reformabschnitts war eine direkte Folge von Wahlterminen: Drei CDU-Landesvorsitzende hatten Kohl darum gebeten, aus Rücksicht auf die in Hessen, Hamburg und Rheinland-Pfalz anstehenden Landtagswahlen im April bzw. Mai 1987 die Diskussion über die Gegenfinanzierung der Reform auf die Zeit nach der Sommerpause zu verschieben.[34] Evident war die Bedeutung solcher Zusammenhänge auch in der Endphase der Entscheidungsfindung: Das Kabinett entschied erst am 22. März 1988, später als ursprünglich geplant, über den Entwurf des Steuerreformgesetzes 1990. Dadurch konnte der Ministerpräsident von Baden-Württemberg Lothar Späth sich im Wahlkampf noch als Verteidiger von Belegschaftsrabatten profilieren, die für die Stuttgarter Automobilindustrie eine herausragende Rolle spielten.

Schließlich drückte dreimal eine zeitliche Koinzidenz der Wirkung und Wahrnehmung der Steuerreform ihren Stempel auf. Erstens fiel die entscheidende Serie von Koalitionsgesprächen über die Finanzierung der Steuerreform zwischen dem 8. und 10. Oktober 1987 mit der Kulmination der Barschel-Affäre zusammen: Einen Tag nachdem sich die Koalition auf den unangenehmen Teil der Reform geeinigt hatte, wurde der ehemalige Ministerpräsident von Schleswig-Holstein, Uwe Barschel, tot in einem Genfer Hotelzimmer aufgefunden. So musste die Bundesregierung den Abbau von Steuervergünstigungen im Schatten eines der schlimmsten politischen Skandale der Nachkriegsgeschichte erklären. Die Details offenbarten ein Ausmaß an Lüge, Korruption, Verleumdung, Manipulation und Niederträchtigkeit, das die schlimmsten Vorurteile über das „schmutzige Geschäft" der Politik übertraf und den Skandal zum „Menetekel missbrauchter Parteienmacht"[35] werden ließ. Die Glaubwürdigkeit des ganzen Reformprojekts litt darunter, zumal Stoltenberg Barschels Vorgänger im Amt des Ministerpräsidenten war, als sein politischer Ziehvater galt und durch seine Funktion als Landesvorsitzender der CDU von Schleswig-Holstein persönlich in den Verdacht der Mitwisserschaft geriet.[36] Die Ermittlungen über die Machenschaften in diesem Skandal dauerten Jahre an und nährten grundsätzliches Misstrauens in den politischen Betrieb und seine Protagonisten. Dieser Glaubwürdigkeitsverlust ver-

---

[34] Mit diesem Hinweis rechtfertigte sich Kohl in der Bundestagsfraktion der Union gegenüber der Kritik, es sei ein taktischer Fehler gewesen, die Reform nicht mit allen Erleichterungen und Belastungen auf einen Schlag zu beschließen und in der Öffentlichkeit zu präsentieren; ACDP 08-001-1083/2, Protokoll der Sitzung der CDU/CSU-Bundestagsfraktion Nr. 17 vom 10. November 1987, o. D., S. 33.

[35] Wirsching, Abschied vom Provisorium, S. 203. Zur gesamten Affäre vgl. ders., Barschel-Pfeiffer-Affäre, in: Haus der Geschichte der Bundesrepublik Deutschland (Hrsg.), Skandale in Deutschland nach 1945, Bielefeld 2007, S. 137–145.

[36] Noch dazu gelangte im April 1988 ein (Jahre später als Fälschung der DDR-Staatssicherheit entlarvter) vermeintlicher Brief Barschels an Stoltenberg in die Öffentlichkeit, der den Bundesfinanzminister schwer belastete.

stärkte die Neigung, den Entlastungsversprechen der Bundesregierung wenig Glauben zu schenken.

Die zweite Koinzidenz fiel ebenfalls in das letzte Viertel der sieben Jahre, in denen die Steuerreform diskutiert wurde. Anfang Januar 1988, als die zweite Tranche der Steuersenkungen in Kraft trat und unmittelbar bevor Stoltenberg den Referentenentwurf zum Steuerreformgesetz 1990 präsentierte, der erstmals die Koalitionseinigung über Entlastungen und Teilkompensationen in eine gesetzesförmige Sprache gebracht hatte, musste er die Öffentlichkeit auf neue Steuererhöhungen einstimmen. Grund dafür waren zwei Risiken, die seit Längerem über dem Bundeshaushalt geschwebt hatten: Wegen des schwachen Dollarkurses brach der Gewinn der Bundesbank ein, und der deutsche finanzielle Beitrag zur Europäischen Gemeinschaft stieg signifikant an. Beide Posten summierten sich zu rund 10 Mrd. DM, die 1988 mit einer entsprechend höheren Neuverschuldung, ab 1989 jedoch durch die Erhöhung von Verbrauchssteuern gedeckt werden sollten.[37] Am 7. Juli beschloss das Kabinett, die Steuern auf Benzin, Tabak und Versicherungen zu erhöhen sowie eine Steuer auf Erdgas einzuführen, und zwar mit Wirkung vom 1. Januar 1989. Formal hatte dies nichts mit der Steuerreform zu tun, die die Koalition ja allein durch den Abbau von Steuervergünstigungen gegenfinanziert hatte. Ganz überraschend brach die Erhöhung auch nicht herein, weil Stoltenberg die Möglichkeit von Verbrauchsteuererhöhungen mehrfach explizit offengelassen hatte.[38] Doch die Wahrnehmung der Steuerreform trübte sich durch die Steuererhöhungen merklich ein.

Statt nach der Verabschiedung des Reformpakets dessen Stärken in der Öffentlichkeit ausspielen zu können, sah sich die Bundesregierung dem Vorwurf ausgesetzt, dem Bürger mit der einen Hand zu nehmen, was sie ihm mit der anderen gebe. Der Schaden, den die Bundesregierung dadurch ihrem Reformprojekt zufügte, war immens: Ihre gesamte Steuerpolitik wirkte unsolide, unglaubwürdig und verursachte nichts als Ärger bei den Bürgerinnen und Bürgern.[39] Noch dazu verlor die Reform bei der Kabinettsumbildung im Frühjahr 1989 ihren maßgeblichen Gestalter: Gerhard Stoltenberg wechselte vom Bundesfinanz- ins Bundesverteidigungsministerium. Die erste Amtshandlung seines Nachfolgers Theo Waigel

---

[37] Vgl. dazu Bökenkamp, Das Ende des Wirtschaftswunders, S. 293–297; Zolnhöfer, Wirtschaftspolitik, S. 101 f.

[38] Dies stand in der Koalitionsvereinbarung, und auch im Bundestag sowie im Finanzausschuss des Parlaments hatte Stoltenberg auf die Haushaltsrisiken und mögliche Verbrauchssteuererhöhungen hingewiesen, wie der Bundesfinanzminister nicht müde wurde zu betonen, z.B. in seinem Bericht vor der Bundestagsfraktion am 12. Januar 1988; ACDP 08-001-1084/1, Protokoll der Sitzung der CDU/CSU-Bundestagsfraktion Nr. 21 vom 12. Januar 1988, o. D., S. 45 f.

[39] Das ARD-Magazin „Monitor" illustrierte mit Straßeninterviews die Empörung über die Anhebung der Verbrauchsteuern. Eine Rentnerin redete sich an der Seite ihres stummen Ehemannes in breitem rheinischen Dialekt in Rage: „Daför han mir zwei jearbeitet, wat? Daför ham mir jehungert nach dem Kriesch! Nönönönö, dat is nit drin!"; Elke Bröder/Jürgen Thebrath, Wie reagiert die Bevölkerung auf die jüngsten Steuerbeschlüsse der Bundesregierung?, in: Monitor, ARD, 14. 6. 1988 (bei 16:59).

bestand darin, die unpopuläre Quellensteuer wieder zurückzunehmen, die Stoltenberg noch als Weg zu mehr Steuergerechtigkeit verteidigt hatte, was den Eindruck von Sprunghaftigkeit und Inkonsequenz in der Steuerpolitik verstärkte. So waren die Steuererhöhungen ein Hauptgrund dafür, dass die Erwartungen über die Auswirkungen der Reform nach diversen demoskopischen Befragungen so pessimistisch ausfielen.[40]

Möglicherweise hätte sich auch diese negative Erwartungskonjunktur noch einmal korrigieren lassen, da ein Gewöhnungseffekt den Ärger über die Verbrauchssteuererhöhungen mit der Zeit abmilderte. Doch als die größten Entlastungswirkungen der Steuerreform am 1. Januar 1990 in Kraft traten, sorgte die dritte zeitliche Koinzidenz dafür, dass sich niemand mehr für das Thema interessierte. Knapp zwei Monate zuvor war die Mauer gefallen. Die friedliche Revolution und die Aussicht auf die deutsche Wiedervereinigung waren welthistorische Ereignisse, gegen die sich Diskussionen über Einkommensteuerbescheide banal ausnahmen. Als die Reform trotz aller Schwierigkeiten und Fehler in der Öffentlichkeit ihre Früchte hätte tragen können, schrumpfte sie daher zur Randerscheinung. Außerdem preschten CSU und FDP, noch bevor die dritte Stufe der Reform in Kraft getreten war, mit den nächsten milliardenschweren Entlastungsversprechen hervor.[41] Und schließlich musste die Bundesregierung im Februar 1991 ihr Wahlversprechen, die Kosten der deutschen Einheit ohne Steuererhöhungen zu stemmen, revidieren.[42] Dass diese ohne Steuererhöhungen nicht zu finanzieren waren, hatte Kohl genau gewusst, sich jedoch für das „wahltaktische[n] Ableugnen vorhersehbarer Belastungen"[43] entschieden. Diese „Steuerlüge" machte es vollends unmöglich, die Steuerpolitik der zweiten Hälfte der 1980er Jahre in politischen Zuspruch umzumünzen.

Überblickt man das zeitliche Tableau der Steuerreform, so zeigt sich, dass ihr Image desto schlechter wurde, je länger der Diskussions- und Entscheidungsprozess dauerte. Zwei Determinanten prägten die Debatten um die Steuerreform, und beide lassen sich maßgeblich auf die zeitliche Struktur von deren Genese zurückführen: Unsicherheit und Überlagerung. Unsicherheit über die konkreten Auswirkungen der Reform herrschte zum einen wegen der langen Zeiten, in denen die Öffentlichkeit auf Entscheidungen der Koalition wartete. So brauchte die Regierung rund ein Jahr, bis sie ihren Ankündigungen vom März 1983 konkrete Beschlüsse folgen ließ. Weitere acht Monate lagen zwischen den Eckwertbeschlüssen der Koalitionsvereinbarung vom Februar 1987 und der Entscheidung über die Gegenfinanzierung im Oktober 1987. Dessen ungeachtet erscheint es im Rückblick bemerkenswert, wie früh die Grundlinien der Reform – ihre wesentli-

---

[40] Vgl. dazu unten S. 246 f.
[41] Vgl. Bayern schlägt neues Steuersenkungspaket vor, in: SZ, 21.6.1989, S. 27; FDP schlägt Steuerentlastung von 35 Milliarden vor, in: FAZ, 31.8.1989, S. 11; Waigel kündigt neue Steuerreform 1992/93 an, in: Welt am Sonntag, 24.12.1989, S. 1 u. 33f.
[42] Vgl. dazu knapp Gerhard A. Ritter, Wir sind das Volk! Wir sind ein Volk! Geschichte der deutschen Einigung, München 2009, S. 131.
[43] Hans-Peter Schwarz, Helmut Kohl. Eine politische Biographie, München 2012, S. 599.

chen Bestandteile, die Termine, zu der die jeweiligen Änderungen wirksam werden sollten, und die ungefähren Größenordnungen – bereits feststanden und von der Regierung auch kommuniziert wurden. Doch dieser Eindruck täuscht. Tatsächlich stellten die Protagonisten jeden einzelnen dieser Eckwerte immer wieder selbst in Frage.[44] Niemand konnte sich darauf verlassen, dass die Steuerentlastungen in der Form Wirklichkeit würden, wie die Koalition sie beschlossen hatte. Für eine positive Erwartungsbildung fehlten daher die Voraussetzungen, weil der Eindruck eines koalitionsinternen Dauerstreits das Gegenteil von Stetigkeit und Verlässlichkeit suggerierte.

Die Wirkung der einzelnen Reformschritte wurde außerdem dadurch geschmälert, dass sie nicht hintereinander erfolgten, sondern einander überlagerten. Noch bevor die Steuersenkungen von 1986 und 1988 in Kraft getreten waren, stellte die Bundesregierung diese durch die Ankündigung einer noch umfassenderen Ermäßigung für 1990 in den Schatten. Mit Rücksicht auf die lange Dauer der formalen Entscheidungsprozeduren und der politisch notwendigen Konsenssuche in den eigenen Reihen sprachen zwingende Gründe dafür, nicht erst 1988 über die nächsten Reformpläne abzustimmen. Doch die praktische Konsequenz aus solchen zeitlichen Zwängen war, dass die Steuerdiskussion praktisch nie aufhörte. Dass die Steuerermäßigungen in drei Tranchen verteilt auf sechs Jahre erfolgten und sich zudem bei allen abhängig Beschäftigten wegen des Vorwegabzugs der Einkommensteuer auf zwölf Monatsraten verteilten, verringerte die Wahrnehmung der Entlastungswirkung zusätzlich. Nach einer infas-Umfrage vom Februar 1987 hatten mehr als drei Viertel der Befragten wenig oder gar nichts von den Steuererleichterungen gemerkt.[45] Diese Umstände unterliefen die Ankündigung einer großen, durchschlagenden Reform und festigten die Erwartung vieler Steuerzahler, dass es keine grundlegende Änderung zum Besseren geben werde. Typisch dafür war ein Fernsehinterview vom Juni 1987 mit einem Facharbeiter, den der Beitrag als Beispiel für einen Durchschnittssteuerzahler präsentierte. Obwohl er seit 1986 monatlich 77 DM weniger Steuern zahle, spüre er nichts davon, sagte der Vater zweier Kinder in die Kamera. Auch seine Frau bestätigte, dass sie bei den Haushaltsausgaben keine Verbesserung bemerke. Auf die Frage, was sie von den künftigen Steuersenkungen erwarte, meinte sie: „Das kommt aufs gleiche eigentlich wieder aussa"[46].

Während die Bundesbürger insgesamt keine großen Hoffnungen an die Reform knüpften, waren die Erwartungshorizonte groß, die die Bundesregierung mit ihr verband. Die politischen Leitlinien, in die sie die Steuerreform einfügte, wirkten daher auf deren Bild in der Öffentlichkeit zurück.

---

[44] Vgl. dazu unten S. 256–259.
[45] 2% bezeichneten die Entlastungswirkung als stark, 30% als gering, 48% sahen überhaupt keine Entlastung und 20% der Befragten wussten es nicht; Reinhard Kleinmann, Meinungsreport, in: Report, ARD, 24.2.1987 (35:35–35:45).
[46] Wolf Feller/Reinhard Kleinmann, Die Leiden des Gerhard S., in: Im Brennpunkt, ARD, 24.6.1987 (33:50–38:10).

Steuersenkungen als Gesellschaftspolitik

Da die finanztechnischen Details für Laien völlig unverständlich waren, gewann die Steuerpolitik ihre Kontur erst durch die Rahmungen, in die die Politik sie hineinstellte. In erster Linie waren dafür die Akteure der Koalition verantwortlich, die ein rosiges Bild zukünftiger Erleichterungen zeichneten. Doch sie konnten bestimmte Erwartungshorizonte zwar eröffnen, deren Veränderungen in der öffentlichen Debatte aber nicht auf Dauer kontrollieren. Mehr als einmal wandte sich so ein Versprechen gegen die ursprünglichen Intentionen der Akteure.

Die Bundesregierung selbst stellte ihre Reformpläne in den Kontext weitgefasster wirtschafts-, gesellschafts- und ordnungspolitischer Absichten. Ihre Steuerpolitik sollte die Leistungsbereitschaft stärken und dadurch der Wirtschaft Wachstumsimpulse verleihen; sie diente dazu, mehr soziale Gerechtigkeit zu verwirklichen, und sie sollte dazu beitragen, die Freiräume des Bürgers gegenüber einem als hypertroph gekennzeichneten Staat zu erweitern. Hinzu kam der Anspruch, das notorisch komplizierte Steuersystem zu vereinfachen und transparenter zu gestalten.

Die Kernbotschaft, mit der die Bundesregierung für die Steuerreform warb, lautete, dass sie Leistung wieder belohne. Kanzler Kohl begründete in seiner Regierungserklärung vom 4. Mai 1983 die Notwendigkeit, das Steuersystem umzugestalten, mit der Forderung, dass Leistung nicht länger bestraft werden dürfe, und bezog dies explizit auf die übermäßige Progression.[47] Die „Bild"-Zeitung zitierte Anfang Juni einen „hohen Beamten des Finanzministeriums" mit den Worten: „Leistung und das Erziehen von Kindern müssen sich wieder lohnen"; auf den Bundesparteitagen der CDU benutzte Helmut Kohl ebenfalls diese plakative Formel.[48] In keiner der vielen Publikationen des Finanzministeriums zur Steuerreform fehlte der Hinweis, dass die Bundesregierung den Steuertarif leistungsfreundlicher gestalte.[49] Dieses Ziel trug das Steuersenkungsgesetz 1986/88 vom 26. Juni 1985 sogar im Titel: Es hieß „Gesetz zur leistungsfördernden Steuersenkung und zur Entlastung der Familie". Und auch die CDU warb in Wandzeitungen, die sie für ihren Bundesparteitag vom 9. Dezember 1987 herstellen ließ, mit dem Slogan „Leistung lohnt sich wieder" für die Reform (Abb. 14). Diese unablässigen Wiederholungen verfehlten ihre Wirkung nicht. Bürger beriefen sich in ihren Beschwerdebriefen an den Bundesfinanzminister auf diese Aussage.[50] Wie erfolg-

---

[47] Wie Anm. 18.
[48] 1986: Steuern runter – für alle, in: Bild, 4.6.1983, S.3; CDU Deutschlands (Hrsg.), 32. Parteitag der Christlich-Demokratischen Union Deutschlands. Tagesprotokoll 1.Tag, Stuttgart 9. Mai 1984, Bonn 1984, S. 37; CDU Deutschlands (Hrsg.), 34. Bundesparteitag der Christlich-Demokratischen Union Deutschlands, Mainz, 7./8. Oktober 1986, Niederschrift Bonn 1986, S. 35.
[49] Z. B. ACDP Pressearchiv 0/06/9-0-0, Steuern Allgemeines XXXI, Presse- und Informationsamt der Bundesregierung: Aktuelle Beiträge zur Wirtschafts- und Finanzpolitik Nr. 61/1984, 5.9.1984, S. 1 u. 6; ebd., Steuern Allgemeines XLI, Presse- und Informationsamt der Bundesregierung: Aktuelle Beiträge zur Wirtschafts- und Finanzpolitik Nr. 10/1988, 5.2.1988, S. 4.
[50] Das berichtete Gerhard Stoltenberg im April 1984 vor der CDU/CSU-Bundestagsfraktion und zitierte aus einem Brief einer Hannoveranerin: ACDP 08-001-1072/1, Protokoll der Sitzung der CDU-Bundestagsfraktion Nr. 26 vom 3. April 1984, 3.4.1984, S. 15f.

Abb. 14: Wandzeitung der CDU zur Steuerreform, Dezember 1987
Quelle: ACDP 10-025-186

reich die CDU diesen Slogan im öffentlichen Bewusstsein als Markenzeichen für sich okkupierte, zeigt der Popsong „Tanzen" aus dem am 30. April 1986 veröffentlichten Album „Sprünge" von Herbert Grönemeyer, das monatelang die Verkaufscharts anführte. Darin kritisierte der Sänger nationalen Chauvinismus und Selbstgefälligkeit in Deutschland. Mit den Textzeilen „Alle wissen: Leistung lohnt sich wieder […] der Fleißige siegt" zielte er insbesondere auf die Selbstdarstellung der christdemokratisch geführten Bundesregierung ab.[51]

Zwar kleidete die Behauptung, dass die Reform Leistung prämiere, die beabsichtigte Abmilderung des Progressionsanstiegs in eine griffige Formel, doch barg sie auch Fallstricke. Denn sie war so allgemein formuliert, dass sie alle Erwerbstätigen ansprach, während ihre konkrete Umsetzung einige Gruppen ausschloss. Dem Progressionsabbau lag nämlich die Annahme zugrunde, dass sich Mehrleistung in Einkommenszuwächsen ausdrücke, die sich entweder einem erhöhten Einsatz an

---

[51] Grönemeyer formulierte auch in anderen Liedern Kritik insbesondere an der CDU und Kohl persönlich; vgl. Ullrich Hoffmann, Grönemeyer. Biografie, Hamburg 2003, S. 93–95; Verena Scheffel, Das verlorene Ich. Gesellschaftsreflexionen in den Liedtexten Herbert Grönemeyers, Marburg 2005, S. 27–30 u. 60. Zur Funktion von Popmusik als zeitkritischem Kommentar in den 1980er Jahren vgl. Annette Vohwinckel, Neue Deutsche Welle. Musik als paradoxe Intervention gegen die „geistig-moralische Wende" der Ära Kohl, in: AfS 52 (2012), S. 455–490; Nadja Geer, „If you have to ask, you can't afford it". Pop als distinktiver intellektueller Selbstentwurf in den 1980er Jahren, in: Bodo Mrozek/Alexa Geisthövel/Jürgen Danyel (Hrsg.), Popgeschichte. Bd. 2: Zeithistorische Fallstudien 1958–1988, Bielefeld 2015, S. 337–357, hier S. 346 f.

Zeit und Fleiß von Selbstständigen verdankten oder durch Weiterqualifikation und Karrieresprünge von unselbstständig Beschäftigten erreicht würden. Indem die Bundesregierung den Leistungsbegriff mit Einkommenszuwächsen gleichsetzte, klammerte sie die Erbringer weniger gut bezahlter Leistungen und Arbeitnehmer in stark regulierten Erwerbslaufbahnen wie im öffentlichen Dienst aus.

In solchen Fällen konnte sich das Versprechen, dass der Staat künftig Leistung wieder stärker honorieren werde, gegen die Bundesregierung wenden. Genau dies geschah, als sich herausstellte, dass bestimmte Berufsgruppen starke Einbußen befürchten mussten, weil die Bundesregierung die Steuervergünstigungen von Lohnzuschlägen auf Sonn-, Feiertags- und Nachtarbeit zu begrenzen plante. In besonderem Maße galt dies für die Zeitungsdrucker, die regelmäßig nachts und an Sonntagen arbeiten mussten, damit die Tageszeitungen pünktlich erscheinen konnten. Dass nun ausgerechnet diejenigen, die mit gesundheitsschädlichen und familienunfreundlichen Arbeitszeiten eine demokratische Medienöffentlichkeit erst möglich machten, erhebliche Nettoeinbußen hinnehmen sollten, stand in deutlichem Kontrast zur Selbstanpreisung der Bundesregierung. Die „Welt", die bis dahin die Steuerreformpläne der Bundesregierung wohlwollend kommentiert hatte, griff diese Diskrepanz anklagend auf: „Leistung, die sich lohnen muß – das wirkt wie Hohn", lautete die Überschrift eines Artikels, der die Steuermehrbelastungen für Rotationsdrucker auf bis zu 4000 DM pro Jahr bezifferte; betroffene Arbeitnehmer prangerten den „krassen Widerspruch" in ihren Eingaben an die CDU-Führung an, und die IG Druck und Papier schaltete Anzeigen, in denen die Schichtarbeiter den Abgeordneten der Koalitionsfraktionen entgegenhielten, ihre Leistung müsse sich auch lohnen.[52]

Als noch problematischer erwies sich das Versprechen, die Besteuerung gerechter zu gestalten. Von Beginn an nahm die Bundesregierung dies für ihre Reform in Anspruch, indem sie die Entlastung von Leistungsträgern mit dem Gebot steuerlicher Gerechtigkeit begründete. Auch die Besserstellung der Familien durch die drastische Erhöhung der Kinderfreibeträge leitete sie aus dem Gebot sozial gerechter Besteuerung ab: „Wer Kinder hat, wird künftig weniger Steuern zahlen als derjenige, der keine Kinder hat", verkündete Bundesfamilienminister Heiner Geißler und begründete die Rückkehr zum dualen System des Familienlastenausgleichs aus Kindergeld und Freibeträgen mit Gerechtigkeitspostulaten.[53] Und schließlich stellte die Bundesregierung den Abbau von Steuervergünstigungen in diesen Kontext und versprach dadurch „mehr Steuergerechtigkeit für alle" (Abb. 14). Nun zählte Gerechtigkeit zu den besteuerungspolitischen Grundsätzen, die unter den

---

[52] ACDP 08-001-689/2, Resolution der Betriebsversammlung der Gruner & Jahr AG & Co., Unternehmensbereich Druck, 27.10.1987; Gernot Facius, Leistung, die sich lohnen muß – das wirkt wie Hohn, in: Die Welt, 22.3.1988, S. 12; Anzeige „NEIN zur Steuerreform" der IG Druck und Papier, in: Express, 16.5.1988, S. 23.

[53] ACDP Pressearchiv 0/06/9-0-0, Steuern Allgemeines XXXII, Heiner Geißler, Regierung auf Familienkurs, in: Presse- und Informationsamt der Bundesregierung: Bulletin, Nr. 3, 5.1.1985, S. 15–17, hier S. 16. Das Zitat nahm fast wörtlich eine Formulierung aus Kohls Regierungserklärung vom 4. Mai 1983 auf (wie Anm. 5, dort S. 62).

politischen Kräften und in der Fachdiskussion einmütig anerkannt waren.[54] Was darunter genau zu verstehen sein sollte, stand im Zentrum jeder Auseinandersetzung über die Verteilungswirkung von Steuerrechtsänderungen, denn eine gerechte Besteuerung musste nicht nur den Postulaten der Allgemeinheit, der Gleichmäßigkeit und der Verhältnismäßigkeit genügen, sondern hatte auch die Aufgabe, eine Umverteilung von Einkommen und Vermögen zu bewirken. Dieses Redistributionsprinzip fußte auf der Einsicht, dass die Marktmechanismen Benachteiligungen hervorbringen, und der daraus abgeleiteten Konsequenz, einen „soziale[n] Ausgleich aus Gründen der inneren sozialen Sicherheit und Zufriedenheit"[55] herbeizuführen.

Bereits diese allgemein anerkannten Gerechtigkeitsgrundsätze prädestinierten die Besteuerung daher dazu, gesellschaftspolitische Leitvorstellungen aufzunehmen. Steuerpolitik war zugleich immer Gesellschaftspolitik – Kohl bezeichnete die Reform beim CDU-Parteitag 1986 in Mainz als „gesellschaftspolitische Notwendigkeit ersten Ranges"[56] – und damit ein bevorzugtes Austragungsfeld für normativ begründete Auseinandersetzungen. Das hatte Konsequenzen für die von der Bundesregierung geweckte Erwartung, ein gerechteres Steuersystem zu schaffen: Ihre Erfüllung war grundsätzlich bestreitbar, weil sich auch gegensätzliche steuerliche Regelungsansätze mit Gerechtigkeitsargumenten begründen ließen.[57] Die Rückkehr zum Kinderfreibetrag neben dem Kindergeld war dafür ein schlagendes Beispiel, denn die sozialliberale Koalition hatte die Abschaffung zugunsten eines einheitlichen Kindergeldes 1975 damit gerechtfertigt, dass Freibeträge die Bezieher höherer Einkommen übermäßig stark begünstigten. Auch die damals verschärfte Progression und die überproportional große Entlastung der kleinen und mittleren Einkommensgruppen stützte sich auf dasselbe Postulat sozialer Gerechtigkeit, mit dem die christlich-liberale Koalition ab 1986 den Abbau der Progression begründete. So war es kein Wunder, dass die Kritik der Opposition den Vorwurf in den Mittelpunkt rückte, die Steuerreform sei ungerecht.[58]

Aus diesem Grunde war die Erwartung, dass die Steuerreform eine gerechtere Lastenverteilung bringen werde, besonders enttäuschungsanfällig. Dasselbe gilt für die von Koalitionspolitikern immer wieder bekräftigte Erwartung, dass das Steuersystem durch die Reform einfacher und bürgerfreundlicher werden sollte. Dass eine Vereinfachung dringend geboten sei, war allgemeiner Konsens. Keine anderen Besteuerungsgrundsätze wurden in der Praxis so eklatant verletzt wie die Gebote der Transparenz, der Widerspruchslosigkeit und der Praktikabilität.[59]

---

[54] Die klassische Abhandlung dazu stammt von Fritz Neumark, Grundsätze gerechter und ökonomisch rationaler Steuerpolitik, Tübingen 1970. Vgl. als Überblick dazu Franke, Steuerpolitik, S. 65–71, sowie als Anwendung auf die christlich-liberale Steuerreform Heinrich, Steuerpolitik, S. 52–63.
[55] Ebd., S. 70.
[56] Wie Anm. 48.
[57] Vgl. Alois Oberhauser, Deutsches Steuersystem und Steuergerechtigkeit, in: Anton Rauscher (Hrsg.), Steuergerechtigkeit, Köln 1995, S. 11–35.
[58] Vgl. dazu Kap. 3.2.
[59] Vgl. Franke, Steuerpolitik, S. 81f., der sich auf Neumark (wie Anm. 54) beruft.

3. Die Steuerreform der 1980er Jahre

Deutschland war für sein kompliziertes Steuerrecht im internationalen Vergleich geradezu berüchtigt und galt als „a veritable paradise for tax advisers, solicitors and academic tax specialists"[60]. Die vielen Abzugsmöglichkeiten und Sonderregelungen machten das Steuersystem unüberschaubar und förderten nach Ansicht von Experten die „Verdrossenheit" der ehrlichen Steuerzahler, wenn sie sähen, wie sich die Wohlhabenden der Steuer durch legale oder illegale Tricks entzögen.[61]

Die FDP propagierte ihr Steuerkonzept im Bundestagswahlkampf von 1987 unter dem Motto „niedriger, einfacher und bürgernäher". Dem stand die Bundesregierung nicht nach. „Das Steuersystem wird gerechter und einfacher", lautete der Untertitel der ersten Information des Bundesfinanzministeriums zur Koalitionseinigung über die Teilkompensation der dritten Reformstufe im Oktober 1987.[62] Dies widersprach nicht nur der generellen Entwicklungsrichtung des Steuerrechts und der Alltagserfahrung der meisten Steuerzahler, sondern auch dem Urteil der Experten über die Reformvorschläge. Bereits 1984 bezeichnete der Vorsitzende der deutschen Steuergewerkschaft, Werner Hagedorn, die Hoffnungen, dass die Koalition eine Vereinfachung des Steuersystems zustande bringen werde, als „Illusion"[63]. Auch Armin Feit, der Präsident des Bundes der Steuerzahler, konnte in den Reformen der Koalition keine Vereinfachung erkennen.[64] Und als die Vorschläge der Koalition für die Kürzung von Steuererleichterungen, auf die sie ihr Vereinfachungsargument in erster Linie bezogen, im Herbst 1987 auf dem Tisch lagen, erhöhten die Detailregelungen die Komplexität der Materie noch. Daher urteilte das ARD-Magazin „plusminus": „Wer aber eine Vereinfachung des Steuersystems erwartet hatte, der ist auf jeden Fall enttäuscht, denn die vielen neuen Regelungen machen das Steuerrecht nicht einfacher und übersichtlicher, sondern eher noch komplizierter."[65]

Doch der Stellenwert steuersystematischer Vereinfachungen war im Vergleich zu den ordnungs- und gesellschaftspolitischen Verheißungen nachrangig, denn diese riefen ungleich stärkere Resonanz in der Öffentlichkeit und auch in der Anhängerschaft der CDU hervor. Unweigerlich geriet die Steuerpolitik damit in den

---

[60] Jeremy Leaman, The Political Economy of Germany under Chancellors Kohl and Schröder. Decline of the German Model?, New York 2009, S. 44.

[61] Interview von Michael Jungbluth mit Armin Feit, in: Werner Gößling, Steuerreform: Wie sollen die Entlastungen finanziert werden?, in: WISO, ZDF, 1.6.1987 (ab 12:28).

[62] Klaus-Peter Schmid, Doch keine Reform, in: Die Zeit, 6.2.1987, S. 22; ACDP Pressearchiv 0/06/9-0-0, Steuern Allgemeines XXXIX, Presse- und Informationsamt der Bundesregierung: Grundsatzpositionen der Steuerpolitik, Oktober 1987. Den Text übernahm Gerhard Stoltenberg, Koalition hat Reform- und Handlungsfähigkeit bewiesen!, in: Union in Deutschland 41 (1987), Nr. 32, 15.10.1987, S. 1–8. Auch in seiner Parteitagsrede von 1986 hatte Kohl diese Forderung nach Vereinfachung bereits erhoben (wie Anm. 48).

[63] Zitiert nach Gerd Friedel, Der große Bluff, in: Stern 37 (1984), Nr. 16, 12.4.1984, S. 30–38, hier S. 38; ähnlich ACDP 08-001-656/2, Friedhelm Schäfer (Bundesjugendleiter der Deutschen Steuergewerkschaft) an die CDU/CSU-Bundestagsfraktion, 27.10.1986.

[64] Wie Anm. 61.

[65] Joachim Bech/Ulrich Eitel, Steuerreform – wie wirkt sie sich beim Arbeitnehmer aus?, in: plusminus, ARD, 23.10.1987 (ab 10:36).

Sog symbolisch hochaufgeladener Projekte, in denen es um eine grundsätzliche Umorientierung ging. Die Steuerreform ordnete sich in drei solcher Kontexte ein: In ihr sollten die Aufwertung der Familie und das Bestreben Niederschlag finden, die Gesellschaft kinderfreundlicher zu machen; sie markierte den Anspruch der Koalition, die Freiräume des Einzelnen gegenüber dem Staatswesen auszuweiten[66], und sie sollte die von Bundeskanzler Kohl proklamierte „Wende" auf dem Gebiet der Finanzpolitik veranschaulichen. Wie bei der Mitbestimmungsreform von 1976 stilisierte die Bundesregierung ihr Vorhaben also zum Ausdruck von Absichten, die weit über deren Gegenstandsbereich hinauswiesen.

Auf diese Ziele konnten sich sie Vertreter unterschiedlicher Interessen berufen, wann immer es um Steuerentlastungen ging. Weil die finanziellen Spielräume begrenzt waren, mussten Kompromisse zwischen konkurrierenden Ansprüchen geschlossen werden, die regelmäßig hinter den ursprünglichen Erwartungen zurückblieben. So hatten Familienpolitiker der Union ein höheres Kindergeld gefordert; von dem lang gehegten Plan, das sogenannte Familiensplitting einzuführen, mussten sie sich gänzlich verabschieden.[67] Vertreter der katholischen Kirche äußerten im Frühjahr 1984 ihre Enttäuschung darüber, dass die von der unionsgeführten Bundesregierung versprochene familienpolitische Offensive nur magere Fortschritte bringe.[68] Auch die Arbeitnehmergruppe der CDU/CSU-Bundestagsfraktion reagierte sehr zurückhaltend auf die ersten Vorschläge Stoltenbergs und verlangte, die doppelte Summe der geplanten 5,2 Mrd. DM zur Entlastung der Familien einzusetzen.[69] Während die erste Konzeption der Steuerreform entstand, befand sich die Union also bereits unter einem erheblichen Erwartungsdruck, die versprochene Entlastung der Familien auch zu konkretisieren. Dies war

---

[66] Dieser Aspekt wird im Folgenden nicht eingehend diskutiert; vgl. als Beispiel nur den Untertitel einer Werbebroschüre über die Steuerreform von 1985 „Weniger Staat – mehr Einkommen", abgebildet in Thorsten Münch, „Alles klar: Die Steuern gehen runter" – Möglichkeiten und Grenzen regierungsamtlicher Öffentlichkeitsarbeit, dargestellt am Beispiel der Steuerreform, Diplomarbeit Freie Universität Berlin 1990, S. 92. Die Steuerreform fand damit zumindest deklamatorisch Anschluss an den unverkennbaren Trend, den öffentlichen Sektor zugunsten des Marktes zurückzudrängen. Vgl. dazu u.a. Doering-Manteuffel/Raphael, Nach dem Boom, S. 45–52; Norbert Frei/Dietmar Süß (Hrsg.), Privatisierung. Idee und Praxis seit den 1970er Jahren, Göttingen 2012; Philipp Ther, Die neue Ordnung auf dem alten Kontinent. Eine Geschichte des neoliberalen Europa, Berlin 2014.

[67] Analog zum Splittingverfahren bei Ehegatten hätte die Kinderzahl in die Berechnung des zu versteuernden Einkommens aufgenommen werden sollen. Stoltenberg verwarf diese Lösung, weil sie teuer und technisch kompliziert war (beim „gedämpften Teilsplitting" verringerte sich der Divisor, durch den das zu versteuernde Einkommen je Kind zusätzlich geteilt wurde, mit steigenden Einkommenshöhen) und außerdem noch die Bezieher höherer Einkommen überproportional begünstigte; vgl. die Vorschläge Stoltenbergs vom März 1984 (wie Anm. 7), hier Anlage 5.

[68] Schumann, Bauarbeiten, S. 160 f.; ACDP 08-001-642/2, Dieter Steppler (Katholikenrat der Diözese Fulda) an die Fraktion der CDU/CSU im Deutschen Bundestag, 22.3.1984; ACDP 08-001-642/1, Martin Ulrich (Geschäftsführer des Katholikenrats der Diözese Trier) an die Fraktion der CDU/CSU im Deutschen Bundestag, 24.5.1984.

[69] ACDP 08-001-768/1, Stellungnahmen der Arbeitnehmergruppe der CDU/CSU-Bundestagsfraktion zur anstehenden Reform des Familienlastenausgleichs und der Lohn- und Einkommensteuer sowie zu weiteren familienpolitischen Maßnahmen, 21.3.1984 u. 11.4.1984.

der Hauptgrund dafür, dass Stoltenberg sich dazu bereit erklärte, die Kinderfreibeträge bereits zum 1. Januar 1986 zu erhöhen, obwohl er grundsätzlich eine Reform in einem Zug zu einem möglichst späten Zeitpunkt bevorzugte.[70] Doch das Gesamtpaket stellte die Familienpolitiker der Union nicht zufrieden. Als die dritte Reformstufe feststand, beklagte Herbert Werner, Kinderbeauftragter der Bundesregierung und selbst Vater von sechs Kindern, dass die Reform aus Sicht der Familien „kein Anlaß zu Jubeln und Freudejauchzen" sei, weil sie weit hinter den ursprünglich geweckten Erwartungen zurückbleibe.[71]

Die Steuerreform sorgte mithin für Enttäuschung, weil ihr die Akteure eine hohe Bedeutung für ein ganz anderes Politikfeld zugeschrieben hatten. Sie beschränkte sich gleichwohl auf die Experten für Familienpolitik. Die Stilisierung der Reform zum Symbol der „Wende" zog weiter reichende Folgen nach sich. Mit diesem Schlagwort apostrophierte Helmut Kohl eine umfassende Krisendiagnose, für die er Fehlentwicklungen durch das sozialliberale Verständnis von Staat und Gesellschaft verantwortlich machte, und formulierte zugleich den Anspruch einer Erneuerung unter konservativen Vorzeichen.[72] Allerdings setzten Koalitionspolitiker die Steuerreform selten in Beziehung zum Wendediskurs. Nur ein einziges Mal sprach Kohl öffentlich im Zusammenhang mit der Steuerreform von einer Wende: In seiner Regierungserklärung vom 4. Mai 1983 kündigte er an, die 1982 begonnene „finanzpolitische Wende" fortzusetzen. Vor der Bundestagsfraktion erklärte er Anfang Juni 1985 das steuerliche Familienentlastungspaket zu einem Beitrag zur Wende, und beim CDU-Bundesausschuss am 9. Dezember 1985 bezeichnete er die Steuerreform insgesamt als ein „wichtiges Stück Wende"[73]. Häufiger stellten die Kritiker der Regierung diese Verbindung her. Zwar hatte die Wenderhetorik dem Unionslager als ein „effizientes Instrument zur demokratischen Eroberung der Macht" genutzt, doch unmittelbar nach der Bundestagswahl von 1983 wurde der Begriff zum „Schlagwort ihrer Gegner" und erwies sich als „Hypothek", die sich die Regierung selbst aufgebürdet hatte.[74]

Wer die Steuerreform als Konkretisierung der Wende apostrophierte, hob in aller Regel auf überzogene Erwartungen ab, die die Regierung nicht bzw. noch nicht eingelöst habe. So konstatierte der Nestor der deutschen Finanzwissenschaft

---

[70] Vgl. die Vorschläge Stoltenbergs vom März 1984 (wie Anm. 7), hier S. 14f.
[71] ACDP 08-001-1085/1, Protokoll der Sitzung der CDU-Bundestagsfraktion Nr. 28 vom 19. April 1988, 19.4.1988, S. 57. Diese Enttäuschung fiel auf die Familienpolitiker selbst zurück, da sie nach Ansicht ihrer publizistischen Begleiter zu wenig für die Familien herausgeholt hätten; Udo Kölsch, Reform à la Zeitgeist, in: Deutsches Allgemeines Sonntagsblatt, 3.4.1988, S. 1.
[72] Vgl. dazu ausführlich Wirsching, Die mediale „Konstruktion"; Hoeres, Von der „Tendenzwende" zur „geistig-moralischen Wende", S. 107–109.
[73] Regierungserklärung: wie Anm. 18, hier S. 60; ACDP 08-001-1074/1, Protokoll der Sitzung der CDU-Bundestagsfraktion Nr. 68 vom 11. Juni 1985, 11.6.1985, S. 26; Günther Buchstab/Hans-Otto Kleinmann, Einleitung, in: dies. (Bearb.), Helmut Kohl: Berichte zur Lage 1982–1989. Der Kanzler und Parteivorsitzende im Bundesvorstand der CDU Deutschlands, Düsseldorf 2014, S. VII–LXI, hier S. XLV.
[74] Wirsching, Abschied vom Provisorium, S. 51; ders., Die mediale „Konstruktion", S. 134; Hoeres, Von der „Tendenzwende" zur „geistig-moralischen Wende", S. 109.

Fritz Neumark in einem Beitrag für die „Wirtschaftswoche" im September 1983, dass die Wende in der Steuerpolitik bis dahin ausgeblieben sei, bemängelte den konzeptionellen Stillstand und zweifelte die Glaubwürdigkeit der Versprechungen an, die die Bundesregierung abgegeben habe.[75] Der Leiter der Bonner Wirtschaftsredaktion der „Frankfurter Allgemeinen Zeitung" Walter Kannengießer warnte die Bundesregierung davor, die „wohl einmalige Chance [zu] verspielen, auch in der Steuerpolitik die ‚Wende' zu markieren und ein deutliches Zeichen zu setzen, daß endlich Schluß ist mit der ständigen Verschärfung der Abgabenbelastung"[76]. Nachdem die Vorschläge Stoltenbergs bekannt geworden waren, kritisierte der Wirtschaftsjournalist Dieter Piel sie in der „Zeit" als bieder und konturlos. Seine rhetorische Frage „Soll das die ganze Wende der Bonner Regierungskoalition gewesen sein?" akzentuierte eine umfassende Veränderungserwartung, gegen die sich Stoltenbergs Pläne kleinmütig ausnahmen.[77] Und noch im Herbst 1987 erklärte der Vizepräsident des Bundes der Steuerzahler Dieter Lau im ZDF, dass man immer noch auf den Teil der Wende warte, der sich auf die Steuerpolitik beziehe.[78] Finanzwissenschaftlern, Interessenvertretern, Journalisten von regierungsfreundlichen und regierungskritischen Zeitungen – ihnen allen bot der Wendebegriff eine willkommene Referenz, um bestimmte Erwartungen an die Reform heranzutragen. Dadurch geriet diese insgesamt in ein zweifelhaftes Licht. Der Wende-Begriff sorgte dafür, dass die Reform schon unzureichend erscheinen konnte, bevor auch nur die ersten Beschlüsse gefasst worden waren.

Überbietungsrhetorik

An dieser Überhöhung waren die Unionspolitiker nicht unschuldig, schließlich hatten sie selbst die Messlatte so hoch gelegt. Und obwohl die Minister – allen voran Gerhard Stoltenberg, der für seinen nüchternen Habitus bekannt war und aus den eigenen Reihen zuweilen sogar bedrängt wurde, seine Politik emotionaler darzustellen[79] – ebenso wie Kohl den Begriff der Wende tunlichst vermieden, schraubten sie die Erwartungen mit einem anderen Etikett in die Höhe. Seit die Koalitionsspitzen die Eckwerte für die Steuersenkungen von 1986 und 1988 beschlossen hatten, priesen sie ihr Werk als die größte Entlastung der Nachkriegszeit an. Den Anfang machte Alfred Dregger. Wenige Tage nachdem die Vorschläge Stoltenbergs auf dem Tisch lagen, bezeichnete der Vorsitzende der CDU/CSU-Bundestagsfraktion die geplante Steuerentlastung in der „Fuldaer Zeitung" – zu

---

[75] Fritz Neumark, Wo bleibt die Wende?, in: Wirtschaftswoche 37 (1984), Nr. 38, 16. 9. 1983, S. 74–84. Zu Neumarks wissenschaftlichem Werk vgl. Heinz Grossekettler, Fritz Neumark. Engagierter Finanzwissenschaftler und Politikberater, Frankfurt am Main 2013, S. 83–96.
[76] Walter Kannengießer, Die Steuerreform darf nicht scheitern, in: FAZ, 4. 6. 1984, S. 1.
[77] Dieter Piel, Die halbherzige Steuerreform, in: Die Zeit, 29. 6. 1984, S. 1; in diesem Sinne auch Werner Gößling, Steuer-Wende bleibt aus, in: Stuttgarter Zeitung, 22. 6. 1984, S. 1.
[78] Volker Bechthold, Rechenmodell für Stoltenbergs Steuerreform, in: ZDF-Magazin, 30. 9. 1987 (bei 37:45).
[79] So Unionsabgeordnete in der Fraktionssitzung vom 12. Oktober 1982; vgl. Wirsching, Die mediale „Konstruktion", S. 134.

der er als langjähriger ehemaliger Oberbürgermeister der osthessischen Stadt und direkt gewählter Abgeordneter des entsprechenden Wahlkreises beste Beziehungen pflegte – als die „größte, die es je in der Geschichte der Bundesrepublik gegeben hat"[80]. Damit preschte Dregger vor, denn zu diesem Zeitpunkt war noch gar nicht entschieden, wie hoch die Nettoentlastung tatsächlich ausfallen würde. Dregger bezog sich auf den Gesamtumfang von 25 Mrd. DM, auf den sich die Koalition im Februar 1984 geeinigt hatte. Noch völlig offen war jedoch, ob ein Teil dieser Summe durch die Erhöhung indirekter Steuern kompensiert werden würde. Eine solche Lösung bevorzugte Stoltenberg, während die Mehrheit der Unionsfraktion sich gegen jede Steuererhöhung sträubte.[81] Die Steuersenkung ohne Ausgleich auf der Einnahmenseite des Bundes, die Stoltenberg alternativ vorgeschlagen hatte, war mit einem Entlastungsvolumen von acht bis neun Milliarden DM deutlich bescheidener dimensioniert.

Alle führenden Koalitionspolitiker, die sich zu diesem Thema äußerten, stießen in dasselbe Horn. Zwar gab es in den Reihen der Union auch Mahner, die davor warnten, in der Öffentlichkeit Erwartungen zu wecken, die dann hinterher nur zu einem Teil erfüllt werden könnten[82], aber ihre Stimmen gingen im Chor des Eigenlobs unter. Der Haushaltsexperte der CDU Manfred Carstens bezeichnete die Reform am 4. April als „größte Steuerentlastung, die es jemals in der Bundesrepublik gegeben hat", und als Kohl selbst drei Wochen später die „bisher größte Steuerentlastungsgesetzgebung in der deutschen parlamentarischen Geschichte" ankündigte, hatte der Superlativ das Gütesiegel eines Kanzlerworts – wohlgemerkt: noch bevor die Koalition sich auf ein Gesamtvolumen festgelegt hatte.[83] Als es soweit war – die Einigung vom 20. Juni 1984 sah vor, die Steuern in zwei Schritten 1986 und 1988 um insgesamt etwa 20 Mrd. DM zu verringern – brachen dann alle Dämme. Obwohl das Gesamtvolumen immerhin ein Fünftel niedriger ausfiel als ursprünglich beabsichtigt, feierte Dregger seither die Beschlüsse

---

[80] Zitiert nach ACDP Pressearchiv 0/06/9-0-0, Steuern Allgemeines XXX, Pressedienst der CDU/CSU-Fraktion im Deutschen Bundestag, 4.4.1984.

[81] Vgl. ACDP 08-001-1072/1, Protokoll der Sitzung der CDU-Bundestagsfraktion Nr. 26 vom 3. April 1984, 3.4.1984, S. 17–19, 22f., 31f.; ACDP 08-001-1072/1, Protokoll der Sitzung der CDU-Bundestagsfraktion Nr. 28 vom 2. Mai 1984, 2.5.1984, S. 8f.

[82] Z.B. Wolfgang Schäuble, zu diesem Zeitpunkt parlamentarischer Geschäftsführer der CDU/CSU-Bundestagsfraktion; ebd., Protokoll der Sitzung der CDU-Bundestagsfraktion Nr. 28 vom 2. Mai 1984, 2.5.1984, S. 26f. In derselben Sitzung plädierte Dregger selbst für mehr Nüchternheit (ebd., S. 32). Der CDU-Obmann im Haushaltsausschuss Bernhard Friedmann kritisierte sogar, dass Kohl die größte Steuerentlastung seit Bestehen der Bundesrepublik angekündigt habe; ebd., Protokoll der Sitzung der CDU-Bundestagsfraktion Nr. 32 vom 24. Mai 1984, 24.5.1984, S. 25.

[83] Heinz Vielain, CDU und FDP einig – Keine höhere Steuer auf Tabak, Alkohol, Benzin, in: Welt am Sonntag, 8.4.1984, S. 1f., hier S. 2; Steuerreform kommt in die entscheidenden Runde, in: SZ, 30.4.1984, S. 23; ACDP Pressearchiv 0/06/9-0-0, Steuern Allgemeines XXX, BPA: Zusammenstellung von TV- und Rundfunk-Beiträgen, 2.5.1984, S. 4. Knapp zwei Wochen später bekräftigte Kohl in seiner Eröffnungsrede zum CDU-Bundesparteitag diese Formulierung: Helmut Kohl, Mit Zuversicht in eine menschlichere Zukunft. Rede auf dem 32. CDU-Bundesparteitag am 9. Mai 1984 in Stuttgart, in: Kohl, Reden 1982–1984, S. 402–431, hier S. 428.

vor der Fraktion und in zahlreichen Zeitungsbeiträgen als „größte Steuerentlastung der Nachkriegszeit" bzw. „seit Bestehen der Bundesrepublik"[84].

Nun machte sich auch Stoltenberg die Überbietungsrhetorik zu eigen. Die geplante Reform, so erklärte er am Tag nach der Koalitionseinigung, sei die „weitaus größte Steuersenkung in der Geschichte der Bundesrepublik"[85]. Noch dicker trug die Funktionärszeitschrift der CDU auf. Das Magazin, dessen Beiträge sich als Argumentationshilfe für die Außendarstellung christdemokratischer Politik verstanden, erhoben die Koalitionseinigung in den Rang der „größten Steuerreform in der Geschichte der Bundesrepublik" und zitierten Kohl mit den Worten: „Wer hätte es denn vor 18 Monaten für möglich gehalten, daß es da eine Regierung gibt, die es wagt und riskiert und auch den Grund hat zu diesem Risiko, eine Steuersenkung in einer Größenordnung von 20 Milliarden Mark vorzunehmen. Das hätte nahezu niemand für möglich gehalten."[86] Genauso unterstrich Stoltenberg die Dimension des Erfolgs in den eigenen Reihen. Vor den Delegierten des Bundesparteitags am 11. Mai 1984 rief er aus: „Ich habe nicht den Eindruck, dass jeder [...] die Größe des Erfolges richtig dargestellt hat. Daß wir überhaupt so schnell nach dem Regierungswechsel in Bonn über konkrete Steuerentlastungen reden können, ist eine großartige Sache, die nicht zerredet werden darf."[87]

In solchen Aussagen bündelte sich der Stolz der Bundesregierung über die Erfolge ihrer Sanierungspolitik. Dass es Spielräume für Steuersenkungen gab, war freilich nicht allein das Verdienst der „unfertigen Konsolidierung", sondern ging auf die exogene konjunkturelle Erholung und die dank der nominalen Einkommenszuwächse in Verbindung mit der Progressionswirkung stark steigenden Steuereinnahmen.[88] Dieser Trend blieb ungeachtet aller Steueränderungen und Konjunkturschwankungen stabil. In den drei Jahrzehnten von 1969 bis 1989 verfünffachte sich das jährliche Steueraufkommen von 44 auf 218 Mrd. DM. Vier

---

[84] ACDP Pressearchiv 0/06/9-0-0, Steuern Allgemeines XXI, Deutschland Union Dienst 38 (1984), Nr. 118, 22.6.1984; ebd., dpa-Meldung: Erziehungsgeld ab 1986 – CDU/CSU-Fraktion stimmt Entlastungspaket zu, 26.6.1984; erneut am 19. April 1985 in einer Kolumne in der Esslinger Zeitung und in der Nordsee-Zeitung vom 8. Juni 1985, ACDP Pressearchiv 0/06/9-0-0, Steuern Allgemeines XXXII, Pressedienst der CDU/CSU-Fraktion im Deutschen Bundestag, 19.4.1985; ACDP Pressearchiv 0/06/9-0-0, Steuern Allgemeines XXXIII, Pressedienst der CDU/CSU-Fraktion im Deutschen Bundestag, 7.6.1985

[85] Heinz Heck, Die geplante Entlastung soll die Durchschnittsverdiener begünstigen, in: Die Welt, 22.6.1984, S. 9. Nach anderen Quellen sprach bereits Stoltenberg von der „größten Steuerreform in der Geschichte der Bundesrepublik"; Unterschiedliches Echo auf Steuerreform-Kompromiß, in: General-Anzeiger, 23.6.1984, S. 1. Auch im Fernsehen rühmte Stoltenberg seine Reform nahezu wortgleich; Heinz-Klaus Mertes und Gabor Wagner, Unsere Steuern – alles klar zur Reform?, in: Im Brennpunkt, ARD, 30.6.1984 (ab 2:20).

[86] ACDP Pressearchiv 0/06/9-0-0, Steuern Allgemeines XXXI, Größte Steuerentlastung in der Geschichte der Bundesrepublik, in: Union in Deutschland 38 (1984), Nr. 21/22, 28.6.1984, S. 1–3.

[87] CDU Deutschlands (Hrsg.), 32. Bundesparteitag der Christlich-Demokratischen Union Deutschlands, Stuttgart, 9.–11. Mai 1984. Tagesprotokoll 10. Mai 1984, Bonn 1984, S. 139.

[88] Vgl. Hans-Peter Ullmann, Das Abgleiten in den Schuldenstaat. Öffentliche Finanzen in der Bundesrepublik von den sechziger bis zu den achtziger Jahren, Göttingen 2017, S. 364–377, Zitat S. 364; Michael von Prollius, Deutsche Wirtschaftsgeschichte nach 1945, Göttingen 2006, S. 207–215; Werner Abelshauser, Deutsche Wirtschaftsgeschichte. Von 1945 bis zur Gegenwart, Bonn 2011, S. 502.

Jahre nach dem Regierungswechsel lagen die kassenmäßigen Einnahmen des Bundes, der Länder und der Gemeinden aus Steuern bereits um 26,7 Mrd. DM höher als 1981, dem letzten Jahr der sozialliberalen Koalition.[89]

Insofern war die Argumentation Kohls nicht frei von Selbstgerechtigkeit. Dessen ungeachtet diente die Steuerreform als Zeichen dafür, dass die Zumutungen des Sparkurses sich gelohnt hätten, und sie signalisierte, dass der Staat seinen Bürgern etwas zurückgeben würde. Dies war ein Grund dafür, dass die Koalitionspolitiker die Steuerreform möglichst groß dimensioniert darstellten. Außerdem lag der Regierung daran, ihre sozialliberale Vorgängerin bei der Verteilung von steuerlichen Wohltaten zu übertrumpfen. Und schließlich hielten sie große Zahlen und Superlative für ein wirksames Mittel, um auf einem abstrakten und spröden Gebiet beim Wähler zu punkten. Die Magie der großen Zahl war einer der Hauptgründe dafür, die für 1986 und 1988 vorgesehenen Steuersenkungen in einem Gesetz zu verabschieden: Parlamentarier wollten ebenso wie Stoltenberg die Entlastungen nicht auseinanderreißen, sondern als Gesamtpaket behandeln, das Eindruck machte und politische Wirkung erzielte.[90] Aus demselben Grund addierten Koalitionspolitiker zuweilen auch die Abschreibungserleichterungen für die Wirtschaft aus dem Jahr 1983 zur Reform hinzu, um das Gesamtvolumen noch eindrucksvoller erscheinen zu lassen.

Doch ebenso wie das Schlagwort der „Wende" erwies sich die Überbietungsrhetorik zur Steuerreform als zweischneidiges Schwert: Erstens nährte sie hohe Erwartungen, dass der Staat allen Bürgern viel Geld „zurückgeben" würde. Dies war jedoch für die Bezieher niedriger Einkommen nicht möglich, denn wer bereits vor der Reform wenig Steuern zahlte, konnte auch nur in geringem Maße profitieren. Zweitens lud die marktschreierische Selbstanpreisung zu Spott (vgl. Abb. 15) und Kritik ein. Dies fing mit Übertreibungen an, indem regierungskritische Journalisten den Koalitionspolitikern das Wort von der angeblich „größten Steuerreform des Jahrhunderts" in den Mund legten und sich später auf den vermeintlichen Anspruch einer Jahrhundertreform beriefen, um die Ergebnisse hernach auseinanderzunehmen.[91] Als der Bundestag am 21. April 1988 das Steuerreformgesetz 1990 in erster Lesung debattierte, nannte Apel den Entwurf ein „Jahrhundertwerk der Ungerechtigkeit und Unsolidität"[92]. Außerdem verdrehten Kritiker die Selbstanpreisung der Bundesregierung in ihr Gegenteil, indem sie die Reform als „größte

---

[89] Zahlen nach: Bundesministerium der Finanzen (Hrsg.), Finanzbericht 1991. Die volkswirtschaftlichen Grundlagen und die wichtigsten finanzwirtschaftlichen Probleme des Bundeshaushaltsplans für das Haushaltsjahr 1991, Bonn 1991, S. 214–221.

[90] Beispielsweise Ludolf von Wartenberg, der für die CDU im Finanzausschuss des Bundestages saß: ACDP 08-001-1072/1, Protokoll der Sitzung der CDU-Bundestagsfraktion Nr. 26 vom 3. April 1984, 3.4.1984, S. 37–39.

[91] Z. B. Joachim Bech, Was bringt die Steuerreform?, in: plusminus, ARD, 27.2.1987 (bei 9:35); Klaus-Peter Schmid, Eine verschenkte Reform, in: Die Zeit, 6.3.1987, S. 27; „Ihr dürft nicht daran rütteln", in: Der Spiegel 41 (1987), 19.10.1987, S. 46–59, hier S. 46; Jens Feddersen, Der getäuschte Bürger, in: Neue Ruhr-Zeitung, 23.3.1988, S. 2; Jochim Stoltenberg [sic], Das Ende einer Reform, in: Hamburger Abendblatt, 11.6.1988, S. 2.

[92] Deutscher Bundestag, 11. Wahlperiode, Plenarprotokoll Nr. 11/74 vom 21.4.1988, S. 4939, http://dipbt.bundestag.de/doc/btp/11/11074.pdf (16.3.2016).

Abb. 15: Der Karikaturist Jupp Wolter dämpft die von der Bundesregierung geweckten Erwartungen
© Jupp Wolter/Haus der Geschichte, Bonn; Quelle: Deutsche Handwerks-Zeitung, 14.3.1987, S.1. Bildunterschrift im Original: „Ei, schau an!"

Steuerentlastungslüge", „größten Bluff" oder „größten Schwindel" bezeichneten.[93] Weitaus bösartiger war die Anspielung auf nationalsozialistischen Größenwahn durch die Verballhornung des Vorhabens als „Größte Steuerreform aller Zeiten" und das Akronym „Gröstaz". Beides ging in direkter Linie auf die Überhöhung Hitlers als „größter Feldherr aller Zeiten" bzw. deren ironische Brechung durch die Abkürzung „Gröfaz" zurück. Die Analogie zur offenkundigen und katastrophalen Selbstüberschätzung des Diktators setzte die ganze Reform in ein schlechtes Licht und sollte die Koalitionspolitiker als hochmütige Phantasten entlarven. Als Erster machte der Wirtschaftskorrespondent der „Frankfurter Rundschau", Rolf Dietrich Schwartz, die Reform auf diese Weise lächerlich, später griffen sozialdemokratische Finanzpolitiker wie Hans Apel und Dieter Spöri die Idee dankbar auf.[94]

---

[93] So der Vorsitzende der Gewerkschaft Nahrung – Genuß – Gaststätten, Günter Döding; ACDP Pressearchiv 0/06/9-0-0, Steuern Allgemeines XXXVII, dpa-Meldung: Döding: Steuerreform „Schwindel", 3.4.1987. Vgl. außerdem die Äußerungen von Dieter Spöri, Hans Apel und Rolf Dietrich Schwartz (wie Anm. 94).

[94] Rolf Dietrich Schwartz, Reform nach rückwärts, in: Frankfurter Rundschau, 20.12.1984, S. 3; außerdem Jürgen Klotz, Steuer-Lügen, in: Frankfurter Rundschau, 11.6.1988, S. 3; Deutscher Bundestag, 10. Wahlperiode, Plenarprotokoll Nr. 10/124 vom 1.3.1985, S. 9140, http://dipbt.bundestag.de/doc/btp/10/10124.pdf (9.3.2016); ACDP Pressearchiv 0/06/9-0-0, Steuern Allgemeines XXXIV, Der Marsch in den Lohnsteuerstaat muß gestoppt werden, in: Sozialdemokrat Magazin, Nr. 5–6, Mai/Juni 1986, S. 8f.

Solche Häme hinderte die Koalition nicht, sich weiter in Superlativen zu sonnen. Einen Höhepunkt erreichte die Überbietungsrhetorik mit den ersten Ankündigungen der Tarifreform für 1990. Stoltenberg tat dies bereits im Sommer 1985, unmittelbar nachdem Bundestag und Bundesrat das Steuerentlastungspaket der beiden ersten Stufen verabschiedet hatten. Diesmal übertrumpfte der Bundesfinanzminister sich selbst: Kaum hatte die Bundesregierung Steuersenkungen im Gesamtumfang von knapp 20 Mrd. DM für 1986 und 1988 unter Dach und Fach gebracht, kündigte Stoltenberg im Juli 1985 eine Tarifabsenkung für die nächste Legislaturperiode an, die die Bürger noch einmal um das Doppelte entlasten sollte. In der „Bild"-Zeitung bekräftigte er dies am 23. Oktober und prägte für sein Vorhaben den ultimativen Werbeslogan „Super-Reform"[95]. Zugleich untermauerte die Bundestagsfraktion der Unionsparteien mit einer Ausarbeitung des Wissenschaftlichen Dienstes des Bundestages, dass bereits die für 1986 und 1988 beschlossenen Absenkungen vom Volumen her an der Spitze aller Steuerreformen seit 1945 stünden.[96] In keiner Werbebroschüre fehlte der Superlativ.[97] Ab Herbst 1986 geriet der Bundestagswahlkampf zum „Kräftemessen der Entlastungsathleten"[98], bei dem sich CDU, CSU und FDP mit Milliardenankündigungen gegenseitig überboten. Auch wenn niemand solche Wahlkampfversprechen auf die Goldwaage legte, so konnte doch kein Zweifel daran bestehen, dass die Regierung die Steuerreform zu einem ihrer Hauptanliegen für die kommende Legislaturperiode erhob. Nachdem die Koalitionsparteien sich nach der Bundestagswahl von 1987 auf die Eckdaten der Tarifreform geeinigt hatten, beflügelten die weiteren Milliarden ihre Selbstanpreisung weiter. Kohl rechnete in seiner Regierungserklärung vom 18. März alle erfolgten, beschlossenen und in Aussicht genommenen Steuerentlastungen seit 1983 zu einem Gesamtbetrag von 45 Mrd. DM zusammen. Eine vergleichbare Steuersenkung habe es bis dahin in der Geschichte der Bundesrepublik Deutschland nicht gegeben.[99]

Diese Botschaft posaunten die Akteure der Regierungsseite unaufhörlich hinaus. Sie machten das Etikett „größte Steuerentlastung der Geschichte der Bundesrepu-

---

[95] Siegmar Schelling, Stoltenberg kündigt neue Steuerreform an, in: Welt am Sonntag, 14. 7. 1985, S. 1; ACDP Pressearchiv 0/06/9-0-0, Steuern Allgemeines XXXIII, dpa-Meldung: Dregger widerspricht CSU: Kein Vorziehen der Steuerentlastung 1986 – Stoltenberg will später „Super-Reform" – Tabaksteuer-Erhöhung?, 22. 10. 1985.

[96] Reform bringt höchste Entlastung seit 1945, in: Handelsblatt, 27. 2. 1985, S. 4.

[97] Das erste Heft, das mit 350 000 Exemplaren auf die breite Masse abzielte, erschien im Dezember 1985. Im Vorwort erklärte Kohl, eine Reform von diesem Ausmaß habe es seit Bestehen der Bundesrepublik noch nicht gegeben; ACDP Pressearchiv 0/06/9-0-0, Steuern Allgemeines XXXIV, dpa-Meldung: Broschüre über Steuerreform 1986/88 fertig, 16. 12. 1985. Als Beispiel für spätere Werbemittel vgl. ACDP Pressearchiv 0/06/9-0-0, Steuern Allgemeines XL, Presse- und Informationsamt der Bundesregierung (Hrsg.), Politik. Informationen aus Bonn, Nr. 7/1987, Dezember 1987, S. 1.

[98] Rolf Dietrich Schwartz, Zunächst pflastern große Worte den Weg zum „Jahrhundertwerk", in: Frankfurter Rundschau, 1. 11. 1986, S. 5. Bereits Ende 1985 hatte Stoltenberg mit einer Prognose von 60 Milliarden DM möglicher Steuerentlastungen für Furore gesorgt: 60 Mrd. DM Steuerentlastung in den Jahren von 1989 bis 1995, in: Handelsblatt, 18. 12. 1985.

[99] Deutscher Bundestag, 11. Wahlperiode, Plenarprotokoll Nr. 11/4 vom 18. 3. 1987, S. 57, http://dipbt.bundestag.de/doc/btp/11/11004.pdf (5. 3. 2016).

blik" zum Markenzeichen der Reform. Dregger verstieg sich in einem Rundfunkinterview im April 1988 sogar zur Behauptung, die Reform führe zur „größten Entlastung der Finanzgeschichte"[100]. Zwar übertraf schlussendlich der Gesamtumfang der Gesamtreform von rund 63,3 Mrd. DM genauso wie die Nettoentlastung von etwa 49,3 Mrd. DM[101] in der Tat alle Steuersenkungen in der Vergangenheit, aber dies war keineswegs so sensationell, wie die Bundesregierung behauptete. Zum einen blähte die Geldentwertung die Zahlen auf, sodass Tarifkorrekturen regelmäßig zu Rekordhöhen der nominalen Entlastungssummen führten. Zum anderen hatte auch die sozialliberale Vorgängerregierung in einem vergleichbaren Zeitraum mehrfach die Steuern gesenkt, ohne diese Schritte zu einer Gesamtsumme zusammenzuzählen. Gemessen am Bruttosozialprodukt übertraf die Steuersenkung von 1975 sogar die Tarifentlastung von 1990.[102] Bemerkenswerter als die nominalen Einnahmeausfälle war die Tendenzumkehr bei der Steuer- und Abgabenquote, also der Anteil des Gesamtsteueraufkommens mit und ohne Sozialleistungen am Bruttosozialprodukt: Beide Indikatoren waren während der 1970er Jahre kontinuierlich gestiegen und zeigten seit 1979 bzw. 1982 eine leicht fallende Tendenz. 1990 lag die Steuerquote rund 1% niedriger als 1985, und die Abgabenquote verringerte sich im selben Zeitraum um etwa 1,5%.[103]

Für das Erwartungsmanagement der Bundesregierung fielen nicht die mehr oder weniger zugespitzten Varianten der Selbstanpreisung ins Gewicht, sondern die Penetranz, mit der alle maßgeblichen Unionspolitiker die Steuerreform als Meisterleistung mit historischer Größenordnung ankündigten. Die Angeberei mit Superlativen und Milliardenzahlen sollte in erster Linie die Bedeutsamkeit des Unterfangens belegen und ein notorisch sprödes Thema in das Blickfeld der Bürger rücken. Dies gelang auch, aber weil die Koalitionspolitiker unablässig betonten, dass sie den Bürgern so viel Geld wie nie zuvor zurückgeben würden, warfen sie zwangsläufig die Frage auf, wieviel denn von den vielen Milliarden am Ende beim Einzelnen hängen bleiben würde.

Um werbewirksam zu werden, mussten die abstrakten Milliardengrößen in eine konkrete Entlastungswirkung in Mark und Pfennig umgerechnet werden. Pauschalaussagen hatten jedoch nur begrenzte Aussagekraft, weil das deutsche

---

[100] ACDP Pressearchiv 0/06/9-0-0, Steuern Allgemeines XLII, Pressedienst der CDU/CSU-Fraktion im Deutschen Bundestag, 20.4.1988.

[101] ACDP Pressearchiv 0/06/9-0-0, Steuern Allgemeines XLVII, Presse- und Informationsamt der Bundesregierung, Aktuelle Beiträge zur Wirtschafts- und Finanzpolitik, Nr. 4/1990, 20.1.1990: Steuerreform 1990. Steuerentlastung – Steuergerechtigkeit – Beschäftigungsimpulse, S. 5.

[102] Vgl. Gerrit B. Koester, The Political Economy of Tax Reforms. An Empirical Analysis of New German Data, Baden-Baden 2009, S. 62.

[103] Vgl. Bundesministerium der Finanzen (Hrsg.), Finanzbericht 1990. Die volkswirtschaftlichen Grundlagen und die wichtigsten finanzwirtschaftlichen Probleme des Haushaltsplans der BRD für das Rechnungsjahr 1990, Bonn 1990, S. 251; in einer Vergleichsperspektive Marc Buggeln, Taxation in the 1980s. A Five-Country Comparison of Neo-Liberalism and Path Dependency, in: ders./Martin Daunton/Alexander Nützenadel (Hrsg.), The Political Economy of Public Finance. Taxation, State Spending and Debt since the 1970s, Cambridge 2017, S. 105–125, hier S. 120.

Steuersystem dem Individualisierungsprinzip gehorcht, also möglichst genau die Einkommensverhältnisse, die finanzielle Leistungskraft und die persönlichen Umstände jedes Steuerpflichtigen berücksichtigt. Trotzdem griffen die Unionsstrategen zu einem einprägsamen Versprechen: Jeder Steuerpflichtige werde ab 1990 über die bereits erfolgten Steuersenkungen hinaus im Schnitt um tausend Mark entlastet. Nachdem diese Ansage bereits Ende 1986 im Bundestagswahlkampf kursiert war, machte die CDU sie nach ihrem Wahlsieg zur verbindlichen Maßzahl der Reform. CDU-Generalsekretär Heiner Geißler stellte sie bei der Pressekonferenz über die Koalitionseinigung am 24. Februar 1987 in den Mittelpunkt. Unmittelbar darauf verkündete er in einem per Pressemitteilung verbreiteten Brief an die CDU-Mandatsträger und Funktionäre in Hessen und Rheinland-Pfalz, wo der Landtagswahlkampf in die entscheidende Phase eintrat: „Jeder Steuerzahler zahlt im Durchschnitt rund 1000 DM weniger Steuern pro Jahr." Zwei Tage später wiederholte die CDU-Bundesgeschäftsstelle dieses Versprechen auf dem Flugblatt „Weniger Steuern für alle"[104] und stellte es grafisch sogar noch besonders heraus.

Im Moment ihrer Verkündigung mochte die Botschaft kraftvoll und befreiend wirken – sie sollte einen starken Gegenakzent zum verheerenden Eindruck setzen, den der wochenlange Streit während der Koalitionsverhandlungen über die Höhe des Spitzensteuersatzes hinterlassen hatte.[105] Doch auch über diese Aussage hatte die Regierung keine Kontrolle mehr. Für die ja durchaus beabsichtigte Wirkung war es unerheblich, dass es sich um einen statistischen Mittelwert handelte (der bereits seit Ende 1984 in den umfangreichen Handreichungen des Bundesfinanzministeriums auftauchte, die die Entlastung eines Durchschnittsverdieners ab dem 1. Januar 1988 mit 1053 DM angaben[106]). Jeder, der nicht ganz genau hinhörte, musste aus der plakativen Zahl entnehmen, dass ihm die Steuerreform 1000 Mark mehr bescheren werde, zumal die CDU in Hessen Anzeigen schaltete, die diese Ansage noch forcierten.[107] Wenige Monate später rächte sich diese Er-

---

[104] ACDP Pressearchiv 0/06/9-0-0, Steuern Allgemeines XXXVI, dpa-Meldung: Koalition über 44-Milliarden-Steuerreform einig, 24. 2. 1987; ebd., CDU-Pressemitteilung, 25. 2. 1987; ebd., CDU-Pressemitteilung, 27. 2. 1987; ACDP 10-025-183, Flugblatt „Wort gehalten – Weniger Steuern für alle", o. D. (Februar 1987).

[105] Vgl. Gros, Politikgestaltung, S. 138–162; Zolnhöfer, Wirtschaftspolitik, S. 84–87.

[106] So erklärte Häfele: „Im Durchschnitt ergibt sich für die Steuerzahler eine jährliche Entlastung von 1053 DM oder 8% der Steuerschuld"; ACDP Pressearchiv 0/06/9-0-0, Steuern Allgemeines XXXI, Presse- und Informationsamt der Bundesregierung: Aktuelle Beiträge zur Wirtschafts- und Finanzpolitik Nr. 61/1984, 5. 9. 1984, S. 2; genauso ACDP Pressearchiv 0/06/9-0-0, Steuern Allgemeines XXXII, Gerhard Stoltenberg: Steuersenkungen 1986/1988, in: Presse- und Informationsamt der Bundesregierung: Bulletin, Nr. 3, 5. 1. 1985, S. 20.

[107] „Jeder Steuerzahler behält mindestens 1000,– DM jährlich mehr in der eigenen Tasche"; Anzeige der CDU „Steuern zurück!", in: Frankfurter Rundschau, 27. 2. 1987, S. 14. Auf eine Anfrage des SPD-Bundestagsabgeordneten Peter Struck bekräftigte Häfele, dass der „Zukunftstarif" Durchschnittsverdiener ab 1990 um „über 1000 DM entlasten" werde; Deutscher Bundestag, 11. Wahlperiode, Drucksache 11/54: Schriftliche Fragen mit den in der Woche vom 9. März 1987 eingegangenen Antworten der Bundesregierung, 13. 3. 1987, http://dipbt.bundestag.de/doc/btd/11/000/1100054.pdf (6. 3. 2016).

wartung, als die Bundesregierung bekanntgab, welche Steuervergünstigungen gestrichen werden sollten. Als Stoltenberg Anfang 1988 ankündigte, Verbrauchssteuern zu erhöhen, bot das vollmundige 1000-Mark-Versprechen vom Vorjahr der Opposition eine Steilvorlage für den Vorwurf der Unredlichkeit. Apel erklärte am 10. Oktober 1987, statt 1000 Mark zurückzuerhalten, müssten viele Bürger ab 1990 sogar mehr Steuern zahlen, und auch die Presse legte den Finger in die Wunde.[108] Was als Veranschaulichung einer großzügigen Steuersenkung für alle gedacht gewesen war, entpuppte sich als Bumerang.

Erwartungen als Argument: Meinungsumfragen zur Steuerreform

Inwieweit es Regierung und Opposition gelang, die kollektiven Erwartungen zur Steuerreform zu beeinflussen, lässt sich kaum rekonstruieren. Zwar liegt eine ganze Reihe demoskopischer Untersuchungen über die Steuerreform vor, doch sie geben nur in begrenztem Maße darüber Auskunft, was sich die Bürgerinnen und Bürger tatsächlich von der Steuerreform erhofften. Vielmehr dienten die Umfragen selbst als Argument, um eine bestimmte Position im Streit um die Reform zu stützen, indem sie dieser das Gütesiegel der demokratischen Mehrheitsmeinung verliehen. Als „mathematische Erzählung von Politik"[109] eigneten sich demoskopische Zahlen dafür besonders gut, denn sie stammten von unabhängigen Institutionen, sie stützten sich auf wissenschaftliche Expertise, sie objektivierten und quantifizierten Stimmungslagen, und sie erlaubten es, Meinungsbilder im Zeitverlauf darzustellen. Zudem konstruierten Meinungsumfragen als symbolisches Ritual überhaupt erst die demokratische Partizipation einer Öffentlichkeit, die sich in ihrem Spiegel mehr oder weniger wiedererkennen mochte.[110] Was dieser Spiegel zeigte, wurde selbst zum Gegenstand der Auseinandersetzung, denn die Produktion der Meinungsforschungsinstitute befand sich in den 1980er Jahren längst in einer Doppelrolle als politisches Instrument in den Medien und Objekt einer Medialisierung. Umfrageergebnisse als Argument hatten durch den Vorwurf, ihre Veröffentlichung manipuliere den Gegenstand der Beobachtung, an Überzeugungskraft eingebüßt. Zudem herrschte eine „demoskopische Dauerkommunikation [...], bei der nur noch eine Umfrage die andere ablöste und sich auf die vorhergehende bezog"[111]. Die Meinungsumfragen zur Steuerreform lassen sich daher nicht als exaktes Abbild von Zustimmung oder Ablehnung lesen,

---

[108] ACDP Pressearchiv 0/06/9-0-0, Steuern Allgemeines XXXIX, Informationen der Sozialdemokratischen Bundestagsfraktion, Nr. 1906, 10.10.1987; Hans-Gerd Heine, Bis zu 565 Mark netto im Monat weniger, in: SZ, 17.2.1988, S. 26; Manfred Fritz, Ein Bild verblaßt, in: Rhein-Neckar-Zeitung, 8.6.1988, S. 2.

[109] Kruke, Demoskopie, S. 496.

[110] Vgl. zu dieser Perspektive am Beispiel der USA Justin Lewis, The Opinion Poll as a Cultural Form, in: International Journal of Cultural Studies 2 (1999), S. 199–221; Lisbeth Lipari, Polling as Ritual, in: Journal of Communication 49 (1999), S. 83–102.

[111] Kruke, Demoskopie, S. 502.

sondern als Medium, um die Perzeption von Stimmungshaltungen zu beeinflussen. In diesem Sinne schufen Meinungsumfragen erst die Voraussetzung für die Wahrnehmung von kollektiver Enttäuschung über die Steuerreform, indem sie bestimmte Erwartungen als messbare und überprüfbare Größe konstruierten.[112]

Erhebung	Institut	Auftraggeber	Verbreitungsweg	Schwerpunkte
März 1984	emnid	Bund der Steuerzahler	Pressemitteilung	Steuerlast
März 1986	emnid	Bund der Steuerzahler	Pressemitteilung; Süddeutsche Zeitung	Wahrnehmung 1. Stufe
April 1986	infratest	SPD	Pressemitteilung; Mitgliederzeitschrift	Verteilungsgerechtigkeit; persönlicher Effekt
Feb. 1987	Allensbach	keine Angabe	Allensbach-Jahrbuch	Spitzensteuersatz
Feb. 1987	infas	ARD	Report	Spitzensteuersatz; persönlicher Effekt
Mai 1987	Allensbach	Bundesregierung	Pressemitteilung; dpa-Meldung	Wissen über die Reform; persönlicher Effekt; Akzeptanz Gesamtreform
Juli 1987	emnid	Wirtschaftswoche	Diverse Zeitungen	persönlicher Effekt
Aug. 1987	infratest	SPD	Pressemitteilung; dpa-Meldung	persönlicher Effekt; Steuererhöhungen
Sept. 1987	Forschungsgruppe Wahlen	ZDF	Politbarometer; Wirtschaftswoche	persönlicher Effekt
Okt. 1987	Allensbach	Bundesregierung	Pressemitteilung; Allensbach-Jahrbuch	persönlicher Effekt
Nov. 1987	keine Angabe	SPD	Pressemitteilung	Verteilungsgerechtigkeit; Akzeptanz
Dez. 1987	Sample-Institut	Bunte	Bunte; dpa-Meldung	Verteilungsgerechtigkeit; persönlicher Effekt; Steuererhöhungen
Juni 1988	emnid	ARD	Monitor; Handelsblatt	Verteilungsgerechtigkeit; persönlicher Effekt; Vertrauen in Steuerpolitik
Juli 1988	Allensbach	keine Angabe	Allensbach-Jahrbuch	Flugbenzin

Tab. 1: *Meinungsumfragen zur Steuerreform der Bundesregierung*[113]

---

[112] Vgl. Holger Nehring, Debatten in der medialisierten Gesellschaft. Bundesdeutsche Massenmedien in den globalen Transformationsprozessen der siebziger und achtziger Jahre, in: Thomas Raithel/Andreas Rödder/Andreas Wirsching (Hrsg.), Auf dem Weg in eine neue Moderne? Die Bundesrepublik in den siebziger und achtziger Jahren, München 2009, S. 45–65, hier S. 59.

[113] Es gab mehr Umfragen, als sich in den für diese Studie ausgewerteten Quellen abbilden. Auffällig ist, dass die Bundesregierung sehr selten Umfrageergebnisse zur Steuerreform veröffentlichte, obwohl eine demoskopische Begleitung eines so wichtigen Projekts mit Sicherheit stattfand. Der Schluss liegt nahe, dass die Ergebnisse aus Sicht der Bundesregierung so schlecht waren, dass sie es vorzog, sie nicht zu publizieren. Hinweise auf die Existenz solcher Umfragen finden sich bei Max Kaase/Wolfgang Gibowski, Die Ausgangslage für die Bundestagswahl am 2. Dezember 1990 – Entwicklungen und Meinungsklima seit 1987, in: Max Kaase/Hans-Dieter Klingemann (Hrsg.), Wahlen und Wähler. Analysen aus Anlaß der Bundestagswahl 1987, Opladen 1990, S. 735–785, hier S. 744–747 u. 774–785.

Neutral und voraussetzungslos war keine einzige Meinungsumfrage über die Steuerreform. In aller Regel standen dahinter die Interessen der Auftraggeber am Erscheinungsbild der Reform in der Öffentlichkeit. Das lässt sich an den Schwerpunkten der einzelnen Untersuchungen und am Zeitpunkt ablesen, zu dem sie durchgeführt wurden (vgl. Tab. 1). So thematisierte vor allem die Opposition die Verteilungsgerechtigkeit der Reform. Die Hälfte der vierzehn ermittelten Befragungen fielen in die Phase, als die öffentliche Debatte davon beherrscht wurde, welche Steuervorteile die Bundesregierung streichen werde, um die Einnahmeausfälle durch die Steuersenkungen ab 1990 zu einem Teil zu kompensieren. Die überwiegende Zahl der Einzelbefunde entstammte also einem Kontext von Befürchtungen und Entscheidungen über die Nachteile der Steuerreform.

Dies erklärt zum Teil, warum die veröffentlichten Umfrageergebnisse überwiegend kritisch ausfielen. Zum Teil lag dies jedoch auch an suggestiven Fragen, die eine negative Wertung nahelegten. Beispielsweise ließ die SPD im August 1987 eruieren, ob den Bürgern eine „geringe Entlastung" durch die Maßnahmen der Finanzierung wieder „weggenommen" werde und ob die Reform unseriös sei.[114] Noch offensichtlicher zielte eine Erhebung im Auftrag der „Bunten" darauf ab, die Reform schlecht darzustellen. Sie bestand aus Zustimmungsfragen, die ausschließlich abwertende Urteile und aus Sicht der Steuerzahler nachteilige Prognosen beinhalteten. Demzufolge glaubten 76% der Befragten, dass der Staat auf „indirektem Weg mehr Geld einnimmt, als er durch niedrige Steuern verliert", 63% rechneten mit einer Mehrwertsteuererhöhung, 77% erwarteten, dass neue Steuern eingeführt würden, um die Reform zu finanzieren, und genauso viele stimmten der Aussage zu: „was ich weniger an Steuern zahle, wird mir auf andere Weise vom Staat wieder abgenommen"[115]. Auch die Auswahl möglicher Antworten formte die Ergebnisse. Beispielsweise ließ die vom ARD-Magazin „Monitor" im Juni 1988 initiierte Umfrage für die Antwort auf die Frage, wer am meisten von der Reform profitiere, nur die Wahl zwischen den kleinen Verdienern und den Spitzenverdienern, nicht aber eine dazwischen angesiedelte Kategorie. Desgleichen mussten die Befragten sich zwischen den beiden Prognosen entscheiden, ob sie durch die Steuerreform mit mehr oder weniger Geld im Portemonnaie rechneten. Auf diese Weise kamen dramatischere Befunde zustande: 84% sahen die Spitzenverdiener als Hauptnutznießer der Reform an, und 75% befürchteten, Einbußen zu erleiden.[116]

Die veröffentlichten Umfragezahlen dienten dazu, Forderungen zur Steuerpolitik zu legitimieren. So ließ der Bund der Steuerzahler unmittelbar bevor Stoltenberg seine Reformpläne in der Öffentlichkeit erstmals konkretisierte, die Zustim-

---

[114] ACDP Pressearchiv 0/06/9-0-0, Steuern Allgemeines XXXVIII, dpa-Meldung: Infratest: Bürger erwarten keine Entlastung und Anhebung der Mehrwertsteuer, 18.8.1987. Am Tag darauf konterte Stoltenberg mit einer nicht näher spezifizierten Allensbach-Umfrage, derzufolge 35% für die Reform, 30% dagegen und 35% unentschieden seien; ebd., dpa-Meldung: Stoltenberg antwortet SPD mit Allensbach-Umfrage, 19.8.1987.

[115] Wohin die Reform steuert, in: Bunte 31 (1984) Nr. 52, 16.12.1987, S. 108f., hier S. 108.

[116] Elke Bröder/Jürgen Thebrath, Wie reagiert die Bevölkerung auf die jüngsten Steuerbeschlüsse der Bundesregierung?, in: Monitor, ARD, 14.6.1988 (bei 14:36 und 16:24); auch abgedruckt in: Die Bundesbürger fühlen sich keineswegs entlastet, in: Handelsblatt, 16.6.1988, S. 1.

mung zur Aussage ermitteln, dass die Steuerlast unerträglich hoch sei und ob die Steuern bereits zum 1. Januar 1986 sinken sollten. Mit vorhersehbar hohen Zustimmungswerten von über 50 bzw. 94% untermauerte der Präsident des Interessenverbandes Armin Feit seine Forderung, die Bundesregierung solle die Steuern schneller und umfangreicher senken als bis dahin angekündigt.[117] In dieselbe Richtung zielte auch die zweite vom Bund der Steuerzahler in Auftrag gegebene Umfrage. Demnach hatten 81% der Bundesbürger wenig oder nichts von den zum 1. Januar 1986 in Kraft getretenen Entlastungen gemerkt. Für den Bund der Steuerzahler war dies Grund genug, das Vorziehen der zweiten Stufe der Reform zu verlangen.[118] Dieses Ergebnis reproduzierte die SPD wenig später, verwertete es jedoch für eine andere Aussage: Der Durchschnittsverdiener sei bei der Steuerreform der Bundesregierung leer ausgegangen und empfinde dies auch so.[119]

Der wichtigste Parameter für das Image der Steuerreform war zugleich derjenige, der direkt auf die kollektiven Erwartungen der Steuerzahler abzielte: die Frage nach dem persönlichen Effekt. Aus Sicht der Bundesregierung mussten die Antworten alarmieren. Alle Umfragen, egal von wem in Auftrag gegeben, von welchem Meinungsforschungsinstitut und zu welchem Zeitpunkt durchgeführt, offenbarten mehr oder weniger stark ausgeprägte Skepsis gegenüber den Verheißungen zukünftiger finanzieller Entlastungen. Bestenfalls ging eine Mehrheit davon aus, nach der Reform genauso viel zu haben wie davor.[120] Doch die meisten Erhebungen erbrachten, dass der überwiegende Anteil der Befragten damit rechnete, durch die Steuerreform zu verlieren. Das galt für die Frage nach den Auswirkungen der bereits in Kraft getretenen Teile der Reform ebenso wie für die Erwartungen an die für 1990 beschlossene Tarifabsenkung. Im Juli 1987 glaubten nur 14% der im Auftrag der „Wirtschaftswoche" Befragten, dass die Reform ihnen einen Vorteil bringen werde. Nach den Zahlen, die die SPD durch infratest einen Monat später ermitteln ließ, waren es sogar nur 9%.[121] Die letzte ermittelte Meinungsumfrage war in dieser Hinsicht zugleich die deutlichste: Dreiviertel der

---

[117] ACDP Pressearchiv 0/06/9-0-0, Steuern Allgemeines XXXI, Bund der Steuerzahler: Presseinformation 15, 18. 6. 1984.

[118] ACDP Pressearchiv 0/06/9-0-0, Steuern Allgemeines XXXIV, dpa-Meldung: Umfrage: Bürger wollen zweite Stufe der Steuerreform schon 1987 – von erster Stufe nichts gespürt, 25. 3. 1986; vgl. Die verpuffte Steuersenkung, in: SZ, 27./28. 3. 1986, S. 3.

[119] Ebd., Informationen der sozialdemokratischen Bundestagsfraktion, Nr. 773, 21. 4. 1986; auch verwendet in: Der Marsch in den Lohnsteuerstaat muß gestoppt werden, in: Sozialdemokrat Magazin, Nr. 5–6, Mai/Juni 1986, S. 8 f.

[120] Dies erwarteten, wie das ZDF-Politbarometer im September 1987 berichtete, 59% der Befragten, während 25% mit finanziellen Nachteilen rechneten; vgl. Wilfried Herz, Der große Bonner Coup, in: Wirtschaftswoche 41 (1987), Nr. 43, 16. 10. 1987, S. 14–17, hier S. 15.

[121] Vgl. Stoltenbergs Sackgasse, in: Wirtschaftswoche 41 (1987), Nr. 30, 17. 7. 1987, S. 14–16; Ein Angestellter spart 11 Prozent Steuern, in: FAZ, 18. 7. 1987, S. 12; Dietmar Seher, Das Steuer-Chaos, in: Neue Ruhr-Zeitung, 21. 7. 1987, S. 2; infratest-Umfrage: wie Anm. 113. Das Allensbach-Institut bestätigte, dass die Glaubwürdigkeit der Entlastungsversprechen durch die Bundesregierung abnahm: Die Zustimmungswerte zur Aussage, dass die Reform sich für die Befragten persönlich lohnen werde, sanken von 14% im Mai 1987 auf 10% im Oktober desselben Jahres; vgl. Noelle-Neumann/Köcher (Hrsg.), Allensbacher Jahrbuch der Demoskopie 1984–1992, S. 783.

Befragten rechneten mit finanziellen Einbußen durch die Steuerreform, wie der „Monitor"-Beitrag im Juni 1988 (vgl. oben S. 245) vermeldete.

Trotz aller Interessen, mit denen die Meinungsumfragen produziert und veröffentlicht wurden, und ungeachtet der jeweiligen Begleitumstände der Momentaufnahmen lässt ihre Summe keinen Zweifel daran, dass die Bundesbürger der Steuerreform mit erheblichem Misstrauen entgegenblickten. Die meisten der Befragten erwarteten für sich persönlich keine einschneidenden Verbesserungen oder rechneten sogar mit Nachteilen. Sie vermuteten, dass die Reform den Reichen am meisten nütze. Egal wie valide die Umfrageergebnisse im Einzelnen auch sein mochten, das demoskopische Gesamtbild war geradezu vernichtend und wog schwer als Argument in der Debatte über die Steuerreform. Journalisten und Opposition konfrontierten den Bundesfinanzminister mit diesem Gesamteindruck, um zu belegen, dass ihm die Bürger seine Entlastungsversprechen schlichtweg nicht abnähmen.[122] Dies mussten auch die Bundesregierung und die sie tragenden Parteien einräumen. Ihre große Imagekampagne für die Steuerreform begründete CDU-Generalsekretär Geißler mit den Meinungsumfragen, denn sie zeigten, dass es noch nicht gelungen sei, die Vorteile der Steuerreform für alle Bürger im Bewusstsein der Bevölkerung zu verdeutlichen.[123] Während die Koalitionspolitiker aus den Zahlen den Schluss zogen, dass es lediglich mehr Aufklärung bedürfe, leitete die Opposition daraus ab, dass die Öffentlichkeit die Versprechungen der Bundesregierung als Täuschung durchschaut habe. Letztendlich verschärften die demoskopischen Zahlen daher den Kampf um die Deutungshoheit über die Reform.

Nach der gemeinsamen Überzeugung aller Beteiligten führte kein Weg daran vorbei, die Auswirkungen der Steuerreform auf verständliche Weise zu erklären, genauer gesagt: die zu erwartenden Auswirkungen. Denn jede Steuerreform war ein Versprechen für die Zukunft, das in der Gegenwart politischen Nutzen bzw. Schaden verursachte. Nicht die nach Inkrafttreten nachprüfbaren finanziellen Effekte, sondern die kollektive Wahrnehmung davor entschied über Erfolg oder Misserfolg. Daher wurde die öffentliche Darstellung der Reform zum eigentlichen Feld der Auseinandersetzung.

3.2 Kampf um die Deutungshoheit: Die Steuerreform in der öffentlichen Debatte

Zweifellos ist die Steuerreform ein besonders gutes Beispiel dafür, dass für die Akteure der Koalitionsregierung „die Frage, wie sie die eigene Position in der Öf-

---

[122] Z. B. Rolf Dietrich Schwartz, Der Durchschnittsverdiener kann nur auf ein „Trinkgeld" hoffen, in: Frankfurter Rundschau, 31.12.1987, S. 6; Was nun, Herr Stoltenberg?, ZDF, 4.2.1988 (bei 31:54).
[123] ACDP Pressearchiv 0/06/9-0-0, Steuern Allgemeines XLI, Heiner Geißler, Zurück zur Hauptsache: Steuersenkung, Pressemitteilung der CDU, 18.1.1988, auch abgedruckt in: Union in Deutschland 42 (1988), Nr. 2, 21.1.1988, S. 1 f.

fentlichkeit ‚verkauften', phasenweise zum eigentlichen Inhalt der Politik wurde"[124]. Dies lag aber nicht zuletzt daran, dass zu einem sehr frühen Zeitpunkt wesentliche Richtungsentscheidungen bereits gefallen waren und die Grundzüge der Reform danach nicht mehr zur Disposition gestellt werden konnten. Das gilt für das Ziel, die Progression abzumildern, und die daraus abgeleitete Konzentration auf die Umgestaltung des Tarifverlaufs, für den Schwerpunkt auf die steuerliche Besserstellung von Familien mit Kindern und für das Postulat der sozialen Ausgewogenheit. Die Debatte in der Öffentlichkeit glich darum ein zuvor entstandenes Defizit an demokratischer Willensbildung und Beteiligung an Entscheidungsprozessen aus. Am Beispiel der Steuerreform lässt sich eine grundlegende Entwicklungstendenz der repräsentativen Demokratie und der politischen Kultur der Bundesrepublik während der 1980er Jahre veranschaulichen: Weil Regierung und Verwaltung bei der Vorbereitung komplexer Projekte so ein starkes Gewicht haben, dass Parlament und Fraktionen diese Vorlagen im Wesentlichen nur noch begleiten und kontrollieren, entsteht ein Legitimationsdefizit. Die Darstellung von Politik ist daher Teil eines arbeitsteiligen und zum Teil nachholenden Legitimationsprozesses.[125]

Besonderes Gewicht erhielt die mediale Vermittlung der Politik durch den Drang der beiden großen Volksparteien, sich den Wählerinnen und Wählern als distinkte politische Alternativen zu präsentieren. Sowohl CDU als auch SPD inszenierten sich als ideologische Lager, zwischen denen eine Richtungsentscheidung fallen müsse. Doch die „dramatische Begleitmusik"[126], die den Regierungswechsel von 1982/83 grundierte, verdeckte ein hohes Maß an Kontinuität und Pfadabhängigkeiten in der Wirtschafts-, Finanz- und Gesellschaftspolitik, also gerade auf den Handlungsfeldern, für die die Steuerreform zentrale Bedeutung besaß.[127] Sowohl Regierungsakteure als auch Oppositionspolitiker überspitzten die Unterschiede zwischen ihren Programmen und dem jeweiligen Regierungshandeln, um das Bild eines „zweiten Machtwechsels"[128] in der Geschichte der Bundesrepublik nach 1969 zu stützen. Unter diesen Voraussetzungen lässt sich der „Verkauf" der Steuerreform nicht von deren Inhalten trennen. Im Folgenden wird die öffentliche Debatte über die Reform unter dem Aspekt untersucht, inwiefern der Diskussionsprozess Enttäuschungspotenziale freisetzte.

---

[124] Wirsching, Abschied vom Provisorium, S. 57.
[125] Vgl. systematisch Quirin Weber, Parlament – Ort der politischen Entscheidung? Legitimationsprobleme des modernen Parlamentarismus – dargestellt am Beispiel der Bundesrepublik Deutschland, Basel 2011, S. 189f. u. 198–200; außerdem die Beiträge in Karl-Rudolf Korte/Gerhard Hirscher (Hrsg.), Darstellungspolitik oder Entscheidungspolitik? Über den Wandel von Politikstilen in westlichen Demokratien, München 2000.
[126] Wirsching, Abschied vom Provisorium, S. 32.
[127] Vgl. Prollius, Wirtschaftsgeschichte, S. 207–216; Zolnhöfer, Wirtschaftspolitik, S. 371f.; sehr differenziert für den Bereich der Sozialpolitik außerdem Manfred G. Schmidt, Gesamtbetrachtung, in: ders. (Hrsg.), Bundesrepublik Deutschland 1982–1989. Finanzielle Konsolidierung und institutionelle Reform, Baden-Baden 2005 (Geschichte der Sozialpolitik in Deutschland seit 1945; 7), S. 749–811, hier S. 786–793.
[128] Stoltenberg, Wendepunkte, S. 277.

Erwartungslenkung durch Rahmungen

Regierungsanhänger und -gegner griffen in der Auseinandersetzung um die Wahrnehmung der Steuerreform auf etablierte Rahmungen zurück, in die sie die Finanzpolitik einordneten.[129] Diese festgefügten Deutungshorizonte enthielten die Quintessenz des politischen Gegnerbildes. Ihre Abgrenzungsrhetorik diente in erster Linie dazu, die eigene Klientel zu mobilisieren und in einer geteilten Werthaltung und Weltsicht zu bestärken.[130] Aufgerufen wurden dabei „Basisprämissen" in der Terminologie von Johannes Popitz, also Glaubensinhalte, die den Zusammenhalt der Gruppe begründeten.[131] Die Wenderhetorik griff auf solche Versatzstücke zurück, indem sie die Sozialdemokratie für alle möglichen Verfallserscheinungen in Staat und Gesellschaft verantwortlich machte. Auf dem Feld der Finanzpolitik konkretisierte sich dies im Vorwurf der Misswirtschaft: Die SPD-geführte Bundesregierung habe den Staat an den Rand des finanziellen Ruins geführt, weil sie mit Geld nicht umgehen könne. Dem stellte die SPD die Anschuldigung entgegen, dass die „Rechtskoalition" den „Klassenkampf von oben nach unten" durch eine „Umverteilung von unten nach oben" forciere und die Lasten auf die Rücken der Einkommensschwachen abwälze.[132]

In aller Schärfe trat diese Polemik bereits in der Aussprache zu Kohls Regierungserklärung am 13. Oktober 1982 zutage. Es ist kein Zufall, dass sie sich an der Haushalts- und Finanzpolitik entzündete, denn seit Mitte 1981 hatte sich die Kritik von Unionspolitikern an der damaligen sozialdemokratisch geführten Regierung auf dieses Gebiet konzentriert.[133] Der ehemalige Bundesfinanzminister Hans Apel sprach seinem Nachfolger bereits jede Glaubwürdigkeit ab, bevor Stoltenberg seine erste Rede in diesem Amt vor dem Bundestag gehalten hatte. Der Schlagabtausch zwischen Regierung und Opposition voller persönlicher Diffamierungen und grober Verzerrungen war mehr als ein Vorgeschmack auf die Auseinandersetzungen über die Steuerreform in den folgenden Jahren. Darin bündelten sich alle finanzpolitischen Rahmungen, auf die die Protagonisten in der Folgezeit zurückgriffen.[134] Insofern standen wesentliche Deutungsparameter der Reform schon

---

[129] Grundlegend zum Ansatz vgl. Erving Goffman, Rahmenanalyse. Ein Versuch über die Organisation von Alltagserfahrungen, Frankfurt am Main 1977; zur Konzeptualisierung in der Analyse strategischer Kommunikation vgl. Jörg Matthes, Zum Gehalt der Framing-Forschung: Eine kritische Bestandsaufnahme, in: Frank Marcinowski (Hrsg.), Framing als politischer Prozess. Beiträge zum Deutungskampf in der politischen Kommunikation, Baden-Baden 2014, S. 17–24.

[130] Vgl. Franke, Steuerpolitik, S. 359f.

[131] Heinrich Popitz, Realitätsverlust in Gruppen, in: ders., Soziale Normen, Frankfurt am Main 2006, S. 175–186, hier S. 179.

[132] So Horst Ehmke in seiner ersten Rede als Oppositionsvertreter nach Helmut Kohls Regierungserklärung; Deutscher Bundestag, 9. Legislaturperiode, Plenarprotokoll Nr. 9/121 vom 13.10.1982, S. 7236 u. 7239, http://dipbt.bundestag.de/doc/btp/09/09121.pdf (9.3.2016).

[133] Vgl. Ullmann, Abgleiten, S. 330.

[134] Sowohl im Bundestagswahlkampf von 1983 als auch in der Regierungserklärung von Helmut Kohl („Hypotheken der Vergangenheit") sowie der Erwiderung von Hans-Jochen Vogel („Umverteilung von unten nach oben") wurden diese Rahmungen immer wieder bekräftigt; vgl. ACDP Pressearchiv 0/06/9-0-0, Steuern Allgemeines XXVIII, Friedrich Voss, Familien-

fest, noch bevor die ersten Konzepte geschrieben, geschweige denn veröffentlicht worden waren.

Die Behauptung, dass die Steuerreform einseitig die Reichen zulasten der Armen begünstige, war das Kernargument der Opposition. Der neue SPD-Fraktionsvorsitzende Hans-Jochen Vogel erblickte in Stoltenbergs ersten Reformvorschlägen einen Beleg für die „Umverteilungsideologie von unten nach oben"[135]. Nachdem das Kabinett den Entwurf für das Steuersenkungsgesetz 1986/88 verabschiedet und in den Bundestag eingebracht hatte, charakterisierte Dieter Spöri, steuerpolitischer Sprecher der SPD-Bundestagsfraktion und Obmann der Sozialdemokraten im Finanzausschuss, die Vorlage als „brutale Umverteilungspolitik", weil die vorgesehene Einführung eines Kinderfreibetrages nur die Reichen begünstige, welche noch dazu fünfzigmal stärker von der Tarifabsenkung profitierten als die Durchschnittsverdiener.[136] Außerdem prophezeite die Opposition ungeachtet aller Dementis der Bundesregierung immer wieder, dass Stoltenberg die Mehrwertsteuer anheben werde, um seine „Steuergeschenke für Spitzenverdiener" zu finanzieren.[137]

Der Vorwurf der „Umverteilung von unten nach oben" gewann in den Äußerungen oppositioneller Finanzpolitiker selbstevidenten Charakter. So erklärten Apel, seit März 1983 finanzpolitischer Sprecher der SPD-Bundestagsfraktion, und Spöri vor der Hauptstadtpresse im April 1986, dass die Umverteilung durch die steuerpolitischen Ankündigungen der Bundesregierung „weitergehen" solle.[138] Mit jedem Entscheidungsschritt der Reform wurden die Töne schriller. Nachdem die Koalition die Eckpunkte für die dritte Stufe der Reform bekanntgegeben hatte, brachte die SPD ein Flugblatt mit dem Titel „Steuergerechtigkeit à la Kohl: Ein paar Mark für Normalverdiener – zigtausend für die Millionäre" heraus, Spöri brandmarkte das Gesamtpaket als „größenwahnsinnige und ungerechte Steuersenkungen für Spitzenverdiener", und die Grünen sprachen gar von einer „Politik von und für Geldsäcke"[139]. Im Sommer desselben Jahres startete die SPD eine

---

und Steuerpolitik. So täuscht die SPD den Wähler – Manipulation mit Zahlen, in: Deutschland-Union-Dienst 4 (1983), Nr. 40, 28. 2. 1983, S. 2; Deutscher Bundestag, 10. Wahlperiode, Plenarprotokoll Nr. 10/4 vom 4. 5. 1983 (wie Anm. 18), S. 57f. u. 90.

[135] ACDP Pressearchiv 0/06/9-0-0, Steuern Allgemeines XXX, Ein Steuerprogramm, das Spitzenverdiener bevorzugt: keine Lösung für die Nöte der Arbeitnehmer, in: Informationen der sozialdemokratischen Bundestagsfraktion, Nr. 848, 5. 5. 1984.

[136] Deutscher Bundestag, 10. Wahlperiode, Plenarprotokoll Nr. 10/124 vom 10. 3. 1985, S. 9141f. u. 9144, http://dipbt.bundestag.de/doc/btp/10/10124.pdf (10. 3. 2016).

[137] Wie Anm. 135; außerdem ACDP Pressearchiv 0/06/9-0-0, Steuern Allgemeines XXVIII, dpa-Meldung: SPD: Steuer-Reform wird durch Mehrwertsteuer-Erhöhung erkauft, 2. 8. 1983; vgl. Bd. XXXIX, Der Marsch in den Lohnsteuerstaat muß gestoppt werden, in: Sozialdemokrat Magazin, Nr. 5–6, Mai/Juni 1986, S. 8f.; Apel als Studiogast in Wolf Feller/Reinhard Kleinmann, Die Leiden des Gerhard S., in: Im Brennpunkt, ARD, 24. 6. 1987 (bei 23:00); ACDP Pressearchiv 0/06/9-0-0, Steuern Allgemeines Bd. XLI, Hans Apel, Steuerpaket 1990: Eklatante Ungerechtigkeit und steuerpolitischer Größenwahn, in: SPD im Deutschen Bundestag, 22. 3. 1988 (Zitat).

[138] ACDP Pressearchiv 0/06/9-0-0, Steuern Allgemeines XXXIV, Informationen der sozialdemokratischen Bundestagsfraktion, Nr. 773, 21. 4. 1986.

[139] ACDP Pressearchiv 0/06/9-0-0, Steuern Allgemeines XXXVI, Informationen der sozialdemokratischen Bundestagsfraktion, Nr. 346, 25. 2. 1987; ebd., Pressemitteilung der Grünen im

breit angelegte Öffentlichkeitskampagne gegen die Reform, die unter dem Motto „Reinfall für Millionen, Reibach für Millionäre" stand.[140] In der Haushaltsdebatte am 10. September 1987 warf Vogel der Bundesregierung vor, sie habe die „größte Umverteilung in der Geschichte der Bundesrepublik [...] von unten nach oben"[141] bewirkt. Noch nie zuvor seien die breiten Schichten so geschröpft und die Reichen so begünstigt worden wie unter der Regierung von Helmut Kohl. Dass die Koalition auch Steuervergünstigungen für Arbeitnehmer kappte, um die Tarifreform von 1990 zu finanzieren, und erst recht die Ankündigung im Januar 1988, die Verbrauchsteuern anzuheben, ließ sich bestens als Bestätigung darstellen. Jetzt stehe endgültig fest, verlautbarte die SPD, dass der kleine Mann für die Steuergeschenke an Spitzenverdiener die Zeche zahle. Apel verurteilte die „massive Umverteilung zulasten der Arbeitnehmer" als Konsequenz einer „Steuerpolitik für Begüterte" und bezeichnete die angekündigte Quellensteuer sogar als „steuerpolitische Mißgeburt"[142]. Mit bemerkenswerter Konstanz hielt die Opposition an ihrem Hauptvorwurf fest: Noch in der letzten großen Bundestagsdebatte über die Steuerreform am 23. Juni 1988 verdammte Apel sie als „Machwerk voller Ungerechtigkeiten und der brutalen Umverteilung von unten nach oben"[143].

Nachdem Spöri im März 1988 als Oppositionsführer nach Stuttgart gewechselt und Apel im September desselben Jahres von seiner Funktion als finanzpolitischer Sprecher der SPD-Bundestagsfraktion zurückgetreten war, ließ die Polemik merklich nach. Doch dies tat der Wirksamkeit der Umverteilungsbehauptung keinen Abbruch. War sie unmittelbar nach dem Ende der Kanzlerschaft Schmidts noch eine Verlegenheitslösung gewesen, um die finanzpolitischen Divergenzen in den eigenen Reihen zu übertönen, so trug sie später in erheblichem Maße dazu bei, dass die Steuerpolitik für die SPD „vom Aschenputtel zum Wahlschlager"[144] aufsteigen konnte. Sogar einzelne Finanzwissenschaftler übernahmen die Umver-

---

Bundestag Nr. 127/87: Durchmarsch der Geldsäcke, 27. 2. 1987; Spöri zitiert in Hans Wegner, Poker um die Mehrwertsteuer, in: Quick 40 (1987), Nr. 28, 1. 7. 1987, S. 21–23, hier S. 22.

[140] Die Parteizentrale stellte den Ortsverbänden Muster für Pressemitteilungen, Resolutionen, Anfragen in Kommunalparlamenten und Entwürfe für Briefe an Abgeordnete zur Verfügung; Klaus J. Schwehn, SPD startet Kampagne gegen die Steuerreform, in: Die Welt, 29. 7. 1987, S. 4.

[141] Deutscher Bundestag, 11. Wahlperiode, Plenarprotokoll Nr. 11/24 vom 10. 9. 1987, S. 1565, http://dipbt.bundestag.de/doc/btp/10/11024.pdf (10. 3. 2016). Auch Oskar Lafontaine, zu diesem Zeitpunkt Ministerpräsident des Saarlandes und Hoffnungsträger der SPD, machte sich die Parole von der Umverteilung in einem Beitrag für die Braunschweiger Zeitung vom 21. August 1987 zu eigen; ACDP Pressearchiv 0/06/9-0-0, Steuern Allgemeines XXXVIII, Pressemitteilung der SPD 692/87, 20. 8. 1987.

[142] ACDP Pressearchiv 0/06/9-0-0, Steuern Allgemeines XXXIX, Informationen der Sozialdemokratischen Bundestagsfraktion, Nr. 1906, 10. 10. 1987; ebd., Presseerklärung der SPD, Nr. 841/87, 12. 10. 1987; ACDP Pressearchiv 0/06/9-0-0, Steuern Allgemeines XLI, Hans Apel, Steuerpaket 1990: Eklatante Ungerechtigkeit und steuerpolitischer Größenwahn, in: SPD im Deutschen Bundestag, 22. 3. 1988.

[143] Deutscher Bundestag, 11. Wahlperiode, Plenarprotokoll Nr. 11/87 vom 23. Juni 1988, S. 5837, http://dipbt.bundestag.de/doc/btp/11/11087.pdf (21. 3. 2016).

[144] Hans Apel, Der Abstieg. Politisches Tagebuch 1978–1988, Stuttgart 1990, S. 245 f. u. 383 (Zitat).

teilungsparole der Sozialdemokraten.[145] Ihren Erfolg verdankte sie der Konsistenz und Beharrlichkeit, mit der die finanzpolitischen Protagonisten der Opposition ihre Behauptungen vortrugen. Zusätzliche Glaubwürdigkeit verlieh ihr das Image der SPD als Anwältin der kleinen Leute. Überdies knüpfte sie an das weit verbreitete Misstrauen gegenüber dem Fiskus an, das unabhängig von parteipolitischen Präferenzen herrschte. Für die Bundesregierung stellte diese Rahmung daher ein schweres Hindernis dar, positive Erwartungen an die Reform zu wecken und dauerhaft zu verankern.

Dabei half ihr wenig, dass Stoltenberg, Dregger und Finanzpolitiker der Union dem Hauptvorwurf mit dem Argument entgegentraten, dass die Bezieher geringerer Einkommen prozentual deutlich stärker entlastet würden als die Spitzenverdiener.[146] Sie verlegte sich daher zusehends darauf, die Kritik als „Greuelpropaganda" zu verunglimpfen – genauso wie „Gröstaz" ein Rückgriff auf NS-Jargon.[147] Ihre eigene Rahmung nahm das 1982 und 1983 verwendete Motiv der „Erblast" wieder auf, die die sozialdemokratisch geführte Bundesregierung angeblich hinterlassen hatte. Demnach hatte diese den Staat an den Rand des Ruins geführt, weil Sozialdemokraten öffentliche Gelder nur ausgeben, nicht aber zusammenhalten könnten. Immer wieder unterstellten Christdemokraten der SPD finanzpolitische Unsolidität als Wesenszug und begründeten dies mit einem dramatischen Schreckensszenario der Vergangenheit: „Die SPD hat keine Berechtigung, sich zum Thema Steuerreform und Staatsfinanzen glaubwürdig zu äußern. Die Sozialdemokraten haben 1982 nach 13 Jahren Regierung den größten Schuldenberg in der Nachkriegsgeschichte hinterlassen", versuchte ein CDU-Sprecher die Glaubwürdigkeit der Opposition zu unterminieren. Ebenso forderte der Parlamentarische Geschäftsführer der Unionsfraktion Rudolf Seiters die „Schuldenpolitiker" dazu auf, von der Steuerreform zu schweigen, da ihre Finanzpolitik an den Rand des Staatsbankrotts geführt habe.[148] Dieser Angriff war insofern sug-

---

[145] Wolfgang Wiegard, Reform der Einkommensteuer: Einfacher, gerechter, effizienter?, in: Wirtschaftsdienst 67 (1987), S. 239–246, hier S. 240 u. 246; Ulrich van Essen/Helmut Kaiser/P. Bernd Spahn, Verteilungswirkungen der Einkommensteuerreformen 1986–1990, in: Finanzarchiv 46 (1988), S. 56–84, hier S. 78. Kritisch gegenüber dieser Einschätzung Gerold Krause-Junk, Umverteilung von unten nach oben?, in: Wirtschaftsdienst 67 (1987), S. 363–365; Ulrich van Suntum, Finanzpolitik in der Ära Stoltenberg, in: Kredit und Kapital 23 (1990), S. 251–276, hier S. 261–270.

[146] Vgl. zu derlei Rechenbeispielen als Argument unten S. 262–270.

[147] Mit diesem Begriff führte sich der finanz- und steuerpolitische Sprecher der CDU/CSU-Bundestagsfraktion Michael Glos in die Auseinandersetzung um die Steuerreform ein: ACDP Pressearchiv 0/06/9-0-0, Steuern Allgemeines XXXVIII, Pressedienst der CDU/CSU-Fraktion im Deutschen Bundestag, 18.8.1987. Auch ein Fraktionsmitarbeiter verwendete ihn in seiner Antwort auf eine Resolution gegen die Begrenzung der Steuerfreiheit von Lohnzuschlägen: ACDP 08-001-688/3, Ulrich Müller (Referent in der Arbeitsgruppe Finanzen der CDU/CSU-Fraktion im Deutschen Bundestag) an Willi Baumann (IG Druck und Papier, Landesbezirk Bayern), 14.9.1987. Obwohl Nazivergleiche und -anspielungen in der politischen Auseinandersetzung als undemokratisch galten, waren sie als grobes Diffamierungsmittel seit 1949 Teil der bundesrepublikanischen politischen Kultur; vgl. Mergel, Propaganda nach Hitler, S. 285–289.

[148] ACDP Pressearchiv 0/06/9-0-0, Steuern Allgemeines XXXVII, Rudolf Seiters, SPD-Finanzpolitik führte an den Rand des Staatsbankrotts – Die Schulden-Politiker sollten zur Steuer-

gestiv, als die Bundesregierung die öffentliche Verschuldung in den frühen 1970er Jahren durch expansive Konjunkturpolitik in die Höhe getrieben hatte. Doch dies war beileibe kein sozialdemokratisches Merkmal, denn die Bundesländer und Gemeinden, die unter Unionsführung standen, hatten ihre kreditfinanzierten Ausgaben in dieser Phase genauso bedenkenlos gesteigert.[149]

Zum Vorwurf der finanzpolitischen Unbedarftheit und Unsolidität trat noch jener der Gier nach Steuergeldern hinzu. Ein ums andere Mal rechneten die regierungsseitigen Finanzpolitiker der Opposition vor, wie oft und um wie viele Milliarden die SPD-geführte Bundesregierung die Steuern zwischen 1969 und 1982 erhöht hätte, und lasteten ihr einen „verhängnisvollen Kreislauf von ungehemmter Ausgabenpolitik, massiver Staatsverschuldung sowie Steuer- und Abgabenerhöhungen"[150] an. Ausgerechnet auf das Kernstück der sozialliberalen Steuerpolitik, die Reform von 1975, traf dies jedoch nicht zu: Damals hatte die Bundesregierung nicht Steuern erhöht, um Haushaltslöcher zu stopfen, sondern im Gegenteil die Tarife abgesenkt und dies mit einer erhöhten Neuverschuldung finanziert.[151] Um zu belegen, dass die SPD aus den „Fehlleistungen ihrer Vergangenheit" nichts gelernt habe, präsentierte Seiters Anfang Februar 1988 eine Liste von 44 unterschiedlichen Steuererhöhungsplänen, die die SPD 1986 und 1987 vermeintlich vorgebracht hatte.[152] Dadurch sollte die SPD zur dunklen Kehrseite der strahlenden Aureole werden, die sich die Christdemokraten durch die Steuerreform zuzulegen gedachten. So empfahl der haushaltspolitische Sprecher der CDU/CSU-Bundestagsfraktion Manfred Carstens am 19. März 1987 die Union als „Steuersenkungspartei", während er die SPD als „Steuererhöhungspartei"[153] titulierte. Das Motto „CDU – die Steuersenkungspartei: Wir senken die Steuern" stand auch im Zentrum der Imagekampagne, die die CDU zu ihrem Bundesparteitag im November 1987 begann. In Faltblättern, Wandzeitungen (Abb. 14 oben S. 229) und Broschüren verwendete sie diese (ursprünglich von der FDP beanspruchte[154]) Selbstbezeich-

---

reform schweigen, in: Deutschland-Union-Dienst 41 (1987), Nr. 115, 24. 6. 1987, S. 7; ebd., XXXVIII, Pressemitteilung der CDU, 28. 7. 1987.

[149] Vgl. Ullmann, Abgleiten, S. 176–187.

[150] Z. B. ACDP Pressearchiv 0/06/9-0-0, Steuern Allgemeines XXXVIII, dpa-Meldung: Union reagiert auf Antisteuerreform-Kampagnen von SPD und DGB, 3. 9. 1987; ebd., Falsche Behauptungen der SPD zur Steuerreform, in: Union in Deutschland 41 (1987), Nr. 26, 3. 9. 1987, S. 1–8; ACDP Pressearchiv 0/06/9-0-0, Steuern Allgemeines XLI, Propaganda statt Alternativen, in: CDU-Dokumentation, Nr. 3/1988, 28. 1. 1988 (daraus das obige Zitat); außerdem in der Fernsehsendung Journalisten fragen – Politiker antworten: Gerhard Stoltenberg, ZDF, 7. 7. 1988 (bei 13:58).

[151] Vgl. Ullmann, Abgleiten, S. 199–203.

[152] Neben aussagekräftigen Positionen enthielt sie auch Unverbindliches wie Parteitagsanträge einzelner Ortsvereine; ACDP Pressearchiv 0/06/9-0-0, Steuern Allgemeines XLI, CDU/CSU-Bundestagsfraktion: Stichworte dieser Woche: Die SPD und die Steuern, 5. 2. 1988.

[153] Deutscher Bundestag, Plenarprotokoll Nr. 11/5 vom 19. 3. 1987 S. 147, http://dipbt.bundestag.de/doc/btp/11/11005.pdf (11. 3. 2016); vgl. auch ACDP Pressearchiv 0/06/9-0-0, Steuern Allgemeines XXXVIII, Die CDU ist die Partei der Steuersenkung, in: Union in Deutschland 41 (1987), Nr. 23, 23. 7. 1987, S. 1–5.

[154] ACDP Pressearchiv 0/06/9-0-0, Steuern Allgemeines XXXI, dpa-Meldung: FDP will sich als „Engel der Steuerzahler" präsentieren, 23. 7. 1985.

nung als wiederkehrendes grafisches Element. Hinzu kam eine zwölfseitige Werbezeitung im Stil eines Boulevardblattes mit einer Auflage von zehn Millionen Stück, die an die Kreisgeschäftsstellen der CDU ausgeliefert wurde.[155]

Doch zu einem ungünstigeren Zeitpunkt hätte die Kampagne kaum beginnen können, denn keine zwei Wochen bevor Heiner Geißler sie am 18. Januar 1988 vorstellte, hatte der Bundesfinanzminister die Öffentlichkeit auf die Erhöhung von Verbrauchssteuern vorbereitet. So ist es nicht verwunderlich, dass das Etikett der „Steuersenkungspartei" rasch wieder in der Versenkung verschwand. Während die Rahmung der Umverteilung von unten nach oben dadurch an Plausibilität gewann, zerstörte die Ankündigung von höheren Benzin- und Tabaksteuern die Selbstdarstellung der Union. Außerdem verstärkte sie eine weitere Rahmung, die die Debatte um die Steuerreform von Anfang an begleitete: Demnach gab der Staat den Bürgern unter dem Strich nichts zurück, sondern holte sich an anderer Stelle wieder, was er zuvor genommen hatte.

Diese Rahmung untergrub alle Entlastungsversprechen der Bundesregierung und erweckte die Vorstellung eines Verschiebebahnhofs oder Nullsummenspiels. Bereits 1984, als die Entscheidung zwischen einer „großen" Lösung mit Teilkompensationen und einer „kleinen" ohne die gleichzeitige Erhöhung von Verbrauchsteuern noch offen war, hatten Verbandsfunktionäre, Journalisten und Finanzpolitiker immer wieder erklärt, die Reform solle ohne Ausgleichsmaßnahmen verwirklicht werden, weil anderenfalls der Staat „den Bürgern mit der einen Hand nimmt, was mit der anderen gegeben wird"[156]. Der „Stern" machte daraus eine Fotomontage, die Gerhard Stoltenberg doppelt abbildete, wie er mit jovialem Gesichtsausdruck einem als deutschem Michel gekennzeichneten Mann zwei Hundertmarkscheine überreichte, während das Alter Ego des Finanzministers zugleich „hinterrücks", wie die Bildunterschrift vermerkte, ein Bündel Scheine aus dessen Gesäßtasche zog.[157] Alfons Müller vom Arbeitnehmerflügel der Union warnte vor einer Mehrwertsteuererhöhung mit dem Argument, dass die Leute sagen würden, die Regierung gebe ihnen mit der einen Hand etwas und nehme es wieder mit der anderen.[158]

---

[155] ACDP Pressearchiv 0/06/9-0-0, Steuern Allgemeines XL, CDU extra: Wir senken die Steuern, Januar 1988; ebd., Wir senken die Steuern, in: Union in Deutschland 42 (1988), Nr. 2, 21.1.1988, S. 1 f. Die CDU-Kampagne war formal unabhängig von den PR-Maßnahmen des Finanzministeriums und des BPA, die kurz darauf die Werbung für die Steuerreform deutlich forcierten; vgl. Münch, „Alles klar", S. 60–71; ACDP Pressearchiv 0/06/9-0-0, Steuern Allgemeines XLII, dpa-Meldung: Bundesregierung startet Informationskampagne zur Steuerreform, 15.4.1988.

[156] So der Präsident des Bundes der Steuerzahler Armin Feit gegenüber der dpa; ACDP Pressearchiv 0/06/9-0-0, Steuern Allgemeines XXIX, dpa-Meldung: Finanzpolitiker der Koalition gegen Steuerreformpläne Stoltenbergs, 28.3.1984. Dasselbe Argument auch in ACDP Pressearchiv 0/06/9-0-0, Steuern Allgemeines XXX, dpa-Meldung: Wolfgang Bunse, Stoltenberg präsentiert „Sprengstoff-Paket", 30.3.1984.

[157] Peter Bleichschmidt/Kurt Breme, Viele Köche verderben den Brei, in: Stern 37 (1984), Nr. 19, 3.5.1984, S. 164–166, hier S. 164 f.

[158] ACDP 08-001-1072/1, Protokoll der Sitzung der CDU-Bundestagsfraktion Nr. 28 vom 2. Mai 1984, 2.5.1984, S. 8. Müller war Bundesvorsitzender der Katholischen Arbeitnehmerbewegung.

Abb. 16: Karikaturen zur Rahmung der Steuerreform als Nullsummenspiel 1984 und 1987
© Peter Leger/Haus der Geschichte Bonn; ZDF. Abdruck mit freundlicher Genehmigung von Michael Jungbluth. Quellen: links: SZ, 24.2.1984, S. 4; rechts: Screenshot aus WISO, ZDF, 1.6.1987 (bei 8:35).

In der Tat wog diese Befürchtung so schwer im Regierungslager, dass Stoltenberg für 1986 und 1988 darauf verzichtete, zum Ausgleich für ein höheres Bruttoentlastungsvolumen an anderer Stelle Steuern zu erhöhen.[159] Als die Koalition sich im Februar 1987 darauf einigte, Steuervergünstigungen zu streichen, um die Begradigung der Progressionskurve zu finanzieren, kehrte die Rahmung des Nullsummenspiels sofort zurück: ein großer Wurf sei die Reform nicht, kritisierte die „Süddeutsche Zeitung", wenn die linke Tasche das bezahle, was die rechte erhalte.[160] In den anschließenden Monaten, während derer alle Welt darüber spekulierte, welche Steuern Stoltenberg erhöhen werde, machte sich die Opposition dieses Bild ebenfalls zunutze. Apel prophezeite in einer Fernsehdiskussion mit Stoltenberg, dass dieser die Mehrwertsteuer anheben werde und daher den Geringverdienern wieder aus der Tasche nehmen werde, was er ihnen im Frühjahr als Steuerentlastung versprochen habe. Vergeblich wies Stoltenberg dies als „Verfälschung" und „überhaupt nicht ernst zu nehmen" zurück, weil die Bruttoentlastung mehr als doppelt so hoch sei wie die angestrebte Teilfinanzierung.[161] Die Vorstellung, dass der Staat den Bürgern ein wenig Geld schenke, um ihm unversehens sehr viel mehr wieder zu nehmen, appellierte an ein tief verwurzeltes Misstrauen gegenüber dem Fiskus und bildete einen verlässlichen Resonanzboden für Karikaturisten und Satiriker (vgl. Abb. 16).[162] Immer wieder beschworen Apel und Spöri das suggesti-

---

[159] Dies erklärte Dregger nach den Koalitionsbeschlüssen vom 20. Juni 1984 vor der Unionsfraktion und erntete dafür große Zustimmung; ACDP 08-001-1072/2, Protokoll der Sitzung der CDU-Bundestagsfraktion Nr. 35 vom 26. Juni 1984, 26.6.1984, S. 4.

[160] Aus einer Tasche in die andere, in: SZ, 10.3.1987, S. 4; vgl. auch Steuerreform – das lästige Thema, in: SZ, 20.6.1987, S. 4.

[161] Wolf Feller/Reinhard Kleinmann, Die Leiden des Gerhard S., in: Im Brennpunkt, ARD, 24.6.1987 (23:00 bis 23:41). Von Verfälschung sprach Stoltenberg bereits im April 1984 in einem ZDF-Interview: Peter Hopen, Steuerreform: Verschiedene Lösungen und Folgewirkungen, in: Bonner Perspektiven, ZDF, 8.4.1984 (bei 18:22).

[162] Vgl. z. B. Die Fiskalpolizei rät: Vorsicht vor Steuerreform-Haien, in: Monitor, ARD, 1.9.1987. Auf dem Screenshot ist Sendungsleiter Michael Jungbluth zu sehen.

ve Bild.[163] Die Ankündigungen von Steuererhöhungen im Januar 1988 und erst recht die konkreten Beschlüsse wenige Monate später wirkten wie eine Bestätigung. Nicht nur die Opposition und SPD-nahe Medien wie der „Hessische Rundfunk" oder die „Westdeutsche Allgemeine Zeitung" benutzten es, um die Reformwirkung kleinzureden, auch Klaus Bresser vom ZDF, in dessen Sendungen die Steuerreform bis dahin wohlwollend kommentiert worden war, nahm die Rahmung nun auf und erklärte damit das „berechtigte Misstrauen" der Bürger.[164]

Festzuhalten bleibt, dass zwei der drei wiederkehrenden Rahmungen der Steuerreform geeignet waren, die Erwartungen zu senken bzw. sogar Befürchtungen zu wecken. Dass ausgerechnet diese beiden in der öffentlichen Debatte präsenter waren als die verunglückte Selbstdarstellung der Union als Steuersenkungspartei, lässt sich nur zum Teil mit der propagandistischen Geschicklichkeit der Opposition bzw. mit Fehlleistungen der Regierung erklären. Negative Rahmungen aktivieren die Bürger, wie sich experimentell an anderen Reformen belegen lässt, ungleich stärker als Gewinnframings.[165] Dies bedeutete eine schwere Hypothek für das Erwartungsmanagement der Bundesregierung.

Die zerredete Reform?

Nicht nur das vermutete Ergebnis der Steuerreform, sondern auch die Art und Weise ihres Zustandekommens bestimmte ihre Wahrnehmung in der Öffentlichkeit. Daher knüpften sich auch Erwartungen an die Aushandlungsprozesse selbst, durch die die Koalition ihr Prestigeprojekt vorantrieb. Ein großes Werk, wie es die Regierungspropaganda verhieß, konnte nur durch große Staatskunst entstehen – solch ein Rückschluss ließe sich jedenfalls ziehen, wenn man von der weitverbreiteten Kritik an den koalitionsinternen Steuerdiskussionen die Erwartungen des Publikums an das kommunikative Regierungshandeln ableiten wollte. Typisch dafür war der Kommentar des Bonner Wirtschaftskorrespondenten der „Süddeutschen Zeitung", Hans Barbier, sechs Wochen bevor Stoltenberg seine ersten Vorschläge vorlegte:

„Die Steuerpläne der Bundesregierung diffus zu nennen, wäre eine schonende Untertreibung. Das ungeordnete Angebot an Terminen, Summen und Modellen macht aus der Tarifentlastung und der Neuregelung des Familienlastenausgleichs eher einen Profilierungswettlauf nachrangiger Politiker als ein in seinen Konturen erkennbares und in seiner politischen Stoßrichtung plausibles Konzept der für Steuer und Finanzen verantwortlichen Bonner Führungsfiguren. Die Steuer-

---

[163] ACDP Pressearchiv 0/06/9-0-0, Steuern Allgemeines XXXVIII, Informationen der sozialdemokratischen Bundestagsfraktion, Nr. 1245, 14.7.1987 u. Nr. 1562, 28.8.1987.
[164] Etwa Apel als Studiogast in: Heinz Burghart, Der Griff in die Tasche des Bürgers, in: Im Brennpunkt, ARD, 20.1.1988 (bei 26:32); Achim Melchers, Geben und Nehmen, in: Westdeutsche Allgemeine Zeitung, 31.5.1988, S.2; Kommentar von Rudolf Höch im Hessischen Rundfunk am 1. Juni 1988, zitiert nach ACDP Pressearchiv 0/06/9-0-0, Steuern Allgemeines XLII, BPA-Rundfunkauswertung, 6.6.1988, S.1. Zitat Bresser: Was nun, Herr Stoltenberg?, ZDF, 4.2.1988 (bei 33:45).
[165] Dies zeigen anhand einer fiktiven Absenkung des Spitzensteuersatzes um 2% Friedrich Heinemann u. a., Gerechtigkeitswahrnehmung von Steuer- und Sozialsystemreformen, Baden-Baden 2011, S. 77–80.

reform wird zerredet, ehe auch nur ein einziger Eckwert des Tarifes oder des Kinderlastenausgleichs zur halbwegs verbindlichen Arbeitshypothese der Regierungspolitik geworden ist."[166]

Das war ebenso elegant formuliert wie übertrieben und stereotyp. Bezeichnend für die Austauschbarkeit dieser Vorwürfe war, dass die „Süddeutsche Zeitung" drei Jahre später die Passage leicht gekürzt wortwörtlich wieder abdruckte.[167] Tatsächlich bündelten sich im Bild der „zerredeten" Steuerreform sowohl Erwartungen an demokratische Entscheidungsprozesse als auch Kritik am politischen Stil der Koalitionsregierung. Semantisch steckt im Bild der „zerredeten" Reform ein destruktiver Kern, denn die Vorsilbe impliziert, dass ausgerechnet die demokratische Grundlage der Meinungsäußerung das Gesamtwerk zugrunde richte: „Zerreden" war gleichbedeutend mit Zerstören, Zersetzen oder Zerfasern. Dieser Vorwurf konnte sich gegen die Medien und die Opposition richten, dann bezeichnete er die Absicht, die Vorteile der Reform durch die grelle Überzeichnung von echten oder vermeintlichen Belastungen zu überdecken.[168] In der Hauptsache zielte er aber auf die Auseinandersetzungen innerhalb der Koalition: Deren Protagonisten, so lässt sich die Klage über das „Zerreden" paraphrasieren, fügten der Steuerreform erheblichen Schaden zu, indem sie unausgesetzt deren Grundlinien in Frage stellten, Entscheidungen und Absprachen widerriefen oder zusätzliche Forderungen aufstellten, wodurch der Eindruck von Führungsschwäche und Chaos entstand.

Dies waren wohlvertraute Themen für die Koalition aus CDU, CSU und FDP.[169] Ihre machtpolitischen Spannungen im Regierungsbündnis – nicht nur, aber in besonders starkem Maße zwischen den beiden kleinen Koalitionspartnern – sorgten dafür, dass die innerhalb der jeweiligen Parteien bestehenden Interessengegensätze sich zuspitzten. Hinzu kamen persönliche Rivalitäten, insbesondere zwischen Kohl und dem CSU-Vorsitzenden Franz Josef Strauß, der seinerseits mit FDP-Chef und Außenminister Hans-Dietrich Genscher auf Kriegsfuß stand. Für die Steuerreform interessierte sich Strauß nicht nur wegen ihres herausgehobenen Stellenwertes als „Herzstück" der zweiten Legislaturperiode der Regierung Kohl, sondern auch, weil er ja selbst bereits Bundesfinanzminister gewesen war. In Gestalt des Parlamentarischen Staatssekretärs Friedrich Voss hatte er einen Intimus im Finanzministerium installiert, der ihn laufend mit Interna versorgte, Stoltenberg mit Geringschätzung und Kohl mit offener Abneigung begegnete, den bayerischen Ministerpräsidenten jedoch verehrte wie einen Säulenheiligen.[170]

---

[166] Hans D. Barbier, Die zerredete Steuerreform, in: SZ, 15.2.1984, S.4.
[167] Gerhard Hennemann, Steuertarifreform in der Zerreißprobe, in: SZ, 2.2.1987, S.4. Barbier hatte im Jahr zuvor die Leitung des Wirtschaftsressorts der „Frankfurter Allgemeinen Zeitung" übernommen.
[168] So z.B. Dregger in ACDP 08-001-1083/2, Protokoll der Sitzung der CDU-Bundestagsfraktion Nr.16 vom 3. November 1987, o.D., S.3, außerdem Heinz Heck, Aufregung über die Finanzierung ist durchaus zulässig, in: Die Welt, 23.3.1987, S.2.
[169] Vgl. zum Folgenden Wirsching, Abschied vom Provisorium, S.107–117.
[170] Voss hatte Strauß bereits von 1969 bis 1976 als persönlicher Referent gedient. Generell hielt er alle Politiker im Vergleich zum „genialen" Strauß für dumm; vgl. Friedrich Voss, Den Kanzler im Visier. 20 Jahre mit Franz Josef Strauß, Mainz 2000, S.282 u. 311; zu seiner Einschätzung Stoltenbergs als ängstlichem Pedanten vgl. z.B. ebd., S.262, 270, 281 u. 321.

Strauß war berüchtigt für seine Interventionen, seine Schimpfkanonaden und öffentlich geführten Attacken. Mühelos lassen sich Beispiele anführen, die bestens in das Bild des „Zerredens" passen: So forderte Strauß mehrfach, nachdem die Koalition sich auf das Zwei-Stufen-Konzept für 1986 und 1988 festgelegt hatte, die für 1988 geplanten Entlastungen vorzuziehen; er trat in den Auseinandersetzungen um die Absenkung des Spitzensteuersatzes mit brüskierender Härte auf; er hatte auf der Befreiung der Privatflieger von der Flugbenzinsteuer insistiert; am Aschermittwoch des Jahres 1988 verdammte er sogar das ganze Reformwerk als „schlampige Arbeit", die „voller Teufeleien" stecke, und stellte den Zeitpunkt der dritten Reformstufe, ihr Gesamtvolumen und sogar den Spitzensteuersatz neu zur Debatte.[171] Während derartige Auftritte viel Aufsehen erregten, blieb verborgen, dass Strauß auch konstruktiv an der Reform mitarbeitete: So tat er beispielsweise im Herbst 1987 im Hintergrund viel dafür, dass rasch Konsens über die Liste der abzubauenden Steuervorteile erzielt wurde.[172] Im Übrigen wirkte Voss auch als Clearing-Stelle zwischen Bundesfinanzministerium und CSU-Chef und entschärfte viel potenziellen Konfliktstoff, bevor öffentlicher Streit überhaupt entstand.[173]

Nicht nur Strauß, sondern auch eine Reihe anderer Koalitionspolitiker übten durch medial verbreitete Interventionen Druck auf die Ausgestaltung der Steuerreform aus. Von der CSU meldeten sich der bayerische Finanzminister Max Streibl, Generalsekretär Gerold Tandler und der Leiter der bayerischen Staatskanzlei Edmund Stoiber zu Wort, von der FDP der langjährige Wirtschaftsminister Otto Graf Lambsdorff, sein Nachfolger und (ab 1985) Parteivorsitzender Martin Bangemann sowie Generalsekretär Helmut Haussmann. Aus der CDU selbst vertraten Bundesfamilienminister und Generalsekretär Heiner Geißler sowie Bundesarbeitsminister Norbert Blüm vehement ihre Interessen, und schließlich griffen die Ministerpräsidenten von Baden-Württemberg und Niedersachsen, Lothar Späth und Ernst Albrecht, in die Diskussion ein. Es waren also keineswegs „nachrangige Politiker", die eine „Profilierungsschlacht jeder gegen jeden"[174] ausfochten. Vielmehr artikulierten die Schwergewichte der Koalitionsparteien genau jene konfligierenden Interessen und Ziele, die die Steuerreform auszutarieren hatte: Die FDP- und CSU-Vertreter forderten immer wieder ein Vorziehen der Entlastungsstufen, um der Konjunktur einen Schub zu verleihen[175]; die Minister-

---

[171] Steuersenkung auf einen Schlag, in: Bild, 3.10.1984, S.1; Siegmar Schelling, Strauß: „Das ist der Bonner Stil, Stil, Stil", in: Welt am Sonntag, 22.2.1987, S.3; Peter Gillies, Passauer Watschenfestspiele, in: Die Welt, 19.2.1988, S.2; außerdem Gros, Politikgestaltung, S.153; Voss, Kanzler, S.301f.; Stoltenberg, Wendepunkte, S.301.

[172] Vgl. ebd., S.299. Auch Stoltenberg selbst würdigte in einem ZDF-Interview Strauß' Beitrag zu Konzeption und politischer Durchsetzung der Reform: Was nun, Herr Stoltenberg?, ZDF, 4.2.1988 (ab 17:50).

[173] Vgl. Voss, Kanzler, S.262, 283 u. 300.

[174] Peter Bleichschmidt/Kurt Breme, Viele Köche verderben den Brei, in: Stern 37 (1984), Nr.19, 3.5.1984, S.164-166, hier S.164; Profilierung als Motiv unterstellten auch Zuviel der Rederei, in: FAZ, 8.12.1984, S.1; Kurt Forster, Verblaßt, in: Rhein-Zeitung, 3.7.1987, S.2.

[175] Vgl. In der Koalition streitet man sich wieder über die geplante Steuerreform, in: FAZ, 8.5.1985, S.1; ACDP Pressearchiv 0/06/9-0-0, Steuern Allgemeines XXIII, dpa-Meldung: Bundestag beschloß Steuerentlastungsgesetz 1986/88, 24.5.1985; ebd., dpa-Meldung: Dreg-

präsidenten vertraten die finanziellen Interessen ihrer Länder, deren Einnahmen die Reform durch verminderte Einkommensteuerüberweisungen durch den Bund verringerte[176]; Geißler und Blüm machten sich als Galionsfiguren des linken Unionsflügels vor allem für die Interessen der Familien und der Arbeitnehmer stark.[177]

Obwohl der chaotische Eindruck aus der zeitgenössischen Perspektive nachvollziehbar ist, dienten abschätzige Kommentare über das „Gezänk", „Palaver", die „kleinkarierten Händel" oder gar das „Gegackere" der Koalition deutlich dazu, die Reform und ihre Protagonisten in Misskredit zu bringen.[178] Von „Zerreden" sprachen hingegen in aller Regel die Befürworter der Steuerreform, nicht ihre Gegner. Beispielsweise warf der Chefredakteur der „Welt" Peter Gillies, der seit Beginn der Debatte unermüdlich die Vorzüge der Reform angepriesen hatte, der Regierung Mitte Juli 1987 vor, sich selbst um ihren Erfolg zu bringen: „Eines ist den Steuerreformern bisher glänzend gelungen: Sie haben ihr Thema zerredet. [...] Das Gezerre über die Finanzierung verdeckt den für deutsche Verhältnisse kühnen Wurf eines steuerpolitischen Neubeginns"[179]. Im „ZDF-Magazin" vom 30. September 1987 kritisierte Sendungsleiter Gerhard Löwenthal, einer der profiliertesten konservativen Journalisten in Deutschland und Bewunderer der strikt monetaristischen Fiskalpolitik in Großbritannien und den USA, es sei erschreckend, wie die Unionspolitiker das „gewaltige Unternehmen" der Steuerreform durch ihr „Zerreden" zum Scheitern zu bringen drohten.[180] Aus solchen Äußerungen sprach die Enttäuschung über das Bild, das die Koalition nach außen abgab. Doch sie hatten auch eine strategische Funktion im Kampf um die öffentliche Perzeption des Vorhabens, indem sie kritische Einlassungen als Nebensächlichkeiten hinstellten und dazu aufforderten, den „wirklichen Inhalt" der Reform in den

---

ger widerspricht CSU: Kein Vorziehen der Steuerentlastung 1986, 22.10.1985; Steuerreform: Bald gibt's mehr Geld, in: Bild am Sonntag, 10.5.1987, S. 11.

[176] Vgl. „Wir müssen die Steuerreform neu überlegen", in: Der Spiegel 41 (1987), 8.6.1987, S. 21–24, hier S. 21; außerdem Ministerpräsident Späth heizt den Streit über die Steuerreform an, in: FAZ, 9.6.1987, S. 15, zu den scharfen Reaktionen darauf aus der Union vgl. ACDP Pressearchiv 0/06/9-0-0, Steuern Allgemeines XXXVII, dpa-Meldung: Unionsfraktionschefs für Steuerreform, 12.6.1987.

[177] Vgl. Schumann, Bauarbeiten, S. 145–147 u. 161–163; außerdem ACDP Pressearchiv 0/06/9-0-0, Steuern Allgemeines XXXIX, dpa-Meldung: CSU will Steuerreform „nachbessern", 26.10.1987. Das meiste Aufsehen erregten Blüm und Geißler mit ihrem Widerstand gegen die Senkung des Spitzensteuersatzes; vgl. Wirsching, Abschied vom Provisorium, S. 278.

[178] Steuerreform: „Alles andere ist noch offen", in: Der Spiegel 38 (1984), 27.2.1984, S. 19f.; Klaus-Peter Schmid, Das ramponierte Jahrhundertwerk, in: Die Zeit, 4.3.1988, S. 22. Der Vergleich mit dem Hühnerhof stammte von Spöri und wurde später von Voss übernommen: Steuerreform bleibt im Kreuzfeuer, in: SZ, 28.9.1987, S. 29; Voss, Kanzler, S. 266.

[179] Peter Gillies, Thema zerredet, in: Die Welt, 18.7.1987, S. 2; vgl. auch Heinz Heck, Wie eine Koalition sich selber schädigt. Die Steuerreform darf nicht zerredet werden, in: Die Welt, 30.6.1987, S. 2; Hans D. Barbier, Im Gestrüpp der Finanzen, in: FAZ, 23.7.1987, S. 1; Theo Mönch-Tegeder, Trotz allem kein Danaergeschenk, in: Rheinischer Merkur, 28.8.1987, S. 1.

[180] ZDF-Magazin, 30.9.1987 (27:02-27:43). Zeitweise boykottierten SPD-Politiker das „ZDF-Magazin" wegen dessen vermeintlicher Präferenz für die Union. Dazu und zu Löwenthals politischem Standpunkt vgl. Stefan Winkler, Gehard Löwenthal. Ein Beitrag zur politischen Publizistik der Bundesrepublik Deutschland, Berlin 2014, S. 103–117, 307–309 u. 346.

Mittelpunkt zu rücken.[181] Und schließlich lenkte der Vorwurf des „Zerredens" die Kritik auf die Außendarstellung der Steuerreform und schirmte ihre Substanz dagegen ab: Die Reform sei viel besser, als die verunglückte Kommunikation der Koalition sie erscheinen lasse, lautete die Botschaft. Wer, wie das Kanzler Kohl wiederholt tat, das schlechte Erscheinungsbild der Steuerreform mit der „Form der Auseinandersetzung" in den eigenen Reihen erklärte[182], führte daher auch ein zustimmungsfähiges Argument an, um die enttäuschende öffentliche Resonanz plausibel zu machen.

Ebenso, wie das Argument der „zerredeten" Reform dazu beitrug, Enttäuschung über das verheerende Image der Reform zu dämpfen, diente es als Disziplinierungsmittel. Wer wie Dregger, Stoltenberg oder Kohl keine Gruppenbelange zu vertreten hatte, sondern die heterogenen Interessenlagen in Regierung, Fraktion und Partei zusammenführen bzw. überhaupt ein politisch vorzeigbares Ergebnis zustande bringen musste, setzte die Warnung vor einem „Zerreden" ein, um die Auseinandersetzungen zu kanalisieren. Sie begleiteten die Schalmeienklänge der regierungsamtlichen Versprechungen, die dramatischen Kassandrarufe der Opposition und die schrillen Töne der wechselseitigen Polemik wie ein Generalbass. Dregger, Stoltenberg, Häfele und Kohl appellierten in diesem Sinne immer wieder an ihre Parteifreunde.[183] Bereits die Regelmäßigkeit solcher Aufrufe zeigt, wie wenig sie fruchteten. Allerdings verweisen sie auf hohe Erwartungen an die Kohärenz und Stringenz politischer Entscheidungsprozesse sowie die Diskussionskultur der vielen Interessierten und Beteiligten. So versicherte Kohl am 7. Mai 1984 in Hamburg, dass Diskussionen über die Reform der Einkommensteuer in einer Volkspartei normal und notwendig seien, doch sie müsse zeitlich begrenzt sein. In wenigen Wochen, kündigte der Kanzler an, sei das Thema beendet.[184] Der Kanzler wies damit der innerparteilichen Demokratie ein Zeitfenster zu, das die politische Führung öffnen und schließen konnte. Wer sich an der Debatte beteiligen wollte, hatte zudem Regeln zu beachten: Gute Demokraten sollten Anders-

---

[181] ACDP Pressearchiv 0/06/9-0-0, Steuern Allgemeines XLI, Heiner Geißler: Zurück zur Hauptsache: Steuersenkung, Pressemitteilung der CDU, 18.1.1988. Diese Botschaft war der CDU so wichtig, dass sie den Text mit gleichlautender Überschrift sowohl in einer Werbezeitung für die Reform als auch in ihrem Funktionärsmagazin abdruckte (vgl. Anm. 155).

[182] Beispielsweise in seinen Lageberichten vor dem Bundesparteivorstand am 31. Oktober 1988, am 16./17. April 1989 und am 28. August 1988: Buchstab/Kleinmann (Bearb.), Berichte zur Lage, S. 667, 708 (Zitat) u. 759.

[183] ACDP Pressearchiv 0/06/9-0-0, Steuern Allgemeines XXIX, dpa-Meldung: Dregger: Vorschläge Stoltenbergs Ende März, 21.2.1984; Stoltenberg wehrt sich gegen die Kritiker in den eigenen Reihen, in: Die Welt, 12.11.1984, S. 8; Kohl in seiner Eröffnungsrede zum Bundesparteitag von 1985: CDU Deutschlands (Hrsg.), 33. Bundesparteitag der Christlich-Demokratischen Union Deutschlands, Essen, 19.–22. März 1985. Niederschrift, Bonn 1986, S. 31; Häfele warnt Union vor Zerreden der Steuerreform, in: SZ, 22.7.1987, S. 21. Stoltenberg wiederholte seinen Appell an seine Parteifreunde in einem Interview: „2,5 Prozent Wachstum sind wichtiger als das ganze Sommertheater" in: Welt am Sonntag, 2.8.1987, S. 6.

[184] Helmut Kohl, Zeit für Zuversicht und Eigeninitiative. Rede beim 35. Übersee-Tag am 7. Mai 1984, in: Helmut Kohl, Reden 1982–1984, hrsg. vom Presse- und Informationsamt der Bundesregierung, Bonn 1984, S. 389–401, hier S. 394 f.

denkende mit persönlichem Respekt behandeln, Kritik intern äußern, miteinander statt übereinander sprechen, Gemeinsamkeiten stärker würdigen als Strittiges, für den gemeinsamen Erfolg Gruppeninteressen hintanstellen. Vor allem sollten sie sich Beschlüssen beugen, auch ohne sie gutzuheißen. In diesem Sinne war „Zerreden" kein deskriptives Bild, sondern hatte einen normativen Gehalt, der aufs engste mit Idealvorstellungen demokratischer Willensbildung verbunden war.

Doch solche Ansprüche gingen an der Wirklichkeit vorbei. Sie ließen außen vor, dass eine politische Durchsetzungsstrategie auf medial erzeugte Aufmerksamkeit und damit auf Inszenierungselemente nicht verzichten konnte. Die Mehrzahl der Akteure hatte keinen Zugang zu den kleinen Zirkeln, die die Ausgestaltung der Reform entschieden, denn diese waren in hohem Maße exklusiv. Mitglieder der Bundestagsfraktion beschweren sich mehr als einmal darüber, übergangen zu werden, und in der heiklen Frage der Steuerbefreiung auf Flugbenzin für Privatflieger setzten sich die Führungsspitzen über einen Parteitagsbeschluss hinweg. Daher evozierte das Bild des „Zerredens" die Vorstellung eines Übermaßes von Interventionen, während die Informalisierung von Entscheidungswegen, die restriktive Informationspolitik des Bundesfinanzministers und nicht zuletzt das schlechte Vorbild, das die Spitzenpolitiker selbst abgaben, die Debatte so „ungeordnet"[185] erscheinen ließen. Nicht zuletzt steckte in dem Bild der „zerredeten" Reform auch eine gewisse Überheblichkeit gegenüber Einwänden, mochten sie nun besser oder schlechter begründet sein. So bagatellisierte Kohl die Kritik im Juni 1985 als „ungeheure[s] Feldgeschrei" und forderte ein Ende „unseres Krachs und öffentlichen Gelabers auf allen Ebenen"[186]. Weniger derb, aber mit gleichem Fluchtpunkt mokierte sich die „Frankfurter Allgemeine Zeitung" im Juni 1987 über das „Gezänk der zu Begünstigenden und um Besitzstände und Privilegien, eine Rangelei der Landesfürsten um Fördertöpfe ihres Sprengels und ein schwer erträgliches Gezeter der Verteilungsideologen"[187], zu dem die Reform verkommen sei.

Es ist erstaunlich, auf wieviel Zustimmung die Denkfigur stieß, man könne ein politisches Vorhaben durch die Dauer und die Form der politischen Auseinandersetzung ruinieren. Darin spiegelt sich ein Wandel der politischen Kultur, auf den Nina Verheyen hingewiesen hat: Als die Steuerreform ins Zentrum der innenpolitischen Auseinandersetzung rückte, war die hohe Wertschätzung des argumentativen Austauschs der 1960er und 1970er Jahre, die von einem starken Demokratisierungsimpetus getragen war, bereits Anzeichen von Überdruss und „Dis-

---

[185] Mit diesem Euphemismus beschwichtigte Stoltenberg die Unionsabgeordneten; hier zitiert nach ACDP Pressearchiv 0/06/9-0-0, Steuern Allgemeines XXXVII, dpa-Meldung: Stoltenberg: Steuerreform offensiv vertreten, 16.6.1987.
[186] So Kohl am 11. Juni 1985 vor der Unionsfraktion und eine Woche darauf in der CDU-Bundesvorstandssitzung; ACDP 08-001-1074/1, Protokoll der Sitzung der CDU-Bundestagsfraktion Nr. 68 vom 11. Juni 1985, 11.6.1985, S. 17; Buchstab/Kleinmann (Bearb.), Berichte zur Lage, S. 326.
[187] Kanzlersache, in: FAZ, 11.6.1987, S. 1.

kussionsfrust" gewichen.[188] Gleichwohl sind Zweifel angebracht, ob der Streit über bestimmte Aspekte der Reform ihre Grundelemente tatsächlich verstellte.[189] Vielmehr diente das Bild des „Zerredens" dazu, Entlastungswirkungen überhaupt erst sichtbar zu machen, indem es deren kommunikative Eliminierung anklagte. Dieser Vorgang verweist auf ein Grundproblem bei der Vermittlung der Reformeffekte: Es bedurfte gehöriger Anstrengungen, um sich überhaupt etwas darunter vorstellen zu können. Vor allem die Auswirkungen der Progressionsabmilderung waren in höchstem Maße abstrakt. Umso wichtiger erschien es allen Protagonisten, jedem Einzelnen vorzurechnen, was er „auf Heller und Pfennig mehr übrigbehält als früher"[190]. Auf diesem Gebiet lieferten sich Regierung und Opposition eine beispiellose Schlacht, denn Erfolg oder Scheitern der Steuerreform bei den Wählerinnen und Wählern hing in hohem Maße davon ab, was sie glaubten, persönlich davon zu haben.

Krieg der Beispielrechnungen

Zu Fallbeispielen griff die Bundesregierung, weil die Milliardensummen, in denen sie die Größenordnung der Reform angab, noch keine Maßgabe für die Entlastungswirkung beim Einzelnen darstellte. Zudem stellte sich im Verlauf der Reformdiskussion heraus, dass die Berechnungsmethode des Gesamtvolumens Tücken hatte, weil sie auf Annahmen über die zukünftige Wirtschaftsentwicklung aufbaute[191]: Wenn sich Parameter wie das erwartete Wirtschaftswachstum, die Inflationsrate oder die Zahl der Beschäftigten änderten, wirkte sich das auf die erwarteten Lohnsteuereinnahmen aus. Mehrfach musste das Bundesfinanzministerium daher das Volumen der Steuerreform korrigieren, ohne dass sich am Reforminhalt etwas verändert hatte.[192] Demgegenüber erschienen die Beispielrechnungen als exakte und objektive Maßzahlen, um die Reformwirkungen zu veranschaulichen. Standen die gesetzlichen Parameter einmal fest, so ließ sich die Steuerschuld einer gegebenen Einkommenshöhe leicht ausrechnen. Solche Be-

---

[188] Verheyen, Diskussionslust, S. 299 (Zitat) u. 310f.
[189] So aber Wirsching, Abschied vom Provisorium, S. 277 u. 282.
[190] So eine 8-seitige Broschüre über die Steuerreform; ACDP Pressearchiv 0/06/9-0-0, Steuern Allgemeines XL, Presse- und Informationsamt der Bundesregierung (Hrsg.), Politik. Informationen aus Bonn, Nr. 7/1987, Dezember 1987, S. 6.
[191] Grundsätzlich addierte das Bundesfinanzministerium die voraussichtlichen Mindereinnahmen, die sich aus den einzelnen Steuerrechtsänderungen wie der Progressionsabmilderung oder der Erhöhung des Grundfreibetrags ergaben, und zog davon gegebenenfalls die Mehreinnahmen ab, die sie durch die Streichung von Steuervergünstigungen oder die Erhöhung von Steuern erwartete. Die Grundlage dieser Berechnungen war die Prognose der Bruttolohnsumme, die von der gesamtwirtschaftlichen Entwicklung abhing.
[192] Im Juni 1985 reduzierte der Finanzausschuss des Bundestages das Entlastungsvolumen für 1986 und 1988 von 20,4 auf 19,2 Mrd. DM, 1988 musste Stoltenberg zugeben, sich um 2,5 Mrd. DM verrechnet zu haben, und auch bei den Maßnahmen zur Teilkompensation der dritten Reformstufe korrigiert das Bundesfinanzministerium die Zahlen; Finanzausschuß verabschiedet das Steuerentlastungs-Paket, in: SZ, 17.5.1985, S. 27; Entlastung fällt kleiner aus, in: Die Welt, 9.6.1988, S. 10; Das Milliardenspiel, in: Stuttgarter Zeitung, 16.6.1988, S. 3.

rechnungen waren sogar Teil des Gesetzeswerks, denn der Anhang des Lohn- und Einkommensgesetzes enthielt die Grund- und Splittingtabelle, in der die Steuerbelastung in Relation zum Einkommen – genauer gesagt: zum zu versteuernden Einkommen – für Ledige und für Verheiratete angegeben war. Allerdings bildeten diese Angaben nur einen groben Richtwert, denn die tatsächliche steuerliche Belastung hing von einer Vielzahl von Faktoren ab, vor allem von der Anzahl der Freibeträge und Vergünstigungen, die ein Steuerpflichtiger in Anspruch nehmen konnte.

Das schlechte Image der Reform führten viele Koalitionspolitiker darauf zurück, dass vieles daran noch „zu kalt und zu abstrakt" geblieben sei, wie Kanzler Kohl im Juni 1985 vor der CDU/CSU-Bundestagsfraktion einräumte.[193] Gerade die Unionsabgeordneten, die in den Wahlkreisen für die Steuerreform werben sollten und sich den bohrenden Fragen der Basis stellen mussten, forderten Stoltenberg ein ums andere Mal auf, ihnen Argumentationsmaterial an die Hand zu geben, mit dem sie auf Mark und Pfennig der SPD-Propaganda entgegentreten und den eigenen Leuten die Vorteile der Reform verdeutlichen könnten.[194] Dem kam das Bundesfinanzministerium auch nach. Neben den Erläuterungen zur Reform in den regelmäßig erscheinenden Informationsschriften des Bundespresseamts und den zahlreichen Broschüren professioneller Werbeagenturen, mit denen die Regierung die Steuerreform popularisierte, erhielten die Abgeordneten eigens für sie zusammengestellte Handreichungen aus dem Bundesfinanzministerium.[195] Unter Rechtfertigungsdruck standen sie, weil Oppositionspolitiker, Journalisten und Steuerexperten ebenfalls Rechenbeispiele präsentierten. Im Kampf um die Deutungshoheit bildeten diese die Munition, denn Befürworter und Gegner unterlagen gleichermaßen dem Zwang zur Veranschaulichung, um ihren Behauptungen Plausibilität zu verleihen.

Solche Fallbeispiele waren daher alles andere als objektiv, sondern planvoll konstruierte, mit großer Glaubwürdigkeit ausgestattete Argumente, um die Steuerreform in ein helles oder düsteres Licht zu tauchen. Dies zeigte sich lange bevor die Reform überhaupt beschlossen war. Das Wirtschaftsmagazin „plusminus" der ARD stützte im Mai 1984 die SPD-Rahmung der Umverteilung von unten nach oben mit Beispielrechnungen, die die Redaktion beim Bund der Steuerzahler in Auftrag gegeben hatte. Dabei unterstellte das Magazin, dass die Bundesregierung die Mehrwertsteuer um 1% erhöhe, um die Entlastungen zu finanzieren. Nach-

---

[193] ACDP 08-001-1074/1, Protokoll der Sitzung der CDU-Bundestagsfraktion Nr. 68 vom 11. Juni 1986, 11.6.1985, S. 26.

[194] Z.B. ACDP 08-001-1083/1, Protokoll der Sitzung der CDU-Bundestagsfraktion Nr. 15 vom 13. Oktober 1987, 13.10.1987, S. 47f.; ACDP 08-001-1083/2, Protokoll der Sitzung der CDU-Bundestagsfraktion Nr. 18 vom 23. November 1987, o. D., S. 38f.

[195] Z.B. ein 46-seitiges Konvolut „Fakten und Argumente zur Steuerreform", Anlage zu: ACDP 08-001-1082/2, Rudolf Seiters an die Mitglieder der CDU/CSU-Bundestagsfraktion, 26.6.1987; Individuelle Steuerentlastung und -belastung. Steuersenkung 1986/88/90/Anhebung indirekter Steuern, Anlage zu: ACDP Pressearchiv 0/06/9-0-0, Steuern Allgemeines XLIV, Gerhard Stoltenberg an die Mitglieder der CDU/CSU-Bundestagsfraktion, 8.7.1988; Steuerreform-Beispiele, Anlage zu: dgl. XLVI, Michael Glos an die Mitglieder der CDU/CSU-Bundestagsfraktion, 11.12.1989.

dem Sendungsleiter Manfred Trebess bereits in seiner Anmoderation verkündet hatte, die Steuerreform bringe den niedrigen Einkommen wenig, den Mittleren mehr, den Höheren am meisten, setzte der Beitrag deren Konsequenzen für eine Einzelhandelsverkäuferin, eine Sekretärin und einen Schweißer auseinander. Um die Praxisnähe und Glaubwürdigkeit der Beispiele zu untermauern, präsentierte die Bildregie die drei als reale Personen, die mit Namen eingeführt und von der Bildregie bei Arbeit und Freizeit gezeigt wurden, während eine Stimme aus dem Off vorrechnete, wie sich die Steuerreform auf sie auswirkte. Die Verkäuferin hatte wegen der Mehrwertsteuerbelastung mit einem monatlichen Minus zu rechnen, die etwas besser verdienende Sekretärin und der Schweißer sparten nur Kleinstbeträge von 2,82 bzw. 3,32 DM. Während diese Zahlen bildschirmfüllend eingeblendet wurden, schürte der Kommentar negative Erwartungen: „Susanne Beck hat keinen Grund zur Freude; wie für viele andere wird für sie bei der Steuerreform wenig oder gar nichts herausspringen." Demgegenüber erhalte ein Betriebsleiter im Stahlwerk mit zwei Töchtern 109,94 DM zurück. In seiner Abmoderation wiederholte Trebess, dass der Tarifvorschlag der Bundesregierung sozial unausgewogen und ungerecht sei. Selbst wenn sie die Mehrwertsteuer doch nicht erhöhe, bleibe es eine „fragwürdige Steuerreform"[196].

Auch spätere Ausgaben von „plusminus" argumentierten so: Gestützt auf Rechenbeispiele mit dem Gütesiegel fachlicher Expertise des Bundes der Steuerzahler bzw. des Instituts für Wirtschaftsforschung, und untermauert von Interviews mit Oppositionspolitikern, erklärte das Wirtschaftsmagazin die Steuerreform zu einer „große[n] Enttäuschung", weil sie die Wohlhabenden gegenüber den Geringverdienern massiv begünstige.[197] Die Beweisführung war immer dieselbe, sogar die Gewährspersonen der Rechenbeispiele nahmen spätere Beiträge wieder auf: Kleinen Entlastungsbeträgen im niedrigen Einkommensbereich stellte das Magazin enorme Einsparungen bei Spitzenverdienern gegenüber und führte diesen Kontrast zur Botschaft zusammen, dass die große Mehrheit der Steuerzahler von der Reform „enttäuscht" sein würden. Die Gegenüberstellung von absoluten Beträgen, ohne das prozentuale Verhältnis der Ersparnis zur bisherigen Steuerschuld und ohne Hinweis auf die verbleibende Steuerlast zu nennen, suggerierte ein hohes Maß an Ungerechtigkeit.

Auch in der ersten Modellrechnung, die das Bundesfinanzministerium im September 1984 vorlegte, trat die Absicht deutlich zutage, die gewünschten Botschaften mit Zahlen zu untermauern. Die Initiative dazu war von der Opposition ausgegangen. Spöri hatte das parlamentarische Mittel der schriftlichen Anfrage an die Bundesregierung genutzt, um sie zur Selbstoffenbarung zu zwingen. Die Spezifikationen seiner Entlastungsbeispiele – er wollte wissen, wie hoch die Entlas-

---

[196] Joachim Bech, Was die geplante Steuerreform dem kleinen Mann bringt, in: plusminus, ARD, 11.5.1984 (Zitate bei 1:29, 13:39 und 18:57).
[197] Ulrich Eitel/Gerhard Bläske, Steuerreform: Auswirkungen kurz und gering, in: plusminus, ARD, 5.7.1985 (Zitat bei 1:38); Joachim Bech, Was bringt die Steuerreform?, in: plusminus, ARD, 27.2.1987 (4:12–6:22); Joachim Bech/Ulrich Eitel, Steuerreform – wie wirkt sie sich beim Arbeitnehmer aus?, in: plusminus, ARD, 23.10.1987 (v. a. ab 2:48 und 10:30).

tungen bei kinderlosen Ehepaaren in sechs Einkommensstufen von 20 000 bis 300 000 DM sei – gingen an den erklärten Hauptstoßrichtungen der beiden ersten Reformstufen vorbei, denn sie profitierten nicht von den stark erhöhten Kinderfreibeträgen, und die große Spreizung seiner Einkommensgrößen legte den Akzent auf Gering- und Spitzenverdiener, sodass der Einkommensbereich, in dem sich die Verringerung der Progression am stärksten auswirkte, kaum abgebildet wurde. In seiner Antwort hielt sich das Bundesfinanzministerium zwar an die vorgegebenen Einkommenskategorien, führte jedoch zusätzlich die Entlastungen für Ehepaare mit zwei Kindern auf. Außerdem zeigte sie die verbleibende Steuerbelastung sowohl absolut als auch in Relation zum Einkommen. Aus dieser Aufstellung ging hervor, dass die ersten beiden Stufen der Steuerreform die Progressionswirkung zwar verringerten, gleichwohl die prozentuale steuerliche Belastung nach wie vor deutlich mit steigendem Einkommen zunahm.[198]

Jede Seite zog diese Zahlen als Argument für bzw. gegen die Verteilungsgerechtigkeit der Steuerreform heran. Voss erklärte auf einer Pressekonferenz, die Berechnungen widerlegten die Umverteilungsbehauptung der SPD, da die unteren Einkommensgruppen bereits 1986 in den vollen Genuss ihrer Entlastung kämen, während die Bezieher höherer Einkommen bis 1988 warten müssten. Spöri verglich die Entlastungen für kinderlose Familien mit einem Einkommen von 20 000 DM und 200 000 DM von 12 beziehungsweise 537 DM und schlussfolgerte, diese Zahlen stünden in einem „ernüchternden Gegensatz zum Selbstlob der Bundesregierung", denn wie von der SPD befürchtet, erhielten die Bezieher kleinerer und mittlerer Einkommen eine „lächerlich geringe Entlastung". Genauso gespalten wie die Interpretation der Entlastungsbeispiele war die Aufnahme durch die Presse. Während das „Handelsblatt" wohlwollend die Hauptentlastungswirkung bei Familien mit Kindern betonte, legte die „Süddeutsche Zeitung" den Fokus auf die Benachteiligung einkommensschwacher Familien.[199]

Dass die Kontrahenten mit Zahlen aus derselben Quelle gegensätzliche Interpretationen abstützen konnten, zeigt nachdrücklich, wie stark die beabsichtigten Botschaften die scheinbar unbestechlichen Berechnungen überformten. Noch passförmiger ließen sich selbst gewählte Fallbeispiele auf die gewünschte Aussage hin abstimmen. Diese wiesen eine hohe Konstanz auf, während sich die Rechenergebnisse erheblich voneinander unterschieden. Um die Entlastungswirkung hoch- beziehungsweise herunterzurechnen, mussten Regierung und Opposition nicht plump fälschen, sondern lediglich die Variablen justieren: Apel und Spöri bevorzugten ledige bzw. kinderlose Steuerzahler, während die Regierung in aller

---

[198] Deutscher Bundestag, 10. Wahlperiode, Drucksache 10/1952: Schriftliche Fragen mit den in der Woche vom 3. September 1984 eingegangenen Antworten der Bundesregierung, 07.09.84, S. 17f., http://dipbt.bundestag.de/doc/btd/10/019/1001952.pdf (21.3.2016).

[199] ACDP Pressearchiv 0/06/9-0-0, Steuern Allgemeines XXXI, dpa-Meldung: Entlastung für Kinderreiche bei unteren Einkommen am größten, 4.9.1984; ebd., Informationen der sozialdemokratischen Bundestagsfraktion Nr. 1679: „Ernüchternde Zahlen zur Steuerentlastung", 5.9.1984; Familien mit Kindern werden durch die Tarifkorrektur stärker entlastet, in: Handelsblatt, 5.9.1984, S. 5; „Einkommensschwache benachteiligt", in: SZ, 6.9.1984, S. 24.

Regel Familien mit mindestens zwei Kindern in den Vordergrund stellte. Zog die Opposition mit Vorliebe sehr kleine und extrem hohe Einkommensklassen heran, konzentrierte sich die Regierung auf mittlere und gehobene Bezüge, da dort die Tarifabflachung am stärksten griff. Die Beispielrechnungen in der ersten ausführlichen Erläuterung zur Steuersenkung 1986 und 1988 etwa bezogen sich auf Bruttomonatseinkommen von 1800 bis 6000 DM und waren für Ledige sowie für verheiratete Alleinverdiener mit einem und zwei Kindern ausgeführt. Die Entlastungsbeispiele bewiesen, so das Regierungsbulletin, „daß sich die Steuersenkung gezielt zugunsten von Steuerpflichtigen mit Kindern und derjenigen Steuerzahler auswirkt, bei denen die progressionsbedingte Steuerbelastungen besonders drückend sind"[200]. Am wirksamsten ließ sich die Umverteilungsbehauptung mit Hilfe eines Vergleichs absoluter Steuererleichterungen illustrieren, während eine Gegenüberstellung der prozentualen Entlastungen die soziale Balance der Reform unterstrich. Schließlich zählten die Verteidiger der Steuerreform die Entlastungswirkungen aller drei Reformabschnitte zusammen, während ihre Gegner nach Inkrafttreten der ersten Änderungen als Vergleichsjahr das jeweils aktuelle Recht wählten und so bereits erfolgte Steuersenkungen ausblendeten.

Die unterschiedlichen Berechnungsmodi führten unter dem Strich zu enormen Differenzen. So schaltete die Bundesregierung zum Jahreswechsel 1986 eine Anzeige, um die Steuerentlastungen ab 1. Januar zu bewerben. Im Text waren sechs Beispiele aufgeführt, in denen die Reform Vergünstigungen zwischen 144 und 1474 Mark pro Jahr erbrachte. Wenige Wochen später konterkarierte die „Neue Ruhr-Zeitung" diese Aussichten mit einem Artikel, der keine Freibeträge berücksichtigte, die Jahresentlastung auf den Monat herunterrechnete und davon noch die Erhöhung der Krankenkassenbeiträge um einen Prozentpunkt abzog. Auf diese Weise reduzierte sich das „Geschenk aus Bonn" auf Kleinstbeträge von ein paar Mark, weshalb sich die Bürger ärgerten oder, wie der Artikel kalauerte, „echt verkohlt" fühlten.[201]

Solche Zahlenscharmützel waren jedoch nur ein Vorgeplänkel für den Krieg der Beispielrechnungen, der im Frühjahr 1987 zwischen Regierung und Opposition ausbrach. Sein Auslöser war die Einigung über die Eckwerte für die Tarifreform für 1990 während der Koalitionsverhandlungen im Februar 1987. Dabei beschlossen die Regierungsparteien auch, einen Teil der Tarifentlastung bereits auf 1988 vorzuziehen, sodass alle bis dahin veröffentlichten Rechenexempel Makulatur waren. Dass die Flut der Beispielrechnungen in den folgenden Monaten so immens anschwoll, war indessen eine Folge der Entscheidung, die Belastungsseite der Reform erst Monate nach den Eckwertebeschlüssen zu verhandeln und zu kommunizieren. Dadurch war der Spekulation über mögliche Steuererhöhun-

---

[200] ACDP Pressearchiv 0/06/9-0-0, Steuern Allgemeines XXXII, Gerhard Stoltenberg, Steuersenkungen 1986/1988, in: Presse- und Informationsamt der Bundesregierung: Bulletin, Nr. 3/1985, 5.1.1985, S. 13–28, hier S. 24.

[201] Vgl. Anzeige der Bundesregierung: „1986 – darauf können wir uns als Steuerzahler freuen", in: Die Welt, 30.12.1985, S. 5; Hans-Dieter Budde, Geschenk aus Bonn: 4,09 DM. Steuerreform verärgert viele Bürger, in: Neue Ruhr-Zeitung, 13.2.1986, S. 2.

3.2 Kampf um die Deutungshoheit

gen Tür und Tor geöffnet. Unmittelbar nachdem die Koalition die Eckwerte für die Steuerreform verkündet hatte, erklärte Spöri vor der Presse, dass die vorgesehene Gegenfinanzierung in Höhe von 19 Mrd. DM nur durch eine Erhöhung der Mehrwertsteuer um einen Prozentprozentpunkt, die Abschaffung des Arbeitnehmer- und des Weihnachtsfreibetrages sowie der Besteuerung von Lohnzuschlägen für Sonntags- und Nachtarbeit und der Personalrabatte aufzubringen sei. Unter diesen Voraussetzungen würde eine ledige Verkäuferin mit einem Bruttoeinkommen von 24 000 DM im Jahr nicht um die 443 DM entlastet, die der vorgeschlagene Tarifverlauf ergebe, sondern sogar um 47 DM schlechter dastehen.[202] Mit derselben Methode rechnete der „Stern" die Reformwirkungen so herunter, dass von den versprochenen Steuererleichterungen kaum etwas übrigblieb und in vielen Fällen sogar höhere Steuern herauskamen. „Bluten müssen vor allem die Arbeitnehmer [...] Die Zeche zahlt der kleine Mann [...] Die Großverdiener sahnen ab", lauteten die reißerischen Kommentare zu den Beispielen.[203]

Es dauerte ein wenig, bis die Bundesregierung nachzog und nun ihrerseits Entlastungsbeispiele bereitstellte, um den Vorwürfen entgegenzutreten.[204] Im August 1987 gab Stoltenberg sogar eigens eine Pressekonferenz, um mit neuen Rechenbeispielen die Oppositionsschelte zu widerlegen.[205] Wenige Wochen später präsentierte Spöri seinerseits neue Berechnungen, um die „soziale Schieflage" der Reform zu beweisen. Darin summierten sich die Belastungen möglicher Steuererhöhungen für den Durchschnittsarbeitnehmer auf über 2200 DM pro Jahr, sodass unter dem Strich ein Nachteil von 1419 DM verblieb.[206] Die Presse übernahm solche Argumente in aller Regel, um ihre bereits zuvor eingenommene Position zu untermauern: Während die „Bonner Rundschau" und der „Rheinische Merkur" die Reform mit Hilfe der vom Finanzministerium veröffentlichten Beispiele und Tabellen gegen den Vorwurf der sozialen Ungerechtigkeit verteidigten, übernahm die „Frankfurter Rundschau" Spöris Zahlen als Argument gegen das Regierungsvorhaben.[207]

---

[202] ACDP Pressearchiv 0/06/9-0-0, Steuern Allgemeines XXXVI, dpa-Meldung: SPD: Steuerreform kann für einzelne zum Verlustgeschäft werden, 27.2.1987.

[203] Kurt Breme, Ein falscher Fuffziger, in: Stern 40 (1987), Nr.31, 23.7.1987, S.20–26, Zitate S.20, 22 u. 24. Breme hatte bis auf die Freibeträge (Halbierung) und die Mehrwertsteuer (Erhöhung um zwei Prozentpunkte) dieselben Annahmen wie Spöri zugrunde gelegt.

[204] Vgl. ACDP Pressearchiv 0/06/9-0-0, Steuern Allgemeines XXXVI, Gerhard Stoltenberg, Das Ziel einer gerechten und sozialen Reform ist voll erreicht worden, in: Union in Deutschland 41 (1987), Nr.9, S.5–8; dgl. XXXVII, Steuerreform 1986/1988 und 1990, in: Presse- und Informationsamt der Bundesregierung: Aktuelle Beiträge zur Wirtschafts- und Finanzpolitik, Nr.15, 14.4.1987, S.8f.

[205] Ebd., Gerhard Stoltenberg, Die Behauptungen der SPD sind falsch und unsinnig, in: Union in Deutschland 41 (1987), Nr.24, 13.8.1987.

[206] ACDP Pressearchiv 0/06/9-0-0, Steuern Allgemeines XXXVIII, Informationen der Sozialdemokratischen Bundestagsfraktion, Nr.1595, 4.9.1987: Das war zu plump, Herr Geißler; dgl. XXXIX, Informationen der Sozialdemokratischen Bundestagsfraktion, Nr.1984, 20.10.1987: Steuerpaket 1990 – Behauptungen und Tatsachen.

[207] Eine unsoziale Reform?, in: Bonner Rundschau, 24.9.1987, S.6; Heinrich Rieker, Steuerglück für viele Familien, in: Rheinischer Merkur, 25.9.1987, S.11; Rolf Dietrich Schwartz, Die SPD rechnet ganz anders, in: Frankfurter Rundschau, 21.10.1987, S.4.

Angesichts dieser Eskalation war es kein Wunder, dass die Berechnungsarten selbst zum Gegenstand der Auseinandersetzung zwischen Regierung und Opposition wurden. Apel und Spöri warfen Stoltenberg vor, steuerliche Nachteile für die Arbeitnehmer systematisch kleinzurechnen, und brandmarkten Geißlers 1000-Mark-Versprechen als „Steuerlüge"[208]. Umgekehrt bezichtigten die Koalitionspolitiker die Opposition, die Belastungen in unseriöser Weise aufzubauschen. So verspottete Michael Glos die unrealistische Kombination von Steuernachteilen in Spöris Beispielen: „Sie haben einen wirklich ‚tollen Hecht' ausgesucht: Er macht Schichtarbeit, hat aber daneben ein häusliches Arbeitszimmer. Er arbeitet bei einer Automobilfirma [...], ist aber nicht sozialversicherungspflichtig [...], er ist Fernpendler, er ist aus der Kirche ausgetreten, macht auch keinerlei Spenden, er bekommt offenbar jedes Jahr eine Jubiläumszuwendung". Wegen derartiger „Panikmache" und „fauler Tricks" seien die SPD-Verlautbarungen unseriöser als die Moskauer „Prawda", das offizielle Parteiorgan der KPdSU.[209]

Nachdem die Bundesregierung im Oktober 1987 darüber entschieden hatte, welche Steuererleichterungen sie im Zuge des dritten Reformabschnitts kürzte bzw. ganz strich, intensivierte sie die Werbung für die Reform ganz erheblich. Im Wochentakt regneten auf die Öffentlichkeit neue Veröffentlichungen herab, in denen Rechenbeispiele einen prominenten Platz einnahmen. Klar erkennbar waren dabei zwei Botschaften: Die Steuerreform nutze jedem, und ihr „Haupttreffer", so die Formulierung von Staatssekretär Häfele, gehe an „den kleinen Mann"[210]. Um dies zu illustrieren, verbreitete das Bundesfinanzministerium eine Tabelle mit 20 Einzelbeispielen, die sich vom „ungelernten Arbeiter" mit 22 500 DM Bruttoeinkommen bis zum „Fabrikanten" mit 650 000 DM Jahresverdienst spannte; doch die meisten Beispiele, darunter auch der statistische „Durchschnittsverdiener", bewegten sich in mittleren Einkommensregionen zwischen 35 000 und 70 000 DM. Ausgewiesen war jeweils die Nettoentlastung von 1990 im Vergleich zu 1985 für Ledige und Verheiratete mit zwei Kindern, sowohl in absoluten Beträgen als auch relativ zur Steuerschuld, außerdem die verbleibende Steuerlast (ebenfalls absolut und im Verhältnis zum Jahreseinkommen.[211] Zusammen mit der

---

[208] Wie Anm. 206; ACDP Pressearchiv 0/06/9-0-0, Steuern Allgemeines XXXVIII, Informationen der Sozialdemokratischen Bundestagsfraktion, Nr. 1562, 28. 8. 1987; dgl. XLIII, Die SPD im Deutschen Bundestag, Nr. 1274, 10. 6. 1988 („Täuschungsversuch mit falschen Zahlen").

[209] ACDP Pressearchiv 0/06/9-0-0, Steuern Allgemeines XXXIX, Pressedienst der CDU/CSU-Fraktion im Deutschen Bundestag, 20. 10. 1987; ebd., SPD ohne Konzept in der Steuerpolitik. Nichts als Kritik und Panikmache, in: Union in Deutschland 41 (1987), Nr. 34, 29. 10. 1987, S. 18–23; dgl. XL, Michael Glos, Merkwürdige Rechenbeispiele der Sozialdemokraten, in: Deutschland-Union-Dienst 41 (1987), Nr. 215, 12. 11. 1987, S. 4; ebd., CDU extra: Wir senken die Steuern, Januar 1988, S. 10.

[210] Ebd., Hansjörg Häfele, Der Hauptgewinner der Steuerreform ist der „kleine Mann", in: Bundesministerium der Finanzen (Hrsg.), Finanznachrichten, Nr. 1/88, 5. 1. 1988.

[211] Erstmals in ACDP Pressearchiv 0/06/9-0-0, Steuern Allgemeines XXXIX, Presse- und Informationsamt der Bundesregierung: Aktuelle Beiträge zur Wirtschafts- und Finanzpolitik, Nr. 43/1987, 27. 10. 1987: Steuerreform 1986/1988 und 1990, S. 15. Danach fehlten diese Beispiele in keiner größeren Regierungspublikation und wurden Bestandteil der CDU-Werbekampagne für die Reform; vgl. z. B. dgl. XL, Broschüre „Wir senken die Steuern", Januar

allgemeinen Lohnsteuerjahrestabelle, die für nicht weniger als zwölf Steuerunterklassen die Entlastungswirkungen für jeweils 20 Einkommensgrößen aufschlüsselte, sowie der Grund- und Splittingtabelle, die die Durchschnitts- und Grenzbelastung von 1981, 1986, 1988 und 1990 in 40 Einkommensschritten unterschied, ergab das ein Arsenal von 360 bezifferten Fällen, wie sich die Reform im Einzelnen auswirkte. Hinzu kamen noch weitere Rechenbeispiele, um zu beweisen, dass sich die Steuerlast auch in denjenigen Berufsgruppen deutlich verringerte, die wegen des Abbaus von Steuervorteilen künftig mehr zahlen mussten. Solche Fallbeispiele bewiesen aus Sicht der Bundesregierung, „daß die Steuerreform einen massiven Nutzen für alle bringt, ob nun Krankenschwester oder Freiberufler, ob mittelständischer Gewerbetreibender oder Automobilarbeiter"[212].

Die Finanzpolitiker der Opposition und regierungskritische Journalisten wählten für ihre Gegenrechnungen als Basisjahr 1988, sodass die Steuersenkungen von 1986 und 1988 bei ihnen nicht mehr auftauchten, und sie konzentrierten sich auf Fälle, bei denen der Abbau von Vergünstigungen stark zu Buche schlug. Auf diese Weise kamen sie zu alarmierenden Vorhersagen: Die Mehrheit der Deutschen dürften nur auf ein „Trinkgeld" hoffen oder hätten sogar Einbußen zu befürchten, denn in der Einkommensgruppe der Durchschnittsverdiener werde die Steuerentlastung nach der Reform wachsen.[213] Für einzelne Berufszweige ergäben sich sogar ganz erhebliche Nettoverluste. Vergeblich monierte Häfele, dass die Regierung gar nicht plane, die Steuerbefreiung für Nacht- und Feiertagsarbeit völlig abzuschaffen, wie die Opposition in ihren Berechnungen unterstellt hatte.[214] Als Stoltenberg im Juni 1988 die zuvor bereits angekündigten Steuererhöhungen präzisiert hatte, diskreditierten die Beispielrechnungen die Reform vollends. „Familie Maier zahlt 500 Mark mehr", titelte die „Bild"-Zeitung am 11. Juni. Im Kleingedruckten war zu lesen, dass die Steuersenkungen von 1990 die Mehrausgaben so weit kompensierten, dass ein Plus von 700 Mark verblieb, doch die Botschaft der Schlagzeile verhieß das genaue Gegenteil.[215]

Bis zum Schluss hielten die Koalitionspolitiker an der Überzeugung fest, dass ihre Beispiele der Schlüssel für die Akzeptanz der Reform seien. Als der Vorsitzende der Arbeitsgruppe Finanzen in der CDU/CSU-Bundestagsfraktion Michael Glos den Abgeordneten wenige Tage, bevor die dritte Stufe der Steuerreform in Kraft trat, noch einmal aktualisierte Rechenbeispiele schickte, empfahl er sie den

---

1988, S. 3f.; dgl. XLVII, Presse und Informationsamt der Bundesregierung: Aktuelle Beiträge zur Wirtschafts- und Finanzpolitik, Nr. 4/1990, 10. 1. 1990: Steuerreform 1990. Steuerentlastung – Steuergerechtigkeit – Beschäftigungsimpulse, S. 33-37.

212 ACDP Pressearchiv 0/06/9-0-0, Steuern Allgemeines XL, Presse- und Informationsamt der Bundesregierung: 50 Milliarden DM Steuerentlastung. Die Steuerreform 1986, 1988 und 1990 mit Entlastungsbeispielen, Mitte November 1987, Vorwort (ohne Seitenzählung).

213 Wie Anm. 122; Hans-Gerd Heine, Bis zu 565 Mark netto im Monat weniger, in: SZ, 17. 2. 1988, S. 26; Wilfried Lülsdorf, Der große Bluff, in: Stern 41 (1988), Nr. 14, 30. 3. 1988, S. 286f.

214 ACDP Pressearchiv 0/06/9-0-0, Steuern Allgemeines XL, Hansjörg Häfele, Auch Schichtarbeiter ziehen Nutzen aus der Steuerreform, in: Pressemitteilung des BMF, Nr. 73/87, 30. 11. 1987.

215 Familie Maier zahlt 500 Mark mehr, in: Bild, 11. 6. 1988, S. 1.

Unionsabgeordneten sogar als Mittel, um damit endlich in der Öffentlichkeit zu punkten, denn:

> „Jetzt sprechen die Tatsachen für unsere Steuerpolitik. Jetzt kann niemand mehr die Fakten als ‚unglaubwürdiges Gerede aus Bonn' diskreditieren. Wenn alle mithelfen, die nun offenbar werdenden Vorteile der Steuerreform zu publizieren und zu interpretieren, bin ich zuversichtlich, daß die berufstätigen Wählerinnen und Wähler dies dann auch honorieren werden."[216]

Aus dem Krieg der Beispielrechnungen ging die Bundesregierung als klare Verliererin hervor. Sie unterlag nicht, weil ihre Rechenexempel schlechter waren als die der Opposition oder die damit transportierte Botschaft unglaubwürdiger; ganz im Gegenteil. Skrupelloser als die Regierungsvertreter gingen die Finanzpolitiker der SPD beim Zurechtlegen von Zahlenformat, Vergleichsmaßstab und Ausgangskategorie vor. Die Sozialdemokraten siegten im Kampf um die Deutungshoheit über die Steuerreform, weil es ihnen gelang, durch die Beispielrechnungen die Verteilungsgerechtigkeit als Maßstab für den Wert der Steuerreform zu verankern. Das Hauptziel der Tarifreform, die Grenzbelastung deutlich und nachhaltig zu verringern, kam in den Beispielrechnungen gar nicht vor. Zudem führten sie zu so vielen verschiedenen und einander widersprechenden Ergebnissen, dass sie die Reformwirkungen nicht mehr veranschaulichten, sondern im Gegenteil für Unklarheit und Beliebigkeit sorgten: Wer an mehr Netto für alle durch die Steuerreform glauben wollte, den bestätigten die Regierungszahlen; wer seine Meinung bestärken wollte, dass die Reform die Masse der Steuerzahler viel Geld kosten werde, hielt sich an die Beispiele der Opposition. Am Ende erreichten die Beispielrechnungen also nicht, was die Bundesregierung sich von ihnen versprochen hatte: Weder überzeugten sie die Bürgerinnen und Bürger vom Nutzen der Reform, noch halfen sie, die schwierige Materie verständlicher zu machen. Die ganze Reform blieb in den Augen einer breiten Mehrheit ein dubioses Unterfangen, dessen Details die wenigsten verstanden. Misstrauen und Überkomplexität waren ein wichtiger Grund dafür, dass drei an sich geringfügige Einzelpunkte in hohem Maße die Wahrnehmung des Reformganzen bestimmten.

Symbolische Verdichtungen

Bei so einem umfangreichen und für Nichtfachleute unverständlichen Unterfangen waren Komplexitätsreduktionen unvermeidlich. Genau dies leisteten Diskussionen über einzelne Aspekte der Reform, in denen deren Gesamtbild verhandelt wurde. Dazu zählen insbesondere die Auseinandersetzung über die Absenkung des Spitzensteuersatzes, die Besteuerung der sogenannten Erschwerniszulagen (also die bis 1990 steuerfreien Lohnzuschläge auf Nacht-, Sonntags- und Feiertagsarbeit) und die Befreiung von der Flugbenzinsteuer für Privatflieger.[217] Zu

---

[216] ACDP Pressearchiv 0/06/9-0-0, Steuern Allgemeines XLVI, Michael Glos an die Mitglieder der CDU/CSU-Bundestagsfraktion, 11.12.1989.

[217] Dieser Auswahl ließen sich noch andere besonders umstrittene und lange nachwirkende Entscheidungen wie z. B. die Einführung der Quellenbesteuerung für Kapitalerträge hinzu-

3.2 Kampf um die Deutungshoheit

symbolischen Verdichtungen qualifizierten sie drei Merkmale: Erstens erregten sie ein hohes Maß an Aufmerksamkeit, zweitens wirkten sie in der öffentlichen Debatte über die Reform noch lange fort, und drittens dienten sie als Beglaubigung für eine bestimmte Bewertung der Gesamtreform. Die drei genannten Elemente hatten gemein, dass ihre Wirkung auf die Wahrnehmung der Reform ihre Bedeutung in deren Gesamtgefüge bei Weitem überstieg: Die Absenkung des Spitzensteuersatzes um drei Prozentpunkte wirkte sich nur geringfügig in der Steuerlast der betroffenen Einkommensbezieher aus und hatte daher keine Anreiz- oder Lenkungsfunktion; nur eine verschwindende Minderheit der Arbeitnehmer wurde von der Besteuerung der Erschwerniszulagen hart getroffen; und die Größenordnung der Flugbenzinsteuer für Privatflieger bewegte sich, gemessen am Gesamtvolumen der Reform und erst recht am Jahresaufkommen aus den Verbrauchsteuern, deutlich unter der Promillegrenze. Entscheidend in allen drei Punkten war jedoch nicht ihre fiskalische oder steuersystematische Relevanz, sondern das, wofür sie als Zeichen in der öffentlichen Wahrnehmung standen. Diese Perzeption war aus Sicht der Koalitionsakteure durchweg negativ, und zwar bezogen auf die Gestaltung des politischen Prozesses, auf die Auswirkungen der Steuerreform und auf das Verhältnis von Regierung und Bevölkerung.

Über den Spitzensteuersatz stritten die Akteure im Vorfeld und während der Koalitionsverhandlungen vom 29. Januar bis zum 24. Februar 1987. Verlauf, Motive und Ergebnis der Auseinandersetzungen sind detailliert beschrieben worden.[218] An dieser Kennzahl machten sich fundamentale Überzeugungen über Aufgaben und Funktion des Staates fest: die hohe Besteuerung der großen Einkommen und eine steile Progression verbürgten die Glaubwürdigkeit des „Wohlfahrts- und Umverteilungsstaates" keynesianischer Prägung; weniger hohe Sätze und flache Progression akzentuierten, dass die Effizienz des Marktes der Schwerfälligkeit des Staates überlegen sei.[219] Aus diesem Grund signalisierte die spektakuläre Senkung der Spitzensteuersätze seit Mitte der 1970er Jahre in den USA und Großbritannien einen Kurswechsel in der Fiskalpolitik, den bis Anfang der 1990er Jahre auch Schweden vollzog. Diese Länder kappten ihre Höchstbesteuerung um 40 bis 60% des Wertes von 1975.[220] Obwohl derartige Größenordnungen in der Bundesrepublik nicht zur Debatte standen, glich diese wegen ihrer Heftigkeit und Unversöhnlichkeit einem „fiskalischen Glaubenskrieg"[221]. Die Konfliktlinien verliefen zwischen CSU und FDP, die für eine Reduzierung des Höchstsatzes von 56% unter die Schwelle von 50% eintraten, und Teilen der CDU. Insbesondere deren Arbeitnehmervereinigung war nicht bereit, die von

---

fügen, doch hinsichtlich der oben aufgeführten Kriterien waren diese drei sicherlich die folgenreichsten symbolischen Verdichtungen.
[218] Am ausführlichsten bei Gros, Politikgestaltung, S. 140–162.
[219] Vgl. Pierre Rosanvallon, Die Gesellschaft der Gleichen, Hamburg 2013, S. 256f.
[220] Vgl. Buggeln, Taxation, S. 122f.
[221] Klaus-Peter Schmid, Streit um ein Symbol, in: Die Zeit, 13.2.1987, S. 22.

Stoltenberg bereits 1986 angekündigte[222] Absenkung des Spitzensteuersatzes zu akzeptieren.[223] Demgegenüber traten der Wirtschaftsflügel der Union und auch Stoltenberg selbst für einen deutlich niedrigeren Spitzensteuersatz ein, weil dieser für einen Großteil der mittelständischen Unternehmen die wichtigste steuerliche Größe darstellte.[224] Blüm und Geißler, die beide als Wortführer der „Parteilinken" innerhalb der Union galten, hatten sich noch vor Beginn der Koalitionsverhandlungen auf eine strikte Ablehnung jeder Änderung beim Spitzensteuersatz festgelegt und waren nur unter größten Mühen zu einem Kompromiss zu bewegen. Kohl drohte verklausuliert sogar mit Rücktritt, um eine Einigung zu erzwingen.[225] Das Hauptargument der Gegner war die Befürchtung, dass eine Senkung des Spitzensteuersatzes dem Vorurteil Vorschub leiste, die Reform begünstige einseitig die Reichen. Um diesen Eindruck zu vermeiden, beschloss die Koalition, den Eingangssteuersatz in gleichem Maße zu verringern wie den Höchstsatz und außerdem den Grundfreibetrag sowie die Kinderfreibeträge anzuheben. All dies diente dazu, die unteren Einkommensgruppen als die hauptsächlichen Nutznießer der Koalitionsbeschlüsse zu präsentieren und die soziale Ausgewogenheit der Steuerreform zu untermauern.

Doch die Absenkung des Spitzensteuersatzes hing der Union nicht als Menetekel für die Privilegierung der Reichen nach. Vielmehr war es die Form der Auseinandersetzung selbst, die der Debatte über den Spitzensteuersatz ihre bleibende symbolische Bedeutung verlieh. Dadurch festigte sich zum einen der Eindruck, dass die Koalition in der Steuerpolitik hoffnungslos zerstritten sei und keine gemeinsamen Ziele mit der Reform anstrebe. Zum anderen diente die Diskussion über den Spitzensteuersatz langfristig als Paradebeispiel für das ungeschickte Management und die schlechte Außendarstellung des Reformprojekts durch die Regierung. Selbst grundsätzlich regierungsfreundliche Journalisten bezeichneten die Auseinandersetzungen als „absurdes Theater", „Fehlstart" und „Debakel"[226].

---

[222] Vgl. Die Bundesregierung will die Steuerlast um mehr als 20 Milliarden vermindern, in: FAZ, 20.8.1986, S. 1.

[223] Die Position des Arbeitnehmerflügels der Union in dieser Frage war allerdings lange bekannt. So hatte beispielsweise Heribert Scharrenbroich, Hauptgeschäftsführer der CDA und stellvertretender Vorsitzender der Arbeitnehmergruppe in der christdemokratischen Bundestagsfraktion, auf dem CDU-Bundesparteitag 1985 in Essen jede Diskussion über eine Verminderung des Spitzensteuersatzes für schädlich erklärt; CDU Deutschlands (Hrsg.), Niederschrift 33. Bundesparteitag, S. 242. Im Bundestagswahlkampf hatte Geißler eine Debatte um die Absenkung des Spitzensteuersatzes verhindert und damit den Vorsitzenden des Bundesfachausschusses Wirtschaft Jürgen Westphal provoziert; vgl. Buggeln, Steuern nach dem Boom, S. 71.

[224] Für alle Personengesellschaften markierte der Spitzensteuersatz praktisch die steuerliche Gewinnabschöpfung, außerdem war die Körperschaftsteuer an dessen Höhe gekoppelt.

[225] Vgl. Diethart Goos, Bei den Steuern spürte der Kanzler den Gegenwind, in: Die Welt, 26.2.1987, S. 3; „Alle Berechnungen sind eine Fata Morgana", in: Der Spiegel 41 (1987), 2.3.1987, S. 17–25.

[226] Walter Kannengießer, Fehlstart bei der Steuerreform, in: FAZ, 5.2.1987, S. 1; Heinz Heck, Jahrhundertchance in Gefahr, in: Die Welt, 5.2.1987, S. 2; Gerhard Löwenthal in seiner Anmoderation zu einem Beitrag über die Steuerreform im ZDF-Magazin, ZDF, 18.2.1987 (bei 11:55).

3.2 Kampf um die Deutungshoheit

Wie keine andere Streitfrage der Reform diente der Spitzensteuersatz als Beleg für das „Zerreden" des Gesamtprojekts durch diejenigen, die es eigentlich hätten voranbringen müssen. Daher erschien der Streit über den Spitzensteuersatz regelmäßig in den Aufzählungen der Pannen, die die Öffentlichkeitsarbeit der Regierung zur Steuerreform kennzeichne; auch Stoltenberg selbst und mit ihm viele Spitzenpolitiker der Union bewerteten die Debatte im Rückblick als Fehler.[227] Wie abschreckend auf Anhänger der Regierung das Bild wirkte, das die Koalition in dieser Frage abgegeben hatte, zeigt der Kommentar „Nein, nicht schon wieder!" von Chefredakteur Peter Gillies in der „Welt" zum Vorstoß der FDP im Sommer 1989, erneut über einen niedrigeren Spitzensteuersatz nachzudenken.[228]

Hatte die Koalition durch die Auseinandersetzung über den Spitzensteuersatz erhebliche Zweifel daran geweckt, ob sie den Reformprozess politisch steuern konnte, so stand bei den Erschwerniszulagen der Gesamteffekt der Reform in Frage. Die Koalition hatte beschlossen, die Steuerfreiheit für Sonntags-, Nacht- und Feiertagsarbeit zu begrenzen.[229] Viele Arbeitnehmerinnen und Arbeitnehmer aus unterschiedlichen Branchen waren davon betroffen, und die überwiegende Mehrheit von ihnen hatte nach Angaben des Bundesfinanzministeriums keine oder nur geringfügige Nachteile zu befürchten.[230] Doch sehr bald konzentrierte sich die Auseinandersetzung auf die Druckindustrie, und hier noch einmal auf jene Facharbeiter, die an Rotationsdruckmaschinen die Tageszeitungen herstellten. Ein substanzieller Teil ihrer Entlohnung bestand aus solchen Zulagen. Doch nicht nur aus diesem Grund spitzte sich der Konflikt in dieser Branche zu, sondern auch weil der technologische Wandel seit den 1970er Jahren viele Setzer und Drucker arbeitslos zu machen drohte. Unter diesem Druck verteidigte die IG Druck und Papier die Interessen ihrer Mitglieder vehement: Drei Mal hatte sie in den zurückliegenden zehn Jahren bundesweite Streiks organisiert.[231] Außerdem wussten die Drucker ihren guten Medienzugang zu nutzen. Da die Zeitungsverlage kein Interesse daran hatten, eventuelle Lohneinbußen infolge der Steuerreform durch

---

[227] ACDP 08-001-1082/2, Protokoll der Sitzung der CDU-Bundestagsfraktion Nr. 9 vom 16. Juni 1987, o. D., S. 53. Vgl. außerdem: Der neue Tarif, in: FAZ, 12.10.1987, S. 12, Steuerreform als das verkaufen, was sie ist, in: Die Welt, 9.12.1987, S. 8; Joachim Neander, Preisend mit viel schönen Reden – und falschen Gründen, in: Die Welt, 10.12.1987, S. 2; Theo Waigel, Eine geringere Spitzenbelastung als jetzt halte ich für notwendig, in: Welt am Sonntag 24.12.1989, S. 34.

[228] Peter Gillies, Nein, nicht schon wieder!, in: Die Welt, 2.9.1989, S. 2.

[229] Steuerpflichtig wurde der Anteil der Lohnzuschläge, der einen bestimmten Prozentsatz des Grundlohnes überstieg. Steuerfrei blieb ein Viertel der Zuschläge für Nachtarbeit, bei Sonntagsarbeit war es die Hälfte, und Feiertagszuschläge blieben bis zum Anderthalbfachen des Grundlohns steuerfrei.

[230] Vgl. ACDP Pressearchiv 0/6/9-0-0, Steuerreform 1986, 1988 und 1990, in: Presse- und Informationsamt der Bundesregierung: Aktuelle Beiträge zur Wirtschafts- und Finanzpolitik, Nr. 19/1988, 5.2.1988, S. 30–32.

[231] Vgl. Karsten Uhl, Maschinenstürmer gegen die Automatisierung? Der Vorwurf der Technikfeindlichkeit in den Arbeitskämpfen der Druckindustrie in den 1970er und 1980er Jahren und die Krise der Gewerkschaften, in: Technikgeschichte 82 (2015), S. 157–179.

höhere Tarifabschlüsse auszugleichen, unterstützten viele Zeitungen und die Presseverbände die Forderungen der Drucker.[232]

Die Betroffenen erregten enorme Aufmerksamkeit. DGB und IG Druck und Papier mobilisierten ihre Mitglieder, organisierten Protestkundgebungen und sogar Warnstreiks; Zeitungsannoncen und redaktionelle Beiträge schürten die Empörung gegen die Koalitionsbeschlüsse; die Koalitionsfraktionen und der Petitionsausschuss des Deutschen Bundestages wurden mit Beschwerden und Warnungen vor den geplanten Einschränkungen eingedeckt.[233] Wieder waren es Beispielrechnungen, die mit immer höheren Nettoverlustmeldungen für Rotationsdrucker aufschreckten: Der DGB kam im Juli 1987 auf 2187 DM, im Oktober errechnete die IG Druck und Papier ein Minus von 5127 Mark, die „Süddeutsche Zeitung" prophezeite im Februar 1988 bis zu 6780 Mark weniger, und der Betriebsratsvorsitzende des Axel Springer Verlages bezifferte die Einkommensverluste im Mai 1988 sogar auf bis zu 8400 Mark im Jahr.[234] Gerade weil solche Horrormeldungen maßlos übertrieben waren, erreichten sie weitaus größere Resonanz als die Gegenbeispiele des Bundesfinanzministeriums.[235] Die dreitägigen öffentlichen Anhörungen, die die Bundesregierung Mitte Mai 1988 zu ihren Steuerplänen in der Bonner Beethovenhalle veranstaltete, wurden für die Koalitionspolitiker zu einem Spießrutenlauf. Auf einer Podiumsveranstaltung wurden die Steuerexperten der Fraktionen von 1500 aus dem ganzen Bundesgebiet angereisten Druckern niedergeschrien; die leitenden Beamten aus der Steuerabteilung des Bundesfi-

---

[232] Vgl. ACDP 08-001-688/3, Werner Klotz (Referent der CDU/CSU-Bundestagsfraktion) an Werner Klinger (Geschäftsführer des Landesverbands Bremen des Deutschen Journalisten-Verbandes), 4.9.1987; ebd., Michael Glos an Winfried Reske (Hauptgeschäftsführer des Verbandes Deutscher Zeitungsverleger), 30.9.1987; Anzeige „Nein zur Steuerreform" des Betriebsrates des Druck- und Verlagshauses Frankfurt am Main, in: Frankfurter Rundschau, 19.5.1988, S.1.

[233] Wie Anm.52; ACDP 08-001-690/2, Hans Georg Weber (IG Druck und Papier Landesbezirk Rheinland-Pfalz-Saar) an die CDU/CSU-Fraktion im Deutschen Bundestag, 15.6.1987; ACDP 08-001-688/3, Willi Baumann (IG Druck und Papier, Landesbezirk Bayern) an die CDU/CSU-Fraktion im Deutschen Bundestag, 14.9.1987; ACDP 08-001-689/3, E.R. (Schriftsetzer beim Lauterbacher Anzeiger) an Alfred Dregger, 7.1.1988; Deutscher Bundestag, 11. Wahlperiode, Drucksache 11/4570: Die Tätigkeit des Petitionsausschusses des Deutschen Bundestages im Jahre 1988, 19.5.1989, S.48, http://dipbt.bundestag.de/doc/btd/11/045/1104570.pdf (11.4.2016).

[234] ACDP Pressearchiv 0/06/9-0-0, Steuern Allgemeines XXXVIII, Geuenich: Unglaubliche, aber wahre Ergebnisse der Bonner Steuersenkungspläne, in: DGB-Nachrichtendienst, Nr.267, 31.7.1987; ACDP 08-001-689/2, Reiner Bauer (Bezirkssekretär Augsburg und Schwaben der IG Druck und Papier) an CDU/CSU-Bundestagsfraktion, 27.10.1987; Hans-Gerd Heine, Bis zu 565 Mark netto im Monat weniger, in: SZ, 17.2.1988, S. 26; ACDP Pressearchiv 0/06/9-0-0, Steuern Allgemeines XLII, dpa-Meldung: Drucker demonstrieren gegen Steuerreform, 25.5.1988.

[235] Die genannten Berechnungen unterstellten eine vollständige Besteuerung der Lohnzuschläge, zogen den Vergleich zwischen 1988 und 1990 und addierten die Sozialversicherungsbeiträge auf das zusätzlich zu versteuernde Einkommen. Vgl. zu den Gegenbeispielen etwa ACDP Pressearchiv 0/06/9-0-0, Steuern Allgemeines XL, Presse- und Informationsamt der Bundesregierung: Auch Schichtarbeiter ziehen Nutzen aus der Steuerreform, Anfang Dezember 1987; ebd., Reinhard Meyer zu Bentrup an die Mitglieder der CDU/CSU-Bundestagsfraktion, 9.12.1987.

nanzministeriums kamen am Ende des Tages „erkennbar betroffen von der Emotionalität zahlreicher Beiträge" zu Stoltenberg.[236]

Tatsächlich hatte das Bundesfinanzministerium die finanziellen Auswirkungen unterschätzt, die die Versteuerung der Lohnzuschläge nach sich ziehen konnten, und musste zugeben, dass die Verluste im Einzelfall die Steuererleichterungen überwögen.[237] Es nutzte nichts, dass der Gesetzesentwurf eine Regelung aufnahm, um diese Härtefälle zu verhindern.[238] Zu gut passte der vorgeblich um tausende Mark gebrachte hart arbeitende Drucker in die Rahmung der Opposition, dass die Mehrheit der Arbeitnehmer, die kleinen Leute und die Normalverdiener unter dem Strich die Verlierer der Reform seien. Die Rotationsdrucker standen daher als Symbol für eine ungerechte Verteilungswirkung der Reform, obwohl ihre Nachteile keineswegs als exemplarisch gelten konnten. Doch sie gaben der weit verbreiteten Ansicht, dass die Steuerreform auf dem Rücken der arbeitenden Bevölkerung durchgeführt werde, Gestalt, Stimme und durch die veröffentlichten Zahlen auch Plausibilität.

Ohne den Hintergrund der beiden vorgenannten symbolischen Zuspitzungen lässt sich kaum erklären, warum die Steuerbefreiung von Flugbenzin für Privatflieger einen so ungeheuren Sturm der Entrüstung entfachen konnte. Die eigentlichen Adressaten waren nicht begüterte Hobbyflieger, sondern mittelständische Gewerbetreibende, die Lufttaxiunternehmen führten und gegenüber den großen Fluggesellschaften, die keine Steuern auf Kerosin bezahlen mussten, nicht weiter benachteiligt werden sollten. Fiskalisch spielte der Posten von 15 Millionen Mark keine Rolle; einzig und allein ihre symbolische Bedeutung gab der Steuerbefreiung enorme politische Brisanz. „Flugbenzin" wurde zur Chiffre für eine missratene Reform. Sie bestätigte die Überzeugung, die politische Handhabung des Projekts sei dilettantisch und seine Verteilungswirkung ungerecht. Zudem stand sie für einen neuen Negativakzent, denn der Umgang mit dem Thema durch die Koalition versinnbildlichte die Arroganz der Macht und die Abgehobenheit der politischen Klasse von der Lebenswirklichkeit der Bevölkerung.

Als Beleg für die vermeintliche Ungerechtigkeit der Steuerreform diente die Steuerbefreiung, weil die Diskussion darüber genau zu dem Moment entbrannte, als Details der zuvor bereits angekündigten Mineralölsteuererhöhung bekannt wurden. Während jeder Autofahrer nun deutlich mehr für Benzin und Dieselkraftstoff bezahlen musste, sollte eine kleine Gruppe, die sich das teure Hobby der Fliegerei leisten konnte, auch noch steuerlich privilegiert werden. In der „Monitor"-

---

[236] IG Druck: Streiks gegen die Steuerreform, in: FAZ, 18.5.1988, S. 4; Stoltenberg, Wendepunkte, S. 300.
[237] ACDP Pressearchiv 0/06/9-0-0, Steuern Allgemeines XLI, Steuerentlastung – Steuergerechtigkeit – Beschäftigungsimpulse. Die dritte Stufe 1990 der Großen Steuerreform, in: Presse und Informationsamt der Bundesregierung: Aktuelle Beiträge zur Wirtschafts- und Finanzpolitik, Nr. 9/1988, Januar 1988, S. 4.
[238] Die SPD rechnete die Mehrbelastung durch die Steuerreform auch danach auf 1873 DM hoch: ACDP Pressearchiv 0/06/9-0-0, Steuern Allgemeines XLIII, Pressemitteilung der SPD-Bundestagsfraktion, 10.6.1988.

Sendung vom 14. Juni 1988 kontrastierte die Redaktion eine Werbeanzeige der Bundesregierung für die Steuerreform, die „Mehr Geld. Mehr Gerechtigkeit. Mehr Chancen" versprach, im Gegenschnitt mit einem Straßeninterview. Die Frau fand gar keine Worte mehr, um ihrer Empörung Ausdruck zu verleihen, als sie auf das Thema Flugbenzin zu sprechen kam, sondern vollführte mit der linken Hand die Halsabschneidergeste.[239] Unverständnis, Fassungslosigkeit und Entrüstung schlugen den Unionsfunktionären in ganz Deutschland entgegen, und sie waren es leid, als Blitzableiter für die Bundespolitik herzuhalten.[240] CDU-Anhänger schimpften, dadurch werde einmal mehr das Vorurteil genährt, die CDU nehme von den kleinen Leuten, um den Reichen zu geben, und bezeichneten den Plan als „in höchstem Maße asozial"[241]. Wer wollte, konnte wie der „Spiegel" im Flugbenzin-Skandal ein „Symbol [...] für die Ungereimtheiten und Ungerechtigkeiten der Bonner Politik; eine neue Bestätigung für den Verdacht, daß Politik ein Selbstbedienungsgeschäft ist"[242], sehen. Das Echo der Parteibasis war vernichtend. Scharenweise traten CDU-Mitglieder aus, die der Union nicht selten von Jugend auf die Stange gehalten hatten. Ein erbostes Mitglied aus Viersen versprach sarkastisch, er werde wieder in die Partei eintreten, wenn er ein Flugzeug besitze.[243] Kein anderes Detail der Reform festigte so sehr wie das Flugbenzin die Überzeugung, die Steuerreform privilegiere die Vermögenden und belaste die Normalbürger.

Im Umgang der Spitzenpolitiker der Koalition mit dem Thema erblickten viele Beobachter ein typisches Beispiel für eine Serie aus Pannen und Fehlern, die aus der gesamten Steuerreform ein „Lehrstück für Mißmanagement und politischen Dilettantismus"[244] machten. So hatte Stoltenberg die Steuerbefreiung erst unmit-

---

[239] Elke Bröder/Jürgen Thebrath, Wie reagiert die Bevölkerung auf die jüngsten Steuerbeschlüsse der Bundesregierung?, in: Monitor, ARD, 14.6.1988 (bei 14:52).

[240] Vgl. z. B. ACDP 08-001-691/3, Jürgen Weißmann (Vorsitzender der CDA Kreisverband Göppingen) an Alfred Dregger, 29.6.1988; ACDP 08-001-692/1, Karl Kiefer und Hans Fräulin (CDU Ortsverband Zell) an Alfred Dregger, 1.7.1988.

[241] ACDP 08-001-690/2, Ulrich Müller an die CDU/CSU-Fraktion im Deutschen Bundestag, 7.6.1988; ebd., Christian Röver an die CDU/CSU-Fraktion im Deutschen Bundestag, Juni 1988 [Eingangsstempel: 10.6.1988].

[242] Die laufen in die Regierungsunfähigkeit, in: Der Spiegel 42 (1988), 20.6.1988, S. 18–27, hier S. 19.

[243] Telefonnotiz vom 27.6.1988, Anhang zu: ACDP 08-001-691/1, Fritz Meies (Vorsitzender des CDU Stadtverbandes Viersen) an Alfred Dregger, 1.7.1988. Allein in Viersen beendeten mindestens 16 Parteimitglieder wegen des Flugbenzins ihre Mitgliedschaft. Auch der Kreisgeschäftsführer der CDU in Limburg schickte eine Auswahl von Austrittserklärungen, um die „völlig demoralisiert[e]" Stimmung an der Basis zu illustrieren; ACDP 08-001-691/3, Helmut Peuser an Alfred Dregger, 27.6.1988. Die Austrittswelle sorgte auch medial für Aufsehen; vgl. ACDP Pressearchiv 0/06/9-0-0 Steuern Allgemeines XLIII, dpa-Meldung: Streit um Flugbenzin geht weiter – Austritte aus der CDU angedroht, 22.6.1988; ebd., dpa-Meldung: Proteste an der Basis, 23.6.1988. Die CDU-Bundesgeschäftsstelle rechnete mit 2500 Austritten; vgl. „Gerhard, jetzt muß alles auf den Tisch", in: Der Spiegel 42 (1988), 4.7.1988, S. 16–21, hier S. 21.

[244] So der Kommentar von Rudolf Höch im Hessischen Rundfunk vom 23. Juni 1988; ACDP Pressearchiv 0/06/9-0-0 Steuern Allgemeines XLIV, BPA-Rundfunkauswertung, 24.6.1988, S. 5. Missmanagement warfen auch CDU-Funktionäre ihren Spitzenpolitikern vor: ACDP 08-001-691/4, Werner Weicht (Vorsitzender CDU Stadtverband Lemgo) an Helmut Kohl, 29.6.1988.

telbar vor der Kabinettssitzung am 22. März in den Entwurf aufgenommen, wohl in der Hoffnung, auf diese Weise eine öffentliche Diskussion und koalitionsinternen Streit zu verhindern.[245] Kohl musste mit der Faust auf den Tisch schlagen und mit Rücktritt drohen, um die widerspenstigen CSU- und FDP-Minister zu zwingen, der Kabinettsvorlage zuzustimmen.[246] Im Kabinettsbeschluss vom 22. März war zudem ein „Prüfungsauftrag" zur Befreiung von der Flugbenzinsteuer für Privatflieger enthalten, sodass Fraktion und Parlament über ein Gesetz abzustimmen hatten, von dem von vornherein feststand, dass es noch einmal überarbeitet werden würde. Bekannt war außerdem, dass vor allem Strauß die Steuerbefreiung wollte, der selbst begeisterter Hobbypilot war und noch im Dezember 1987 eine Maschine nach Moskau gesteuert hatte, um mit einer CSU-Delegation den sowjetischen Staats- und Parteichef Michail Gorbatschow zu treffen. Viele warfen der Regierung vor, sie habe sich vom bayerischen Ministerpräsidenten in einem der „dreistesten Fälle hemmungsloser Klientelpolitik"[247] erpressen lassen. „Strauß erpreßt Kohl – Der Flugbenzin-Skandal" überschrieb der „Spiegel" seine Ausgabe vom 20. Juni, auf deren Titelbild Strauß als Schattenprofil in einem Flugzeugcockpit abgebildet war. Es half nichts, dass Stoltenberg in der Öffentlichkeit zurückruderte und unumwunden eingestand, dass die Union in der Frage des Flugbenzins „politisch eingebrochen"[248] sei. Durch die Rücknahme des Beschlusses Anfang Juli 1988 machte sich die Regierung vollends lächerlich. Die Steuerreform wurde zum Gespött von Opposition und Presse: „Stück aus dem Tollhaus" (Apel) und „Fettnapf-Reform" („Die Welt") waren noch vergleichsweise milde Ausdrücke.[249]

Der Vorwurf der Stümperei bildete aus Sicht der Union noch nicht die schlimmste Folge des Flugbenzinstreits. Gravierender war, dass er als Sinnbild für einen eklatanten Mangel an Bürgernähe wahrgenommen wurde, und zwar in erster Linie von der Parteibasis. Deutlich wurde dies auf dem CDU-Parteitag vom 13. bis 15. Juni in Wiesbaden. Zahlreiche Delegierte hielten der Parteispitze die in ihren Augen berechtigte Empörung der Bürgerinnen und Bürger über die Steuerbefreiung vor. Direkt an den Bundeskanzler gerichtet, fragte eine Teilnehmerin unter großem Beifall: „Wie groß muß die Kluft zwischen Regierenden und dem

---

[245] Vgl. Gros, Politikgestaltung, S. 179f.
[246] Vgl. Wirsching, Abschied vom Provisorium, S. 284.
[247] Hansmann, Staatsbankrott, S. 67; zahlreiche ähnliche Äußerungen in den in Anm. 243 genannten Austrittsschreiben.
[248] Journalisten fragen – Politiker antworten: Gerhard Stoltenberg, ZDF, 7.7.1988 (bei 1:02:57).
[249] Deutscher Bundestag, 11. Wahlperiode, Plenarprotokoll Nr. 11/87 vom 23. Juni 1988, S. 5837, http://dipbt.bundestag.de/doc/btp/11/11087.pdf (21.3.2016); Heinz Heck, Die Fettnapf-Reform, in: Die Welt, 23.6.1988, S. 2. Der Chefredakteur des „Münchner Merkur" sah in der Steuerreform sogar „ein Mißgebilde, verunstaltet im Koalitionsdschungel, deformiert in Ministerialsilos, entstellt durch handwerkliche Fehler, miserables Management, Detailgemauschel, Heucheleien, Pannen, Ungerechtigkeiten und Quasi-Erpressung": Werner Giers, Besser Hund als Kamel, in: Münchner Merkur, 24.6.1988, S. 2. Vgl. auch Günter Wolf, Ein Scherbenhaufen, in: Frankfurter Neue Presse, 15.6.1988, S. 2; Klaus-Peter Schmid, Die Jahrhundert-Blamage, in: Die Zeit, 1.7.1988, S. 23.

Volk eigentlich schon sein, daß Sie hierfür kein Gespür mehr haben, wenn man ohne mit der Wimper zu zucken einer solch privilegierten Schicht wie den Hobbyfliegern derartige Vergünstigungen zugesteht? Haben wir denn gar kein Gespür mehr für die Belange und den Gerechtigkeitssinn unserer Bürger?"[250] Die Parteitagsregie konnte nicht verhindern, dass die Delegierten mit großer Mehrheit Bundesregierung und Bundestagsfraktion dazu aufforderten, die Steuerbefreiung auf Flugbenzin für Privatflieger rückgängig zu machen. Die überwiegende Zahl der Unionsabgeordneten folgte jedoch am 21. Juni der Argumentation ihrer politischen Führung, dass ein ablehnendes Votum die Steuerreform insgesamt zum Scheitern verurteilen, die Regierung blamieren und der Opposition einen Sieg bescheren würde. Viele machten deutlich, dass sie nur mit geballter Faust in der Tasche und gegen ihre Überzeugung stimmten.[251]

Daraufhin wurde das Festhalten an der Steuerbefreiung auch noch zum Sinnbild für die Arroganz der Macht. Zahlreiche CDU-Mitglieder, die ihrer Partei den Rücken kehrten, begründeten dies explizit mit ihrer Enttäuschung darüber, dass die Parteiführung sich über das eindeutige Votum des Bundesparteitags hinweggesetzt und die Abgeordneten dazu genötigt hatte, gegen ihren Willen abzustimmen.[252] Von diesen selbst kam ebenfalls unmissverständliche Wut über ihre Degradierung zu „Statisten", „Stimmvieh" oder „Deppen", die in ihren Wahlkreisen dann auch noch den „dummen August" spielen mussten.[253] Viele waren außerdem enttäuscht, dass die Fraktionsführung die Mehrheitsmeinung der Abgeordneten gegenüber der Regierung nicht energischer vertreten hatte, und drangen darauf, die Parlamentarier zukünftig früher und wirkungsvoller in die Entscheidungsfindung einzubeziehen.[254] Auf diese Weise kanalisierte die Rücksichtslosigkeit, mit der die politische Führung in der Flugbenzinfrage ihren Willen durchsetzte, eine schon länger schwelende Unzufriedenheit von Parlamentariern und Parteibasis mit ihren demokratischen Mitwirkungsmöglichkeiten. Aus Protest gegen die Bonner Politik stellte der CDU-Ortsverband Gütersloh seine Beitragsüberweisungen ein.[255] Nachdem das ZDF-Magazin „Länderspiegel" die Geschich-

---

[250] CDU Deutschlands (Hrsg.), 36. Bundesparteitag der Christlich-Demokratischen Union Deutschlands, Wiesbaden, 13.–15. Juni 1988, Niederschrift Bonn 1988, S. 430 f.
[251] Vgl. ACDP 08-001-1086/1, Protokoll der Sitzung der CDU/CSU-Bundestagsfraktion Nr. 33 vom 21. Juni 1988, S. 7–9, 15, 17, 39–46 u. 51–56; ACDP 08-001-691/2, Erklärung Klaus Bühler gemäß § 31 der Geschäftsordnung des Deutschen Bundestages über sein Abstimmungsverhalten zur Flugbenzinsteuer, 23.6.1988.
[252] Vgl. die in Anm. 243 aufgeführten Austrittsschreiben. Enttäuschung äußerten auch solche Funktionäre, die der Partei die Treue hielten, z. B. ACDP 08-001-693/1, Thomas Hunsteger-Petermann (CDU-Ortsvorsitzender Hamm-Heesen) an Alfred Dregger, 27.6.1988; ACDP 08-001-691/2, Klaus Marx (CDU Gemeindeverband Kell) an Alfred Dregger, 30.6.1988.
[253] Vgl. Ulrich Reitz, Unionspolitiker: Wir sind doch keine Statisten, in: Die Welt, 22.6.1988; „Wir sind keine Hampelmänner", in: Der Spiegel 42 (1988), 27.6.1988, S. 18–20, hier S. 20; ACDP 08-001-1086/2, Protokoll der Sitzung der CDU/CSU-Bundestagsfraktion Nr. 35 vom 5. September 1988, S. 26 f.; Wirsching, Abschied vom Provisorium, S. 285.
[254] ACDP 08-001-692/1, Editha Limbach an Alfred Dregger, 29.6.1988.
[255] ACDP 08-001-691/4, Hubert Doppmeier (Kreisvorsitzender CDU Gütersloh) an Alfred Dregger, 30.6.1988; Karlo Malmedie, Aufstand der CDU-Parteibasis gegen die Flugbenzin-

te verbreitet hatte, nahm sich die CSU im oberpfälzischen Roth ein Beispiel und verweigerte ebenfalls die Zahlungen nach München, was das ZDF erneut aufgriff. Moderator Bodo Hauser erklärte, Flugbenzin sei zum Schlagwort für mangelndes politisches Gespür geworden und dafür, dass die Basis in den Unionsparteien nicht mehr alles schlucke, was ihre Führung beschließe.[256]

Hängen blieb vom Streit über das Flugbenzin allerdings nicht die Erinnerung an den gerechten Zorn und die standhafte Verweigerung einzelner Abgeordneter und Ortsvorsitzender, sondern die Selbstdemontage der Steuerreform durch die Koalition mit der Folge einer generellen Beschädigung der Politik. Die Folgen aller drei symbolischen Zuspitzungen verstärkten sich gegenseitig und festigten den negativen Meinungstrend über die Steuerreform. Keine der Konsequenzen, die die Regierung zog – beim Spitzensteuersatz gab es einen Kompromiss, die Besteuerung der Erschwerniszulagen wurde abgemildert, die Steuerbefreiung für Flugbenzin für Privatflieger machte die Koalition rückgängig – verringerte den Schaden, den die Debatten angerichtet hatten. Zwangsläufig warf dies bei den Koalitionspolitikern die Frage nach den Gründen und den Schuldigen für das schlechte Erscheinungsbild der Reform auf.

3.3 Die Enttäuschung der Macher

Angesichts der enormen Erwartungshorizonte, die die Bundesregierung aufspannte, und der aus ihrer Sicht desaströsen öffentlichen Wahrnehmung der Steuerreform liegt es nahe, weit verbreitete Enttäuschung in der Bevölkerung über die Steuerreform zu vermuten. Doch die Quellen widerlegen diese Annahme. Zwar tauchten sowohl der Begriff als auch die Diskrepanz zwischen Erwartung und Erfahrung in der öffentlichen Diskussion auf. Doch dabei handelte es sich um Zuschreibungen und um strategische Verwendungsweisen. Enttäuschung zu behaupten oder zu schüren gehörte zu den Strategien, um die Steuerreform zu diskreditieren und einen Keil zwischen die Regierung und ihre Anhängerschaft zu treiben. In diesem Sinne charakterisierte Apel 1984 die ersten Entlastungsaussagen der Bundesregierung als „leere Versprechungen" und kommentierte die Ankündigungen weiterer Reformschritte im Folgejahr mit der Vermutung, offenbar wollten die Koalitionsparteien die „Enttäuschung der Bürger über die ‚größte Steuerreform aller Zeiten'" jetzt durch einen Wettlauf mit Entlastungsverspre-

---

Steuerbefreiung, in: Länderspiegel, ZDF, 2.7.1988. Von einem „Aufstand" der Unionsbasis sprach auch der „Spiegel": „Sind die in Bonn komplett verrückt?", in: Der Spiegel 42 (1988), 4.7.1988, S.16–18, hier S.16.

[256] Horst Werner, Flugbenzin und die Folgen – Sturm in der CSU, in: Studio 1, ZDF, 6.7.1988 (bei 1:19). Die Mitgliedsbeiträge nicht an die Parteizentrale zu überweisen, war bereits in den 1970er Jahren ein Protestmittel der Parteibasis, zu dem beispielsweise 1973 die Wattenscheider CDU griff; vgl. Sabine Mecking, Bürgerwille und Gebietsreform. Demokratieentwicklung und Neuordnung von Staat und Gesellschaft in Nordrhein-Westfalen 1965–2000, München 2012, S.184.

chen für die nächste Legislaturperiode auffangen.[257] Auch regierungskritische Journalisten prognostizierten oder konstatierten häufig Enttäuschung der Bürgerinnen und Bürger. So hieß es im Oktober 1987 in der „Frankfurter Rundschau", mit dem 1988er Schritt der Steuerreform sei „Enttäuschung bereits vorprogrammiert"[258]. Enttäuschung als Argument war mithin Teil der strategischen Kommunikation und eine Waffe im Kampf um die Deutungshoheit und Meinungsführerschaft über die Steuerreform.

Doch es gibt praktisch keine direkten Belege für Äußerungen der Bundesbürger in dem Sinne, dass die Steuerreform ihre Erwartungen nicht erfüllt habe. Signifikante kollektive Enttäuschung löste die Steuerform nicht aus, weil die große Mehrheit der Steuerzahler die Versprechungen der Bundesregierung nicht in den eigenen Erwartungshorizont integrierte. Vielmehr blieben die Bürger dem Fiskus gegenüber misstrauisch und rechneten nach dem übereinstimmenden Befund vieler Meinungsumfragen für die Zukunft nicht mit finanziellen Verbesserungen.[259] Ohne Erwartungen konnte es keine Enttäuschung geben. Allerdings standen die Steuerzahler der Reform nicht emotionslos gegenüber. Die Befürchtungen und (vor allem von Seiten der Bankenverbände) Widerstände wegen der Einführung der Quellensteuer etwa waren so stark, dass die Bundesregierung das direkte Abzugsverfahren wieder abschaffte. Da die Verteilungswirkung der Steuerreform nach Meinung vieler ungerecht war, löste sie zudem Empörung aus, die sich am stärksten im Streit über die Steuerbefreiung auf Flugbenzin für Privatflieger bemerkbar machte.

Während die große Mehrheit der Steuerzahler mit Achselzucken oder mit Empörung auf die Reform reagierte, herrschte Enttäuschung im Lager der Regierung. Dies gilt etwa für Mittelstands- oder Familienpolitiker, die sich mehr von der Reform versprochen hatten.[260] Die eigentliche Enttäuschung bezog sich aber nicht auf solche Flügel und Fraktionen, die ihre Interessen weniger stark berücksichtigt fanden, als sie es erwartet hatten. Gravierender war die Enttäuschung der Koalitionspolitiker und ihrer Anhänger über das aus ihrer Sicht eklatante Missverhältnis

---

[257] ACDP Pressearchiv 0/06/9-0-0, Steuern Allgemeines XXXI, dpa-Meldung: Stoltenberg und Albrecht: Steuerreform in zwei Stufen, 12.10.1984; dgl. XXXIII, Informationen der sozialdemokratischen Bundestagsfraktion, Nr. 1549, 19.8.1985.

[258] Rolf Dietrich Schwartz, Der Durchschnittsverdiener kann nur auf ein „Trinkgeld" hoffen, in: Frankfurter Rundschau, 31.12.1987, S. 6. Weitere Beispiele sind Klaus-Peter Schmid, Doch keine Reform, in: Die Zeit, 6.2.1987, S. 22; Ulrich Eitel/Gerhard Bläske, Steuerreform: Auswirkungen kurz und gering, in: plusminus, ARD, 5.7.1985 (bei 1:38); Uwe Vorkötter, Ärger mit der Steuerreform, in: Stuttgarter Zeitung, 19.10.1987, S. 1; Manfred Trebess, Standpunkt, in: plusminus, ARD, 23.10.1987 (bei 10:42); Steuerreform: Einige sind ganz schön enttäuscht, in: Bild, 15.1.1988, S. 2; Jens Feddersen, Der getäuschte Bürger, in: Neue Ruhr-Zeitung, 23.3.1988, S. 2.

[259] Vgl. oben S. 246f. Inwiefern diese Erwartungen bewusst oder unbewusst niedrig gehalten waren, um etwaigen Enttäuschungen vorzubeugen, kann an dieser Stelle nicht überprüft werden; vgl. dazu van Dijk/Pligt/Zeelenberg, Blessed are Those Who Expect Nothing.

[260] Vgl. z. B. Zu wenig Leistungsanreize, in: Handelsblatt, 28.6.1984, S. 1; Selbständige von der Steuerreform enttäuscht, in: FAZ, 3.6.1987, S. 15. Zur Enttäuschung der Familienpolitiker vgl. oben S. 233f.

Abb. 17: Karikatur von Ernst Heidemann zur schlechten Resonanz auf die Steuerreform
© Ernst Heidemann; Quelle: Frankfurter Neue Presse, 17.9.1987, S. 2. Bildunterschrift im Original: „Papa, keiner hat mich lieb!"

zwischen Leistung und Ertrag der Steuerreform. Enttäuschung produzierte sie also nicht wegen ihrer Substanz, sondern wegen ihrer schlechten Aufnahme beim Publikum (vgl. Abb. 17). Das Erscheinungsbild des „ungeliebten Kindes Steuerreform"[261] strahlte direkt auf ihren „Vater" aus.

Der Imagewandel Stoltenbergs

Kein anderer Name war so eng mit dem Wohl und Wehe der Steuerreform verbunden wie der von Bundesfinanzminister Gerhard Stoltenberg.[262] Als die christlich-liberale Bundesregierung die Amtsgeschäfte übernahm, erwarb er sich einen glänzenden Ruf, der weit über die Unionskreise hinausreichte. Sein hohes Ansehen fußte auf dem Erfolg bei der Sanierung der öffentlichen Finanzen, der dem Bundesfinanzminister zugeschrieben wurde.[263] Der deutliche Abbau der Neuverschuldung, das stetige Wirtschaftswachstum und die Preisstabilität mehrten Stoltenbergs Prestige. Selbst Gegner bescheinigten ihm, dass er als Bundesfinanzminister eine „vorzügliche Figur" mache, lobte die „Süddeutsche Zeitung" im Januar 1984.[264] Nicht wenige trauten ihm zu, eines Tages Helmut Kohl als Regierungschef zu beerben.[265] Diese Wertschätzung speiste sich aus Stoltenbergs fachlichen Kompetenz, aus der Konsequenz, mit der er anfänglich die Einsparziele gegen Begehrlichkeiten

---

[261] Ungeliebtes Kind Steuerreform, in: Hamburger Abendblatt, 26.2.1988, S. 2.
[262] Eine wissenschaftlich befriedigende Biografie zu Stoltenberg liegt nicht vor. Vgl. die wohlgesonnenen Porträts ehemaliger Weggefährten: Bernhard Vogel (Hrsg.), Gerhard Stoltenberg. Ein großer Politiker und sein Vermächtnis, Sankt Augustin 2002; Wolfgang Börnsen, Fels oder Brandung? Gerhard Stoltenberg – der verkannte Visionär, Sankt Augustin 2004.
[263] Vgl. z. B. Gerhard Hennemann, Andere Steuern braucht das Land, in: SZ, 27/28.12.1986, S. 12.
[264] Vergessene Steuersenkung, in: SZ, 4.1.1984, S. 4.
[265] Vgl. Stoltenberg – der Mann, der warten kann, in: Der Spiegel 38 (1984), 27.2.1984, S. 21–23.

seiner Kabinettskollegen verteidigte, und seiner Loyalität gegenüber Mitarbeitern, Kabinettskollegen und Regierungschef. Überdies gründete sie auf seinem Habitus: Der „kühle Blonde aus dem Norden" war frei von Eitelkeit, trat freundlich, überlegt und nüchtern auf und verkörperte damit das Wunschbild des „sachlichen" Politikers, der sich in den Augen vieler Wähler wohltuend von der marktschreierischen Selbstdarstellung prominenter Amts- und Mandatsträger abhob.[266]

Lange Zeit stand Stoltenberg in den Popularitätsranglisten an der Spitze; neben Blüm war er der beliebteste Politiker der Union.[267] Einen deutlichen Kratzer erhielt sein Ansehen, als im März 1987 kolportiert wurde, dass Kohl während der Koalitionsverhandlungen Strauß das Bundesfinanzministerium angeboten habe.[268] Für regierungskritische Journalisten war klar, dass Kohl den Minister „einen Kopf kleiner gemacht" habe, sodass dieser nun als „angebrochenen Riese" dastehe.[269] Tatsächlich begann Stoltenbergs Stern zu sinken. Schuld daran waren der Streit über den Spitzensteuersatz und dass die Koalition offengelassen hatte, wie sie die geplanten 19 Milliarden Mark Subventionskürzungen zusammenbringen wollte, um die Einnahmeausfälle infolge der Tarifreform auszugleichen. In beiden Fällen hinterließ Stoltenberg keinen souveränen Eindruck: Während der Koalitionsverhandlungen trat er nicht mit klaren Positionen und der Autorität des federführenden Ressortchefs hervor. In den Monaten danach konnte er den Vorwurf nicht entkräften, die Reform sei unsolide finanziert. Im Juni 1987 brachte die ARD-Sendung „Im Brennpunkt" unter dem Titel „Die Leiden des Gerhard S." einen Bericht über die Steuerreform. Als Einstieg diente der Imageverlust des Bundesfinanzministers. „Gerhard Stoltenberg – Superstar", den „Mann mit dem Durch- und Weitblick" der ersten Regierungsjahre, bedrängten nun die ungelösten Probleme des Bundeshaushalts und der Steuerreform.[270] Insbesondere der unvermutet starke Anstieg der Neuverschuldung beschädigte das Image des Finanzministers und machte ihn angreifbar. Der SPD-Vorsitzende Vogel verkündete, Stoltenberg sei dadurch der „Gloriole finanzpolitischer Solidität entkleidet"; prosaischer formulierte die „Zeit", Stoltenberg werde „abgeschminkt"[271].

[266] Vgl. die Zuschauerreaktion eines CDU-Anhängers in Reinhard Appel, Bürger fragen Gerhard Stoltenberg, ZDF, 27.6.1985 (bei 16:05); außerdem Bernhard Vogel, „Immer für das Ganze…". Gerhard Stoltenberg – ein Leben für das Gemeinwohl, in: ders. (Hrsg.), Gerhard Stoltenberg, S.7–15, hier S.8; Hans-Peter Schwarz, Der Platz Gerhard Stoltenbergs in der Geschichte der Bundesrepublik Deutschland, in: ebd., S.35–50, hier S.49.

[267] Vgl. z.B. die Rangliste (Stand: Oktober 1986) in Elisabeth Noelle-Neumann/Renate Köcher (Hrsg.), Allensbacher Jahrbuch der Demoskopie 1984–1992, München 1993, S.746; außerdem Bösch, Macht und Machtverlust, S.52.

[268] Strauß selbst stellte dies in einem Brief an den Kanzler vom 11. März 1987 ebenfalls so dar; wörtlich wiedergegeben in Voss, Kanzler, S.301f. Kohl bestätigte dies im Rückblick: Helmut Kohl, Erinnerungen. Bd.2: 1982–1990, München 2005, S.493.

[269] Erich Böhme, Das war es, in: Der Spiegel 41 (1987), 16.3.1987, S.20; Ralf Lehmann, Am Pranger, in: Westdeutsche Allgemeine Zeitung, 20.3.1987, S.2.

[270] Wolf Feller/Reinhard Kleinmann, Die Leiden des Gerhard S., in: Im Brennpunkt, ARD, 24.6.1987 (bis 2:00).

[271] ACDP Pressearchiv 0/06/9-0-0, Steuern Allgemeines XXXVII, dpa-Meldung: Vogel: Stoltenbergs [sic] Gloriole entkleidet, 5.5.1987; Wolfgang Hoffmann, Stoltenberg wird abgeschminkt, in: Die Zeit, 12.6.1987, S.21.

3.3 Die Enttäuschung der Macher 283

Abb. 18: Paralleler
Imageverlust von
Stoltenberg und der
Steuerreform
© Walter Hanel, Quelle:
Kölner Stadt-Anzeiger,
5.3.1988, S.2. Bildunterschrift im Original:
„Das Jahrhundertwerk"

So absichtsvoll überzeichnet diese Charakterisierungen auch waren, zeigen sie dennoch den Konnex zwischen Stoltenbergs persönlichem Renommee und der öffentlichen Gunst für sein Vorzeigeprojekt. Je stärker die Steuerreform in die Kritik geriet, desto schlechter sah auch der Bundesfinanzminister aus (vgl. Abb. 18). Erheblichen Schaden nahm Stoltenbergs bis dahin untadeliger Ruf als ehemaliger Landesvater durch die Barschel-Affäre im Herbst 1987. Der tiefe Fall seines politischen Ziehsohnes warf Fragen danach auf, ob die Verfehlungen Barschels ihre Wurzeln nicht in einem unter Stoltenberg eingeübten Regierungsstil hätten; zudem rückte der CDU-Landesvorsitzende erst spät von Barschel ab und musste sich öffentlich bei Björn Engholm für seine heftigen Attacken entschuldigen. Auch persönlich fühlte sich Stoltenberg von Barschel hintergangen. Nach Aussagen von Mitarbeitern und engen Vertrauten wog seine Enttäuschung über Barschel für ihn weitaus schwerer als das schlechte Image der Steuerreform.[272]

Dramatisch verschlechterte sich Stoltenbergs Ansehen im ersten Halbjahr 1988, als er wegen neuer Haushaltslöcher Verbrauchsteuererhöhungen ankündigen musste und infolgedessen seine Entlastungsversprechen erheblich an Glaubwürdigkeit einbüßten. Der „Spiegel" sprach von einer „Demontage auf Raten", erklärte ihn zum „Absteiger" und zum „großen Verlierer" des Reformdebakels und zeichnete das Porträt eines führungsschwachen, misstrauischen und inkompetenten Politikers.[273] Der Bundeskanzler hielt es für geboten, seinem angeschlagenen Minister

---

[272] Vgl. Börnsen, Fels oder Brandung, S. 82 f. Dies bestätigte sein damaliger persönlicher Referent Dr. Paul Jansen dem Autor in einem Gespräch am 8. April 2016.
[273] Haushalt: Das vermiest die Stimmung, in: Der Spiegel 42 (1988), 11.1.1988, S. 16–18, hier S. 17; Stoltenbergs Wundertüte ist leer, in: ebd., 2.5.1988. S. 24–32; vgl. ähnliche Wertungen im Artikel Reform auf Pump, in: Frankfurter Rundschau, 23.3.1988, S. 3.

intern und öffentlich den Rücken zu stärken.[274] In der Popularitätsrangliste des ZDF-Politbarometers stürzte Stoltenberg auf den letzten Platz ab. Moderator Klaus Bresser hielt ihm vor, er sei „vom Sparkommissar zum Schuldenfürsten" geworden und seine als Jahrhundertwerk angekündigte Steuerreform sei bislang ein „Rohrkrepierer"[275]. Kaum weniger schmerzhaft als die harte persönliche Kritik war das Mitleid der Opposition. Anfang Mai ließ Vogel verlauten, auf Gerhard Stoltenberg „schlagen wir nicht mehr stark ein, weil der ohnehin schon am Boden liegt"[276]. Die „Bild"-Zeitung spekulierte Anfang Juli gar über seinen Rücktritt.[277] Zwar konnte Stoltenberg dies abwenden, aber bei der Kabinettsumbildung im April 1989 musste er vom Finanz- ins Verteidigungsministerium wechseln. Dass Kanzler Kohl ihn von seinem Amt entfernte, bevor er die Früchte seines Reformwerks ernten konnte, und dass sein Nachfolger Waigel ihm durch die Rücknahme der Quellensteuer ein miserables Zeugnis ausstellte, traf Stoltenberg wohl tiefer, als er nach außen erkennen ließ.[278]

Es gibt nur spärliche Hinweise darauf, wie der Bundesfinanzminister mit solchen Rückschlägen und Enttäuschungen umging.[279] Nach außen hin wies er den Eindruck von Selbstmitleid zurück und erklärte vor laufender Kamera, dass er zuweilen sogar noch Spaß bei seiner großen und bedeutsamen Aufgabe verspüre.[280] Alle Versuche von Journalisten, ihm persönliche Empfindungen zu entlocken, blockte Stoltenberg ab, indem er sich ganz auf seine ministerielle Funktion reduzierte. Seinen Ansehensverlust führte er darauf zurück, dass er als Bundesfinanzminister unpopuläre Entscheidungen zu vertreten habe. Ein gewisses Maß an Verunglimpfung müsse jeder Politiker aushalten, insbesondere derjenige, der sein Amt bekleide.[281] Zudem stilisierte er seine Haltung als Standhaftigkeit und Prin-

---

[274] Kohl stellt sich vor Stoltenberg, in: FAZ, 12.1.1988, S.1f.; Buchstab/Kleinmann (Bearb.), Berichte zur Lage, S. 598.
[275] Was nun, Herr Stoltenberg?, ZDF, 4.2.1988 (bei 1:43, 27:49 u. 31:54).
[276] Altpapier, in: Capital, Nr. 5, Mai 1988, S. 25–27, hier S. 25.
[277] Wolfgang Kenntemich, Treten Sie zurück, Herr Minister?, in: Bild, 6.7.1988, S. 1.
[278] Dies deutete einer der engsten Weggefährten Kohls an; vgl. Eduard Ackermann, Politiker. Vom richtigen und vom falschen Handeln, Bergisch Gladbach 1996, S. 15; ähnlich Börnsen, Fels oder Brandung, S. 128–131. Sowohl die Motive für die Kabinettsumbildung – um die Koalition zu stabilisieren, sollte der neue CSU-Chef ins Kabinett eingebunden werden – als auch die Umstände des Vollzugs – Kohl eröffnete Stoltenberg seine Entscheidung nicht persönlich, sondern überließ dies seinem Kanzleramtsminister – konnten durchaus als Kränkung aufgefasst werden; vgl. Wolfgang Schäuble, Erinnerungen an einen großen Politiker und integren Menschen, in: Vogel (Hrsg.), Gerhard Stoltenberg, S. 17–24, hier S. 20 f.
[279] Sein Tagebuch, das über diese Frage möglicherweise Auskunft gibt, war leider von der Einsichtgenehmigung in den Nachlass Stoltenbergs ausgenommen. Die wenigen veröffentlichten Auszüge weisen allerdings nicht darauf hin, dass Stoltenberg darin seine Empfindungen offenlegte; vgl. Börnsen, Fels oder Brandung, S. 93–99.
[280] Horst Werner, Flugbenzin und die Folgen – Sturm in der CSU, in: Studio 1, ZDF, 6.7.1988 (bei 11:02).
[281] Mit der Bemerkung, die Polemik sei sozusagen im Geschäft und im Amtsgehalt eingeschlossen, marginalisierte Stoltenberg vor der Bundestagsfraktion die öffentlich gegen ihn erhobene Kritik; ACDP 08-001-1082/2, Protokoll der Sitzung der CDU-Bundestagsfraktion Nr. 9 vom 16. Juni 1987, o. D., S. 19.

zipientreue auch bei Gegenwind.[282] Und schließlich relativierte er seinen Popularitätsverlust als Teil der üblichen demoskopischen Schwankungen und Wechselfälle, denen die Inhaber hoher politischer Ämter in der Öffentlichkeit ausgesetzt seien. Auf die Frage nach den Auswirkungen auf seine Familie erwiderte er mit einem Lächeln, er selbst, seine Frau und seine Kinder seien durch freundliche Würdigungen nicht übermütig geworden und ließen sich durch kritische Schlagzeilen „nicht in Depressionen abgleiten"[283].

Dass der Bundesfinanzminister jeden Anschein persönlicher Betroffenheit zurückwies, wirft ein Schlaglicht auf die Gefühlsregeln, die ein Spitzenpolitiker zu beachten hatte. Enttäuschung galt als Zeichen von Schwäche, als Beleg dafür, dass jemand den Belastungen seiner Funktion nicht gewachsen sei. Enttäuschung war als „irrationales" Gefühl unvereinbar mit der Seriosität und Souveränität, die Inhaber von hohen Staatsämtern auszeichneten. Daher konnte Stoltenberg den Vorwurf seines langjährigen Kieler Gegenspielers Jochen Steffen, er sei ein „personifizierter Machtapparat", mit dem Argument disqualifizieren, diese Äußerung gehe auf Ressentiment und Enttäuschung zurück.[284]

Zugleich offenbaren die Reaktionen Stoltenbergs wie auch anderer Spitzenpolitiker der Koalition Strategien, die auch anderweitig den Umgang mit Enttäuschung kennzeichneten: Sie relativierten Ausmaß und Bedeutung des Auslösers, indem sie behaupteten, dass die Bürger die Erleichterungen durch die Reform ungeachtet ihres negativen Presseechos anerkennten. Sie entdramatisierten die anhaltende Kritik durch Euphemismen. Sie senkten im Nachhinein die Erwartungen ab, indem sie die starke Kritik an der Reform als vorhersehbar deklarierten. Und sie weiteten den Zeithorizont aus, indem sie vorhersagten, dass die Vorteile der Reform ab deren Inkrafttreten deutlicher wahrgenommen werden würden. Im Zentrum der Enttäuschungsabwehr auf Seiten der Koalition stand jedoch ein anderes Argument, das die Verantwortung für die schlechte Resonanz auf die Reform ganz auf deren mangelhafte Präsentation in der Öffentlichkeit schob.

Gute Politik, schlecht verkauft? Die Selbstkritik der Union

Seit die Koalition ihre ersten Beschlüsse über die künftigen Steuersenkungen gefasst hatte, wiederholten ihre Parteioberen das Mantra, die Reform „offensiv zu vertreten"[285]. Gerichtet war diese Aufforderung in erster Linie an die Mandats- und Funktionsträger der Parteien, die die Regierungspolitik in ihren Wahlkreisen bei Wählern und dem Parteivolk erläutern und anpreisen sollten. Umgekehrt er-

---

[282] Z.B. in Journalisten fragen – Politiker antworten: Gerhard Stoltenberg, ZDF, 7.7.1988 (bei 47:25).
[283] Was nun, Herr Stoltenberg?, ZDF, 4.2.1988 (Zitat bei 25:30).
[284] Ebd. (bei 13:17).
[285] Vgl. ACDP 08-001-1072/2, Protokoll der Sitzung der CDU-Bundestagsfraktion Nr. 35 vom 26. Juni 1984, S. 31; ACDP 08-001-1074/1, Protokoll der Sitzung der CDU-Bundestagsfraktion Nr. 68 vom 11. Juni 1985, S. 29; ACDP 08-001-1082/2, Protokoll der Sitzung der CDU-Bundestagsfraktion Nr. 9 vom 16. Juni 1987, S. 3, 20 u. 34.

wartete die Parteibasis von ihren Spitzenpolitikern, dass sie die Erfolge der Regierungsarbeit in der Öffentlichkeit laut und deutlich rühmten, um die ehrenamtlichen Funktionsträger für ihre Arbeit zu motivieren.[286] Die Darstellung in der Öffentlichkeit fußte also auf einer wechselseitigen Erwartungshaltung: Ebenso wie die Parteiführung vom Fußvolk propagandistische Einsatzbereitschaft einforderte, reklamierte die Parteibasis dies bei den Spitzenkräften in Bonn. Beide Seiten sahen in den Anstrengungen auf der jeweils anderen Ebene eine Grundvoraussetzung für den eigenen politischen Erfolg, der sich in Wählerstimmen ausdrückte. Bereits diese Verschränkung der Erwartungshorizonte und der Verantwortungszuschreibungen machte den „Verkauf" von Regierungsprojekten in hohem Maße enttäuschungsanfällig.

Bis zum Herbst 1987 nahm kaum jemand Anstoß daran, wie die Steuerreform in der Öffentlichkeit dargestellt wurde.[287] Zwar rief der Streit in der Koalition über einzelne Aspekte wie den Spitzensteuersatz oder den Zeitpunkt der Entlastungsschritte deutliche Kritik hervor[288], doch auf die Präsentation der Reform insgesamt erstreckte sie sich nicht. Dies änderte sich schlagartig, als die Koalition sich darauf geeinigt hatte, welche Steuervergünstigungen sie einschränken oder ganz abbauen wollte. Nunmehr wurde die Selbstdarstellung der Koalition zur Zielscheibe einer vielstimmigen Kritik von Seiten der regierungsfreundlichen Presse.[289] Ihr Ausgangspunkt war, dass die Steuerentlastung durch die Tarifreform in der öffentlichen Wahrnehmung von den Nachteilen durch die Teilkompensationen überlagert werde. Den „psychologischen Mißerfolg" bei der Steuerreform habe sich die Regierung allerdings selbst zuzuschreiben, denn sie habe, wie es in einem Kommentar des Südwestfunks vom 17. Oktober hieß, den „verhängnisvollen Fehler" begangen, zunächst die geplanten Entlastungen zu verkünden und erst viel später zu enthüllen, wie das Ganze bezahlt werden solle.[290]

---

[286] Vgl. z. B. ACDP 08-001-613/1, Helmut Engelmann (CDU-Vorsitzender im Gemeindeverband Schauenburg) an die CDU/CSU-Bundestagsfraktion, 21.8.1984; ebd., Siegfried Wolf (CDU-Vorsitzender im Gemeindeverband Schönbuch) an die CDU/CSU-Bundestagsfraktion, 12.7.1985.

[287] Eine Ausnahme war die Demoskopin und Kohl-Beraterin Elisabeth Noelle-Neumann, die in der Verbandszeitschrift der Jungen Union sogar die Verluste der CDU/CSU bei den Bundestagswahlen von 1987 mit darauf zurückführte, dass es ihr nicht gelungen sei, die Steuerreform im Bewusstsein der Wählerinnen und Wähler positiv zu verankern; vgl. ACDP Pressearchiv 0/06/9-0-0, Steuern Allgemeines XXXV, dpa-Meldung: Noelle Neumann: CDU/CSU profitierte nicht von der Steuerreform, 28.1.1987.

[288] Vgl. z. B. ACDP 08-001-613/1, Bertold Sekora (CDU Gemeindeverband Rabenau) an Helmut Kohl, 15.7.1985; Reinhard Appel, Bürger fragen Gerhard Stoltenberg, ZDF, 27.6.1985 (14:20 bis 16:05).

[289] Vgl. Der neue Tarif, in: FAZ, 12.10.1987, S. 12; Peter Gillies, Reform – und Versäumtes, in: Die Welt, 12.10.1987, S. 2; Steuersenkung wie nie zuvor, in: Handelsblatt, 11.11.1987, S. 7.

[290] Zitiert nach ACDP Pressearchiv 0/06/9-0-0, Steuern Allgemeines XXXIX, Rundfunkauswertung des BPA, 19.10.1987. Diese Fehleranalyse war allgemeiner Konsens; vgl. Heinz Murmann: Unter Druck, in: Kölner Stadt-Anzeiger, 28.10.1987, S. 2 („Kardinalfehler"); Walter Wille, Halbheiten, in: Neue Osnabrücker Zeitung, 11.3.1988, S. 1 („Kardinalfehler"); Uwe Vorkötter, Mehr Steuern für die Reform, in: Stuttgarter Zeitung, 31.5.1988, S. 1 („Anfängerfehler"); Hermann Eich, Die neue Steuerplage, in: General-Anzeiger, 11./12.6.1988, S. 2 („Geburtsfehler").

Auch die Unionsabgeordneten schossen sich auf die öffentliche Darstellung der Steuerreform ein, allerdings mit einer anderen Stoßrichtung. Helmut Link vom Arbeitnehmerflügel der CDU machte für das schlechte Erscheinungsbild Versäumnisse der Bundesregierung verantwortlich: Sie zeige im Fernsehen zu wenig Präsenz und lasse die Bereitschaft vermissen, die polemischen Angriffe der Opposition energisch zurückzuweisen. „Wir geben 50 Milliarden netto an die Bürger zurück. Und die Mehrheit der Bürger glaubt, daß sie belastet werden! Das sind doch in der öffentlichen Meinung Zustände, die sind doch eigentlich für uns als Regierungspartei unerträglich!", rief er unter dem Beifall seiner Fraktionskollegen aus.[291] In dieser Intervention drückte sich sowohl die Enttäuschung über das schlechte Erscheinungsbild der Steuerreform als auch die unter Christdemokraten weitverbreitete Überzeugung aus, dass die Union der Sozialdemokratie propagandistisch unterlegen sei. Auf den Punkt brachte dies zunächst Jürgen Todenhöfer, der zum konservativen Spektrum der Unionsfraktion zählte und als Medienmanager besondere Kompetenz in Fragen der Öffentlichkeitsarbeit beanspruchen konnte: „Die Art und Weise, wie in den vergangenen Monaten die große Steuerentlastungsreform 1986/88/90 den Bürgern verkauft wurde, ist der Höhepunkt der mangelnden Fähigkeit bürgerlicher Parteien, positive Ergebnisse der Bevölkerung auch positiv darzustellen"[292], verkündete Todenhöfer in der „Bunten", für die er im Vorstand des Burda-Konzerns zuständig war.

Immer wieder griffen Unionspolitiker in den folgenden Monaten zu ähnlichen Argumenten, um das schlechte Image der Steuerreform zu erklären. Stoltenberg verwies auf die große Medienmacht der Opposition wegen der auflagenstarken Gewerkschaftspresse.[293] Dregger schob die Schuld auf ein „Kartell [...] von Anti-Stimmungskanonen, von Angstmachern und Schnellschwätzern"[294] und warf den Medien einseitige Parteinahme für die SPD vor. Waigel erklärte in einem Interview für die „Welt der Arbeit", der Unterschied zwischen der CDU/CSU und der SPD-geführten Vorgängerregierung sei, dass damals eine miserable Politik gut verkauft worden sei, während heute eine gute Politik nicht so gut verkauft werde.[295] Über „Verkaufsprobleme" hatten indessen auch die Sozialdemokraten bei ihrer Steuerreform Mitte der 1970er Jahre geklagt.[296] Die vermeintlichen struktu-

---

[291] ACDP 08-001-1083/2, Protokoll der Sitzung der CDU-Bundestagsfraktion Nr. 18 vom 23. November 1987, S. 37.
[292] ACDP Pressearchiv 0/06/9-0-0, Steuern Allgemeines XL, dpa-Meldung: Todenhöfer kritisiert Öffentlichkeitsarbeit der Bundesregierung, 25.11.1987.
[293] ACDP 08-001-1083/2, Protokoll der Sitzung der CDU-Bundestagsfraktion Nr. 17 vom 10. November 1987, S. 27.
[294] ACDP 08-001-1084/3, Protokoll der Sitzung der CDU-Bundestagsfraktion Nr. 27 vom 12. April 1988, 12.4.1988, S. 3; vgl. auch CDU-Kritik am Bild der Regierung, in: General-Anzeiger, 8.12.1987, S. 1.
[295] ACDP Pressearchiv 0/06/9-0-0, Steuern Allgemeines XLI, dpa-Meldung: Waigel kritisiert Bonner Informationspolitik, 10.2.1988.
[296] So beschwerte sich Bundesfinanzminister Schmidt bei Brandt darüber, dass die eigenen Leute das Erreichte nicht gut genug aufnähmen, und forderte, dass die Parteifunktionäre die Wohltaten der Steuerreform anzupreisen hätten: Helmut Schmidt an Willy Brandt, 20.7.1974, ab-

rellen Nachteile der CDU gegenüber der SPD im Zugang zur Öffentlichkeit und im Einfluss auf die öffentliche Meinung hatten in der Union eine lange Tradition. Zu Beginn der 1980er Jahre hatte die konservative Demoskopin Elisabeth Noelle-Neumann eine Variante davon mit wissenschaftlichem Anspruch auf den Begriff der „Schweigespirale" gebracht.[297] In der Diskussion über die Steuerreform diente das Argument, die Regierung müsse gegen ein feindliches Meinungsklima ankämpfen, offensichtlich dazu, von eigenen Fehlern abzulenken. Doch auch die anschwellende Kritik an der Öffentlichkeitsarbeit der Bundesregierung selbst hatte eine Ablenkungsfunktion, denn sie richtete die Unzufriedenheit auf die Darstellung der Reform, um ihre Substanz zu rehabilitieren. Immer dann, wenn Journalisten oder Koalitionspolitiker die „ungeschickte und unglückliche Darstellung in der Öffentlichkeit", die „stümperhafte Präsentation" der Reform oder gar, wie der freidemokratische Vorsitzende des Haushaltsausschusses Hans Gattermann am 23. Juni 1988 vor dem deutschen Bundestag, die „saumäßige Selbstdarstellung"[298] der Bundesregierung geißelten, war dies der Auftakt dazu, die Reform selbst gegen die Kritik in Schutz zu nehmen.

Doch war die Werbung für die Steuerreform wirklich so schlecht? Am Mitteleinsatz lag es jedenfalls nicht.[299] Die Bundesregierung investierte große Summen in die Reklame für die Steuerreform; sie beschäftigte professionelle Agenturen; das Bundespresse- und Informationsamt produzierte unablässig neue und umfangreiche Broschüren; auch die CDU startete eine breit angelegte Kampagne, die insbesondere auf die Parteibasis abzielte. Möglicherweise kam der Werbefeldzug zu spät. Stoltenberg und der Leiter des Bundespresse- und Informationsamtes Friedhelm Ost waren jedoch der Ansicht, dass eine breit angelegte Informationskampagne am wirksamsten sei, wenn sie parallel mit dem Zeitraum der Gesetzgebung selbst zusammenfalle, weil dann das „fertige Produkt" vorliege.[300] Sicherlich beschädigten die Diskussion über Verbrauchsteuererhöhungen, Quellensteuer und Flugbenzin sowie die Erpressung durch Albrecht und Strauß in den letzten sechs Monaten bis zur Verabschiedung das Ansehen der Reform. Doch unabhängig davon, für wie berechtigt man die Kritik an Strategie, Timing, Einzelmaßnahmen und Begleitumständen der Kampagne im Einzelnen halten mochte, offen-

---

gedruckt in: Meik Woyke (Hrsg.), Partner und Rivalen. Willy Brandt – Helmut Schmidt: Der Briefwechsel (1958–1992), Bonn 2015, S. 598–600.

[297] Vgl. Elisabeth Noelle-Neumann, Die Schweige-Spirale. Öffentliche Meinung – unsere soziale Haut, München 1980.

[298] Heinz Heck, „Unten" ist die Entlastung nach der Steuerreform klar höher als „oben", in: Die Welt, 16.2.1988, S. 12; Klaus Kramer, Ungeliebtes Kind Steuerreform, in: Hamburger Abendblatt, 26.2.1988, S. 2; Peter Gillies, Das Gerede von höheren Verbrauchsteuern ist schädlich, in: Die Welt, 4.5.1988, S. 2; Heinrich Rieker, Chaos von Maßnahmen, in: Rheinischer Merkur, 27.5.1988, S. 2; Deutscher Bundestag, 11. Wahlperiode, Plenarprotokoll Nr. 11/87 vom 23. Juni 1988, S. 5843, http://dipbt.bundestag.de/doc/btp/11/11087.pdf (21.3.2016); ACDP 08-001/691/4, Claus Jäger an Alfred Dregger, 7.7.1988.

[299] Vgl. Münch, Alles klar, S. 62–65.

[300] ACDP 08-001-1085/1, Protokoll der Sitzung der CDU-Bundestagsfraktion Nr. 28 vom 19. April 1988, S. 11; ACDP Pressearchiv 0/06/9-0-0, Steuern Allgemeines XLIV, Auszug eines Interviews mit Friedhelm Ost im Hessischen Rundfunk vom 13.7.1988.

barte das Schimpfen auf die Vermarktung ein erstaunlich großes Vertrauen in die Kraft der Kommunikation.

Wer die Fehlleistungen der regierungsamtlichen Öffentlichkeitsarbeit für das schlechte Image der Steuerreform in Anschlag brachte, setzte stillschweigend voraus, dass die Selbstdarstellung der Bundesregierung die öffentliche Meinung in hohem Maße bestimme. Ganz unverblümt brachten Spitzenpolitiker der Union dies zum Ausdruck. Der Vorsitzende der CDU-Mittelstandsvereinigung Hanzheinz Hauser war sich sicher, dass es keine „Verärgerung oder gar Enttäuschung" über die Reform geben werde, „wenn wir das vernünftig erläutern und offensiv auch nach außen vertreten"[301]. Auch Dregger glaubte fest an die Überzeugungskraft der „Fakten". Nötig seien nur Einsatzbereitschaft und „Offensivgeist" auf allen Ebenen, wie er in einem Interview Ende Dezember 1987 betonte: „Wenn alle in ihrem Verantwortungsbereich die Steuerreform als das darstellen, was sie ist – nämlich ein großes, kühnes und sozial ausgewogenes Werk – dann wird sich die Stimmung für die Union und für die Koalition verbessern. Dann werden wir bei den bevorstehenden Wahlen auch die Stimmen der Wähler auf uns ziehen."[302] Dieser Optimismus beseelte die Koalitionsspitzen noch, nachdem die Steuerreform in der öffentlichen Meinung völlig durchgefallen war. „Ich möchte Ihnen das mit der Steuerreform erklären", war ein Namensbeitrag des Bundeskanzlers in der „Bild am Sonntag" vom 10. Juli 1988 überschrieben, in dem Kohl, gestützt auf einige Zahlen zur Steuerreform, die Ansicht vertrat, die Deutschen hätten allen Grund zur Zufriedenheit.[303] Zahlreiche Informationsveranstaltungen zur Steuerreform bezeugten denselben Aufklärungsimpetus. Stoltenberg legte großen Wert auf diese Form des direkten Austauschs mit den Bürgern.[304] Sein Staatssekretär Voss erblickte darin die Chance, „gewissen Einstellungen und verdrehten Ansichten […] durch geduldiges Erklären und Informieren"[305] beizukommen. Solche Appelle reduzierten den Prozess der Meinungsbildung auf die Diffusion und Rezeption von Informationen: Man musste den Bürgerinnen und Bürgern die Vorteile der Steuerreform nur plausibel machen, um Lob und Zustimmung zu ernten.

Diese Überzeugung wurzelte in einem Verständnis von Demokratie, das auf einem nahezu schrankenlosen Vertrauen in den – mit der berühmten Formel der Diskursethik von Jürgen Habermas – „eigentümlich zwanglosen Zwang des besseren Arguments" beruhte. Alle Spitzenpolitiker, die mit der Steuerreform zu tun hatten, hatten ihre Prägung in der Zeit erhalten, in der Diskussion und Argumentation als „symbolisches Kapital" zu einer „westdeutschen Obsession" avanciert

---

[301] ACDP 08-001-1083/2, Protokoll der Sitzung der CDU-Bundestagsfraktion Nr. 17 vom 10. November 1987, S. 43.
[302] Steuerreform als das verkaufen, was sie ist, in: Die Welt, 9.12.1987, S. 8. Genauso argumentierte auch Glos im Dezember 1989 (vgl. oben S. 270).
[303] Helmut Kohl, Ich möchte Ihnen das mit der Steuerreform erklären, in: Bild am Sonntag, 10.7.1988, S. 5.
[304] Auskunft von Dr. Paul Jansen an den Verfasser.
[305] Voss, Kanzler, S. 324.

waren.³⁰⁶ Demokratie war in dieser Perspektive in erster Linie ein großes Gespräch zwischen Politikern und Bürgern. Mehrfach beschwichtigte Stoltenberg Klagen über Streit oder das „Zerreden" der Reform mit dem Argument, intensive Debatten müssten bei einem Werk mit „Reformanspruch" nicht nur ertragen, sondern angenommen und geführt werden, denn dies sei das „Urgesetz der Demokratie"³⁰⁷. Doch am Ende setzten sich, so die immer wieder bekräftigte Überzeugung der Akteure, die besseren Argumente durch, die die Regierung auf ihrer Seite zu haben glaubte.

Dass dieses Modell offenkundig scheiterte, gab der Enttäuschung der Koalitionspolitiker und ihrer Anhänger über die schlechte Resonanz der Steuerreform eine Bedeutung, die weit über den Anlass hinausreichte. Sie erstreckte sich auf die politische Kultur der „deliberativen Demokratie"³⁰⁸ in der Bundesrepublik und auf die grundsätzliche Möglichkeit, vernunftgeleitete Lösungen für politische Probleme durchzusetzen. So klagte die „Rheinische Post" im Sommer 1987 darüber, dass Steuerdebatten „vorwiegend gefühlsbeladen und nur begrenzt mit kühlem Verstand abgehandelt" würden.³⁰⁹ Noch stärker akzentuierte die „Frankfurter Allgemeine Zeitung" diese kulturpessimistische Lesart des Reformdebakels: „Daß die Regierung glaubte, mit einer Steuerreform Sympathien zu erwecken, ist ein Zeichen von Naivität – oder auch des Irrglaubens an Rationalität"³¹⁰. Ins Grundsätzliche ging auch die Erklärung des CSU-Finanzpolitikers Kurt Faltlhauser für das schlechte Image der Reform, dass die „irrationalen Erscheinungen einer immer stärker werdenden Stimmungsdemokratie [...] die Atemwege einer rationalen Diskussion verstopft"³¹¹ hätten. Die Steuerreform erschien so als Exempel für die Verwundbarkeit der Demokratie durch Demagogie, weil diese kollektive Gefühle mobilisieren konnte.

Freilich wurden weder die Regierungsakteure noch ihre Anhänger an der Parteibasis oder konservative Journalisten irre an der Demokratie, weil die Steuerreform in der öffentlichen Meinung durchgefallen war. Im Gegenteil vertrauten die Akteure der Regierung auf die heilsame Kraft der aufklärerischen Vernunft. Faltlhauser zeigte sich davon überzeugt, dass die Demokratie auf lange Sicht obsiegen werde:

„Wir würden uns als Parlamentarier die Grundlagen unserer politischen Arbeit entziehen, wenn wir nicht letztlich an die Vernunft, an die Aufklärbarkeit der Bevölkerung anhand von

---

[306] Vgl. dazu die Pionierstudie von Verheyen, Diskussionslust, Zitat S. 151.
[307] Reinhard Appel, Bürger fragen Gerhard Stoltenberg, ZDF, 27. 6. 1985 (bei 18:08); ACDP 08-001-1085/1, Protokoll der Sitzung der CDU-Bundestagsfraktion Nr. 28 vom 19. April 1988, S. 10.
[308] Vgl. als Überblick Claudia Landwehr, Demokratische Legitimation durch rationale Kommunikation. Theorien deliberativer Demokratie, in: Oliver W. Lembcke/Claudia Ritzi/Gary S. Schaal (Hrsg.), Zeitgenössische Demokratietheorie. Bd. 1: Normative Demokratietheorien, Wiesbaden 2012, S. 355–385.
[309] Rudolf Bauer, Unter Druck, in: Rheinische Post, 4. 6. 1987, S. 2; ähnlich skeptisch Voss, Kanzler, S. 320.
[310] Naivität, in: FAZ, 31. 12. 1988, S. 10.
[311] Kurt Faltlhauser, Einleitung, in: ders. (Hrsg.), Steuer-Strategie, Köln 1988, S. 15–19, hier S. 15 f.

Fakten glaubten, und wenn wir nicht die Kurzlebigkeit von Stimmungen und Emotionen in Rechnung stellen würden. [...] Die ‚schlechte Stimmung' gegenüber einer zugegebenermaßen miserabel verkauften Steuerreform war für die Autoren dieses Buches mehr Bestätigung für die Notwendigkeit gemeinsamer Argumentation in Buchform denn Aufforderung zur Resignation."[312]

Für das Argument der schlecht verkauften Reform gilt daher gleichermaßen wie für die Charakterisierung ihrer öffentlichen Wahrnehmung als irrational, dass sie nicht nur ein Indiz für Enttäuschung waren, sondern auch ein Mittel, um sie zu überwinden.

Umgang mit Enttäuschung

Im Umgang mit den Enttäuschungen, die das Projektmanagement der Bundesregierung und die öffentliche Meinung über die Steuerreform verursachten, zeigen sich idealtypisch zwei grundlegende Strategien, um die Folgen politischer Misserfolge für die Motivation und Bindung der politischen Gefolgschaft aufzufangen: das Verharmlosen von Protest und die Entemotionalisierung von Kritik.

Gefährlich war emotional vorgetragener Protest aus Sicht der Unionsführung, weil er die Unterstützung der Regierungspolitik schwächte. Außerdem erzeugte der Eindruck von Uneinigkeit ganz aus sich selbst heraus Unzufriedenheit bei den Anhängern, die bis zur Verweigerung jeder werbenden Aktivität führen konnte. Aus diesem Grund relativierten und bagatellisierten Führungspolitiker wie Kohl, Stoltenberg und Dregger die Kritik an der Steuerreform nach Kräften. Stoltenberg tat sich besonders darin hervor, den koalitionsinternen Streit zu verharmlosen, indem er zu Euphemismen griff. Die monatelangen Auseinandersetzungen zwischen seinen ersten Reformvorschlägen und dem Koalitionsbeschluss über die beiden ersten Stufen der Reform bezeichnete der Bundesfinanzminister in einem Fernsehinterview am 21. August 1984 als „nicht immer ganz harmonische Diskussion"[313]. Seine Formulierung suggerierte, dass die Reformdebatte nur phasenweise den Rahmen konstruktiven Meinungsaustauschs gesprengt habe. Sie entzog damit dem Vorwurf des Dauerstreits über die Reform die Grundlage. Zugleich sandte er ein kommunikatives Signal der Beschwichtigung aus und akzentuierte implizit die Vorgabe, dass Auseinandersetzungen über die Reform „harmonisch" zu führen seien.

Ein weiteres Mittel der Entdramatisierung bestand darin, lautstarke Einwände im Nachhinein als vorhersehbar zu deklarieren. Den Proteststurm, der ihm entgegenschlug, nachdem Details zu den Subventionskürzungen im Zuge der dritten Reformstufe publik geworden waren, reduzierte Stoltenberg in der Fraktionssitzung vom 10. November 1987 auf „Turbulenzen" und „kritische Äußerungen", mit denen er gerechnet habe. Auch Kohl betonte bei derselben Gelegenheit, ihm sei von vornherein klar gewesen, dass die Regierung in eine „publizistische und öf-

---

[312] Ebd., S. 16 f.
[313] Hier zitiert nach ACDP 08-001-611/1, BPA-Rundfunkauswertung Deutschland, 22. 8. 1984.

fentliche Schleuderzone" geraten würde.[314] Im Übrigen habe es genauso aufgeregte Diskussionen bei jedem großen Vorhaben der Regierung gegeben, und nach einer gewissen Zeit seien sie wieder abgeebbt. Den Analogieschluss, dass auch die Proteste gegen die Steuerreform schnell wieder verstummen würden, überließ er den Abgeordneten. Stoltenberg verfuhr genauso, indem er vier Monate nach dem Streit über den Spitzensteuersatz versicherte, das Thema sei „heute so tot wie ein rostiger Nagel"[315]. Auf diese Weise erschien jeder Protest gegen die Reform als unvermeidliches, aber ephemeres Phänomen, so natürlich, vorübergehend und folgenlos wie schlechtes Wetter.

Um Reichweite und Bedeutung der Widerstände gegen die Steuerreform zu relativieren, stellte Stoltenberg schließlich auch deren Evidenz in Frage. Mehrfach widersprach er der Behauptung, dass die Bürger die Reform ablehnten und die Entlastungen nicht spürten. Beispielsweise wies er in einem ZDF-Interview die Feststellung von Moderator Klaus Bresser, die Menschen nähmen ihm die Entlastungsversprechen nicht mehr ab, mit dem Argument zurück, dass ihm zahlreiche Bürgerbriefe das Gegenteil bewiesen.[316] Dieselbe Funktion erfüllten Informationsabende, Wahlkreisauftritte, Bürgerfeste und ähnliche von der Politik organisierte Vermittlungsveranstaltungen. Ebenso wie in den Bürgerbriefen, von denen den Spitzenpolitikern in aller Regel nur ein kleiner Anteil vorgelegt wurde[317], trat bei solchen Gelegenheiten keineswegs ein repräsentativer Querschnitt der Bevölkerung in Erscheinung. Es handelte sich um politisch überdurchschnittlich interessierte Menschen, die zumeist ein besonders hohes Maß an Ablehnung oder Zustimmung zu einem Thema bewegte.[318] Direkte Kontakte mit dem Wähler oder dem „Mann auf der Straße" beglaubigten mithin die Überzeugung, dass Meinungsumfragen, Zeitungsartikel und Fernsehberichte die Stimmung der Bevölkerung selektiv spiegelten und Kritik überzeichneten. Vor dem Hintergrund, dass die parlamentarische Massendemokratie stets unter Abstraktheit und Distanz zwischen politischer Repräsentation und Bürgern litt, gewannen solche unmittelbaren Eindrücke an zusätzlicher Attraktivität. Sie dienten daher nicht allein als Argument, sondern konnten auch die subjektive Überzeugung der Koalitionspolitiker stärken, den Rückhalt in der Bevölkerung keineswegs verloren zu haben.[319]

---

[314] ACDP 08-001-1083/2, Protokoll der Sitzung der CDU-Bundestagsfraktion Nr. 17 vom 10. November 1987, S. 8, 10 u. 33.

[315] ACDP 08-001-1082/2, Protokoll der Sitzung der CDU-Bundestagsfraktion Nr. 9 vom 16. Juni 1987, S. 53.

[316] Was nun, Herr Stoltenberg?, ZDF, 4.2.1988 (bei 32:19); ähnlich äußerte sich Stoltenberg bereits zwei Wochen zuvor in Heinz Burghart, Der Griff in die Tasche des Bürgers, in: Im Brennpunkt, ARD, 20.1.1988 (bei 27:45).

[317] Vgl. Harm-Peer Zimmermann, Stimmen aus dem Volk. Bürgerbriefe an Helmut Schmidt anlässlich des Konstruktiven Misstrauensvotums 1982, in: VOKUS 15 (2005), S. 4–38, hier S. 5–7 u. 12f.

[318] Vgl. Werner J. Patzelt, Abgeordnete und ihr Beruf. Interviews, Umfragen, Analysen, Berlin 1995, S. 90f.

[319] Vgl. Fenske, Demokratie erschreiben, S. 18; dies belegen auch die Memoiren von Kohl, Erinnerungen, Bd. 2, S. 427.

Doch gerade der Umgang mit Zuschriften aus der Bevölkerung ist ein exzellentes Beispiel für die zweite grundlegende Strategie, um Empörung und Enttäuschung zu besänftigen. In Bürgerbriefen konzentrierten sich wie in kaum einem anderen Medium emotionale Reaktionen auf politische Entscheidungen; vor allem Zorn, Empörung und Enttäuschung schlugen sich in diesem Genre stark nieder.[320] Genau diese Empfindungen kennzeichneten die Zuschriften, die die Bundesregierung, Fraktionen und Abgeordneten der Koalitionsparteien wegen der Steuerbefreiung auf Flugbenzin für Privatflieger erhielten.[321] Doch die Antworten blendeten den emotionalen Gehalt der Beschwerden schlichtweg aus, als ob es diese Gefühle gar nicht gebe. Stattdessen erhielten die erregten Bürgerinnen und Bürger einen Standardtext, der die Entscheidung zur Befreiung steuersystematisch, mit der Harmonisierung innerhalb der EG und wettbewerbsrechtlich begründete.[322] Die in freundlichem, unverbindlichem Tonfall verfassten Antworten verweigerten jedes Zeichen von Empathie und ließen die Gefühlsausbrüche ins Leere laufen, selbst wenn der Tonfall der Absender beleidigend war. Der Germanist Helmut Ebert hat diese „kalte Freundlichkeit" als Ausdruck einer Kommunikationslücke zwischen Regierung und Bevölkerung interpretiert, die lebensweltliche Diskrepanzen offenbare.[323] Indessen erfüllte die vermeintliche Fehlkommunikation durchaus ihren Zweck, denn nicht allein die Gefühle der Absender gingen auf diese Weise unter, auch deren Auslöser beschwiegen die Antwortschreiben. So thematisierten die standardisierten Antworten der CDU/CSU-Bundestagsfraktion weder die Anschuldigung, keine Rücksicht auf das Gerechtigkeitsempfinden der Bevölkerung zu nehmen, noch bezogen sie Stellung zum Vorwurf machtpolitischer Selbstherrlichkeit. Im Zusammenhang mit der Enttäuschungsabwehr bei der Steuerreform lassen sich Stil und Auslassungen der Texte daher als Teil einer bewussten Strategie der Entemotionalisierung verstehen.

In dieselbe Richtung wies die explizite Anweisungen Dreggers an die zuständigen Referenten, die Antwortentwürfe auf die „Sachfragen" zu beschränken.[324] Seine Fraktionskollegen verwies Dregger ebenfalls ausdrücklich auf diese Ebene. Als es am 19. April wegen des Flugbenzins hoch herging, wies der Fraktionsvorsit-

---

[320] Vgl. Fenske, Demokratie erschreiben, S. 48 u. 100.
[321] Vgl. oben S. 275–279.
[322] Z. B. ACDP 08-001-690/2, Ulrich Müller (Referent in der Arbeitsgruppe Finanzen der CDU/CSU-Fraktion im Deutschen Bundestag) an U.M., 14.6.1988; ebd., Sofia Frey (Fraktionssekretärin) an Hanspeter Heuschmid (Vorsitzender der CDA Sozialausschüsse im CDU Kreisverband Ravensburg), 23.6.1988; ACDP 08-001-691/3, Alfred Dregger an Helmut Peuser (CDU Stadtverband Limburg), 4.8.1988.
[323] Vgl. Helmut Ebert, Höflichkeit in Petitionen an den Deutschen Bundestag. Eindrücke und Hypothesen aufgrund eines Ost-West-Vergleichs, in: Heinz-Helmut Lüger (Hrsg.), Höflichkeitsstile, Frankfurt am Main 2001, S. 233–246, hier S. 233.
[324] Dies geht aus den handschriftlichen Bemerkungen Dreggers auf dem Schreiben eines Bundestagsabgeordneten hervor, der eine Stellungnahme zur geplanten Besteuerung von Erdgas mit einer generellen Kritik an der „haarsträubenden" öffentlichen Darstellung der Steuerpolitik verbunden hatte. Letzteren Punkt sollte der Referent übergehen; vgl. ACDP 08-001-691/4, Claus Jäger an Alfred Dregger, 7.7.1988, sowie die Marginalien Dreggers ebd., 14.7.1988.

zende die Abgeordneten zurecht. Zwar akzeptiere er jede Kritik, doch „die Dramatik, mit der manche Einwendungen vorgetragen wurden, entspricht zwar dem Stil der Öffentlichkeit, aber sie sollte nicht Stil hier in der Fraktion sein"[325]. Damit fiel ein ganzer Bereich der Perzeption der Steuerreform aus dem Bereich des Verhandelbaren heraus. Entemotionalisierung wirkte als Filter, der Gefühle aus dem demokratischen Diskurs heraushielt. Wieder zeigte sich darin ein Demokratieverständnis, das auf dem Austausch rationaler Argumente beruhte. Gefühle erschienen dabei als störend oder sogar gefährlich, bestenfalls galten sie als Hintergrundrauschen, das in der Entscheidungsfindung zu vernachlässigen war. Ob nun explizit gegenüber den Abgeordneten oder implizit durch die Blindstellen in den Antwortschreiben an die Beschwerdeführer: Unablässig ließen die politischen Entscheidungsträger wissen, dass Gefühlsausbrüche in der Diskussion fehl am Platze seien.

Dass die Entemotionalisierung nicht eine persönliche Marotte Dreggers war, zeigen auch die Reaktionen auf den Beschluss der CDU in Gütersloh, die Beitragsüberweisungen einzustellen, um dagegen zu protestieren, dass die Bundestagsfraktion sich über das Votum des CDU-Parteitages gegen die Steuerbefreiung für Privatflieger hinweggesetzt hatte. Dregger selbst nahm zu dieser Aktion in seiner Antwort überhaupt nicht Stellung, weil die Finanzbeziehungen zwischen der Bundes- und Kreisebene nicht in seine Zuständigkeit fielen; darüber hinaus würdigte er den rebellischen Kreisvorsitzenden keiner persönlichen Antwort, sondern speiste ihn mit einem Standardtext ab.[326] Deutliche Kritik übten hingegen der Fraktionsvorsitzende der CDU im nordrhein-westfälischen Landtag Bernhard Worms und die stellvertretende Landesvorsitzende Christa Thoben. Man müsse zwar „einfühlsam [...] auf das reagieren, was man von der Basis hört", in einer Führungsfunktion aber politische Entscheidungen mittragen. Bei allem Verständnis für die „erste Wut" sei von Kreisvorsitzenden eine „abgewogenere Stellungnahme" zu erwarten.[327] In diesen Stellungnahmen zeichneten sich Gefühlsregeln für den Umgang mit Wut und Empörung ab, die darauf abzielten, diese Regungen zu dämpfen oder gar zu ersticken. Bereits das ostentative „Verständnis" war eine rationalisierende Operation, um den Protest einzuhegen. Wer Führungsverantwortung trug, war noch stärker gehalten, sich persönlich und seine Untergebenen emotional zu kontrollieren.

Bei der Steuerbefreiung für Privatflieger stieß die Strategie der Entemotionalisierung an ihre Grenzen. Empörung und Enttäuschung waren zu groß und zu weit verbreitet, um besänftigt oder ignoriert werden zu können. Die Serienbriefe der politischen Führung mit ihren belehrenden Erklärungen, Nüchternheitsappellen und beigefügten Redemanuskripten wirkten schulmeisterlich und konnten

---

[325] ACDP 08-001-1085/1, Protokoll der Sitzung der CDU-Bundestagsfraktion Nr. 28 vom 19. April 1988, 19.4.1988, S. 45.
[326] ACDP 08-001-691/4, Alfred Dregger an Hubert Doppmeier, 4.8.1988.
[327] Karlo Malmedie, Aufstand der CDU-Parteibasis gegen die Flugbenzin-Steuerbefreiung, in: Länderspiegel, ZDF, 2.7.1988 (ab 13:25).

den Ärger an der Basis darum sogar verstärken. „Wir verkennen nicht die sachlichen Gesichtspunkte, die auf dem vorgedruckten Antwortbrief der Bundesregierung für Parteiaustritte oder Beschwerden uns übersandt wurden", erwiderte der CDU-Vorsitzende Viersens auf einen Beschwichtigungsbrief, „was wir bemängeln, ist der Zeitpunkt und ist das mangelnde Fingerspitzengefühl für die Stimmung im Lande. [...] Umfangreiche Papiere, Auszüge aus Reden und wohlformulierte Briefe, können der Bevölkerung die sachliche Notwendigkeit für diese Maßnahme nicht klarmachen."[328] Dieser Einsicht beugten sich schließlich auch die Parteiführungen in München und Bonn.

Während die Strategie der Entemotionalisierung gegenüber der Bevölkerung scheiterte, blieb sie als Selbstführungstechnik von Berufspolitikern ein wirksames Instrument, um sich gegen Enttäuschungen zu immunisieren.[329] Stoltenberg war geradezu ein Prototyp für eine Amtsauffassung, die innere Distanz zu den Werturteilen der Bevölkerung über das eigene politische Wirken postulierte. Dass er sich nicht durch die Vehemenz von Protesten in seinem Urteil beirren ließ, wurde ihm zu Zeiten seines Popularitätshochs als Geradlinigkeit anerkannt, später als Sturheit angekreidet. Für Stoltenberg bedeutete die ausschließliche Orientierung an objektiven Rationalitätskriterien ein Gütesiegel von Politik überhaupt, denn „wir sind", wie er vor den Unionsabgeordneten ausführte, „ja auch nicht gewählt, um nur bequeme Wege zu beschreiten und bequeme Dinge zu tun, sondern um große Aufgaben der Zukunft zu meistern"[330]. Solange sich die Überzeugung aufrechterhalten ließ, das Beste zum Wohle der Allgemeinheit zu leisten, war es unerheblich, ob die Allgemeinheit dies auch anerkannte.

Diese Überzeugung leitete nicht nur Stoltenberg, sondern galt vielen anderen als Grundvoraussetzung, um Politik als Beruf mit ihren Zwängen, Kompromissen und Überforderungen überhaupt auszuhalten. Der sozialdemokratische Kulturpolitiker und Schriftsteller Dieter Lattmann hielt in der Bilanz seiner Abgeordnetentätigkeit fest, Politik habe „nicht die Aufgabe, die Menschen glücklich zu machen oder im Gefühl zu befriedigen"[331]. Er berief sich dabei auf Helmut Schmidt, der wiederholt den Anspruch an die Regierung zurückwies, für die Gesellschaft als sinnstiftende Instanz zu wirken (und für diese Position Richard von Weizsäcker als Kronzeugen aufführte). Der ehemalige Bundeskanzler selbst stellte sein Wirken vielmehr unter das Motto „salus publica suprema lex"[332]. Auch der vielen

---

328 ACDP 08-001-691/1, Fritz Meies an Alfred Dregger, 1.7.1988.
329 Das gilt auch für Gefühle wie Angst und Unsicherheit, wie Maren Richter in ihren Interviews mit Spitzenpolitikern der 1970er Jahre feststellte; vgl. Richter, Ausnahmezustand, S. 242–251.
330 ACDP 08-001-1082/2, Protokoll der Sitzung der CDU-Bundestagsfraktion Nr. 9 vom 16. Juni 1987, S. 54.
331 Dieter Lattmann, Die lieblose Republik. Aufzeichnungen aus Bonn am Rhein, München 1981, S. 62.
332 Vgl. Helmut Schmidt, Außer Dienst. Eine Bilanz, München 2008, S. 8, 332 u. 336f. Weizsäcker teilte Schmidts Grundüberzeugung, vgl. z. B. seine Rede beim Staatsakt zum 40. Jahrestag des Grundgesetzes am 24. Mai 1989, abgedruckt in: Richard von Weizsäcker, Demokratische Leidenschaft. Reden des Bundespräsidenten, hrsg. und eingeleitet von Eberhard Jäckel, Stuttgart 1994, S. 96–116, hier S. 114f.

als arrogant und eitel geltende[333] Rainer Barzel inszenierte diese Form der Selbstlosigkeit, als er nach der Bundestagswahl 1972 seine Funktion als Oppositionsführer zur Disposition stellte. „Nicht wo, sondern ob und wie man seine Pflicht tut, ist entscheidend. Mein Maßstab für Glück und Pflicht liegt anderswo als im Beifall oder beim Haß anderer"[334], erklärte er vor den Unionsabgeordneten. Mit dieser demonstrativen Bescheidenheit warb Barzel um das Vertrauen seiner Fraktionskollegen, indem er eine zentrale Erwartung an die Persönlichkeit eines Spitzenpolitikers bekräftigte. Persönliche Befriedigung durch Macht und Anerkennung waren als Antrieb für die Inhaber hoher öffentlicher Funktionen verpönt.[335] Pflichtethos und Nüchternheit standen dagegen im Katalog der Politikertugenden ganz oben, unbesehen des offenkundigen Widerspruchs zur weitverbreiteten Wahrnehmung von Berufspolitikern. So wirklichkeitsfremd und unmenschlich der Anspruch, sich selbstlos und uneitel in den Dienst der „Sache" zu stellen, auch sein mochte, so hilfreich konnte diese Norm sein, um Enttäuschungen zu vermeiden oder zu verwinden.

3.4 Zwischenfazit: Enttäuschung als Indikator für den Wandel des Politischen

Der Ansatz der Steuerreform, ihre Begründung und ihre Schwerpunkte lassen sich langfristig in einen Trend zur Abkehr von antizyklischer Konjunkturpolitik und komplementär in eine Hinwendung zu monetaristischer Finanzpolitik einordnen. Weniger überzeugend müsste der Versuch ausfallen, darin ein Indiz für die „neoliberale Wende" zu erblicken. Als Beleg für „weniger Staat" taugte das Reformwerk mit all seinen Detailregelungen nicht.

Das wichtigste Bewertungskriterium für die Reform in der öffentlichen Debatte war die Verteilungswirkung. Für das Gefühl von Zufriedenheit oder Unzufriedenheit gab nicht allein das Niveau der staatlichen Leistungen den Ausschlag. Mindes-

---

[333] Vgl. die zum Teil gehässigen Charakterisierungen von Heinrich Krone in Hans-Otto Kleinmann (Bearb.), Heinrich Krone: Tagebücher, Zweiter Band: 1961–1966, Düsseldorf 2003, S. 237 u. 508f. Zum Negativimage Barzels vgl. Carsten Penzlin, Rainer Barzel als Kanzlerkandidat im Bundestagswahlkampf 1972, in: Historisch-politische Mitteilungen 14 (2007), S. 121–136, hier S. 129–132; Thomas Mergel, Grenzen der Imagepolitik: Eine gescheiterte Kampagne für Rainer Barzel 1972, in: Daniela Münkel/Lu Seegers (Hrsg.), Medien und Imagepolitik im 20. Jahrhundert. Deutschland, Europa, USA, Frankfurt am Main 2008, S. 47–69, hier S. 58f. u. 64f.

[334] Rainer Barzel, Geschichten aus der Politik. Persönliches aus meinem Archiv, Frankfurt am Main 1987, S. 149.

[335] Dies bestätigte auch eine Umfrage unter Bundestagsabgeordneten vom Juli 1980: Nur eine verschwindende Minderheit der Parlamentarier gab als wichtiges Motiv, ein Bundestagmandat angestrebt zu haben, persönliches Ansehen (2%) oder die politische Karriere (6%) an, während 91% die Verwirklichung bestimmter politischer Ziele an die Spitze ihrer Beweggründe setzten: Ewald Rose/Joachim Hofmann-Göttig, Selbstverständnis und politische Wertungen der Bundestagsabgeordneten. Ergebnisse repräsentativer Umfragen, in: Zeitschrift für Parlamentsfragen 13 (1982), S. 62–84, hier S. 65f.

tens genauso wichtig war das relationale Gefühl von Gerechtigkeit: Eine Mehrheit der Bundesbürger war der Ansicht, dass Menschen mit geringem Einkommen am stärksten von der Reform profitieren müssten. Dies war auch bei späteren Reformen der Fall.[336] 1987 beschwerten sich sogar nicht Steuerpflichtige darüber, dass sie keine staatlichen Leistungen erhielten, die den Vergünstigungen durch die Reform für die Steuerzahler entsprächen, und forderten Kompensationen.[337] Solche Einlassungen fügten sich bestens in eine konservative Sozialstaatskritik ein, die seit Mitte der 1970er Jahre in der „Anspruchsinflation" der Staatsbürger eine wachsende Bedrohung für die Staatlichkeit identifizierte.[338] Sie fielen zusammen mit besorgten Warnungen vor der Gefahr einer „Stimmungsdemokratie", einem verwandten alten Versatzstück konservativer Zeitkritik. Besonders blumig formulierte sie 1993 der Politikwissenschaftler Klaus von Beyme: „Politiker werden gezwungen, den Launen hedonistischer Wähler mit wachsendem Anspruchsdenken nachzugeben. Responsivität wird zur flatternden Kompaßnadel im Wellengang der Stimmungsdemokratie."[339] Gerade die Responsivitätsforschung hat indessen gezeigt, dass Regierung und Parlament auf dem Gebiet der Wirtschafts- und Finanzpolitik nur schwach auf einen Meinungswandel in der Bevölkerung reagieren.[340] Die Steuerreform der 1980er Jahre bestätigt dies vollauf: Die negative Perzeption der Reformankündigungen führte die Regierung nicht zu substanziellen Änderungen an ihren Vorhaben, sondern nur zu geringfügigen Korrekturen. Dagegen zeigen die Planung, Terminierung und Präsentation der Reform, dass die Antizipation von kollektiven Erwartungen die Akteure in ganz erheblichem Maße leitete. Enttäuschungen nach Möglichkeit zu vermeiden gehörte zum Grundhandwerkszeug des Regierungshandelns.

Hinsichtlich ihrer finanziellen Effekte löste die Steuerreform bei den Bürgerinnen und Bürgern keine Enttäuschung im Sinne einer Diskrepanz von Vergangenheitsdeutung und Gegenwartsperzeption aus. Dennoch war der Begriff als Teil der Deutungs- und Krisensemantik des Regierungshandelns in den Debatten allgegenwärtig. Betrachtet man die Reform als Projekt, auf dem sich die Regierung zu bewähren hatte, dann zeigt sich, dass die Spitzenpolitiker verschiedene Erwartungen ihrer Anhänger verfehlten und dadurch Enttäuschung hervorriefen. Dies betraf die gesellschaftspolitischen Ziele, die die Unionspolitiker mit Blick auf die

---

[336] Vgl. Heinemann u.a., Gerechtigkeitswahrnehmung, S. 132f. u. 205.
[337] Vgl. Deutscher Bundestag, 11. Wahlperiode, Drucksache 11/2346: Die Tätigkeit des Petitionsausschusses des Deutschen Bundestages im Jahre 1987, 19.5.1988, S. 18f., http://dipbt.bundestag.de/doc/btd/11/023/1102346.pdf (9.5.2016). Ein schwaches Echo fanden derartige Klagen im Hinweis in den Werbebroschüren und Informationsschriften der Bundesregierung zur Steuerreform, dass diejenigen, die keine oder nur sehr niedrige Einkommensteuer zu zahlen hätten, nicht oder nur minimal entlastet werden könnten.
[338] Vgl. Hans Günter Hockerts, Vom Problemlöser zum Problemerzeuger? Der Sozialstaat im 20. Jahrhundert [2007], in: ders., Der deutsche Sozialstaat. Entfaltung und Gefährdung seit 1945, Göttingen 2011, S. 325–358, hier S. 350.
[339] Klaus von Beyme, Die politische Klasse im Parteienstaat, Frankfurt am Main 1993, S. 206.
[340] Vgl. Frank Brettschneider, Parlamentarisches Handeln und öffentliche Meinung. Zur Responsivität des Deutschen Bundestages bei politischen Sachfragen zwischen 1949 und 1990, in: Zeitschrift für Parlamentsfragen 27 (1996), S. 108–126, hier S. 118f.

versprochene „Wende" ausgerufen hatten und die die Steuerreform beglaubigen sollte. Andererseits sorgte der Reformprozess selbst für zum Teil tiefe Enttäuschung, die nicht nur weite Teile der Wähler- und Funktionärsbasis erfasste, sondern bis in die Reihen der Abgeordneten und der Regierungsakteure hineinreichte. Sie erstreckte sich auf das politische Management, auf die Darstellung der Reform in der Öffentlichkeit und auf den Ausschluss von Entscheidungsprozeduren.

Diese Enttäuschungen erscheinen auf den ersten Blick als Kennzeichen des Wandels des Politischen in den 1980er Jahren. Eines seiner Kennzeichen ist eine „wachsende Skepsis gegenüber historisch gewachsenen staatlichen Kernkompetenzen"[341]. Die Enttäuschung über die Handhabung des Reformprozesses ließe sich in dieser Perspektive als Konsequenz der bundesrepublikanischen „Konsens-" bzw. „Verhandlungsdemokratie"[342] begreifen. Darin sorgt die starke Position von „Vetospielern" im föderalen System, die Formation gesellschaftlicher Interessen als mehr oder weniger machtvolle Organisationen innerhalb der Parteien und die stark ausgeprägte Rolle von Interessengruppen und Verbänden im Vorfeld parlamentarischer Entscheidungsprozesse dafür, dass kontroverse Positionen zugunsten breiter Konsensbildung abgeschliffen werden. In den 1980er Jahren änderte sich die Wahrnehmung dieses Strukturmerkmals: Während seine integrativen Effekte zuvor als Stabilitätsanker der bundesdeutschen Demokratie gegolten hatten, wurde es nunmehr als Gefahr für die Funktionalität der Demokratie diskutiert. Das Schlagwort für diese Wahrnehmungsverschiebung war die „gesteigerte Komplexität"[343]. Es kennzeichnete demnach den Wandel des Politischen in den 1980er Jahren, dass Problemdruck und Handlungsbedarf auf vielen Feldern als groß, die politischen Lösungskapazitäten hingegen als inadäquat wahrgenommen wurden. Diese Krisenperzeption kondensierte in Begriffen wie „Unregierbarkeit" und „Reformstau", die ein Unbehagen an der Effizienz von demokratischen Institutionen mit einer Kritik an der Einstellung der Bürger zum Gemeinwesen kombinierten.[344] Komplementär dazu verhielt sich die Diagnose der „Politikverdros-

---

[341] Dietmar Süß/Meik Woyke, Schimanskis Jahrzehnt? Die 1980er Jahre in historischer Perspektive, in: AfS 52 (2012), S. 3–20, hier S. 8f.

[342] Vgl. dazu Fritz W. Scharpf, Versuch über Demokratie im verhandelnden Staat, in: Roland Czada/Manfred G. Schmidt (Hrsg.), Verhandlungsdemokratie, Interessenvermittlung, Regierbarkeit. Festschrift für Gerhard Lehmbruch, Wiesbaden 1993, S. 25–50; Arendt Lijphart, Patterns of Democracy. Government Forms and Performance in Thirty-Six Countries, New Haven 1999, S. 31–47.

[343] Vgl. Süß/Woyke, Schimanskis Jahrzehnt?, S. 19; Wirsching, Eine „Ära Kohl"?, S. 683.

[344] Zur Unregierbarkeitsdebatte vgl. zeitgenössisch Klaus von Beyme, Unregierbarkeit in westlichen Demokratien, in: Leviathan 12 (1984), S. 39–49; zur Historisierung dieser konservativen Krisensemantik vgl. Metzler, Staatsversagen; außerdem den Tagungsbericht von Daniel Monninger, Das Gespenst der Unregierbarkeit und der Traum vom guten Regieren. Konzepte politischer Steuerung seit den 1970er Jahren, 23.04.2015 – 24.04.2015 Köln, in: H-Soz-Kult, 18.6.2015, http://www.hsozkult.de/conferencereport/id/tagungsberichte-6028 (25.4.2016). Zum Begriff des Reformstaus und seiner Anwendung auf die Steuerreformen vgl. Uwe Wagschal, Steuerreformen im internationalen und intertemporalen Vergleich, in: ders. (Hrsg.), Deutschland zwischen Reformstau und Veränderung. Ein Vergleich der Politik- und Handlungsfelder, Baden-Baden 2009, S. 179–202.

senheit", die eine Abkehr der Bürgerinnen und Bürger von der parlamentarischen Demokratie, ihren Organen und Repräsentanten aus Ärger über deren mangelhafte Problemlösungskompetenzen und Integrität behauptete.[345]

Doch die Enttäuschung über das Management der Steuerreform lässt sich nur bedingt als emotionaler Ausdruck einer wachsenden Kluft zwischen politischem Regelungsbedarf und Steuerungskompetenzen interpretieren. Ob Komplexität und Kontingenzerfahrung überhaupt so signifikant anwuchsen, wie dies zeitgenössisch behauptet wurde, ist kaum verifizierbar. Vorsicht erscheint jedoch angeraten, aus der Konjunktur der sozialwissenschaftlichen und politischen Diskussion über dieses Deutungsmuster vorschnell auf die Wahrnehmungen breiter Bevölkerungsschichten zu schließen.[346] Mit Blick auf den Zusammenhang von Komplexitätsdiagnosen mit den Warnungen vor kollektiver Enttäuschung müsste reflektiert werden, dass solche Aussagen für Politikberatungsexperten eine Dramatisierungs- und Legitimierungsfunktion hatten.[347] In den Quellen sind durchaus Enttäuschungsäußerungen fassbar, die auf grundlegende Zweifel an den Steuerungskapazitäten der bundesdeutschen Demokratie schließen lassen. Vermehrt machten sie sich während und nach dem Streit um den Spitzensteuersatz sowie im Zusammenhang mit der Steuerbefreiung für Flugbenzin bemerkbar. Ebenso zeigt die Enttäuschung über das Mitbestimmungsgesetz, dass der Glaube an die gesellschaftsverändernde Kraft von Regierungshandeln erschüttert worden war. Allerdings zeigen die Reaktionen auf die beiden Reformprojekte auch, dass solche grundlegenden Enttäuschungen nur ein begrenztes Akteursspektrum erfassten und noch dazu das Vertrauen in die Funktionsfähigkeit der bundesdeutschen Demokratie nicht dauerhaft zerstörten.

Auch hinsichtlich ihrer medialen Darstellung stechen die Gemeinsamkeiten der Reformprojekte hervor. In beiden Fällen griff die Bundesregierung zu Superlativen, um das jeweilige Gesetzeswerk noch vor der endgültigen Verabschiedung als überragenden Erfolg und als Einlösung zuvor gemachter Versprechen darzustellen. Dies erwies sich als Bumerang. Kritiker stützten sich auf die verkürzten und übertriebenen Slogans, um zu beweisen, dass die Regierung ihre Versprechen nicht halten könne. Zugleich klagten die Spitzenpolitiker in beiden Fällen über ein ungünstiges Meinungsklima und vertrauten darauf, durch eine bessere Öffentlichkeitsarbeit das Image der jeweiligen Reform zu verbessern. Dabei gingen die Appelle, die eigene Politik besser zu „verkaufen", mit dem Vorwurf Hand in Hand, diese würde durch die öffentliche Diskussion „zerredet". Die mediale Repräsentation politischer Inhalte erzeugte sowohl bei der Mitbestimmung als auch

---

[345] Vgl. Arzheimer, Politikverdrossenheit.
[346] Vgl. Rüdiger Graf/Kim Christian Priemel, Zeitgeschichte in der Welt der Sozialwissenschaften. Legitimität und Originalität einer Disziplin, in: VfZ 60 (2011), S. 479–509, insbesondere S. 483f.
[347] Dies leistet für die US-amerikanische Debatte Ariane Leendertz, Das Komplexitätssyndrom. Gesellschaftliche „Komplexität" als intellektuelle und politische Herausforderung, in: dies./Wencke Meteling (Hrsg.), Die neue Wirklichkeit. Semantische Neuvermessungen und Politik seit den 1970er-Jahren, Frankfurt am Main 2016, S. 93–131, hier S. 120f.

bei der Steuerreform Enttäuschung. Dies scheint *prima vista* die Annahme zu bestätigen, dass die mediale Inszenierung von Politik zu einer Überschätzung ihrer tatsächlichen Handlungsmöglichkeiten führe. Diese Überschätzung geht demnach auf die „unbedingte Sprache" der Politik zurück, denn die „Ankündigungssprache und die Gegnerbeschimpfung" suggerierten Eindeutigkeiten, die es tatsächlich nicht gebe.[348] Außerdem verschleiere die Selbstdarstellung der Akteure strukturelle Zwänge, Bindungen und Abhängigkeiten, indem sie in voluntaristischer Manier ihren Gestaltungswillen als entscheidende Größe für das Gelingen politischer Vorhaben verabsolutierten.[349]

Doch die Auseinandersetzungen um das Image der Steuerreform eignen sich kaum als Beleg für das „Auseinandertreten von großen Erwartungen an die Politik und allfälliger Enttäuschung bei fehlender Einlösung"[350]. Enttäuscht waren nämlich nicht so sehr die Steuerpflichtigen darüber, dass ihnen die Regierung falsche Hoffnungen gemacht hätte. Enttäuscht war ein begrenzter Kreis von Akteurinnen und Akteuren über die schlechte Resonanz des Regierungshandelns. Zum Teil diente die Kritik an der Öffentlichkeitsarbeit dem Ziel, diese Enttäuschung abzumildern, denn sie rehabilitierte die Reforminhalte, indem sie Marketingdefizite für deren ungünstiges Erscheinungsbild verantwortlich machte. Darüber hinaus lässt sie sich jedoch in den Wandel des Politischen einordnen. Der Enttäuschung lag nämlich die Überzeugung zugrunde, dass mediale Diskurse nur ein Abbild von „objektiven Fakten" der „Sachpolitik" seien, das mehr oder weniger realistisch oder verzerrt sein könne. Gegen die Vorstellung einer einseitigen Beeinflussung im Sinne einer „Politisierung der Medien" oder einer „Medialisierung der Politik" hebt die zeitgeschichtliche Forschung hervor, dass mediale, politische und gesellschaftliche Logiken miteinander in Wechselwirkung stehen. Aus diesem Grund lassen sich Herstellung und Darstellung von Politik im 20. Jahrhundert analytisch nicht trennen.[351]

Allerdings erlebten die Regierungsakteure ihr politisches Handeln ganz offenbar als das „Reale", die Berichterstattung darüber als davon abgeleiteten, separaten Bereich. Diese Sichtweise ging einher mit der Erwartung an Journalistinnen und Journalisten, gründlich zu recherchieren, „Fakten" nachzuprüfen und objektiv darzustellen.[352] Enttäuschung über die mediale Repräsentation von Regierungshandeln verweist auf einen Wandel des Verständnisses von Politik. Noch in

---

[348] Thomas Ellwein, Der Staat als Zufall und als Notwendigkeit. Die jüngere Verwaltungsentwicklung in Deutschland am Beispiel Ostwestfalen-Lippe, Bd. 2: Die öffentliche Verwaltung im gesellschaftlichen und politischen Wandel 1919–1990, Opladen 1997, S. 345.
[349] Vgl. Wirsching, Abschied vom Provisorium, S. 56.
[350] Meier/Papenheim/Steinmetz, Semantiken des Politischen, S. 110.
[351] Vgl. Christoph Classen/Klaus Arnold, Von der Politisierung der Medien zur Medialisierung des Politischen? Zum Verhältnis von Medien, Öffentlichkeiten und Politik im 20. Jahrhundert, in: dies. u. a. (Hrsg.), Von der Politisierung der Medien zur Medialisierung des Politischen? Zum Verhältnis von Medien, Öffentlichkeiten und Politik im 20. Jahrhundert, Leipzig 2010, S. 11–26, hier S. 17 f.
[352] Vgl. Isabelle Borucki, Regieren mit Medien. Auswirkungen der Medialisierung auf die Regierungskommunikation der Bundesregierung von 1982–2010, Opladen 2014, S. 136–144.

den 1980er Jahren betrachtete ein großer Teil der professionellen politische Elite die Herstellung gesellschaftlicher Wirklichkeit als ihren Arkanbereich. Demgegenüber zwingt die Auffassung, dass das Politische kommunikativ und massenmedial überhaupt erst erzeugt wird, zu einer ganz anderen Attribuierung von *agency*. In der Steuerpolitik, jenseits der Themenfelder, auf denen die Protestbewegungen der etablierten Politik ihre Entscheidungskompetenz und Legitimation absprachen, zeigte sich mithin die Tendenz zur „Vergesellschaftung von Politik"[353]. Damit waren nicht allein die Spitzenpolitiker unzufrieden. Mittelbar erzeugten die Friktionen, die die widerstreitenden Erwartungen und Handlungslogiken von Koalitionsakteuren und Öffentlichkeit hervorriefen, Enttäuschung auch unter den Parteimitgliedern und Wählern der Regierungsparteien, wie die Reaktionen auf die Flugbenzinaffäre zeigen. Eine Erfahrungsgeschichte der Demokratie muss auch unter diesem Gesichtspunkt die Ambivalenzen berücksichtigen, die dem Trend zur „Vergesellschaftung" von Politik im 20. Jahrhundert innewohnten. Sie offenbaren sich nämlich nicht nur in den plebiszitären Elementen des Nationalsozialismus, sondern auch in negativen Erfahrungen, die die Ausweitung von Partizipationserwartungen und -chancen seit den 1970er Jahren erst ermöglicht hatte.

Während Akteurinnen und Akteure ihr Engagement insgesamt als demokratische Teilhabe erlebten, die ihnen gesellschaftspolitische Wirksamkeit und Handlungsmächtigkeit vermittelte, bereitete es zugleich auch Ohnmachtserfahrungen und Enttäuschungen. Auch darin kann man eine Parallele zwischen den kulturell so verschiedenen Sphären der Alternativbewegungen und der etablierten Politik erkennen. Bislang hat die Zeitgeschichtsschreibung in erster Linie Momente des Scheiterns als Auslöser derartiger Enttäuschungen identifiziert. Beispiele dafür sind das konstruktive Misstrauensvotum von 1972 gegen Willy Brandt (für die CDU und ihren Spitzenkandidaten Rainer Barzel), der Erfolg der Verfassungsgerichtsklage gegen die Indikationslösung beim Schwangerschaftsabbruch (aus Sicht der Frauenbewegung) und die Entscheidung des Bundestags im November 1983, die Stationierung atomarer Mittelstreckenraketen auf dem Gebiet der Bunderepublik zuzulassen (für die Friedensbewegung). Möglicherweise zogen solche spektakulären Momente gar nicht die gravierenden Enttäuschungen nach sich, die ihnen zugeschrieben werden.[354] Doch was ist mit Enttäuschungen, die in der demokratischen Alltagspartizipation von Bürgerinnen und Bürgern entstanden? Um deren Entstehung und Bewältigung geht es im abschließenden Kapitel.

---

[353] Classen/Arnold, Von der Politisierung der Medien zur Medialisierung des Politischen?, S. 15.
[354] Vgl. oben S. 147; Gotto, Enttäuschung als Politikressource, S. 19–22.

4. Engagement und Enttäuschung

In den 1960er bis 1980er Jahren wandelte sich die Demokratie als Herrschafts- und Gesellschaftsmodell grundlegend. In diese Phase fiel die dritte der von Samuel P. Huntington beschriebenen globalen Demokratisierungswellen des 20. Jahrhunderts.[1] Zugleich erlebten die etablierten Demokratien in den westlichen Gesellschaften Bürgerbewegungen, die mehr Selbstbestimmung, Transparenz, Partizipation und Kontrolle von Macht in allen Gesellschaftsbereichen forderten. Das Versprechen, mehr Demokratie zu wagen, die Forderung nach paritätischer Mitbestimmung in Großunternehmen, die Aufbrüche zur Befreiung der Frau waren insofern allesamt Ausdruck eines transnationalen Demokratiewandels, den Paul Nolte als „Einsickern einer demokratischen, das heißt hier vor allem: einer egalitären und partizipativen Kultur in alle Poren der Gesellschaft, auch des privaten Lebens"[2] bezeichnet hat. Die Selbstermächtigung von unten verhalf Akteurinnen und Akteuren zu einem neuen Selbstbewusstsein gegenüber den etablierten Eliten. Vor allem die Alternativbewegungen meldeten weitergehende Partizipationsansprüche an. So beanspruchten die Aktivistinnen der „Aktion 218" in einem offenen Brief an Justizminister Gerhard Jahn vom 10. Juli 1971, „nicht als Stimmvieh behandelt zu werden, sondern uns als aktive, politische Bürger zu artikulieren"[3]. Aber nicht nur in alternativen Inseln, sondern auch in der Mitte der bürgerlichen Gesellschaft wandelten sich Ausdrucksformen politischer Beteiligung und stiegen partizipative Ansprüche, die etwa in Bürgerinitiativen und einer signifikanten Zunahme von Massenpetitionen an den Bundestag ihren Niederschlag fanden.[4] Beispielsweise beriefen sich Anfang der 1970er Jahre Bürgerinitiativen gegen die geplante Gebietsreform in Nordrhein-Westfalen ausdrücklich auf das von der sozialliberalen Regierung propagierte Leitbild des mündigen, mitbestimmenden Bürgers, um die Vorgehensweise des Landtags und der Landesregierung als undemokratisch zu kritisieren.[5]

Diese Beispiele zeigen, dass die Erwartungen, welchen Rang der politische Wille der Bürgerinnen und Bürger in einer demokratisch organisierten Gesellschaft

---

[1] Vgl. Samuel P. Huntington, The Third Wave. Democratization in the Late Twentieth Century, Norman 1991.

[2] Paul Nolte, Jenseits des Westens? Überlegungen zu einer Zeitgeschichte der Demokratie, in: VfZ 61 (2013), S. 275–302, hier S. 285.

[3] Abgedruckt in Lenz (Hrsg.), Die neue Frauenbewegung, S. 81f., Zitat S. 82.

[4] Vgl. Habbo Knoch, Demokratie machen. Bürgerschaftliches Engagement in den 1960er und 1970er Jahren, in: Sabine Mecking/Janbernd Oebbecke (Hrsg.), Zwischen Legitimität und Effizienz. Kommunale Gebiets- und Funktionalreformen in der Bundesrepublik Deutschland in historischer und aktueller Perspektive, Paderborn 2009, S. 49–62; ders., „Mündige Bürger", oder: Der kurze Frühling einer partizipatorischen Vision. Einleitung, in: ders. (Hrsg.), Bürgersinn mit Weltgefühl. Politische Moral und solidarischer Protest in den sechziger und siebziger Jahren, Göttingen 2007, S. 9–53; Thomas Würtenberger, Massenpetitionen als Ausdruck politischer Diskrepanzen zwischen Repräsentanten und Repräsentierten, in: Zeitschrift für Parlamentsfragen 18 (1987), S. 383–394.

[5] Vgl. Mecking, Bürgerwille und Gebietsreform, S. 141, 150–152 u. 163f.

einnehmen sollte, deutlich stiegen. Doch die „Hochphase der demokratischen Euphorie"[6] ging schnell vorüber. Dieser Befund bestimmte jedenfalls lange Zeit die westdeutsche Historiografie zu den 1970er Jahren. Demnach folgten dem „kurzen Frühling einer partizipatorischen Vision"[7] zwischen 1968 und 1973/74 Jahre der Tristesse, Ernüchterung und umfassender Verunsicherung, was tiefe Spuren in der politischen Kultur hinterließ.[8] Insbesondere für Teile des linksintellektuellen Spektrums stellt die Forschung diese Diagnose: Sie seien von einer spezifisch „linken Melancholie" ergriffen gewesen, im Rückblick gälten für sie sogar die gesamten 1970er Jahre als „Jahrzehnt der Enttäuschung", was nicht zuletzt auf einen „utopischen Erwartungsüberschuss" zurückgehe, welchen die partizipatorische Aufbruchsstimmung zuvor generiert habe.[9] In welchem Maße diese Charakterisierungen zutreffen und ob sie sich auf weitere Kreise politisch interessierter und aktiver Bürgerinnen und Bürger ausweiten lassen, ist Thema dieses Kapitels. Im Zentrum stehen die Erfahrungen der Engagierten im demokratischen Alltag während der 1970er und 1980er Jahre. Politisches Engagement soll dabei in einem weiten Sinne als Einmischung von unten verstanden werden. Gemeint sind damit sowohl die regelmäßige Teilnahme an Diskussions- und Willensbildungsprozessen im Rahmen etablierter politischer Organisationen wie auch das episodische Engagement in loser Form und schließlich die Beteiligung an Aktionsformen der Neuen sozialen Bewegungen. Auf diesen Feldern werden im Folgenden Enttäuschungen untersucht, die aus den skizzierten Erwartungen resultierten.

Bezogen waren diese auf das Verhältnis von Individuum und Gesellschaft in der demokratischen Herrschaftsordnung. Politische Partizipation und soziale Integration gingen Hand in Hand; Enttäuschungen über mangelhafte Teilhabechancen hatten, so die Ausgangshypothese, ihre Entsprechung in der Wahrnehmung von Ausgrenzung. Daher wird neben der Verletzung von demokratischen Prinzipien auch der Bruch von Gemeinschaftlichkeit als Auslöser von Enttäuschungserfahrungen analysiert.

4.1 Der Bruch von Gemeinschaftlichkeit

Die Abgehobenheit der politischen Führung

Während der 1970er und 1980er Jahre erlebten SPD und CDU ihre Blütezeit als Volksparteien.[10] Ihre Bindungskraft und Kohäsionsfähigkeit drückten sich sowohl

---

[6] Nolte, Was ist Demokratie, S. 355.
[7] Knoch, „Mündige Bürger", S. 53.
[8] Vgl. Conze, Die Suche nach Sicherheit, S. 545–578; Axel Schildt/Detlef Siegfried, Deutsche Kulturgeschichte. Die Bundesrepublik – 1945 bis zu Gegenwart, München 2009, S. 277–302 u. 365–385.
[9] Zitate: Reimann, Abschiedsbriefe der Bewegung, S. 262 f.; März, Linker Protest, S. 72; Verheyen, Diskussionslust, S. 260.
[10] Vgl. Bösch/Gieseke, Wandel des Politischen, S. 51 ff.

in einer erdrückenden Dominanz bei den Bundestagswahlen als auch in ihrer Mitgliederentwicklung aus. Union und Sozialdemokratie absorbierten in den fünf Bundestagswahlen zwischen 1969 und 1983 zwischen 87,1 und 91,2% der Stimmen, 1987 waren es noch immer 81,3%. In den Ländern sah es nur unwesentlich anders aus. Beide Parteien wuchsen während der 1970er Jahre so schnell und stark an wie nie zuvor und nie wieder danach. Zur SPD, die 1963 noch rund 650 000 Mitglieder zählte, bekannten sich elf Jahre später mehr als eine Million Genossinnen und Genossen, bis Ende der 1980er Jahre sank ihre Mitgliederstärke nicht unter die Schwelle von 900 000. Die CDU erlebte auf niedrigerem Niveau einen ebenso deutlichen Zuwachs. Sie verdreifachte nahezu ihre Mitgliederbasis von rund 250 000 zu Beginn der 1960er Jahre und lag während der gesamten 1980er Jahre stabil über 700 000 Mitgliedern. Beide Parteien verfügten über eine tiefgestaffelte Organisationsstruktur. Zwischen Parteiführung und einfachen Mitgliedern lagen bis zu fünf Hierarchiestufen vom Ortsverband bis zum Bundesvorstand, die sich in den Fachgliederungen reproduzierten. Beide Parteien integrierten ein breites weltanschauliches und soziales Spektrum, beide beanspruchten, allen Teilen der Gesellschaft ein attraktives politisches Angebot zu bieten.

Trotz ihrer offenkundigen Heterogenität und bürokratischen Struktur inszenierten sich beide Parteien als Gemeinschaft. Diese Selbstdarstellung bezog sich auf die Grundwerte, aus denen SPD und CDU/CSU ihre Politikentwürfe ableiteten, und sie umschloss eine emotionale Ebene. In der SPD drückte sich dies beispielsweise im vertrauten „Du" aus, mit dem sich Genossen über alle Hierarchiegrenzen hinweg anredeten, und in Ritualen wie dem gemeinsamen Singen des Liedes „Wann wir schreiten Seit an Seit" am Ende eines jeden Parteitags. Die CDU trug das verbindende Element bereits im Namen; im Ludwigshafener Grundsatzprogramm von 1978 präsentierte sie sich als „Antwort auf die Zerrissenheit der Demokraten in der Weimarer Republik"[11]. Die SPD definierte sich in ihrem Godesberger Programm von 1959 als „Gemeinschaft von Menschen", deren Übereinstimmung auf „gemeinsamen sittlichen Grundwerten und gleichen politischen Zielen" beruhe.[12] Solche Beschwörungen verweisen auf den enormen Stellenwert von sozialharmonischen Ordnungsmodellen für die politische Kultur in der Bundesrepublik Deutschland.[13] Die starke Betonung von Gemeinschaftlichkeit und Wertorientierung der beiden großen Volksparteien formte spezifische Erwartungen der Parteimitglieder. Sie waren aus der Position der Opposition heraus verhältnismäßig leicht einzulösen, wurden jedoch starken Belastungen un-

---

[11] Grundsatzprogramm der Christlich Demokratischen Union Deutschlands. Verabschiedet auf dem 26. Bundesparteitag, Ludwigshafen, 23.–25. Oktober 1978, o. O. 1978, S. 1, http://www.kas.de/upload/ACDP/CDU/Programme_Beschluesse/1978_Grundsatzprogramm_Ludwigshafen.pdf (12.5.2016).

[12] Grundsatzprogramm der Sozialdemokratischen Partei Deutschlands von 1959, abgedruckt in: Münkel (Hrsg.), „Freiheit, Gerechtigkeit, Solidarität", S. 220.

[13] Vgl. Paul Nolte, Die Ordnung der Deutschen. Selbstentwurf und Selbstbeschreibung im 20. Jahrhundert, München 2000, S. 160–162, 386–390 u. 407f.; Christian Bailey, Zusammenfühlen – zusammen fühlen?, in: Ute Frevert u. a., Gefühlswissen. Eine lexikalische Spurensuche in der Moderne, Frankfurt am Main 2011, S. 201–231, hier S. 216–220.

terzogen, wenn die programmatischen Ansprüche mit den Kompromissen und Handlungszwängen der Regierungsverantwortung kollidierten.

Regelmäßig führte dieser Zusammenstoß zu Vorwürfen aus den unteren Parteigliederungen, die Führung missachte den Willen der Parteibasis, verwässere die Grundwerte der Partei und besitze keine Fühlung mehr mit den Interessen und Wünschen der Bevölkerung. „,Die da oben' machen sowieso, was sie wollen. Wenn sie einmal gewählt sind, dann sind sie ganz weit weg und für ‚die da unten' kaum noch ansprechbar"[14], lautete der über alle Parteigrenzen austauschbare Allgemeinplatz dieser Politikerschelte. Ein Beispiel dafür ist der Sturm der Entrüstung in den Unionsparteien über die Entscheidung der Bundesregierung, die Steuerbefreiung für Flugbenzin auf Privatflieger auszuweiten.[15] Genauso war es zehn Jahre zuvor der SPD mit der sogenannten Rentenlüge ergangen. Nachdem die Sozialdemokraten im Wahlkampf von 1976 bekräftigt hatten, die Rentenfinanzierung sei gesichert und die Renten würden dementsprechend turnusgemäß zum 1. Juli 1977 erhöht, beschlossen sie bei den Koalitionsverhandlungen, die anstehende Rentenanpassung um ein halbes Jahr zu verschieben. Daraufhin brach eine Flut von Protest und Empörung auf die SPD herein, die die Bundesregierung zu einer Kurskorrektur zwang.[16] Besonders unvorteilhaft erwies sich die zeitliche Koinzidenz mit einer Diätenreform, die die Abgeordnetenbezüge an der Besoldungsstufe von Bundesrichtern orientierte. Ebenso wie bei der Flugbenzinsteuer verpufften alle „sachlichen" Argumente für die Neuregelung wirkungslos angesichts der Perzeption von schreiender Ungerechtigkeit: Während die Politiker bei den sozial Schwächsten sparten, füllten sie sich selbst ungeniert die Taschen, lautete der plakative Vorwurf.

Die Genossen an der Basis erblickten im Rentendebakel ein Menetekel für einen fundamentalen Glaubwürdigkeitsverlust ihrer Partei. Das Regierungshandeln stand für sie im Gegensatz zur Erwartung, dass die SPD sich für soziale Gerechtigkeit und die Belange der kleinen Leute einzusetzen habe. Zorn, Empörung und Enttäuschung der Parteifunktionäre an der Basis entzündeten sich sowohl an dieser Diskrepanz als auch an deren Folgen, denn als die Leidtragenden sahen sie sich selbst: „Am Arbeitsplatz, in der Stammkneipe, im Sportverein usw. begegnet

---

[14] Gabriele Krone-Schmalz, Meinung von SPD-Mitgliedern über ihre Partei, in: Monitor, ARD, 14.4.1987 (bei 6:10). Empirische Studien über die kommunikative Vernetzung der Bundestagsabgeordneten in ihren Wahlkreisen widerlegen dieses Vorurteil. Dahinter stand eine eklatante Differenz zwischen Selbstbild der Abgeordneten und Fremdbild der Bevölkerung; vgl. Werner J. Patzelt/Karin Algasinger, Abgehobene Abgeordnete? Die gesellschaftliche Vernetzung der deutschen Volksvertreter, in: Zeitschrift für Parlamentsfragen 32 (2001), S. 503–527, hier S. 523–525.

[15] Vgl. oben S. 277 ff.

[16] Die Erhöhung erfolgte wie ursprünglich vorgesehen zum 1. Juli 1977, dafür wurde die darauffolgende Anpassung verschoben, d.h. die angestrebte Einsparung lediglich hinausgezögert. Vgl. zu den Finanzierungsschwierigkeiten der gesetzlichen Rentenversicherung und ihren politischen Implikationen ausführlich hier Winfried Schmähl, Sicherung bei Alter, Invalidität und für Hinterbliebene, in: Martin H. Geyer (Hrsg.), Bundesrepublik Deutschland 1974–1982. Neue Herausforderungen, wachsende Unsicherheiten, Baden-Baden 2008 (= Geschichte der Sozialpolitik in Deutschland seit 1945; 6), S. 393–514, hier S. 410–437.

man dem gerechten Zorn unserer SPD-Mitglieder und Freunde. Darüberhinaus ist man ständig dem Spott und den hämischen Angriffen politisch Andersdenkender ausgesetzt"[17], klagte ein Ortsverein aus Dortmund. Klaus Zwickel, der spätere IG-Metall-Vorsitzende und zu diesem Zeitpunkt Leiter der Verwaltungsstelle Neckarsulm, nutzte die Zuschreibung von Enttäuschung als Argument, um den Kurs der sozialliberalen Bundesregierung grundsätzlich in Zweifel zu ziehen: „Insgesamt erscheint die bisherige sozialdemokratische Regierungsarbeit für weite Teile der Bevölkerung als Enttäuschung". Genossinnen und Genossen an der Basis blamierten sich, wenn sie Positionen verträten, die von Führungsleuten wenig später wieder über den Haufen geworfen würden.[18] Ein hessischer Sozialdemokrat echauffierte sich darüber, dass „das gesamte Regierungsprogramm umgesetztes FDP-Denken ist und man in entscheidenden Fragen verzweifelt nach sozialdemokratischen Positionen sucht. [...] Als sozialdemokratischer Kommunalpolitiker muß man sich schämen und kann sich inmitten des allgemeinen Hohngelächters und der enttäuschten Wut kaum noch sehen lassen."[19] Zu dem unmittelbaren Prestigeverlust trat noch das Gefühl hinzu, von der eigenen Parteiführung im Stich gelassen zu werden. „Was sollen unsere Opfer an Zeit, die wir hier ehrenamtlich gebracht haben und noch bringen, wenn in Bonn gehandelt wird, als ob es keine Mitglieder gäbe", fragte ein Sozialdemokrat aus dem württembergischen Aalen.[20] Aus dieser Perspektive hatten die vielen Engagierten ein moralisches Anrecht auf Unterstützung und Anerkennung durch ihre Spitzenpolitiker.

Derartige Klagen und Selbstbeschreibungen brachten mehr als nur politischen Dissens zum Ausdruck – sie verweisen auf gestörte soziale Beziehungen. Offensichtliches Versagen der politischen Führung beschädigte das persönliche Ansehen der Engagierten auf lokaler Ebene in deren sozialem Nahraum. Die Absender fühlten sich in ihrer Würde getroffen. Sie waren enttäuscht, weil ihre Galionsfiguren sie lächerlich machten. Die immer wiederkehrenden Bekundungen von Scham zeigen, dass die so oft beschworene Gemeinschaftlichkeit in der Großorganisation emotionale Bindungsfolgen hatte. Denn Scham entsteht, wie der Soziologe Sighard Neckel dargelegt hat, aus der Friktion von Selbst- und Fremdwahrnehmung. Er beschreibt Scham als „soziale Angst", hervorgerufen von der Verletzung von Normen, die das Individuum als Bestandteil des Selbstbildes verinnerlicht hat. Scham signalisiert eine Bedrohung des Selbstbildes auf drei Ebenen: in der Kohärenz als Akteur, in der Akzeptanz der Mitmenschen und in der Integrität der Per-

---

[17] AdsD SPD-Parteivorstand 2/PVEK0000058, SPD Ortsverein Gartenstadt Jungferntal-Rahm an SPD-Parteivorstand, 17.1.1977.

[18] AdsD SPD-Parteivorstand 2/PVEK000062, Klaus Zwickel (SPD-Kreisverband Heilbronn-Stadt) an SPD-Vorstand, 26.1.1977.

[19] AdsD SPD-Parteivorstand 2/PVEK0000067, Elmar Stracke (SPD-Ortsverein Neuberg) an SPD-Parteivorstand, 26.1.1977. Als „beschämend" beschrieb auch eine Resolution eines niederrheinischen Ortsvereins die Wirkung der Regierungspolitik: AdsD SPD-Parteivorstand 2/ PVEK000065, SPD Ortsverein Linnich an SPD-Parteivorstand, 18.1.1977.

[20] AdsD SPD-Parteivorstand 2/PVEK000056, Gottfried Schmid (SPD Geschäftsstelle Aalen) an Egon Bahr, 26.1.1977.

son.[21] Lange bevor der Ausdruck „Fremdschämen" geläufig wurde, löste die Verletzung von politisch-moralischen Wertvorstellungen durch führende Sozialdemokraten bei ihren Gefolgsleuten an der Basis Schamgefühle aus. Dies verweist auf die Bedeutung von Identifikation mit einem verinnerlichten Wertekonsens, der Teil des Selbstbildes der Engagierten war. Die Engagierten erwarteten, dass ihre Führungsfiguren in Übereinstimmung mit Normen agierten, die sie selbst ebenfalls anerkannten und verteidigten. Eine Verletzung solcher Normen implizierte eine Herabsetzung ihrer eigenen Person, weil auch die Engagierten an der Basis sich als Repräsentanten derselben Wertideen verstanden.

Kritik an der Unsensibilität der politischen Elite für die Erwartungen und Empfindungen der Bürgerinnen und Bürger, Ärger der rangniedrigsten Funktionärsschicht über die Skandale des politischen Führungspersonals, Enttäuschung über Glaubwürdigkeitsverluste als Folge von übergroßer Nachgiebigkeit gegenüber dem Koalitionspartner oder der vermeintlichen Kapitulation vor „Sachzwängen" gehörten zum Regierungsalltag. Die Enttäuschungsäußerungen, die das gebrochene Wahlversprechen an die Rentner in den Reihen der SPD auslöste, lassen sich nicht auf besondere Wertmaßstäbe an politische Integrität im Vergleich zur CDU zurückführen; in der Union rumorte es Mitte 1985 nach einer ganzen Kette von Pannen, Affären und Wahlniederlagen in ganz ähnlicher Weise.[22] Kohl beschrieb die Stimmung in der Partei als Mischung aus Resignation, Depression und Zorn.[23] Die Klagen an der CDU-Basis waren dieselben wie Anfang 1977 unter den SPD-Funktionären: Das Erscheinungsbild der eigenen Partei sei so miserabel, dass man selbst bei Gesinnungsfreunden „nur noch Mitleid oder Spott"[24] ernte.

Zwei Jahre später war die Stimmung in der Union auf einem neuerlichen Tiefpunkt. In dieser Situation griff Helmut Kohl zu einer ungewöhnlichen Maßnah-

---

[21] Vgl. Sighart Neckel, Status und Scham. Zur symbolischen Reproduktion sozialer Ungleichheit. Frankfurt am Main 1991; ders., Achtungsverlust und Scham. Die soziale Gestalt eines existentiellen Gefühls, in: Hinrich Fink-Eitel/Georg Lohmann (Hrsg.), Zur Philosophie der Gefühle. Frankfurt am Main 1993, S. 244–265.

[22] Bei den Landtagswahlen in Nordrhein-Westfalen am 12. Mai 1985 büßte die CDU 6,7% der Stimmen ein und sank unter die Marke von 40% ab, während die SPD die absolute Mehrheit gewann. Der Ansehensverlust der CDU ging auf die Parteispendenaffäre infolge der illegalen Zuwendungen des Flick-Konzerns an CDU, FDP und SPD („Pflege der Bonner Landschaft") sowie die durchsichtigen Versuche Kohls zurück, seine Mitwisserschaft über das Finanzierungs- und Geldwäschesystem zu verschleiern und die strafrechtliche Verfolgung durch ein Amnestiegesetz zu verhindern. Dazu und zu weiteren Affären wie dem Treffen des Kanzlers mit US-Präsident Reagan auf dem Soldatenfriedhof von Bitburg vgl. Wirsching, Abschied vom Provisorium, S. 65–79. Zur internen Kritik aus der CDU vgl. zeitgenössisch Walter Erasmy, Bonner Stimmungstief – Helmut Kohl und seine Union, in: Im Brennpunkt, ARD, 19. 6. 1985 (bei 6:25); Werner Filme/Heribert Schwan, Der Wendekanzler – Beschreibungen, Begegnungen, in: ARD, 14. 11. 1985 (bei 2:30).

[23] ACDP 08-001-1074/1, Protokoll der Sitzung der CDU-Bundestagsfraktion Nr. 68 vom 11. Juni 1985, 11. 6. 1985, S. 16.

[24] ACDP 08-001-613/1, Bertold Sekora (CDU Gemeindeverband Rabenau) an Helmut Kohl, 15. 7. 1985. Vgl. die ähnlichen Vorwürfe und Appelle in ebd., Helmut Engelmann (Vorsitzender des CDU-Gemeindeverbands Schauenburg) an die CDU/CSU-Bundestagsfraktion, 21. 8. 1984; ebd., Siegfried Wolf (Vorsitzender des CDU-Gemeindeverbands Schönbuch) an die CDU/CSU-Bundestagsfraktion, 12. 7. 1985; ACDP 08-001-610/2, Alfons Ax (CDU-Kreisverband Lippe) an den Vorstand der CDU-Bundestagsfraktion, 22. 5. 1985.

me. Sie zeigt, wie die Inszenierung von Verbundenheit und Wertschätzung sogar die Materialität der Kommunikationsmedien bestimmen konnte. Jedes CDU-Mitglied erhielt einen individuell adressierten und frankierten Brief des Parteivorsitzenden mit ermutigenden Botschaften. Solche Schreiben verfehlten allerdings häufig ihre Wirkung, weil sie offenkundig seriell hergestellt waren und dadurch unpersönlich wirkten. Um diesen Eindruck zu vermeiden, wurden Schablonen hergestellt, durch die Kohls Unterschrift mit echter Tinte auf das Papier aufgetragen wurde. So konnte jeder Empfänger, wie der zuständige Abteilungsleiter des Adenauerhauses erklärte, „mit dem nassen Finger drüberstreichen [...], um zu sehen: ‚Aha! Der liebe Helmut Kohl hat mir persönlich einen Brief geschrieben und auch unterschrieben'".[25] Der Aufwand der Inszenierung zeigt, welchen Stellenwert Kohl dem Gefühl von Nähe und Gemeinschaftlichkeit für seine innerparteiliche Stellung zumaß. Die Aktion kostete rund 800 000 DM. Das Geld dafür nahm Kohl aus illegalen Parteispenden, die er über ein System schwarzer Kassen für Parteizwecke einsetzte.

Gemeinschaftlichkeit hatte eine große Bedeutung für das Selbstbild der Engagierten, denn ohne das Gefühl, ernst genommen zu werden, verlor ihr Engagement seinen Sinn. Wenn Spitzenpolitiker die Glaubwürdigkeit ihres Einsatzes desavouierten, erlebten die ehrenamtlichen Funktionärinnen und Funktionäre dies als tiefgreifenden „Bruch"[26]: Solche Erlebnisse unterminierten sinnstiftende Deutungsrahmen und Selbstgewissheiten gleichermaßen. Derartige Brüche und die Enttäuschung darüber waren jedoch nichts Außergewöhnliches, sondern „part and parcel" der Erfahrungswelt der Engagierten. Indem sie sich über das Fehlverhalten ihrer Führungsleute beklagten, unternahmen sie den ersten Schritt, um die emotionale Gemeinschaft mit ihnen wiederherzustellen.

Streit

In der Alltagserfahrung von „ganz normalen Engagierten" war Enttäuschung in den 1970er und 1980er Jahren eine treue Begleiterin. So vielfältig die Auslöser dabei auch waren – ein Grund kehrt immer wieder: Öffentlich ausgetragener Streit, verletzendes Verhalten von Mitstreitern, Uneinigkeit und Ausgrenzung in den eigenen Reihen lösten regelmäßig Enttäuschung aus.

Die Mitglieder und die ehrenamtlichen Funktionäre der beiden großen Volksparteien erwarteten von ihren Führungsfiguren Harmonie und Geschlossenheit. Wenn Spitzenpolitiker Machtkämpfe und Interessengegensätze in der Öffentlichkeit ausfochten, intervenierte das Fußvolk der Parteien regelmäßig, weil der Ansehensverlust auf sie zurückzufallen drohte. Im ersten Kabinett Brandt waren die Rivalitäten unter den Ministern ein Dauerthema. Einen Höhepunkt erreichte die

---

[25] Stephan Lamby/Egmont R. Koch, Bimbes. Die schwarzen Kassen des Helmut Kohl, SWR, 5.12.2017 (48:40–50:21).
[26] Vgl. zum Konzept von „rupture" als Alltagserfahrung Andrew Stewart Bergerson u. a., Wende, in: ders./Schmiding (Hrsg.), Ruptures of the Everyday, S. 1–32, hier S. 22 f. (das folgende Zitat S. 23).

schlechte Stimmung, als Finanzminister Karl Schiller nach monatelangen Auseinandersetzungen insbesondere mit Schmidt am 7. Juli 1972 zurücktrat und dies mit der Illoyalität seiner Kabinettskollegen und dem fehlenden Rückhalt beim Bundeskanzler begründete.[27] Als sein Demissionsgesuch veröffentlicht wurde, folgte eine wochenlange Schlammschlacht, in der vor allem Wehner kein gutes Haar an Schiller ließ. Sozialdemokraten an der Basis reagierten „bestürzt und verbittert", äußerten „Verzweiflung [...] über die Sucht nach Selbstzerstörung", fanden das Schauspiel ihrer Spitzenpolitiker sogar „widerlich", weil „die oftmals mit persönlichen Opfern verbundene Tätigkeit vieler Genossinnen und Genossen in der Basisarbeit durch Eigenbröteleien einiger weniger in der Führung wieder zunichte gemacht wird"[28].

Solche Klagen wiederholten sich in der Regierungskrise im Frühjahr 1974, die zum Rücktritt des Bundeskanzlers führte. Vor allem dass sich Spitzenpolitiker mehr oder weniger offen an der Demontage des Regierungschefs beteiligten, sorgte für „Frustration" unter den Genossen.[29] Derartige Reaktionen waren weder eine Besonderheit der Sozialdemokraten noch typisch für die Partei, die an der Regierung war. Das zeigen die Klagen von CDU-Funktionären in einem Machtkampf, den die Führungsspitze der Union 1979 austrug. Ausgelöst hatte ihn die Forderung von Kurt Biedenkopf, Partei- und Fraktionsvorsitz zu trennen, was offensichtlich darauf abzielte, Helmut Kohl zu schwächen, der beide Ämter innehatte.[30] Hintergrund der Auseinandersetzung war die Rivalität zwischen Kohl und Strauß um die Spitzenkandidatur im Bundestagswahlkampf von 1980. Als Biedenkopfs Vorstoß durch eine gezielte Indiskretion publik wurde, eskalierte der Machtkampf zu einer öffentlichen Schlammschlacht; die drei Protagonisten warfen sich in den Medien gegenseitig Unfähigkeit und Lüge vor.

Daraufhin richteten die Ortsfunktionäre bittere Klagen an die Parteiführung. Von „großer Enttäuschung", „zunehmender Resignation" und „Verbitterung" unter den Mitgliedern bis hin zu Parteiaustritten berichteten die lokalen CDU-Vorsitzenden.[31] Sie forderten Solidarität der Führung mit der Basis ein und verlangten, dass die verantwortlichen Spitzenpolitiker einander mit Respekt, Fair-

[27] Vgl. zu den Hintergründen des Rücktritts Torben Lütje, Karl Schiller (1911–1994). „Superminister" Willy Brandts, Bonn 2007, S. 322–324 u. 330–346; zur öffentlichen Debatte, die dem Rücktritt folgte, ebd., S. 349–352.

[28] Zitate: AdsD SPD-Parteivorstand 2/PVCO000107, SPD Ortsverein Gallus an den Bundesvorstand der SPD, 12.7.1972; ebd., SPD Ortsverein Ibbenbüren an Herbert Wehner, 12.7.1972; ebd., SPD Unterbezirk Kreis Erbach/Odenwald an Holger Börner, 10.7.1972.

[29] AdsD SPD-Parteivorstand 2/PVCO000108, SPD Kreisverband Rastatt an die Bundestagsfraktion der SPD, 13.4.1974.

[30] Vgl. Guido Hitze, Verlorene Jahre? Die nordrhein-westfälische CDU in der Opposition 1975–1995, Bd. 1: 1975–1985, Düsseldorf 2010, S. 104–122; Hans-Otto Kleinmann, Geschichte der CDU 1945–1982, Stuttgart 1993, S. 427f.

[31] ACDP 01-446-A555, Meinhard Wichmann (Vorsitzender des CDU-Stadtverbands Leverkusen) an Helmut Kohl, 25.1.1979; Elmar Widera (Vorsitzender CDU Kreis Leverkusen) an Helmut Kohl, 26.12.1979; Berthold Tönnes (Vorsitzender des CDU-Ortsverbands Kirchhellen) an Kurt Biedenkopf, 1.2.1979; CDU-Ortsverbände Sasbach und Jechtingen an Biedenkopf, Kohl und Geißler, 4.2.1979.

ness und Kameradschaftlichkeit begegnen sollten. Der Vorsitzende der Union im rheinland-pfälzischen Wirges warf Biedenkopf fast wörtlich dasselbe vor, was sozialdemokratische Funktionäre nach dem Rücktritt Schillers beklagt hatten: „Als ehrenamtlicher Funktions- und Mandatsträger [...] muß man sich tatsächlich fragen, ob es sinnvoll ist, weiterhin Freizeit zu opfern, die Familie zu vernachlässigen, Geld zu investieren, usw, um der CDU zum Erfolg zu verhelfen, wenn das, was an der ‚Basis‘ in jahrelanger harter Kleinarbeit erreicht wurde, von Ihnen mit einem Schlag kaputtgemacht wird."[32] Die Enttäuschung und Empörung der ehrenamtlichen Funktionäre von SPD und CDU auf lokaler Ebene entsprangen, wie diese Beispiele illustrieren, dem Gefühl, um den Lohn ihrer Leistungen geprellt zu werden: Die Eskapaden der Führung machten die Früchte ihrer Anstrengungen zunichte. Da die Engagierten für ihre Kärrnerarbeit keine Bezahlung erhielten, war der immaterielle Lohn umso bedeutsamer.[33] Er bestand darin, an den Erfolgen der Partei zu partizipieren: im Bewusstsein, den eigenen Spitzenpolitikern mit zur Macht verholfen zu haben, aber auch in dem Prestigegewinn vor Ort. Beide Formen symbolischer Anerkennung verwandelten sich in ihr Gegenteil, wenn die Parteiführung versagte, denn dann färbte deren Ansehensverlust auf ihre Anhänger ab, die sich für sie exponiert und eingesetzt hatten.

Besondere Relevanz hatten Erwartungen über die Art und Weise des persönlichen Umgangs mit Konflikten in der Politik bei den Grünen. Ihr Selbstverständnis als „Anti-Parteien-Partei" bezog seine Legitimation aus der Kritik am politischen Stil der etablierten politischen Institutionen und ihrer Repräsentanten.[34] Galionsfigur der Forderung nach einer sanften, wertschätzenden und dezidiert emotionalen Form des politischen Handelns war Petra Kelly. Sie setzte im Februar 1982 einer politischen Praxis, die sie als „Welt von Beute, Erlegtes, Jagen, Unterdrücken, Austricksen, Dominieren, Panzern, Absichern, Einengen" kennzeichnete, einen Verhaltenskodex entgegen, der „Achtung, Toleranz, Zärtlichkeit, Vertrauen, Sanftheit, Herrschaftsfreiheit, Herzlichkeit, Aufrichtigkeit"[35] umschloss. Gerichtet war diese Forderung an den eigenen Bundesvorstand. Wie hart, intrigant und persönlich verletzend die Delegierten der Grünen dort und wenige Monate später als Mitglieder der ersten Bundestagsfraktion miteinander umgingen, spiegelt die tiefen inhaltlichen Gräben und die vielen noch nicht ausgetragenen Macht- und Strategiekonflikte in diesem heterogenen Gebilde wider.[36]

---

[32] Ebd., Bernd Himmer an Kurt Biedenkopf, 12.1.1979; vgl. auch ebd., Helmut Klöckner (Vorsitzender des CDU-Ortsverbands Weinähr-Winden) an Kurt Biedenkopf, 18.1.1979; ebd., Hermann Stupf (Vorsitzender des CDU-Gemeindeverbands Plankstadt) an den Bundesvorstand der CDU, 5.2.1979.
[33] Vgl. dazu Hirschman, Engagement und Enttäuschung, S. 93 f.
[34] Vgl. dazu ausführlich Silke Mende, „Nicht rechts, nicht links, sondern vorn". Eine Geschichte der Gründungsgrünen, München 2011, S. 359–362 u. 458–467.
[35] AGG PKA 967, Petra Kelly an den Bundesvorstand der Grünen, 3.2.1982; ähnliche Appelle bereits ebd., Petra Kelly an den Bundesvorstand der Grünen, 3.7.1979. Vgl. auch Mende, „Nicht rechts, nicht links, sondern vorn", S. 472.
[36] Vgl. ebd., S. 472–474; Wirsching, Abschied vom Provisorium, S. 122–127.

Der Streit unter den Grünen delegitimierte ihr politisches Projekt in den Augen ihrer Anhänger zutiefst. Kelly selbst erklärte 1983 und 1984 mehrfach in Interviews für die „taz", die „Frankfurter Rundschau" und die „Quick", dass sie über den internen Streit und die Erfahrung von Intoleranz, Aggressivität und Zynismus in den eigenen Reihen „tief enttäuscht" sei.[37] Der Pressesprecher der Grünen im Bundestag Heinz Suhr bezeichnete das Diskussionsklima der Fraktionssitzungen als „gnadenlos"[38]. Für die Mitglieder der Grünen Partei und ihre Sympathisanten war der Dauerstreit eine Katastrophe, denn er machte, wie ein Arzt aus Mannheim schrieb, die „Hoffnungen auf einen neuen Stil in der Politik: auf die Verwirklichung von Toleranz, Fairneß, Menschlichkeit, Freundschaft und Solidarität im Umgang miteinander und außerhalb der Partei"[39] zunichte. Zahlreiche Mitglieder verließen die Partei explizit aus Enttäuschung darüber, dass die Grünen diesen Anspruch so eklatant verfehlten.[40] Die schroffen Konfrontationen unterminierten zudem ihre Glaubwürdigkeit als politische Kraft (vgl. Abb. 19): „Wie wollen die Grünen", fragte eine 16-jährige Sympathisantin Ende 1983, „ihre Forderungen nach Frieden und Gewaltfreiheit durchsetzen, wenn sie nicht einmal in der Lage sind innerhalb ihrer eigenen Partei einen Umgang im Sinne einer friedlichen und toleranten Verhaltensweise zu zeigen?"[41]

Für die Anhänger der Neuen sozialen Bewegungen und auch für die Grünen zu Beginn der 1980er Jahre gehörte die emotionale Vergemeinschaftung zum Kern ihres Politikverständnisses. Dahinter stand die Überzeugung, dass die nach Herkünften, Ansichten und Zielen so heterogenen und überdies dezentral organisierten Bewegungen nur dann politische Durchsetzungskraft erreichen konnten, wenn sie sich als einmütige Willens- und Aktionsgemeinschaft präsentierten. Außerdem waren sie für die einzelnen Anhängerinnen und Anhänger auch der soziale Erfahrungsraum, in dem die alternativen Vergemeinschaftungsformen ihre Glaubwürdigkeit beweisen mussten.

Streit, Ausgrenzungen und Zersplitterung unter den Engagierten waren ein schmerzhaftes Dauerthema in allen Neuen sozialen Bewegungen.[42] Schlimmer als

---

[37] Vgl. Saskia Richter, Die Aktivistin, München 2010, S. 224. „Zutiefst enttäuscht" beklagte Kelly Misstrauen und Missgunst auch in einem offenen Brief an die Fraktion und Führungsgremien sowie die Mitglieder der Grünen vom April 1983; gekürzt abgedruckt in: Josef Boyer/Helge Heidemeyer (Bearb.), Die Grünen im Bundestag. Sitzungsprotokolle und Anlagen 1983–1987, Erster Halbband: Januar 1983–März 1984, Düsseldorf 2008, S. 107–111, hier S. 107.
[38] Heinz Suhr an die Fraktionärinnen und Fraktionäre, 7.9.1983, abgedruckt ebd., S. 233 f., hier S. 233.
[39] AGG PKA 964, Walter Baumhauer an Dieter Burgmann, 2.2.1981.
[40] Z. B. AGG PKA 965, Ursula Alverdes an Bundesvorstand und Bundeshauptausschuss der Grünen, o. D. [1981]; ebd., Willy Siemers, Jens Drewitz und Gunter Held an Bundesvorstand und Bundeshauptausschuss der Grünen, 17.2.1981; ebd., Jette Riewerts an den Bundesvorstand der Partei (Petra Kelly, Dieter Burgmann, Norbert Mann), 24.2.1981.
[41] AGG PKA 1867, Tine Sperner an Petra Kelly, 26.12.1983.
[42] Vgl. Kap. 2.1. Ein Beispiel in der Schwulenbewegung ist der „Tuntenstreit" während der ersten Hälfte der 1970er Jahre; vgl. dazu Craig Griffiths, Konkurrierende Pfade der Emanzipation. Der Tuntenstreit (1973–1975) und die Frage des „respektablen Auftretens", in: Andreas Pretzel/ Volker Weiß (Hrsg.), Rosa Radikale. Die Schwulenbewegung der 1970er Jahre, Hamburg

Abb. 19: Karikatur von Horst Haitzinger über die Zerstrittenheit der Grünen
© Horst Haitzinger; Quelle: tz, 24.3.1980, S. 2. Bildunterschrift im Original: „Glaubst Du sicher, daß wir in dieser Arche gerettet sind?"

die inhaltlichen Differenzen empfanden die Engagierten oftmals die Formen der Auseinandersetzungen. Bei mehreren Friedensmärschen erreichten die gegenseitigen Aggressionen der Teilnehmenden solche Ausmaße, dass einzelne Aktivistinnen ausstiegen. Auch diejenigen, die bis zum Ende mitliefen, waren niedergeschlagen und desillusioniert.[43] Ausgrenzung und Misstrauen vergällten auch in vielen anderen Aktionen der Friedensbewegung den Engagierten ihre Mitarbeit, sorgten für Enttäuschung und trieben Aktivisten dazu, sich zurückzuziehen.[44] Solche Beispiele zeigen, dass Gemeinschaftlichkeit als Voraussetzung für politischen Erfolg und als Fundament des eigenen Engagements galt.

Aber zweckrationale Beweggründe allein können die Enttäuschung nicht erklären, die der Bruch von Gemeinschaftlichkeit hervorrief. Die Engagierten hatten zudem das Bedürfnis nach Harmonie und emotionalem Einvernehmen mit ihren

---

2012, S. 143–159. Als zeitgenössische Verarbeitung der Auseinandersetzungen zwischen verschiedenen Strömungen der Schwulenbewegung vgl. den Comic „Schwule in der Politik" von Ralf König über eine fiktive Gründungsversammlung der Homo Partei Deutschlands, die in Streit der rivalisierenden Flügel und Chaos endet; ebd., S. 101–109.

[43] Afas 82.II.1982:2, Gudrun, Alles zu chaotisch?, in: Sylvia Scherr/Paul Langrock, Friedenswege: Sechs Wochen Lust & Frust auf einem Friedensmarsch, Berlin 1982, S. 29; Afas 9.III.3,2, Friedensmarsch '83 Dortmund – Brüssel, in: Ent-Rüstung Nr. 14, September 1983, S. 4.

[44] Vgl. Gotto, Enttäuschung als Politikressource, S. 16 f.

Mitstreitern. Mit dem Engagement verband sich die Erwartung von Wertschätzung, Geborgenheit und Bestätigung in der Gruppe.[45] Eine dauerhafte Außenseiterrolle bedeutete daher eine schwerwiegende Belastung für die emotionale Grundlage des Engagements.

Die Einsamkeit der Minderheiten

Vielen Engagierten bedeutete ihr politisches Nahfeld mehr als nur einen notwendigen organisatorischen Rahmen, um Positionen zu artikulieren und wirksam in der Öffentlichkeit zu vertreten. Politische Organisationen, ob nun Partei oder Bewegung, waren ein Lebensmittelpunkt für diejenigen, die sich aktiv in den politischen Prozess einbrachten. Für die Alternativbewegungen hat Sven Reichardt unter dem Leitbegriff der Authentizität hervorgehoben, wie stark der Wunsch nach Gleichklang von privater Lebensführung, sozialem Milieu und politischem Engagement ausgeprägt war.[46] Hohe Erwartungen führten freilich auch zu entsprechend tiefen Enttäuschungen, die die Aktivisten allenthalben erlebten und einander bereiteten, wie sich für die Friedens- und Frauenbewegung zeigen lässt.[47] Doch auch die Zugehörigkeit zu traditionellen politischen Organisationen wie Parteien und Gewerkschaften bezog sich auf mehr als die Übereinstimmung in Sachfragen. Viele langjährige Mitglieder und Funktionsträger hatten dort ihre politische „Heimat"[48] – ein Begriff, der zeigt, wie hochgradig affektiv aufgeladen das politische Engagement sein konnte. Grundüberzeugungen, Freundeskreise und Identitätsansprüche waren oftmals eng mit dem Engagement verbunden, das in den Rang eines persönlichen Bekenntnisses aufsteigen konnte: „Ich habe ein Faible für Anstand und allgemeine Menschlichkeit. Darum wurde ich Sozialdemokrat"[49], schrieb Klaus Harpprecht einmal an Willy Brandt. Parteien und Gewerkschaften lassen sich daher als „emotional arenas" verstehen, deren Mitglieder sich auch als Teil einer „Gefühlsgemeinschaft" verstanden und angenommen wissen wollten.[50]

---

[45] Dies zeigen soziologische und sozialpsychologische Untersuchungen zur Gruppensolidarität; vgl. Kurt Bayertz, Begriff und Problem der Solidarität, in: ders. (Hrsg.), Solidarität. Begriff und Problem, Frankfurt am Main 1998, S. 11–53, hier S. 12; Randall Collins, Social Movements and the Focus on Emotional Attention, in: Jeff Goodwin/James M. Jasper/Francesca Polletta (Hrsg.), Passionate Politics. Emotions and Social Movements, Chicago 2001, S. 27–44, hier S. 28; Summers-Effler, The Emotional Significance of Solidarity; Mikko Salmela, Collective Emotions as the „Glue" of Group Solidarity, in: Arto Laitinen/Anne Birgitta Pessi (Hrsg.), Solidarity. Theory and Practice, Lanham 2015, S. 55–87.
[46] Vgl. zum Begriff Reichardt, Authentizität und Gemeinschaft, S. 64–66.
[47] Vgl. ebd., S. 879 u. 887f.; Gotto, Enttäuschung als Politikressource, S. 9–18; zur Frauenbewegung vgl. Kap. 2.2.
[48] Diesen Begriff verwendete beispielsweise Helmut Kohl und unterstrich die emotionale Konnotation noch durch den Zusatz „im Politischen genauso wie im Menschlichen"; Kohl, Erinnerungen, Bd. 2, S. 535.
[49] AdsD WBA A 8/8, Klaus Harpprecht an Willy Brandt, 15.1.1970.
[50] Vgl. grundlegend Stephen Fineman, Organizations as Emotional Arenas, in: ders. (Hrsg.), Emotions in Organizations, London 1993, S. 9–35.

Aus diesem Grund konnte politischer Dissens innerhalb einer Partei zu großer Enttäuschung führen, insbesondere, wenn die Gräben sich nicht mehr überbrücken ließen und es zu Trennungen und Austritten kam. Ein Beispiel dafür ist der Umgang der SPD-Parteiführung mit linken Minderheitspositionen. Durch die gesamte Regierungszeit der sozialliberalen Koalition ziehen sich innerparteiliche Auseinandersetzungen mit Genossen, denen der Kurs ihrer Partei und der Regierung ein Dorn im Auge war. Wichtige inhaltliche Reibungspunkte waren die Atomkraft, der Radikalenerlass und der NATO-Doppelbeschluss. Doch grundiert waren diese Konflikte von einem Fundamentaldissens über Selbstverständnis und Ziele sozialdemokratischer Politik sowie das Verhältnis zur wirtschaftlichen und sozialen Ordnung der Bundesrepublik Deutschland.[51]

Diese Auseinandersetzungen vertieften und intensivierten sich, nachdem Schmidt Brandt als Bundeskanzler abgelöst hatte. Um ein Exempel zu statuieren, leitete Bundesgeschäftsführer Egon Bahr im April 1977 ein Parteiordnungsverfahren gegen den Juso-Vorsitzenden Klaus-Uwe Benneter ein, weil dieser gemeinsam mit dem Komitee für Frieden, Abrüstung und Zusammenarbeit, einer kommunistischen Vorfeldorganisation, zu einer Friedensdemonstration aufgerufen hatte.[52] Nachdem Benneter durch ein Interview in der Zeitschrift „konkret" noch Öl ins Feuer gegossen hatte, enthob ihn die Parteiführung aller Ämter und Funktionen; am 16. September 1977 wurde er aus der SPD ausgeschlossen. Genauso erging es rund einhundert Jusos und SPD-Mitgliedern, die sich hinter Benneter stellten oder die wie dieser daran festhielten, in der Friedensbewegung auch mit kommunistischen Organisationen zu kooperieren. Die bekanntesten Ausgeschlossenen waren die Vorsitzende des Sozialistischen Hochschulbundes Mechthild Jansen und die beiden Professoren Gerhard Kade und Gerhard Stuby. In mehreren offenen Brief an Bahr nahmen sie für sich in Anspruch, die Mehrheitsmeinung der sozialdemokratischen Basis zu repräsentieren, stützten ihr Engagement auf Parteitagsbeschlüsse und protestierten dagegen, als Renegaten diszipliniert zu werden.[53] Viele Jusos reagierten ebenfalls bestürzt und empört darüber, dass die Parteiführung Positionen verwarf, die in ihren Augen selbstverständliches Gemeingut der Partei darstellten. Außerdem zeigten sie sich „enttäuscht" über die Missachtung innerparteilicher Willensbildung durch die Drohungen der Parteiführung, unbequeme Meinungen durch Ausschluss mundtot zu machen.[54]

---

[51] Vgl. Faulenbach, Jahrzehnt, S. 290–314 u. 631–645; Süß, Enkel.
[52] Vgl. ausführlich Seiffert, Marsch durch die Institutionen, S. 168–176; Wolfgang Rudzio, Die Erosion der Abgrenzung. Zum Verhältnis zwischen der demokratischen Linken und Kommunisten in der Bundesrepublik Deutschland, Opladen 1988, S. 71–74; Faulenbach, Jahrzehnt, S. 636 f.
[53] Mechthild Jansen u. a. an Egon Bahr, 21.4.1977, Egon Bahr an Mechthild Jansen, 6.5.1977, Heinz Düx u. a. an Egon Bahr, 20.5.1977, abgedruckt in: Blätter für deutsche und internationale Politik 22 (1977), S. 762–770; online in: Das elektronische Archiv 77/06, Textdokument 4784, http://www.dearchiv.de/php/dok.php?archiv=bla&brett=B77_06&fn=DOKUSPD.677&menu=b1977 (2.5.2016). Vgl. März, Linker Protest, S. 111 f.
[54] AdsD SPD-Parteivorstand 2/PVEK0000059, Werner Karotka (Vorsitzender der Jungsozialisten im SPD-Kreisverband Elmsbüttel) an Bundesvorstand der SPD, 15.4.1977 (Zitat); ebd.,

Inhaltlich kanalisierte der „Fall Benneter" die schwelenden Divergenzen über Strategien und programmatische Schwerpunkte sozialdemokratischer Politik, doch die Enttäuschung der Gemaßregelten speiste sich aus einer anderen Quelle. Sie identifizierten ihre grundlegenden Ansichten und Ziele mit einem vermeintlichen Mehrheitskonsens innerhalb ihrer Partei und mussten feststellen, dass ihre Empörung über die Parteiführung nur von einem kleinen Kreis Gleichgesinnter geteilt wurde. Statt der erwarteten Unterstützung aus den Reihen der Partei erfuhren sie Zurückweisung.

Dass die Parteiführung die Vertreter von Minderheitenpositionen ausschloss, kam selten vor. Weitaus häufiger verließen enttäuschte Genossen die Partei aus eigenem Antrieb. Beispielsweise traten im Dezember 1978 28 Bremer Sozialdemokraten nach zum Teil langjähriger Mitgliedschaft und Mitarbeit aus der SPD aus. Inhaltlich kritisierten sie vor allem die Atom- und Umweltpolitik der SPD, doch auch am inneren Zustand ihrer Partei ließen sie kein gutes Haar: Die Bremer SPD war in ihren Augen verfilzt, intransparent und überbürokratisiert. Ein demokratischer Neuanfang sei nur außerhalb der überkommenen Parteistrukturen möglich. Ihre persönliche Enttäuschung werteten die ehemaligen Sozialdemokraten als typisch für die große Unzufriedenheit, die sie an der Parteibasis ausmachten. Dieses Gefühl, so erklärten sie einem ARD-Fernsehteam, wollten sie kanalisieren und ermunterten andere Parteiangehörige, ihnen nachzueifern.[55]

Aus ähnlichem Anlass und vergleichbaren Gründen kehrte im November 1979 der ehemalige Landesvorsitzende der SPD in Schleswig-Holstein Jochen Steffen seiner Partei den Rücken, nachdem er bereits seit 1973 schrittweise Funktionen und Mandate in der Landes- und Bundespolitik abgegeben hatte. Gegenüber Brandt begründete er seinen Austritt damit, „dass wir unsere Überzeugungen bis zur Unkenntlichkeit vermarktet haben und selbst nicht mehr die Wahrheit zu sagen und zu sehen wagen"[56]. Steffen, der innerhalb seiner Partei am äußersten linken Rand stand, war ein „hochgradiger Individualist" und „Einzelgänger"[57] und als solcher sicher nicht repräsentativ für das auf Solidarität eingeschworene sozialdemokratische Funktionärskorps. Doch die Bruchstelle zwischen ihm und seiner Partei war typisch für viele, die die SPD in den 1970er Jahren aus Enttäuschung verließen. Hoffnungen setzten nicht wenige von ihnen in die Neuen sozialen Bewegungen und die Partei der Grünen. Steffen hatte noch vor seinem Austritt aus der SPD dazu aufgefordert, die Grünen zu wählen; die Bremerinnen und Bremer, die wenige Monate zuvor die Partei verlassen hatten, bauten in der Han-

---

Resolution des Unterbezirksausschusses der Jungsozialisten im SPD-Kreisverband Erftkreis, 2.5.1977; AdsD SPD-Parteivorstand 2/PVEK0000061, Hermann Kratschus (Vorsitzender der Jungsozialisten im SPD-Unterbezirk Gütersloh) an Egon Bahr, 9.4.1977; AdsD SPD-Parteivorstand 2/PVEK000062, Offener Brief der Jungsozialisten im SPD-Unterbezirk Hochtaunus an Willy Brandt und Egon Bahr, 14.7.1977.

[55] Vgl. Ralf Reck, Parteien-Verdrossenheit in der Bundesrepublik, in: Report, ARD, 2.1.1979.
[56] Zitiert nach Gert Börnsen, Erinnerungen an Jochen Steffen, in: Demokratische Geschichte. Jahrbuch für Schleswig-Holstein 20 (2009), S. 309–326, hier S. 325.
[57] Ebd., S. 314 u. 321.

sestadt die Grüne Liste mit auf.[58] Zahlreiche prominente Gründungsgrüne wie Carl Améry, Petra Kelly und Roland Vogt hatten einmal ein SPD-Parteibuch besessen und dies (zuweilen mit offenen Briefen an die Parteiführung[59]) zurückgegeben, weil sie von der SPD nichts mehr für ihre Anliegen erwarteten. Willy Brandt bezeichnete die Grünen aus diesem Grund auch als die „verlorenen Kinder der SPD"[60]. Einen ähnlichen Aderlass musste die SPD erst 25 Jahre später wieder verkraften, als die Wahlalternative Arbeit und Soziale Gerechtigkeit von der Enttäuschung vieler linksgerichteter Sozialdemokraten über die Arbeitsmarktreformen von Gerhard Schröder profitierte.[61]

Enttäuschung war aber nicht nur ein Wechselmotiv, sondern auch ein Gefühl, das aus der Erfahrung von Scheitern und Verlust entsprang. Parteiaustritte zogen einen Schlussstrich unter das vorgängige Engagement, doch zugleich beendeten sie Erwartungen und Hoffnungen, die sich auf die Zukunft richteten. Außerdem kappten die Aussteiger häufig einen Großteil der Verbindungen zu ihrem sozialen und beruflichen Umfeld; wer sich stark engagiert hatte und dann ging, war erst einmal allein. Welche emotionalen Folgen dies hatte, zeigt eine WDR-Dokumentation über Manfred Coppik, die den ehemaligen SPD-Bundestagsabgeordneten am Tag nach seinem Austritt aus der SPD mit der Kamera begleitete. Coppik hatte am 27. Januar 1982 in einer Pressekonferenz erklärt, dass er seine Mitgliedschaft nach 20 Jahren beende, und war damit einem Parteiausschluss wegen seiner Fundamentalopposition gegen die Sicherheitspolitik der Regierung zuvorgekommen. Coppik war ein profilierter Parteilinker. Er gehörte dem „roten" Bezirksvorstand von Hessen-Süd an, führte seit 1974 den Unterbezirk Offenbach, wo er auch ein Stadtratsmandat innehatte, und war seit 1972 Mitglied des Bundestages. In der Fraktion zählte er zum „Leverkusener Kreis", in dem sich die Parlamentarier organisierten, die sich dem linken Parteiflügel zugehörig fühlten. Wie sein fast gleichzeitig mit ihm aus der SPD ausgeschlossener Fraktionskollege Karl-Heinz

---

[58] Vgl. Faulenbach, Jahrzehnt, S. 631 f. u. 658.
[59] Vgl. etwa AGG PKA 2552, Offener Brief Petra Kelly an Helmut Schmidt, 17. 2. 1979; Mende, „Nicht rechts, nicht links, sondern vorn", S. 126 f., 266 u. 329 f.; Richter, Die Aktivistin, S. 185–187.
[60] Zitiert in Andrei S. Markovits/Philip S. Gorski, Grün schlägt rot. Die deutsche Linke nach 1945, Hamburg 1997, S. 127. Auch aus den Unionsparteien liefen enttäuschte Anhänger zu den Grünen über. Der bekannteste war der Bundestagsabgeordnete Herbert Gruhl, Autor des düsteren Ökologie-Bestsellers „Ein Planet wird geplündert" von 1975, der sich zuvor vergeblich darum bemüht hatte, seine radikalen Umweltschutzziele in der Partei durchzusetzen; vgl. Mende, „Nicht rechts, nicht links, sondern vorn", S. 73–78.
[61] Prominentester Überläufer war Oskar Lafontaine, mit ihm ging unter anderem Peter von Oertzen, der 59 Jahre lang das sozialdemokratische Parteibuch besessen hatte. Der Bundestagsabgeordnete Alexander Ulrich, Gründungsmitglied der WASG, gab in einem 2015 veröffentlichten Text über seinen Weg in die Politik an, die SPD „bitter enttäuscht" über den Kurs der rot-grünen Regierung unter Kanzler Schröder verlassen zu haben, https://www.bundestag.de/dokumente/textarchiv/2015/ulrich-ulrich/399812 (3. 5. 2016). Ähnliche Überläufergeschichten enttäuschter Sozialdemokraten zu aufstrebenden Kleinparteien gab es auch später; vgl. Wolfgang Gründinger, Meine kleine Volkspartei. Von einem Sozi, der absichtlich Pirat wurde, Köln 2013.

Abb. 20: *Verkörperte Enttäuschung – Manfred Coppik einen Tag nach seinem Parteiaustritt*
Quelle: Felix Kuballa, Nach Coppik's [sic] Austritt: Droht der SPD die Spaltung?, in: Reporter, WDR, 3.2.1982 (bei 6:15)

Hansen hatte Coppik seit 1977 häufig den Parteikurs unter Bundeskanzler Schmidt attackiert und mehrfach gegen die eigene Fraktion gestimmt, was ihm den Spitznamen „Rebell von Offenbach" eingetragen hatte.[62] Genau wie Steffen war Coppik ein Dissident und vollzog mit seinem Austritt die Konsequenz einer länger zurückreichenden Entfremdung.[63]

Obwohl er seine Entscheidung als rationalen Schritt darlegte, zeigte sich Coppik bis in die Körpersprache hinein von den Folgen betroffen.[64] Mit verhaltener, monotoner Stimme, hochgezogenen Schultern und gesenktem Blick (Abb. 20) erklärte er am Morgen nach seiner Pressekonferenz, dass daran „eine ganze Menge Emotionen" hingen und dass er den Bruch mit seiner Partei emotional noch nicht bewältigt habe. Seine persönliche Enttäuschung über die SPD und die Angst vor Isolation sprach Coppik direkt an. Es sei schwer, die „Gemeinschaft" der Partei zu verlassen, in der er viele politische und persönliche Freunde habe.[65] Wie stark Enttäuschung und Gemeinschaft zusammenhängen, offenbarte der weitere Verlauf des Fernsehbeitrags. Er zeigte, dass Coppik in seinem Wahlkreisbüro Zuspruch von seinen Mitarbeitern und Offenbacher Parteifreunden erfuhr; seine engste Mitarbeiterin erklärte, dass sie ebenfalls aus der SPD austreten wer-

---

[62] Vgl. Gunter Hoffmann, Ein Gruppenbild mit Einzelgängern, in: Die Zeit, 17.6.1977, S. 2; Der Rebell von Offenbach, in: Frankfurter Rundschau, 22.12.2008, http://www.fr.de/rhein-main/dossier/spezials/manfred-coppik-die-linke-wahlkreis-43-der-rebell-von-offenbach-a-1126112 (28.2.2018).
[63] Vgl. dazu den Auszug aus Coppiks Begründung seines Parteiaustritts an Willy Brandt, zitiert in: Karl-Heinz Hansen, „Es ist nicht alles schlecht, was scheitert". Ein politischer Lebenslauf, Hamburg 2014, S. 124 f.
[64] Dies sollte nicht als Inszenierung verstanden werden, denn allein das Sprechen über Enttäuschung bewirkt Änderungen der Körperhaltung sowie ein intensiveres Erleben; vgl. Suzanne Oosterwijk u. a., Embodied Emotion Concepts: How Generating Words about Pride and Disappointment Influences Posture, in: European Journal of Social Psychology 39 (2009), S. 457–466.
[65] Felix Kuballa, Nach Coppik's [sic] Austritt: Droht der SPD die Spaltung?, in: Reporter, WDR, 3.2.1982 (Zitate bei 2:54, 3:44 u. 7:56).

de.⁶⁶ Anschließend präsentierte der Beitrag Solidaritätsbekundungen, Kooperationsangebote und sogar Glückwünsche anderer noch aktiver oder ehemaliger SPD-Funktionäre, die Coppik schriftlich und telefonisch erreichten. Dass er so „überraschend viele positive Reaktionen"⁶⁷ erhielt, ließ Coppik sichtlich aufleben. Der Beitrag unterstrich diesen Stimmungsumschwung und inszenierte Coppik nicht mehr als in sich gekehrten, trübsinnigen Privatier, sondern als umtriebigen Kommunikator am Schreibtisch.

Der visuellen Reintegration in soziale Netze folgte die verbale Bekräftigung: Im letzten Interview, das am Abend geführt wurde, bezeichnete Coppik sich bereits als „einer der vielen, die der SPD den Rücken gekehrt haben"⁶⁸. Die Resonanz auf seinen Austritt stellte bei Coppik genau die Gemeinschaftlichkeit wieder her, die ihn sein Schritt gekostet hatte. Bereits auf seiner Pressekonferenz und in seinem Rücktrittsschreiben an Brandt hatte er sich als Teil einer Gruppe von Unzufriedenen deklariert und an Gleichgesinnte appelliert, nicht zu resignieren.⁶⁹ Gemeint war damit, in einer neuen Organisation das Engagement fortzuführen. Zwar scheiterte sein Versuch, zusammen mit Hansen durch die Partei der Demokratischen Sozialisten eine organisatorische und politische Plattform für diese Unzufriedenen zum Erfolg zu führen.⁷⁰ Dennoch half der Zusammenschluss der Enttäuschten, den Verlust der Gemeinschaftlichkeit zu heilen. Kleinstparteien waren insofern mehr als nur ein „Auffangbecken der ewig Unzufriedenen", in dem „hopeful Utopians, hardened zealots, disgruntled rebels from established parties, and those seeking self-advertisement" zusammenkamen.⁷¹ Sie stellten eine wesentliche Vorbedingung für das Engagement wieder her und boten eine Alternative zu Resignation und Apathie. Abspaltung erwies sich somit als Weg, aus einer Minderheitsposition wieder zur Mehrheit zu werden und persönliche Fundamentalüberzeugungen mit politischem Engagement wieder zur Deckung zu bringen.

Doch viele enttäuschte Engagierte wollten gar keinen Schlussstrich ziehen. Sie identifizierten ihre persönlichen Überzeugungen noch immer mit dem „eigent-

---

⁶⁶ Während der vorangegangenen zwölf Monate hatten insgesamt 120 Sozialdemokraten in Offenbach ihr Parteibuch zurückgegeben, das waren 6,7%; Volkmar Hofmann, Bundestagsabgeordneter Coppik verläßt die SPD, in: Frankfurter Rundschau, 28.1.1982, S.1f., hier S.2.
⁶⁷ Wie Anm.65 (bei 12:42).
⁶⁸ Ebd., bei 15:41.
⁶⁹ Wie Anm.66, S.1. In seinem Rücktrittsschreiben hatte Coppik betont, dass an der Parteibasis eine große Zahl Mitglieder seine Zielvorstellungen teilten; Hansen, „Es ist nicht alles schlecht, was scheitert", S.124.
⁷⁰ Coppiks weiterer politischer Weg über die Grünen zur PDS ist typisch für viele enttäuschte linke Sozialdemokraten.
⁷¹ Dirk van den Boom, Politik diesseits der Macht? Zu Einfluß, Funktion und Stellung von Kleinparteien im politischen System der Bundesrepublik Deutschland, Opladen 1999, S.264–267, Zitat S.264; Gordon Smith, In Search of Small Parties: Problems of Definition, Classification, and Significance, in: Ferdinand Müller-Rommel/Geoffrey Pridham (Hrsg.), Small Parties in Western Europe, London 1991, S.23–40, hier S.23. Ganz ähnlich auch die Charakterisierung der „Sozialen Demokratischen Union", die 1977 in Krefeld von ehemaligen Sozialdemokraten aus der Taufe gehoben wurde, als Sammelbecken für „verärgerte und enttäuschte sozial-liberale Wähler rechter Provenienz" bei Carl-Christian Kaiser, Grummler von rechts, in: Die Zeit, 24.6.1977, S.6.

lichen" politischen Standort der Partei, auch nachdem diese anderslautende Beschlüsse gefasst hatte. Typisch für die Enttäuschung von Minderheiten waren daher Appelle zur Rückbesinnung und zur Umkehr, um die verlorene Übereinstimmung wiederherzustellen. Deutlich trat dies in den Protesten von Sozialdemokraten gegen die Nachrüstung zutage. Im Dezember 1980 veröffentlichten Sozialdemokraten den „Bielefelder Appell", der sich explizit an die SPD wandte, um die Festlegung auf den NATO-Doppelbeschluss zu revidieren.[72] Innerhalb eines knappen Jahres, nachdem der Aufruf am 14. Mai 1981 im „Vorwärts" als Anzeige geschaltet worden war, hatten ihn nach Angaben von Dieter Lattmann 32 000 SPD-Mitglieder unterschrieben.[73] Der Text knüpfte an die Neue Ostpolitik sowie das „Wagnis zu mehr Demokratie" an und forderte, „zur ursprünglichen Absicht der Entspannungspolitik vor zehn Jahren zurückzufinden und ein Zeichen zur Umkehr zu setzen"[74]. Zudem warf der Appell der Parteiführung vor, sich über Parteitagsbeschlüsse hinwegzusetzen. Damit nahmen die Anhänger der Friedensbewegung in der SPD für sich in Anspruch, die (schweigende) Mehrheit zu repräsentieren.

Während der SPD-Parteitag im April 1982 in der Münchner Olympiahalle tagte, demonstrierte die Friedensbewegung in der bayerischen Landeshauptstadt. Eine der Rednerinnen war Uta Ranke-Heinemann, die älteste Tochter des dritten Bundespräsidenten, kritische Theologin und prominente Friedensaktivistin. Sie sprach die Enttäuschung vieler Sozialdemokraten über ihre Parteiführung mit Bildern einer gestörten Beziehung an. Einstmals sei die SPD eine „hoffnung und aussicht für viele gewesen", doch nun wolle sie von ihren alten Versprechungen nichts mehr wissen. Heinemann stellte die Sozialdemokratie als untreue Geliebte dar: sie sei zu einer

„geliebten in den betten und sesseln der macht und der mächtigen verkommen. Und wir stehen immer noch mit blumen an der bahnhofsuhr und trauern, daß sie ihre verabredung nicht eingehalten hat, sondern uns vergaß. Der richtige zug ist abgefahren, die braut ist in den falschen

---

[72] Initiator war der Herforder Stadtrat Dieter Begemann, erstmals veröffentlicht wurde der Text in der kommunistischen „Deutschen Volkszeitung" vom 9. Dezember 1980. Vgl. Rudzio, Die Erosion der Abgrenzung, S. 182 f.
[73] So Lattmann beim Parteitag der SPD in München am 22. April 1982, in: Sozialdemokratische Partei Deutschlands (Hrsg.), Parteitag der Sozialdemokratischen Partei Deutschlands. 19. bis 23. April 1982, Bd. I: Protokoll der Verhandlungen, o. O. 1982, S. 736. Bekannt wurde der Aufruf auch durch den Artikel von Karl-Heinz Janßen, Aufstand für den Frieden, in: Die Zeit, 29.5.1981, S. 9-11, der Begemann namentlich nannte. Daraufhin „ertrank" dieser in Post, wie er dem Chefredakteur der „Deutschen Volkszeitung" schrieb; HIS Bestand Helmut Bausch (DVZ), Korrespondenz 1981 A-K, Dieter Begemann an Helmut Bausch, 4.6.1981.
[74] Bielefelder Appell vom 9. Dezember 1980, abgedruckt in Karlheinz Lipp/ReinholdLütgemeier-Davin/Holger Nehring (Hrsg.), Frieden und Friedensbewegungen in Deutschland 1892–1992. Ein Lesebuch, Essen 2010, S. 348–351, Zitate S. 350. Die Friedensbewegung und der Nuklearstreit stellten die SPD vor eine schwere Zerreißprobe; vgl. Jan Hansen, Zwischen Staat und Straße. Der Nachrüstungsstreit in der deutschen Sozialdemokratie (1979–1983), in: AfS 52 (2012), S. 517–553; ausführlich ders., Abschied vom Kalten Krieg? Die Sozialdemokraten und der Nachrüstungsstreit (1977–1987), Berlin 2016, insbesondere S. 153–160.

eingestiegen und zu einem anderen unterwegs. [...] Aber vielleicht ist es noch nicht zu spät. Und deshalb möchten wir die SPD bitten, zurückzukehren zu sich selbst und zu uns, daß sie wird, was sie war"[75].

Obwohl die blumige Sprache der Theologin kaum weiter vom Duktus der sozialdemokratischen Basis hätte entfernt sein können, traf die moralische Grundierung ihrer Klagen ins Schwarze. Enttäuschte Minderheiten fühlten sich von ihrer Partei verlassen und betrogen. In allen Parteien finden sich Beispiele dafür. Unter den Christdemokraten galt dies für Vertriebenenpolitiker wie den langjährigen BdV-Vorsitzenden Herbert Czaja. Er war bitter enttäuscht über die „Entsolidarisierung" der Christdemokraten mit den Anliegen und Hoffnungen der Vertriebenen. Zahlreiche Unionsabgeordnete hätten 1972 in den Abstimmungen über die Ostverträge die Vertriebenen im Stich gelassen, und im Zuge der Wiedervereinigung habe die Union das Selbstbestimmungsrecht der Vertriebenen endgültig und ohne Not preisgegeben.[76] Als die FDP 1982 die sozialliberale Koalition verließ und sich der Union für ein neues Regierungsbündnis anschloss, führte dies bekanntlich zu tiefen Verwerfungen in der Partei. Ein Teil der Minderheit unter den Bundestagsabgeordneten, die den Schwenk nicht mitmachen wollte, wechselte zur SPD. Zwischen 1981 und 1983 gaben 17,5% der rund 87 000 Mitglieder ihr Parteibuch zurück; bis 1985 verloren die Liberalen rund ein Viertel ihrer Basis.[77] Für diejenigen, die wie Gerhart Baum blieben, war der Koalitionswechsel „enttäuschend", weil sie ihre „liberale Identität verletzt" fühlten.[78] Auch im Rückblick war die Zerreißprobe für Baum „emotional eine schlimme und bis heute nachwirkende Erfahrung"[79]. Bei den Grünen fühlten sich Minderheiten ebenfalls ausgegrenzt, verließen die Partei und gründeten zum Teil neue Vereinigungen. Herbert Gruhl ist ein Beispiel für diese frühen Abspaltungen, aus der unter anderem

---

[75] HIS Bestand Helmut Bausch (DVZ), Korrespondenz 1982 Q-Sch, Redemanuskript Uta Ranke-Heinemann anlässlich des Parteitags der SPD in München, 17. 4. 1982. Die Rede ist abgedruckt in Uta Ranke-Heinemann, Widerworte. Friedensreden und Streitschriften, Essen 1985, S. 55–58, dort fälschlicherweise als Rede „auf" dem Parteitag deklariert. Ein Bild Heinemanns an der Spitze eines Demonstrationszuges der Friedensbewegung im April 1982 in München ist abgedruckt in Emma 6 (1982), Nr. 10, Oktober 1982, S. 32 f.

[76] Vgl. Herbert Czaja, Unterwegs zum kleinsten Deutschland? Mangel an Solidarität mit den Vertriebenen. Marginalien zu 50 Jahren Ostpolitik, Frankfurt am Main 1996, S. 333, 342, 356, 401, 535 (Zitat), 613, 625, 666, 674, 795 u. 801.

[77] Ende 1981 hatte die FDP noch 86 884 Mitglieder gezählt, zum 31. Dezember 1981 waren es nur noch 71 643, und zwei Jahre später belief sich die Mitgliederzahl auf 65 762. Vgl. Hans Vorländer, Die Freie Demokratische Partei, in: Alf Mintzel/Heinrich Oberreuther (Hrsg.), Parteien in der Bundesrepublik Deutschland, Bonn ²1992, S. 266–318, hier S. 309; Udo Leuschner, Die Geschichte der FDP. Metamorphosen einer Partei zwischen rechts, liberal und neokonservativ, Münster 2010, S. 124.

[78] So Gerhart Baum in seiner Bundestagsrede vor der Abstimmung über das Misstrauensvotum; Deutscher Bundestag, 9. Wahlperiode, Plenarprotokoll Nr. 9/118 vom 1. Oktober 1982, S. 7194, http://dipbt.bundestag.de/doc/btp/09/09118.pdf (16. 5. 2016).

[79] Gerhart Baum, Meine Wut ist jung. Bilanz eines politischen Lebens, München 2012, S. 147. Voller Enttäuschungsäußerungen sind auch die „Wende-Briefe" im Nachlass von Hildegard Hamm-Brücher; z. B. IfZ ED 379/158, Karl und Anny Veit an Hildegard Hamm-Brücher, 2. 10. 1982.

die Ökologisch Demokratische Partei hervorging.[80] Gegen Ende der 1980er Jahre wandten sich die Befürworter kompromissloser ökologischer und pazifistischer Positionen enttäuscht von der Partei ab, nachdem die Vertreter einer evolutionären und pragmatischen Politikausrichtung den parteiinternen Machtkampf zwischen „Fundis" und „Realos" gewonnen hatten.[81]

Solche Brüche und Entfremdungen als Folge von Enttäuschungen wogen schwer und führten die Parteien zuweilen in tiefe Krisen. Doch keine davon wurde zur existenziellen Gefahr. Bemerkenswert stark war die Fähigkeit der Parteien, enttäuschte Minderheiten wieder aufzufangen. Die SPD brachte nach dem Verlust der Regierungsverantwortung ihre Sicherheitspolitik mit den Wünschen der Parteibasis wieder in Übereinstimmung, indem sie sich der Friedensbewegung öffnete und von der Nachrüstung abrückte. Die Grünen und die FDP kompensierten die Enttäuschungen eines Teils ihrer Anhängerschaft durch Teilhabe an Regierungsmacht, zudem boten sie auch Exponenten der Minderheiten begrenzte Freiräume als Teil ihres programmatischen Spektrums. Bei den Grünen wie auch in der CDU erschienen zudem die jeweiligen Minderheiten immer stärker als Relikt vergangener Tage, die aus diesem Grund auch kaum mehr öffentliche Aufmerksamkeit für ihre Positionen fanden. Unter diesem Eindruck konnten auch die Engagierten ihre Haltung revidieren; die Reintegrationsgeschichte von Klaus-Uwe Benneter, der 1983 wieder in die SPD aufgenommen wurde und bis zum Generalsekretär seiner Partei aufstieg, steht paradigmatisch für diese Möglichkeit.[82] Wer nicht in einer einsamen Minderheitenposition verbleiben wollte, konnte sich auch wieder der Mehrheit zuwenden und den vorgängigen Enttäuschungen mit rationalem Utopieverlust begegnen.

4.2 Defekte und defizitäre Partizipation

Wer sich in einer Partei oder in einer der Neuen sozialen Bewegungen engagierte, investierte erheblich mehr Zeit, Energie und nicht selten auch Geld als die allermeisten Bürgerinnen und Bürger, um an der demokratischen Willensbildung mitzuwirken. Für sie war der periodische Wahlakt als alleinige Form politischer Beteiligung eine „Unterforderung", wie Albert O. Hirschman postulierte. Eine „so zahme Methode der politischen Präferenzbekundung" müsse gerade in stabilen Demokratien zwangsläufig zu „politischer Apathie und Enttäuschung" führen, weil sie ungeeignet sei, „starken politischen Gefühlen Ausdruck zu verlei-

---

[80] Vgl. Mende, „Nicht rechts, nicht links, sondern vorn", S. 452–457.
[81] Das prominenteste Beispiel für die dadurch hervorgerufene Verbitterung ist die Abrechnungsschrift von Jutta Ditfurth, Das waren die Grünen. Abschied von einer Hoffnung, München 2000. Zu den internen Positionen und Richtungskämpfen bei den Grünen vgl. Paul Kraatz, Einleitung, in: ders./Wolfgang Hölscher (Bearb.), Die Grünen im Bundestag. Sitzungsprotokolle und Anlagen, Erster Halbband: Januar 1987 bis Dezember 1988, Düsseldorf 2015, S. 9–44, hier S. 25–28.
[82] In der Frauen- und Friedensbewegung gibt es bemerkenswerte Parallelen dazu, vgl. Kap. 2.4; Gotto, Enttäuschung als Politikressource, S. 31–33.

hen"83. Dieser Gefahr entgingen die vielen ehrenamtlichen Funktions- und Mandatsträger von CDU und SPD ebenso wie die Anhänger der Frauen- und Friedensbewegung, weil sie ihre Meinung und Anliegen tagtäglich zur Geltung bringen konnten. Doch gerade die weitaus intensivere Wahrnehmung demokratischer Rechte führte zu hohen Erwartungen an die Konsequenzen dieser Willensbekundungen. Wer sich politisch so exponierte wie die Engagierten, stellte die Demokratie auf die Probe.

Dieses Engagement wurde zu Beginn der 1970er Jahre von der Politik ausdrücklich begrüßt, ja sogar in besonders empathischer Weise eingefordert. Schon vor der berühmten Aufforderung Brandts, mehr Demokratie zu wagen, inszenierte sich die SPD als Vorreiterin von Bürgernähe und Partizipation. Zum Jahresende 1968 schaltete sie eine Anzeige, in der Brandt seine Mitbürger aufforderte, ihm Anregungen zum Programm der SPD und Ansichten über die Zukunftsaufgaben zu schreiben: „Sagen Sie jetzt nicht: Was gilt bei ‚denen da oben' schon meine Meinung? Wir Sozialdemokraten nehmen sie ernst."84 Bundespräsident Gustav Heinemann konstatierte am 11. Februar 1973 in München, dass ein „seit langem angestautes Verlangen nach persönlicher Mitbestimmung und Mitgestaltung" an politischen und gesellschaftlichen Entwicklungen wie ein „Frühlingswind" in alle Einrichtungen und Organisationen eingebrochen sei. Er begrüßte dies als „Durchbruch von Mündigkeit aus begrenzten Lebensbereichen in das gesamte politischsoziale Leben", denn eine lebendige Demokratie brauche den phantasievollen, selbst die Initiative ergreifenden Bürger.85 Auch in der CDU machten sich Veränderungen bemerkbar. Bereits 1967 setzte ein Prozess der Modernisierung, Professionalisierung und Demokratisierung ein, der die Partei personell, programmatisch und in ihren Willensbildungsprozessen geradezu revolutionierte. Innerhalb von wenigen Jahren verdoppelte sich die Zahl der Mitglieder von 300 000 auf 600 000, und sie artikulierten nachdrücklich ihr Mitsprachebedürfnis.86 Nach der

---

83 Hirschman, Engagement und Enttäuschung, S. 113 u. 118f.
84 Anzeige der SPD, in: Wiesbadener Tagblatt, 31.12.1968, S. 32. Ein CDU-Funktionär empfahl seiner Parteiführung die Anzeige als besonders gelungene Form der Kontaktaufnahme zum Wähler; ACDP 7-001-11264, August Müller (Vorsitzender des CDU-Ortsverbands Idstein) an Bruno Heck, 8.1.1969. Die direkte Ansprache der Bürger war eingebettet in eine Kommunikationsstrategie des „Großen Gesprächs": Seit 1963 schickte die SPD ihre führenden Politiker in ausgewählte Städte, um lokale Meinungsführer in Gesprächen an sich zu binden; vgl. Münkel, Willy Brandt und die „vierte Gewalt", S. 242; zur Bedeutung der Anzeigen ebd., S. 256.
85 Gustav Heinemann, Der mündige Bürger in Staat und Gesellschaft. Ansprache bei der Verleihung des Theodor-Heuss-Preises 1973, 11.2.1973, in: ders., Reden und Interviews, hrsg. vom Presse- und Informationsamt der Bundesregierung, Bd. IV: 1. Juli 1972–30. Juni 1973, Bonn o. J. [1973], S. 106–114, Zitate S. 107 u. 109. Vgl. Mecking, Bürgerwille und Gebietsreform, S. 147; Knoch, Demokratie machen, S. 55.
86 Vgl. Frank Bösch, Die Adenauer-CDU. Gründung, Aufstieg und Krise einer Erfolgspartei 1945–1969, München 2001, S. 408–416; ders., Macht und Machtverlust, S. 213f.; ders., Die Krise als Chance. Die Neuformierung der Christdemokraten in den siebziger Jahren, in: Konrad Jarausch (Hrsg.), Das Ende der Zuversicht? Die siebziger Jahre als Geschichte, Göttingen 2008, S. 296–309, hier S. 301f.; Günter Buchstab, Einleitung, in: ders. (Bearb.), Barzel: „Unsere Alternativen für die Zeit der Opposition". Die Protokolle des CDU-Bundesvorstands 1969–1973, Düsseldorf 2009, S. VII–XXXV, hier S. XVIIf.

Wahlniederlage von 1969 erhielt Generalsekretär Bruno Heck Schreiben, die den Ausbau der innerparteilichen Demokratie ausdrücklich befürworteten; gerade die neuen Mitglieder erwarteten, in die politischen Diskussionen mit einbezogen zu werden.[87]

Allerdings diskutierten Politikwissenschaftler und Vordenker der etablierten Parteien wie Peter Glotz ab Ende der 1970er Jahre die überall mit Händen zu greifenden Erscheinungsformen einer „partizipatorischen Revolution"[88] unter der Frage, ob sie die Institutionen der repräsentativen Demokratie revitalisierten – indem sie deren Defizite kompensierten – oder unterhöhlten.[89]

Ungenügende Repräsentation: Kritik an der parlamentarischen Demokratie

Zweifelsohne lag ein Hauptgrund für die Entstehung der Neuen sozialen Bewegungen darin, dass deren Akteurinnen und Akteure ihre Anliegen von den im Bundestag vertretenen Parteien nicht berücksichtigt fanden. Feministinnen argumentierten mit der eklatanten Unterrepräsentation von Frauen im Bundestag und in den Landesparlamenten, um ein demokratisches Defizit anzuprangern. Von 1957 bis 1972 sank der Frauenanteil im Bundestag sogar von 9,2 auf 5,8%, in den Landtagen waren 1971 im Durchschnitt nur 6,7% der Abgeordneten weiblich.[90] Dadurch werde die Bevölkerungsmehrheit, schrieb die feministische Soziologin Hannelore Mabry, permanent von der politischen Teilhabe ausgeschlossen.[91] Die Aktion 218 sprach dem Bundestag mit dieser Begründung das Recht ab, über die Köpfe der Frauen hinweg gegen ihren Willen zu entscheiden.[92]

Eine Variante dieser grundlegenden Demokratiekritik war der Vorwurf an die Parteien, Frauen bei der Verteilung von Mandaten und sonstigen Machtpositionen systematisch zu diskriminieren. Bestes Beispiel dafür ist Eva Rath, die 1972 in die SPD eintrat und große Hoffnungen in deren emanzipatorisches Programm setzte. In der Arbeitsgemeinschaft sozialdemokratischer Frauen stieg sie in nur sechs Jahren bis zur stellvertretenden Landesvorsitzenden von Schleswig-Holstein

---

[87] ACDP 07-001-11266, G. Heinze (Geschäftsführer des CDU-Kreisverbandes Stuttgart) an Bruno Heck, 27.1.1970.

[88] So der zeitgenössische Titel von Max Kaase, Partizipatorische Revolution: Ende der Parteien?, in: Joachim Raschke (Hrsg.), Bürger und Parteien. Ansichten und Analysen einer schwierigen Beziehung, Opladen 1982, S. 173–189.

[89] Vgl. Michael Ruck, Tanker in der rauen See des Struktur- und Wertewandels. Repräsentation, Partizipation und Administration während der 1980er Jahre – eine Problemskizze, in: AfS 52 (2012), S. 253–271, hier S. 256–267.

[90] Vgl. Bundeszentrale für politische Bildung: Frauenanteil im Deutschen Bundestag, 28.1.2011, http://www.bpb.de/gesellschaft/gender/frauen-in-deutschland/49418/frauenanteil-im-deutschen-bundestag (5.5.2016); Hannelore Mabry, Unkraut ins Parlament. Die Bedeutung weiblicher parlamentarischer Arbeit für die Emanzipation der Frau, Gießen ²1974, S. 48.

[91] Ebd., Vorwort zur zweiten Auflage, S. I.

[92] Vgl. z.B. AdsD SPD-Bundestagsfraktion, 6. Wahlperiode, Fraktionsvorsitz, Büro Herbert Wehner 429, Offener Brief der Aktion 218 an die Abgeordneten des Deutschen Bundestags, März 1972; AdsD 2/BTFG000648, Flugblatt der Aktion 218, Stuttgart o. D. [28.2.1974].

auf. Doch bei der Vergabe von Listenplätzen für den Landtag gingen sie und andere Frauen leer aus, und sie litt „jahrelang und auf allen Ebenen" unter den „ständigen Demütigungen und Diskriminierungen [...] durch die Genossen", wie sie Willy Brandt im September 1978 schrieb.[93] Zusammen mit ihren Mitstreiterinnen kämpfte sie gegen die Resignation an: „wenn wir einmal wieder enttäuscht und völlig erschöpft waren und die Sinnlosigkeit uns überfallen wollte, [sprachen] wir im Chor: ‚Wir bleiben in der SPD, um Frauenfragen zu transportieren. Nochmals: wir bleiben...'". Doch diese „klägliche Ermutigung"[94] zögerte den Bruch nur um ein paar Monate hinaus. Am 25. April 1979 trat Rath aus der SPD aus, denn sie hielt es für ausgeschlossen, „daß wir den erstarrten, verlogenen und unmenschlichen Parteiapparat aufbrechen können"[95].

Solche Enttäuschungen beschränkten sich beileibe nicht auf die SPD. Die Hürden in der internen Hierarchie der Unionsparteien waren womöglich noch höher. So verhinderten die CSU-Männer nach der Kommunalwahl 1984 in Regensburg, dass eine Parteifreundin zweite Bürgermeisterin werden konnte, obwohl sie nach den Stimmen die bestplatzierte Kandidatin war. In einem 1200-Seelen-Dorf gründeten engagierte Frauen sogar eine eigene Liste, die drei Mandate errang. Doch die Reaktion der christsozialen Gemeinderäte („Wir lassen uns von den Weibern nix diktieren") enttäuschte die engagierten Frauen, die sich nicht als Feministinnen verstanden, sondern partnerschaftlich mit ihren männlichen Kollegen an den kommunalpolitischen Entscheidungen beteiligt sein wollten.[96] Auch auf dem Forum „Frauen in Politik und Gesellschaft" beim Parteitag der CDU 1985 in Essen kritisierten viele Delegierte, dass die Männer in der Union den Frauen nach wie vor den Zugang zu Ämtern und Mandaten versperrten. Eine Vertreterin der CDU-Frauenvereinigung bezeichnete die Nominierungspraxis ihrer Partei als ungerecht und deprimierend. Die Klagen der CDU-Frauen waren genau dieselben wie in der SPD: „In schöner Regelmäßigkeit haben wir gehofft, waren wir enttäuscht, haben wir gearbeitet, dazugelernt und nach einer neueren und besseren Strategie gesucht, um Frauen nach vorne zu bringen. Und dann war wieder ein-

---

[93] Eva Rath an Willy Brandt, 23.9.1978, abgedruckt in: Rath, Küche und Parlament, S. 24. Diese Klage war in der AsF weitverbreitet. Deren Vorsitzende Karin Hempel-Soos dichtete in etwa zur selben Zeit über die „Leichtlohngruppe der Partei": „Lustig ist so ein Frauenleben, faria, faria, ho / dürfen im Wahlkampf Plakate kleben, faria, faria ho / Doch die Moral von der Geschicht / Mandate kriegst Du trotzdem nicht"; FFBIZ A Rep. 400 BRD 19.1. – SPD – 19.6. (20), ASF-Bezirk Hannover, Nr. 1, Karin Hempel-Soos, Hexenlied, o. D. (zwischen 1975 und 1981). Vgl. auch ebd., Schreiben der AsF Hannover an den Vorstand der SPD, 26.4.1980; und Alice Schwarzer, Wie Dorothee Vorbeck vom Weg abkam und welchen Preis sie dafür zahlt, in: Emma 2 (1978), Nr. 4, April 1978, S. 11 f.

[94] Rath, Küche und Parlament, S. 33.

[95] So Rath in ihrem Abschiedsschreiben an ihre Mitstreiterinnen von der AsF, abgedruckt ebd., S. 35. Vgl. auch Uta Faust, Keine Möglichkeiten für Frauen in der SPD, in: taz, 28.5.1979, S. 1 u. 6; „Ich halte die SPD für frauenfeindlich". Interview mit Eva Rath, in: Brigitte 26 (1979), Nr. 15, 11.7.1979, S. 75; Viola Roggenkamp, Der Abschied der Genossin, in: Emma 3 (1979), Nr. 6, Juni 1979, S. 14 f.

[96] Andreas Weiß/Elisabeth Weißthanner, Aufstand der Frauen in der Politik, in: Report, ARD, 8.5.1984 (40:10–43:15).

mal alles wie gehabt."[97] Aus diesen Gründen drangen Frauen in SPD und CDU auf Quotenregelungen nach Vorbild der Grünen, was jedoch in beiden Parteien höchst umstritten blieb.[98] Erst 1988 führte die SPD eine Quote von einem Drittel ein, die CDU zog acht Jahre später nach.

Mabry und Rath zogen aus ihren Erfahrungen und Beobachtungen die Konsequenz, reine Frauenparteien vorzubereiten bzw. zu gründen.[99] Beide Initiativen wurden von der überwiegenden Mehrheit der Frauenbewegung abgelehnt. Als die Initiatorinnen der „Frauenpartei" um Eva Rath sich in einer Podiumsdiskussion auf der Sommeruniversität 1979 der Bewegung vorstellten, erlebten sie ein „totales Fiasko"[100]. Auch die Kontaktversuche zu den Frauenzentren schlugen fehl oder offenbarten das große Misstrauen der Feministinnen gegen Programm, Organisationsstruktur und die Gründerin der neuen Partei. Sowohl die „Courage" als auch die „Emma" berichteten sehr distanziert über die Initiative.

Sowohl Mabry als auch Rath beklagten sich, mundtot gemacht zu werden. Als die Organisatorinnen der Sommeruniversität von 1983 einen Beitragsvorschlag Mabrys ablehnten, beschwerte diese sich vehement darüber, vom wichtigsten Forum der Bewegung ausgeschlossen zu werden. Sie startete sogar eine Unterschriftenaktion und erhielt prominente Fürsprache, unter anderem von Gunild Feigenwinter. Als Feministin wolle sie sich nicht vorschreiben lassen, welche Positionen sie diskutieren dürfe. Sie protestierte gegen „diesen arroganten und ignoranten Versuch einer in keiner Weise demokratisch legitimierten Gruppe, den theoretischen und politischen Beitrag Hannelore Mabrys zur Frauenbewegung schlicht zu unterschlagen, aus der Diskussion von vornherein zu eliminieren und damit das Konzept der autonomen feministischen politischen Organisation wie gehabt zu unterdrücken"[101]. Ebenso wie Mabry beklagten sich Rath und ihre Mitstreiterinnen über die fortwährende Ausgrenzung und das Totschweigen ihrer Partei innerhalb der Bewegung.[102] Der Führungsstreit mit einem autonom-feministi-

---

[97] CDU Deutschland (Hrsg.), Niederschrift 33. Bundesparteitag, S. 423f. Dieselben Vorwürfe erhoben zahlreiche weitere Frauen, ebd., S. 422, 436, 441 u. 443.

[98] Vgl. zu den Diskussionen in der SPD Siegfried Heimann, Zwischen Aufbruchstimmung und Resignation. Die SPD in den 80er Jahren, in: Werner Süß (Hrsg.), Die Bundesrepublik in den achtziger Jahren. Innenpolitik – Politische Kultur – Außenpolitik, Opladen 1991, S. 35–52, hier S. 46f.

[99] Während des ersten Nachkriegsjahrzehnts waren in der Bundesrepublik nicht weniger als sechs Frauenparteien gegründet worden. Mabrys und Raths Initiativen fallen in die zweite Welle von insgesamt sechs weiteren Versuchen; vgl. Elke Schüller, „Frau sein heißt politisch sein". Wege der Politik von Frauen in der Nachkriegszeit am Beispiel Frankfurt am Main (1945–1956), Königstein 2005, S. 301–331; dies., Frauenparteien. Phantasterei oder politischer Machtfaktor, in: Ariadne 16 (2000), Nr. 37/38, S. 64–71; Zellmer, Töchter der Revolte, S. 212–215.

[100] Vgl. Rath, Küche und Parlament, S. 60–63, Zitat S. 63; Alice Schwarzer, Brauchen wir eine Frauenpartei?, in: Emma 4 (1979), Nr. 11, November 1979, S. 37f.

[101] FFBIZ A Rep. 400 Berlin 20.8b, Offener Brief Hannelore Mabrys an die Vorbereitungsgruppe der 7. Sommeruniversität für Frauen, 9.7.1983; ebd., Gunild Feigenwinter an die Redaktion der Courage, 19.7.1983 (Zitat). Feigenwinter hatte von 1972 bis 1976 mit der „Hexenpresse" die erste deutschsprachige Zeitschrift der autonomen Frauenbewegung herausgegeben.

[102] Vgl. Rath, Küche und Parlament, S. 44–46; FFBIZ A Rep. 400 BRD 19.1.6. (2), Sibylle Helfferich an die Redaktion der Courage, 10.12.1979; FFBIZ A Rep. 400 BRD 19.1.6. (13), Eva Rath

schen Flügel, der kurz nach der Gründung ausbrach, war für Rath sogar ein von kommunistischen Feministinnen gesteuerter Umsturzversuch gegen die demokratisch legitimierte Mehrheit.[103] Aus ihrer Sicht waren alle autonomen Feministinnen, ob nun innerhalb oder außerhalb ihrer Partei, ohnehin nur eine elitäre Minderheit. Sie sah die „Basis" ihrer Partei in Arbeitnehmerinnen, Müttern, Hausfrauen und Rentnerinnen.

Mabrys „Feministische Partei in Gründung" blieb ebenso wie Raths „Frauenpartei" eine Randerscheinung in der feministischen Szene, weil die autonomen Aktivistinnen im politischen Betrieb der parlamentarischen Demokratie keinen adäquaten Politikansatz erblickten. „Wir haben keine Chance in den Parteien und durch die Parteien und auch eine Frauenpartei unterliegt den gleichen institutionellen Bedingungen und Strukturen. Für uns gibt es nur noch die Möglichkeit eines außerparlamentarischen Engagements, wie sie die Frauenbewegung darstellt, um wirkliche Veränderungen zu bewirken"[104], hieß es 1976 in der Hamburger Frauenzeitung. Diese Überzeugung sorgte bis Mitte der 1980er Jahre dafür, dass feministische Politikansätze innerhalb bestehender staatlicher Institutionen und Parteien auf kaum zu überwindendes Misstrauen stießen. Erst im Laufe der 1980er Jahre gewannen Initiativen und Aktivitäten an Akzeptanz, deren Veränderungsimpetus ohne die radikalfeministische Staats- und Institutionenkritik auskam, die seit den frühen 1970er Jahren die Neue Frauenbewegung bestimmt hatte.[105]

Auch in der Friedensbewegung war die Überzeugung Allgemeingut, dass die Abgeordneten sich über den Willen der Bevölkerung hinwegsetzten. Gestützt auf Meinungsumfragen, die eine breite Ablehnung der Nachrüstung ergaben[106], warfen die Aktivisten der Politik vor, demokratische Grundprinzipien zu verletzen. Parallel zur Bundestagsdebatte am 21. und 22. November 1983, an deren Ende das Parlament die Stationierung beschloss, tagte in Bonn ein „Parlament der Mehrheit", das der Koordinierungsausschuss der Friedensbewegung organisiert hatte. Darin sprachen prominente Friedensaktivisten dem „offiziellen Parlament" die de-

---

an Angelika Fischer, 3.7.1980; sowie das Interview mit der Niedersächsischen Landesvorsitzenden der Frauenpartei Bettina Gembries in FMT Z 138, Frauenpartei – die feministische Wahl?, in: Azade. Göttingens Frauen/Lesbenzeitung, ohne Nr., Winter 1986/87, S. 38 f.

[103] Vgl. Rath, Küche und Parlament, S. 79–97.
[104] FMT Z 125, Melanie, Argumente für den Wahlboykott, in: Frauenzeitung des Frauenzentrums Hamburg, Nr. 4, September 1976, S. 4–9, hier S. 9.
[105] Vgl. Kap. 2.3 und 2.4. Dagegen sieht Ilse Lenz bereits Ende der 1970er Jahre eine Veränderung in der Haltung der Neuen Frauenbewegung zu Parlament und Parlamentarismus: Lenz (Hrsg.), Die neue Frauenbewegung, S. 329.
[106] Das „Hamburger Forum", eine Koordinierungsplattform, die vom kommunistischen Spektrum der Friedensbewegung dominiert wurde, stützte sich in einer Kandidatenbefragung zur Bundestagswahl vom März 1983 auf eine von der Bundesregierung in Auftrag gegebene Umfrage des Sinus-Instituts, nach der 58% der Bevölkerung die Stationierung ablehnten: HIS HFO/Kandidatenbefragung Bundestagswahl Februar 1983, Ingrid Kurz (Hamburger Forum) an die Bundestagskandidaten der Hamburger Wahlkreise, 8.2.1983. Im Juni 1983 ermittelte das ZDF-Politbarometer, dass 72% der Bevölkerung gegen die Stationierung sei, im September waren es nach einer emnid-Umfrage 66%; Afas 54.III.1, 72% gegen Stationierung, in: Wuppertaler Friedensforum, Nr. 8/83, August 1983, S. 2; Peter Gatter, Was halten die Deutschen von der Nachrüstung?, in: Panorama, ARD, 27.9.1983.

mokratische Legitimation für die zu erwartende Zustimmung zur Stationierung ab und bezeichneten sich als „wenn nicht die gewählten, so doch die geborenen Parlamentarier der Mehrheit des Volkes"[107]. Hoimar von Ditfurth wandte sich direkt an die Bundestagsabgeordneten: „Warum eigentlich wollt ihr [...] dem mehrheitlichen Willen derer zuwiderhandeln, deren Willen politisch durchzusetzen in einer Demokratie, die diesen Namen auch verdient, eure vornehmste Pflicht wäre?"[108] In Barmen trug gleichzeitig eine Friedensgruppe als Zeichen des Protestes einen Sarg durch die Stadt, auf dem die Aufschrift „Demokratie" zu lesen war.[109]

Doch auch die Regierung nahm für ihre Politik in Anspruch, den Bevölkerungswillen zu vollziehen, denn eine Mehrheit habe sie im März 1983 für genau diese Politik legitimiert. Die Friedensbewegung war in ihren Augen eine lautstarke Minderheit, die der Bevölkerung ihre Ansichten und Schlussfolgerungen aufzwingen wollte. Damit knüpften sie an die Mobilisierungsformel der „schweigenden Mehrheit" an, die konservative Politiker, Publizisten und Parteianhänger seit Ende der 1960er Jahre dem vermeintlich einseitig linken Zeitgeist in den Medien und der öffentlichen Wahrnehmung entgegensetzten.[110] Ganz in dieser Tradition organisierte die Union in den Monaten vor der Bundestagsentscheidung über die Stationierung atomarer Mittelstreckenraketen eigene Großveranstaltungen, um, wie Strauß formulierte, die „schweigende Mehrheit in unserem Volke"[111] aufzurütteln und einen öffentlich sichtbaren Gegenakzent zu den Massendemonstrationen der Friedensbewegung zu setzen.

Noch grundsätzlicher setzte die Kritik aus den Reihen der Friedensbewegung am Prinzip der Mehrheitsentscheidung überhaupt an. Sie argumentierte, dass eine Entscheidung mit irreversiblen Folgen das Recht zukünftiger Generationen beschneide, eine andere Entscheidung zu treffen. Vor allem aber nahmen sie ein Widerstandsrecht gegen Beschlüsse in Anspruch, die vermeintlich die Existenz der Menschheit aufs Spiel setzten. „Was aber besagen schon Mehrheiten angesichts

---

[107] Uta Ranke Heinemann, Rede im „Parlament der Mehrheit" am 20.11.1983 in Bonn, abgedruckt in: dies., Widerworte, S. 77 f., Zitat S. 77.

[108] Peter Gatter, Nachrüstungsdebatte innerhalb und außerhalb des Parlaments, in: Panorama, ARD, 22.11.1983 (ab 14:49).

[109] Afas 54.III.1, 21./22. November, in: Wuppertaler Friedensforum, Nr. 12/83, Dezember 1983, S. 2.

[110] Vgl. Anna von der Goltz, A Vocal Minority. Student Activism of the Center-Right and West Germany's 1968, in: dies./Waldschmidt-Nelson (Hrsg), Inventing the Silent Majority, S. 82–104.

[111] Rede von Franz Josef Strauß bei der Großkundgebung der CSU „Frieden in Freiheit – Ja zur Sicherheit" am 22. Oktober 1983 in München, abgedruckt in: Lipp/Lütgemeier-Davin/Nehring (Hrsg.), Frieden und Friedensbewegungen in Deutschland, S. 373–376, hier S. 373. Das Stichwort „schweigende Mehrheit" nannte auch der Bericht von Hans-Joachim Reiche, Das Echo der Parteien auf eine Woche der Demonstration, in: Bonner Perspektiven, ZDF, 23.10.1983 (bei 6:29). Bereits am 5. Juni 1982 hatte die CDU eine Demonstration in Bonn organisiert, zu der dank des Drängens von Kohl, die Abgeordneten sollten in ihren Wahlkreisen die CDU-Basis mobilisieren, etwa 100 000 Teilnehmer kamen. Damit wollte Kohl das Signal setzen, dass „wir die Straße nicht anderen überlassen, daß wir die stärkste politische Kraft sind"; ACDP 08-001-1067/1, Protokoll der Sitzung der CDU-Bundestagsfraktion Nr. 39 vom 9.3.1982, 9.3.1982, S. 3 f.

der drohenden Vernichtung?", lautete die rhetorische Frage, die die Propheten der Apokalypse stellten.[112] Diese Position provozierte heftigste Gegenwehr unter Politikwissenschaftlern, Abgeordneten und Politikern. Widerstand, führte der CDU-Fraktionsvorsitzende Alfred Dregger vor den Unionsabgeordneten aus, sei gegen die statthaft, die die Demokratie aus den Angeln heben wollten, und das seien eben jene, die zum Widerstand gegen demokratisch legitimierte Entscheidungen aufriefen. „Die Entscheidungen fallen in der Bundesregierung und im Bundestag und nirgendwo sonst! Wir sind die Vertreter des Volkes – und nicht die Leute, die auf der Straße marschieren!", rief er seinen Fraktionskollegen in der Sitzung vor der Stationierungsdebatte zu.[113] Auch aus Sicht der SPD-Spitze setzte der außerparlamentarische Protest nichts weniger als die Demokratie aufs Spiel.[114] Die Herausforderung der Straße wiesen die professionellen politischen Akteure einmütig und kompromisslos zurück. So beharrten der „Lehrer der Demokratie"[115] Theodor Eschenburg und der Bundespräsident darauf, dass die demokratische Legitimation ausschließlich und unangreifbar dem im Parlament vertretenen Souverän zukomme.[116]

Während die Union im gewaltbereiten und im kommunistisch orientierten Teil der Friedensbewegung die eigentlichen Gefahrenpotenziale für die Demokratie ausmachte, hatte die SPD ihren Wesenskern als die eigentliche Friedenskraft in Deutschland wiederentdeckt.[117] Der Kölner Parteitag hatte sich am 18. und 19. No-

---

[112] Das Zitat stammt aus einer Rede von Heinz Brandt, einem undogmatischen Marxisten und Gewerkschafter, bei der Großdemonstration gegen das Atomkraftwerk Brokdorf am 19. Februar 1977, zitiert in Bernd Guggenberger, Bürgerinitiativen in der Parteiendemokratie. Von der Ökologiebewegung zur Umweltpartei, Stuttgart 1980, S. 60. Viele weitere Belege für die Kritik an der Mehrheitsregel im Umfeld der Grünen bietet Mende, „Nicht rechts, nicht links, sondern vorn", S. 354–356. Vgl. dazu die ebenso konzise wie polemische Auseinandersetzung des Althistorikers Egon Flaig, Die Mehrheitsentscheidung. Entstehung und kulturelle Dynamik, Paderborn 2013, S. 480–488, zur zeitgenössischen Diskussion die Beiträge in Bernd Guggenberger/Claus Offe (Hrsg.), An den Grenzen der Mehrheitsdemokratie. Politik und Soziologie der Mehrheitsregel, Opladen 1984.

[113] ACDP 08-001-1070/2, Protokoll der Sitzung der CDU-Bundestagsfraktion Nr. 8 vom 14.6.1983, 14.6.1983, S. 4, ACDP 08-001-1070/1, Protokoll der Sitzung der CDU-Bundestagsfraktion Nr. 14 vom 25.10.1983, 25.10.1983, S. 46.

[114] Vgl. Hansen, Abschied, S. 213 u. 217–219.

[115] Vgl. zu Eschenburgs Reputation Anne Rohstock, Kein Vollzeitrepublikaner. Die Findung des Demokraten Theodor Eschenburg (1904–1999), in: Bastian Hein/Manfred Kittel/Horst Möller (Hrsg.), Gesichter der Demokratie. Porträts zur deutschen Zeitgeschichte, München 2012, S. 193–210, hier S. 194–197. ARD-Moderator Wolf Feller führte Eschenburg als „liberalen Wächter der demokratischen Institutionen ein": Interview Wolf von Lojewski mit Theodor Eschenburg, in: Im Brennpunkt, ARD, 13.10.1983 (bei 33:27).

[116] Ebd. (ab 33:45); Interview Hans-Joachim Reiche mit Karl Carstens, in: Bonner Perspektiven, ZDF, 23.10.1983 (ab 17:00).

[117] Parteilinke wie Karsten Voigt hatten bereits 1980 gefordert, dass Arbeiter- und Friedensbewegung konvergieren müssten. 1981 hatte Brandt für die SPD reklamiert, die „eigentliche politische Friedensbewegung in unserem Lande" zu sein; zitiert nach Hansen, Zwischen Staat und Straße, S. 528 f. Vgl. zu dieser Traditionslinie Michael Longerich, Die SPD als „Friedenspartei" – mehr als nur Wahltaktik? Auswirkungen sozialdemokratischer Traditionen auf die friedenspolitischen Diskussionen 1959–1983, Frankfurt am Main 1990.

vember 1983 wenige Tage vor der Stationierungsdebatte mit überwältigender Mehrheit gegen die Nachrüstung ausgesprochen. Aus dieser Position heraus nahm die Parteiführung für sich in Anspruch, das berechtigte Anliegen der besorgten Menschen von der Straße in die Bahnen der repräsentativen Demokratie zurückzulenken, indem sie ihnen im Parlament eine Stimme gab.[118] Brandt berief sich auf die vielen Eingaben aus der Bevölkerung, um die Position der SPD als Interessenwahrerin der Mehrheit darzustellen und der Regierung Überheblichkeit und Selbstgerechtigkeit vorzuwerfen:

„Das sind Menschen aus allen Schichten und Altersgruppen, das sind Deutsche West und Deutsche Ost, das sind Europäer und Amerikaner, das sind Mütter und Väter, Großmütter und Großväter, das sind Arbeiter und Unternehmer, Künstler und Soldaten, Hausfrauen, Rentner, Kaufleute, Bankbeamte und vor allem und erneut: es sind Naturwissenschaftler und Ingenieure aller akademischen Grade. Ich frage mich, wem es gut tut, wenn das Engagement und der versammelte Sachverstand dieser Mitbürgerinnen und Mitbürger mit der ganzen Arroganz der Macht in den Abfall geräumt wird."[119]

Mit der Formulierung, es sei kein Ruhmesblatt, wenn die selbsternannte politische Elite in einer existenziellen Frage hinter dieser „Einsicht des Volkes" zurückbleibe, nahm Brandt das Kernargument der Demokratiekritik auf Seiten der Friedensbewegung auf. Dass sich der Parteivorsitzende der SPD mit einem Mal auf Bürgerpost berief, war ein Balanceakt, den kaum ein anderer Sozialdemokrat als der Friedensnobelpreisträger und Partizipationsvorkämpfer Brandt hätte vollbringen können, denn schließlich hatte die SPD-geführte Bundesregierung in den Jahren zuvor dasselbe Engagement und denselben Sachverstand ignoriert und damit eben jene „Arroganz der Macht" an den Tag gelegt, die Brandt nun geißelte. Doch Brandt hatte noch vor dem Verlust der Regierungsverantwortung die strikte Abgrenzung von der Friedensbewegung kritisiert und war bei der Großdemonstration am 22. Oktober 1983 in Bonn auf der Hauptkundgebung aufgetreten.[120] Nichtsdestotrotz werteten viele Friedensaktivisten die Hinwendung der SPD zu ihnen als Heuchelei, witterten die Gefahr von Vereinnahmung und argwöhnten, dass der Schwenk der SPD in erster Linie wahltaktische Motive habe.[121]

---

[118] Vgl. Hansen, Zwischen Staat und Straße, S. 529; ders./Friedhelm Boll, Doppelbeschluss und Nachrüstung als innerparteiliches Problem der SPD, in: Philipp Gassert/Tim Geiger/Hermann Wentker (Hrsg.), Zweiter Kalter Krieg und Friedensbewegung. Der NATO-Doppelbeschluss in deutsch-deutscher und internationaler Perspektive, München 2011, S. 203–228, hier S. 225; Faulenbach, Jahrzehnt, S. 715–719.

[119] Deutscher Bundestag, 10. Wahlperiode, Plenarprotokoll Nr. 10/36 vom 22.11.1983, S. 2506f., http://dipbt.bundestag.de/doc/btp/10/10036.pdf (6.5.2016).

[120] Wegen der Einladung an Brandt hatte es zuvor im Koordinierungsausschuss Streit gegeben, und die „taz" kritisierte den Beschluss scharf; vgl. Thomas Leif, Die strategische (Ohn-)Macht der Friedensbewegung. Kommunikations- und Entscheidungsstrukturen in den achtziger Jahren, Opladen 1990, S. 169f.

[121] Vgl. dazu etwa die Karikatur von Franziska Becker in Emma 7 (1983), Nr. 9, September 1983, S. 5, auch abgedruckt in Afas 84.III.32, Günther Marx, Gähnen für den Frieden?, in: FriZ – Antimilitaristische Allgemeine (Hamburg) Nr. 1, Oktober 1983, S. 7. Sie zeigt einen Mann im Anzug und Brille, der einen geöffneten Mantel präsentiert. Der Beschreibungstext lautet: „Praktischer SPD-Wendemantel: zeitlos-klassisch. Immer wieder aktuell. Auf der einen Seite dynamisches Militär-Khaki, auf der anderen Seite verwaschenes Friedenstaubenblau. Je

Dieser Vorwurf verkannte, dass die SPD-Spitze schon in den Jahren zuvor organisatorisch und diskursiv den Kontakt zur Friedensbewegung gesucht hatte. Personelle Brücken schlugen prominente Sozialdemokraten wie Erhard Eppler beziehungsweise sozialdemokratische Aktivisten wie Jo Leinen und der ehemalige Berliner Bürgermeister Heinrich Albertz; organisatorisch war die SPD durch Arbeitsgemeinschaften und nahestehende Organisationen im Koordinierungsausschuss vertreten, auf Regierungsebene bestand Kontakt zur gemäßigten Rüsselsheimer Friedensinitiative.[122] Dahinter stand der Versuch, den Protest einzuhegen und ihm einen Ort *in* der parlamentarischen Demokratie zu geben. Dieses Motiv war keineswegs auf den Umgang mit Aktivisten der Neuen sozialen Bewegungen beschränkt. Vielmehr kennzeichnete es generell die Reaktionen des politischen Führungspersonals auf Unmuts- und Enttäuschungsäußerungen.

Das Kanalisieren von Unzufriedenheit

Politiker waren stets die Adressaten von Briefen, in denen die Engagierten und Regierten zum Ausdruck brachten, dass sie unzufrieden waren. Die Zahl solcher Beschwerden war beträchtlich und nahm, wie Michaela Fenske am Beispiel von Niedersachsen gezeigt hat, „mit wachsender Politisierung der Bevölkerung seit dem Ende der sechziger Jahre zu"[123]. Die Verklammerung von Parteiämtern, Parlamentsmandaten und Regierungsfunktionen machte Spitzenpolitiker zu idealen Ansprechpartnern für direkte politische Interventionen von unten. Bürgerkritik ernst zu nehmen und aufzunehmen zählte zu den selbstverständlichen Anforderungen, denen Politiker genügen mussten, auch wenn die Vorwürfe zuweilen massiv und gehäuft an sie herangetragen wurden. „Jede Führung muss auch die Rolle der Klagemauer der Geführten ertragen können"[124], notierte der Gewerkschaftsfunktionär Wolfgang Spieker 1975 in sein Tagebuch. Umgekehrt erwarteten die Bürger, ihren Spitzenpolitikern gegenüber auch einmal „maulen und sauer sein" zu dürfen, wie ein Sozialdemokrat an seinen Bundestagsabgeordneten schrieb,

---

nach Trend beliebig tragbar." Das Misstrauen gegen die SPD hielt sich auch in den folgenden Jahren. Als Vogel als Redner bei der Großdemonstration am 13. Juni 1987 auftreten wollte, warnte der Koordinierungsausschuss ihn deutlich vor Vereinnahmungsversuchen: IfZ Dn 397, Offener Brief des Koordinierungsausschusses an den Vorsitzenden der Bundestagsfraktion der SPD, Hans-Jochen Vogel, und an den Parteivorstand der SPD, in: Rundbrief des Koordinierungsausschusses 4 (1987), Nr. 3, o. Pag.

[122] Die „Friedensinitiative für echte Sicherheit und effektive Abrüstung Rüsselsheim" gehörte zum christlichen Spektrum der Friedensbewegung. Sie entwickelte einen „Weltfriedensplan", in dessen Zentrum eine völlige Abrüstung und die Garantie der Sicherheit durch eine supranationale „Weltfriedensschutzmacht" standen. Vom Mainstream der Friedensbewegung unterschied sich die Initiative durch ihren gouvernementalistischen Ansatz. Dies machte sie aus Sicht der Bundesregierung auch zu einem Gesprächspartner, um Dialog- und Kritikbereitschaft auf dem Boden ihrer Sicherheitskonzeption zu demonstrieren; vgl. BA B 136/17744, Notiz Klaus-Jürgen Citron (Auswärtiges Amt) für den Staatssekretär, 19.5.1981.

[123] Fenske, Demokratie erschreiben, S. 86.

[124] Wolfgang Spieker, „Denksplitter und Formulierungsversuche", Bd. 21, Nr. 3061, 12.1.1975, http://www.fes.de/archiv/adsd_neu/inhalt/dokumente/spieker/Band21.pdf (24.9.2014).

wobei er explizit seine Hoffnung bekundete, dessen Antwort möge ihn wieder aufrichten.[125]

Diese Rolle füllten die Politiker auch aus, mehr noch: Sie betrachteten es als Teil ihrer Repräsentationspflichten und Führungsaufgaben, die Voraussetzungen für die Akzeptanz und Legitimierung politischen Handelns zu schaffen, indem sie in persönlichem Kontakt mit den Wählerinnen und Wählern eigene Situationsdeutungen und Lösungsvorschläge plausibel machten.[126] In der Praxis lief dies oft darauf hinaus, erregte Bürger zu beschwichtigen.[127] Der Versuch, durch Entemotionalisierung und Erklärungen das Verständnis für das politische Handeln zu vergrößern, konnte jedoch scheitern, wenn die Form der Kommunikation den Bürgern das Gefühl vermittelte, nicht ernst genommen zu werden. Ein typisches Beispiel dafür ist der Briefwechsel zwischen einer berufstätigen verheirateten Frau, die sich durch die Steuergesetzgebung diskriminiert fühlte, und dem Bundesfinanzministerium. Sie beschwerte sich erstmals im Oktober 1974; die Antwort des Referenten, der ihre Argumentation zurückwies, befriedigte sie nicht, sondern vergrößerte ihre Empörung: Fast jeder Satz ihrer Replik endete mit einem Ausrufezeichen, und da sie sich offensichtlich unverstanden fühlte, erweiterte sie den Adressatenkreis auf den Bundespräsidenten, die Bundesfamilienministerin, den rheinland-pfälzischen Finanzminister, ihren Bundestagsabgeordneten und die Vorsitzende der CDU-Frauenvereinigung.[128] Daraufhin erhielt sie nochmals eine ausführliche Erläuterung zur Steuerreform. Der Referent im Bundesfinanzministerium lobte die Frau für ihr Interesse, ohne auf die scharfen Vorwürfe im Einzelnen einzugehen. Seine Schlussbotschaft sollte möglicher Enttäuschung vorbeugen: „Ich bitte abschließend noch einmal um Verständnis, daß meine Antwort nicht so erschöpfend ausgefallen ist, wie Sie es möglicherweise erwartet haben. Es würde mich aber sehr freuen, wenn Ihnen durch diese Ausführungen manches verständlicher erscheint und gleichzeitig Emotionen abgebaut worden sind."[129]

Doch genau dies leisteten die Antworten auf Bürgerbriefe nicht, wenn die Gefühle der Absenderinnen und Absender im Zentrum ihrer Botschaft gestanden

---

[125] BA B 126/71522, Uwe Marxen an Herman P. Reiser, 6.2.1975; vgl. auch die Schlusswendung „ein mutiges und änderndes Zeichen entgegensehend verbleiben wir hoffnungsvoll" in AdsD SPD-Parteivorstand 2/PVEK0000058, SPD-Ortsverein Gartenstadt Jungferntal-Rahm an SPD Parteivorstand, 17.1.1977. Besonders viele Menschen wandten sich mit der Bitte um Ermutigung an Petra Kelly; z.B. AGG PKA 1869, Walther Dahlhaus an Petra Kelly, 2.9.1981. Zu Kellys Rolle als Trösterin und Hoffnungsträgerin vgl. Richter, Die Aktivistin, S.156–159; Mende, „Nicht rechts, nicht links, sondern vorn", S.273f.
[126] Vgl. Werner J. Patzelt, Abgeordnete und Repräsentation. Amtsverständnis und Wahlkreisarbeit, Passau 1993, S.149–155.
[127] Vgl. Kap.2.2, 2.3 und 3.3.
[128] BA B 126/71523, Ingeborg Gilsdorf an Hans Apel, 20.10.1974 u. 1.3.1975. Zu ihrem Schritt hatte sie eine „Aufklärungsaktion" des Bundesfinanzministeriums ermuntert, bei der Apel selbst und Beamte des Finanzministeriums telefonisch und schriftlich Fragen zur Steuerreform beantworteten; BA B 126/71521, Pressemitteilung des Bundesministeriums der Finanzen, 13.2.1975. Zur Enttäuschung über die Steuerreform von 1975 vgl. auch Ullmann, Abgleiten, S.202.
[129] BA B 126/71523, Gerd Stuhrmann an Ingeborg Gilsdorf, 18.3.1975.

4.2 Defekte und defizitäre Partizipation

hatten. So forderte eine Aktivistin der Friedensbewegung in einem Brief an Kohl emotionale Betroffenheit vom Bundeskanzler ein. Sie fragte ihn, ob er Hiroshima besucht, einen Film über die Atombombe gesehen, mit einem Opfer gesprochen und die Angst zugelassen habe. Daraufhin erhielt sie einen höflichen Brief, der keine der Fragen beantwortete, sie noch nicht einmal streifte, sondern schlicht ignorierte. Der antwortende Referent erklärte, man nehme ihre Gefühle ernst, und rechtfertigte anschließend die Sicherheitspolitik der Bundesregierung. Beigefügt waren die Regierungserklärung des Kanzlers und eine Broschüre zum NATO-Doppelbeschluss. Auf ihr Insistieren erhielt sie nach einigen Wochen ein erneutes Schreiben, das wieder aus einem argumentativen Text und einer weiteren Rede Kohls bestand. „Kein Wort, weder im Brief noch in der Rede, zu meinen Fragen. Meine Fragen sind bewußt nicht beantwortet worden"[130], resümierte die Frau. Solche Briefe können als ritualisiertes Protesthandeln nicht an den Maßstäben des Briefes als schriftlicher Kommunikationsform gemessen werden. Sie dienten dazu, die Uneinsichtigkeit der Adressaten offenzulegen; die Fragen, auf die die Absenderin keine Antwort enthielt, waren rhetorisch gemeint. Gleichwohl zeigt das Beispiel doch die Erwartung, als Bürgerin gehört und ernst genommen zu werden.

Genau dieselbe Erwartung offenbaren auch zahlreiche Eingaben von weniger systemkritisch eingestellten Absendern. Sie drückten sie aus, indem sie Zweifel anmeldeten, ob der Adressat ihre Eingabe überhaupt zu Gesicht bekommen oder wahrnehmen werde. „Wir hoffen, daß Sie diesen Brief erst nachdem Sie ihn gelesen haben, in den Papierkorb werfen", schrieb ein Ehepaar 1975 an den Bundesfinanzminister.[131] Solche Wendungen lassen sich im Sinne der Sprechakttheorie als invertierte Aufforderung lesen, dem eigenen Schreiben eben doch Aufmerksamkeit zu schenken. Sie akzentuierten damit die Erwartung, dass auch Regierungsmitglieder für jedermann erreichbar sein müssten. Ein Mann, der sich als „ihr zorniger Bürger" vorstellte, verlangte explizit eine persönliche Antwort von Apel; mit einem Referentenschreiben wollte er sich nicht zufrieden geben.[132] Dies war das Ergebnis des Partizipationsschubes in der politischen Kultur seit den späten 1960er Jahren, denn während der ersten Nachkriegsjahrzehnte hatten Bürger, die sich direkt an Spitzenpolitiker wandten, noch erheblichen Respekt vor dem Amt und der damit verbundenen sozialen Distanz zum Ausdruck gebracht.[133]

Noch stärker als in Bürgerbriefen kam die selbstverständliche Erwartung von Teilhabe und Mitsprache bei politisch Engagierten zum Tragen. Die Kommentare und Beschwerden von Parteimitgliedern und ehrenamtlichen Funktionären spiegeln das Selbstbewusstsein der Basis als Souverän der innerparteilichen Demokratie wider. Zweifel, ob die Parteiführung mit ihren Wünschen und Stimmungen

---

[130] IISG Die tageszeitung Archives 11c, Gaby Reiß, Von der Kunst, Fragen zu beantworten, ohne es wirklich zu tun, oder Von Frieden und Emotionen. Leserinnenbrief an die taz, 26.2.1983.
[131] BA B 126/71523, Georg und Edith Dargel an Hans Apel, 5.5.1975. Nicht weniger pessimistisch beurteilte ein Bürger die Aussichten für seinen Brief, vom Bundesfinanzminister wahrgenommen zu werden: BA B 126/71521, Hermann Eulenbruch an Hans Apel, 2.2.1975.
[132] Ebd., Johannes G. Kemnitz an Hans Apel, 5.2.1975.
[133] Vgl. Fenske, Demokratie erschreiben, S. 49 u. 289–291.

vertraut sei, äußerten sie daher mit vorwurfsvollem Ton. In dieser Haltung stimmten Unionsmitglieder und Sozialdemokraten überein. Als Strauß und Kohl vor der Bundestagswahl von 1980 um die Kanzlerkandidatur konkurrierten, meldete sich der Kreisvorsitzende der CDU aus dem Enzkreis bei Pforzheim zu Wort: Wenn die Parteiführung überhaupt noch an der Meinung der Basis interessiert sei, wolle er mitteilen, dass man vor Ort einhellig wünsche, dass mit dem Hin und Her endlich Schluss gemacht werde.[134] Ein Sozialdemokrat nutzte 1981 die Form des offenen Briefes, um seinen Protest gegen die Sicherheitspolitik zum Ausdruck zu bringen:

„Die Meinung eines einfachen Mitglieds ohne Amt und Mandat mag für Euch wenig zählen. Wahrscheinlicher ist schon, daß das Schweigen vieler einfacher Mitglieder von Euch als Zustimmung zu Eurem Kurs ausgelegt wird. Deshalb will ich mit diesen Zeilen signalisieren, daß ich mit der Politik des Parteivorstandes, der Bundestagsfraktion und des Bundeskanzlers in schwerwiegenden Fragen nicht einverstanden bin."[135]

Doch nicht nur als Sender, sondern auch als Empfänger politischer Botschaften formulierten die Engagierten gestiegene Ansprüche. In den 1970er und 1980er Jahren häuften sich in den Parteikorrespondenzen die Anzeichen dafür, dass die etablierten Kommunikationsformen der Parteiführung den Mitsprachebedürfnissen der Mitglieder nicht mehr genügten. Belehrende Traktate, Allgemeinplätze oder Ausflüchte riefen Abwehr bis hin zu heftigen Aversionen hervor. „Sollten Sie unser Schreiben für wert halten, beantwortet zu werden, sehen wir dieser Antwort mit Interesse entgegen. Wir verzichten jedoch darauf, wenn Sie uns nur mitteilen wollen, daß Sie sich bei Ihrer Aktion von allen mißverstanden fühlen"[136], baute Anfang 1979 der CDU-Kreisgeschäftsführer im hessischen Nieder-Roden etwaigen Beschwichtigungsversuchen vor, als er Kohl und Biedenkopf wegen ihres öffentlichen Führungsstreits kritisierte. „Mehr als nur die übliche vorgedruckte Antwort" erwartete auch der Unionsvorsitzende von Kamp-Linfort auf seine Beschwerde aus demselben Anlass.[137] Bei den Sozialdemokraten herrschte die gleiche Unzufriedenheit. Ende 1983 beklagten sich einige Ortsvereine gegenüber Brandt darüber, dass Antworten des Parteivorstands auf ihre Anliegen oder Beschwerden in den meisten Fällen nicht richtig eingingen. Hinzu komme, dass die Briefe von irgendwelchen Referenten verfasst würden, der Angeschriebene selbst aber nicht antworte, und noch dazu müssten die Ortsvereine lange auf eine Reaktion warten oder ihre Anliegen in Erinnerung bringen. „Dabei entsteht oft der Eindruck, man wird ‚abgeschmiert'"[138]. Die Antwort war selbst eine Bestätigung dafür, dass die Vorwürfe valide waren: Erst nach drei Monaten fand die Parteiführung Zeit für

---

[134] ACDP 01-446-A555, Hugo Leicht an Helmut Kohl, 19.6.1979.
[135] HIS Bestand Helmut Bausch (DVZ), Korrespondenz 1981 A-K, Rolf Eckart an den Vorstand der SPD, 9.2.1981; ähnlich AdsD SPD-Parteivorstand 2/PVEK000124, Albert Völkmann (Vorsitzender des SPD-Ortsvereins Vaterstetten) an den Vorstand der SPD, 24.2.1980.
[136] ACDP 01-446-A555, Konrad Friedlingsdorfer an Kurt Biedenkopf und Helmut Kohl, 11.1.1979.
[137] Ebd., Eberhard an die Mitglieder des CDU-Präsidiums, 20.1.1979.
[138] AdsD SPD-Parteivorstand 2/PVEK000250, Rudi Marciniak (stellvertretender Vorsitzender des SPD-Unterbezirks Steinfurt) an Willy Brandt, 23.12.1982.

eine Erwiderung, nicht der Parteivorsitzende unterzeichnete den Brief, sondern Bundesgeschäftsführer Glotz, einen Teil der Vorwürfe überging er geflissentlich mit Stillschweigen, verwies auf Sachzwänge und bat schließlich, den guten Willen der Mitarbeiterinnen und Mitarbeiter der Parteizentrale anzuerkennen, denn sie täten ihre Pflicht.[139]

Aus einer Fülle von abwiegelnden Repliken an die erboste Parteibasis lässt sich das deutliche Bemühen der Parteiführungen herauslesen, destruktive Gefühle wie Zorn, Empörung und Enttäuschung zu kontrollieren, zu dämpfen und nach Möglichkeit zu ersticken, in aller Regel durch schlichtes Ignorieren der emotionalen Botschaften. Wenn die angesprochenen Spitzenpolitiker die Existenz negativer Gefühle überhaupt thematisierten, dann nur, um zu ihrer Überwindung aufzurufen. Als ein SPD-Ortsverein im März 1974, auf dem Tiefpunkt der Regierungskrise vor dem Rücktritt Brandts, ausführlich über Unzufriedenheit und Wut unter den Arbeitnehmern über die Regierungspolitik klagte, konzedierte Wehner, dass „Ihr im Recht [seid], wenn Ihr Stimmungen beschreibt, die Euch bedrücken und bedrängen, aber es gibt einen festen Punkt, von dem aus wir alle solidarisch solche Stimmungen unterdrücken können."[140] Gemeint waren damit die Reden, die der Fraktionsvorsitzende als Anschauungsmaterial mitschickte. Argumente und Materialien waren die Standardtröstung der Parteiführungen. Doch ab der zweiten Hälfte der 1970er Jahre mehrten sich die Anzeichen für eine offenere und direktere Auseinandersetzung mit kollektiven Gefühlen.

Ablesen lässt sich das an den Reaktionen auf die Proteste und Enttäuschungsäußerungen von der Parteibasis, die die Rentenpolitik im Januar 1977 in der SPD und der Führungsstreit zwei Jahre später in der Union auslösten.[141] SPD-Bundesgeschäftsführer Bahr gestand den Genossen das Recht zu, ihrem Ärger freien Lauf zu lassen: „Euer Unmut ist verständlich. Besser ihr laßt hier Dampf ab als nach außen"[142], schrieb er einem hessischen Ortsvereinsvorsitzenden. Das war eine weitaus empathischere Reaktion als Wehners Aufruf, schlechte Stimmungen zu unterdrücken. Bahr begriff die Funktion von Klagebriefen und seine Antwort darauf als aktives Gefühlsmanagement, das dem Ziel diente, das von Resignation bedrohte Engagement an der Basis zu erneuern. Auf die Verständnisbekundungen folgte darum stets der Appell, sich weiter für die Partei einzusetzen: „Belaßt es nicht dabei, Ärger und Enttäuschung zu artikulieren! Das würde nicht ausreichen, die Arbeit der Partei zu verbessern und uns das Vertrauen der Menschen zu erhalten."[143] Biedenkopf entschuldigte sich 1979 bei den Unionsmitgliedern für den Ärger, den er mitverursacht hatte: Er wisse, „welche zusätzlichen Belastungen

---

[139] Ebd., Peter Glotz an Rudi Marciniak, 8.3.1983.
[140] AdsD SPD-Parteivorstand 2/BTFG000462, Herbert Wehner an Hans Joachim Wolff (SPD-Ortsverein Ringendorf), 11.3.1974.
[141] Siehe oben S. 306 u. 310f.
[142] AdsD SPD-Parteivorstand 2/PVEK000122, Egon Bahr an Wolfgang Müller (Vorsitzender des SPD-Ortsvereins Solms), 16.2.1977.
[143] AdsD SPD-Parteivorstand 2/PVEK000062, Egon Bahr an SPD-Ortsverein Heinzenhausen, 24.2.1977.

Sie und alle Ihre Freunde und letztlich die ganze Partei in den letzten Wochen ertragen hat [sic]. Glauben Sie mir, auch ich hätte der Partei und auch mir selbst diese Turbulenzen gerne erspart."[144] Obwohl seine Formulierungen voller Euphemismen waren und er sich zudem selbst als Leidtragender hinstellte, zeugen diese Sätze doch von Einfühlsamkeit, die mehr als nur ein Lippenbekenntnis war.

Solche ungewohnten Zeichen für mehr Sensibilität im Umgang mit den Engagierten verweisen darauf, dass das Verhältnis von Politik und Gesellschaft zu diesem Zeitpunkt als belastet galt. Umso mehr Aufmerksamkeit schenkten Politiker direkten Begegnungen mit der Bevölkerung. Doch auch diese bargen das Risiko von Enttäuschungen.

Misslungene Rendezvous: Begegnungen zwischen Bürgern und Politikern

Ein beliebtes Mittel, um die häufig beklagte Kluft zwischen politischer Führung und Bevölkerung zu überbrücken, waren Bürgerbesuche in Bonn. Der Bundestag unterhielt seit 1952 eine „Betreuungsstelle für Besuchergruppen", die in den 1970er und 1980er Jahren organisatorisch ausdifferenziert und personell sowie materiell erheblich ausgebaut wurde. Der Besucherdienst blieb dabei die Hauptaufgabe. In den 1970er und 1980er Jahren machten sich zwischen 200 000 und 250 000 Bürgerinnen und Bürger pro Jahr ein eigenes Bild von den demokratischen Abläufen im Bundeshaus.[145] Jeder Bundestagsabgeordnete konnte Gruppen aus seinem Wahlkreis in die Bundeshauptstadt einladen. Organisiert wurden diese Fahrten vom Presse- und Informationsamt der Bundesregierung. Dafür stand ein Budget zur Verfügung, das jedem Parlamentarier erlaubte, bis zu 100 Personen pro Jahr eine dreitägige Informationsreise zu finanzieren. Diese Möglichkeiten wurden (und werden) intensiv wahrgenommen, denn sie galten als „ganz wesentliche Brücke zum Verständnis von Politik und parlamentarischer Demokratie", ihnen wurde die Fähigkeit zugeschrieben, Skepsis, Misstrauen und Distanz zur „abstrakten Institution Parlament" zu verringern.[146] Zu Anfang der 1980er Jahre kamen jedes Jahr rund 75 000 Bürger in den Genuss eines umfassenden und kostenlosen Informationsbesuchs.[147] Auf dem Programm standen in der Regel ein Gespräch

---

[144] ACDP 01-446-A555, Kurt Biedenkopf an Heinz Meyer, 1.3.1979, fast wortgleich ebd., Kurt Biedenkopf an CDU-Ortsverband Sasbach, 14.2.1979; ebd., Kurt Biedenkopf an CDU-Gemeindeverband Plankstadt, 14.2.1979.

[145] Vgl. Peter Schindler, Datenhandbuch zur Geschichte des Deutschen Bundestages 1949 bis 1994, hrsg. vom Deutschen Bundestag, Bd. 3, Berlin 1999, S. 3468f.; Leo Kissler, Parlamentsöffentlichkeit: Transparenz und Artikulation, in: Hans-Peter Schneider/Wolfgang Zeh (Hrsg.), Parlamentsrecht und Parlamentspraxis in der Bundesrepublik Deutschland. Ein Handbuch, Berlin 1989, S. 993–1020, hier S. 1002.

[146] Ulrich Sarcinelli, Öffentlichkeitsarbeit der Parlamente – Politikvermittlung zwischen Public Relations und Parlamentsdidaktik, in: Zeitschrift für Parlamentsfragen 24 (1993), S. 464–473, hier S. 472.

[147] Gerd Pflaumer/Wolfgang Tschirner, Erfolgskontrolle im Presse- und Informationsamt der Bundesregierung, in: Gerd-Michael Hellstern/Hellmut Wollmann (Hrsg.), Handbuch zur

mit dem Wahlkreisabgeordneten, eine Führung im Parlament oder der Besuch einer Plenarsitzung, Diskussionen mit Referenten eines Ministeriums, zuweilen auch eine Visite in der Parteizentrale des Abgeordneten, der die Gruppe eingeladen hatte. Untergebracht waren die Gäste in guten Hotels, für ihr leibliches Wohl wurde während der Besuchszeit gesorgt, touristische Attraktionen wie eine Schifffahrt auf dem Rhein waren mit eingeschlossen.

Alles war also darauf ausgelegt, die Gäste für die Bundespolitik einzunehmen und ihnen Transparenz und Offenheit zu vermitteln. Zweifelsohne gelang das auch in aller Regel. Wenn derartige Besuche die beabsichtigte Wirkung verfehlten, lag dies zumeist an der Ansprache der Bürgerinnen und Bürger durch die Repräsentanten von Parlament, Partei und Ministerialbürokratie. Anfang Juni 1976, vier Monate nach der offiziellen Abschlussveranstaltung im Rahmen des „Internationalen Jahres der Frau" und vier Monate vor der Bundestagswahl, hatte die Hamburger Abgeordnete Wiltrud Rehlen (SPD) eine Gruppe von 40 Frauen und zwei Männern eingeladen. Die Hälfte der Besucherinnen gehörte der feministischen Szene Hamburgs an und kam vermutlich mit einiger Reserve in die Bundeshauptstadt, um sich einen Einblick zu verschaffen, „was mann [sic] so als die Leistungen und Errungenschaften unserer Demokratie, respektive der sozial-liberalen Regierung betrachtet"[148]. Das Programm stand unter dem Motto „Politik für Frauen" und setzte einen Schwerpunkt auf die Förderung von Gleichstellung und Geschlechtergerechtigkeit. Außer mit Rehlen diskutierten die Frauen mit zwei weiteren weiblichen Abgeordneten, besuchten drei Ministerien, den Bundestag, das Bundespresse- und Informationsamt sowie die Hamburger Landesvertretung.

Doch statt Vertrauen und Verständnis für die parlamentarische Demokratie zu fördern, vertiefte der Besuch zumindest bei den feministischen Teilnehmerinnen die Vorbehalte gegen den institutionalisierten Politikbetrieb. Ihr Fazit lautete, die Fahrt sei ein „einziger Frust" gewesen, denn die amtierende Regierung sei „genauso frauenfeindlich wie jede andere derzeit bei uns mögliche". Sie fühlten sich von der Bonner Politik weder mit ihren spezifischen Anliegen noch als Bürgerinnen ernst genommen. Besonders enttäuscht waren die Frauen darüber, dass sie zwar überall verbal als kritische Bürgerinnen hofiert, auf ihre unbequemen Fragen aber mit Allgemeinplätzen, ausweichenden oder überheblichen Antworten abgespeist worden seien. In ihren Gesprächspartnerinnen erblickten sie abschreckende Beispiele, wie stark Frauen von „männlichen" Institutionen wie Parteien und Parlamenten deformiert würden. Die Hälfte der Teilnehmerinnen zog aus ihren Erfahrungen sogar die aus Sicht von Bundesregierung und Bundestag denkbar schlimmste

---

Evaluierungsforschung, Bd. 1, Opladen 1984, S. 221–237, hier S. 225. Eckard Kuhlwein (SPD) schätzte die Zahl der von Abgeordneten Eingeladenen auf 70 000 pro Jahr; Deutscher Bundestag, 10. Wahlperiode, Plenarprotokoll Nr. 10/85 vom 20.9.1984, S. 6229, http://dipbt.bundestag.de/doc/btp/10/10085.pdf (25.4.2016). Statistisch ausgewiesen wurden die Informationsbesuche erst ab 1991; ihr Anteil an der Gesamtzahl lag in der ersten Hälfte der 1990er Jahre zwischen 8 und 21% (eigene Berechnungen nach Zahlen wie in Anm. 145).

[148] Hier und die folgenden Zitate: FMT Z 125, Sybille, Was Frauen erlebten, als sie Bonn heimsuchten…, in: Frauenzeitung des Frauenzentrums Hamburg, Nr. 3, August 1976, S. 1 f.

Konsequenz, nämlich bei der Bundestagswahl den Stimmzettel durch die Aufschrift „frauenfeindlich" ungültig zu machen. Beim letzten Mittagessen dichteten die Frauen einen Abgesang auf die Bonner Politik. Darin hieß es: „Männer, die uns angeblich dienen, / funktionieren wie Maschinen! [...] Wenn uns was auf den Nägeln brennt, sagen sie: Wir sind nicht kompetent! [...] in Bonn herrscht Mann nur allein, und so ist's landauf – landein! / Frauen, fahrt ihr mal nach Bonn, erntet ihr nur Spott und Hohn!" Der Refrain formulierte die Totalabsage an die parlamentarische Demokratie als Appell: „Frauen, die durch Bonn sich quälten, / wissen jetzt, daß sie nicht wählten! / gegen diese Institution / hilft nur Frauenrevolution!"[149] Statt die Vorbehalte gegen das politische Establishment zu differenzieren, hatte der Bonn-Besuch also den Antiinstitutionalismus der Feministinnen sogar mit der Überzeugungskraft des persönlichen Erfahrungswissens gefestigt.

Unter den autonomen Feministinnen war das Misstrauen gegen die parlamentarische Demokratie stark ausgeprägt. Ihnen galten alle etablierten Parteien als unrettbar frauenfeindlich. Aus diesem Grund riefen Frauen sowohl 1976 als auch 1980 zum Wahlboykott auf.[150] Insofern lässt sich die Reaktion der Feministinnen noch als Bestätigung ihres Weltbildes erklären. Doch auch grundsätzlich aufgeschlossene Personen waren von den Bonn-Fahrten zuweilen enttäuscht. So erging es dem Vorsitzenden eines SPD-Ortsvereins im Landkreis Konstanz, der im Juni 1977 mit einer Gruppe die Bundeshauptstadt besucht hatte. Während er insgesamt eine sehr gute Erinnerung mitnahm, kritisierte er den Empfang im Ollenhauerhaus scharf. Der Vorstandsreferent, der die Gruppe in Empfang genommen hatte, wirkte auf alle Anwesenden überheblich und selbstherrlich; außerdem beleidigte er Geißler, was parteilose Mitglieder der Besuchergruppe peinlich berührte, die aus dem Heimatort des CDU-Generalsekretärs stammten. Auch Sozialdemokraten schämten sich für diesen Auftritt. „Da können wir an der Basis noch so sehr strampeln", klagte der SPD-Ortsvorsitzende, „wenn solche Besuche alles in kurzer Zeit kaputtmachen"[151]. Genauso schlecht wirkte es, wenn Besucher den Eindruck zurückbehielten, abgefertigt zu werden. Dies kritisierte 1979 die Mitarbeiterin der sozialdemokratischen Bundestagsabgeordneten Anke Martiny, zu deren Aufgaben es gehörte, Besuchergruppen zu begleiten. Sie hatte mehrfach Rück-

---

[149] FMT Z 125, Bonnlied, in: Frauenzeitung des Frauenzentrums Hamburg, Nr. 4, September 1976, S. 1 f.

[150] Vgl. den Aufruf der Wahlboykottgruppe Dortmund, Frauen wählt „ungültig!", 1976, abgedruckt in Lenz, Die neue Frauenbewegung, S. 332 f.; Alice Schwarzer/Ingrid Strobl (Hrsg.), Wahlboykott? Haben Frauen noch die Wahl? Eine Streitschrift zu den Wahlen 1980!, Köln 1980 (Emma Sonderband 1). Einer bei emnid in Auftrag gegebenen Umfrage unter den Emma-Leserinnen vom September 1979 zufolge war jedoch nur ein Viertel der befragten Frauen bereit, sich einem Wahlboykott anzuschließen, 37% waren noch unentschlossen. Zwei Drittel von ihnen stimmten der Aussage zu, dass die im Bundestag vertretenen Parteien von Männern beherrscht und frauenfeindlich seien, bei den Aktivistinnen der Frauenbewegung erreichte dieser Wert sogar 79%; ebd., S. 15 u. 17.

[151] AdsD SPD-Parteivorstand 2/PVEK0000061, Dietrich Gläser (Vorsitzender des SPD-Ortsvereins Gottmadingen) an Egon Bahr, 5. 7. 1977.

meldungen von Besuchern erhalten, die „mehr als enttäuscht" über ihre Visite in der SPD-Parteizentrale waren, weil sie dort nur lange Monologe zu hören bekommen hatten, selbst aber kaum zu Wort gekommen waren. Die zum Teil langjährigen ehrenamtlichen Parteifunktionäre hatten sich gewünscht, herumgeführt zu werden, zumindest aber erwartet, über ein aktuelles Thema diskutieren zu können.[152]

Gerade das letzte Beispiel zeigt, dass Enttäuschungen über den Verlauf von Besuchen auch eine Folge von großen Erwartungen an ein Ereignis waren, das als außergewöhnliche Tuchfühlung mit den demokratischen Herrschaftsträgern empfunden wurde. Hoch waren die Erwartungen auch, wenn nicht die Bürger in die Bundeshauptstadt reisten, sondern Bonner Spitzenpolitiker für Glanz in der Provinz sorgen sollten. Die Abgeordneten investierten einen erheblichen Teil ihrer Zeit in die Wahlkreisarbeit, nach einer breiten Erhebung von 1994 im Schnitt ein Drittel.[153] Diese Besuche galten ebenfalls als hervorragendes Forum, um die Entscheidungen in der fernen Bundeshauptstadt zu erklären, und die Abgeordneten schätzten die Veranstaltungen vor Ort als Möglichkeit, sich über Stimmungen und Ansichten des Wahlvolks zu informieren. Für Lokalpolitiker waren diese Anlässe Höhepunkte, die aus dem Alltag hervorstachen. Bonner Prominenz verschaffte ihren Veranstaltungen Zulauf und mehrte ihr eigenes Ansehen. Organisiert wurden solche Termine von den Landesgeschäftsstellen oder den Abgeordnetenbüros. Enttäuscht waren Lokalpolitiker, wenn sich zu lange niemand mehr blicken ließ, weil sie dann das Gefühl hatten, im Stich gelassen zu werden. Dies beklagte 1979 „nach zehnjähriger Unzufriedenheit" der sozialdemokratische Unterbezirksvorsitzende im niedersächsischen Lingen, einem Diasporagebiet für die SPD.[154] Verärgert und enttäuscht waren Lokalpolitiker auch, wenn die Dispositionen von Bundespolitikern ihre Interessen nicht berücksichtigten. Beispielsweise beschwerte sich der Vorsitzende der christdemokratischen Stadtratsfraktion in Gelsenkirchen bei Dregger darüber, dass mehrfach prominente Unionspolitiker Termine in Gelsenkirchen wahrgenommen hatten, ohne dass die CDU vor Ort davon wusste.[155] Die Lokalpolitiker fühlten sich bloßgestellt und gegenüber ihren SPD-Kollegen

---

[152] AdsD SPD-Parteivorstand 2/PVEK0000060, Teresia Riedmaier-Appel an Egon Bahr, 16.7.1979.
[153] Vgl. Werner J. Patzelt, Deutschlands Abgeordnete. Profil eines Berufsstands, der weit besser ist als sein Ruf, in: Zeitschrift für Parlamentsfragen 27 (1996), S. 462–502, hier S. 473. Vgl. als Selbstzeugnisse auch Hans-Peter Bartels, Wahlkreiskommunikation. Daten aus der Praxis eines Bundestagsabgeordneten, in: Zeitschrift für Parlamentsfragen 39 (2008), S. 487–493, hier S. 490 f.; Lattmann, Die lieblose Republik, S. 24 f.
[154] AdsD SPD-Parteivorstand 2/PVEK000065, Harald Hähne an Willy Brandt, 13.2.1979. Der Landkreis Emsland, in dem Lingen liegt, war tiefschwarz: 1970 waren 85% der Bevölkerung Katholiken, bei der Bundestagswahl 1976 hatte der CDU-Kandidat 72,6% der Erststimmen erreicht, bei den Landtagswahlen von 1978 sogar 77,3%; Claus A. Fischer (Hrsg.), Wahlhandbuch für die Bundesrepublik Deutschland. Daten zu Bundestags-, Landtags- und Europawahlen in der Bundesrepublik Deutschland, in den Ländern und in den Kreisen 1946–1989, Paderborn 1990, S. 761.
[155] ACDP 08-001-611/2, Günter Volmer an Alfred Dregger, 13.4.1984; ein ähnliches Beispiel: AdsD SPD-Parteivorstand 2/PVEK0000067, Berthold Günther (SPD-Stadtratsfraktion Neunkirchen/Saar) an SPD-Bundesvorstand, 8.8.1980.

benachteiligt, denn in ihrer Stadt, in der die SPD seit 1946 ununterbrochen regierte und seit fast dreißig Jahren eine absolute Mehrheit im Stadtrat hatte, komme mindestens einmal im Monat ein bekannter Sozialdemokrat vorbei und ziehe eine Show ab.

Derartige Äußerungen verweisen darauf, wie sensibel das Feld der Politikvermittlung war. Die Ursache dafür war der große Bedarf an direkten Begegnungen, um Bodenständigkeit und Volksnähe zu demonstrieren. Denn trotz des erheblichen Aufwands, den Bundestagsabgeordnete in die Wahlkreisarbeit investierten, erfüllten sie die Erwartungen der Wähler vor Ort nur unzureichend: Diese vermissten vor allem eine stärkere Orientierung ihrer Abgeordneten an den Belangen des Wahlkreises und der dort lebenden Menschen.[156] Umso nötiger erschien es, im persönlichen Austausch mit den Bürgern um Verständnis für die Beweggründe bei komplexen und unpopulären Entscheidungen zu werben. Wurden solche Chancen vertan, mussten sich die Lokalpolitiker alleine mit den Vorurteilen über die Abgehobenheit ihrer Vorderleute herumschlagen. In ihren Beschwerden spiegelt sich darüber hinaus das Anerkennungsbedürfnis der ehrenamtlichen Funktionsträger. Ihr Einsatz kostete viel Zeit und Nerven, denn sie waren die Blitzableiter für den Ärger der Bürger über die Regierungspolitik ihrer Partei. Daher erwarteten sie eine Belohnung in Form von symbolischer Aufwertung, wie sie die Besuche prominenter Parteikollegen darstellten.[157] Besonders dringlich machte sich das Bedürfnis danach bemerkbar, wenn die Aussichten auf politische Erfolge im lokalen Umfeld gering waren.

Gemeinsamer Nenner der Enttäuschungen, die fehlgeschlagenen Begegnungen zwischen Bürgern und Politikern entsprangen, war das Bedürfnis, wertgeschätzt und ernst genommen zu werden. Die Gemeinsamkeiten zwischen Anhängerinnen der Frauenbewegung und dem Fußvolk der Volksparteien sind frappierend.[158] So unterschiedlich die Lebenswelten, Politikansätze und Einstellungen zur repräsentativen Demokratie von Feministinnen und Parteifunktionären auch waren, ihr Rollenverständnis als aktive Mitgestalter des Gemeinwesens unterhalb der Professionalisierungsschwelle formte offensichtlich ähnliche Erwartungshorizonte. Die Intensität des politischen Engagements veränderte insofern die Perzeptions- und Gratifikationsmerkmale demokratischer Partizipationsrituale im Vergleich zu Bürgerinnen und Bürgern, die sich mit niederschwelligeren Interaktionsformen

---

[156] Dies war das Ergebnis einer Befragung der Abgeordneten des Deutschen Bundestages und der westdeutschen Bevölkerung, die Ende 1988 durchgeführt wurde; vgl. Dietrich Herzog u. a., Abgeordnete und Bürger. Ergebnisse einer Befragung der Mitglieder des 11. Deutschen Bundestages und der Bevölkerung, Opladen 1990, S. 63 f. Bestätigt wurde die Diskrepanz zwischen Rollenerwartung der Bürger an die Abgeordneten und Wahrnehmung ihres Repräsentationsstils durch eine im November 2010 durchgeführte Umfrage; vgl. Miriam Dageförder, Weit entfernt vom „idealen Abgeordneten"? Zu Normen und Praxis parlamentarischer Repräsentation aus Sicht der Bürger, in: Zeitschrift für Parlamentsfragen 44 (2013), S. 580–592, vor allem S. 586–591.

[157] Vgl. als Beispiel für eine Eloge auf die ehrenamtlichen Parteifunktionäre Lattmann, Die lieblose Republik, S. 314–320.

[158] Vgl. zur Enttäuschung wegen versagter Anerkennung in der Frauenbewegung Kap. 2.2.

begnügten.[159] Gleichwohl führten solcherlei Enttäuschungen nicht zu einem Abbruch des Engagements, und sie säten auch keinen grundlegenden Zweifel an der Funktionalität der repräsentativen Demokratie (sofern diese nicht, wie im Fall der Hamburger Feministinnen, bereits vorhanden gewesen waren). Ganz andere Konsequenzen ergaben sich, wenn direktdemokratische Alternativmodelle zu herkömmlichen Entscheidungssystemen scheiterten.

Basisdemokratie

Es ist kaum möglich, den Stellenwert von basisdemokratischen Entscheidungsprozeduren für das Selbstverständnis der alternativen Szene zu überschätzen. Sie entsprangen einer grundlegenden Kritik an der repräsentativen parlamentarischen Demokratie und waren zudem Ausdruck einer tiefen Abneigung gegen die politische Kultur der Mehrheitsgesellschaft. Basisdemokratische Entscheidungsprozeduren waren integraler Bestandteil alternativer Projekte wie z. B. der offenen Redaktionskonferenzen der Frauenzeitschrift „Courage" oder der Hausversammlungen der autonomen Frauenhäuser[160]; sie gehörten zum Wesenskern der Anti-AKW-, Umwelt- und Friedensbewegungen[161], und sie bildeten eine Klammer im Selbstverständnis der heterogenen Gruppierungen, die sich zur Partei der Grünen zusammenfanden. Bundesweit bekannt wurden basisdemokratische Verfahren durch die Proteste gegen das geplante Endlager für radioaktive Abfälle im niedersächsischen Gorleben. Sie kulminierten in der 33-tägigen Besetzung einer Tiefbohrstelle, wo tausende Aktivisten im Mai 1980 die „freie Republik Wendland" ausriefen, die vollständig basisdemokratisch organisiert war.[162]

Wie rigoros die Anhänger der Neuen sozialen Bewegungen das parlamentarische System ablehnten, zeigen verächtliche Charakterisierungen wie „repräsentativer Absolutismus" oder gar „bequeme Mehrheitsdiktatur über die Minderheiten", die der Herrschaftsordnung der Bundesrepublik den demokratischen Charakter rundweg absprachen.[163] Mit dieser Abwertung korrespondierte die Bedeutung

---

[159] Dieses Ergebnis deckt sich mit den Befunden sozialpsychologischer Testreihen über den Zusammenhang von vorgängigen Anstrengungen und Enttäuschungsintensität; Wilco W. van Dijk/Joop van der Pligt/Marcel Zeelenberg, Effort Invested in Vain. The Impact of Effort on the Intensity of Disappointment and Regret, in: Motivation and Emotion 23 (1999), S. 220–230.

[160] Z.B. FMT Z 142, Zur Frauenhaus-Organisation Selbstverwaltung, in: Lila Klatschmohn. Emanzenblatt Mannheim-Ludwigshafen, Nr. 13, Oktober/November 1981, S. 16f.

[161] Vgl. Ralf Vandamme, Basisdemokratie als zivile Intervention. Der Partizipationsanspruch der Neuen sozialen Bewegungen, Opladen 2000; zeitgenössisch Wolfgang Sternstein, Willensbildungs- und Entscheidungsprozesse in der Ökologiebewegung, Hannover 1981.

[162] Bereits dort gab es Kritik an den zähen und langwierigen Entscheidungsprozeduren; vgl. Anselm Tiggemann, Die „Achillesferse" der Kernenergie in der Bundesrepublik Deutschland. Zur Kernenergiekontroverse und Geschichte der nuklearen Entsorgung von den Anfängen bis Gorleben 1955 bis 1985, Lauf an der Pegnitz 2004, S. 728–743, insbesondere S. 731–735.

[163] AGG A Eva Breuer u. Wolfgang Müller-Breuer 28, Klaus Vack, Aufruf zum Friedensjahr 1986: Ziviler Ungehorsam bis zur Abrüstung – für eine gewaltfreie Eskalation in Mutlangen!, Ja-

basisdemokratischer Entscheidungsprozeduren als Wiedererkennungszeichen für die Zugehörigkeit zu einer partizipatorischen Avantgarde. Allerdings stand dahinter kein ausdifferenziertes Theoriegebäude. Vielen Anhängern der Alternativen war Basisdemokratie ein Abgrenzungsbegriff gegen das „System" oder schlichtweg ein „Gefühl"[164]. Einige Bewegungsunternehmer und grüne Intellektuelle verfügten über reflektierte demokratietheoretische Konzepte, doch keines davon konnte Verbindlichkeit beanspruchen. Für die Alternativen war zudem nicht das Wissen entscheidend, sondern die Praxis. Daher war das Erleben alternativer Wege, zwischen konkurrierenden Interessen einen Konsens herbeizuführen und kollektive Handlungen verbindlich zu legitimieren, auch der entscheidende Resonanzboden für die Perzeption basisdemokratischer Modellanordnungen.

Gelegenheit dazu boten die Protestcamps, die den gewaltfreien Blockaden von Raketenstützpunkten vorgelagert waren. Sie waren als Lern- und Versuchsorte konzipiert, wo alternative Lebens- und Vergemeinschaftungsformen praktiziert werden sollten. Ihre unmittelbare Funktion bestand darin, die Anhänger der Friedensbewegung auf Widerstandspraktiken des „Zivilen Ungehorsams" vorzubereiten: symbolische Regelverstöße, bei denen kurzzeitig die Funktionsabläufe militärischer Infrastruktureinrichtungen behindert wurden, um eine permanente widerständige Haltung gegen Präsenz und Abschreckungslogik der nuklearen Rüstung situativ zu verdeutlichen. Die erste Blockade fand im Juni 1981 statt, von 1982 bis 1987 war diese Aktionsform neben den Großdemonstrationen das wichtigste Mittel, um die Aufmerksamkeit der Öffentlichkeit auf sich zu ziehen. Stätten dieses Protests waren die Stationierungsorte der 108 Pershing-II-Raketen sowie der 96 Cruise-Missile-Raketen, die laut NATO-Doppelbeschluss in der Bundesrepublik aufgestellt wurden. Der bekannteste Ort war Mutlangen bei Schwäbisch-Gmünd. Ziele von Blockaden waren zudem diverse militärische Infrastruktureinrichtungen wie z. B. Kasernen von US-amerikanischen Einheiten, Häfen als Umschlagplätze für die Atomwaffen und sogar das Bundesverteidigungsministerium.[165]

An den Blockaden beteiligten sich zum Teil hunderte Aktivisten, die sich zuvor in den Protestcamps einfanden. Dort wurde auch der unmittelbare Ablauf der Aktionen nach basisdemokratischen Regularien vorbereitet: Alle Entscheidungen fielen nach dem Konsensprinzip, es gab keine Abstimmungen, um zu verhindern,

---

nuar 1986, S. 2; Volker Nick/Volker Scheub/Christof Then, Mutlangen 1983-1987: Die Stationierung der Pershing III und die Kampagne ziviler Ungehorsam bis zur Abrüstung, Mutlangen [Eigenverlag] 1993, S. 70.

[164] Dieter Salomon, Grüne Theorie und graue Wirklichkeit. Die GRÜNEN und die Basisdemokratie, Freiburg 1992, S. 46 u. 141; Mende, „Nicht rechts, nicht links, sondern vorn", S. 462.

[165] Vgl. Susanne Schregel, Die Orte der Friedensbewegung, in: Christoph Becker-Schaum u. a. (Hrsg.), „Entrüstet Euch!" Nuklearkrise, NATO-Doppelbeschluss und Friedensbewegung, Paderborn 2012, S. 167-183, hier S. 173 f.; dies., Der Atomkrieg vor der Wohnungstür, S. 122-129. Nicht alle Blockaden waren basisdemokratisch und gewaltfrei organisiert; vgl. als Gegenbeispiel Burkart Hergesell, „Petting statt Pershing!" Die Hafenblockade der Friedensbewegung in Bremerhaven 1983, Bremen 2012, S. 30-44.

Abb. 21: Idealbild der Basisdemokratie in Schwäbisch-Gmünd
© Thomas Pflaum/VISUM. Quelle: Nick/Scheub/Then, Mutlangen 1983–1987, S. 71

dass die Mehrheit einer Minderheit ihren Willen aufzwang. Basiseinheiten der Entscheidungsfindung waren die „Bezugsgruppen"[166]. In ihnen waren zehn bis fünfzehn Aktivisten zusammengeschlossen, die einander kannten und eine emotionale Gemeinschaft bildeten: „einen Kreis, wo ich meine Hoffnungen und Utopien erarbeiten und aussprechen kann und meine Ängste, Verdrängungen, Enttäuschungen zusammen mit anderen verarbeiten kann"[167]. Sie entsandten Vertreter in den Sprecherrat, der nicht als Entscheidungs-, sondern als Kompromissfindungsorgan konzipiert war. Er diente dazu, Differenzen sichtbar zu machen und Lösungsvorschläge zu formulieren. Diese Vorschläge wurden dann in den Basisgruppen besprochen, um anschließend im Sprecherrat festzustellen, ob alle einverstanden waren oder nicht. Kontroversen wurden also so lange diskutiert, bis eine Lösung gefunden war, die alle mittrugen. Dieser aufwendige Prozess sollte alle Beteiligten in die Verantwortung für den Umgang mit Konflikten nehmen und dazu beitragen, Rücksichtnahme und Verständnis für andere Positionen zu entwickeln.

[166] Dieses System war ein Transfer aus der US-amerikanischen Anti-Atomkraft-Bewegung, das die deutschen Umweltaktivisten dort bei einschlägigen Trainings und Protestaktionen kennengelernt und auf die Kampagne gegen das Atommüllendlager in Gorleben übertragen hatten; vgl. Andreas Pettenkofer, Die Entstehung der Grünen Politik. Kultursoziologie der westdeutschen Umweltbewegung, Frankfurt am Main 2014, S. 247–249.

[167] Nick/Scheub/Then, Mutlangen 1983–1987, S. 68. Vgl. zum Konzept auch AGG B II.1/3079, Bezugsgruppen, in: Manfred Binder u. a. (Red.), Handbuch des Friedenscamps Schwäbisch Gmünd vom 6.8. bis 4.9.1983, o. O. o. J. [1983], S. 48–50.

Doch so glatt wie in der Theorie (und wie auf den Fotos, mit denen die Organisatoren die Widerstandscamps dokumentierten – vgl. Abb. 21) funktionierte dieses basisdemokratische Modell nur selten. Die Erfahrungsberichte der Aktivisten geben ein beredtes Zeugnis von den Schwierigkeiten, die hehren Absichten in die Tat umzusetzen. Viele waren genervt von der zeitaufwendigen Prozedur. Mehrfach diskutierten die Blockierer so lange über das Für und Wider des Vorschlags, die Polizeisperren zu übersteigen, bis es für die Durchführung zu spät war.[168] In anderen Fällen missachteten Aktivisten die Beschlüsse und führten „spontane" Einzelaktionen durch. Abgesehen von solchen Dysfunktionalitäten beschwor das Verfahren selbst sehr viel Ärger und Gereiztheit herauf, was die inhaltlichen Konflikte deutlich verschärfte. So steigerten sich im Sommer 1982 die Spannungen, Misstrauen und Aggressionen im Sprecherrat des Widerstandscamps von Großengstingen ins Unerträgliche; Vetodrohungen und Flugblätter mit gegenseitigen Vorwürfen machten eine Einigung in der Frage, wie weit die Blockierer mit der Polizei kooperieren sollten, unmöglich. Am Ende stand ein Formelkompromiss, der niemanden zufrieden stellte. In den Augen eines Teilnehmers ging durch die Intransigenz einer „basis-diktatorische[n] Minderheit"[169] die Autonomie der Bezugsgruppen „zum Teufel". Nur mühsam kaschierte das Fazit von Wolfgang Sternstein, der zu den Organisatoren des Camps zählte, den Misserfolg: die Erfahrungen in Großengstingen hätten bei den Beteiligten „Lernprozesse in Richtung auf mehr Demokratie" ausgelöst.[170]

Solche Muster wiederholten sich. Enttäuschte Blockadeteilnehmer fühlten sich von der „Willkür" der Sprecherräte gegängelt, der Konsenszwang führte aus Sicht der Befürworter von konfrontativen Vorgehensweisen zum Diktat der Gemäßigten, Minderheiten zogen in offensichtlicher Obstruktionsabsicht die Debatten endlos in die Länge, die deswegen in „Wut und Frustration"[171] endeten. Auch bei anderen basisdemokratisch organisierten Veranstaltungen der Friedensbewegung

---

[168] Afas 80.II.1982:5, Holger, Wir sind der Rost, der die Rüstung frißt. Ein Bericht über die gewaltfreie Blockade des Atomwaffenlagers in Großengstingen im August 1982, in: Wolfgang Hummel (Hrsg.), Großengstingen-Handbuch, Bd. 2: Blockadeaktion '82 – Auswertung, Tübingen 1982, S. 6-18, hier S. 14 u. 17; Afas 80.II.1983:2, Bezugsgruppe Mühsam, Tübingen, Thesenpapier für die Nachbereitung der Blockade in Neu-Ulm, in: Kontaktstelle für Gewaltfreie Aktion (Hrsg.), Auswertung der Neu-Ulmer Blockade, Stuttgart o. J. [1983], S. 10-13.

[169] Afas 90.III.33.2, Peter Aichelin, Sommeraktion Engstingen 1982, in: graswurzelrevolution Nr. 67, 7/1982, S. 4-7 u. 26, hier S. 7.

[170] Afas 90.III.129, Wolfgang Sternstein, Schwerter zu Pflugscharen. Die Blockade des Atomwaffenlagers bei Großengstingen, in: Gewaltfreie Aktion 14 (1982), Nr. 53/54, S. 15-33, Zitat S. 31. Ähnlich euphemistisch umschrieb ein Teilnehmer der Blockade die Schwierigkeiten der basisdemokratischen Entscheidungsfindung: Michael Schmid, Gewaltfreier Widerstand in der Schwäbischen Alb, in: Nürtinger STATTzeitung, September 1982, http://www.lebenshaus-alb.de/magazin/media/pdf/STATTzeitung.pdf (28. 4. 2016).

[171] Afas 80.II.1983:2, Bezugsgruppe Rainer vom Pulverfaß, Eindrücke und Kritik zur Blockade vom 21. bis 23. 10., in: Kontaktstelle für Gewaltfreie Aktion (Hrsg.), Auswertung der Neu-Ulmer Blockade, Stuttgart o. D. [1983], S. 18 f., Zitat S. 18; Rudi, Protokoll der Nachbereitung der Neu-Ulmer Blockade am 16. 11. 1983, ebd., S. 3-5; Afas 5.III.5, Helmut Erwe, Hardtberg-Blockade intern, in: Friedensklärchen. Monatsblatt Bonner Friedensinitiativen, Nr. 10, Oktober 1983.

desavouierte das Verhalten der Beteiligten die partizipatorischen Ansprüche. Bei einem Treffen des Bundeskongresses autonomer Friedensgruppen im März 1983 debattierten die Aktivisten so lange ergebnislos über die Geschäftsordnung und den Begriff der Gewaltfreiheit, bis sie sich gegenseitig niederbrüllten.[172] Nicht selten reisten Teilnehmer aus diesen Gründen wieder ab. Andere distanzierten sich von basisdemokratischen Prinzipien: Im Rahmen der Kampagne „Ziviler Ungehorsam bis zur Abrüstung" hatte sich eine kleine Gruppe zum Ziel gesetzt, eine permanente Präsenz vor dem Raketendepot in Mutlangen aufrechtzuerhalten. Vom Grundstück eines Bauern aus hielten sie Mahnwachen ab und führten symbolische Blockaden durch. Einem Bericht der „taz" zufolge überließen sie jedem Einzelnen die Entscheidung über Aktionsformen; Stichworte wie „Gewaltfreiheit" und „Sprecherrat" lösten bei ihnen „nur noch Schreikrämpfe" aus.[173] Doch nicht nur die Aktivisten, auch die Organisatoren der Blockaden zogen Konsequenzen aus den schlechten Erfahrungen. Sie investierten sehr viel mehr Zeit in die Vorbereitung und machten gewaltfreie Trainings, in denen auch das Konfliktverhalten untereinander geübt wurde, zur Teilnahmebedingung.[174] Ausführliche Handbücher erläuterten die basisdemokratischen Organisationsprinzipien. Wer mitblockieren wollte, musste eine „Übereinkunft" unterschreiben, dass er oder sie sich nach ihnen richten wolle.[175] Die Organisatoren griffen also zu einer Vorauslese der Interessenten, um nur überzeugte und damit auch konsenswillige Aktivisten zu ihren Aktionen zuzulassen.

Für einen Bewegungsunternehmer und -intellektuellen wie Wolfgang Sternstein waren Basisdemokratie und Konsensprinzip heilige Kühe. Die enttäuschenden Erfahrungen führten nicht dazu, die Validität dieser Fundamentalprinzipien in Frage zu stellen, sondern zum Ausschluss von Nichtgläubigen.[176] Die Mehrheit der Aktivisten reagierte anders: Sie weichten die basisdemokratischen Prinzipien auf oder ließen sie ganz fallen. Zahlreiche Alternativprojekte verabschiedeten sich vom Rotationsprinzip, akzeptierten hierarchische Entscheidungsstrukturen oder nahmen bestimmte Fragen aus dem Verfügungsbereich basisdemokratischer Foren aus. Viele autonome Frauenhäuser werteten die Hausversammlung als oberstes Entscheidungsorgan nach kurzer Zeit ab, weil die misshandelten Frauen kein In-

---

[172] IISG Die tageszeitung Archives 11e, Leserbrief von Dieter Müller an die taz, o. D. [März 1983]. Dasselbe geschah auf einem Friedensmarsch nach Wien (wie Anm. 43), und auch das Plenum des Hamburger Forums, eine regionale Organisationsplattform der Friedensbewegung, offenbarte grundlegende Partizipationsdefizite; HIS HFO/Ostermarsch 1983 Teil 2, Thomas Hachfeld an die Vorbereitungsgruppe [für den Ostermarsch 1983 in Hamburg], 30. 1. 1983.
[173] Ursel Sieber, „Weils richtig isch, was die machet", in: taz, 13. 2. 1984, S. 8.
[174] Vgl. Wolfgang Sternstein, Mein Weg zwischen Gewalt und Gewaltfreiheit, Norderstedt 2005, S. 283; Nick/Scheub/Then, Mutlangen 1983–1987, S. 72 f.
[175] Z.B. im Vorfeld des „Blockadeherbstes" vom 13. September bis 10. Oktober 1986, als sich insgesamt rund 3000 Menschen an den täglichen Blockaden in Mutlangen beteiligten, abgedruckt ebd., S. 96.
[176] Sternstein empfahl noch 2013 direktdemokratische Elemente als Mittel, um die Kluft zwischen Verfassungsanspruch und -wirklichkeit zu überwinden, die er als „Zuschauerdemokratie" und „Lobbykratie" charakterisierte: Wolfgang Sternstein, „Atomkraft – nein danke!" Der lange Weg zum Ausstieg, Frankfurt am Main 2013, S. 115 f.

teresse daran zeigten, sich ebenso intensiv an der Selbstverwaltung der Häuser zu beteiligen wie die Projektgründerinnen und -mitarbeiterinnen.[177] Mitglieder des Koordinationsausschusses der Friedensbewegung kritisierten immer vernehmlicher dessen intransparente und oligarchische Entscheidungsstrukturen, doch niemand plädierte dafür, basisdemokratische Instrumentarien einzuführen.[178] Im gesamten Sektor der Alternativbewegungen gab es mithin eine starke Tendenz zum Utopieverlust bei Enttäuschungen über das Scheitern basisdemokratischer Hoffnungen.

Bei den Grünen sorgte der immense symbolische Stellenwert von Basisdemokratie für Erwartungen, die die Partei während der 1980er Jahre vor eine Zerreißprobe stellte. Zu keinem Zeitpunkt ließen sich basisdemokratische Ansprüche und politische Arbeit zur Deckung bringen. Die Auseinandersetzungen um die Trennung von Amt und Mandat und die Anwendung des Rotationsprinzips waren paradigmatische Felder, auf denen sich die Grünen an der Diskrepanz zwischen basisdemokratischem Selbstverständnis und pragmatischen Effizienzkriterien abarbeiteten.[179] Die Enttäuschung über die tiefe Kluft zwischen den basisdemokratischen Grundsätzen und eklatanten Partizipationsdefiziten auf allen Ebenen der Partei enttäuschten grüne Führungsfiguren ebenso wie Sympathisanten und Mitglieder. „Verzweiflung, Resignation, Untergangsstimmung" befiel Christine Schröter vom Bundeshauptausschuss der Grünen Ende 1982, weil die Basisdemokratie in der Partei so verlogen sei.[180] Aus demselben Grund traten Mitglieder aus oder wandten sich in eindringlichen Appellen an die Führung, wieder zu den basisdemokratischen Grundsätzen der Vergangenheit zurückzukehren.[181] Im Mai 1988

---

[177] Z. B. FMT SE 07.018, Johanna Veen, Hausversammlung – eine Institution im Frauenhaus, in: Frauen helfen Frauen [Frankfurt am Main] (Hrsg.), Adresse geheim. Berichte aus dem autonomen Haus für mißhandelte Frauen Frankfurt, Frankfurt am Main 1983, S. 91 f., sowie das Protokoll einer Hausversammlung (1979), ebd., S. 93–95.

[178] Vgl. z. B. AGG B II.1/3079, Aktenvermerk Henning Schierholz über die Sitzung des Koordinationsausschusses der Friedensbewegung am 21. November 1985, o. D.; IfZ Dn 397, Karlheinz Koppe (Pax Christi), Der Koordinierungsausschuß ist nicht die Friedensbewegung, in: Rundbrief des Koordinierungsausschusses der Friedensbewegung 4/1987, S. 24; Gerd Pflaumer (Gustav-Heinemann-Initiative), Plädoyer für eine Minimalstruktur, ebd., S. 31; IfZ Dn 397, Mechthild Jansen (Frauen in die Bundeswehr – wir sagen nein), Koordinierungsausschuß der Friedensbewegung: die eigene Arbeit demokratisieren, in: Rundbrief des Koordinierungsausschusses der Friedensbewegung 4/1988, S. 8 f.; Thomas Leif, Die Gräben zwischen den Gruppen immer wieder zugeschüttet, in: Frankfurter Rundschau, 30. 9. 1989, S. 14.

[179] Vgl. Helge Heidemeyer, Die Grünen im Bundestag 1983-1987. Einleitung, in: ders./Josef Boyer (Bearb.), Die Grünen im Bundestag. Sitzungsprotokolle und Anlagen 1983-1987, Düsseldorf 2008, S. IX–XXXV, hier S. XIV–XVII; Wirsching, Abschied vom Provisorium, S. 124–127; Mende, „Nicht rechts, nicht links, sondern vorn", S. 471–475; Salomon, Grüne Theorie und graue Wirklichkeit, S. 173–218; zeitgenössisch aus Sicht Grüner Abgeordneter: Brigitte Jäger/ Claudia Pinl (Hrsg.), Zwischen Rotation und Routine. Die Grünen im Bundestag, Köln 1985, v. a. S. 125, 129 u. 145.

[180] AGG B I.1/43, Offener Brief Christine Schröter an den Bundeshauptausschuss der Grünen, 20. 12. 1982.

[181] Z. B. AGG C BAYERN I.1/330, Stefan Kumpfmüller an die Grünen, o. D. [1982]; Manifest des Kreisverbands Kulmbach [1988], zitiert in: Salomon, Grüne Theorie und graue Wirklichkeit, S. 259 f.

schalteten der Bundesvorstand, zahlreiche Einzelpersonen und eine Reihe grüner Kreis- und Ortsverbände sogar eine Anzeige in der „Frankfurter Rundschau" mit der Überschrift: „Die grüne Bundestagsfraktion vertritt ihre Parteibasis nicht mehr!", um die Mehrheit der grünen Parlamentarier dazu zu zwingen, sich den Beschlüssen der Parteigremien zu beugen.[182]

Zweifelsohne war die Ablösung vom „Mythos"[183] Basisdemokratie bei den Grünen besonders lang und schmerzhaft, doch sie vollzogen letztendlich nur den Utopieverlust nach, der im gesamten alternativen Milieu während der ersten Hälfte der 1980er Jahre um sich griff. Die basisdemokratischen Experimente nährten also genau wie die Bürgerinitiativen der frühen 1970er Jahre nur kurzzeitig Hoffnungen auf eine ganz neue Form der politischen Partizipation. Beide Phasen reihen sich in eine Kette von Versuchen ein, die demokratische Mitsprache und Teilhabe der Bevölkerung an politischen Entscheidungen substanziell zu verbessern. Doch auch die in den 1990er Jahren eingeführten direktdemokratischen Elemente auf kommunaler Ebene und in den Bundesländern ließen einen „ernüchterten Souverän" zurück; die Zahl der Volksbegehren, Volksinitiativen und Volksentscheide ging deutlich zurück.[184] Gleichwohl gibt es auch deutliche Unterschiede. Das systemkritische Potenzial der Basisdemokratie war viel stärker als bei Bürgerinitiativen und den Initiatoren direktdemokratischer Initiativen. Während die Enttäuschung bei diesen zumeist auf die schlechte Resonanz unter der Bevölkerung, verfahrenstechnische Hürden oder Obstruktionstaktiken der politischen und administrativen Eliten zurückging[185], scheiterten die Verfechter basisdemokratischer Erneuerung häufig am eigenen Unvermögen. Zudem erfuhren sie die Folgen von dysfunktionalen Entscheidungsstrukturen unmittelbar und standen unter Handlungsdruck, um die jeweiligen Projekt- oder Organisationsziele nicht zu gefährden. All dies begünstigte einen pragmatischen Umgang mit Enttäuschung.

---

[182] Anzeige der Grünen in der Frankfurter Rundschau vom 25. Mai 1988, abgedruckt in: Wolfgang Hölscher/Paul Kraatz (Bearb.), Die Grünen im Bundestag. Sitzungsprotokolle und Anlagen, Erster Halbband: Januar 1987 bis Dezember 1988, Düsseldorf 2015, S. 482.
[183] Salomon, Grüne Theorie und graue Wirklichkeit, S. 126.
[184] Ralph Kampwirth, Der ernüchterte Souverän. Bilanz und Perspektiven der direkten Demokratie in den 16 Bundesländern und auf Kommunalebene, in: Zeitschrift für Parlamentsfragen 34 (2003), S. 657–671, hier S. 659–663. Der Autor leitete von 1997 bis 2004 die Presse- und Öffentlichkeitsarbeit des Verbandes „Mehr Demokratie", der sich für direktdemokratische Beteiligungsformate einsetzt. Der Verband organisiert und unterstützt Volksbegehren und -entscheide auf Länderebene und startete mehrfach Kampagnen zur Einführung eines bundesweiten Volksentscheids. Vgl. zu den begrenzten Erfolgen direktdemokratischer Aufbrüche auch Nolte, Was ist Demokratie?, S. 405–407.
[185] Vgl. exemplarisch Mecking, Bürgerwille und Gebietsreform, S. 349; Martin Rüttgers, Von Bürgerentscheiden in der Ferienzeit…, in: Zeitschrift für direkte Demokratie 11 (1999), Nr. 43, S. 27–29; Otmar Jung, Dreimal Fehlschlag. Die schwierigen Anfänge der direkten Demokratie in Berlin, in: Zeitschrift für Parlamentsfragen 32 (2001), S. 34–57.

Schlussbetrachtung: Enttäuschung in der Demokratie, Enttäuschung über die Demokratie

„Enttäuschung" taugt nicht als Epochenlabel. Die 1970er Jahre waren keine Dekade der Enttäuschung, auf die dann im Verlauf der 1980er Jahre eine Periode neuer Zuversicht folgte.[1] Die differenzierte Perspektive auf den Auf- und Abbau von Erwartungshorizonten erbringt keine Indizien für einen mentalitätsgeschichtlichen Einschnitt Mitte der 1970er Jahre, wie ihn die These eines „Strukturbruches" nahelegt. Die Erwartungen und Erfahrungen der in dieser Studie untersuchten Akteure zeigen vielmehr ein komplexes Nebeneinander von Hoffnungen und Enttäuschungen. Zwar rief die Reform der Mitbestimmung nicht zuletzt deshalb so große Enttäuschung hervor, weil daran Erwartungen auf umfassende Veränderungen in Wirtschaft und Gesellschaft hingen, die den Kernbereich von Demokratisierung betrafen. Doch nur einer Minderheit der Arbeitnehmer war dies tatsächlich wichtig. Noch nicht einmal unter den Gewerkschaftsmitgliedern rief das Thema große Resonanz hervor. Die Mitbestimmung war in erster Linie ein Herzensanliegen der Gewerkschaftsführung. DGB-Spitze und IG Metall verbanden damit große strategische Ziele. Außerhalb der Gewerkschaften konzentrierte sich die Hoffnung, durch die Mitbestimmungsreform den Kapitalismus zu zähmen, im linken Parteiflügel der SPD. Für sie wurde die Mitbestimmungsreform von 1976 zum Symbol für den Abbruch von Hoffnungen, die sie seit dem Regierungswechsel von 1969 in das Programm der inneren Reformen gesetzt hatten. Viele pragmatisch orientierte Betriebsräte begrüßten das Gesetz hingegen und knüpften daran die Erwartung, sich durch die Aufwertung ihrer Rechtsposition wirksamer für die Belange der Belegschaft einsetzen zu können. Gerade die Mitbestimmungsreform bestätigt daher die Einschätzung, „dass sich die Jahre nach dem sogenannten Strukturbruch lediglich teilweise als ‚resigniert' oder ‚pessimistisch' begreifen lassen"[2].

Nimmt man zudem die Erwartungshorizonte in den Blick, in die die unionsgeführte Bundesregierung ihr „Wende"-Programm hineinstellte, so lässt sich darin schwerlich eine grundsätzliche Verringerung des Vertrauens in die Gestaltungskapazitäten des Regierungshandelns erblicken. Die ab 1984 intensiv diskutierte Steuerreform zeigt, dass sich die Bundesregierung zutraute, grundsätzliche gesellschaftspolitische Weichenstellungen vorzunehmen. Sie verdeutlicht außerdem, dass die Bundesregierung ihre Gesetzgebungsprojekte auf normative Ordnungsvorstellungen bezog. Ebenso wie die Mitbestimmungsreform der sozialliberalen Bun-

---

[1] So aber die Charakterisierung von Andreas Rödder (verbunden mit der Warnung vor genau solchen Dekadenklischees), in: „Durchbruch der Globalisierung". Ein Gespräch mit Andreas Rödder über die 1980er als Jahrzehnt der Transformation, in: Indes 4 (2014), Nr. 1, S. 7–17, hier S. 8 u. 10. Vgl. den differenzierten Blick auf Zukunftsoptimismus und -pessimismus bei Wirsching, Abschied vom Provisorium, S. 429–436.

[2] Eitler/Elberfeld, Von der Gesellschaftsgeschichte zur Zeitgeschichte des Selbst, S. 26; so argumentieren auch Fabian, Boom in der Krise; und Bösch, Boom zwischen Krise und Globalisierung.

desregierung sollte die Steuerreform von Union und FDP dazu, das Verhältnis zwischen Staat und Bürger neu austarieren, das eine Mal unter den Schlagworten von mehr Partizipation und Gleichberechtigung, das andere Mal mit dem Akzent auf größere individuelle Autonomie und Leistungsgerechtigkeit. In beiden Fällen priesen die Regierungsmitglieder ihre Projekte als die Erfüllung von Versprechen an, die sie zuvor ihren Anhängern unter dem Etikett der „inneren Reform" bzw. der „Wende" gegeben hatten – auch diese Gemeinsamkeit offenbart eine Kontinuität in der symbolischen Repräsentation politischen Handelns. Außerhalb des etablierten politischen Betriebs, in den Neuen sozialen Bewegungen, war der Veränderungs- und Gestaltungsoptimismus ebenfalls enorm. Die Frauenbewegung nahm sich ja nicht weniger vor als die Abschaffung des Patriarchats, also das Ende einer über Jahrhunderte gewachsenen soziokulturellen Dominanzstruktur, während die Friedensbewegung darauf abzielte, ein globales Ordnungssystem zu revidieren. Von einer grundlegenden Rücknahme von Erwartungshorizonten kann in der politischen Kultur der 1970er und 1980er Jahre kann also kaum die Rede sein.

Ebenso wie sich die beiden Dekaden des Untersuchungszeitraums einer pauschalen Etikettierung entziehen, lassen sich die zeitlichen Phasen der autonomen Frauenbewegung mit mehr oder weniger ausgeprägter Enttäuschung assoziieren. So verfielen die Aktivistinnen der Neuen Frauenbewegung nicht in Resignation, weil sie die Straffreiheit der Abtreibung nicht erreicht hatten, und sie zogen daraus keineswegs die Konsequenz, ihre Erwartungshorizonte und gesellschaftlichen Veränderungsansprüche zu reduzieren. Vielmehr lassen sich die vielen Projekte, auf die sich die Aktivistinnen mit ungebrochener Begeisterung einließen, als Beleg für die revitalisierende Kraft lesen, die ihren Strategien der Enttäuschungsverarbeitung innewohnte. Zahlreiche dieser Projekte verdankten ihre Anstöße dem Bedürfnis, einen Ausweg aus einer unbefriedigenden Situation zu finden, etwa der offenkundigen Perspektivlosigkeit gewohnter Aktionsformen wie Straßendemonstrationen, Unterschriftensammlungen und Informationsständen gegen den § 218. Auch der Aufschwung, den die Aktionen des zivilen Ungehorsams in der Friedensbewegung nach dem Stationierungsbeschluss des Deutschen Bundestags nahmen, war ein solcher Neuanfang, der aus einer Erfahrung des Scheiterns hervorging. Allerdings waren derartige Neuanfänge selbst mit Erwartungen befrachtet, die wiederum in neue Enttäuschungen münden konnten. Gerade die Aktivistinnen der Frauenbewegung erlebten daher zuweilen regelrechte wellenförmige Zyklen von Erwartungen und Enttäuschungen.

Die hohe Wertschätzung von Gefühlen unterschied die Konzeption des Politischen im Alternativen Milieu grundsätzlich von den Handlungsmodi und Repräsentationsformen des institutionalisierten Politikbetriebs. Umso erstaunlicher sind die großen Ähnlichkeiten in der Wahrnehmung und Bewertung von Enttäuschung in beiden Lagern. Enttäuschung galt professionellen Politikern ebenso als potenzielle Gefahr wie autonomen Feministinnen. Aus Sicht der Parteiführungen unterminierte Enttäuschung die Bindungen, die Bürger und Regierung, Wähler und Abgeordnete, Parteiführung und -basis zusammenhielten. Enttäuschung war in dieser Perspektive das Einfallstor für Extremismus und Schwärmerei. Feministinnen sahen Enttäuschung als psychische Deformation durch das Patriarchat an. Hier wie dort war die Gefahr der Resignation gefürchtet. Resignation bedrohte eine politische Bewegung existenziell, die auf unermüdliche Aktivität und öffentliche Wahrnehmbarkeit angewiesen war. So sehr sich die verschiedenen Strömungen der Frauenbewegung auch voneinander unterschieden – gegen Resignation schrieben und kämpften sozialistische wie autonome Aktivistinnen an, lesbische Frauen ebenso wie Vertreterinnen der Mütterfraktion, bewegungserfahrene Feministinnen, die schon die Studentenproteste mitgemacht hatten, genauso wie junge Frauen, deren Politisierung im Sinne der Frauenbefreiung noch ganz frisch war. Doch auch in Parteien und Gewerkschaften galt Resignation als lähmendes Gift für das demokratische Engagement der eigenen Klientel und die Vitalität der Organisation insgesamt.

Diskussionen über Enttäuschung und Resignation waren im Untersuchungszeitraum allgegenwärtig. Enttäuschung funktionierte als kommunikativer Code, um die soziale Kohäsion in politischen Verbünden zu beeinflussen. Offenkundig wird dies in der Art und Weise, wie politische Akteure Enttäuschung als Argument in den Auseinandersetzungen um das Mitbestimmungsgesetz und über die Steuerreform einsetzten: Der Verweis auf vermeintlich drohende oder bereits eingetretene kollektive Enttäuschung diente als Legitimation für die eigene Position. Zudem gehörte die Behauptung weitverbreiteter Enttäuschung zum Repertoire der Diskreditierungsinstrumente, mit denen die Opposition einen Keil zwischen die Regierung und ihre Klientel zu treiben versuchte. Die CDU setzte dieses Mittel im Kampf gegen das Mitbestimmungsmodell der sozialliberalen Regierung ebenso ein wie die SPD, als sie im darauf folgenden Jahrzehnt die Steuerreform unter Beschuss nahm.

Ein derartiger strategischer Einsatz von Enttäuschungsbehauptungen im Wettbewerb konkurrierender politischer Lager um öffentliche Zustimmung war leicht zu durchschauen. In der Kommunikation unter politisch Verbündeten hatte der Verweis auf Enttäuschung eine gemeinschaftsstärkende Funktion, denn Enttäuschung fungierte als emotionale Färbung von moderater, konstruktiver Kritik. Wer seine Einwände im Tonfall der Enttäuschung vorbrachte, legte den Akzent auf geteilte Werthaltungen, persönliche Achtung und soziale Zugehörigkeit. Im Ton der Enttäuschung vorgetragene Kritik konnte darum weitaus stärker als im Falle von Wut oder Empörung dazu dienen, eine gestörte soziale Beziehung wiederherzustellen.

Enttäuschungsäußerungen transportierten außerdem den Appell zur Neuverhandlung. Wer Enttäuschung zum Ausdruck brachte, forderte dazu auf, eine als unbefriedigend erlebte Situation zu verändern. Dieser Anstoß war kein einseitiger Vorwurf, verbunden mit der Forderung an ein Gegenüber, diese oder jene Position zu verändern. Vielmehr ließ sich durch Enttäuschung nicht nur der Auslöser für diese Wahrnehmung zum Gegenstand der Neuverhandlung machen, sondern auch die Erwartungen der Enttäuschten. Enttäuschung als kommunikativer Code verwies damit auf Dissens und zielte darauf ab, eine Basis für einen neuen Konsens herzustellen.

Auf allen Untersuchungsfeldern lässt sich eine solche Orientierung nachzeichnen. In dieser Absicht formulierte und verstandene Enttäuschung führte nicht zur Destabilisierung von sozialen Verbünden – im Gegenteil: Enttäuschung als moderate Dissensformel diente dazu, Gemeinschaftlichkeit wiederherzustellen. Daher war Enttäuschung auch nicht an und für sich eine Gefahr für das politische System oder die soziale Integration in die demokratische Gesellschaft. Dies war erst der Fall, wenn Versuche zur Neuverhandlung scheiterten und dies zu Verweigerung, Radikalisierung und Resignation führte. Enttäuschung lässt sich daher auch als ein Modus der Krisenbewältigung verstehen, in dem soziale und kulturelle Prioritäten neu austariert werden konnten.

Enttäuschung manifestierte sich individuell, erreichte seine Sprengkraft aber durch die Wahrnehmung als kollektives Gefühl. Voraussetzung dafür war, dass Enttäuschung mitgeteilt wurde. Dass dies in so hohem Maße geschah, zeigt, dass die Akteure Enttäuschung als ungemein „soziales" Gefühl erlebten. Enttäuschung war auf Gemeinschaftlichkeit bezogen, denn mit Enttäuschung signalisierten die Akteure eine gestörte soziale Beziehung und appellierten daran, diese wieder zu heilen. Indem die Akteure über Enttäuschungen sprachen, konturierten sie zudem dieses Gefühl in einem sozialen Kommunikationsraum. Empfindungen zu teilen, war jedoch zugleich ein gemeinschaftsstiftender Akt. Kollektive Enttäuschung, dies lässt sich an der Integration des Mitbestimmungsgesetzes von 1976 in das institutionelle Gedächtnis der Gewerkschaften ebenso wie an den Debatten über Institutionalisierung in der autonomen Frauenhausbewegung ablesen, wurde so zum emotionalen Gemeingut und trug dazu bei, Gefühlsgemeinschaften zu formen. In einem kommunikativ dicht vernetzten sozialen Erfahrungsraum wie den lokalen Frauenszenen war dafür nicht mehr nötig als persönliche Zusammentreffen der Akteurinnen und die Rezeption der vielen zirkulierenden Selbstverständigungsmedien. Dass Enttäuschung auch jenseits solcher Milieus als kollektive Empfindung wahrgenommen werden konnte, bedurfte anderer Austauschmedien.

Anhänger und Mitglieder von Parteien und Gewerkschaften brachten ihre Gefühle in schriftlichen Eingaben zum Ausdruck. Weitere Kanäle, um Gefühlsäußerungen zu übermitteln, waren Versammlungen, Demonstrationen und Resolutionen. Hinzu trat ein mehr oder weniger dichtes Netz von organisierten Gelegenheiten zum persönlichen Austausch zwischen Bürgern und Politikern. Doch der bedeutsamste Weg, um Enttäuschung als kollektives Gefühl ins Bewusstsein treten zu lassen, war die massenmediale Verbreitung durch das Fernsehen. Wenn in Fernsehsendungen über Enttäuschung berichtet wurde, war sie als politisch relevantes Faktum in der Welt. Die Verbreitung durch das Fernsehen vereinheitlichte und verstärkte die emotionale Rahmung von politischem Handeln. Dies zeigten die zustimmenden Zuschauerreaktionen zu den Enttäuschungsäußerungen von Günter Grass über die Innenpolitik der sozialliberalen Koalition im Magazin „Panorama" ebenso wie die Integration von Zuschauermeinungen in Beiträgen über die Steuerreform der christlich-liberalen Koalition. Enttäuschung über die Frauenbewegung war ebenso ein Berichtsgegenstand wie Enttäuschung über die Parteien. Fernsehsendungen gaben der Enttäuschung Gesichter und Stimmen, boten Identifikationsmöglichkeiten und Modelle, um mit diesem Gefühl umzugehen. Als im Juni 1988 ein CDU-Ortsverein aus Protest gegen die Steuerbefreiung auf Flugbenzin von Privatfliegern die Beitragsüberweisungen an die Parteizentrale einstellte, tat die CSU im oberpfälzischen Roth es ihm nach, nachdem das Fernsehmagazin „Länderspiegel" darüber berichtet hatte.

Diese Beispiele belegen keine „Emotionalisierung" von Politik, sondern zeigen, wie in einer massenmedial vermittelten Demokratie kollektive Gefühle zum Gegenstand politischer Debatten werden konnten. Außerdem war das Fernsehen ein bevorzugtes Medium von Politikern, um selbst Einfluss auf die emotionale Wahrnehmung und Einordnung von Regierungshandeln zu nehmen. Mehr oder weniger subtil schürten sie Enttäuschung, warben um Verständnis oder dämpften bereits entstandene emotionale Ablehnung. Ohne einen sozialen Resonanzraum für ablehnende Stimmungen hätten Versuche, kollektive Enttäuschung im Fernsehen herbeizureden, nicht funktionieren können. Massenmedial verbreitete Enttäuschungsappelle zeigen, dass Gefühlsmanagement zum selbstverständlichen Repertoire professioneller politischer Akteure gehörte. Zugleich bot diese Form der emotionalen Resonanzerzeugung auch eine Möglichkeit, die Bedeutung von kollektiver Enttäuschung kleinzureden. Politische Akteure erklärten kollektive Enttäuschung zu Scheinphänomenen und relativierten ihre Bedeutung, indem sie sie als mediale Stimmungsmache denunzierten; die Reaktionen von CDU-Spitzenpolitikern wie Alfred Dregger auf das schlechte Image der Steuerreform in den 1980er Jahren zeigt dies überdeutlich. Die massenmediale Verbreitung durch das Fernsehen „erschuf" kollektive Enttäuschung also erst, indem sie als Gegenstand der politischen Debatte wahrnehmbar wurde, und zugleich bot sie die Möglichkeit, den Realitätsgehalt dieser Empfindung anzuzweifeln.

Wer Enttäuschung erlebte, wollte in aller Regel nicht darin verharren. In den Untersuchungsfeldern zeigt sich ein vielfältiges Spektrum von Bewältigungsstrategien, mit denen die Akteurinnen und Akteure dieser Erfahrung begegneten. Zu unterscheiden ist dabei zwischen selbst erlebter Enttäuschung und der Enttäuschung Dritter. Auf die Enttäuschung ihrer Klientel reagierten Politiker der beiden Volksparteien mit Strategien der Entemotionalisierung. Zwischen SPD und CDU zeigen sich hier keine Unterschiede, Ende der 1980er griffen sie noch zu denselben Methoden wie zu Beginn der 1970er Jahre. Entemotionalisierung umfasste semantische Operationen, insbesondere euphemistische Entschärfungen emotionalen Vokabulars. Dazu gehörte ebenso, Empörung und Enttäuschung in Zuschriften zu ignorieren und als kollektive Stimmung in öffentlichen Stellungnahmen zu negieren. Schließlich dämpften die Politiker im Streit um die Mitbestimmung und in den Debatten über die Steuerreform Erwartungen, die sie zum Teil freilich zuvor selbst geweckt hatten.

Entemotionalisierung war im Kern eine Abwehrreaktion. Politiker kämpften gegen kollektive Enttäuschung an, weil sie dieses Gefühl als Gefahr für die soziale und politische Stabilität des Gemeinwesens betrachteten. Eingebettet war diese Abwehrreaktion in ein tief verwurzeltes Verständnis von Demokratie als Herrschaft durch Vernunft, in dem Gefühle per se verdächtig waren. Helmut Schmidt begründete sein Credo, dass sich Politiker allein von rationaler Abwägung und ihrem Gewissen leiten lassen dürften, mit der Gewissheit, dass die Bürger bei ihren Wahlentscheidungen vornehmlich einer „vorübergehenden Gefühlsregung" gehorchten.[3] Die Vernunft demokratisch verantwortlicher Politiker musste die irrationalen Anwandlungen der Bevölkerung in dieser Perspektive zähmen. 1977 brachte Richard von Weizsäcker in einer Diskussionsrunde mit Kurt Biedenkopf, Hermann Lübbe und Horst Ehmke über „Demokratie und Kommunikation" diese Sichtweise auf den Punkt: Die rechtsstaatliche, liberale, repräsentative Demokratie bedürfe „notwendigerweise zentraler Entscheidungen, bei denen die demokratische Komponente darin besteht, daß die Vernunft der Bürger, die Vernunft der Staatsbürger, angesprochen wird und daß Mechanismen da sind, die dieser Vernunft sowohl zur Ausarbeitung wie zur Auswirkung verhelfen sollen"[4].

In diesem Punkt waren sich die Vertreter aller Parteien mit Ausnahme der Grünen einig: Gefühle hatten in der demokratischen Debatte nichts zu suchen. Thomas Mergel hat diese strikte Orientierung auf „Sachlichkeit" als Charakteristikum der politischen Kultur in der Bundesrepublik anhand der Wahlkampfkommunikation plausibel gemacht, und der Umgang mit der Perzeption kollektiver Enttäuschung stützt seinen Befund bis weit in die 1980er Jahre. Erst am Ende des Untersuchungszeitraums gibt es Indizien, dass sich dieser Grundzug im Gefühlsregime abschwächte: Emotional vorgetragene Kritik der Parteimitglieder wurde nach wie vor wegmoderiert, aber immerhin erkannten Politiker die Notwendigkeit und Berechtigung an, dass ihre Anhänger Empörung und Enttäuschung abreagierten.

Ihre eigenen Gefühle zeigten politische Eliten nur in Ausnahmefällen. Das galt für Politikerinnen und Politiker gleichermaßen, jedoch mit graduellen Abstufungen. Emotional selbstbeherrschte Männer wie Helmut Schmidt, Hans-Jochen Vogel und Gerhard Stoltenberg vertraten ein strikt rationales Demokratieverständnis. Eine so offensiv ihre Gefühle nach außen kehrende Politikerin wie Petra Kelly blieb selbst in ihrer eigenen Partei eine Ausnahme und wurde bald zur Außenseiterin. Dagegen gründete die große Beliebtheit von Rita Süssmuth in der CDU und weit darüber hinaus nicht zuletzt auf die ihr zugesprochenen Eigenschaften von Sensibilität, Herzlichkeit und Empathie. Doch dem Bundeskanzler machten Kritiker seine tatsächliche oder vermeintliche Gefühligkeit zum Vorwurf. Gemeint waren damit ein emotionaler Zugang zur Politik und eine Ansprache an kollektive Gefühle. Kohl selbst nahm dazu indirekt in einem Fernsehinterview von 1988 Stellung, das ausdrücklich den „Menschen" porträtieren wollte. Einer Antwort auf die Frage, ob in seinem Amt Gefühle auf der Strecke blieben, entzog er sich mit dem Hinweis, dass dies nicht pauschal gesagt werden könne, doch die Nachfrage des Moderators Gero von Boehm, ob er noch weinen könne, bejahte er ohne zu

---

[3] Schmidt, Außer Dienst, S. 318f.
[4] ACDP 01-446-A022, Protokoll des Podiumsgesprächs zwischen Kurt Biedenkopf, Horst Ehmke und Hermann Lübbe über „Kommunikation und Demokratie", 1.7.1976, S. 4f.

zögern und schob hinterher, dass er sich dessen nicht schäme.⁵ Doch solche Äußerungen waren, betrachtet man den gesamten Untersuchungszeitraum, Ausnahmen von der Regel. Von einer „Emotionalisierung" der politischen Kultur im Sinne einer grundsätzlich höheren Wertschätzung und Anerkennung von Gefühlen als Ressource für demokratisches Engagement⁶ waren die 1970er und 1980er Jahre noch weit entfernt.

Differenzierter und vielfältiger als die Versuche, als destruktiv wahrgenommene emotionale Reaktionen Dritter abzumildern, waren die Bewältigungsstrategien von Akteuren, mit ihren eigenen Gefühlen umzugehen. Bereits der kommunikative Akt, sich zu beklagen, konnte die Enttäuschung dämpfen, wie sich sowohl im Umfeld der Neuen sozialen Bewegungen als auch in den Zuschriften der unteren Ebenen von CDU und SPD nachweisen lässt. In beiden sozialen Milieus waren darüber hinaus diskursive Praktiken des Erwartungsmanagements ein gängiges Mittel, um Enttäuschungen zu mildern oder die Wahrscheinlichkeit ihres Eintreffens zu verringern. Indem die Akteure Erwartungen vorsorglich oder nachträglich absenkten, konnten sie auf Enttäuschungen reagieren, ohne den Sinn ihres Engagements grundsätzlich in Frage zu stellen. Dieselbe Funktion hatte es, wenn sie den zeitlichen Horizont für bestimmte Ziele ausweiteten, also die Realisierung von Hoffnungen auf eine unbestimmte Zukunft verschoben. Auf diese Weise ließen sich Erwartungen auch bei Misserfolgen stabilisieren. Dies war beim Mitbestimmungsgesetz von 1976 der Fall, das Regierungsvertreter als Schritt nach vorn auf einem langen Weg bezeichneten. Auf diese Weise halfen sich aber auch Aktivistinnen der Frauenbewegung dabei, die Rückschläge in ihrer persönlichen feministischen Entwicklung und mehr noch auf gesellschaftspolitischer Ebene einzuordnen und zu verkraften.⁷

Die Aktivistinnen der Frauenbewegung bedienten sich zahlreicher Formen der Gefühlsarbeit, um gegen Enttäuschung anzugehen, vom Lachen gegen Enttäuschung bis hin zu komplexen Interaktionsformen in Kleingruppen, mit denen „negative" Gefühle gezielt in Stärke und Selbstbewusstsein überführt wurden. Dieser direkte und aktive Umgang mit Enttäuschung hebt sich scharf gegen die diskreten Formen der Entemotionalisierung ab, die in den Parteien üblich war. Hinsichtlich der Konsequenzen von Enttäuschung zeigen sich insgesamt jedoch erstaunliche Parallelen. Neben dem überall zu greifenden Ansatz der Neuverhandlung sticht der Utopieverlust hervor.

Utopieverlust bedeutete, sich von fundamentalen Gewissheiten und sinnstiftenden Zukunftserwartungen zu lösen. Dies bewirkte nicht nur inhaltliche, son-

---

⁵ Interview von Gero von Boehm mit Helmut Kohl, in: Wortwechsel, SWF, 6.5.1988 (ab 37:05).
⁶ Vgl. Chantal Mouffe, Politics and Passions. The Stakes of Democracy, London 2002; George F. Marcus, The Sentimental Citizen. Emotion in Democratic Politics, University Park 2002; Gary S. Schaal/Felix Heidenreich, Politik der Gefühle. Zur Rolle von Emotionen in der Demokratie, in: Aus Politik und Zeitgeschichte 63 (2013), Nr. 32/33, S. 3–11.
⁷ Für die Friedensbewegung gilt grosso modo dasselbe: Nachdem die Aktivisten ihr Nahziel nicht erreicht hatten, die Stationierung von atomaren Mittelstreckenwaffen in der Bundesrepublik zu verhindern, stellten sie sich auf eine langfristige Auseinandersetzung ein, um die Abrüstung doch noch zu erreichen; vgl. Gotto, Enttäuschung als Politikressource, S. 20f.

dern auch strategische Neupositionierungen. So nahmen die Gewerkschaften, nachdem sie die paritätische Mitbestimmung nicht wie erhofft auf die gesamte Wirtschaft hatten ausdehnen können, Zug um Zug Abschied von der Vorstellung, den Staat durch emanzipatorische Reformen zu verändern, die mit Hilfe der SPD durchzusetzen waren. Fortan profilierten die Gewerkschaften ihre Unabhängigkeit von der Regierung. Durch die Reform verlor die Mitbestimmung zwar nichts von ihrem Rang in der Programmatik des DGB, aber in der operativen Politik setzten die Gewerkschaften fortan stärker auf Tarifpolitik, um ihre Ziele durchzusetzen. Auch die Bedeutung von „Mitbestimmung" selbst wandelte sich; die Handlungsebene des Betriebs und konkrete Verbesserungen am Arbeitsplatz gewannen gegenüber dem Einfluss in Führungs- und Kontrollgremien der Unternehmen an Bedeutung. In der autonomen Frauenbewegung erhielten bereits während der ersten Hälfte der 1980er Positionen Zulauf, die bis dahin als Verrat am feministischen Autonomieanspruch ausgegrenzt worden waren: Frauen, die ihre Ziele nicht ausdrücklich gegen, sondern mit und in staatlichen Institutionen, Parteien oder Gewerkschaften anstrebten, fanden Zustimmung und Nachahmerinnen. Sie arbeiteten für pragmatische Verbesserungen in kleinen Schritten, anstatt auf eine sozialkulturelle Revolution zu hoffen.

Für die Anhänger der Neuen sozialen Bewegungen war Utopieverlust ein schmerzlicher Prozess. Ihre Utopien einer alternativen, besseren Gesellschaft waren untrennbar mit dem eigenen Lebens- und Selbstentwurf verbunden. Wenn diese Utopien Schiffbruch erlitten, scheiterte nicht eine Idee, sondern ein Lebensentwurf, der in einer gegenkulturellen Identität wurzelte. Aus diesem Grund hielten viele im Grundsatz lange an Idealen fest, die in der Praxis bereits arg durchlöchert waren. Beispiele dafür sind die basisdemokratischen Prozeduren in Protestcamps und die Autonomiepostulate der autonomen Frauenhäuser. Durch Utopieverlust distanzierten sich die Aktivistinnen von ihren vormaligen Erwartungen, um die erlittenen Enttäuschungen zu rationalisieren und künftige zu vermeiden. Diese Strategie ermöglichte eine Fortführung des Engagements, allerdings um den Preis, andere Frauen auszugrenzen. Ganz ähnliche Vorgänge spielten sich bei den Grünen im Streit zwischen „Realos" und „Fundis" während der 1980er Jahre ab.

Der freiwillige oder erzwungene Verlust von Utopien wurde von den Akteuren oftmals als Lernerfahrung beschrieben. Lässt sich diese Form der Verarbeitung von Scheitern – vor allem mit Blick auf die Gesellschaftskritik der 1970er und 1980er Jahre, auf die Experimente mit basisdemokratischen Entscheidungsmodellen und alternative Zukunftsentwürfe – als soziale und identitäre Reintegration von kritischem Protestpotenzial in den „allgemeinen Konsens"[8] deuten? Anders gewendet: Bewirkte die rationale Einsicht in „Illusionen" eine Bewegung, die von der alternativen Nische in die Institutionen der Mehrheitsgesellschaft führte und dadurch zum Ferment des Wandels der politischen Kultur in dem Sinne wurde, dass die repräsentative Demokratie mit den ernüchterten Trägern alternativer Ideen auch Teile von deren Agenda und kulturellen Praktiken politischer

---

[8] Boll/Hansen, Doppelbeschluss, S. 225.

Beteiligung in sich aufnahm? In einem solchen Narrativ der (heilsamen) Enttäuschung als notwendigem Anstoß zur Weiterentwicklung der Demokratie gehen diejenigen unter, die sich solchen Anpassungsansprüchen verweigerten. Dies taten Feministinnen, die ihre Autonomievorstellungen nicht aufgeben wollten, Anhänger der Grünen, die sich aus Enttäuschung über die „Verparlamentarisierung" der Partei von ihr trennten, Aktivisten der 1968er-Bewegung, deren Demokratiekritik sich zur Systemopposition radikalisierte.[9] Die Stimmen derer, die ihr Engagement beendeten, sind historiografisch schwächer vernehmbar. Dagegen bot die Option des Utopieverlusts einigen ehemaligen Aktivistinnen der neuen Frauenbewegung auch die Möglichkeit, ihre damaligen Positionen „nachträglich im Gewand der Historiographie ins Recht zu setzen"[10].

Der Transfer kollektiver Erfahrungen lässt sich nicht als geradliniger Weg beschreiben, der als dialektischer Dreischritt von Erwartung, Enttäuschung und modifizierter Erwartung Vergangenheit, Gegenwart und Zukunft integriert. Die Befunde in den Untersuchungsfeldern widersprechen einer solchen harmonisierenden Interpretation: die Enttäuschung über das Mitbestimmungsgesetz in den 1970er Jahren lässt sich kaum verstehen, wenn man nicht in Betracht zieht, in welchem Maße die Reform als letzte Chance erschien, die versäumten Gelegenheiten einer umfassenden Demokratisierung der Wirtschaft nachzuholen. Die Enttäuschungserfahrung selbst führte den DGB zu strategischen Neupositionierungen. Demgegenüber spielten die Erfahrungen mit den zahlreichen Anläufen zu als „groß" apostrophierten Steuerreformen seit 1949 offensichtlich keine große Rolle, als die christlich-liberale Bundesregierung ihr eigenes Reformprojekt anging. Zwar zog der konzeptionelle Ansatz, den Steuertarif durch die Begradigung der Progressionskurve strukturell zu verändern, eine Konsequenz aus der Erfahrung, dass die Effekte der „kalten Progression" die Steuersenkungen vergangener Jahre schnell wieder aufgezehrt hatten. Doch die Bundesregierung wiederholte den Fehler ihrer Vorgängerinnen, die Reform mit Superlativen anzukündigen und damit Erwartungen zu generieren, die dann zu Enttäuschungen führten. In Bezug auf das Erwartungsmanagement gab es keine Lernerfahrungen.

In der autonomen Frauenbewegung der 1970er Jahre fehlte ein Rückbezug auf die Vorerfahrungen der Frauenbewegungen früherer Zeiten fast völlig.[11] Zudem führte der Zusammenprall von unterschiedlichen Erfahrungshorizonten und Er-

---

[9] Vgl. Manuel Seitenbecher, Enttäuschte Aktivisten. Konversionen und Radikalisierung in den Biographien von 68ern, in: Historisches Jahrbuch 133 (2013), S. 379–403.
[10] Gassert, Viel Lärm um nichts?, S. 199. Zum Erfahrungstransfer der Aktivistinnen in die feministischen Wissenschaftszweige und die Historiografie der Frauenbewegung vgl. Ulla Bock, Pionierarbeit. Die ersten Professorinnen für Frauen- und Geschlechterforschung an deutschsprachigen Hochschulen 1984–2014, Frankfurt am Main 2015, insbesondere S. 83–95; Berit Schallner, Widerspenstige Wissenschaft. Zur Frühgeschichte der historischen Frauenforschung (1973–1978), in: Ariadne. Forum für Frauen- und Geschlechtergeschichte, Nr. 70 (2016), S. 34–41.
[11] Vgl. Kerstin Wolff, Ein Traditionsbruch? Warum sich die autonome Frauenbewegung als geschichtslos erlebte, in: Julia Paulus/Eva-Maria Silies/Kerstin Wolff (Hrsg.), Zeitgeschichte als Geschlechtergeschichte. Neue Perspektiven auf die Bundesrepublik, Frankfurt am Main 2012, S. 257–275.

wartungen hinsichtlich Form und Ziel des feministischen Engagements zu harten Konflikten zwischen „alten" und „neuen" Frauen. Aktivistinnen mit junger Bewegungsbiografie weigerten sich, die Deutungen, Prioritäten und Aktionsrezepte der alten Kämpferinnen zu übernehmen, was diese wiederum als Affront empfanden. Doch selbst in einem noch engeren Feld führte der Austausch von Erfahrungen nicht automatisch zu Lerneffekten. So machten fast alle autonomen Frauenhäuser ähnliche enttäuschende Erfahrungen: Die misshandelten Frauen hatten kein Interesse daran, sich politisieren zu lassen; die gesellschaftspolitische Ausstrahlung der Häuser blieb gering, und die Tätigkeit im selbstverwalteten Projekt nahm immer deutlicher die Züge traditioneller Sozialarbeit an. Obwohl diese Erfahrungen unter den Mitarbeiterinnen schon sehr früh zirkulierten, traten die neu entstehenden Frauenhäuser mit unveränderten Zielen und Konzepten an. Bei den Feministinnen mit ihren Ansprüchen, sich jeglicher Fremdbestimmung zu entziehen, kam ein starkes Beharren auf die eigenen Erfahrungen zum Tragen. In den heftigen Debatten während der ersten Hälfte der 1980er Jahre über Anpassung und Utopie verteidigten die Aktivistinnen nicht zuletzt das Recht, sich einen eigenen Reim auf die Erfahrungen ihres Engagements zu machen und selbst darüber zu bestimmen, welche Konsequenzen daraus abgeleitet werden sollten.

Trotz aller Vielschichtigkeit und Ambivalenzen, die hinsichtlich der Bewältigung und der Folgen von Enttäuschung zutage treten, war dieses Gefühl im Untersuchungszeitraum nie eine ernste Gefahr für die bundesdeutsche Demokratie. Dies lag nicht zuletzt daran, dass sich Enttäuschungen zumeist auf einen konkreten Auslöser bezogen. Auch wenn es dabei um Form und Ausmaß demokratischer Mitsprache ging, so blieben Aushandlungsmodi und Bewältigungsformen der Enttäuschung immer im Rahmen demokratisch akzeptierter Verfahren. Auch die Enttäuschten selbst wurden nicht ausgeschlossen. So appellierte Bundeskanzler Kohl wenige Wochen vor dem Bundestagsbeschluss über die Stationierung atomarer Mittelstreckenraketen an die Unionsabgeordneten, sie möchten auch nach einer gewonnenen Abstimmung „spüren lassen, daß wir eine Gemeinschaft sind, gerade gegenüber jenen, deren Hoffnungen sich nicht erfüllt haben"[12]. Und schließlich waren es die Bewältigungsformen Neuverhandlung und Utopieverlust, die dafür sorgten, dass Enttäuschung *in* der Demokratie einen breiten Resonanzraum hatten. Dies war eine grundlegende Voraussetzung dafür, dass daraus keine grundsätzliche Enttäuschung *über* die Demokratie wurde.

---

[12] ACDP 08-001-1071/1, Protokoll der Sitzung der CDU-Bundestagsfraktion Nr. 12 vom 27. 9. 1983, S. 19.

Abbildungen und Tabellen

Abb. 1	Wandzeitung der SPD über die Koalitionseinigung zur Mitbestimmung (März 1974)	S. 89
Abb. 2	Abwertung des Mitbestimmungsgesetzes von 1976 in der Öffentlichkeitsarbeit des DGB	S. 102
Abb. 3	Alice Schwarzer als „frustrierte Emanze" in der Satiresendung „Hurra Deutschland"	S. 125
Abb. 4	Begeisterung auf dem ersten nationalen Frauenkongress in Frankfurt am Main, 8. März 1972	S. 136
Abb. 5	Cartoon aus der Freiburger Frauenzeitung zu Neuaufbrüchen und Alltagsernüchterung	S. 144
Abb. 6	Cartoon zum Konflikt zwischen „alten" und „neuen" Frauen	S. 145
Abb. 7	Cartoon zur angestrebten Politisierung misshandelter Frauen im autonomen Frauenhaus	S. 151
Abb. 8	Cartoon über Normen in der Frauenbewegung	S. 161
Abb. 9	Lachen gegen Enttäuschung	S. 193
Abb. 10	Aufruf zur Neuverhandlung in Form einer Todesanzeige	S. 197
Abb. 11	Die Frauenbewegung als Schildkröte	S. 201
Abb. 12	Grenz- und Durchschnittssteuersätze 1981–1990	S. 216
Abb. 13	Im Würgegriff des Fiskus	S. 222
Abb. 14	Wandzeitung der CDU zur Steuerreform, Dezember 1987	S. 229
Abb. 15	Jupp Wolter dämpft die von der Bundesregierung geweckten Erwartungen	S. 239
Abb. 16	Karikaturen zur Rahmung der Steuerreform als Nullsummenspiel 1984 und 1987	S. 255
Abb. 17	Karikatur von Ernst Heidemann zur schlechten Resonanz auf die Steuerreform	S. 281
Abb. 18	Paralleler Imageverlust von Stoltenberg und der Steuerreform	S. 283
Abb. 19	Karikatur von Horst Haitzinger über die Zerstrittenheit der Grünen (März 1980)	S. 313
Abb. 20	Verkörperte Enttäuschung – Manfred Coppik einen Tag nach seinem Parteiaustritt	S. 318
Abb. 21	Idealbild der Basisdemokratie in Schwäbisch-Gmünd	S. 343
Tab. 1	Meinungsumfragen zur Steuerreform der Bundesregierung	S. 244

Abkürzungen

Abb.	Abbildung
Abt.	Abteilung
ABM	Arbeitsbeschaffungsmaßnahme
ACDP	Archiv für Christlich-Demokratische Politik
AdsD	Archiv der sozialen Demokratie
AfA	Arbeitsgemeinschaft für Arbeitnehmerfragen
afas	Archiv für alternatives Schrifttum Duisburg
AfS	Archiv für Sozialgeschichte
AGG	Archiv Grünes Gedächtnis Berlin
AKW	Atomkraftwerk
ARD	Arbeitsgemeinschaft der öffentlich-rechtlichen Rundfunkanstalten der Bundesrepublik Deutschland
ASBF	Archiv Soziale Bewegungen Freiburg
AsF	Arbeitsgemeinschaft sozialdemokratischer Frauen
BA	Bundesarchiv
BASF	Badische Anilin- & Soda-Fabrik
BBU	Bundesverband Bürgerinitiativen Umweltschutz
Bd.	Band
BDA	Bundesvereinigung der Deutschen Arbeitgeberverbände
BDI	Bundesverband der Deutschen Industrie
Bearb.	Bearbeiter/Bearbeiterin
BGBl.	Bundesgesetzblatt
BMA	Bundesministerium für Arbeit und Sozialordnung
BMF	Bundesfinanzministerium
BPA	Bundespresseamt/Presse- und Informationsamt der Bundesregierung
bzw.	beziehungsweise
BRD	Bundesrepublik Deutschland
BSHG	Bundessozialhilfegesetz
CDA	Christlich-Demokratische Arbeitnehmerschaft Deutschlands
CDU	Christlich-Demokratische Union Deutschlands
coord.	coordinateur
CSU	Christlich-Soziale Union Deutschlands
CR	Consciousness Raising
DDR	Deutsche Demokratische Republik
ders.	derselbe
DGB	Deutscher Gewerkschaftsbund
dgl.	desgleichen
d. h.	das heißt
dies.	dieselbe(n)
Diss.	Dissertation

DKP	Deutsche Kommunistische Partei
DM	Deutsche Mark
dpa	Deutsche Presse-Agentur
DVZ	Deutsche Volkszeitung
ebd.	ebenda
EG	Europäische Gemeinschaft
EMNID	Erforschung der öffentlichen Meinung, Marktforschung, Nachrichten, Informationen und Dienstleistungen
f./ff.	folgende/fortfolgende
FAZ	Frankfurter Allgemeine Zeitung
FDP	Freie Demokratische Partei Deutschlands
FFBIZ	Frauenforschungs-, Bildungs- und Informationszentrum Berlin
FH	Frauenhaus
FMT	FrauenMediaTurm Köln
GmbH	Gesellschaft mit beschränkter Haftung
GG	Geschichte und Gesellschaft
H.	Heft
Herv.	Hervorhebung
HFO	Hamburger Forum
HIS	Archiv des Hamburger Instituts für Sozialforschung
HR	Hessischer Rundfunk
Hrsg.	Herausgeber/Herausgeberin
IfZ	Archiv des Instituts für Zeitgeschichte
IG	Industriegewerkschaft
IISG	Internationaal Instituut voor Sociale Geschiedenis Amsterdam
ISUV	Interessengemeinschaft steuerreformgeschädigter unterhaltspflichtiger Väter
IW	Institut der deutschen Wirtschaft
KAB	Katholische Arbeitnehmer-Bewegung
KPdSU	Kommunistische Partei der Sowjetunion
MdB	Mitglied des Bundestags
Mio.	Millionen
Mrd.	Milliarden
NATO	North Atlantic Treaty Organization
ND	Nachrichtendienst
NDR	Norddeutscher Rundfunk
Nr.	Nummer
NS	Nationalsozialismus
o. D.	ohne Datum
o. J.	ohne Jahr
o. O.	ohne Ort
o. Pag.	ohne Paginierung
ÖTV	Gewerkschaft Öffentliche Dienste, Transport und Verkehr
Pag.	Paginierung

PDS	Partei des Demokratischen Sozialismus
PKA	Petra-Kelly-Archiv
PR	Public Relations
Rep.	Repertorium
S.	Seite
SDS	Sozialistischer Deutscher Studentenbund
SPD	Sozialdemokratische Partei Deutschlands
StGB	Strafgesetzbuch
s. u.	siehe unten
SWF	Südwestfunk
SWR	Südwestrundfunk
SWI	Sozialdemokratische Wählerinitiative
SZ	Süddeutsche Zeitung
taz	Die tageszeitung
u.	und
US/USA	United States of America
v. a.	vor allem
VFW	Vereinigte Flugtechnische Werke
VfZ	Vierteljahrshefte für Zeitgeschichte
vgl.	vergleiche
WASG	Wahlalternative Arbeit und soziale Gerechtigkeit e.V.
WBA	Willy-Brandt-Archiv
WDR	Westdeutscher Rundfunk
WISO	Wirtschaft & Soziales
WSI	Wirtschafts- und Sozialwissenschaftliches Institut
z. B.	zum Beispiel
ZDF	Zweites Deutsches Fernsehen
ZIF	Zentrale Informationsstelle für autonome Frauenhäuser

Quellen und Literatur

Ungedruckte Quellen

Archiv für alternatives Schrifttum (afas)

Diverse lokale Friedenszeitungen und graue Literatur

Archiv für Christlich-Demokratische Politik (ACDP)

01-446   Depositum Kurt Biedenkopf
01-626   Nachlass Gerhard Stoltenberg
07   CDU Bundespartei
08   CDU/CSU-Fraktion im Deutschen Bundestag
10   Plakatsammlung
Presse- und Medienarchiv

Archiv Grünes Gedächtnis (AGG)

Die Grünen Bund
Die Grünen Landesverband Bayern
Petra-Kelly-Archiv

Archiv des Hamburger Instituts für Sozialforschung (HIS)

Bestand Helmut Bausch (DVZ)
HFO   Hamburger Forum

Archiv des Instituts für Zeitgeschichte (IfZ)

ED 379   Nachlass Hildegard Hamm-Brücher
ED 899   Neue Frauenbewegung (München)
ED 900   Hannelore Mabry/Bayerisches Archiv der Frauenbewegung
ED 914   Depositum Helke Sander

Archiv Soziale Bewegungen Freiburg (ASBF)

7.2   Fraueninitiativen und -projekte
7.3   Paragraph 218, Mutterschaft, Gentechnologie
7.5   Diverse Veranstaltungen
Freiburger Frauenzeitung

Archiv der sozialen Demokratie (AdsD)

DGB-Archiv
IG Metall Vorstand
Plakatsammlung
SPD-Bundestagsfraktion

SPD-Parteivorstand
Willy-Brandt-Archiv

Bundesarchiv Koblenz (BA)

B 126	Bundesministerium der Finanzen
B 136	Bundeskanzleramt
B 145	Presse- und Informationsamt der Bundesregierung
B 149	Bundesministerium für Arbeit und Sozialordnung
B 189	Bundesministerium für Familie, Frauen, Jugend und Gesundheit

Frauenforschungs-, Bildungs- und Informationszentrum Berlin (FFBIZ)

A Rep. 400 Berlin B.20.9a	Frauenbuchladen Labrys
A Rep. 400 Berlin 14.3.15	AG Schwangerschaftsabbruch im Berliner Frauenzentrum, Hornstr. 1975-1981
A Rep. 400 Berlin 20.1a	Verschiedene frauenpolitische Initiativen 1971-1996
A Rep. 400 Berlin 20.8b	Erste bis vierte Sommeruniversität der Frauen 1976-1979
A Rep. 400 Berlin 20.10	Frauencafés, -bars 1975ff.
A Rep. 400 Berlin 20.11 d	Courage 1973-1985
A Rep. 400 Berlin 20.22.5	Erstes Frauenhaus Berlin
A Rep. 400 BRD 2.20.11 d	Alice Schwarzer 1972ff.
A Rep. 400 BRD 19.1. – SPD – 19.6. (20)	ASF-Bezirk Hannover 1975-1981
A Rep. 400 BRD 19.1.6	Frauenparteien
A Rep. 400 BRD 20 (1)	Fraueninitiativen, Frauenzentren: Graue Materialien 1965-1974
A Rep. 400 BRD 20 (2)	Frauenforen, Frauenzentren 1976-1977
B Rep. 500 Acc. 100	Teilnachlass Gudula Lorez

FrauenMediaTurm Köln (FMT)

Diverse lokale Frauenzeitungen und Graue Literatur

Geschäftsbereich Archiv-Bibliothek-Dokumentation des ZDF

Einzelne Sendungsmitschnitte

Internationaal Instituut voor Sociale Geschiedenis Amsterdam (IISG)

Die tageszeitung Archives

Gedruckte und digitalisierte Quellen

Zeitgenössische, als Quellen benutzte Schriften werden im Literaturverzeichnis nachgewiesen.

Boyer, Josef/Heidemeyer, Helge (Bearb.), Die Grünen im Bundestag. Sitzungsprotokolle und Anlagen 1983-1987, Düsseldorf 2008.
Brandt, Willy, ...auf der Zinne der Partei... Parteitagsreden 1960 bis 1983, hrsg. u. erläutert von Werner Krause und Wolfgang Gröf, Berlin 1984.

Buchstab, Günter (Bearb.), Barzel: „Unsere Alternativen für die Zeit der Opposition". Die Protokolle des CDU-Bundesvorstands 1969-1973, Düsseldorf 2009.
Buchstab, Günther/Kleinmann, Hans-Otto (Bearb.), Helmut Kohl: Berichte zur Lage 1982-1989. Der Kanzler und Parteivorsitzende im Bundesvorstand der CDU Deutschlands, Düsseldorf 2014.
Buchstab, Günther (Bearb.), Kiesinger: „Wir leben in einer veränderten Welt. Die Protokolle des CDU-Bundesvorstands 1965-1969, Düsseldorf 2005.
Bundesgesetzblatt
Bundesministerium für Arbeit und Soziales (Hrsg.), Mitbestimmung – eine gute Sache. Alles über die Mitbestimmung und ihre rechtlichen Grundlagen, Berlin 2012.
Bundesministerium der Finanzen (Hrsg.), Finanzbericht 1985. Die volkswirtschaftlichen Grundlagen und die wichtigsten finanzwirtschaftlichen Probleme des Haushaltsplans der BRD für das Rechnungsjahr 1985, Bonn 1985.
Bundesministerium der Finanzen (Hrsg.), Finanzbericht 1990. Die volkswirtschaftlichen Grundlagen und die wichtigsten finanzwirtschaftlichen Probleme des Haushaltsplans der BRD für das Rechnungsjahr 1990, Bonn 1990.
Bundesministerium der Finanzen (Hrsg.), Finanzbericht 1991. Die volkswirtschaftlichen Grundlagen und die wichtigsten finanzwirtschaftlichen Probleme des Bundeshaushaltsplans für das Haushaltsjahr 1991, Bonn 1991.
Bundeszentrale für politische Bildung: Frauenanteil im Deutschen Bundestag, 28.1.2011, http://www.bpb.de/gesellschaft/gender/frauen-in-deutschland/49418/frauenanteil-im-deutschen-bundestag
CDU Deutschlands (Hrsg.), 20. Bundesparteitag der Christlich Demokratischen Union Deutschlands, Wiesbaden, 9.-11. Oktober 1972, Niederschrift, Bonn o. J. [1972].
CDU Deutschlands (Hrsg.), 32. Parteitag der Christlich-Demokratischen Union Deutschlands. Tagesprotokoll 1. Tag, Stuttgart 9. Mai 1984, Bonn 1984.
CDU Deutschlands (Hrsg.), 33. Bundesparteitag der Christlich-Demokratischen Union Deutschlands, Essen, 19.-22. März 1985. Niederschrift, Bonn 1985.
CDU Deutschlands (Hrsg.), 34. Bundesparteitag der Christlich-Demokratischen Union Deutschlands, Mainz, 7./8. Oktober 1986, Niederschrift, Bonn 1986.
CDU Deutschlands (Hrsg.), 36. Bundesparteitag der Christlich-Demokratischen Union Deutschlands, Wiesbaden, 13.-15. Juni 1988, Niederschrift, Bonn 1988.
Das elektronische Archiv, http://www.dearchiv.de.
Deutscher Bundestag, Drucksachen und Plenarprotokolle (Stenografische Berichte), http://pdok.bundestag.de.
Deutscher Gewerkschaftsbund (Hrsg.), DGB-Nachrichtendienst.
Dörrich, Walter (Bearb.), Die Industriegewerkschaft Metall in der frühen Bundesrepublik, Köln 1991 (Quellen zur Geschichte der deutschen Gewerkschaftsbewegung im 20. Jahrhundert; 10).
Dudenredaktion (Hrsg.), Zitate und Aussprüche, Mannheim ³2008.
Freiburger Thesen zur Gesellschaftspolitik der Freien Demokratischen Partei. Beschlossen auf dem Bundesparteitag in Freiburg vom 25./27. Oktober 1971, https://www.freiheit.org/sites/default/files/uploads/2017/03/03/1971freiburgerthesen.pdf.
Grundsatzprogramm der Christlich Demokratischen Union Deutschlands. Verabschiedet auf dem 26. Bundesparteitag, Ludwigshafen, 23.-25. Oktober 1978, o. O. 1978, http://www.kas.de/upload/ACDP/CDU/Programme_Beschluesse/1978_Grundsatzprogramm_Ludwigshafen.pdf.
Heinemann, Gustav, Reden und Interviews, hrsg. vom Presse- und Informationsamt der Bundesregierung, Bd. IV: 1. Juli 1972-30. Juni 1973, Bonn o. J. [1973].
Hölscher, Wolfgang/Kraatz, Paul (Bearb.), Die Grünen im Bundestag. Sitzungsprotokolle und Anlagen, Düsseldorf 2015.
IG Metall (Hrsg.), Der Angriff. Mannesmann gegen Mitbestimmung, Frankfurt am Main 1980.
Kaiser, Josef (Bearb.), Der Deutsche Gewerkschaftsbund 1949 bis 1956, Köln 1996 (Quellen zur Geschichte der deutschen Gewerkschaftsbewegung im 20. Jahrhundert; 11).
Kieseritzky, Wolther von (Bearb.), Der Deutsche Gewerkschaftsbund 1964-1969, Bonn 2005 (Quellen zur Geschichte der Deutschen Gewerkschaftsbewegung im 20. Jahrhundert; 13).
Kieseritzky, Wolther von (Bearb.), Mehr Demokratie wagen. Innen- und Gesellschaftspolitik 1966-1974, Bonn 2007 (Willy Brandt. Berliner Ausgabe; 7).

Kleinmann, Hans-Otto (Bearb.), Heinrich Krone: Tagebücher 1945-1966, 2 Bde., Düsseldorf 1995 u. 2003.
Kölbel, Martin (Hrsg.), Willy Brandt und Günter Grass. Der Briefwechsel, Göttingen 2013.
Kohl, Helmut, Reden 1982-1984, hrsg. vom Presse- und Informationsamt der Bundesregierung, Bonn 1984
Kommission für Geschichte des Parlamentarismus und der politischen Parteien, online-Edition „Fraktionen im Deutschen Bundestag 1949-1990", https://fraktionsprotokolle.de
Latz, Inge (Hrsg.), Frauen-Lieder, Frankfurt am Main 1980.
Leminsky, Gerhard/Otto, Bernd, Politik und Programmatik des Deutschen Gewerkschaftsbundes, Köln 1974.
Lenz, Ilse (Hrsg.), Die Neue Frauenbewegung in Deutschland. Abschied vom kleinen Unterschied. Eine Quellensammlung, Wiesbaden 2008.
Lipp, Karlheinz/Lütgemeier-Davin, Reinhold/Nehring, Holger (Hrsg.), Frieden und Friedensbewegungen in Deutschland 1892-1992. Ein Lesebuch, Essen 2010.
Loderer, Eugen, Reform als politisches Gebot. Reden und Aufsätze, Köln 1979.
Mertsching, Klaus (Bearb.), Der Deutsche Gewerkschaftsbund 1969-1975, Bonn 2013 (Quellen zur Geschichte der deutschen Gewerkschaftsbewegung im 20. Jahrhundert; 16).
Münkel, Daniela (Bearb.), Auf dem Weg nach vorn. Willy Brandt und die SPD 1947-1972, Bonn 2000 (Willy Brandt. Berliner Ausgabe; 4).
Münkel, Daniela (Hrsg.), „Freiheit, Gerechtigkeit, Solidarität". Die Programmgeschichte der Sozialdemokratischen Partei Deutschlands, Berlin 2007.
Noelle-Neumann, Elisabeth/Neumann Erich Peter (Hrsg.), Jahrbuch der öffentlichen Meinung 1968-1973, Allensbach 1974.
Noelle-Neumann, Elisabeth/Piel, Edgar (Hrsg.), Allensbacher Jahrbuch der Demoskopie 1978-1983, München 1983.
Noelle-Neumann, Elisabeth/Köcher, Renate (Hrsg.), Allensbacher Jahrbuch der Demoskopie 1984-1992, München 1993.
Panorama-Sendungsarchiv, http://daserste.ndr.de/panorama/archiv.
Ranke-Heinemann, Uta, Widerworte. Friedensreden und Streitschriften, Essen 1985.
Sarachild, Kathie, A Program for Feminist „Consciousness Raising", in: Women's Liberation: Notes from the Second Year. Major Writings of the Radical Feminists, New York 1970, S. 78-80, https://womenwhatistobedone.files.wordpress.com/2013/09/notes-from-the-second-year-a-program-for-feminist-consciousness-raising.pdf.
Schäfer Christine/Wilke, Christiane (Bearb.), Die Neue Frauenbewegung in München 1968-1985. Eine Dokumentation, München 2000.
Sozialdemokratische Partei Deutschlands (Hrsg.), Parteitag der Sozialdemokratischen Partei Deutschlands. 19. bis 23. April 1982, Bd. I: Protokoll der Verhandlungen, o. O. 1982.
SPD-Broschüre „Wir und die Mitbestimmung", Bad Godesberg o. D. [1968], http://library.fes.de/prodok/fa88-01155.pdf.
Spieker, Wolfgang, Denksplitter und Formulierungsversuche, 65 Bände 1959-2009, https://www.fes.de/archiv/adsd_neu/inhalt/dokumente/tagebuch.htm.
Spieker, Wolfgang/Strohauer, Heinrich, 30 Jahre Management gegen die Montan-Mitbestimmung. Tatsachen und Deutungen des Konflikts Mannesmann/IG Metall 1980/81, Köln 1982.
Weizsäcker, Richard von, Demokratische Leidenschaft. Reden des Bundespräsidenten, hrsg. und eingeleitet von Eberhard Jäckel, Stuttgart 1994.
Woyke, Meik (Hrsg.), Partner und Rivalen. Willy Brandt – Helmut Schmidt: Der Briefwechsel (1958-1992), Bonn 2015.

Zeitungen, Periodika und audiovisuelle Magazine

Aachener Frauenzeitung
autoxa. Hannoversche Frauenzeitung
Azade. Göttingens Frauen/Lesbenzeitung
Bilanz (ZDF)

Bild
Bild am Sonntag
Bonner Perspektiven (ZDF)
Bonner Rundschau
Brigitte
Bunte
Capital
Courage
Deutsche Handwerks-Zeitung
Deutsches Allgemeines Sonntagsblatt
Deutschland-Union-Dienst
Emma
Express (Köln)
Frankfurter Allgemeine Zeitung
Frankfurter Neue Presse
Frankfurter Rundschau
Frauen-Info (München)
Frauen wißt ihr schon... Frankfurter Frauenzeitung
Frauenzeitung Bremen
Frauenzeitung des Frauenzentrums Hamburg
Frauenzeitung Göttingen
Friedensklärchen. Monatsblatt Bonner Friedensinitiativen
FriZ – Antimilitaristische Allgemeine (Hamburg)
General-Anzeiger (Bonn)
Gesche. Frauenzeitung aus Bremen
Gewaltfreie Aktion
Gewerkschaftliche Monatshefte
graswurzelrevolution
Grete. Nürnberger Frauenzeitung
Hamburger Abendblatt
Handelsblatt
Heidelberger Frauenzeitung
Hexengewitter. Frauenzeitung für Ostfriesland
Hurra Deutschland (ARD)
Igitte. Dortmunder Frauenzeitung
Kennzeichen D (ZDF)
Kobra. Kölner Frauenzeitung
Kölner Frauenzeitung
Kölner Stadt-Anzeiger
Kratzbürste. Nürnberger Frauenzeitung
Länderspiegel (ZDF)
lilaac. Aachener Frauenzeitung
Lila Distel. Saarbrücker Frauenzeitung
Lila Klatschmohn. Emanzenblatt Mannheim-Ludwigshafen
Lila Lotta. Bonner Frauenzeitung mit Kölner Seiten
Das Mitbestimmungsgespräch
Im Brennpunkt (ARD)
Monitor (ARD)
Münchner Frauenzeitung
Münchner Merkur
Neue Osnabrücker Zeitung
Neue Ruhr-Zeitung
Neue Zürcher Zeitung
Nürtinger STATTzeitung
Panorama (ARD)
Plusminus (ARD)

Quick
Report (ARD)
Reporter (WDR)
Rhein-Neckar-Zeitung
Rhein-Zeitung (Koblenz)
Rheinische Post
Rheinischer Merkur
Rundbrief des Koordinierungsausschusses der Friedensbewegung
Sozialdemokrat Magazin
Der Spiegel
Spinatwachtel. Marburger Frauenzeitung
Stern
Studio 1 (ZDF)
Stuttgarter Zeitung
Süddeutsche Zeitung
tageszeitung
Tango Feminista. Erlebtes und Gedachtes aus der Berliner Frauenbewegung
tz (München)
Union in Deutschland
Vorwärts
Die Welt
Welt am Sonntag
Westdeutsche Allgemeine Zeitung
Wiesbadener Tagblatt
Wirtschaftsdienst
Wirtschaftswoche
WISO (ZDF)
Wortwechsel (SWF)
Wuppertaler Friedensforum
ZDF-Magazin
Die Zeit

Literatur

Abelshauser, Werner, Deutsche Wirtschaftsgeschichte. Von 1945 bis zur Gegenwart, Bonn 2011.
Achilles, Manuela, With a Passion for Reason. Celebrating the Constitution in Weimar Germany, in: Central European History 43 (2010), S. 666-689.
Ackermann, Eduard, Politiker. Vom richtigen und vom falschen Handeln, Bergisch Gladbach 1996.
Agartz, Victor, Die Gewerkschaft ÖTV und das Mitbestimmungsrecht. Vortrag auf dem 1. Gewerkschaftstag der Gewerkschaft ÖTV zu Hamburg, Februar 1952, Stuttgart 1952.
Ahland, Frank, Bürger und Gewerkschafter. Ludwig Rosenberg 1903 bis 1977. Eine Biografie, Essen 2016.
Alt, Peter-André, Sigmund Freud. Der Arzt der Moderne. Eine Biographie, München 2016.
Ambroise-Rendu, Anne-Claude/Delporte, Christian, L'indignation, un sentiment au prisme d'histoire, in: dies. (Hrsg.), L'indignation. Histoire d'une émotion (XIXe-XXe siècles), Paris 2008, S. 5-19.
Aminzade, Ronald/McAdam, Doug, Emotions and Contentious Politics, in: dies. u. a. (Hrsg.), Silence and Voice in the Study of Contentious Politics, Cambridge 2001, S. 14-50.
Andresen, Knud, „Gebremste Radikalisierung" – zur Entwicklung der Gewerkschaftsjugend von 1968 bis Mitte der 1970er Jahre, in: Mitteilungsblatt des Instituts für soziale Bewegungen 43 (2010), S. 141-158.
Andresen, Knud, Triumpherzählungen. Wie Gewerkschafter über ihre Erinnerungen sprechen, Essen 2014.

Angster, Julia, Konsenskapitalismus und Sozialdemokratie. Die Westernisierung von SPD und DGB, München 2003.
Angster, Julia, „Parteipolitische Diskussionen gehören nicht in die Gewerkschaft". Kuno Brandel und die Gewerkschaftszeitung Metall 1949-1961, in: Claus-Dieter Krohn/Axel Schildt (Hrsg.), Zwischen den Stühlen? Remigranten und Remigration in der deutschen Medienöffentlichkeit der Nachkriegszeit, Hamburg 2002, S. 267-293.
Apel, Hans, Der Abstieg. Politisches Tagebuch 1978-1988, Stuttgart 1990.
Apel, Hans, Hans, mach du das! Lebenserinnerungen, Gießen 2010.
Apel, Hans, Ich dacht', mich tritt ein Pferd. Bundesfinanzminister Hans Apel steht Rede und Antwort auf 100 Fragen, Hamburg 1975.
Arzheimer, Kai, Politikverdrossenheit. Bedeutung, Verwendung und empirische Relevanz eines politikwissenschaftlichen Begriffs, Wiesbaden 2002.
Aschmann, Birgit, Heterogene Gefühle. Beiträge zur Geschichte der Emotionen, in: Neue Politische Literatur 61 (2016), H. 2, S. 225-249.
Aschmann, Birgit, Vom Nutzen und Nachteil der Emotionen in der Geschichte. Eine Einführung, in: dies. (Hrsg.), Gefühl und Kalkül. Der Einfluss von Emotionen auf die Politik des 19. und 20. Jahrhunderts, Stuttgart 2005, S. 9-32.
Autonomie oder Institution. Über die Leidenschaft und Macht von Frauen. Beiträge zur 4. Sommeruniversität der Frauen – Berlin 1979, hrsg. von der Dokumentationsgruppe der Sommeruniversität der Frauen, Berlin 1981.
Azzellini, Dario/Ness, Immanuel (Hrsg.), „Die endlich entdeckte politische Form". Fabrikräte und Selbstverwaltung von der Russischen Revolution bis heute, Köln 2012.

Bähr, Julia [Pseudonym für Claudia Pinl], Klatschmohn. Eine Geschichte aus der Frauenbewegung, Köln 1984.
Bailey, Christian, Zusammenfühlen – zusammen fühlen?, in: Ute Frevert u. a., Gefühlswissen. Eine lexikalische Spurensuche in der Moderne, Frankfurt am Main 2011, S. 201-231.
Bald, Christine, Die Neue Frauenbewegung in der katholischen Provinz. Feministische Aufbrüche in Trier, der Eifel und im Hunsrück, in: Julia Paulus Hrsg.), „Bewegte Dörfer". Neue soziale Bewegungen in der Provinz 1970-1990, Paderborn 2018, S. 147-176.
Bamberg, Ulrich u. a., Aber ob die Karten voll ausgereizt sind... 10 Jahre Mitbestimmungsgesetz 1976 in der Bilanz, Köln 1987.
Barbarino, Otto, Ein Lebenslauf im 20. Jahrhundert, Landsberg am Lech 1997.
Baring, Arnulf, Machtwechsel. Die Ära Brandt-Scheel, Stuttgart 1982.
Barker, Colin, Fear, Laughter, and Collective Power: The Making of Collective Solidarity at the Lenin Shipyard in Gdansk, Poland, August 1980, in: Jeff Goodwin/James M. Jasper/Francesca Polletta (Hrsg.), Passionate Politics. Emotions and Social Movements, Chicago 2001, S. 175-194.
Bartels, Hans-Peter, Wahlkreiskommunikation. Daten aus der Praxis eines Bundestagsabgeordneten, in: Zeitschrift für Parlamentsfragen 39 (2008), S. 487-493.
Barzel, Rainer, Geschichten aus der Politik. Persönliches aus meinem Archiv, Frankfurt am Main 1987.
Baum, Gerhart, Meine Wut ist jung. Bilanz eines politischen Lebens, München 2012.
Bayertz, Kurt, Begriff und Problem der Solidarität, in: ders. (Hrsg.), Solidarität. Begriff und Problem, Frankfurt am Main 1998, S. 11-53.
Becker, Jens/Jensch, Harald, „Es darf nie wieder zu einem 1933 kommen". Das gewerkschaftspolitische Selbstverständnis Otto Brenners in der Bundesrepublik Deutschland, in: Mitteilungsblatt des Instituts für Soziale Bewegungen 35 (2006), S. 59-73.
Becker, Jörg, Elisabeth Noelle-Neumann. Demoskopin zwischen NS-Ideologie und Konservatismus, Paderborn 2013.
Behren, Dirk von, Die Geschichte des § 218 StGB, Diss. Tübingen 2004.
Bell, David E., Disappointment in Decision Making under Uncertainty, in: Operations Research 33 (1985), S. 1-27.
Bendkowski, Halina, Wenn quer nicht queer ist. Zum Lesben-Heterakonflikt, in: Gabriele Dennert/Christiane Leidinger/Franziska Rauchut (Hrsg.), In Bewegung bleiben. 100 Jahre Politik, Kultur und Geschichte von Lesben, Berlin 2007, S. 83-85.

Bergdoll, Karin/Namgalies-Teicher, Christel, Frauenhaus im ländlichen Raum, Stuttgart 1987.
Bergerson, Andrew Stewart u. a., Wende, in: Andrew Stewart Bergerson/Leonhard Schmieding (Hrsg.), Ruptures in the Everyday. Views of Modern Germany from the Ground, New York 2017, S. 1-32.
Bergerson, Andrew Stewart/Schmieding, Leonhard (Hrsg.), Ruptures in the Everyday. Views of Modern Germany from the Ground, New York 2017.
Bergsdorf, Wolfgang, Herrschaft und Sprache. Studie zur politischen Terminologie der Bundesrepublik Deutschland, Pfullingen 1983.
Berliner Frauenhaus für Mißhandelte Frauen (Hrsg.), Frauen gegen Männergewalt. Erster Erfahrungsbericht des Berliner Frauenhauses für mißhandelte Frauen, Berlin 1978.
Bernhard, Patrick, Wirklich alles locker, flockig, liberal? Plädoyer für einen postrevisionistischen Blick auf die Geschichte der Bundesrepublik in den 1960er und 1970er Jahren, in: Martin Löhnig/Mareike Preisner/Thomas Schlemmer (Hrsg.), Reform und Revolte. Eine Rechtsgeschichte der 1960er und 1970er Jahre, Stuttgart 2012, S. 1-12.
Beyme, Klaus von, Die politische Klasse im Parteienstaat, Frankfurt am Main 1993.
Beyme, Klaus von, Unregierbarkeit in westlichen Demokratien, in: Leviathan 12 (1984), S. 39-49.
Biermann, Ingrid, Von Differenz zu Gleichheit. Frauenbewegung und Inklusionspolitiken im 19. und 20. Jahrhundert, Bielefeld 2009.
Bieschke, Anne, Frauen streiten um den Frieden. Kontroversen und Debatten rund um die Neue Frauenfriedensbewegung, in: Ariadne 66 (2014), S. 50-59.
Binder, Manfred u. a. (Red.), Handbuch des Friedenscamps Schwäbisch Gmünd vom 6. 8. bis 4. 9. 1983, o. O. o. J. [1983].
Blücher, Viggo Graf, Integration und Mitbestimmung. Hauptergebnisse einer Untersuchungsreihe zum Thema „Wirksamkeit der erweiterten Mitbestimmung", Sennestadt 1966.
Bock, Theresa/Gross, Helga/Senger, Ilonka, Die Finanzierung von Frauenhäusern – Bericht über eine Studientagung des Deutschen Vereins, in: Nachrichtendienst des Deutschen Vereins für Private und Öffentliche Fürsorge 61 (1981), S. 276-278.
Bock, Ulla, Pionierarbeit. Die ersten Professorinnen für Frauen- und Geschlechterforschung an deutschsprachigen Hochschulen 1984-2014, Frankfurt am Main 2015.
Bocks, Philipp B., Mehr Demokratie gewagt? Das Hochschulrahmengesetz und die sozial-liberale Reformpolitik 1969-1976, Bonn 2012.
Bökenkamp, Gérard, Das Ende des Wirtschaftswunders. Geschichte der Sozial-, Wirtschafts- und Finanzpolitik der Bundesrepublik 1969-1998, Stuttgart 2010.
Börnsen, Gert, Erinnerungen an Jochen Steffen, in: Demokratische Geschichte. Jahrbuch für Schleswig-Holstein 20 (2009), S. 309-326.
Börnsen, Wolfgang, Fels oder Brandung? Gerhard Stoltenberg – der verkannte Visionär, Sankt Augustin 2004.
Bösch, Frank, Die Adenauer-CDU. Gründung, Aufstieg und Krise einer Erfolgspartei 1945-1969, München 2001.
Bösch, Frank/Frei, Norbert, Die Ambivalenz der Medialisierung, in: dies. (Hrsg.), Medialisierung und Demokratie im 20. Jahrhundert, Göttingen 2006, S. 7-24.
Bösch, Frank, Boom zwischen Krise und Globalisierung. Konsum und kultureller Wandel in der Bundesrepublik der 1970er und 1980er Jahre, in: GG 42 (2016), S. 354-376.
Bösch, Frank, Die Krise als Chance. Die Neuformierung der Christdemokraten in den siebziger Jahren, in: Konrad Jarausch (Hrsg.), Das Ende der Zuversicht? Die siebziger Jahre als Geschichte, Göttingen 2008, S. 296-309.
Bösch, Frank, Macht und Machtverlust. Die Geschichte der CDU, Stuttgart 2002.
Bösch, Frank, Öffentliche Geheimnisse. Skandale, Politik und Medien in Deutschland und Großbritannien 1880-1914, München 2009.
Bösch, Frank/Giesecke, Jens, Der Wandel des Politischen in Ost und West, in: Frank Bösch (Hrsg.), Geteilte Geschichte. Ost- und Westdeutschland 1970-2000, Göttingen 2015, S. 39-78.
Boll, Friedhelm/Hansen, Jan, Doppelbeschluss und Nachrüstung als innerparteiliches Problem der SPD, in: Philipp Gassert/Tim Geiger/Hermann Wentker (Hrsg.), Zweiter Kalter Krieg und Friedensbewegung. Der NATO-Doppelbeschluss in deutsch-deutscher und internationaler Perspektive, München 2011, S. 203-228.

Boltanski, Luc/Chiapello, Ève, Der neue Geist des Kapitalismus, Konstanz 2003 (frz. Originalausgabe Paris 1999).
Boom, Dirk van den, Politik diesseits der Macht? Zu Einfluß, Funktion und Stellung von Kleinparteien im politischen System der Bundesrepublik Deutschland, Opladen 1999.
Boothe, Brigitte, Die Psychodynamik der Enttäuschung, in: Nina Heinsohn/Michael Moxter (Hrsg.), Enttäuschung. Interdisziplinäre Erkundungen zu einem ambivalenten Phänomen, Paderborn 2017, S. 75-94.
Borsdorf, Ulrich, Wirtschaftsdemokratie und Mitbestimmung, in: Hans Pornschlegel (Hrsg.), Macht und Ohnmacht von Gewerkschaftstheorien in der Gewerkschaftspolitik, Berlin 1987, S. 135-154.
Borucki, Isabelle, Regieren mit Medien. Auswirkungen der Medialisierung auf die Regierungskommunikation der Bundesregierung von 1982-2010, Opladen 2014.
Bosch, Aida, Vom Interessenkonflikt zur Kultur der Rationalität. Neue Verhandlungsbeziehungen zwischen Management und Betriebsrat, München 1997.
Bracher, Karl-Dietrich, Politik und Zeitgeist. Tendenzen der siebziger Jahre, in: ders./Wolfgang Jäger/Werner Link, Republik im Wandel 1969-1974. Die Ära Brandt, Stuttgart 1986, S. 283-406.
Brand, Karl-Werner, Die aktive Bürgergesellschaft. Studentenbewegung, neue soziale Bewegungen – und was davon bleibt, in: Forschungsjournal Neue soziale Bewegungen 21 (2008), Nr. 3, S. 35-44.
Brettschneider, Frank, Parlamentarisches Handeln und öffentliche Meinung. Zur Responsivität des Deutschen Bundestages bei politischen Sachfragen zwischen 1949 und 1990, in: Zeitschrift für Parlamentsfragen 27 (1996), S. 108-126.
Brink, Cornelia, (Anti-)Psychiatrie und Politik. Über das Sozialistische Patientenkollektiv Heidelberg, in: Richard Faber/Erhard Stölting (Hrsg.), Die Phantasie an die Macht? 1968 – Versuch einer Bilanz, Berlin 2002, S. 125-156.
Bröckling, Ulrich, Projektwelten. Anatomie einer Vergesellschaftungsform, in: Leviathan 33 (2005), S. 364-383.
Buchstab, Günter, Einleitung, in: ders. (Bearb.), Barzel: „Unsere Alternativen für die Zeit der Opposition". Die Protokolle des CDU-Bundesvorstands 1969-1973, Düsseldorf 2009, S. VII-XXXV.
Buchstab, Günter/Kleinmann, Hans-Otto, Einleitung, in: dies. (Bearb.), Helmut Kohl: Berichte zur Lage 1982-1989. Der Kanzler und Parteivorsitzende im Bundesvorstand der CDU Deutschlands, Düsseldorf 2014, S. VII-LXI.
Budde, Gunilla, Politik mit Gefühl. Emotion als Subjektivierungselement des Politischen, in: dies./Thomas Alkemeyer/Dagmar Freist (Hrsg.), Selbst-Bildungen. Soziale und kulturelle Praktiken der Subjektivierung, Bielefeld 2013, S. 197-225.
Bührmann, Andrea, Das authentische Geschlecht. Die Sexualitätsdebatte der Neuen Frauenbewegung und die Foucaultsche Machtanalyse, Münster 1995.
Bünz, Enno/Gries, Rainer/Möller, Frank (Hrsg.), Der Tag X in der Geschichte. Erwartungen und Enttäuschungen seit tausend Jahren, Stuttgart 1997.
Bünz, Enno/Gries, Rainer/Möller, Frank, Erwartungen in der Geschichte, in: dies. (Hrsg.), Der Tag X in der Geschichte. Erwartungen und Enttäuschungen seit tausend Jahren, Stuttgart 1997, S. 7-23.
Buggeln, Marc, Steuern nach dem Boom. Die öffentlichen Finanzen in den westlichen Industrienationen und ihre gesellschaftlichen Verteilungswirkungen, in: AfS 52 (2012), S. 47-89.
Buggeln, Marc, Taxation in the 1980s: A Five-Country Comparison of Neo-Liberalism and Path Dependency, in: ders./Martin Daunton/Alexander Nützenadel (Hrsg.), The Political Economy of Public Finance. Taxation, State Spending and Debt since the 1970s, Cambridge 2017, S. 105-125.
Bussemer, Thymian, Die erregte Republik. Wutbürger und die Macht der Medien, Stuttgart 2011.

Churchill, Winston, Europe Unite. Speeches 1947 and 1948, hrsg. von Randolph S. Churchill, London 1950.
Classen, Christoph/Arnold, Klaus, Von der Politisierung der Medien zur Medialisierung des Politischen? Zum Verhältnis von Medien, Öffentlichkeiten und Politik im 20. Jahrhundert, in:

dies. u .a. (Hrsg.), Von der Politisierung der Medien zur Medialisierung des Politischen? Zum Verhältnis von Medien, Öffentlichkeiten und Politik im 20. Jahrhundert, Leipzig 2010, S. 11-26.

Collins, Randall, Social Movements and the Focus on Emotional Attention, in: Jeff Goodwin/James M. Jasper/Francesca Polletta (Hrsg.), Passionate Politics. Emotions and Social Movements, Chicago 2001, S. 27-44.

Collonges, Lucien (coord.), Autogestion. Hier, aujourd'hui, demain, Paris 2010.

Conze, Eckart, Die Suche nach Sicherheit. Eine Geschichte der Bundesrepublik Deutschland von 1949 bis in die Gegenwart, München 2009.

Cramon-Daiber, Birgit u. a., Schwesternstreit. Von den heimlichen und unheimlichen Auseinandersetzungen zwischen Frauen, Hamburg 1983.

Crouch, Colin, Postdemokratie, Frankfurt am Main 2008.

Cvetkovich, Ann, Affect, in: Bruce Burgett/Glenn Hendler (Hrsg.), Keywords for American Cultural Studies, New York ²2014, S. 13-16.

Cvetkovich, Ann, Depression. A Public Feeling, Durham 2012.

Czaja, Herbert, Unterwegs zum kleinsten Deutschland? Mangel an Solidarität mit den Vertriebenen. Marginalien zu 50 Jahren Ostpolitik, Frankfurt am Main 1996.

Dageförder, Miriam, Weit entfernt vom „idealen Abgeordneten"? Zu Normen und Praxis parlamentarischer Repräsentation aus Sicht der Bürger, in: Zeitschrift für Parlamentsfragen 44 (2013), S. 580-592.

Daniel, Ute, Erfahrene Geschichte. Interventionen über ein Thema Reinhart Kosellecks, in: Carsten Dutt/Reinhard Laube (Hrsg.), Zwischen Sprache und Geschichte. Zum Werk Reinhart Kosellecks, Göttingen 2013, S. 14-28.

Davis, Belinda, The Gender of War and Peace. Rhetoric in the West German Peace Movement of the Early 1980s, in: Mitteilungsblatt des Instituts für soziale Bewegungen, H. 32 (2004), S. 99-130.

Davis, Belinda, A Whole World Opening Up. Transcultural Contact, Difference, and the Politicization of „New Left" Activists, in: dies. u. a. (Hrsg.), Changing the World, Changing Oneself. Political Protest and Collective Identities in West Germany and the U.S. in the 1960s and 1970s, New York 2010, S. 255-273.

Deppe, Frank, Der deutsche Gewerkschaftsbund (DGB) (1945-1965), in: ders./Georg Fülberth/Jürgen Harrer (Hrsg.), Geschichte der deutschen Gewerkschaftsbewegung, Köln ⁴1989, S. 471-575.

Deppe, Frank, Zwischen Integration und autonomer Klassenpolitik – die DGB-Gewerkschaften in der Ära des Sozialliberalismus (1966/67-1982), in: ders./Georg Fülberth/Jürgen Harrer (Hrsg.), Geschichte der deutschen Gewerkschaftsbewegung, Köln ⁴1989, S. 576-707.

Diekershoff, Karl-Heinz/Klimt, Gundolf, Ideologische Funktionen demoskopischer Erhebungen. Kritische Bemerkungen zu einer Umfrage der EMNID-Institute, in: Kölner Zeitschrift für Soziologie und Sozialpsychologie 20 (1968), S. 62-77.

Dieter, Alexander, Die Krise der deutschen Stahlindustrie. Darstellung, Ursachenanalyse und theoretisch-empirische Überprüfung strategischer Konzepte der Krisenbewältigung, Diss. Universität Würzburg 1992.

Dietrich, York, Vermögenspolitik, in: Hans Günter Hockerts (Hrsg.), Bundesrepublik Deutschland 1966-1974. Eine Zeit vielfältigen Aufbruchs, Baden-Baden 2006 (Geschichte der Sozialpolitik in Deutschland seit 1945; 5), S. 887-907.

Dijk, Wilco W. van/van der Pligt, Joop/Zeelenberg, Marcel, Blessed Are Those Who Expect Nothing: Lowering Expectations as a Way of Avoiding Disappointment, in: Journal of Economic Psychology 24 (2003), S. 505-516.

Dijk, Wilco W. van/van der Pligt, Joop/Zeelenberg, Marcel, Effort Invested in Vain. The Impact of Effort on the Intensity of Disappointment and Regret, in: Motivation and Emotion 23 (1999), S. 220-230.

Dijk, Wilco W. van/Zeelenberg, Marcel, Investigating the Appraisal Patterns of Regret and Disappointment, in: Motivation and Emotion 26 (2002), S. 321-331.

Dijk, Wilco W. van, Shattered Hopes & Dashed Dreams. On the Psychology of Disappointment, Amsterdam 1999.

Ditfurth, Jutta, Das waren die Grünen. Abschied von einer Hoffnung, München 2000.
Dittrich, Walter, Mitbestimmungspolitik, in: Manfred G. Schmidt (Hrsg.), Die westlichen Länder, München 1992 (Lexikon der Politik; 3), S. 252-260.
Doering-Manteuffel, Anselm/Raphael, Lutz, Nach dem Boom. Perspektiven auf die Zeitgeschichte seit 1970, Göttingen 2008.
Doormann, Lottemi, Die neue Frauenbewegung in der Bundesrepublik. Geschichte – Tendenzen – Perspektiven, in: dies. (Hrsg.), Keiner schiebt uns weg. Zwischenbilanz der Frauenbewegung in der Bundesrepublik, Weinheim 1979, S. 16-70.
Dormagen, Christel, Von Macherinnen und Mitmacherinnen. Erfahrungen im Courage-Kollektiv, in: Claudia Koppert (Hrsg.), Glück, Alltag und Desaster. Über die Zusammenarbeit von Frauen, Berlin 1993, S. 13-26.
Drach, Monika u. a. (Hrsg.), Das ganze Leben abwarten und den Mund halten. Dokumentation 83, Sindelfingen 1983.
3. Sommeruniversität für Frauen (Hrsg.), Frauen und Mütter. Beiträge zur 3. Sommeruniversität von und für Frauen – 1978, Berlin 1979.
Drittes Frauenhaus Hamburg (Hrsg.), Frauen helfen Frauen. Frauen brauchen ein Haus, Hamburg 1982.
Dutschke, Gretchen, 1968. Worauf wir stolz sein dürfen, Hamburg 2018.

Ebbinghaus, Angelika u. a., Wendepunkte. Frauen erzählen aus ihrem Leben – Alltag in einem Frauenhaus – Die politische Gratwanderung von Frauenhäusern, Hamburg 1982.
Eberl, Oliver/Salomon, David, Postdemokratie und soziale Demokratie, in: Politische Vierteljahresschrift 54 (2013), S. 415-425.
Ebert, Helmut, Höflichkeit in Petitionen an den Deutschen Bundestag. Eindrücke und Hypothesen aufgrund eines Ost-West-Vergleichs, in: Heinz-Helmut Lüger (Hrsg.), Höflichkeitsstile, Frankfurt am Main 2001, S. 233-246.
Ehrenberg, Alain, Das erschöpfte Selbst. Depression und Gesellschaft in der Gegenwart, Frankfurt am Main 2004.
Ehrlicher, Werner, Finanzpolitik seit 1945, in: Eckart Schremmer (Hrsg.), Steuern, Abgaben und Dienste vom Mittelalter bis zur Gegenwart, Stuttgart 1994, S. 213-247.
Eitler, Pascal/Scheer, Monique, Emotionengeschichte als Körpergeschichte. Eine heuristische Perspektive auf religiöse Konversionen im 19. und 20. Jahrhundert, in: GG 35 (2009), S. 282-313.
Eitler, Pascal, „Selbstheilung". Zur Somatisierung und Sakralisierung von Selbstverhältnissen im New Age (Westdeutschland 1970-1990), in: Sabine Maasen u. a. (Hrsg.), Das beratene Selbst. Zur Genealogie der Therapeutisierung in den „langen" Siebzigern, Bielefeld 2011, S. 161-181.
Eitler, Pascal/Elberfeld, Jens, Von der Gesellschaftsgeschichte zur Zeitgeschichte des Selbst – und zurück, in: dies. (Hrsg.), Zeitgeschichte des Selbst. Therapeutisierung – Politisierung – Emotionalisierung, Bielefeld 2015, S. 7-30.
Elberfeld, Jens, Befreiung des Subjekts, Management des Selbst. Therapeutisierungsprozesse im deutschsprachigen Raum seit den 1960er Jahren, in: ders./Pascal Eitler (Hrsg.), Zeitgeschichte des Selbst. Therapeutisierung – Politisierung – Emotionalisierung, Bielefeld 2015, S. 49-83.
Eley, Geoff, Forging Democracy. A History of the Left in Europe, 1850-2000, Oxford 2002.
Elias, Norbert, Studien über die Deutschen. Machtkämpfe und Habitusentwicklung im 19. und 20. Jahrhundert, hrsg. von Michael Schröter, Frankfurt am Main ^{3}1990.
Ellwein, Thomas, Der Staat als Zufall und als Notwendigkeit. Die jüngere Verwaltungsentwicklung in Deutschland am Beispiel Ostwestfalen-Lippe, Bd. 2: Die öffentliche Verwaltung im gesellschaftlichen und politischen Wandel 1919-1990, Opladen 1997.
Engelen, Eva-Maria u. a., Emotions as Bio-Cultural Processes: Disciplinary Debates and an Interdisciplinary Outlook, in: Birgitt Röttger-Rössler/Hans J. Markowitsch (Hrsg.), Emotions as Bio-Cultural Processes, New York 2009, S. 23-53.
Engels, Jens Ivo, „Inkorporierung" und „Normalisierung" einer Protestbewegung am Beispiel der westdeutschen Umweltproteste in den 1980er Jahren, in: Mitteilungsblatt des Instituts für soziale Bewegungen 40 (2008), S. 81-100.
Esposito, Fernando, No Future – Symptome eines Zeitgeistes im Wandel, in: Morten Reitmayer/Thomas Schlemmer (Hrsg.), Die Anfänge der Gegenwart. Umbrüche in Westeuropa nach dem Boom, München 2014, S. 93-108.

Essen, Ulrich van/Kaiser, Helmut/Spahn, P. Bernd, Verteilungswirkungen der Einkommensteuerreformen 1986-1990, in: Finanzarchiv 46 (1988), S. 56-84.
Eyerman, Ron, How Social Movements Move. Emotions and Social Movements, in: Helena Flam/Debra King (Hrsg.), Emotions and Social Movements, London 2005, S. 41-56.

Fabian, Sina, Boom in der Krise. Konsum, Tourismus, Autofahren in Westdeutschland und Großbritannien 1970-1990, Göttingen 2016.
Fahlenbrach, Kathrin, Protest-Inszenierungen. Visuelle Kommunikation und kollektive Identitäten in Protestbewegungen, Wiesbaden 2002.
Faltlhauser, Kurt, Einleitung, in: ders. (Hrsg.), Steuer-Strategie, Köln 1988, S. 15-19.
Faulenbach, Bernd, Das sozialdemokratische Jahrzehnt. Von der Reformeuphorie zur Neuen Unübersichtlichkeit. Die SPD 1969-1982, Bonn 2011.
Faulstich, Werner, Gesellschaft und Kultur der siebziger Jahre: Einführung und Überblick, in: ders. (Hrsg.), Die Kultur der siebziger Jahre, München 2004, S. 7-18.
Felsch, Philipp, Der lange Sommer der Theorie. Geschichte einer Revolte 1960-1990, München ²2015.
Fenske, Martina, Demokratie erschreiben. Bürgerbriefe und Petitionen als Medien politischer Kultur 1950-1974, Göttingen 2013.
Ferree, Myra Max, Varieties of Feminism. German Gender Politics in Global Perspective, Stanford 2012.
Fichtner, Otto, Die Finanzierung von Frauenhäusern, in: Nachrichtendienst des Deutschen Vereins für Private und Öffentliche Fürsorge 59 (1979), S. 180-184.
Fineman, Stephen, Organizations as Emotional Arenas, in: ders. (Hrsg.), Emotions in Organizations, London 1993, S. 9-35.
Fischer, Claus A. (Hrsg.), Wahlhandbuch für die Bundesrepublik Deutschland. Daten zu Bundestags-, Landtags- und Europawahlen in der Bundesrepublik Deutschland, in den Ländern und in den Kreisen 1946-1989, Paderborn 1990.
Flaig, Egon, Die Mehrheitsentscheidung. Entstehung und kulturelle Dynamik, Paderborn 2013.
Föcking, Friederike, Fürsorge im Wirtschaftsboom. Die Entstehung des Bundessozialhilfegesetzes von 1961, München 2007.
Franke, Siegfried E., Steuerpolitik in der Demokratie. Das Beispiel der Bundesrepublik Deutschland, Berlin 1993.
Frauen helfen Frauen [Frankfurt am Main] (Hrsg.), Adresse geheim. Berichte aus dem autonomen Haus für mißhandelte Frauen Frankfurt, Frankfurt am Main 1983.
Frauen helfen Frauen Heidelberg (Hrsg.), 1 Jahr Frauenhaus Heidelberg – und nun?, Heidelberg 1981.
Frauen helfen Frauen Lübeck (Hrsg.), Aufbruch. Zehn Jahre autonomes Frauenhaus Lübeck, Lübeck 1983.
Frauen helfen Frauen Wiesbaden (Hrsg.), Frauenhausdokumentation Wiesbaden, Wiesbaden 1981.
Frauencafé Moabit (Hrsg.), Frauenbewegung und Häuserkampf – unversöhnlich?, Berlin 1982.
Frauenhaus Gießen (Hrsg.), Frauenhaus Gießen. Dokumentation 1981, Gießen 1981.
Frauenhaus Göttingen (Hrsg.), Frauenhaus Göttingen. Dokumentation, Göttingen 1987.
Frauenhaus Kassel (Hrsg.), Frauenhaus Kassel, Kassel 1981.
Frauenhaus Kassel (Hrsg.), Frauenhausdokumentation, Kassel 1985.
Frauenjahrbuch '75, hrsg. und hergestellt von Frankfurter Frauen, Frankfurt am Main 1975.
Frauenjahrbuch '76, hrsg. von der Jahrbuchgruppe des Münchner Frauenzentrums, München 1976.
Frauenzentrum München (Hrsg.), Selbstdarstellung autonomer Frauengruppen München Ingolstadt, o. O. [München] o. J. [1975].
Frei, Norbert/Süß, Dietmar (Hrsg.), Privatisierung. Idee und Praxis seit den 1970er Jahren, Göttingen 2012.
Frei Gerlach, Franziska, Schrift und Geschlecht. Feministische Entwürfe und Lektüren von Marlen Haushofer, Ingeborg Bachmann und Anne Duden, Berlin 1998.
Freud, Sigmund, Das Unbehagen in der Kultur [1930], in: ders., Fragen der Gesellschaft. Ursprünge der Religion (Studienausgabe, hrsg. von Alexander Mitscherlich, Angela Richards und James Strachey, Bd. 9), Frankfurt am Main 1974, S. 191-270.

Frevert, Ute, Gefühle definieren. Begriffe und Debatten aus drei Jahrhunderten, in: dies. u. a., Gefühlswissen. Eine lexikalische Spurensuche in der Moderne, Frankfurt am Main 2011, S. 9-39.
Frevert, Ute, Was haben Gefühle in der Geschichte zu suchen?, in: GG 35 (2009), S. 183-208.
Frijda, Nico H. u. a., Emotions and Emotion Words, in: James A. Russel (Hrsg.), Everyday Conceptions of Emotion. An Introduction to the Psychology, Anthropology, and Linguistics of Emotion, Dordrecht 1995, S. 121-143.
Führer, Karl Christian, Gewerkschaftsmacht und ihre Grenzen. Die ÖTV und ihr Vorsitzender Heinz Kluncker 1964-1982, Bielefeld 2017.
Furth, Peter, Phänomenologie der Enttäuschung. Ideologiekritik, nachtotalitär, Frankfurt am Main 1991.

Gassert, Philipp, Narratives of Democratization. 1968 in Postwar Europe, in: Martin Klimke/ Joachim Scharloth (Hrsg.), 1968 in Europe. A History of Protest and Activism, 1956-1977, New York 2008, S. 307-324.
Gassert, Philipp, Viel Lärm um nichts? Der NATO-Doppelbeschluss als Katalysator gesellschaftlicher Selbstverständigung in der Bundesrepublik, in: ders./Tim Geiger/Hermann Wentker (Hrsg.), Zweiter Kalter Krieg und Friedensbewegung. Der NATO-Doppelbeschluss in deutsch-deutscher und internationaler Perspektive, München 2011, S. 175-202.
Gattermann, Sabine, Chance oder Alibi? Die kommunalen Gleichstellungsstellen und Frauenbüros, Marburg 1987.
Geer, Nadja, „If you have to ask, you can't afford it". Pop als distinktiver intellektueller Selbstentwurf in den 1980er Jahren, in: Bodo Mrozek/Alexa Geisthövel/Jürgen Danyel (Hrsg.), Popgeschichte. Bd. 2: Zeithistorische Fallstudien 1958-1988, Bielefeld 2015, S. 337-357.
Gerhard, Ute (Bearb.), Droht das Aus fürs Frauenhaus? Bestandsaufnahme zur Situation der autonomen Frauenhäuser, Sensbachtal 1983.
Gerhard, Ute, Frauenbewegung, in: Roland Roth/Dieter Rucht (Hrsg.), Die Sozialen Bewegungen in Deutschland seit 1945. Ein Handbuch, Frankfurt am Main 2008, S. 187-218.
Gerhard, Ute, Nachfolge in der Frauenbewegung – Generationen und sozialer Wandel [2006], in: Kattrin Pittius u. a. (Hrsg.), Die bewegte Frau. Feministische Perspektiven auf historische und aktuelle Gleichberechtigungsprozesse, Münster 2013, S. 23-40.
Geulen, Christian, Plädoyer für eine Geschichte der Grundbegriffe des 20. Jahrhunderts, in: Zeithistorische Forschungen 7 (2010), S. 79-97.
Geyer, Martin H., Rahmenbedingungen: Unsicherheit als Normalität, in: ders. (Hrsg.), Bundesrepublik Deutschland 1974-1982. Neue Herausforderungen, wachsende Unsicherheiten, Baden-Baden 2008 (Geschichte der Sozialpolitik in Deutschland seit 1945; 6), S. 1-109.
Geyer, Martin H., Sozialpolitische Denk- und Handlungsfelder. Der Umgang mit Sicherheit und Unsicherheit, in: Bundesrepublik Deutschland 1974-1982. Neue Herausforderungen, wachsende Unsicherheiten, Baden-Baden 2008 (Geschichte der Sozialpolitik in Deutschland seit 1945; 6), S. 114-231.
Giddens, Anthony, The Consequences of Modernity, Cambridge 1991.
Giese, Dieter, Über Individualisierungsprinzip, Frauenhäuser und „Warenkorb" in der Sozialhilfe, in: Zeitschrift für Sozialhilfe 20 (1981), S. 321-327.
Gilcher-Holtey, Ingrid, Die 68er Bewegung. Deutschland – Westeuropa – USA, München 2001.
Glahn, Lisa, Frauen im Aufbruch. 20 Jahre Geschichte und Gegenwart Autonomer Frauenhäuser, Münster 1998.
Glaser, Hermann, Freuds zwanzigstes Jahrhundert. Seelenbilder einer Epoche. Materialien und Analysen, München 1976.
Görtemaker, Manfred, Geschichte der Bundesrepublik. Von der Gründung bis zur Gegenwart, München 1999.
Göttert, Rosemarie u. a. (Hrsg.), Du lernst Deinen Weg kennen, indem du ihn verläßt. 10 Jahre autonomes Frauenhaus Frankfurt, Frankfurt am Main 1988.
Goffman, Erving, Rahmenanalyse. Ein Versuch über die Organisation von Alltagserfahrungen, Frankfurt am Main 1977.
Goltz, Anna von der, A Vocal Minority. Student Activism of the Center-Right and West Germany's 1968, in: dies./ Britta Waldschmidt-Nelson(Hrsg.), Inventing the Silent Majority in Western Europe and the United States. Conservatism in the 1960s and 1970s, Cambridge 2017, S. 82-104.

Goltz, Anna von der, Von alten Kämpfern, sexy Wahlgirls und zornigen jungen Frauen. Überlegungen zur Beziehung von Generationalität, Geschlecht und Populärkultur im gemäßigtrechten Lager um 1968, in: Lu Seegers (Hrsg.), Hot Stuff. Gender, Popkultur und Generationalität in West- und Osteuropa nach 1945, Göttingen 2015, S. 57-79.
Gotto, Bernhard, Enttäuschung als Politikressource. Zur Kohäsion der westdeutschen Friedensbewegung in den 1980er Jahren, in: VfZ 62 (2014), S. 1-33.
Gotto, Bernhard, Von enttäuschten Erwartungen: Willy Brandts „mehr Demokratie wagen" und Valéry Giscard d'Estaings „Démocratie française", in: ders. u. a. (Hrsg.), Nach „Achtundsechzig". Krisen und Krisenbewusstsein in Deutschland und Frankreich in den 1970er Jahren, München 2013, S. 31-44.
Graf, Rüdiger, Gefährdungen der Energiesicherheit und die Angst vor der Angst. Westliche Industrieländer und das arabische Ölembargo 1973/74, in: Patrick Bormann/Thomas Freiberger/Judith Michel (Hrsg.), Angst in den internationalen Beziehungen, Göttingen 2010, S. 227-249.
Graf Rüdiger/Herzog, Benjamin, Von der Geschichte der Zukunftsvorstellungen zur Geschichte ihrer Generierung. Probleme und Herausforderungen des Zukunftsbezugs im 20. Jahrhundert, in: GG 42 (2016), S. 497-515.
Graf, Rüdiger/Priemel, Kim Christian, Zeitgeschichte in der Welt der Sozialwissenschaften. Legitimität und Originalität einer Disziplin, in: VfZ 60 (2011), S. 479-509.
Graf, Rüdiger, Die Zukunft der Weimarer Republik. Krisen und Zukunftsaneignungen in Deutschland 1918-1933, München 2008.
Grebing, Helga, Gewerkschaften: Bewegung oder Dienstleistungsorganisation – 1955 bis 1965, in: Hans-Otto Hemmer/Kurt Thomas Schmitz (Hrsg.), Geschichte der Gewerkschaften in Deutschland. Von den Anfängen bis heute, Köln 1990, S. 149-182.
Grebing, Helga, Ideengeschichte des Sozialismus, Teil II, in: dies. (Hrsg.), Geschichte der sozialen Ideen in Deutschland. Sozialismus – Katholische Soziallehre – Protestantische Sozialethik. Ein Handbuch, Essen 2000, S. 353-595.
Greifenstein, Ralph/Kißler, Leo, Mitbestimmung im Spiegel der Forschung. Eine Bilanz der empirischen Untersuchungen 1952-2010, Berlin 2010.
Griffiths, Craig, Konkurrierende Pfade der Emanzipation. Der Tuntenstreit (1973-1975) und die Frage des „respektablen Auftretens", in: Andreas Pretzel/Volker Weiß (Hrsg.), Rosa Radikale. Die Schwulenbewegung der 1970er Jahre, Hamburg 2012, S. 143-159.
Gröning, Katharina, Beratung in kommunalen Gleichstellungsstellen. Zwischen Fürsorglichkeit und Feminismus, Köln 1993.
Gros, Jürgen, Politikgestaltung im Machtdreieck Partei, Fraktion, Regierung. Zum Verhältnis von CDU-Parteiführungsgremien, Unionsfraktion und Bundesregierung 1982-1989 an den Beispielen der Finanz-, Deutschland und Umweltpolitik, Berlin 1998.
Grossekettler, Heinz, Fritz Neumark. Engagierter Finanzwissenschaftler und Politikberater, Frankfurt am Main 2013.
Grube, Norbert, Regierungspropaganda in der Ära Adenauer im Spannungsfeld von Politik, Wirtschaft, Wissenschaft und Medien, in: Klaus Arnold u. a. (Hrsg.), Von der Politisierung der Medien zur Medialisierung des Politischen? Zum Verhältnis von Medien, Öffentlichkeit und Politik im 20. Jahrhundert, Leipzig 2010, S. 267-306.
Gründinger, Wolfgang, Meine kleine Volkspartei. Von einem Sozi, der absichtlich Pirat wurde, Köln 2013.
Gruhl, Herbert, Ein Planet wird geplündert. Die Schreckensbilanz unserer Politik, Frankfurt am Main 1975.
Guggenberger, Bernd/Offe, Claus (Hrsg.), An den Grenzen der Mehrheitsdemokratie. Politik und Soziologie der Mehrheitsregel, Opladen 1984.
Guggenberger, Bernd, Bürgerinitiativen in der Parteiendemokratie. Von der Ökologiebewegung zur Umweltpartei, Stuttgart 1980.

Häberlen, Joachim C., Sekunden der Freiheit. Zum Verhältnis von Gefühlen, Macht und Zeit in Ausnahmesituationen am Beispiel der Revolte 1980/81 in Berlin, in: Cornelia Rauh/Dirk Schumann (Hrsg.), Ausnahmezustände. Entgrenzungen und Regulierungen in Europa während des Kalten Krieges, Göttingen 2015, S. 195-213.

Hagemann-White, Carol u. a., Hilfen für mißhandelte Frauen. Abschlußbericht der wissenschaftlichen Begleitung des Modellprojekts Frauenhaus Berlin, Stuttgart 1981.
Hansen, Jan, Abschied vom Kalten Krieg? Die Sozialdemokraten und der Nachrüstungsstreit (1977-1987), Berlin 2016.
Hansen, Jan, Zwischen Staat und Straße. Der Nachrüstungsstreit in der deutschen Sozialdemokratie (1979-1983), in: AfS 52 (2012), S. 517-553.
Hansen, Karl-Heinz, „Es ist nicht alles schlecht, was scheitert". Ein politischer Lebenslauf, Hamburg 2014.
Hansmann, Marc, Vor dem dritten Staatsbankrott? Der deutsche Schuldenstaat in historischer und internationaler Perspektive, München ²2011.
Hardtwig, Wolfgang (Hrsg.), Utopie und politische Herrschaft im Europa der Zwischenkriegszeit, München 2003.
Harpprecht, Klaus, Im Kanzleramt. Tagebuch der Jahre mit Willy, Reinbek 2000.
Harpprecht, Klaus, Schräges Licht. Erinnerungen ans Überleben und Leben, Frankfurt am Main 2016.
Hart, Marjolein 't/Bos, Dennis (Hrsg.), Humour and Social Protest, Cambridge 2007.
Hartz, Peter, Macht und Ohnmacht. Ein Gespräch mit Inge Kloepfer, Hamburg 2007.
Haug, Frigga, Perspektiven eines sozialistischen Feminismus. 20 Jahre Frauenbewegung in Westdeutschland, in: Autonome Frauenredaktion (Hrsg.), Frauenbewegungen in der Welt, Bd. 1: Westeuropa, Berlin 1988, S. 25-52.
Heidemeyer, Helge, Die Grünen im Bundestag 1983-1987. Einleitung, in: ders./Josef Boyer (Bearb.), Die Grünen im Bundestag. Sitzungsprotokolle und Anlagen 1983-1987, Düsseldorf 2008, S. IX-XXXV.
Heimann, Siegfried, Zwischen Aufbruchstimmung und Resignation. Die SPD in den 80er Jahren, in: Werner Süß (Hrsg.), Die Bundesrepublik in den achtziger Jahren. Innenpolitik – Politische Kultur – Außenpolitik, Opladen 1991, S. 35-52.
Hein, Bastian, Das Gewissen der Nation? Günter Grass (Jg. 1927) als politischer Intellektueller, in: ders./Manfred Kittel/Horst Möller (Hrsg.), Gesichter der Zeitgeschichte. Porträts zur deutschen Zeitgeschichte, München 2012, S. 311-324.
Heinemann, Friedrich u. a., Gerechtigkeitswahrnehmung von Steuer- und Sozialsystemreformen, Baden-Baden 2011.
Heinrich, Martin Leo, Steuerpolitik zwischen systematischer und wirtschaftspolitischer Orientierung. Dargestellt am Beispiel der Steuerreform 1986, 1988 und 1990, Pfaffenweiler 1992.
Heinsohn, Nina/Moxter, Michael (Hrsg.), Enttäuschung. Interdisziplinäre Erkundungen zu einem ambivalenten Phänomen, Paderborn 2017.
Heinsohn, Nina/Moxter, Michael, Einleitung, in: dies. (Hrsg.), Enttäuschung. Interdisziplinäre Erkundungen zu einem ambivalenten Phänomen, Paderborn 2017, S. 1-33.
Hennig, Alexander, Die Wirtschafts- und Finanzpolitik der Bundesregierungen Brandt und Schmidt. Gut gemeint – schlecht gemacht?, Hamburg 2012.
Herbert, Ulrich, Geschichte Deutschlands im 20. Jahrhundert, München 2014.
Hercus, Cheryl, Identity, Emotion, and Feminist Collective Action, in: Gender and Society 13 (1999), S. 34-55.
Hergesell, Burkart, „Petting statt Pershing!" Die Hafenblockade der Friedensbewegung in Bremerhaven 1983, Bremen 2012.
Hertfelder, Thomas, „Modell Deutschland" – Erfolgsgeschichte oder Illusion?, in: ders./Andreas Rödder (Hrsg.), Modell Deutschland. Erfolgsgeschichte oder Illusion?, Göttingen 2007, S. 9-27.
Herzog, Dagmar, Die Politisierung der Lust. Sexualität in der deutschen Geschichte des zwanzigsten Jahrhunderts, München 2005.
Herzog, Dagmar, Schwangerschaftsabbruch, Behinderung, Christentum: Die Ambivalenzen der sexuellen Revolution in Westeuropa in den 1960er und -70er Jahren, in: Ulrike Busch/Daphne Hahn (Hrsg.), Abtreibung. Diskurse und Tendenzen, Bielefeld 2015, S. 121-138.
Herzog, Dietrich u. a., Abgeordnete und Bürger. Ergebnisse einer Befragung der Mitglieder des 11. Deutschen Bundestages und der Bevölkerung, Opladen 1990.
Hinrichs, Wolfgang u. a., Der lange Abschied vom Malocher. Sozialer Umbruch in der Stahlindustrie und die Rolle der Betriebsräte von 1960 bis in die neunziger Jahre, Essen 2000.

Hirschman, Albert O., Engagement und Enttäuschung. Über das Schwanken der Bürger zwischen Privatwohl und Gemeinwohl, Frankfurt am Main 1988.
Hitze, Guido, Verlorene Jahre? Die nordrhein-westfälische CDU in der Opposition 1975-1995, 3 Bde., Düsseldorf 2010.
Hochschild, Arlie Russell, Emotion Work, Feeling Rules, and Social Structure, in: American Journal of Sociology 85 (1979), S. 551-575.
Hockerts, Hans Günter, Rahmenbedingungen: Das Profil der Reformära, in: ders. (Hrsg.), Bundesrepublik Deutschland 1966-1974. Eine Zeit vielfältigen Aufbruchs, Baden-Baden 2006 (Geschichte der Sozialpolitik in Deutschland seit 1945; 5), S. 1-155.
Hockerts, Hans Günter, Vom Problemlöser zum Problemerzeuger? Der Sozialstaat im 20. Jahrhundert [2007], in: ders., Der deutsche Sozialstaat. Entfaltung und Gefährdung seit 1945, Göttingen 2011, S. 325-358.
Hodenberg, Christina von, Das andere Achtundsechzig. Gesellschaftsgeschichte einer Revolte, München 2018.
Hoeres, Peter, Repräsentation und Zelebration. Die Symbolisierung der Verfassung im ausgehenden 19. und im 20. Jahrhundert, in: Der Staat 53 (2014), S. 285-311.
Hoeres, Peter, Von der „Tendenzwende" zur „geistig-moralischen Wende". Konstruktion und Kritik konservativer Signaturen in den 1970er und 1980er Jahren, in: VfZ 61 (2013), S. 93-119.
Hoffmann, Stefan-Ludwig, Zur Anthropologie geschichtlicher Erfahrungen bei Reinhart Koselleck und Hannah Arendt, in: Hans Joas/Peter Vogt (Hrsg.), Begriffene Geschichte. Beiträge zum Werk Reinhart Kosellecks, Frankfurt am Main 2011, S. 171-204.
Hoffmann, Ullrich, Grönemeyer: Biografie, Hamburg 2003.
Hofmann, Daniel, „Verdächtige Eile". Der Weg zur Koalition aus SPD und F.D.P. nach der Bundestagswahl vom 18. September 1969, in: VfZ 48 (2000), S. 515-564.
Hummel, Wolfgang (Hrsg.), Großengstingen-Handbuch, Tübingen 1982.
Huntington, Samuel P., The Third Wave. Democratization in the Late Twentieth Century, Norman 1991.

Icken, Angela, Der Deutsche Frauenrat. Etablierte Frauenverbandsarbeit im gesellschaftlichen Wandel, Wiesbaden 2002.
Illouz, Eva, Gefühle in Zeiten des Kapitalismus, Frankfurt am Main 2006.
Illouz, Eva, Warum Liebe wehtut. Eine soziologische Erklärung, Berlin 2011.

Jaeckel, Monika, (M)ein bewegtes Leben. Aufgeschrieben von Katrin Rohnstock und Rosita Müller, Sulzbach/Taunus 2011.
Jäger, Brigitte/Pinl, Claudia (Hrsg.), Zwischen Rotation und Routine. Die Grünen im Bundestag, Köln 1985.
Jäger, Wolfgang, Die Innenpolitik der sozial-liberalen Koalition 1969-1974, in: Karl Dietrich Bracher/Wolfgang Jäger/Werner Link, Republik im Wandel 1969-1974. Die Ära Brandt, Stuttgart 1986, S. 13-160.
Jansen, Mechthild: „Konservativer Feminismus" mit Rita Süssmuth?, in: Blätter für deutsche und internationale Politik 31 (1986), S. 184-201.
Jasper, James M., The Art of Moral Protest. Culture, Biography, and Creativity in Social Movements, Chicago 1998.
Jasper, James M., Emotions and Social Movements: Twenty Years of Theory and Research, in: Annual Review of Sociology 37 (2011), S. 14.1-14.19.
Jarausch, Konrad H. (Hrsg.), Das Ende der Zuversicht? Die siebziger Jahre als Geschichte, Göttingen 2008.
Jarausch, Konrad H., Out of Ashes. A New History of Europe in the Twentieth Century, Princeton 2015.
Johann, Ulrich, Die Steuergesetzgebung in der Bundesrepublik Deutschland von 1983 bis 1998. Die Zeit der christlich-liberalen Koalition, Frankfurt am Main 2006.
John, René, Individuen in Gemeinschaft. Zur Konstruktion personaler Selbstbeschreibung im Modus emotionalisierter Zugehörigkeit, in: Annette Schnabel/Reiner Schützeichel (Hrsg.), Emotionen, Sozialstruktur und Moderne, Wiesbaden 2012, S. 371-383.
Judt, Tony, Die Geschichte Europas seit dem Zweiten Weltkrieg, Bonn 2006.

Jung, Otmar, Dreimal Fehlschlag. Die schwierigen Anfänge der direkten Demokratie in Berlin, in: Zeitschrift für Parlamentsfragen 32 (2001), S. 34–57.

Kaase, Max/Gibowski, Wolfgang, Die Ausgangslage für die Bundestagswahl am 2. Dezember 1990 – Entwicklungen und Meinungsklima seit 1987, in: Max Kaase/Hans-Dieter Klingemann (Hrsg.), Wahlen und Wähler. Analysen aus Anlaß der Bundestagswahl 1987, Opladen 1990, S. 735-785.

Kaase, Max, Partizipatorische Revolution: Ende der Parteien?, in: Joachim Raschke (Hrsg.), Bürger und Parteien. Ansichten und Analysen einer schwierigen Beziehung, Opladen 1982, S. 173-189.

Kätzel, Ute, Die 68erinnen. Porträt einer rebellischen Frauengeneration, Berlin 2002.

Kaindl, Annett, Modelle zur Reformierung des deutschen Steuersystems, München 2004.

Kampwirth, Ralph, Der ernüchterte Souverän. Bilanz und Perspektiven der direkten Demokratie in den 16 Bundesländern und auf Kommunalebene, in: Zeitschrift für Parlamentsfragen 34 (2003), S. 657-671.

Karras, Christa, Die neue Frauenbewegung im politischen Kräftefeld. Untersuchungen zum Wandel des Politikverständnisses und der politischen Praxis, Pfaffenweiler 1989.

Keinhorst, Annette, „Das war alles sehr, sehr aufregend…". 25 Jahre autonome Frauenbewegung in Saarbrücken. Eine Dokumentation in Text und Bild, Saarbrücken 1999.

Kellmann, Katharina, Demokratischer Sozialismus oder soziale Demokratie? Richtungs- und Flügelkämpfe innerhalb der Sozialdemokratie zu Beginn der 70er-Jahre, in: Werner Daum u. a. (Hrsg.), Politische Bewegung und symbolische Ordnung. Festschrift für Peter Brandt, Bonn 2014, S. 421-444.

Kempter, Klaus, Eugen Loderer und die IG Metall. Biografie eines Gewerkschafters, Filderstadt 2003.

Kielmansegg, Peter Graf, Die Quadratur des Zirkels. Überlegungen zur Identität der repräsentativen Demokratie, in: ders., Die Grammatik der Freiheit. Acht Versuche über den demokratischen Verfassungsstaat, Baden-Baden 2013, S. 39-69.

Kieseritzky, Wolther von, Einleitung, in: ders. (Bearb.), Der Deutsche Gewerkschaftsbund 1964–1969, Bonn 2005 (Quellen zur Geschichte der Deutschen Gewerkschaftsbewegung im 20. Jahrhundert; 13), S. 9-60.

Kissler, Leo, Parlamentsöffentlichkeit. Transparenz und Artikulation, in: Hans-Peter Schneider/Wolfgang Zeh (Hrsg.), Parlamentsrecht und Parlamentspraxis in der Bundesrepublik Deutschland. Ein Handbuch, Berlin 1989, S. 993-1020.

Kittel, Manfred, Marsch durch die Institutionen? Politik und Kultur in Frankfurt nach 1968, München 2011.

Kleinknecht, Thomas, Demokratisierung als Staats- oder als Lebensform: Konservative Einreden in den Cappenberger Gesprächen der Freiherr-vom-Stein-Gesellschaft in den 1970er Jahren, in: Massimiliano Livi/Daniel Schmidt/Michael Sturm (Hrsg.), Die 1970er Jahre als schwarzes Jahrzehnt. Politisierung und Mobilisierung zwischen christlicher Demokratie und extremer Rechter, Frankfurt am Main 2010, S. 113-129.

Kleinmann, Hans-Otto, Geschichte der CDU 1945-1982, Stuttgart 1993.

Kluge. Etymologisches Wörterbuch der deutschen Sprache, Berlin ²2011.

Knoch, Habbo, Demokratie machen. Bürgerschaftliches Engagement in den 1960er und 1970er Jahren, in: Sabine Mecking/Janbernd Oebbecke (Hrsg.), Zwischen Legitimität und Effizienz. Kommunale Gebiets- und Funktionalreformen in der Bundesrepublik Deutschland in historischer und aktueller Perspektive, Paderborn 2009, S. 49-62

Knoch, Habbo, „Mündige Bürger", oder: Der kurze Frühling einer partizipatorischen Vision. Einleitung, in: ders. (Hrsg.), Bürgersinn mit Weltgefühl. Politische Moral und solidarischer Protest in den sechziger und siebziger Jahren, Göttingen 2007, S. 9-53.

Knoll, Thomas, Das Bonner Bundeskanzleramt. Organisation und Funktionen von 1949-1990, Wiesbaden 2004.

Kölbel, Martin, Nachwort. „Ohne Zweifel: Wir gerieten in schwieriges Gelände". Briefe als Instrument politischer Machtbeteiligung, in: ders. (Hrsg.), Willy Brandt und Günter Grass. Der Briefwechsel, Göttingen 2013, S. 1059-1144.

Koenen, Gerd, Das rote Jahrzehnt. Unsere kleine deutsche Kulturrevolution, 1967-1977, Köln 2001.

König, Ralf, Schwule in der Politik, in: Andreas Pretzel/Volker Weiß (Hrsg.), Rosa Radikale. Die Schwulenbewegung der 1970er Jahre, Hamburg 2012, S. 101-109.
Koester, Gerrit B., The Political Economy of Tax Reforms. An Empirical Analysis of New German Data, Baden-Baden 2009.
Köstler, Roland, Das steckengebliebene Reformvorhaben. Rechtsprechung und Rechtsentwicklung zur Unternehmensmitbestimmung von 1922 bis zum Mitbestimmungsgesetz 1976, Köln 1987.
Kohl, Helmut, Erinnerungen. Bd. 2: 1982-1990, München 2005.
Kontaktstelle für Gewaltfreie Aktion (Hrsg.), Auswertung der Neu-Ulmer Blockade, Stuttgart o. J. [1983].
Korte, Karl-Rudolf/Hirscher, Gerhard (Hrsg.), Darstellungspolitik oder Entscheidungspolitik? Über den Wandel von Politikstilen in westlichen Demokratien, München 2000.
Koselleck, Reinhart, „Erwartungsraum" und „Erfahrungshorizont" – zwei historische Kategorien, in: ders., Vergangene Zukunft. Zur Semantik historischer Zeiten, Frankfurt am Main 1979, S. 349-375.
Kraatz, Paul, Einleitung, in: ders./Wolfgang Hölscher (Bearb.), Die Grünen im Bundestag. Sitzungsprotokolle und Anlagen, Erster Halbband: Januar 1987 bis Dezember 1988, Düsseldorf 2015, S. 9-44.
Kreis, Reinhild, „Männer bauen Raketen". Geschlechterdimensionen in der Friedensbewegung der 1980er Jahre, in: Christoph Becker-Schaum u. a. (Hrsg.), „Entrüstet Euch!" Nuklearkrise, NATO-Doppelbeschluss und Friedensbewegung, Paderborn 2012, S. 294-308.
Krüer-Buchholz, Wiebke, Steuerpolitik und Steuerreformen in der Bundesrepublik Deutschland unter besonderer Berücksichtigung der „Großen Steuerreform" 1975. Eine Untersuchung der Steuerreformmaßnahmen in ihrem historischen Zusammenhang, ihren wirtschaftlichen und politischen Grenzen sowie ihren sozialen Auswirkungen, Diss. Bremen 1982.
Kruke, Anja, Demoskopie in der Bundesrepublik Deutschland. Meinungsforschung, Parteien und Medien 1949-1990, Düsseldorf 2007.
Küpers, Wendelin, Emotionen in Organisationen, Stuttgart 2005.
Kursawe, Stefan, Vom Leitmedium zum Begleitmedium. Die Radioprogramme des hessischen Rundfunks 1960-1980, Köln 2004.

Lampe, Gerhard, Panorama, Report und Monitor. Geschichte der politischen Fernsehmagazine 1957-1990, Konstanz 2000.
Landwehr, Claudia, Demokratische Legitimation durch rationale Kommunikation. Theorien deliberativer Demokratie, in: Oliver W. Lembcke/Claudia Ritzi/Gary S. Schaal (Hrsg.), Zeitgenössische Demokratietheorie. Bd. 1: Normative Demokratietheorien, Wiesbaden 2012, S. 355-385.
Lattmann, Dieter, Die lieblose Republik. Aufzeichnungen aus Bonn am Rhein, München 1981.
Lauschke, Karl, Die halbe Macht. Mitbestimmung in der Eisen- und Stahlindustrie 1945 bis 1989, Düsseldorf 2007.
Lauschke, Karl, Hans Böckler, 2 Bände, Frankfurt am Main 2005.
Lauschke, Karl, Mehr Demokratie in der Wirtschaft. Die Entstehungsgeschichte des Mitbestimmungsgesetzes von 1976, 2 Bände, Düsseldorf 2006.
Leaman, Jeremy, The Political Economy of Germany under Chancellors Kohl and Schröder. Decline of the German Model?, New York 2009.
Leendertz, Ariane/Meteling, Wencke, Bezeichnungsrevolutionen, Bedeutungsverschiebungen und Politik. Zur Einleitung, in: dies. (Hrsg.), Die neue Wirklichkeit. Semantische Neuvermessungen und Politik seit den 1970er Jahren, Frankfurt am Main 2016, S. 13-33.
Leendertz, Ariane, Experten – Dynamiken zwischen Wissenschaft und Politik, in: Christiane Reinecke/Thomas Mergel (Hrsg.), Das Soziale ordnen. Sozialwissenschaften und gesellschaftliche Ungleichheit im 20. Jahrhundert, Frankfurt am Main 2012, S. 337-369.
Leendertz, Ariane, Das Komplexitätssyndrom: Gesellschaftliche „Komplexität" als intellektuelle und politische Herausforderung, in: dies./Wencke Meteling (Hrsg.), Die neue Wirklichkeit. Semantische Neuvermessungen und Politik seit den 1970er-Jahren, Frankfurt am Main 2016, S. 93-131.
Leif, Thomas, Die strategische (Ohn-)Macht der Friedensbewegung. Kommunikations- und Entscheidungsstrukturen in den achtziger Jahren, Opladen 1990.

Leistner, Alexander, Soziale Bewegungen. Entstehung und Stabilisierung am Beispiel der unabhängigen Friedensbewegung in der DDR, Konstanz 2016.
Lenz, Ilse, Das Private ist politisch?! Zum Verhältnis von Frauenbewegung und alternativem Milieu, in: Sven Reichardt/Detlev Siegfried (Hrsg.), Das Alternative Milieu. Antibürgerlicher Lebensstil und linke Politik in der Bundesrepublik Deutschland und Europa 1968-1983, Göttingen 2010, S. 375-404.
Lenz, Ilse, Die unendliche Geschichte? Zur Entwicklung und den Transformationen der Neuen Frauenbewegung in Deutschland, in: dies. (Hrsg.), Die Neue Frauenbewegung in Deutschland. Abschied vom kleinen Unterschied. Eine Quellensammlung, Wiesbaden 2008, S. 21-44.
Leonhard, Jörn, Politisches Sprechen im Zeitalter der Extreme: Überlegungen zu einer Erfahrungsgeschichte der Moderne, in: ZeitRäume 6 (2010), S. 106-126.
Leuschner, Udo, Die Geschichte der FDP. Metamorphosen einer Partei zwischen rechts, liberal und neokonservativ, Münster 2010.
Lewis, Justin, The Opinion Poll as a Cultural Form, in: International Journal of Cultural Studies 2 (1999), S. 199-221.
Lier, Dorothee, Ereignisinszenierung im Medienformat. Proteststrategien und Öffentlichkeit – eine Typologie, in: Martin Klimke/Joachim Scharloth (Hrsg.), 1968. Handbuch zur Kultur- und Mediengeschichte der Studentenbewegung, Stuttgart 2007, S. 23-36.
Lijphart, Arendt, Patterns of Democracy. Government Forms and Performance in Thirty-Six Countries, New Haven 1999.
Lindlau, Dagobert (Hrsg.), Gedanken über einen Politiker. Von 35 Wissenschaftlern, Künstlern und Schriftstellern, München 1972.
Lipari, Lisbeth, Polling as Ritual, in: Journal of Communication 49 (1999), S. 83-102.
Lipovetsky, Gilles, La société de déception. Entretien mené par Bertrand Richard, Paris 2006.
Lösche, Peter, Ende der Volksparteien, in: Aus Politik und Zeitgeschichte 2009, Nr. 51, S. 6-12.
Longerich, Michael, Die SPD als „Friedenspartei" – mehr als nur Wahltaktik? Auswirkungen sozialdemokratischer Traditionen auf die friedenspolitischen Diskussionen 1959-1983, Frankfurt am Main 1990.
Loomes, Graham/Sugden, Robert, Disappointment and Dynamic Inconsistency in Choice under Uncertainty, in: Review of Economic Studies 53 (1986), S. 271-282.
Lorenz, Wolfgang, Gewerkschaftsdämmerung. Geschichte und Perspektiven deutscher Gewerkschaften, Bielefeld 2013.
Lorke, Christoph, Armut im geteilten Deutschland. Die Wahrnehmung sozialer Randlagen in der Bundesrepublik und der DDR, Frankfurt am Main 2015.
Lück, Björn, Gegen Textherrschaft. Auseinandersetzungen um journalistische Selbstbestimmung Ende der 1960er Jahre, in: Ingrid Gilcher Holtey (Hrsg.), „1968" – Eine Wahrnehmungsrevolution? Horizont-Verschiebungen des Politischen in den 1960er und 1970er Jahren, München 2013, S. 47-64.
Lütje, Torben, Karl Schiller (1911-1994). „Superminister" Willy Brandts, Bonn 2007.

Mabry, Hannelore, Unkraut ins Parlament. Die Bedeutung weiblicher parlamentarischer Arbeit für die Emanzipation der Frau, Gießen ²1974.
März, Michael, Linker Protest nach dem Deutschen Herbst. Eine Geschichte des linken Spektrums im Schatten des „starken Staates" 1977-1979, Bielefeld 2012.
Manke, Sabine, Brandt anfeuern. Das Misstrauensvotum 1972 in Bürgerbriefen an den Bundeskanzler. Ein kulturwissenschaftlicher Beitrag zu modernen Resonanz- und Korrespondenzphänomenen, Marburg 2008.
Marcus, George F., The Sentimental Citizen. Emotion in Democratic Politics, University Park 2002.
Markovits, Andrei S./Gorski, Philip S., Grün schlägt rot. Die deutsche Linke nach 1945, Hamburg 1997.
Matthes, Jörg, Zum Gehalt der Framing-Forschung. Eine kritische Bestandsaufnahme, in: Frank Marcinowski (Hrsg.), Framing als politischer Prozess. Beiträge zum Deutungskampf in der politischen Kommunikation, Baden-Baden 2014, S. 17-24.
Maubach, Franka/Morina, Christina, Historiographiegeschichte als Erfahrungs- und Resonanzgeschichte. Eine Einleitung, in: dies. (Hrsg.), Das 20. Jahrhundert erzählen. Zeiterfahrung und Zeitforschung im geteilten Deutschland, Göttingen 2016, S. 7-31.

McCarthy, John D./Zald, Mayer N., Resource Mobilization and Social Movements: A Partial Theory, in: American Journal of Sociology 82 (1977), S. 1212-1241.

Mecking, Sabine, Bürgerwille und Gebietsreform. Demokratieentwicklung und Neuordnung von Staat und Gesellschaft in Nordrhein-Westfalen 1965-2000, München 2012.

Meier, Ulrich/Papenheim, Manfred/Steinmetz, Willibald, Semantiken des Politischen. Vom Mittelalter bis ins 20. Jahrhundert, Göttingen 2012.

Mende, Silke, „Nicht rechts, nicht links, sondern vorn". Eine Geschichte der Gründungsgrünen, München 2011.

Mengel, Monika, Femø. Beginn einer lesbischen Zeitrechnung, in: Gabriele Dennert/Christiane Leidinger/Franziska Rauchut (Hrsg.), In Bewegung bleiben. 100 Jahre Politik, Kultur und Geschichte von Lesben, Berlin 2007, S. 72-76.

Mergel, Thomas, Führer, Volksgemeinschaft und Maschine. Politische Erwartungsstrukturen in der Weimarer Republik und dem Nationalsozialismus 1918-1936, in: Wolfgang Hardtwig (Hrsg.), Politische Kultur der Zwischenkriegszeit 1918-1939, Göttingen 2005, S. 91-127.

Mergel, Thomas, Grenzen der Imagepolitik: Eine gescheiterte Kampagne für Rainer Barzel 1972, in: Daniela Münkel/Lu Segers (Hrsg.), Medien und Imagepolitik im 20. Jahrhundert. Deutschland, Europa, USA, Frankfurt am Main 2008, S. 47-69.

Mergel, Thomas, Krisen als Wahrnehmungsphänomene, in: ders. (Hrsg.), Krisen verstehen. Historische und kulturwissenschaftliche Annäherungen, Frankfurt am Main 2010, S. 9-21.

Mergel, Thomas, Kulturgeschichte der Politik, Version: 2.0, in: Docupedia-Zeitgeschichte, 22.10.2012, https://docupedia.de/zg/Kulturgeschichte_der_Politik_Version_2.0_Thomas_Mergel.

Mergel, Thomas, Der mediale Stil der Sachlichkeit. Die gebremste Amerikanisierung des Wahlkampfs in der politischen Selbstbeobachtung der alten Bundesrepublik, in: Bernd Weisbrod (Hrsg.), Die Politik der Öffentlichkeit – die Öffentlichkeit der Politik. Politische Medialisierung in der Bundesrepublik, Göttingen 2003, S. 29-53.

Mergel, Thomas, Politisierte Medien und medialisierte Politik. Strukturelle Koppelungen zwischen zwei sozialen Systemen, in: Klaus Arnold u. a. (Hrsg.), Von der Politisierung der Medien zur Medialisierung des Politischen? Zum Verhältnis von Medien, Öffentlichkeiten und Politik im 20. Jahrhundert, Leipzig 2010, S. 29-50.

Mergel, Thomas, Propaganda nach Hitler. Eine Kulturgeschichte des Wahlkampfs in der Bundesrepublik 1949-1990, Göttingen 2010.

Metzler, Gabriele, Staatsversagen und Unregierbarkeit in den siebziger Jahren?, in: Konrad Jarausch (Hrsg.), Das Ende der Zuversicht? Die siebziger Jahre als Geschichte, Göttingen 2008, S. 243-260.

Meyer, Birgit, Frauenbewegung und politische Kultur in den 80er Jahren, in: Werner Süß (Hrsg.), Die Bundesrepublik in den achtziger Jahren. Innenpolitik – politische Kultur – Außenpolitik, Opladen 1991, S. 218-234.

Michel, Judith, „Richtige" und „falsche" Angst in der westdeutschen Debatte um den Nato-Doppelbeschluss, in: Patrick Bormann/Thomas Freiberger/Judith Michel (Hrsg.), Angst in den internationalen Beziehungen, Göttingen 2010, S. 251-272.

Michel, Marco, Die Bundestagswahlkämpfe der FDP 1949-2002, Wiesbaden 2005.

Milert, Werner/Tschirbs, Rudolf, Die andere Demokratie. Betriebliche Interessenvertretung in Deutschland, 1848 bis 2008, Essen 2012.

Möller, Horst, Die Weimarer Republik. Eine unvollendete Demokratie, München ^{8}2006.

Monninger, Daniel, Das Gespenst der Unregierbarkeit und der Traum vom guten Regieren. Konzepte politischer Steuerung seit den 1970er Jahren, 23.04.2015-24.04.2015 Köln, in: H-Soz-Kult, 18.06.2015, http://www.hsozkult.de/conferencereport/id/tagungsberichte-6028.

Mouffe, Chantal, Politics and Passions. The Stakes of Democracy, London 2002.

Müller, Gloria, Mitbestimmung in der Nachkriegszeit. Britische Besatzungsmacht – Unternehmer – Gewerkschaften, Düsseldorf 1987.

Müller, Gloria, Strukturwandel und Arbeitnehmerrechte. Die wirtschaftliche Mitbestimmung in der Eisen- und Stahlindustrie 1945-1975, Essen 1991.

Müller, Tim B./Tooze, Adam, Demokratie nach dem Ersten Weltkrieg, in: dies. (Hrsg.), Normalität und Fragilität. Demokratie nach dem Ersten Weltkrieg, Hamburg 2015, S. 9-33.

Müller, Tim B., Demokratie und Wirtschaftspolitik in der Weimarer Republik, in: VfZ 62 (2014), S. 569-601.

Müller, Ursula, Die Wahrheit über die lila Latzhosen. Höhen und Tiefen in 15 Jahren Frauenbewegung, Gießen 2004.
Müller-Jentsch, Walther, Strukturwandel der industriellen Beziehungen. „Industrial Citizenship" zwischen Markt und Regulierung, Wiesbaden 2007.
Münch, Thorsten, „Alles klar: Die Steuern gehen runter" – Möglichkeiten und Grenzen regierungsamtlicher Öffentlichkeitsarbeit, dargestellt am Beispiel der Steuerreform, Diplomarbeit Freie Universität Berlin 1990.
Münchner Frauenzentrum (Hrsg.), Frauenzentrum München. Selbstdarstellung, München 1978.
Münkel, Daniela, Bemerkungen zu Willy Brandt, Berlin 2005.
Münkel, Daniela, Intellektuelle für die SPD. Die sozialdemokratische Wählerinitiative, in: Thomas Hertfelder/Gangolf Hübinger (Hrsg.), Kritik und Mandat. Intellektuelle in der deutschen Politik, Stuttgart 2000, S. 222-238.
Münkel, Daniela, John F. Kennedy – Harold Wilson – Willy Brandt: „Modernes" Image für -moderne Zeiten, in: dies./Lu Seegers (Hrsg.), Medien und Imagepolitik im 20. Jahrhundert. Deutschland, Europa, USA, Frankfurt am Main 2008, S. 25-43.
Münkel, Daniela, Willy Brandt und die „vierte Gewalt". Politik und Massenmedien in den 50er bis 70er Jahren, Frankfurt am Main 2005.
Muscheid, Jutta, Die Steuerpolitik in der Bundesrepublik Deutschland 1949-1982, Berlin 1986.

Naphtali, Fritz, Wirtschaftsdemokratie. Ihr Wesen, Weg und Ziel [1928], Frankfurt am Main 1966.
Narr, Wolf-Dieter/Scheer, Hermann/Spöri, Dieter, SPD – Staatspartei oder Reformpartei?, München 1976.
Neckel, Sighart, Achtungsverlust und Scham. Die soziale Gestalt eines existentiellen Gefühls, in: Hinrich Fink-Eitel/Georg Lohmann (Hrsg.), Zur Philosophie der Gefühle, Frankfurt am Main 1993, S. 244-265.
Neckel, Sighard, Emotion by Design. Das Selbstmanagement der Gefühle als kulturelles Programm, in: Berliner Journal für Soziologie 15 (2005), S. 419-430.
Neckel, Sighart, Status und Scham. Zur symbolischen Reproduktion sozialer Ungleichheit, Frankfurt am Main 1991.
Nehring, Holger, Debatten in der medialisierten Gesellschaft. Bundesdeutsche Massenmedien in den globalen Transformationsprozessen der siebziger und achtziger Jahre, in: Thomas Raithel/Andreas Rödder/Andreas Wirsching (Hrsg.), Auf dem Weg in eine neue Moderne? Die Bundesrepublik in den siebziger und achtziger Jahren, München 2009, S. 45-65.
Neumark, Fritz, Grundsätze gerechter und ökonomisch rationaler Steuerpolitik, Tübingen 1970.
Nick, Volker/Scheub, Volker/Then, Christof, Mutlangen 1983-1987: Die Stationierung der Pershing III und die Kampagne ziviler Ungehorsam bis zur Abrüstung, Mutlangen [Eigenverlag] 1993.
Nielsen, Philipp, Verantwortung und Kompromiss. Die Deutschnationalen auf der Suche nach einer konservativen Demokratie, in: ders./Adam Tooze (Hrsg.), Normalität und Fragilität. Demokratie nach dem Ersten Weltkrieg, Hamburg 2015, S. 294-314.
Niedenhoff, Horst-Udo, Mitbestimmung im europäischen Vergleich, in: IW-Trends. Vierteljährliche Zeitschrift zur empirischen Wirtschaftsforschung 32 (2005), H. 2, S. 3-17.
Niedenhoff, Horst-Udo, Mitbestimmung in der Bundesrepublik Deutschland, Köln 1979.
Niedermayer, Oskar, Parteimitglieder in Deutschland: Version 2013. Arbeitshefte aus dem Otto-Stammer-Zentrum, Nr. 20, Freie Universität Berlin 2013, http://www.polsoz.fu-berlin.de/polwiss/forschung/systeme/empsoz/schriften/Arbeitshefte/ahosz20.docx.
Noelle-Neumann, Elisabeth, Die Schweige-Spirale. Öffentliche Meinung – unsere soziale Haut, München 1980.
Nolte, Karen, Gelebte Hysterie. Erfahrung, Eigensinn und psychiatrische Diskurse im Anstaltsalltag um 1900, Frankfurt am Main 2003.
Nolte, Paul, Jenseits des Westens? Überlegungen zu einer Zeitgeschichte der Demokratie, in: VfZ 61 (2013), S. 275-302.
Nolte, Paul, Die Ordnung der Deutschen. Selbstentwurf und Selbstbeschreibung im 20. Jahrhundert, München 2000.
Nolte, Paul, Was ist Demokratie? Geschichte und Gegenwart, München 2012.

Notz, Gisela (Hrsg.), Als die Frauenbewegung noch Courage hatte. Die „Berliner Frauenzeitung Courage" und die autonomen Frauenbewegungen der 1970er und 1980er Jahre. Dokumentation einer Veranstaltung am 17. Juni 2006 in der Friedrich-Ebert-Stiftung, Berlin, Bonn 2007.

Notz, Gisela, Warum flog die Tomate? Die autonomen Frauenbewegungen der Siebzigerjahre, Neu-Ulm 2006.

Nowakowski, Gerd, Frust als Chance – Überleben allein reicht nicht, in: Contraste. Monatszeitung für Selbstverwaltung, Nr. 50, November 1988, Beilage Bunte Seiten, S. 3.

Oberhauser, Alois, Deutsches Steuersystem und Steuergerechtigkeit, in: Anton Rauscher (Hrsg.), Steuergerechtigkeit, Köln 1995, S. 11-35.

Oltmanns, Reimar, Rita Süssmuth. Das Schwierigste ist Glaubwürdigkeit, in: ders., Frauen an der Macht. Protokolle einer Aufbruchsära, Frankfurt am Main 1990, S. 135-153.

Oorschot, Jürgen von, Hiob als Paradigma der Enttäuschung, in: Nina Heinsohn/Michael Moxter (Hrsg.), Enttäuschung. Interdisziplinäre Erkundungen zu einem ambivalenten Phänomen, Paderborn 2017, S. 95-109.

Oosterwijk, Suzanne u. a., Embodied Emotion Concepts: How Generating Words About Pride and Disappointment Influences Posture, in: European Journal of Social Psychology 39 (2009), S. 457-466.

Palonen, Kari, Political Times and the Rhetoric of Democratization, in: ders., Politics and Conceptual Histories. Rhetorical and Temporal Perspectives, Baden-Baden 2014, S. 181-197.

Palonen, Kari, Rhetorik des Unbeliebten: Lobreden auf Politiker im Zeitalter der Demokratie, Baden-Baden 2012.

Patzelt Werner J./Algasinger, Karin, Abgehobene Abgeordnete? Die gesellschaftliche Vernetzung der deutschen Volksvertreter, in: Zeitschrift für Parlamentsfragen 32 (2001), S. 503-527.

Patzelt, Werner J., Abgeordnete und ihr Beruf. Interviews, Umfragen, Analysen, Berlin 1995.

Patzelt, Werner J., Abgeordnete und Repräsentation. Amtsverständnis und Wahlkreisarbeit, Passau 1993.

Patzelt, Werner J., Deutschlands Abgeordnete: Profil eines Berufsstands, der weit besser ist als sein Ruf, in: Zeitschrift für Parlamentsfragen 27 (1996), S. 462-502.

Paulus, Julia, Eigensinn und Loyalität – Protest- und Mobilisierungskulturen in ländlichen Gesellschaften am Beispiel der politischen Emanzipationsbewegungen von Frauen (1970 bis 1990), in: Franz-Werner Kesting/Clemens Zimmermann (Hrsg.), Stadt-Land-Beziehungen im 20. Jahrhundert. Geschichts- und kulturwissenschaftliche Perspektiven, Paderborn 2015, S. 137-153.

Payk, Markus M., Das „Pathos der Nüchternheit"? Über Emotionalität, Generation und Demokratie in Westdeutschland 1945-1970, in: Moderne 3 (2007), S. 128-141.

Penzlin, Carsten, Rainer Barzel als Kanzlerkandidat im Bundestagswahlkampf 1972, in: Historisch-politische Mitteilungen 14 (2007), S. 121-136.

Pettenkofer, Andreas, Die Entstehung der grünen Politik. Kultursoziologie der westdeutschen Umweltbewegung, Frankfurt am Main 2014.

Pettenkofer, Andreas, Die Euphorie des Protests. Starke Emotionen in sozialen Bewegungen, in: Rainer Schützeichel (Hrsg.), Emotionen und Sozialtheorie. Disziplinäre Ansätze, Frankfurt am Main 2006, S. 256-285.

Perincioli, Christina, Berlin wird feministisch. Das Beste, was von der 68er Bewegung blieb, Berlin 2015.

Pflaumer, Gerd/Tschirner, Wolfgang, Erfolgskontrolle im Presse- und Informationsamt der Bundesregierung, in: Gerd-Michael Hellstern/Hellmut Wollmann (Hrsg.), Handbuch zur Evaluierungsforschung, Bd. 1, Opladen 1984, S. 221-237.

Philipps, Robert, Sozialdemokratie, 68er-Bewegung und gesellschaftlicher Wandel 1959-1969, Baden-Baden 2012.

Piel, Edgar, Die Flucht ins Private. Die einsame Masse und die neue Gemeinschaft der Emotionen, in: Elisabeth Noelle-Neumann/Edgar Piel (Hrsg.), Allensbacher Jahrbuch der Demoskopie 1978-1983, München 1983, S. XIX-XXX.

Pilzweger, Stefanie, Männlichkeit zwischen Revolution und Gefühl. Eine Emotionsgeschichte der bundesdeutschen 68er-Bewegung, Bielefeld 2015.

Pirker, Theo, Die blinde Macht. Die Gewerkschaftsbewegung in Westdeutschland. Erster Teil: 1945-1952. Vom „Ende des Kapitalismus" zur Zähmung der Gewerkschaften, München 1960.
Plamper, Jan, Geschichte und Gefühl. Grundlagen der Emotionsgeschichte, München 2012.
Plogstedt, Sibylle, Frauenbetriebe. Vom Kollektiv zur Einzelunternehmerin, Königstein 2006.
Popitz, Heinrich, Realitätsverlust in Gruppen, in: ders., Soziale Normen, Frankfurt am Main 2006, S. 175-186.
Poppenhusen, Margot, Viel bewegt – nichts verrückt? 20 Jahre Frauenbewegung in Freiburg 1972-1992, Freiburg 1992.
Poraj, Alexander, EntTäuschung. Eine besondere Einführung ins Zen, München 2016.
Potthoff, Erich, Der Kampf um die Montanmitbestimmung, Köln 1957.
Prenzel, Thomas, „Am Wochenende räumen wir in Lichtenhagen auf". Die Angriffe auf die Zentrale Aufnahmestelle für Asylbewerber in Rostock im August 1992, in: Henrik Bispinck/Katharina Hochmuth (Hrsg.), Flüchtlingslager im Nachkriegsdeutschland. Migration, Politik, Erinnerung, Berlin 2014, S. 223-251.
Prollius, Michael von, Deutsche Wirtschaftsgeschichte nach 1945, Göttingen 2006.

Radkau, Joachim, Geschichte der Zukunft. Prognosen, Visionen, Irrungen in Deutschland von 1945 bis heute, München 2017
Raehlmann, Irene, Der Interessenstreit zwischen DGB und BDA um die Ausweitung der qualifizierten Mitbestimmung. Eine ideologiekritische Untersuchung, Köln 1975.
Ranft, Norbert, Vom Objekt zum Subjekt. Montanmitbestimmung, Sozialklima und Strukturwandel im Bergbau seit 1945, Köln 1988.
Raphael, Lutz, Die Verwissenschaftlichung des Sozialen als methodische und konzeptionelle Herausforderung für eine Sozialgeschichte des 20. Jahrhunderts, in: GG 22 (1996), S. 165-193.
Rath, Eva, Küche und Parlament. Ein leidenschaftliches Manifest für die Frauenpartei, Kronshagen 1982.
Reckwitz, Andreas, Das hybride Subjekt. Eine Theorie der Subjektkulturen von der bürgerlichen Moderne zur Postmoderne, Weilerswist 2006.
Reddy, William M., The Navigation of Feeling. A Framework for the History of Emotions, Cambridge 2001.
Reemtsma, Jan Philipp, Warum Affekte?, in: Mittelweg 36 24 (2015), S. 15-26.
Rehberg, Karl-Siegbert, Anthropologische Enttäuschungsminimierung und konsumgesellschaftliche Enttäuschungssteigerung. Soziologische Überlegungen im Anschluss an Arnold Gehlen, in: Nina Heinsohn/Michael Moxter (Hrsg.), Enttäuschung. Interdisziplinäre Erkundungen zu einem ambivalenten Phänomen, Paderborn 2017, S. 35-52.
Rehling, Andrea, Konfliktstrategie und Konsenssuche in der Krise. Von der Zentralarbeitsgemeinschaft zur konzertierten Aktion, Baden-Baden 2011.
Reichardt, Sven/Siegfried, Detlef, Das Alternative Milieu. Konturen einer Lebensform, in: dies. (Hrsg.), Das Alternative Milieu. Antibürgerlicher Lebensstil und linke Politik in der Bundesrepublik Deutschland und Europa 1968-1983, Göttingen 2010, S. 9-24.
Reichardt, Sven, Authentizität und Gemeinschaft. Linksalternatives Leben in den siebziger und frühen achtziger Jahren, Frankfurt am Main 2014.
Reichardt, Sven, „Wärme" als Modus sozialen Verhaltens? Vorüberlegungen zu einer Kulturgeschichte des linksalternativen Milieus vom Ende der sechziger bis Anfang der achtziger Jahre, in: vorgänge (2005), H. 171/172, S. 175-187.
Reimann, Aribert, Abschiedsbriefe der Bewegung. Linke Selbstreflexionen der siebziger Jahre, in: Daniel Fulda u. a. (Hrsg.), Demokratie im Schatten der Gewalt. Geschichte des Privaten im deutschen Nachkrieg, Göttingen 2010, S. 262-285.
Reimann, Aribert, Zwischen Machismo und Coolness – Männlichkeit zwischen Revolution und Emotion in den 60er und 70er Jahren, in: Manuel Borutta/Nina Verheyen (Hrsg.): Die Präsenz der Gefühle. Männlichkeit und Emotion in der Moderne, Bielefeld 2010, S. 229-252.
Reitmayer, Morten, Nach dem Boom – eine neue Belle Époque? Versuch einer vorläufigen Synthese, in: ders./Thomas Schlemmer (Hrsg.), Die Anfänge der Gegenwart. Umbrüche in Westeuropa nach dem Boom, München 2014, S. 13-22.
Remeke, Stefan, Gewerkschaften und Sozialgesetzgebung. DGB und Arbeitnehmerschutz in der Reformphase der sozialliberalen Koalition, Essen 2005.

Richardi, Reinhard, Arbeitsverfassung und Arbeitsrecht, in: Martin H. Geyer (Hrsg.), Bundesrepublik Deutschland 1974-1982. Neue Herausforderungen, wachsende Unsicherheiten, Baden-Baden 2008 (Geschichte der Sozialpolitik in Deutschland seit 1945; 6), S. 238-266.

Richter, Maren, Leben im Ausnahmezustand. Terrorismus und Personenschutz in der Bundesrepublik Deutschland, Frankfurt am Main 2014.

Richter, Saskia, Die Aktivistin, München 2010.

Rieger, Renate (Hrsg.), Der Widerspenstigen Lähmung? Frauenprojekte zwischen Autonomie und Anpassung, Frankfurt am Main 1993.

Riescher, Gisela, Zeit und Politik. Zur institutionellen Bedeutung von Zeitstrukturen in parlamentarischen und präsidialen Regierungssystemen, Baden-Baden 1994.

Ritter, Gerhard A., Wir sind das Volk! Wir sind ein Volk! Geschichte der deutschen Einigung, München 2009.

Rödder, Andreas, „Modell Deutschland" 1950-2011. Konjunkturen einer bundesdeutschen Ordnungsvorstellung, in: Tilman Mayer/Karl-Heinz Paqué/Andreas H. Apelt (Hrsg.), Modell Deutschland, Berlin 2013, S. 39-51.

Rödder, Andreas, „Durchbruch der Globalisierung". Über die 1980er als Jahrzehnt der Transformation. Ein Gespräch mit Andreas Rödder, in: Indes 4 (2014), Nr. 1, S. 7-17.

Rohstock, Anne, Kein Vollzeitrepublikaner. Die Findung des Demokraten Theodor Eschenburg (1904-1999), in: Bastian Hein/Manfred Kittel/Horst Möller (Hrsg.), Gesichter der Demokratie. Porträts zur deutschen Zeitgeschichte, München 2012, S. 193-210.

Rosanvallon, Pierre, Die Gesellschaft der Gleichen, Hamburg 2013.

Roscher, Falk, Die neue Rechtsverordnung zu § 72 BSHG – eine kritische Analyse, in: Wohnungslos 43 (2001), Nr. 2, S. 45-51.

Rose, Ewald/Hofmann-Göttig, Joachim, Selbstverständnis und politische Wertungen der Bundestagsabgeordneten. Ergebnisse repräsentativer Umfragen, in: Zeitschrift für Parlamentsragen 13 (1982), S. 62-84.

Rosenwein, Barbara H., Problems and Methods in the History of Emotions, in: Passions in Context 1 (2010), S. 1-32.

Roth, Roland/Rucht, Dieter, Einleitung, in: dies. (Hrsg.), Die sozialen Bewegungen in Deutschland seit 1945. Ein Handbuch, Frankfurt am Main 2008, S. 9-36.

Roth, Roland/Rucht, Dieter, Soziale Bewegungen und Protest – eine theoretische und empirische Bilanz, in: dies. (Hrsg.), Die Sozialen Bewegungen in Deutschland seit 1945. Ein Handbuch, Frankfurt am Main 2008, S. 645-668.

Rucht, Dieter, Das alternative Milieu in der Bundesrepublik. Ursprünge, Infrastruktur und Nachwirkungen, in: Sven Reichardt/Detlef Siegfried (Hrsg.), Das Alternative Milieu. Antibürgerlicher Lebensstil und linke Politik in der Bundesrepublik Deutschland und Europa 1968-1983, Göttingen 2010, S. 61-86.

Rucht, Dieter, Gesellschaft als Projekt – Projekte in der Gesellschaft. Zur Rolle sozialer Bewegungen, in: Ansgar Klein/Hans-Josef Legrand/Thomas Leif (Hrsg.), Neue soziale Bewegungen. Impulse, Bilanzen und Perspektiven, Opladen 1999, S. 15-27.

Rucht, Dieter/Blattert, Barbara/Rink, Dieter, Soziale Bewegungen auf dem Weg zur Institutionalisierung. Zum Strukturwandel „alternativer" Gruppen in beiden Teilen Deutschlands, Frankfurt am Main 1997.

Ruck, Michael, Tanker in der rauen See des Struktur- und Wertewandels. Repräsentation, Partizipation und Administration während der 1980er Jahre – eine Problemskizze, in: AfS 52 (2012), S. 253-271.

Rudolph, Hermann, Das erste Jahrzehnt. Die Deutschen zwischen Euphorie und Enttäuschung, Stuttgart 2000.

Rudzio, Wolfgang, Die Erosion der Abgrenzung. Zum Verhältnis zwischen der demokratischen Linken und Kommunisten in der Bundesrepublik Deutschland, Opladen 1988.

Rüttgers, Martin, Von Bürgerentscheiden in der Ferienzeit..., in: Zeitschrift für direkte Demokratie 11 (1999), Nr. 43, S. 27-29.

Ruiz-Junco, Natalia/Hunt, Scott, Identity, in: Kathrin Fahlenbrach/Martin Klimke/Joachim Scharloth, Protest Cultures. A Companion, New York 2016, S. 152-159.

Runciman, David, The Confidence Trap. A History of Democracy in Crisis from World War I to the Present, Princeton 2013.

Rutz, Andreas, Ego-Dokument oder Ich-Konstruktion? Selbstzeugnisse als Quellen zur Erforschung des frühneuzeitlichen Menschen, in: zeitenblicke 1 (2002), Nr. 2 [20.12.2002], http://www.zeitenblicke.historicum.net/2002/02/rutz/index.html.

Salmela, Mikko, Collective Emotions as the „Glue" of Group Solidarity, in: Arto Laitinen/Anne Birgitta Pessi (Hrsg.), Solidarity. Theory and Practice, Lanham 2015, S. 55-87.
Salomon, Dieter, Grüne Theorie und graue Wirklichkeit. Die GRÜNEN und die Basisdemokratie, Freiburg 1992.
Sarcinelli, Ulrich, Öffentlichkeitsarbeit der Parlamente – Politikvermittlung zwischen Public Relations und Parlamentsdidaktik, in: Zeitschrift für Parlamentsfragen 24 (1993), S. 464-473.
Sauer, Birgit, Die Allgegenwart der „Androkratie": feministische Anmerkungen zur „Postdemokratie", in: Aus Politik und Zeitgeschichte 2011, Nr. 1/2, S. 32-36.
Schaal, Gary S./Heidenreich, Felix, Politik der Gefühle. Zur Rolle von Emotionen in der Demokratie, in: Aus Politik und Zeitgeschichte 63 (2013), Nr. 32/33, S. 3-11.
Schäfer, Reinhild, Feministisches Engagement in der Zivilgesellschaft gegen Gewalt an Frauen, in: Regina-Maria Dackweiler/Reinhild Schäfer (Hrsg.), Gewalt-Verhältnisse. Feministische Perspektiven auf Geschlecht und Gewalt, Frankfurt am Main 2002, S. 201-220.
Schäuble, Wolfgang, Erinnerungen an einen großen Politiker und integren Menschen, in: Bernhard Vogel (Hrsg.), Gerhard Stoltenberg – ein großer Politiker und sein Vermächtnis, St. Augustin 2002, S. 17-24.
Schallner, Berit, Widerspenstige Wissenschaft. Zur Frühgeschichte der historischen Frauenforschung (1973-1978), in: Ariadne. Forum für Frauen- und Geschlechtergeschichte, Nr. 70 (2016), S. 34-41.
Schanetzky, Tim, Die große Ernüchterung. Wirtschaftspolitik, Expertise und Gesellschaft in der Bundesrepublik 1966 bis 1982, Berlin 2007.
Scharloth, Joachim, 1968. Eine Kommunikationsgeschichte, München 2011.
Scharpf, Fritz W., Versuch über Demokratie im verhandelnden Staat, in: Roland Czada/Manfred G. Schmidt (Hrsg.), Verhandlungsdemokratie, Interessenvermittlung, Regierbarkeit. Festschrift für Gerhard Lehmbruch, Wiesbaden 1993, S. 25-50.
Schaz, Ulrike, Juli '76: Das Private ist politisch. Wie in Hamburg das erste Frauenhaus entstand, in: Angelika Ebbinghaus, Ein anderer Kompass. Soziale Bewegungen und Geschichtsschreibung; Texte 1969-2009, Berlin 2010, S. 51-60.
Scheer, Monique, Are Emotions a Kind of Practice (and Is That What Makes Them Have a History)? A Bourdieuian Approach to Understanding Emotion, in: History and Theory 51 (2012), S. 193-220.
Scheffel, Verena, Das verlorene Ich. Gesellschaftsreflexionen in den Liedtexten Herbert Grönemeyers, Marburg 2005.
Scheidle, Ilona, Das Frauenwiderstandscamp im Hunsrück (1983-1993). Lesbische Frauen für Frieden, gegen Krieg und Männergewalt, in: Franziska Dunkel/Corinna Schneider (Hrsg.), Frauen und Frieden? Zuschreibungen – Kämpfe – Verhinderungen, Opladen 2015, S. 117-145.
Schenk, Herrad, Die feministische Herausforderung. 150 Jahre Frauenbewegung in Deutschland, München 1980.
Scherr, Sylvia/Langrock, Paul, Friedenswege: Sechs Wochen Lust & Frust auf einem Friedensmarsch, Berlin 1982.
Schildt, Axel/Siegfried, Detlef, Deutsche Kulturgeschichte. Die Bundesrepublik – 1945 bis zu Gegenwart, München 2009.
Schildt, Axel, „Die Kräfte der Gegenreform sind auf breiter Front angetreten". Zur konservativen Tendenzwende in den Siebzigerjahren, in: AfS 44 (2004), S. 449-478.
Schimmack, Ulrich/Diener, Ed, Affect Intensity: Separating Intensity and Frequency in Repeatedly Measured Affect, in: Journal of Personality and Social Psychology 73 (1997), S. 1313-1329.
Schindler, Peter, Datenhandbuch zur Geschichte des Deutschen Bundestages 1949 bis 1994, hrsg. vom Deutschen Bundestag, Berlin 1999.
Schinkel, Anders, Imagination as a Category of History. An Essay Concerning Koselleck's Concepts of *Erfahrungsraum* and *Erwartungshorizont*, in: History and Theory 44 (2005), S. 42-54.

Schlemmer, Thomas, Sexualstrafrecht und Wertewandel. Die Reformen der 1960er und 1970er Jahre zwischen konservativer Tradition und Liberalisierung, in: Martin Löhnig/Mareike Preisner/Thomas Schlemmer (Hrsg.), Reform und Revolte. Eine Rechtsgeschichte der 1960er und 1970er Jahre, Tübingen 2012, S. 231-242.

Schmähl, Winfried, Sicherung bei Alter, Invalidität und für Hinterbliebene, in: Martin H. Geyer (Hrsg.), Bundesrepublik Deutschland 1974-1982. Neue Herausforderungen, wachsende Unsicherheiten, Baden-Baden 2008 (Geschichte der Sozialpolitik in Deutschland seit 1945; 6), S. 393-514.

Schmidt, Helmut, Außer Dienst. Eine Bilanz, München 2008.

Schmidt, Josef, Intendant Klaus von Bismarck und die Kampagne gegen den WDR, in: Archiv für Sozialgeschichte 41 (2001), S. 349-382.

Schmidt, Manfred G., Gesamtbetrachtung, in: ders. (Hrsg.), Bundesrepublik Deutschland 1982-1989. Finanzielle Konsolidierung und institutionelle Reform, Baden-Baden 2005 (Geschichte der Sozialpolitik in Deutschland seit 1945; 7), S. 749-811.

Schmidt, Manfred G., Rahmenbedingungen, in: ders. (Hrsg.), Bundesrepublik Deutschland 1982-1989. Finanzielle Konsolidierung und institutionelle Reform, Baden-Baden 2005 (Geschichte der Sozialpolitik in Deutschland seit 1945; 7), S. 1-60.

Schmidt, Manfred G., Sozialpolitische Denk- und Handlungsfelder, in: ders. (Hrsg.), Bundesrepublik Deutschland 1982-1989. Finanzielle Konsolidierung und institutionelle Reform, Baden-Baden 2005 (Geschichte der Sozialpolitik in Deutschland seit 1945; 7), S. 63-154.

Schmidt, Manfred G., Zwischen Ausbaureformen und Sanierungsbedarf: Die Sozialpolitik der siebziger und achtziger Jahre, in: Thomas Raithel/Andreas Rödder/Andreas Wirsching (Hrsg.), Auf dem Weg in eine neue Moderne? Die Bundesrepublik in den siebziger und achtziger Jahren, München 2009, S. 131-139.

Schmidt, Ricarda, Arbeit an weiblicher Subjektivität. Erzählende Prosa der siebziger und achtziger Jahre, in: Gisela Brinker-Gabler (Hrsg.), Deutsche Literatur von Frauen, Bd. 2, München 1988, S. 459-477.

Schmincke, Imke, Von der Befreiung der Frau zur Befreiung des Selbst. Eine kritische Analyse der Befreiungssemantik in der (neuen) Frauenbewegung, in: Pascal Eitler/Jens Elberfeld (Hrsg.), Zeitgeschichte des Selbst. Therapeutisierung – Politisierung – Emotionalisierung, Bielefeld 2015, S. 217-237.

Schmincke, Imke, Von der Politisierung des Privatlebens zum neuen Frauenbewusstsein. Körperpolitik und Subjektivierung von Weiblichkeit in der Neuen Frauenbewegung Westdeutschlands, in: Julia Paulus/Eva-Maria Silies/Kerstin Wolff (Hrsg.), Zeitgeschichte als Geschlechtergeschichte. Neue Perspektiven auf die Bundesrepublik, Frankfurt am Main 2012, S. 297-317.

Schmitz, Sigrid/Ahmed, Sara, Affect/Emotion: Orientation Matters. A Conversation between Sigrid Schmitz and Sara Ahmed, in: Freiburger Zeitschrift für GeschlechterStudien 20 (2014), Nr. 2, S. 97-108.

Schneegass, Beate, Feminismus im Brennpunkt. Die Frauenzeitung COURAGE und ihre Mütter. Geschichte – Entwicklung – Wirkung, in: dies./Angelika Oettinger (Hrsg.), Gebraucht. Gebremst... Gefördert. Frauen und Politik in Charlottenburg nach 1945, Berlin 1993, S. 74-112.

Schneider, Michael, Demokratie in Gefahr? Der Konflikt um die Notstandsgesetze: Sozialdemokratie, Gewerkschaften und intellektueller Protest (1958-1968), Bonn 1986.

Schneider, Michael, Kleine Geschichte der Gewerkschaften. Ihre Entwicklung in Deutschland von den Anfängen bis heute, Bonn 2000.

Schneider, Ulrich Johannes, Philosophie und Universität. Historisierung der Vernunft im 19. Jahrhundert, Hamburg 1999.

Schönhoven, Klaus, Wendejahre. Die Sozialdemokratie in der Zeit der Großen Koalition 1966-1969, Bonn 2004.

Schregel, Susanne, Der Atomkrieg vor der Wohnungstür. Eine Politikgeschichte der neuen Friedensbewegung in der Bundesrepublik 1970-1985, Frankfurt am Main 2010.

Schregel, Susanne, Die „Macht der Mächtigen" und die Macht der „Machtlosen". Rekonfigurationen des Machtdenkens in den 1980er Jahren, in: AfS 52 (2012), S. 403-428.

Schregel, Susanne, Die Orte der Friedensbewegung, in: Christoph Becker-Schaum u. a. (Hrsg.), „Entrüstet Euch!" Nuklearkrise, NATO-Doppelbeschluss und Friedensbewegung, Paderborn 2012, S. 167-183.

Schröder, Michael, Verbände und Mitbestimmung. Die Einflußnahme der beteiligten Verbände auf die Entstehung des Mitbestimmungsgesetzes von 1976, Diss. Phil. München 1983.

Schroeder, Wolfgang, Gewerkschaften als soziale Bewegung – soziale Bewegung in den Gewerkschaften, in: AfS 44 (2004), S. 243-265.

Schüller, Elke, „Frau sein heißt politisch sein". Wege der Politik von Frauen in der Nachkriegszeit am Beispiel Frankfurt am Main (1945-1956), Königstein 2005.

Schüller, Elke, Frauenparteien. Phantasterei oder politischer Machtfaktor, in: Ariadne 16 (2000), Nr. 37/38, S. 64-71.

Schulz, Kristina: Der lange Atem der Provokation. Die Frauenbewegung in der Bundesrepublik und in Frankreich 1968-1976, Frankfurt am Main 2002.

Schulze, Gerhard, Die Erlebnisgesellschaft. Kultursoziologie der Gegenwart, Frankfurt am Main ²2005.

Schumann, David, Bauarbeiten am „Fundament der Gesellschaft". Christdemokratische Familienpolitik in der Ära Kohl (1973-1998), Hamburg 2014.

Schwan, Alexander/Schwan, Gesine, Sozialdemokratie und Marxismus. Zum Spannungsverhältnis von Godesberger Programm und marxistischer Theorie, Hamburg 1974.

Schwartz, Michael, Abtreibung und Wertewandel im doppelten Deutschland. Individualisierung und Strafrechtsreform in der DDR und in der Bundesrepublik in den sechziger und siebziger Jahren, in: Thomas Raithel/Andreas Rödder/Andreas Wirsching (Hrsg.), Auf dem Weg in die neue Moderne? Die Bundesrepublik Deutschland in den siebziger und achtziger Jahren, München 2009, S. 113-128.

Schwarz, Hans-Peter, Helmut Kohl. Eine politische Biographie, München 2012.

Schwarz, Hans-Peter, Der Platz Gerhard Stoltenbergs in der Geschichte der Bundesrepublik Deutschland, in: Bernhard Vogel (Hrsg.), Gerhard Stoltenberg. Ein großer Politiker und sein Vermächtnis, Sankt Augustin 2002, S. 7-15.

Schwarzer, Alice (Hrsg.), Das Emma-Buch, München 1981.

Schwarzer, Alice, Der „kleine Unterschied" und seine großen Folgen. Frauen über sich – Beginn einer Befreiung, Frankfurt am Main 1975.

Schwarzer, Alice, Lebenslauf, Köln 2011.

Schwarzer, Alice, So fing es an! 10 Jahre Frauenbewegung, Köln 1981.

Schwarzer, Alice/Strobl, Ingrid (Hrsg.), Wahlboykott? Haben Frauen noch die Wahl? Eine Streitschrift zu den Wahlen 1980!, Köln 1980.

Seefried, Elke, Zukünfte. Aufstieg und Krise der Zukunftsforschung 1945-1980, München 2015.

Seibring, Anne, Die Humanisierung des Arbeitslebens in den 1970er Jahren: Forschungsstand und Forschungsperspektiven, in: Knud Andresen/Ursula Bitzegeio/Jürgen Mittag (Hrsg.), „Nach dem Strukturbruch"? Kontinuität und Wandel von Arbeitsbeziehungen und Arbeitswelt(en) seit den 1970er Jahren, Bonn 2011, S. 107-126.

Seifert, Benjamin, Träume vom modernen Deutschland. Horst Ehmke, Reimut Jochimsen und die Planung des Politischen in der ersten Regierung Willy Brandts, Stuttgart 2010.

Seiffert, Jeanette, „Marsch durch die Institutionen?" Die 68er in der SPD, Bonn 2009.

Seigworth, Gregory J./Gregg, Melissa, An Inventory of Shimmers, in: dies. (Hrsg.), The Affect Theory Reader, Durham 2010, S. 1-25.

Seils, Christoph, Parteiendämmerung. Oder was kommt nach den Volksparteien?, Berlin 2010.

Seitenbecher, Manuel, Enttäuschte Aktivisten. Konversionen und Radikalisierung in den Biographien von 68ern, in: Historisches Jahrbuch 133 (2013), S. 379-403.

Sharma, Devika/Tygstrup, Frederik, Introduction, in: dies. (Hrsg.), Structures of Feeling. Affectivity and the Study of Culture, Berlin 2015, S. 1-19.

Siegfried, Detlef, Moderne Lüste. Ernest Borneman – Jazzkritiker, Filmemacher, Sexforscher, Göttingen 2015.

Siegfried, Detlef, Time Is on My Side. Konsum und Politik in der westdeutschen Jugendkultur der 60er Jahre, Göttingen 2006.

Sieveking, Klaus, Die Finanzierung von Frauenhäusern. Ein Beitrag zur Problematik von individuellem Rechtsanspruch und staatlichen Leistungen für den Individualschutz in Vergemeinschaftungsform, in: Archiv für Wissenschaft und Praxis der sozialen Arbeit 12 (1981), S. 1-53.

Silies, Eva-Maria, Ein, zwei, viele Bewegungen? Die Diversität der neuen Frauenbewegung in den 1970er Jahren in der Bundesrepublik, in: Cordia Baumann/Sebastian Gehrig/Nicolas

Büchse (Hrsg.), Linksalternatives Milieu und Neue Soziale Bewegungen in den 1970er Jahren, Heidelberg 2010, S. 87-106.
Smith, Gordon, In Search of Small Parties: Problems of Definition, Classification, and Significance, in: Ferdinand Müller-Rommel/Geoffrey Pridham (Hrsg.), Small Parties in Western Europe, London 1991, S. 23-40.
Stearns, Peter N./Stearns, Carol Z., Emotionology: Clarifying the History of Emotions and Emotional Standards, in: The American Historical Review 90 (1985), S. 813-836.
Steber, Martina, Die Hüter der Begriffe. Politische Sprachen des Konservativen in Großbritannien und der Bundesrepublik Deutschland, 1945-1980, Berlin 2017.
Stefan, Verena, Häutungen. Autobiografische Aufzeichnungen. Gedichte, Träume, Analysen, München 1975.
Steinmetz, Willibald, Anbetung und Dämonisierung des „Sachzwangs". Zur Archäologie einer deutschen Redefigur, in: Michael Jeismann (Hrsg.), Obsessionen. Beherrschende Gedanken im wissenschaftlichen Zeitalter, Frankfurt am Main 1995, S. 293-333.
Steinmetz, Willibald, New Perspectives on the Study of Language and Power in the Short Twentieth Century, in: ders. (Hrsg.), Political Languages in the Age of Extremes, Oxford 2012, S. 3-51.
Stephan, Cora, Der Betroffenheitskult. Eine politische Sittengeschichte, Berlin 1993.
Stern, Fritz, Kulturpessimismus als politische Gefahr. Eine Analyse nationaler Ideologie in Deutschland, Stuttgart 2005.
Sternstein, Wolfgang, „Atomkraft – nein danke!" Der lange Weg zum Ausstieg, Frankfurt am Main 2013.
Sternstein, Wolfgang, Mein Weg zwischen Gewalt und Gewaltfreiheit, Norderstedt 2005.
Sternstein, Wolfgang, Willensbildungs- und Entscheidungsprozesse in der Ökologiebewegung, Hannover 1981.
Stoehr, Irene, Gründerinnen – Macherinnen – Konsumentinnen? Generationenprobleme in der Frauenbewegung der 1990er Jahre, in: Ilse Modelmog/Ulrike Gräßel (Hrsg.), Konkurrenz & Kooperation. Frauen im Zwiespalt?, Münster 1995, S. 91-115.
Stoellger, Philipp, Enttäuschungserwartung und Erwartungsenttäuschung. Ein Chiasmus in phänomenologischer und eschatologischer Perspektive, in: Nina Heinsohn/Michael Moxter (Hrsg.), Enttäuschung. Interdisziplinäre Erkundungen zu einem ambivalenten Phänomen, Paderborn 2017, S. 244-274.
Stollberg-Rilinger, Barbara (Hrsg.), Was heißt Kulturgeschichte des Politischen?, Berlin 2005.
Stoltenberg, Gerhard, Wendepunkte. Stationen deutscher Politik 1949-1990, Berlin 1997.
Sturm, Roland, Die Wende im Stolperschritt – eine finanzpolitische Bilanz, in: Göttrik Wewer (Hrsg.), Bilanz der Ära Kohl. Christlich-liberale Politik in Deutschland 1982-1998, Opladen 1998, S. 183-200.
Süß, Dietmar, Die Enkel auf den Barrikaden. Jungsozialisten in der SPD in den Siebzigerjahren, in: AfS 44 (2004), S. 67-104.
Süß, Dietmar, Friedensbewegung und Gewerkschaften, in: Christoph Becker-Schaum u. a. (Hrsg.), „Entrüstet Euch!" Nuklearkrise, NATO-Doppelbeschluss und Friedensbewegung, Paderborn 2012, S. 262-272.
Süß, Dietmar/Woyke, Meik, Schimanskis Jahrzehnt? Die 1980er Jahre in historischer Perspektive, in: AfS 52 (2012), S. 3-20.
Süß, Winfried, Der keynesianische Traum und sein langes Ende. Sozioökonomischer Wandel und Sozialpolitik in den siebziger Jahren, in: Konrad H. Jarausch (Hrsg.), Das Ende der Zuversicht? Die siebziger Jahre als Geschichte, Göttingen 2008, S. 120-137.
Süß, Winfried, Sozialpolitische Denk- und Handlungsfelder in der Reformära, in: Hans Günter Hockerts (Hrsg.), Bundesrepublik Deutschland 1966-1974. Eine Zeit vielfältigen Aufbruchs, Baden-Baden 2006 (Geschichte der Sozialpolitik in Deutschland seit 1945; 5), S. 157-221.
Summers-Effler, Erika, The Emotional Significance of Solidarity for Social Movement Communities. Sustaining Catholic Worker Community and Service, in: Helena Flam/Debra King (Hrsg.), Emotions and Social Movements, London 2008, S. 135-149.
Suntum, Ulrich van, Finanzpolitik in der Ära Stoltenberg, in: Kredit und Kapital 23 (1990), S. 251-276.

Tändler, Maik, „Psychoboom". Therapeutisierungsprozesse in Westdeutschland in den späten 1960er und 1970er Jahren, in: Sabine Maasen u. a. (Hrsg.), Das beratene Selbst. Zur Genealogie der Therapeutisierung in den „langen" Siebzigern, Bielefeld 2011, S. 59-94.
Thelen, Kathleen/Turner, Lowell, Die deutsche Mitbestimmung im internationalen Vergleich, in: Wolfgang Streeck/Norbert Kluge (Hrsg.), Mitbestimmung in Deutschland. Tradition und Effizienz, Frankfurt am Main 1999, S. 135-223.
Ther, Philipp, Die neue Ordnung auf dem alten Kontinent. Eine Geschichte des neoliberalen Europa, Berlin 2014.
Thon, Christine, Frauenbewegung im Wandel der Generationen. Eine Studie über Geschlechterkonstruktionen in biographischen Erzählungen, Bielefeld 2008.
Thum, Horst, Mitbestimmung in der Montanindustrie. Der Mythos vom Sieg der Gewerkschaften, Stuttgart 1982.
Thum, Horst, Wirtschaftsdemokratie und Mitbestimmung. Von den Anfängen 1916 bis zum Mitbestimmungsgesetz 1976, Köln 1991.
Thürmer-Rohr, Christina, Aus der Täuschung in die Ent-täuschung. Zur Mittäterschaft von Frauen, in: Beiträge zur feministischen Theorie und Praxis 8 (1983), S. 11-25.
Tietel, Erhard, Konfrontation – Kooperation – Solidarität. Betriebsräte in der sozialen und emotionalen Zwickmühle, Berlin 2006.
Tiggemann, Anselm, Die „Achillesferse" der Kernenergie in der Bundesrepublik Deutschland: Zur Kernenergiekontroverse und Geschichte der nuklearen Entsorgung von den Anfängen bis Gorleben 1955 bis 1985, Lauf an der Pegnitz 2004.
Tipke, Klaus, Ein Ende dem Einkommensteuerwirrwarr?! Rechtsreform statt Stimmenfangpolitik, Köln 2006.
Tykocinski, Orit E., I Never Had a Chance: Using Hindsight Tactics to Mitigate Disappointments, in: Personality and Social Psychology Bulletin 27 (2001), S. 376-382.

Uhl, Karsten, Maschinenstürmer gegen die Automatisierung? Der Vorwurf der Technikfeindlichkeit in den Arbeitskämpfen in den 1970er und 1980er Jahren und die Krise der Gewerkschaften, in: Technikgeschichte 82 (2015), S. 157-179.
Ullmann, Hans-Peter, Das Abgleiten in den Schuldenstaat. Öffentliche Finanzen in der Bundesrepublik von den sechziger bis zu den achtziger Jahren, Göttingen 2017.
Ullmann, Hans-Peter, Der deutsche Steuerstaat. Geschichte der öffentlichen Finanzen, München 2005.
Unz, Dagmar, Emotional Framing – Wie audiovisuelle Medien die emotionale Verarbeitung beeinflussen, in: Anne Bartsch/Jens Eder/Kathrin Fahlenbrach (Hrsg.), Audiovisuelle Emotionen. Emotionsdarstellung und Emotionsvermittlung durch audiovisuelle Medienangebote, Köln 2007, S. 238-255.

Vandamme, Ralf, Basisdemokratie als zivile Intervention. Der Partizipationsanspruch der Neuen sozialen Bewegungen, Opladen 2000.
Verein Hilfe für Frauen in Not Nürnberg (Hrsg.), Frauenhaus Nürnberg – Erfahrungsbericht der ersten fünf Jahre, Nürnberg 1985.
Vergewaltigung als soziales Problem – Notruf und Beratung für vergewaltigte Frauen. Abschlußbericht der Projektgruppe Dr. Ulrike Teubner, Ingrid Becker, Rosemarie Steinhage unter Mitarbeit von Rechtsanwältin Katharina Engel. Durchgeführt im Frauenzentrum Mainz e.V. unter finanzieller Förderung durch den Bundesminister für Jugend, Familie und Gesundheit in Bonn, Stuttgart 1983.
Verheyen, Nina, Diskussionslust. Eine Kulturgeschichte des „besseren Arguments" in Westdeutschland, Göttingen 2010.
Villa, Paula-Irene, Woran erkennen wir eine Feministin? Polemische und programmatische Gedanken zur Politisierung von Erfahrungen, in: Gudrun-Axeli Knapp/Angelika Wetterer (Hrsg.), Achsen der Differenz. Gesellschaftstheorie und feministische Kritik II, Münster 2003, S. 266-285.
Vilmar, Fritz, Wirtschaftsdemokratie. Theoretische und praktische Ansätze, entwickelt auf der Basis des gewerkschaftlichen Grundsatzprogramms in der BRD, in: ders. (Hrsg.), Industrielle Demokratie in Westeuropa, Reinbek bei Hamburg 1975, S. 26-78.

Vogel, Bernhard (Hrsg.): Gerhard Stoltenberg. Ein großer Politiker und sein Vermächtnis, Sankt Augustin 2002.
Vogel, Bernhard, „Immer für das Ganze...": Gerhard Stoltenberg – ein Leben für das Gemeinwohl, in: ders. (Hrsg.), Gerhard Stoltenberg – ein großer Politiker und sein Vermächtnis, St. Augustin 2002, S. 7-15.
Vohwinckel, Annette, Neue Deutsche Welle. Musik als paradoxe Intervention gegen die „geistig-moralische Wende" der Ära Kohl, in: AfS 52 (2012), S. 455-490.
Vorbereitungsgruppe 7. Sommeruniversität für Frauen, Berlin (Hrsg.), Frauenpolitik zwischen Traum und Trauma. Wollen wir immer noch alles? Dokumentation der 7. Sommeruniversität für Frauen, Berlin 1984.
Vorländer, Hans, Die Freie Demokratische Partei, in: Alf Mintzel/Heinrich Oberreuther (Hrsg.), Parteien in der Bundesrepublik Deutschland, Bonn ²1992, S. 266-318.
Voss, Friedrich, Den Kanzler im Visier. 20 Jahre mit Franz Josef Strauß, Mainz 2000.

Wagner, Greta, Besser werden. Praktiken emotionaler Selbststeuerung, in: Mittelweg 36 24 (2015), S. 188-210.
Wagschal, Uwe, Blockieren Vetospieler Steuerreformen?, in: Politische Vierteljahresschrift 40 (1999), S. 628-640.
Wagschal, Uwe, Steuerreformen im internationalen und intertemporalen Vergleich, in: ders. (Hrsg.), Deutschland zwischen Reformstau und Veränderung. Ein Vergleich der Politik- und Handlungsfelder, Baden-Baden 2009.
Walt, Lycien van der/Schmidt, Michael, Schwarze Flamme. Revolutionäre Klassenpolitik im Anarchismus und Syndikalismus, Hamburg 2013.
Webber, Douglas, Das Reformpaket: Anspruch und Wirklichkeit der christlich-liberalen „Wende", in: Werner Süß (Hrsg.), Die Bundesrepublik in den achtziger Jahren. Innenpolitik – politische Kultur – Außenpolitik, Opladen 1991, S. 153-170.
Weber, Klaus, Der Linksliberalismus in der Bundesrepublik um 1969. Konjunktur und Profile, Frankfurt am Main 2012.
Weber, Petra, Gescheiterte Sozialpartnerschaft – Gefährdete Republik? Industrielle Beziehungen, Arbeitskämpfe und der Sozialstaat. Deutschland und Frankreich im Vergleich (1918-1933/39), München 2010.
Weber, Quirin, Parlament – Ort der politischen Entscheidung? Legitimationsprobleme des modernen Parlamentarismus – dargestellt am Beispiel der Bundesrepublik Deutschland, Basel 2011.
Wehler, Hans Ullrich, Deutsche Gesellschaftsgeschichte, Bd. 5: Bundesrepublik und DDR 1949-1990, München 2008.
Weickmann, Dorion, Rebellion der Sinne. Hysterie – ein Krankheitsbild als Spiegel der Geschlechterordnung (1880-1920), Frankfurt am Main 1997.
Weigell, Sigrid, Die Stimme der Medusa. Schreibweisen der Gegenwartsliteratur von Frauen, Dülmen 1987.
Weinzen, Hans Willi, Gewerkschaften und Sozialismus. Naphtalis Wirtschaftsdemokratie und Agartz' Wirtschaftsneuordnung, Frankfurt am Main 1982.
Weipert, Axel (Hrsg.), Demokratisierung von Wirtschaft und Staat. Studien zum Verhältnis von Ökonomie, Staat und Demokratie vom 19. Jahrhundert bis heute, Berlin 2014.
Weisbrod, Bernd, Öffentlichkeit als politischer Prozeß. Dimensionen der politischen Medialisierung in der Geschichte der Bundesrepublik Deutschland, in: ders. (Hrsg.), Die Politik der Öffentlichkeit – die Öffentlichkeit der Politik. Politische Medialisierung in der Bundesrepublik, Göttingen 2003, S. 11-25.
Weiß, Gerhard, Die ÖTV. Politik und gesellschaftspolitische Konzeptionen der Gewerkschaft ÖTV von 1966 bis 1976, Marburg ²1978.
Wengeler, Martin, „Der alte Streit ‚hier Marktwirtschaft dort Planwirtschaft' ist vorbei". Ein Rückblick auf die sprachlichen Aspekte wirtschaftspolitischer Diskussionen, in: ders./Georg Stötzel (Hrsg.), Kontroverse Begriffe. Geschichte des öffentlichen Sprachgebrauchs in der Bundesrepublik Deutschland, Berlin 1995, S. 35-92.
Wesel, Uwe, Der Gang nach Karlsruhe. Das Bundesverfassungsgericht in der Geschichte der Bundesrepublik, München 2004.

Wessel, Horst, Kontinuität im Wandel. 100 Jahre Mannesmann 1890-1990, hrsg. von der Mannesmann AG, Düsseldorf 1990.
Wilke, Reinhard, Meine Jahre mit Willy Brandt. Die ganz persönlichen Erinnerungen seines engsten Mitarbeiters, Stuttgart 2010.
Willing, Matthias, Sozialhilfe, in: Manfred G. Schmidt (Hrsg.), Bundesrepublik Deutschland 1982-1989. Finanzielle Konsolidierung und institutionelle Reform, Baden-Baden 2005 (Geschichte der Sozialpolitik in Deutschland seit 1945; 7), S. 479-516.
Winkels, Cordula/Nawrath, Christine, Kinder in Frauenhäusern. Eine empirische Untersuchung in Nordrhein-Westfalen, Düsseldorf 1990.
Winkler, Stefan, Gehard Löwenthal. Ein Beitrag zur politischen Publizistik der Bundesrepublik Deutschland, Berlin 2014.
Wirsching, Andreas, Abschied vom Provisorium. Die Geschichte der Bundesrepublik Deutschland 1982-1989/90, München 2006.
Wirsching, Andreas, Barschel-Pfeiffer-Affäre, in: Haus der Geschichte der Bundesrepublik Deutschland (Hrsg.), Skandale in Deutschland nach 1945, Bielefeld 2007, S. 137-145.
Wirsching, Andreas, Eine „Ära Kohl"? Die widersprüchliche Signatur deutscher Regierungspolitik 1982-1998, in: AfS 52 (2012), S. 667-684.
Wirsching, Andreas, Die mediale „Konstruktion" der Politik und die „Wende" von 1982/83, in: Historisch-politische Mitteilungen 9 (2002), S. 127-139.
Wirsching, Andreas (Hrsg.), Vernunftrepublikanismus in der Weimarer Republik. Politik, Literatur, Wissenschaft, Stuttgart 2008.
Wolff, Kerstin, Ein Traditionsbruch? Warum sich die autonome Frauenbewegung als geschichtslos erlebte, in: Julia Paulus/Eva-Maria Silies/Kerstin Wolff (Hrsg.), Zeitgeschichte als Geschlechtergeschichte. Neue Perspektiven auf die Bundesrepublik, Frankfurt am Main 2012, S. 257-275.
Wolfrum, Edgar, Die geglückte Demokratie. Geschichte der Bundesrepublik Deutschland von ihren Anfängen bis zur Gegenwart, Stuttgart 2006.
Woyke, Meik, Management und Krisen der sozial-liberalen Koalition 1969-1982, in: Philipp Gassert/Hans Jörg Hennecke (Hrsg.), Koalitionen in der Bundesrepublik. Bildung, Management und Krisen von Adenauer bis Merkel, Paderborn 2017, S. 161-184.
Wubben, Maarten J. J./de Cremer, David/Dijk, Eric van, How Emotion Communication Guides Reciprocity: Establishing Cooperation Through Disappointment and Anger, in: Journal of Experimental Social Psychology 45 (2009), S. 987-990.
Würtenberger, Thomas, Massenpetitionen als Ausdruck politischer Diskrepanzen zwischen Repräsentanten und Repräsentierten, in: Zeitschrift für Parlamentsfragen 18 (1987), S. 383-394.

Zellmer, Elisabeth, Protestieren und Polarisieren. Frauenbewegung und Feminismus der 1970er Jahre in München, in: Julia Paulus/Eva-Maria Silies/Kerstin Wolff (Hrsg.), Zeitgeschichte als Geschlechtergeschichte. Neue Perspektiven auf die Bundesrepublik, Frankfurt am Main 2012, S. 276-296.
Zellmer, Elisabeth, Töchter der Revolte? Frauenbewegung und Feminismus der 1970er Jahre in München, München 2011.
Zimmermann, Harm-Peer, Stimmen aus dem Volk. Bürgerbriefe an Helmut Schmidt anlässlich des Konstruktiven Misstrauensvotums 1982, in: VOKUS 15 (2005), S. 4-38.
Zolleis, Udo, Die CDU. Das politische Leitbild im Wandel der Zeit, Wiesbaden 2008.
Zolnhöfer, Reimut, Die Wirtschaftspolitik der Ära Kohl. Eine Analyse der Schlüsselentscheidungen in den Politikfeldern Finanzen, Arbeit und Entstaatlichung, 1982-1998, Opladen 2001.

Personenregister

Ackermann, Eduard 284
Adenauer, Konrad 31, 72, 107
Agartz, Victor 31
Ahlers, Conrad 45 f.
Aichelin, Peter 344
Albertz, Heinrich 331
Albrecht, Ernst 258, 280, 288
Alt, Franz 72
Alverdes, Ursula 312
Améry, Carl 317
Apel, Hans 221, 238 f., 243, 249-251, 255 f., 265, 268, 277, 279, 332 f.
Appel, Reinhard 282, 286, 290
Arendt, Walter 63 f., 69, 72, 77 f., 80-82, 84-86, 88, 90, 95, 99, 104
Aschner, Johannes 221
Ax, Alfons 308

Bärthel, Alice 51
Bahr, Egon 104, 307, 315 f., 335, 338 f.
Balduin, Siegfried 65, 77
Bangemann, Martin 258
Barbarino, Otto 223
Barbier, Hans D. 256 f., 259
Barche, Hermann 80
Barschel, Uwe 224, 283
Barzel, Rainer 97, 296, 301
Baudissin, Wolf Graf von 50
Bauer, Reiner 274
Bauer, Rudolf 290
Baum, Gerhart 321
Baumann, Willi 252, 274
Baumhauer, Walter 312
Baumhoff, Anja 132, 166 f., 204
Bausch, Helmut 320
Bech, Joachim 232, 238, 264
Bechthold, Volker 235
Becker, Franziska 160 f., 330
Becker, Horst 73
Becker, Ingrid 158
Becket, Samuel 223
Begemann, Dieter 320
Bendkowski, Halina 157
Benneter, Klaus-Uwe 315 f., 322
Biedenkopf, Kurt 42, 54, 310 f., 334-336, 354
Biermann, Pieke 175
Binder, Manfred 343
Bläske, Gerhard 274, 280
Bleichschmidt, Peter 254, 258
Blüm, Norbert 41, 98, 164 f., 258 f., 272, 282
Bock, Gisela 175
Bock, Theresa 179
Böckler, Hans 32 f.

Boehm, Gero von 354
Böhme, Erich 282
Börner, Holger 71, 86, 90 f., 97, 310
Börnsen, Gert 316
Börnsen, Wolfgang 281, 283 f.
Bookhagen, Renate 130
Bouczek, Ursula 135, 160, 166 f., 171, 206, 209
Brandel, Kuno 32
Brandt, Heinz 329
Brandt, Willy 23, 42, 47-51, 53-58, 64 f., 68, 70 f., 73-76, 78-81, 84, 88 f., 91 f., 95, 103, 287, 301, 309, 314-319, 323, 325, 329 f., 334 f., 339
Brauckmann, Carolina 139, 155, 171 f., 206
Breit, Ernst 82, 101, 109 f., 112
Breme, Kurt 217, 254, 258, 267
Brengelmann, Gerd 90
Brenner, Otto 32 f., 35 f., 48
Bresser, Klaus 256, 284, 292
Brockmann, Anna Dorothea 180
Bröder, Elke 225, 245, 276
Brunner-Walther, Margit 105
Budde, Hans-Dieter 266
Bühler, Klaus 278
Büssenschütt, Eva 146, 200, 211
Bunse, Wolfgang 254
Burger, Norbert 88
Burgmann, Dieter 312
Buschfort, Hermann 80, 86

Carstens, Karl 329, 332
Carstens, Manfred 236, 253
Chory, Werner 186
Churchill, Winston 7
Citron, Klaus-Jürgen 331
Claassen, Brigitte 130, 170
Clauss, Armin 189
Coppik, Manfred 317-319
Czaja, Herbert 321

Dahlhaus, Walther 332
Dargel, Edith 333
Dargel, Georg 333
Delphy, Christine 169
Dettling, Warnfried 97
Diehl, Günter 42
Diehl-Thiele, Peter 78
Dillmann, Claudia 189
Dinzoleit, Winfried 78
Dirmeier, Klaudia 132
Ditfurth, Hoimar von 328
Ditfurth, Jutta 322

398 Personenregister

Döding, Günter   111, 239
Doelter, Bärbel   134
Doormann, Lottemi   119, 142, 171
Doppmeier, Hubert   278, 294
Dormagen, Christel   192, 206
Drach, Monika   203
Dregger, Alfred   235f., 240f., 252, 255, 257, 260, 274, 276, 278, 287-289, 291, 293-295, 329, 339, 353
Drescher, Annegret   127, 191
Drewitz, Jens   312
Düx, Heinz   315
Dutschke, Rudi   12, 205

Ebbinghaus, Angelika   177, 181f., 190, 204, 206, 208
Eckart, Rolf   334
Ehmke, Horst   53, 249, 354
Ehrenberg, Herbert   86, 104
Eich, Hermann   286
Eitel, Ulrich   232, 264, 280
Engel, Katharina   158
Engelmann, Helmut   286, 308
Engholm, Björn   107f., 283
Eppler, Erhard   331
Erasmy, Walter   308
Erhard, Ludwig   41
Erwe, Helmut   344
Eschenburg, Theodor   329
Eulenbruch, Hermann   221, 333
Evers, Carl-Heinz   52

Facius, Gernot   230
Faltlhauser, Kurt   290
Farthmann, Friedhelm   63, 95, 100
Faust, Uta   325
Feigenwinter, Gunild   326
Feit, Armin   232, 246, 254
Feller, Wolf   227, 250, 255, 282, 329
Fichtner, Otto   179
Filme, Werner   308
Fischer, Angela   327
Focke, Katharina   332
Forster, Kurt   258
Fräulin, Hans   276
Freiling, Susanne   150
Freilingsdorfer, Konrad   334
Freud, Sigmund   1f., 123
Frey, Sofia   293
Friedel, Gerd   217, 221, 232
Friedmann, Bernhard   236
Friesen, Astrid von   176
Fritz, Manfred   243
Fronius, Sigrid   131, 141f., 192, 206, 210
Fuchs, Anke   108
Furth, Peter   12f., 205

Gaddum, Johann Wilhelm   332
Gansel, Norbert   63, 85, 95
Gatter, Peter   327f.
Gattermann, Hans   288
Gaus, Günter   53
Gefeller, Wilhelm   40
Geisler, Günter   108
Geißler, Heiner   122, 165, 178, 184-188, 230, 242, 247, 254, 258f., 267f., 272, 310, 338
Gembries, Bettina   327
Genscher, Hans-Dietrich   68, 257
Gerhard, Ute   120, 146, 177, 183, 188
Gerster, Petra   159
Giers, Werner   277
Giesen, Rose-Marie   168f.
Gillies, Peter   220, 223, 258f., 273, 286, 288
Gilsdorf, Ingeborg   332
Gläser, Dietrich   338
Glaesser, Wolfgang   42
Glahn, Lisa   150, 177, 182
Glos, Michael   252, 263, 268-270, 274, 289
Glotz, Peter   324, 335
Gößling, Werner   232, 235
Göttert, Rosemarie   153, 178, 203f.
Goettle, Gabriele   170
Goos, Diethart   272
Gorbatschow, Michail   277
Grass, Günter   50, 53f., 73, 91, 352
Graß, Martina   191, 202
Gregor-Dellin, Manfred   76
Gresmann, Hans   72f.
Grobecker, Claus   63
Grönemeyer, Herbert   229
Gross, Helga   179
Gruhl, Herbert   317, 321
Günther, Berthold   339

Habermas, Jürgen   289
Hachfeld, Thomas   345
Häfele, Hansjörg   222, 242, 260, 268f.
Hähne, Harald   339
Hagedorn, Werner   232
Hagemann-White, Carol   150, 176
Hagner, Anke   191
Haitzinger, Horst   313
Hamm-Brücher, Hildegard   321
Hanel, Walter   282
Hansen, Karl-Heinz   318f.
Harder, Herbert   107f.
Harpprecht, Klaus   53f., 58, 314
Haug, Frigga   119
Hauser, Bodo   279
Hauser, Hanzheinz   217, 289
Haussmann, Helmut   258
Heck, Bruno   42, 46, 323f.
Heck, Heinz   237, 257, 259, 272, 277, 288

Heidemann, Ernst 281
Heine, Hans-Gerd 243, 269, 274
Heinemann, Gustav 320, 323
Heintzeler, Wolfgang 43
Held, Gunter 312
Helfferich, Nena 135, 144, 149, 159f., 166f., 171, 206, 209
Helfferich, Sibylle 176, 326
Hempel-Soos, Karin 325
Hennemann, Gerhard 257, 281
Henschel, Angelika 179
Hentig, Hartmut von 50
Hepp, Rolf 65
Herrmann, Gerda 131
Herz, Wilfried 246
Hesselbach, Walter 43
Heuschmid, Hanspeter 293
Hilberath, Ursula 122, 184
Hiltner, Manfred 108
Himmer, Bernd 311
Hirsch, Julius 35
Hitler, Adolf 45, 239
Höch, Rudolf 256, 276
Höpker-Windmöller, Eva 50
Hoffmann, Freia 171
Hoffmann, Gunter 318
Hoffmann, Wolfgang 282
Hofmannn, Volkmar 319
Hopen, Peter 255
Huber, Anke 185
Hühnlich-Schickling, Ulla 135
Huffzky, Karin 130
Hummel, Wolfgang 344
Hunsteger-Petermann, Thomas 278

Jaeckel, Monika 132, 156f.
Jäger, Claus 288, 293
Jahn, Gerhard 69, 303
Jansen, Mechthild 185, 315, 346
Jansen, Paul 283, 289
Janßen, Karl-Heinz 320
Jaunich, Horst 179
Judith, Rudolf 64, 69, 86, 95, 101f., 109
Jung, Volker 111
Jungbluth, Michael 232, 255
Jungk, Robert 50
Jurreit, Marielouise 125

Kade, Gerhard 315
Kaiser, Carl-Christian 319
Kannengießer, Walter 235, 272
Karotka, Werner 315
Katzer, Hans 41
Kaufmann, Richard 124
Keenon, Heidi 154, 166f.
Keinhorst, Annette 119, 135, 157, 208

Kelly, Petra 25, 208, 311f., 317, 332, 354
Kemmer, Heinz Günther 101, 113
Kemnitz, Johannes G. 221, 333
Kenntemich, Wolfgang 284
Kiefer, Karl 276
Kiesinger, Kurt Georg 41f., 45f.
Kirschner, Klaus 71
Kittner, Michael 105
Kleinmann, Reinhard 227, 250, 255, 282
Klinger, Werner 274
Klingspohn, Ursula 168
Klöckner, Helmut 311
Klotz, Jürgen 239
Klotz, Werner 274
Knöpfle, Ursula 159
Knorr, Ene 132
Koch, Manfred 46
Kock, Mechthild 134
Kölsch, Udo 234
Köstler, Roland 102
Kohl, Helmut 24, 41, 97, 110, 165, 220, 223f., 226, 228-238, 240, 249-251, 257, 260f., 263, 272, 276f., 281-284, 286, 289, 291f., 308-310, 314, 328, 333f., 354f., 358
Koppe, Karlheinz 346
Koppert, Claudia 191f.
Kramer, Klaus 288
Kratschus, Hermann 316
Kratz, Paul 100
Krause-Burger, Sybille 88, 93
Kreibich-Fischer, Renate 50
Krone, Heinrich 296
Krone-Schmalz, Gabriele 306
Krümmel, Evelyn 132
Küppersbusch, Ute 150
Kuballa, Felix 318
Kuhlwein, Eckart 337
Kuhn, Manfred 71
Kulenkampff, Joachim 50
Kumpfmüller, Stefan 346
Kurz, Ingrid 327

Lafontaine, Oskar 251, 317
Lahnstein, Manfred 89
Lambsdorff, Otto Graf 258
Lattmann, Dieter 295, 320, 339f.
Lau, Dieter 235
Leger, Peter 255
Lehmann, Ralf 282
Leicht, Hugo 334
Leinen, Josef („Jo") 184, 331
Leinpinsel, Theofried 221
Limbach, Editha 278
Lindberg, Birgit 191
Link, Helmut 287
Lissek, Berthold 75

Loderer, Eugen   61, 66, 68, 78f., 84, 87, 91, 99f., 103f., 108
Löwenthal, Gerhard   93, 259, 272
Lojewski, Wolf von   329
Lorez, Gudula   130
Luber, Karin   201
Lübbe, Hermann   354
Lübschen, Monika   186
Lülsdorf, Wilfried   269

Mabry, Hannelore   130, 160, 324, 326f.
Maeder, Paula   187
Mahrt, Barbara   125
Maihofer, Werner   88
Malmedie, Karlo   278, 294
Mann, Norbert   312
Marciniak, Rudi   334f.
Martens, Erika   101, 113
Martiny, Anke   337
Marx, Günther   330
Marx, Klaus   278
Marxen, Uwe   221, 332
Meies, Fritz   276, 295
Melchers, Achim   256
Mengel, Monika   156
Mertes, Alois   332
Mertes, Klaus   237
Meyer, Heinz   336
Meyer zu Bentrup, Reinhart   274
Michaels, Heinz   107
Mikich, Sonia   173, 186
Mitscherlich, Alexander   50
Möller, Alex   52
Mönch-Tegeder, Theo   259
Moll, Annemie   152
Morgan, Robin   131
Müller, Albrecht   71, 73, 78
Müller, Alfons   98, 254
Müller, Angelika   160
Müller, August   323
Müller, Dieter   345
Müller, Hedwig   152
Müller, Heinrich   71, 91
Müller, Ulrich   252, 276, 293
Müller, Ursula   156, 159, 169, 190
Müller, Walter   90
Müller, Wolfgang   335
Müller-Reiß, Brunhild   172, 207
Muhr, Gerd   67
Murmann, Heinz   286

Naphtali, Fritz   34–36
Narr, Wolf-Dieter   103
Nau, Alfred   84, 91
Neander, Joachim   273
Neemann, Georg   37

Nell-Breuning, Oswald von   43
Neumark, Fritz   231, 235
Nick, Volker   342f., 345
Nienhaus, Ursula   168, 171
Niggemeier, Horst   91
Noelle-Neumann, Elisabeth   72–74, 93, 286, 288
Nowakowski, Gerd   195

Oertzen, Peter von   317
Orschel, Laetitia   168
Ortmanns, Gudrun   184
Ost, Friedhelm   288
Osterland, Astrid   139
Otto, Ernst   79
Overbeck, Egon   106

Paczensky, Susanne von   186
Paß-Weingartz, Dorothee   159
Perincioli, Cristina   128, 134, 139
Petruschka, Ernst   50
Petruschka, Monika   50
Peuser, Helmut   276, 293
Pflaumer, Gerd   346
Piel, Dieter   98, 235
Pinl, Claudia   124, 127f., 130, 135, 139, 142, 158, 171, 207
Plogstedt, Sibylle   140f., 151, 158, 170f. 173, 176, 202, 206
Poppenhusen, Margot   135, 137, 154, 163, 172, 200, 204

Radusch, Hilde   130
Raiser, Thomas   69
Ranke-Heinemann, Uta   320f., 328
Rath, Eva   130, 324–327
Reagan, Ronald   308
Reck, Ralf   316
Rehlen, Wiltrud   337
Reiche, Hans-Joachim   328f.
Reinhard, Wolfgang   74
Reinhardt, Otmar   71
Reiser, Herman P.   221, 332
Reiß, Gaby   333
Reitz, Ulrich   278
Rentmeister, Cillie   130
Reske, Winfried   274
Reusch, Hermann   31
Reuter, Horst   97
Riedmaier-Appel, Teresia   339
Rieker, Heinrich   267, 288
Riewerts, Jette   312
Röver, Christian   276
Roggenkamp, Viola   185, 325
Rohde, Helmut   84, 108
Rosenberg, Ludwig   35, 41, 44

Rosenthal, Philip 50, 90, 92
Rudolph, Alfred 90
Rudolph, Hermann 16
Runte-Plewnia, Margarete 156

Sander, Helke 171
Sarahchild, Kathie 126
Savier, Monika 130
Schäfer, Friedhelm 232
Schätzle, Susanne 160
Schäuble, Wolfgang 236, 284
Scharrenbroich, Herbert 272
Schaz, Ulrike 182, 206
Scheel, Walter 46, 332
Scheer, Hermann 103, 108
Schellenberg, Ernst 48
Schelling, Siegmar 240, 258
Scheub, Volker 342f., 345
Schierholz, Henning 346
Schievelkamp, Inga 122, 165
Schiller, Karl 52, 310f.
Schleyer, Hanns-Martin 69
Schmid, Gottfried 307
Schmid, Klaus-Peter 232, 238, 259, 271, 277, 280
Schmid, Michael 344
Schmidt, Helmut 44, 48, 59, 75f., 78f., 85-87, 90-92, 99, 104, 107f., 208, 251, 287, 295, 315, 317f., 334, 354
Schmidt, Manfred 63
Schön, Helmut 50
Scholz, Hans-Georg 65
Scholz, Rupert 69
Schreiber, Manfred 62
Schröder, Gerhard 317
Schröter, Christine 346
Schulz, Ingo 74
Schulz, Jochen 51
Schulze, Susanne 173, 190
Schumann, Gunda 168
Schuppe, Gabi 198
Schwan, Alexander 38
Schwan, Gesine 38
Schwan, Heribert 308
Schwartz, Rolf Dietrich 239f., 247, 267, 280
Schwarzer, Alice 119, 122, 124f., 129-131, 137, 141f., 158, 169-171, 173, 175f., 184, 208, 325f., 338
Schwehn, Klaus J. 251
Seher, Dietmar 246
Seiters, Rudolf 252f., 263
Sekora, Bertold 286, 308
Selter, Lie 132f., 159, 190
Senger, Ilonka 179
Sennekamp, Margarete 159
Sieber, Ursel 345

Siemers, Willy 312
Siepert, Theo 217
Sieveking, Klaus 179
Slupik, Vera 123, 158
Sobeck, Brigitte 62, 86
Sörgel, Werner 73
Sohl, Hans-Jürgen 69
Späth, Lothar 224, 258f.
Sperner, Tine 312
Spieker, Wolfgang 66f., 93, 101f., 104, 107, 331
Spöri, Dieter 103, 239, 250f., 255, 259, 264f., 267f.
Spühr, Tatjana 75
Stahmer, Anne 160
Stefan, Cornelia 149
Stefan, Verena 135, 170
Steffen, Jochen 285, 316, 318
Steinhage, Katharina 158
Steinkühler, Franz 108
Steppler, Dieter 233
Sternstein, Wolfgang 341, 344f.
Stoiber, Edmund 258
Stoltenberg, Gerhard 24, 185, 216, 221-226, 228, 232-238, 240, 242f., 245-250, 252-258, 260-263, 266-269, 272f. 275-277, 280-292, 295, 354
Stoltenberg, Jochim 238
Stötzner, Karin 183
Stracke, Elmar 307
Strauß, Franz Josef 257f., 277, 282, 288, 310, 328, 334
Streibl, Max 258
Strobl, Ingrid 338
Strothmann, Fritz 33
Struck, Peter 242
Stuby, Gerhard 315
Stuhrmann, Gerd 332
Stupf, Hermann 311
Süssmuth, Rita 185, 354
Suhr, Heinz 312

Tacke, Bernhard 41, 44
Tandler, Gerold 258
Tegtmeier, Werner 71
Tepasse, Anne 173
Teubner, Ulrike 158
Thebrath, Jürgen 225, 245, 276
Then, Christof 342f., 345
Thielemann, Edgar 91
Thoben, Christa 294
Thönes, Gisela 150
Thürmer-Rohr, Christina 205
Todenhöfer, Jürgen 287
Tönnes, Bertold 310
Traupe, Brigitte 108

Trebess, Manfred   264, 280

Ulrich, Alexander   317
Ulrich, Martin   233

Vack, Klaus   341
Veen, Johanna   346
Veit, Anni   321
Veit, Karl   321
Vester, Hannes   75
Vetter, Heinz Oskar   48f., 61, 64-66, 69, 74, 76-79, 81-84, 86f., 90, 95, 100, 102, 104f., 109-111
Vielain, Heinz   236
Völkmann, Albert   334
Vogel, Bernhard   281
Vogel, Hans-Jochen   249-251, 282, 284, 331, 354
Vogt, Roland   317
Voigt, Karsten   76, 329
Volmer, Günter   339
Vorbeck, Dorothee   325
Vorkötter, Uwe   280, 286
Voss, Friedrich   249, 257-259, 265, 282, 289f.

Wagner, Angelika   126
Wagner, Gabor   237
Wagner, Hans   217
Waigel, Theo   223, 225f., 273, 284, 287
Wartenberg, Ludolf von   238
Weber, Hans Georg   274
Weber, Wilhelm   42
Weder, Jörg   67, 77
Weg, Marianne   176
Wegner, Hans   251
Wehner, Herbert   51, 57, 62, 65f., 83, 86, 90, 95, 106, 310, 324, 335

Weicht, Werner   276
Weinberg, Bärbel   130
Weingarten, Gertrud   160
Weiß, Andreas   325
Weißmann, Jürgen   276
Weißthanner, Elisabeth   325
Weizsäcker, Richard von   295, 329, 354
Werner, Herbert   234
Werner, Horst   279
Westphal, Jürgen   272
Wex, Helga   332
Wichmann, Meinhard   310
Widera, Elmar   310
Wiegmann, Barbelies   164
Wieland, Karin   125
Wieskerstrauch, Liz   194
Wilke, Reinhard   54
Wille, Walter   286
Willrop, Lydia   143
Wilms, Dorothee   165
Winkels, Cordula   186, 190
Winsmann, August   108
Wischnewski, Hans-Jürgen   47
Wißmann, Helmut   100
Wittig, Helene   75
Wolf, Günter   277
Wolf, Siegfried   286, 308
Wolff, Hans Joachim   335
Wolter, Jupp   239
Wolz, Birgit   125
Worms, Bernhard   294

Ziegler, Marina   150
Zwickel, Klaus   307

www.ingramcontent.com/pod-product-compliance
Lightning Source LLC
Chambersburg PA
CBHW031324230426
43670CB00006B/232